金融教材译丛

BANK MANAGEMENT
& FINANCIAL SERVICES
(9th Edition)

商业银行管理

（原书第9版）

彼得 S. 罗斯
Peter S. Rose
得克萨斯A&M大学

（美） 著

西尔维娅 C. 赫金斯
Sylvia C. Hudgins
老道明大学

刘 园 译

机械工业出版社
China Machine Press

图书在版编目（CIP）数据

商业银行管理（原书第9版）/（美）罗斯（Rose, P. S.），（美）赫金斯（Hudgins, S. C.）著；刘园译.—北京：机械工业出版社，2013.9（2021.11重印）

（金融教材译丛）

书名原文：Bank Management & Financial Services

ISBN 978-7-111-43750-5

Ⅰ.商… Ⅱ.①罗… ②赫… ③刘… Ⅲ.商业银行-经济管理-教材 Ⅳ.F830.33

中国版本图书馆CIP数据核字（2013）第197736号

版权所有·侵权必究
封底无防伪标均为盗版
本书法律顾问：北京大成律师事务所 韩光/邹晓东

本书版权登记号：图字：01-2012-8335

Peter S. Rose, Sylvia C. Hudgins. Bank Management & Financial Services, 9th Edition.

ISBN 978-0-07- 803467-1

Copyright © 2013 by The McGraw-Hill Education.

This authorized Chinese translation edition is jointly published by McGraw-Hill Education (Asia) and China Machine Press. This edition is authorized for sale in the People's Republic of China only, excluding Hong Kong, Macao SAR and Taiwan.

Copyright © 2013 by The McGraw-Hill Asia Holdings (Singapore) PTE. LTD and China Machine Press.

No part of this publication may be reproduced or transmitted in any form or by any means, electronic or mechanical, including without limitation photocopying, recording, taping, or any database, information or retrieval system, without the prior written permission of the publisher.

All rights reserved.

本书中文简体字翻译版由机械工业出版社和麦格劳-希尔（亚洲）教育出版公司合作出版。

版权©2013由麦格劳-希尔（亚洲）教育出版公司与机械工业出版社所有。

此版本经授权仅限在中华人民共和国境内（不包括香港、澳门特别行政区及台湾地区）销售。未经出版人事先书面许可，对本出版物的任何部分不得以任何方式或途径复制或传播，包括但不限于复印、录制、录音，或通过任何数据库、信息或可检索的系统。

本书封底贴有McGraw-Hill Education公司防伪标签，无标签者不得销售。

本书是一本极具代表性的国际金融著作，它系统介绍了现代商业银行经营管理的基本原则、主要方法和最新发展。对美、日、德等发达国家银行业混业经营的争议、非银行金融机构对银行业的渗透、金融控股公司在整个银行业咄咄逼人的竞争态势、新型不动产抵押贷款和新型服务交付工具的应用与扩张、各国央行地位和作用的变化、《巴塞尔协议》对金融风险监管政策的变化等都做了详细的探讨。本书精心设计了大量的案例、习题及趣味性内容，是前8版基础上的提升与升华。

本书适用于高校金融专业师生、金融从业人员以及金融爱好者。

机械工业出版社（北京市西城区百万庄大街22号） 邮政编码 100037

责任编辑：王金强　　　版式设计：刘永青

北京捷迅佳彩印刷有限公司印刷

2021年11月第1版第16次印刷

185mm×260mm·35.5印张

标准书号：ISBN 978-7-111-43750-5

定　价：85.00元

凡购本书，如有缺页、倒页、脱页，由本社发行部调换

客服热线：(010) 88379210　88361066　　　投稿热线：(010) 88379007

购书热线：(010) 68326294　88379649　68995259　　　读者信箱：hzjg@hzbook.com

献词

献给我的妻子Kandy和我的家人：Robert、Michael、Melissa、Jason和Janet。

——彼得 S. 罗斯（Peter S. Rose）

献给我的亲人，特别是Catharine Ann Bender（1940—2011）和Bob Bender（1939—2010）。

——西尔维娅 C. 赫金斯（Sylvia C. Hudgins）

译者序

2013年是全球金融危机爆发后的第五个年头，无论是欧债危机的进一步深化给欧元带来的命途多舛的前景，还是美国"财政悬崖"给全球市场带来的恐慌，这一切均表明了一个严峻的事实——世界各国在金融危机爆发五年后仍在经济发展的谷底苦苦挣扎，而且至今仍无法"做出"彻底走出危机的时间表。五年来，商业银行作为金融市场的竞争主体，一直在承受实体经济严重衰退后带给金融机构的巨大恶果：不良贷款的规模、比率的双重上升，使得商业银行正在经受甚至比金融危机爆发时更为严峻的"拷问"。

《商业银行管理》（原书第9版）在前8版的基础上，更加重视商业银行对各种风险防控机制的设计和完善，更加重视对管理商业银行各项指标考核的客观性和有效性，更加重视大型金融机构对稳定全球金融市场的作用，也更加重视对《巴塞尔协议III》目标的正确诠释。这表明，无论是发达国家还是新兴市场国家，无论是一流顶尖的跨国银行，还是发展迅猛的新金融业态成员，稳健与活力，安全与高效，是商业银行追求的永恒不变的主题。

《商业银行管理》（原书第9版）具有很高的学习和教学价值，因为书中的内容不仅深刻剖析了全球金融市场存在问题的根源和解决的途径，更昭示了商业银行发展的规律和方向。书后的练习、附录（许多内容都是第8版未曾涉及的），给学习者提供了很大的帮助。

《商业银行管理》（原书第9版）仍由对外经济贸易大学国际经贸学院博士生导师刘园教授主译并最终审校，此外，曾扬（第2章）、郭宏媛（第4章）、孙琦（第6章）、薛文婧（第8章）、姚婉峤（第10章）、岳娇（第12章）、刘田田（第13章）、吴楠（第15章）、杨晓晨（第17章）、马泽方（第19章）等极为出色地完成了本书的其他翻译工作，在此一并表示感谢。

由于时间有限，书中谬误之处还请读者指正。

刘园
2013年8月于北京

作者简介

彼得 S. 罗斯

彼得 S. 罗斯（Peter S. Rose）是美国得克萨斯A&M大学金融学荣誉教授，他在该大学任教并从事研究工作近30年，退休前一直担任工商管理会议主席。他在加入A&M大学之前，曾是联邦储备银行的金融经济学家，他也曾在各种金融机构担任顾问。另外，他在美国、加拿大、英国、法国、巴西、印度和墨西哥等国的学术刊物上发表了200多篇论文。他编写过许多著作，包括与西尔维娅 C. 赫金斯合著且已更新至第9版的《商业银行管理》，与米尔顿 H. 马奎斯合著且已更新至第10版的《金融市场学》，参与编著且已更新至第5版的《金融机构》《州际银行业》《美国银行业的结构转换》和《在美国的日本银行业及其投资》等。这些书有的已被译为汉语、俄语、波兰语等多种语言，并在全球各地被引为教材。罗斯的爱好主要包括古典音乐和训练黄金猎犬。

西尔维娅 C. 赫金斯

西尔维娅 C. 赫金斯（Sylvia C. Hudgins）是弗吉尼亚州老道明大学的金融学教授，负责银行学、金融机构和公司理财等课程的教学，是商务及公共管理学院博士研究项目的主管。她的研究大多致力于商业银行和储蓄机构的实证分析，探究管理、监管和金融机构法规等方面的问题。她的研究成果曾发表在《货币、信用与银行》《金融管理》《金融经济学》和《经济探究》等学术杂志上。她是美国东部金融协会和南部金融协会的理事，以及财经管理协会研究综合丛书的编辑委员会成员。她还担任老道明大学信用合作社的财务主管和董事会成员，关注金融机构在现实世界中的管理问题。

前 言

《商业银行管理》（原书第9版）全面回顾了20世纪90年代初至今，商业银行经营管理领域发生的巨变。在这20多年间，世界发生了许多重大事件。战争和革命在某些国家不断发生，尤其在中东，世人看不到战争结束的迹象。诸如地震、飓风、洪水、海啸、火山等自然灾害在全球肆虐。

20世纪90年代令世人瞩目的经济繁荣在新世纪的前十年却变成了经济灾难：失业、生活水平下降、流离失所和不计其数的企业倒闭。由于这80年来最严重的经济萧条，街道上出现了示威游行，众多家庭和企业主像在20世纪30年代经济大萧条时期一样紧衣缩食。

在这种经济条件下，保持积极的态度和希望对世人来说无疑是困难的。但这恰恰正是本书和其他类似书籍的内容——如何将眼下的困难和混乱的局面转变为有用的知识，并且加以利用，期待一个更加快乐和令人满意的世界的到来。

本书并没有涵盖相关领域的所有内容，即使在现代化的数字时代，也没有哪本书可以真正做到。相反，本书将重点关注一个范围虽小却至关重要的部分，那就是由成千上万的大小金融公司组成的金融服务业。这些金融公司通过开发和出售金融工具来控制风险，寻求金融契机，提供对做金融决策至关重要的信息。本书利用大部分篇幅着重探讨了银行业，但同时也涵盖了诸如信用合作社、共同基金和对冲基金、养老金计划、保险公司、金融公司、券商等其他重要的金融机构。本书探讨了上述金融机构能够为我们做些什么和它们面临的风险。

与本书前几版一样，本版的核心也是风险管理。如今，风险管理已经成为大多数金融公司管理者无法规避的主要话题。的确，相较于经济中的其他部门，金融服务业需要承担更多的风险。银行和其他金融企业的基本任务就是识别各种形式的风险，开发出应对各种风险的金融工具。对我们来说，没有什么其他活动比金融服务更加重要，因为金融部门总是不断地面临国内外的重大风险及金融公司内部和外部风险的威胁。最好的例子就是2007～2009年的信贷危机，在这场危机中，大量金融服务公司挣扎或倒闭，同时也有些公司设法生存了下来。

如今，我们经常区分外部和内部风险。例如，金融机构面临的外部风险包括战争、贫穷、环境破坏、全球变暖、政治动荡、货币贬值、股权市场震荡、经济衰退、重点行业销售额下降、通货膨胀、能源短缺加剧以及住宅抵押贷款市场危机等。所有这些外部风险已经（并且将持续）对金融机构提供的服务以及它们期望的收益和未来成长产生深远的影响。此外，随着诸如中国、印度、韩国、日本和俄罗斯等国已经开启全球领先的大门，并且扮演越来越重要的经济和政治角色，当今很多金融服务提供商也卷入了地缘政治竞争。

除前述的外部风险外，金融机构还面临许多内部风险，包括信用风险、流动性风险、市场和价格风险、利率风险、政治风险、经营风险、汇率风险、表外业务风险、法律和合规风险、战略风险、信誉风险和资本风险等。本书将对这些风险重点讲述。

如今，一个成功的金融服务机构管理者必须清楚上述来自内外部的挑战以及为迎接这些挑战而采取的战略措施。这正是我们写作本书的目的——辨别金融服务提供商面临的不同风险敞口并且发掘出能够高效而有力地应对这些挑战的方法。

除了应对风险暴露带来的损失，我们还必须清楚地明白金融机构的重要性及其在我们的生活和职业中所扮演的关键角色。我们对购买的货物和服务进行支付结算；紧急情况发生时我们需要提高流动性以满足对现金的需求；我们为未来消费准备或者为应对未来的金融挑战而储蓄；我们需要贷款，这些贷款能够推动开支并且创造更多的就业；为了对我们拥有的资产和获取的收入进行保值，我们需要保险……这些生活中的方方面面，都离不开作为媒介或者服务提供者的金融机构。最后，政府为稳定经济，防止严重的通货膨胀和降低失业率，将主要以金融服务提供商为媒介来贯彻经济政策（包括央行实施的货币政策），这在本书中也将有所陈述。

为了学有所成，大家必须明白各个金融服务提供商的关键不同点，以及它们用于强化企业、提升公众服务的管理原则和实践。世界不再只流行一种金融机构，而是有成千上万家这样的企业，其中一部分我们仍称之为银行、保险公司、证券交易商、共同基金等。然而，这些机构频繁地互相进入彼此的领域，并且扮演起竞争者的角色。这种所谓的趋同潮流导致服务的重叠化，也引起了金融业到底在发生什么的困惑。

如今，既有大型银行控股保险和证券子公司，有保险商拥有银行并且以证券交易商的身份提供服务，也有证券公司控股银行并创建保险子公司或相关的部门。这些不同金融服务机构之间的相互渗透，让我们的学习在某些方面来说变得更为困难，并且给我们提出了这样一些问题，即什么将是一个适合当今和未来金融业的商业模型？是所有的金融服务提供商能实现共赢，还是越来越多的机构将以失败告终？

本版增加的重要内容

- 对目前正在被开发用于测算和计量经济中系统风险的新政策工具进行研究，并且该政策工具可能会阻止未来类似2007~2009年信贷危机的再次发生。
- 努力探究和理解住房抵押贷款市场和商业抵押信贷市场间不断的抗衡，抑制房地产销量的下滑，减少房屋失赎，援助努力生活的借款者，减轻长期经济衰退带来的威胁。
- 探究能够阻止银行业和金融部门发生金融危机的金融改革立法和再规制，重塑公众对金融体系的信心（美国在2010年《多德—弗兰克华尔街改革和消费者保护法案》中印证了这一点）。
- 追踪消费者保护法案和规章的出现。法案要求：合同条款需进行详尽的披露，信息要透明化，公众应受到更好的教育。帮享受金融服务的顾客做出知情的决定（美国国内新的消费者金融保护局的设立证实了这一点）。

- 帮助读者理解2009年《信用卡责任、义务和披露（CARD）法案》与它配套法规间的较量。尽管新法规可能会最终提高对信用卡使用者的服务成本，但配套法规能够从过多的服务费公司的失败中向信用卡使用者披露不断变化的合同条款以保护使用者。
- 探究新的国际资本标准——《巴塞尔协议III》，以避免银行破产和公众对知名金融机构信心的崩塌，新协议对资本的要求和股权资本的使用更加严苛，全球大型跨国银行尤甚。
- 考察非网点银行业务和移动服务支付日益增长的趋势。尽管金融企业会面临服务去人性化的风险，但非网点银行业务和移动服务交付将促进金融企业发展电子支付系统，顾客能够时刻享受到金融服务。

除了当今对金融机构在做什么的困惑，我们还将探索各个金融机构之间的规模和绩效异同，这已引起了业界的疑问和关注。一个关键问题是，几乎遍布各个国家的成千上万家小型金融机构的未来将何去何从。这些所谓的"小商贩"金融机构能够在各巨头（如花旗集团、美国银行、摩根大通、巴克莱银行、保诚集团、汇丰控股集团等）的领地上生存吗？这些小型金融机构能够成功对抗动辄就以万亿美元计的大型金融服务公司吗？对于一家金融机构，最优的规模和产品混合度是多少，它们又是如何随形势而变化的？

对于最近主宰金融世界的翻天覆地的变革，你一定很惊奇为什么有很多人著书写这个令人畏惧的主题。我们必须阐述我们认为的对于金融机构和金融服务业来说最优秀的金融管理原则和最佳的实践方式。我们必须给金融机构提供分析和建议，不论它是巨头还是小型服务提供商。

撰写关于银行和非银行金融机构以及金融服务的书籍并不是一件易事。然而，不管多么困难，我们必须承认这也是个充满冒险和刺激的过程。如果忽视金融服务这一行业，我们就将承担个人或职业上的风险。我们必须学会关于这些金融机构的一切，因为不论是不是银行和金融服务管理者，我们每个人都必须依靠它们提供的服务，而这些服务将影响我们的未来。

我们以前从未想到但如今不得不提的是，金融服务业在信贷危机过去后将提供潜在且巨大的职业机会。金融服务业已成为更具创造性的行业之一，对于绝大多数日常业务来说，只有一小部分是由电脑来完成的。此外，这一行业也越来越关注销售量的提升以及对顾客服务的尽善尽美。在这一充满活力的行业寻找一份工作，可能是一个更有诱惑力和挑战性的选择。我们衷心地希望本书能够帮助你在未来的职业生涯选择中做出满意的决策。

金融服务业的重要趋势：本书关注什么

本书涵盖了重塑当今银行和金融服务业的重大变化和事件，这些事件和趋势包括以下几个方面。

- 分析2007～2009年信贷危机后的金融改革。改革手段是通过了诸如《信用卡责任、义务和披露（CARD）法案》和《多德—弗兰克华尔街改革和消费者保护法案》等新法案，用综合性的法令来避免对消费者的伤害和未来新一轮的全球信贷危机的发生（见第1章、第2章和第18章）。

- 探讨那些致力于发展用于测量与控制对消费者利益和就业产生威胁的新工具的国家所面临的系统风险和风险存在的可能性（见第2章和第15章）。
- 描述在《巴塞尔协议III》的发展过程中，世界各国对设计出适合银行国际资本标准所做出的努力，以阻止银行系统受到进一步的破坏（见第15章和第20章）。
- 探讨金融机构法规的变化。金融法规从20世纪60~90年代金融部门的放松管制（如放宽政府规章制度）转变为现今成套严格的政府再管制，这些法规是为防止进一步的金融危机而设计的（见第1~2章）。
- 探究抵押市场的崩塌。抵押市场的崩塌造成了成千上万的房屋被没收，房屋价值下降，社区环境恶化，破坏了公共政策为阻止房贷市场崩塌所做出的努力（见第2章和第18章）。
- 详尽讨论非网点银行业务与移动服务交付。强调从昂贵的实体扩张到电子网络的转变。现在是消费者而非金融机构来决定何时何地与金融服务提供商进行交易（见第2~4章）。
- 通过更多当今道德困境的实例来深入阐述金融业的道德规范（见第2~3章、第14章和第20章）。
- 详尽讨论美国的中央银行和联邦储备体系，以及美国如何成功应对"9·11"事件和最近陷入疲软经济的问题重重的住宅抵押市场（见第2章和第11章）。
- 讨论抵押贷款市场危机及其对金融市场环境和经济的影响（见第18章）。
- 探讨在全球金融系统中中国、印度、韩国、日本和其他国家的崛起，它们已对美国和欧洲的银行及非银行金融机构形成竞争之势，也为跨国金融机构进入巨大的新兴市场创造了机遇（见第2章和第20章）。
- 投资银行业务分析。贝尔斯登、雷曼兄弟等成为此次信贷危机的受害者，并将再次论证即使是最大的金融机构，在次级住宅抵押贷款市场投入过多也会因失误而不堪一击（见第1章和第18章）。
- 对商业和投资银行、证券经纪人和交易商、共同基金、对冲基金、金融公司、抵押银行和其他金融机构进行更细致的分析。投资银行业是我们一个重要的学习对象，因为它以其高额利润和提供至关重要的服务在金融业中有着无法撼动的地位（参见第1~3章和第14章）。
- 讨论试图涉足金融业的工业和零售业企业同现存金融服务提供商的持续争斗。一个关键讨论点是"防火墙"——在美国和其他国家大概出于保护公众基金安全性目的而建立的隔离金融服务业和其他行业的政策屏障（见第1~2章和第20章）。
- 讨论证券化过程的优缺点，探讨利率和通货避险工具的使用，包括这些工具和技术本身的风险及对整个金融系统产生的影响（见第7~9章和第20章）。
- 继续讨论颇有争议的《银行保密法案》和《爱国者法案》。在其他国家也有类似的法律，特别是在"9·11"事件后,政府加强了相关法律的制定。政府对银行没有充分追踪一些客户的金融活动进行罚款的政策的应用在扩大(见第2章)。

- 对乡村银行模式和全球范围内兴起的小额信贷进行了讨论——它们做什么,已经产生了什么影响(见第20章)。
- 深入识别影响和威胁金融机构的各种风险,对如何衡量和管理风险进行了阐释(见第6~9章和第15章)。
- 探讨新型金融工具及其影响,包括抵押期权、信托优先证券、交易型开放式指数基金和区间债券(见第10章、第14~15章和第18章)。

本版教学工具

本版提供了许多工具⊖以帮助读者加深理解,使本书成为老师的得力助手。这些有用的工具包括:

- 保留了之前版本具有挑战性、高质量的习题,新增和修订了部分习题。
- 在大多数章节都有相应案例以提升读者的分析技巧,教师可据其布置期中或学期论文。
- 与之前版本相同,保留了一系列名为"电子银行和电子商务""真实的银行,真实的决策""洞察力和问题"以及"银行与金融服务业的道德规范"的专栏。这些专栏强调对金融机构领域存在的争议的关注,探究最新的发展,分析管理决策,探讨领域里的道德议题。
- 在每章中设置关键链接来帮助读者上网获取相应的资料,有利于学生进行课堂展示并对学科有深入的了解。
- 增加中肯有趣观点的仿真陈述来作为补充资料,激发读者的兴趣。
- 概念测验。通过简单的提问来让读者自查是否已完全掌握每章的内容。
- 本章小结。列示每章所讲大纲,总结每章知识点,为读者提供复习资料以准备考试。
- 在每章结尾列示关键术语。
- 修订习题,帮助读者理解,提高其计算技巧和解决问题的能力。
- 网上习题,要求读者在丰富的互联网资源中搜索有助于理解每章内容的资源。
- 真实的银行,真实的决策。帮助读者挖掘银行业和金融服务业的数据(包括金融服务提供商的财务报表)并利用这些信息做出管理和公共政策决策。
- 参考文献。按相关课题进行安排,读者可据此找到与本章论述内容相关的阅读材料。
- 银行业和金融服务业术语,在全书的结尾处列示本书术语,给贯穿全书的重要词汇下了定义,读者可借此回顾和记忆金融服务市场上的专业术语。

⊖ 本书重要链接、网上习题和参考文献见华章网站:www.hzbook.com。

致谢

我们在此对广大读者、老师、金融管理者、专业编辑和对本书的编纂提供意见的评审员们表示感谢。本书已经更新到第9版，我们已无法列出所有提出过建议的贡献者的名字。然而，我们还是要感谢这些优秀且尽职的人：

Sindy Abadie
Southwest Tennessee Community College/Macon Campus

Fuad Abdullah
University of Nebraska–Omaha

Lyle L. Bowlin
University of Northern Iowa

Emily Breit
Fort Hays State University

Emile J. Brinkmann
University of Houston

Samuel Bulmash
Stockton College

Tony Cherin
San Diego State University

Ronnie Clayton
Jacksonville State University

Edwin Cox
Boston University

David R. Durst
University of Akron

David T. Flynn
University of North Dakota–Grand Forks

Victoria Geyfman
Bloomsburg University of Pennsylvania

Jack Griggs
Abilene Christian University

Jeff Guernsey
Cedarville University

Scott Hein
Texas Tech University

Curt Hoff
Iowa State University

Pankaj Jain
University of Memphis

Deniz Kebabci
San Francisco State University

David Stewart
Winston-Salem University

Michael Tanaka
University of Hawaii–Manoa

Cevder Uruk
University of Memphis

James B. Kehr
Miami University

Marcus A. Kerbel
Florida International University

George W. Kutner
Marquette University

Young Kwak
Delaware State University

Nelson J. Lacey
University of Massachusetts–Amherst

John Lajaunie
Nicholls State University

Edward C. Lawrence
The University of Missouri–St. Louis

William H. Lepley
University of Wisconsin–Green Bay

David G. Martin
Bloomsberg University

James McNulty
Florida Atlantic University–Boca Raton

Iqbal Memon
Fort Lewis College

Hamid Moini
University of Wisconsin–Whitewater

Walt Nelson
Missouri State University

Therese E. Pactwa
St. John's University

Armand Picou
University of Central Arkansas

David Rand
Northwest Tech College in Ohio

William Sackley
University of North Carolina at Wilmington

Sudhir Singh
Frostberg State University

Oliver G. Wood Jr.
University of South Carolina

Robert Wolf
University of Wisconsin–La Crosse

Robert Wyatt
University of Northern Iowa

作者要特别感谢对本版的编纂提出意见和建议的人士,他们在金融服务领域具有渊博的学识:

Victoria Geyfman
Bloomsburg University

Curt Hoff
Iowa State University

Marcos A. Kerbel
Florida International University

Laureano J. Martinez
Florida International University

Timothy B. Michael
University of Houston–Clear Lake

Anastasios Moysidis
Florida International University

David M. Payne
Ohio University

Barry A. Uze
University of Louisiana–Lafayette

Michael C. Walker
University of Cincinnati

Michael E. Williams
University of Denver

Fred Wu
University of South Alabama

作者特别感谢《加拿大银行家》以及加拿大银行家协会,经过它的许可,本书选用了其中一位作者最初发表在《加拿大银行家》上的一些早期文章。

最后,没有麦格劳-希尔公司和编辑的高质量工作及专业建议,我们是无法完成本书的。我们要特别感谢Michele Janicek、Meg Maloney、Douglas Reiner、Daryl Bruflodt、Darlene Schueller、Jolynn Kilburg、Jennifer Lewis、Colleen Havens和Brenda Rlowes。

他们耗费数月参与了本书的编写。本书有任何不足和瑕疵,均系作者之过。

致读者

新学期或新学年的开始总是充满挑战和不确定。我们选择了合适的课程和优秀的老师了吗?我们拥有相关的背景知识以学习新知识吗?课程中有能改善我们生活的内容吗,还是仅仅在浪费我们的时间?

不幸的是,我们通常直到学期结束才会得到上述重要问题的答案。有时甚至直到我们工作多年后都不晓得当年的课程有什么价值。阅读本书,你可以来个180°转变,因为最终你一定会发现阅读本书将是值得的。另外,在本课程开始之后,我们可以保证,不论你会不会成为金融服务管理者或是从事其他行业,本书所关注的重点,其他课程会很少涉及。我们的生活方式和生活水平很大一部分依赖于我们的金融决策以及金融服务业提供服务的水平。这些服务包括:提供信贷,保护和管理我们的储蓄,以保险为我们的资产和收入保值,我们购买货物和服务后代表我们同商场和企业结算。简而言之,这一学习领域是我们绝对不能忽略的。

本书已更新至第9版,它将带领你一起探索一个重要、充满魅力但时时充满隐患的世界。正如当今次贷危机带给我们的启示——如果金融业开始瓦解,那么整个经济将受到连累。如果企业和个人无法获取信贷用以购买必需的货物和服务,企业将倒闭,人们将失业,政府税收会减少,有的人不得不归还所购房屋,而有的人上学的梦想只能破灭。我们必须学习这一切发生的过程,还应知道若是准备不足会遭遇什么。

作者很努力地写作本书，并搜集了大量信息资料作为强有力的教学工具，以辅助你更好地掌握与此重要领域相关的基本技巧和思想。我们希望你通过自己的努力，可以直面金融界和金融服务管理者每天都必须面对的风险、监管、技术变动和竞争等令人目不暇接的挑战。

本书包括几个重要的学习辅助工具，帮助你掌握所学内容。例如：

- 每章都以学习要点告知读者本章所要论述的内容及其重要性。
- 本书和网络密不可分，重要链接提供了教材之外的信息，你同样可以在相应的网站里找到可用的资源。
- 每章都有概念测验，提出问题，帮你检测是否掌握了所学的内容。如果你回答不上来这些问题，你就该回头填补自己的知识空白了。
- 每章以本章小结结尾，列出本章重点，帮助你进行快速回顾。应付考试或准备报告的时候，这些小结非常有用。
- 本章小结之后是一系列关键术语，帮助你掌握银行和金融服务市场的基本定义。你可以通过复习这些词汇以备战考试或准备报告。
- 全书末尾的术语表对本书出现的大量重要术语进行了定义。学习每章的关键术语及本书末尾的术语表，是对你理解教材内容的双重检验。这在临近考试时或许是一个很有效的方法——快速回顾以检查自己的学习漏洞。
- 每章末都设置了不同类型的习题，另外还有相关案例分布于各章节，教师可以据其布置期中或期末论文。你会发现这些不同形式的习题有助于加深你对所学内容的理解，并引入让你受益匪浅的其他观点。
- 诸如"洞察力和问题""真实的银行，真实的决策""电子银行和电子商务"以及"银行与金融服务业的道德规范"等专栏将贯穿全书。安排这些内容的目的是对相关领域的道德问题、电子商务的发展、有争议的金融管理和公众事件以及过去金融服务管理者们面对和处理的挑战予以关注。

尽管提供了许多观点和工具帮助你掌握这一学科，但如同任何一本书一样，本书同样受到时间的限制。本书只是在一个特定的时刻提供了世界银行和金融服务业的一个瞬间图景。然而这是一个瞬息万变的行业，我们必须超越书本所限，跟上逐渐展开的金融业图景。作者希望激发你对这一领域的兴趣，鼓励你走得更远。如果本书能够使你想阅读和了解更多关于这个重要行业的内容，本书的目的就达到了。

在金融服务市场这个领域的学习中，你的付出往往会带来很大的回报。多年来我们一直认为，机遇偏爱有准备的人。不管未来的道路有多么曲折，掌握这一学科能够带给你自信，从长远看还可能带来巨大的回报。

我们为你选择学习这一重要而意义非凡的领域感到高兴。我们真诚地祝福你能在未来的日子里获得成功。希望你对银行和金融服务领域的学习之路从今天开始，最终超越学期的界限，不断前行。

彼得 S. 罗斯

西尔维娅 C. 赫金斯

教学建议

教学目的

本课程的教学目的在于让学生掌握如何对商业银行进行管理的基本知识和原理，主要包括银行业务及金融服务管理、金融机构的业绩和财务报表分析、资产—负债管理技术与风险规避、银行及其主要竞争者的投资组合与流动性头寸管理、银行及其主要竞争者对资金来源的管理、如何为企业和消费者提供贷款以及未来金融业的全球管理等七个部分，要求学生从多个方面掌握商业银行管理的理论知识和业务知识。本教材不仅给学生介绍了当今银行业发展的最新前沿，而且全面介绍了商业银行如何提高经营效率、控制金融风险的实用方法。本教材根据2008年以来全球金融危机爆发后产生的新问题、银行业发展的新趋势，补充了大量鲜活的案例和课外练习，对全面提高学生分析问题、解决问题的能力有着极好的促进作用。

前期需要掌握的知识

金融学、经济学等课程相关知识。

课时分布建议

教学内容	学习要点	课时安排 本科	课时安排 高职
第1章 变化中的金融服务部门概览	(1) 了解银行的概念 (2) 掌握竞争性金融机构的内涵 (3) 熟悉银行能够提供的服务内容 (4) 把握金融机构的发展趋势	2	2
第2章 政府政策及监管对银行业和金融服务业的影响	(1) 熟悉银行监管的主要内容 (2) 了解主要的银行法规 (3) 了解非银行金融机构监管的主要内容 (4) 了解中央银行体系对银行业的作用与影响	2	2
第3章 银行及金融服务业的组织与结构	(1) 了解商业银行业的组织与结构 (2) 熟悉银行业组织结构和类型 (3) 熟悉金融控股公司和银行 (4) 掌握兼并和收购对银行业的影响	4	2
第4章 设立银行、分支机构、自动柜员机以及开通电话银行服务和网上银行业务	(1) 了解美国特许设立新型金融机构的程序 (2) 了解特许机构重点要求银行创建者必须回答的主要问题 (3) 了解新设金融机构的服务特点 (4) 熟悉未来新设金融设施的特点	4	2

(续)

教学内容	学习要点	课时安排 本科	课时安排 高职
第5章 银行及其主要竞争者的财务报表	(1) 了解银行资产负债表和利润表 (2) 熟悉资产负债表（经营状况报表） (3) 熟悉利润表的构成 (4) 掌握财务报表的主要特点	4	2
第6章 银行及其主要竞争对手绩效的测量与评估	(1) 了解银行绩效评估内容 (2) 熟悉银行主要竞争对手的绩效指标 (3) 掌握规模对绩效的影响	2	2
第7章 变动利率风险管理：资产—负债管理和久期技术	(1) 了解资产—负债管理策略 (2) 熟悉利率风险规避的目标 (3) 掌握如何利用久期规避利率风险 (4) 了解久期缺口管理的局限性	4	2
第8章 金融期货、期权、互换和其他风险规避工具在资产—负债管理中的运用	(1) 了解衍生合同的使用方法 (2) 掌握金融期货合约的实际运用原理 (3) 掌握利率期权的运用原理 (4) 了解银行期货和期权交易的规定与会计准则 (5) 熟悉利率互换原理 (6) 熟悉利率上下限的实际运用方法	8	4
第9章 使用资产支持证券、贷款出售、备用信用证与信用衍生工具进行风险管理	(1) 了解贷款及其他资产的证券化发展趋势 (2) 掌握销售贷款以筹集资金降低风险的方法 (3) 掌握如何利用备用信用证降低不支付或不履约风险 (4) 掌握如何运用信用衍生工具进行风险管理的方法	6	2
第10章 银行的投资功能与金融服务管理	(1) 了解常见的货币市场投资工具 (2) 了解常见的资本市场投资工具 (3) 了解影响投资证券选择的因素 (4) 熟悉投资期限策略 (5) 熟悉期限管理工具	4	2
第11章 流动性与准备金管理策略及政策	(1) 了解流动性的需求和供给关系 (2) 熟悉流动性管理策略 (3) 掌握如何预测流动性需求 (4) 熟悉法定准备金和货币头寸管理原理 (5) 了解选择准备金来源的影响因素	4	2
第12章 存款服务的管理和定价	(1) 了解银行及其他存款机构提供的服务类型 (2) 了解不同类型存款的利率 (3) 掌握存款相关服务的定价方法 (4) 掌握存款的成本加利润定价法原理 (5) 熟悉如何采用边际成本确定存款利率 (6) 熟悉有条件的存款定价法	4	2
第13章 非存款负债的管理	(1) 负债管理和客户关系原则 (2) 可利用的各种非存款资金来源 (3) 其他非存款资金来源的选择	2	2
第14章 投资银行业务、保险及其他费用收入来源	(1) 了解投资银行业务内容 (2) 熟悉如何进行投资产品销售 (3) 熟悉信托服务内容 (4) 熟悉保险相关类产品的销售方法 (5) 了解金融服务多元化的好处	4	2

(续)

教学内容	学习要点	课时安排 本科	课时安排 高职
第15章 资本管理	(1) 了解资本的职能 (2) 了解资本和风险的关系 (3) 熟悉资本的类型 (4) 熟悉巴塞尔协议的主要内容 (5) 了解如何满足资本要求的基本原理	4	2
第16章 贷款政策与程序	(1) 了解贷款的种类 (2) 了解信贷监管原则 (3) 了解信贷监管程序 (4) 熟悉贷款程序 (5) 掌握评定优良贷款的要素 (6) 掌握贷款审查方法 (7) 掌握问题贷款的处理办法	4	2
第17章 企业贷款和定价	(1) 了解企业贷款的种类 (2) 熟悉短期企业贷款 (3) 熟悉长期企业贷款 (4) 掌握如何对企业贷款申请进行分析 (5) 掌握客户财务报表的财务比率分析方法 (6) 掌握客户绩效和行业绩效比较方法	4~6	2
第18章 消费信贷、信用卡和房地产贷款	(1) 了解个人和家庭贷款的种类 (2) 熟悉消费信贷的特点 (3) 熟悉消费信贷申请评估程序 (4) 掌握对消费信贷的信用进行评分的方法 (5) 熟悉房地产贷款种类	2	2
第19章 金融服务业中的收购与兼并	(1) 了解金融服务业兼并迅速发展的动因 (2) 熟悉如何选择合适的兼并对象的方法 (3) 熟悉完成兼并交易的方式 (4) 掌握如何成功兼并的方法	2	2
第20章 国际银行和银行金融服务业的未来	(1) 了解国际银行的组织形式 (2) 熟悉国际银行监管 (3) 熟悉国际银行未来面临的问题 (4) 把握银行和金融服务业的未来	2	2
	课时总计	72~74	36~42

说明:

1. 在课时安排上,对于金融专业基础课建议按每周4学时开设,共72或74个学时,对于金融学、经济学的学科共同课可以按每周3学时安排,共54学时;管理专业本科生和非管理专业本科生可以根据36个学时安排的,标注课时的内容建议讲,其他内容不一定讲,或者选择性补充。
2. 社会实践、上机等活动可以在课程中穿插进行。

目 录

译者序
作者简介
前言
教学建议

第一部分
银行业务及金融服务管理简介

第1章　变化中的金融服务部门概览 ……2
　1.1　什么是银行 ………………………2
　1.2　金融系统以及竞争性金融机构 …6
　1.3　银行与其竞争者向公众提供的
　　　　服务 …………………………9
　1.4　影响所有金融机构的主要趋势：
　　　　危机、变革、转变 ……………15
　1.5　本书框架 ……………………18
　本章小结 ………………………………19
　关键术语 ………………………………20
　习题 ……………………………………20
　　附录1A　银行业和金融服务部门的
　　　　　　就业机会 ……………………21

第2章　政府政策及监管对银行业和金融
　　　　服务业的影响 ……………………23
　2.1　银行监管 …………………………24
　2.2　主要的银行法规 …………………27
　2.3　21世纪出现的新法律和法规：
　　　　《多德—弗兰克金融改革法案》
　　　　《巴塞尔协议》和世界各地的
　　　　其他规则 ………………………35

　2.4　对与银行竞争的非银行金融机构
　　　　的监管 …………………………43
　2.5　中央银行体系对银行及其他金融
　　　　机构决策和政策的影响 ………45
　本章小结 ………………………………51
　关键术语 ………………………………51
　习题 ……………………………………52
　　附录2A　中央银行的货币政策：
　　　　　　2007～2009年的大萧条及
　　　　　　两大目标 ……………………52

第3章　银行及金融服务业的组织
　　　　与结构 ……………………………54
　3.1　商业银行业的组织与结构 ………54
　3.2　银行公司的组织结构 ……………56
　3.3　银行业组织结构和类型概览 ……59
　3.4　跨州银行业以及1994年的
　　　　《瑞格尔—尼尔跨州银行和
　　　　分行效率法案》 ………………68
　3.5　两种适应21世纪的银行组织
　　　　类型：金融控股公司和银行
　　　　子公司 …………………………69
　3.6　兼并和收购正在重塑金融服务
　　　　部门的组织结构 ………………71
　3.7　银行主要竞争者组织结构的变化 …72
　3.8　规模与效率：大型金融机构能
　　　　以更低的成本经营吗 …………73
　3.9　金融机构的目标及其对经营
　　　　成本、效率和业绩的影响 ……75
　本章小结 ………………………………78

关键术语 …………………………………78
习题 ……………………………………79

第4章 设立银行、分支机构、自动柜员机以及开通电话银行服务和网上银行业务 …………80
4.1 特许设立新金融服务机构………81
4.2 美国银行特许程序………………81
4.3 监管机构经常向新设银行的创建者提出的问题………………82
4.4 决定申请银行许可证的主要考虑因素……………………………83
4.5 新特许设立银行的数量和特点…84
4.6 新设金融机构的业绩……………84
4.7 设立全方位服务分支机构：选址与设计………………………86
4.8 自动有限服务设施的设立和监管……………………………92
4.9 家庭银行与办公室银行…………95
4.10 未来金融服务设施………………98
本章小结 ………………………………100
关键术语 ………………………………101
习题 ……………………………………101

第二部分
金融机构的业绩和财务报表

第5章 银行及其主要竞争者的财务报表 …………………………………104
5.1 银行资产负债表和利润表概述…104
5.2 资产负债表（经营状况报表）…105
5.3 利润表的构成 …………………117
5.4 主要非银行金融机构的财务报表 ……………………………122
5.5 财务报表的主要特点 …………124
本章小结 ………………………………124
关键术语 ………………………………125

习题 ……………………………………125
附录5A 金融服务业的信息来源 …128

第6章 银行及其主要竞争对手绩效的测量与评估 ……………………129
6.1 银行绩效评估 …………………130
6.2 银行主要竞争对手的绩效指标…146
6.3 规模对绩效的影响 ……………147
本章小结 ………………………………149
关键术语 ………………………………150
习题 ……………………………………150
附录6A 利用财务杠杆和其他分析工具追踪金融机构绩效：银行业绩统一报告和银行控股公司绩效报告 ………153

第三部分
资产—负债管理技术与风险规避

第7章 变动利率风险管理：资产—负债管理和久期技术 …………164
7.1 资产—负债管理策略 …………164
7.2 利率风险：最严峻的管理挑战之一 ……………………………166
7.3 利率风险规避的目标之一 ……171
7.4 作为风险管理工具的久期概念 ……………………………179
7.5 利用久期规避利率风险 ………182
7.6 久期缺口管理的局限性 ………187
本章小结 ………………………………188
关键术语 ………………………………189
习题 ……………………………………189

第8章 金融期货、期权、互换和其他风险规避工具在资产—负债管理中的运用 …………………192
8.1 衍生合同的使用 ………………193

8.2 金融期货合约：以事先确定的
价格在未来进行证券交易 ……193
8.3 利率期权 …………………………203
8.4 银行期货和期权交易的规定与
会计准则 …………………………208
8.5 利率互换 …………………………209
8.6 利率上限、利率下限与利率上
下限 ………………………………215
本章小结 ……………………………216
关键术语 ……………………………217
习题 …………………………………217

第9章 使用资产支持证券、贷款出售、备用信用证与信用衍生工具进行风险管理 …………………………220
9.1 贷款及其他资产的证券化 ……221
9.2 出售贷款用以筹集资金和
降低风险 …………………………229
9.3 备用信用证可降低不支付或
不履约的风险 ……………………232
9.4 信用衍生工具：降低资产负债
表上信用风险敞口的合约 ……235
本章小结 ……………………………240
关键术语 ……………………………241
习题 …………………………………241

第四部分
银行及其主要竞争者的投资组合与流动性头寸管理

第10章 银行的投资功能与金融服务管理 …………………………244
10.1 金融机构可以利用的投资
工具 ………………………………245
10.2 常见的货币市场投资工具 ……247
10.3 常见的资本市场投资工具 ……249

10.4 近年来出现的投资工具 ………250
10.5 银行实际持有的投资证券 ……252
10.6 影响投资证券选择的因素 ……254
10.7 投资期限策略 …………………264
10.8 期限管理工具 …………………266
本章小结 ……………………………269
关键术语 ……………………………270
习题 …………………………………270

第11章 流动性与准备金管理策略及政策 …………………………272
11.1 流动性的需求和供给 …………273
11.2 为什么金融机构要经常面对
重大的流动性问题 ……………274
11.3 流动性管理策略 ………………275
11.4 预测流动性需求 ………………278
11.5 法定准备金和货币头寸管理 …288
11.6 选择准备金来源的影响因素 …294
11.7 全球央行的准备金要求 ………295
本章小结 ……………………………296
关键术语 ……………………………296
习题 …………………………………296

第五部分
银行及其主要竞争者对资金来源的管理

第12章 存款服务的管理和定价 ………302
12.1 存款机构提供的存款服务
类型 ………………………………303
12.2 不同类型存款的利率 …………305
12.3 存款相关服务的定价 …………310
12.4 存款的成本加利润定价法 ……311
12.5 采用边际成本确定存款
利率 ………………………………314
12.6 有条件的存款定价（价格表
定价）法 …………………………317

12.7 基于与客户整体关系的存款
定价法 ················319
12.8 基本（生命线）银行服务：
对低收入客户的重要服务······321
本章小结 ··················323
关键术语 ··················323
习题 ····················324

第13章 非存款负债的管理 ···········326
13.1 负债管理和客户关系原则······326
13.2 可利用的各种非存款资金
来源 ················328
13.3 其他非存款资金来源的选择···339
本章小结 ··················345
关键术语 ··················345
习题 ····················345

第14章 投资银行业务、保险及其他
费用收入来源 ···········348
14.1 投资银行业务··········350
14.2 投资产品销售··········354
14.3 费用收入来源之一：信托
服务 ················358
14.4 保险相关类产品的销售······360
14.5 金融服务多元化的好处······362
14.6 金融机构内部的信息流······364
本章小结 ··················366
关键术语 ··················366
习题 ····················367

第15章 资本管理 ·············368
15.1 资本的职能············368
15.2 资本和风险············369
15.3 资本的类型············371
15.4 银行史上的一个重大问题：
究竟需要多少资本 ·······373
15.5 关于国际资本标准的《巴塞尔
协议》：发达国家之间不断发展

的历史性协议···········374
15.6 美国资本标准的变迁·······385
15.7 如何满足资本要求········386
本章小结 ··················389
关键术语 ··················390
习题 ····················390

第六部分
为企业和消费者提供贷款

第16章 贷款政策与程序 ··········394
16.1 贷款的种类············394
16.2 信贷监管·············397
16.3 贷款的程序············400
16.4 信用分析：优良贷款的
决定因素 ············401
16.5 贷款客户的信息来源·······407
16.6 典型贷款协议的构成·······409
16.7 贷款审查·············411
16.8 问题贷款处理··········412
本章小结 ··················414
关键术语 ··················414
习题 ····················414

第17章 企业贷款和定价 ··········417
17.1 企业贷款简史·········417
17.2 企业贷款的种类·········418
17.3 短期企业贷款··········418
17.4 长期企业贷款··········421
17.5 企业贷款申请分析········424
17.6 客户财务报表的财务比率
分析 ················426
17.7 比较企业客户的绩效与其
所在行业的整体绩效·······432
17.8 根据企业财务报表编制
现金流量表···········434

17.9 企业贷款定价……………440
本章小结 …………………445
关键术语 …………………446
习题 ……………………446

第18章 消费信贷、信用卡和房地产贷款 …………………450
18.1 个人和家庭贷款的种类………451
18.2 消费信贷的特点……………455
18.3 消费信贷申请评估…………455
18.4 消费信贷申请范例…………457
18.5 消费信贷的信用评分………460
18.6 消费信贷适用的法律法规……464
18.7 房地产贷款………………467
18.8 新的联邦破产法规…………472
18.9 消费信贷和房地产贷款定价：贷款利率及其他条款的确定 ……………………473
本章小结 …………………478
关键术语 …………………478
习题 ……………………479

第七部分 未来金融业的全球管理

第19章 金融服务业中的收购与兼并…484
19.1 兼并方兴未艾………………484

19.2 金融服务业内兼并迅速发展的动因…………………486
19.3 选择合适的兼并对象…………490
19.4 通向增长的兼并之路…………492
19.5 完成兼并交易的方式…………494
19.6 美国的银行兼并法规…………495
19.7 欧洲与亚洲银行兼并新规则…498
19.8 如何成功兼并………………499
19.9 金融机构兼并的研究…………500
本章小结 …………………503
关键术语 …………………503
习题 ……………………503

第20章 国际银行和银行金融服务业的未来 ……………………505
20.1 国际银行的组织形式…………506
20.2 国际银行监管………………508
20.3 银行在国际市场上提供的服务 ……………………511
20.4 国际银行未来面临的问题……521
20.5 银行和金融服务业的未来……525
本章小结 …………………528
关键术语 …………………528
习题 ……………………529

术语表 ……………………………530

第一部分

银行业务及金融服务管理简介

第1章 变化中的金融服务部门概览

第2章 政府政策及监管对银行业和金融服务业的影响

第3章 银行及金融服务业的组织与结构

第4章 设立银行、分支机构、自动柜员机以及开通电话银行服务和网上银行业务

第1章 变化中的金融服务部门概览

学习要点

- 重塑银行业的巨大力量;
- 银行是什么;
- 金融系统和与银行竞争的其他金融机构;
- 向公众提供的传统业务与新业务;
- 影响所有金融机构的主要趋势;
- 附录1A 银行业和金融服务部门的就业机会。

有一个古老的笑话,据说是喜剧演员鲍伯·霍普(Bob Hope)讲的:银行这种地方,只有你能证明你不需要钱,才能从那里借到钱。尽管银行的借款客户可能认为这个老笑话再贴切不过了,但是实际上今天的银行正在世界范围内向几百万公众、企业、政府提供数百种服务,并且其中一些金融服务对个人福利和我们所处的社区以及国家的福利都是至关重要的。

对众多个人、家庭以及许多政府单元(辖区、市、县)而言,银行是提供信贷(可贷资金)的主要来源。此外,银行还为当地的杂货商以及汽车经销商等企业提供贷款,因此杂货店才能货源不断,汽车商才能不断推出新款汽车。当商家和消费者购买了商品和服务需要付款时,通常会使用银行提供的支票、信用卡、提款卡或者使用计算机网络上的电子账户。当消费者需要金融信息或理财计划时,通常会求助于银行家,听取他们的建议和意见。和任何其他金融机构相比,银行拥有公众可以信任的信誉。

> **小贴士**
>
> 哪个国家拥有的商业银行数量是最多的?
>
> 答:美国拥有大约6 600家商业银行,其次是德国,拥有将近2 500家商业银行。

从全世界来看,银行为消费者提供了比其他金融机构更多的分期偿还贷款。在大多数年份里,银行也是政府为融资建设公共设施(包括礼堂、足球场、机场、高速公路等)而发行的债券和票据的主要买家。银行还是企业短期营运资金的重要来源之一,而且近年来,银行面向企业购买新厂房和机器设备发放长期贷款的业务也日渐活跃。美国各家银行持有的资产占全国总资产的1/5,其收益占美国所有金融机构的收益则要稍高于这个比例。在日本等其他国家,银行持有将近其国内金融系统总资产的2/3。这是因为在美国,有许多不同的金融机构通过竞争满足企业、顾客和政府的需要。

1.1 什么是银行

尽管银行对地方经济乃至整个国民经济的运行都至关重要,但人们对于银行究竟是什么还有很多混淆之处。我们可以从以下几个方面定义银行：银行提供的经济作用、银行向客户提供的服务、银行存在的法律基础。

当然，我们可以从银行在经济中的作用来了解银行，它们在资金从借方向贷方转移中充当金融中介的角色，并提供对商品、服务进行支付的服务。

历史上，银行因其提供广泛的金融服务被人们所认识，这些服务包括核对账户、支出计划以及向企业、个人消费者和政府提供贷款。现在，银行的服务项目在快速地扩大，包括投资业务（证券承销）、保险、财务计划、公司兼并咨询、向企业和消费者提供风险管理服务以及其他很多创新的服务。银行提供的服务不再局限于传统银行业务，它逐渐变成了一般金融服务的提供者。

不幸的是，在试图确认究竟什么是银行的时候，我们很快会发现不仅银行的功能和服务在随着全球金融系统变化而变化，而且其主要竞争者也在经历着同样的变化。确实，许多金融机构（包括顶级证券经销商、经纪公司、信贷联盟、存款机构、共同基金和保险公司）都试图尽可能提供和银行类似的服务。比如高盛、达孚公司（Dreyfus Corporation）以及保诚保险（Prudential Insurance），它们都拥有银行或者类似银行的公司。在2007~2009年的金融危机中，顶级投资银行高盛和摩根士丹利转变为拥有多家公司的商业银行，从公众处吸收存款。

而且，一些著名的工业公司在近几十年来也在加快前进步伐，提供贷款、信用卡、储蓄计划以及其他传统的银行业务。银行市场的强大入侵者为数甚多，随便举几个例子，比如通用资本（GE Capital）、哈雷－戴维森（Harley-Davidson）和福特汽车信贷（Ford Motor Credit），甚至世界上最大的零售商沃尔玛，也开始发展类似银行的企业，以扩张其金融服务业务。美国运通、必能宝、联合健康集团和塔吉特也已经掌握了一些类似银行的机构。

银行并没有因为自己的地盘被侵略而放弃，它们要求解除传统规则并积极游说当局希望可以在全球范围内进入新的市场。例如，在美国大银行的游说下，美国国会1999年通过了《金融服务现代化法案》（人们所说的《格雷姆—里奇—布利雷法案》，即《GLB法案》，这是以它的发起者的名字命名的），这个法案允许美国的银行进入证券和保险业并允许非银行控股公司兼并和控制银行公司。

令我们对"银行是什么"更加感到困惑的是，这些年来，从竞争性的市场中出现了许多机构，它们都毫不掩饰地以银行自居。正如表1-1所示，有储蓄银行、投资银行、抵押银行、边缘银行、商人银行、银行家银行、全能银行等。本书中我们将把大部分时间集中于银行机构中最重要的商业银行，它为全世界的企业和家庭服务。尽管如此，我们在本章及以后章节中涉及的管理原则和概念同样适用于许多不同的"银行"以及提供类似银行服务的其他金融机构。

表1-1　自称为银行的多种不同的金融机构

银行型公司的名称	定义或描述
商业银行	出售存款并向企业和个人和机构提供贷款
货币中心银行	主要金融中心的大商业银行
社区银行	是小型的、以地区性业务为主的商业和储蓄银行
储蓄银行	吸收存款并向个人、家庭提供贷款
合作银行	帮助农民、大农场主和消费者获得商品和服务
抵押银行	向新房屋和住房工程提供抵押贷款
社区银行	是小型的、以地区性业务为主的商业和储蓄银行

(续)

银行型公司的名称	定义或描述
货币中心银行	主要金融中心的大商业银行
投资银行	认购其客户新发行的证券
商人银行	向企业提供债务和资产资本
国际银行	在多个国家经营的商业银行
批发银行	服务公司和政府的大型银行
零售银行	服务家庭和小企业的小型银行
专用银行	像信用卡公司和次级贷款只提供少量服务
银行家银行	向银行提供服务（支票清算和证券交易）
少数银行	主要集中于少数民族顾客的银行
国民银行	由联邦货币当局许可
州立银行	由各州银行委员会签发的经营许可
被保险银行	持有被联邦存款保险计划支持的存款（例如，FDIC）
成员银行	属于联邦储备系统
附属银行	完全或部分属于一个控股公司
虚拟银行	仅服务于网络
边缘银行	提供付薪日贷款和财产所有权贷款，现金检查或像抵押商店和租赁公司那样经营
全能银行	提供市场上所有的金融服务

在讨论不同种类银行的时候，我们应该提到后续章节中经常遇到的银行类型的一个重要的区分方法——社区银行和货币中心银行。货币中心银行是巨大的行业领导者，服务延伸至各地区、国家和大洲，并面临着来自全球各大金融机构的激烈竞争。社区银行，通常规模较小，并且服务限于当地社区、城镇和城市，向公众提供的服务项目虽然较少但却颇为人性化。正如我们将要看到的，社区银行的数量在减少，但是它们仍然是所服务社区的强有力竞争者。

在我们探求银行定义时最后提到关于银行存在的法律基础。在一个世纪以前，当美国联邦政府决定要管理和监管银行时，为了推行条例它必须定义什么是银行和什么是非银行。毕竟，如果想监管银行就必须写出关于它们是什么的具体的描述，否则，被监管的银行很容易就逃脱监管，并宣称它们根本就不是真正的银行。

政府最后选定的定义直到今天还被许多国家使用，**银行**（bank）是提供可以随时按要求（例如签发支票、刷卡或者以其他方式进行电子转账）提取的存款服务并提供商业或企业性质（例如向试图扩大商品存货或购买新设备的私人企业提供信贷）的贷款的机构。一个世纪之后，在20世纪80年代，当数百个金融和非金融机构都在提供银行这两项服务之中的其中之一（不是全部）的时候，它们就无法被作为银行而受到监管，因此国会决定对银行的定义进行改动。国会后来对银行的定义是：必须由联邦存款保险公司（FDIC）管理并参与存款保险的机构。

这的确是个聪明的定义！在联邦法律下，在美国，银行不再由其提供的服务而定义，而是通过政府机构对其存款进行保险来定义。请大家保持清醒，随着21世纪的开始，这个曲折而复杂的故事无疑会产生更多有趣而新奇的花样。联邦存款保险公司存款保险的重要性在此次金融危机中显得尤为突出，投资者想获得联邦存款保险公司的担保，于是大量基金流入了银行和储贷协会的联邦存款保险公司保险账户。

洞察力和问题

银行业和其他金融机构发展简史

我们可以从历史记录中发现，银行是所有金融服务行业中最古老的机构。那么这些强大的金融机构来自何方呢?

语言学和词源学可以告诉我们。几个世纪以前，古法语单词banque和意大利语单词banca的意思均为"长凳"或"货币交易桌"。历史学家发现，这种说法与第一批银行家的出现大有关系。他们生活在2000多年前，通常坐在桌子旁边或在商业区的小商店里进行钱币兑换活动，帮助那些来镇上旅行的人把外国货币兑换成当地货币，或者从事票据贴现业务，为商人提供营运资金，并从中收取手续费。

起初，第一批银行家可能使用大量自有资金来完成经营活动，但不久以后，吸收存款、从有钱的顾客那里获取临时担保贷款便成为银行重要的资金来源。然后，他们冒着极大的风险以最低每年6%，最高每月48%的利率向商人、贷主、地主提供贷款。早期大大小小的银行多由希腊人和罗马人经营。

银行业逐渐从文明古国希腊和罗马向外传到了欧洲西部和北部。中世纪时期，由于对穷人贷款的利率过高，银行业受到宗教势力的反对，然而，随着中世纪的结束，欧洲文艺复兴时代的到来，大量的银行贷款或存款涉及了比较富裕的顾客，这样就降低了宗教对银行业务的反对声浪。

随着15世纪、16世纪和17世纪陆地贸易路线的不断延伸，航海能力不断提高，世界商业中心逐渐由地中海地区转移到欧洲及大不列颠群岛，在那里，银行业成为主要的行业，这一时期播下了工业革命的种子。工业革命离不开完善发达的金融系统，特别是采用机器化大生产之后，相应地需要扩张全球贸易来吸收工业产品，因此，需要新的支付信贷方式与之适应。在意大利美第奇银行（Medici Bank）和德国霍切斯泰特银行（Hochstetter Bank）的带动下，能够满足这些需要的银行得到了迅速发展。

多年以前，欧洲人害怕因战争、偷盗或政府征用而失去财产，于是他们就把有价值的东西（比如金条、银条）交给银行保管，所以欧洲早期银行是专门从事保管业务的。那些在海上运输货物的商人发现，把别人支付的金子或银子带在身上是很危险的，因为可能会遇上海盗或风暴，放在银行里就安全多了。英国亨利八世和查尔斯一世统治时期，政府大肆收敛私人金银，人们把金银存入金匠商店，而金匠向这些顾客签发凭证卡以证明他们在这些商店存放的东西。不久，因为比金银携带方便，危险又少，金匠凭证就作为货币开始流通。金匠也提供价值鉴定服务——现在我们称之为资产评估。顾客可以带来金、银、珠宝及其他贵重物品，请专家鉴定其真伪——现在许多银行仍然为顾客提供这种服务。

随着北美、南美殖民地的建立，银行业传到了这片新世界。最初，殖民者主要与本国的银行进行业务往来。进入19世纪后，美国州政府开始允许建立特许银行公司。在很大程度上，许多银行只不过是其他商业企业经营链条的延伸，商品销售处于主导地位——比如农业设备贸易，而银行服务则处于次要地位。纽约等一些重要的商业中心，出现了由专业人士经营的规模较大的银行。南北战争时期，联邦政府成为美国银行业迅速发展的动力。1864年货币监理署（OCC）成立，它由国会创办，对国民银行进行审批和管理。联邦政府和各州政府在控制及监督银行活动方面都起到重要作用，这种分权式监管体系在美国沿用至今。

尽管银行有悠久而成功的历史，但在过去的一两个世纪中，出现了大量强劲的金融服务竞争者（大多数来自欧洲），它们在各个方面向银行提出了挑战，其中最古老的要属人寿保险公司了，美国第一家人寿保险公司于1759年在费城注册成立。财产意外保险也同时出现，其中以1688年成立的著名的伦敦劳埃德保险（Lloyds of London）为代表，它为个人和财产的风险提供一系列的保险。

19世纪，新的金融机构如雨后春笋般出现，以1810年苏格兰储蓄银行建立为标志。这些机构面向个人提供小额存款服务，而与此同时，大多数商业银行都忽视了这个市场。一个类似的机构——储蓄贷款联盟，19世纪80年代出现于美国中西部地区，它们鼓励家庭储蓄并为新住房建设提供融资。信贷联盟也出现在同一时期，首先在德国注册成立，它们向产业工人、银行忽视的顾客提供储蓄账户和低成本信贷。

1822年，共同基金（过去20年银行竞争者中最为成功的一个）出现于比利时，20世纪20年代这些投资公司大量进入美国，但是因30年代的大萧条而遭到重创，直到第二次世界大战以后才重新崛起并迅速成长起来。一个非常相似的机构——货币市场基金，出现在20世纪70年代早期，它们向家庭和机构提供专业的现金管理服务。这些强劲竞争者的出现从银行吸引走了大量的存款并最终导致了政府对于银行监管的放松。最终，对冲基金私募股权和风险投资公司出现并向投资者提供了比共同基金更少受监管、风险更大、收益更高的选择，它们在新世纪经历了爆炸式的增长，然后在2007~2009年的信贷危机中陷入困境。

1.2 金融系统以及竞争性金融机构

1.2.1 金融系统的角色

正如我们在本章开始所指出的，银行在向其金融服务客户提供服务时面临着来自各方面的挑战。在全球范围内，银行只不过是巨大的金融系统中市场和机构的一部分。这个不断变化的金融系统的主要目的是鼓励个人和机构储蓄，并把这些储蓄提供给计划投资新项目、需要信贷的个人和机构。这种鼓励支出以及把储蓄转换成投资支出的过程使得经济增长、就业增加以及生活水平提高。

> **小贴士**
> 你是否知道现在在美国经营的银行数量仅仅是100年前的1/3？你认为为什么会这样？

但是金融系统中的市场和机构所做的不仅是把储蓄转换成投资，它也提供现代生活中一些必不可少的支持性服务。这些服务有使交易和市场成为可能的支付服务（比如支票、信用卡和互联网），向储蓄和风险投资提供的风险保护服务（包括保险政策和衍生合约），流动性资产服务（使财产和财富向现实的购买力转移成为可能）以及向那些需要贷款补充其收入的人提供信贷服务。

1.2.2 银行面临的挑战

几个世纪以来，银行在提供储蓄和投资服务、支付和风险防范服务、流动性和贷款服务方面一直走在其他金融机构前面，在过去的几十年中统治着金融系统。然而今非昔比，正如本章开始所述，银行的金融市场份额随着其他金融机构的进入而急剧减少。以1个世纪以前的美国为例，银行占所有金融机构资产和收入的2/3还要多，然而正如表1-2所示，虽然近年来银行的市场份额有所提高，但如今的银行市场份额已经减少至仅占美国金融市场的1/3。

表1-2 商业银行与其主要金融服务竞争者的相对份额

金融服务机构	2010年持有的金融资产（10亿美元）[①]	2010年持有的金融资产占所有金融资产的百分比（%）
存款机构		
商业银行[②]	14 411	24.6

(续)

金融服务机构	2010年持有的金融资产（10亿美元）①	2010年持有的金融资产占所有金融资产的百分比（%）
储蓄机构③	1 245	2.1
信贷联盟	903	1.5
非存款金融机构		
人寿保险公司	4 884	8.3
财产/意外及其他保险公司	1 368	2.3
个人退休基金	5 323	9.1
州及当地政府退休基金	2 557	4.4
联邦政府退休基金	1 311	2.2
货币市场基金	2 760	4.7
投资公司（共同基金）	6 783	11.6
财务公司	230	0.4
抵押公司	1 644	2.8
房地产投资信托	267	0.5
证券经纪商与交易商	1 966	3.4
其他金融机构（包括政府发起的公司、抵押池、付薪日借款者等）	<u>12 995</u>	<u>22.2</u>
总和	58 647	100.0

注：由于四舍五入的原因，表中数字可能加总上有误差。
① 2010年第2季度的数据。
② 这里所记录的商业银行包括在美注册的商业银行、外国银行在美办事处、银行控股公司以及在美国属地经营的银行。
③ 存款机构包括储蓄和贷款联盟、互助和联邦存款银行以及合作银行。
资料来源：联邦储备委员会，美国资金流动记录，2010年第2季度（2010年9月）。

一些金融服务领域的专家认为市场份额的明显减少意味着传统银行正在走向灭亡（参考贝姆（Beim）[2]，以及与之争论的考夫曼（Kaufman）和穆特（Mote）[3]）。由于金融市场效率的提高，最大的客户也能不通过银行而获得资金（例如通过公开市场借款），使得传统的银行不再是必需的。一些专家认为全球之所以仍有数千家银行（或许比我们需要的多），是因为政府通常通过廉价的存款保险和低成本贷款来对该行业进行补贴。然而其他人则认为，银行市场份额的下降是由于过多的政府监管，限制了该行业的竞争能力。或许银行正在因"监管"而走向死亡，这将会伤害那些主要依靠银行服务的客户——个人和小企业。其他专家则持相反的观点，认为银行并不是走向死亡，而是正在变化（提供新的服务并改变其形式），这反映了目前市场需求的变化。或许传统的关于行业重要性的衡量方法无法真实反映出当前金融行业的多样性和竞争性。

1.2.3 银行的主要竞争者

在与银行竞争的主要竞争者中，以下一些非银行金融机构改变了金融服务客户对于银行的忠诚并在不断变换的金融市场中获得了更大的市场份额。

储贷协会 致力于销售储蓄存款、提供住房抵押贷款以及其他面向个人和家庭的各种形式的信贷，详细介绍此类金融机构的网站有：Atlas储贷协会（www.atlasbank.com）、纽约布鲁克林的Flatbush储贷协会（www.flatbush.com）、华盛顿惠利（Washington Mutual，www.wamu.com）和美国联邦储蓄银行（www.americanfsb.com）。

信贷联盟　汇集成员储蓄并向同一组织的成员提供贷款的非营利性机构,此类公司包括密尔沃基的美国信贷联盟(www.americancu.org)和海军联邦信贷联盟(www.navyfcu.org)。

边缘银行(fringe banks)　包括付薪日贷款、抵押商店和现金检查,承担高风险,以高利率提供小额贷款给现金短缺的家庭和个人,比如第一现金财务公司(www.firstcash.com)和典当商(www.pawntrader.com)。

货币市场基金　从个人或机构汇集短期流动性资金并购买基金,将这些资金投资于高质量的短期证券,这类公司包括富兰克林泰姆普莱顿免税货币基金(www.franklintempleton.com)和德意志资产管理公司(www.dws-investments.com)。

共同基金(投资公司)　向公众销售股份,这些股份的收益和回报来自专业管理的股票、债券和其他债券组成的资产池,这类金融公司有富达公司(www.fidelity.com)和先锋集团(www.vanguard.com)。

对冲基金　以资产池形式销售的股份主要迎合不同资产(包括在商品、房地产及其他流动性差的更具风险性的非传统投资)的广泛的投资者,较少受约束,想要了解更多信息,可以查看这些公司:夸脱集团(www.magnum.com)和Turn Key对冲基金(www.turnkeyhedgefunds.com)。

证券经纪商和交易商　代表客户和自己的投资账户买卖证券,例如美林证券(www.ml.com)和嘉信公司(www.schwab.com)。最近如嘉信等证券经纪商积极推出了网上附息活期账户,其承诺的利息率要高于多家银行。

投资银行　向在金融市场中筹资的公司和政府或寻求兼并和证券交易的企业提供专业咨询,包括如下著名的投资银行:高盛公司(www.goldmansachs.com)和雷蒙詹姆士投资公司(www.raymondjamesecm.com)。

财务公司　向商业企业(例如汽车和设备交易商)和消费者(个人和家庭)提供贷款,这些资金从开放市场或其他金融机构借得,包括一些财务公司如财务管理公司(www.guardianfinance Company.com)和GMAC财务服务公司(www.gmacfs.com)。

金融控股公司或集团　一个集团作为多元服务的提供者,服务通常包括信用卡公司、保险和财务公司以及证券经纪/交易公司,有些持有经营银行业务公司的股票,而有些不持有。这类公司包括顶级的金融集团,如通用资本(www.gecapital.com)、瑞银华宝(www.ubswarburg.com)。

人寿和财产/灾害保险公司　通过向公众销售各种保险产品防范个人或财产损失的风险,并管理企业及个人退休基金的年金计划,这个行业的领袖有保诚集团(www.prudential.com)和国家农场保险公司(www.statefarm.com)。

所有这些金融服务提供商提供的服务都趋于集中(像相向而行的即将相撞的火车),并且提供对方提供的创新服务,而且,法律文件如美国的《1999年金融服务现代化法案》(《格雷姆—里奇—布利雷法案》),已经允许上面提到的许多金融机构向公众提供一站式的金融服务。

幸运的是,更加自由的政府监管、高效的管理和充足的资本,使得银行可以真正变成集团式的金融机构。这对于证券公司、保险公司以及其他希望兼并银行的以金融为导向的公司而言,也是同样适用的。

这样,美国历史上将银行同其他金融机构区分开来的法律屏障就如同耶利哥古城墙一样轰然倒塌。

如今如何区分银行业务与其他金融机构的业务是非常困难的。在美国,国会(和世界上其他国家的政府一样)担心如果允许银行同工业公司联营,可能会消除竞争,使银行面临新的威胁并有可能削弱保障存款人和纳税人免于损失的安全网络,因此对这种联营进行了严格的限制。

金融企业的相似性让公众对什么是银行、什么不是银行感到茫然。最有效的辨别方法也许是观察这些机构，看它们向公众提供何种服务。金融机构向公众提供了范围极广的金融服务，尤其在信贷、储蓄、支付、金融咨询和风险防范等方面的服务。正是由于银行及其竞争者提供的服务及其职能的多样性，使它们有了"金融百货公司"的称号。"你的银行——提供全方位服务的金融机构"也成为我们熟悉的广告词。

概念测验

1. 什么是银行？银行和其他金融机构有哪些不同之处？
2. 根据现行美国联邦法律，一家企业如何才能成为合格的商业银行？
3. 为什么银行要拓展经营范围以成为提供一站式金融服务的联合体？你认为这种做法可取吗？
4. 哪些公司是与银行最相近、最强有力的竞争者？它们提供哪些服务与银行进行直接竞争？
5. 银行的金融市场份额正发生哪些变化？为什么？如果目前的趋势持续，你预见将会出现怎样的银行和金融系统？

1.3 银行与其竞争者向公众提供的服务

银行与其竞争者一样，都是金融机构，在经济活动的很多方面承担着重要的职能，见表1-3。其经营成功与否，取决于它们能否知道公众需要哪些金融服务，能否快捷有效地提供这些服务并以有竞争力的价格将其售出。那么，公众现在到底需要银行及其金融服务竞争者提供哪些服务呢？在本节，我们将列出银行传统的和现代的业务清单。

表1-3 银行与其竞争者在经济中承担的职能

职能	服务内容
中介职能	将主要来自家庭的存款转化为贷款，提供给商业公司及需要投资于新建筑、设备和商品的其他筹资人
支付职能	代表客户支付商品及服务价款（如签发和支付支票、电汇资金、提供电子支付渠道、发行货币与硬辅币）
担保职能	担保在客户无力偿付债务时代为偿付（如签发信用证）
风险管理职能	帮助客户应对资产或人身方面的经济损失
投资银行职能	帮助企业、政府筹资，收购和开拓新市场
存款/投资顾问职能	通过存款设计、管理和保障，帮助客户实现长期目标以改善生活
价值保管/证明职能	保管客户的贵重物品，评估其实际的市场价值及做出证明
代理职能	代表客户管理和保护其资产或为其发行及收回证券（通常由银行的信托部门提供服务）
政策职能	充当政府控制经济增长和实现社会目标的手段

1.3.1 历史上银行提供的服务

货币兑换 从历史上看，银行提供的早期业务之一就是**货币兑换**（currency exchange）。银行将一种货币兑换成另一种货币，并收取手续费，如将美元兑换成法郎与比索。在很早以前（正如在今天），这种兑换业务对旅行者来说是相当重要的，因为他们在旅行地（国家和城市）只有获得当地的货币才能生存并享受服务。在今天的金融市场中，由于外汇交易具有风险并需要一定的专业知识，因此外汇交易主要由大银行经营。

商业票据贴现和向企业提供贷款 银行在成立的早期，就开始办理**商业票据贴现**

(discounting commercial notes）业务——当地商人将自己的债权（应收账款）卖给银行，以迅速换取现金。实际上这是银行向他们提供贷款。企业会出于购买存货或补充新设施的需要而要求银行直接提供贷款，商业票据贴现与之相比并没有太大的差别。

储蓄存款服务 贷款的高利润促使银行四处寻找贷款资金。贷款资金的最早来源之一是**储蓄存款**（savings deposits）——存放在银行中的生息资金，存放期为几个星期、几个月、几年，利率有时相当高。例如依据历史记载，古希腊的银行曾支付高达16%的年利率来吸收存款，转而以2~3倍的利率贷放给地中海地区的船主。这样的利润空间该有多大啊！

贵重物品的保管和价值证明 在中世纪，银行和其他一些商人开始为顾客保管金子、债券等贵重物品，将这些贵重物品存放于保险柜中。同时，这些金融机构应客户要求，鉴定客户贵重物品的市场价值，特别是金子和珠宝，并且证明这些所谓的"贵重物品"是否像他人宣称的那样有价值。

向政府提供信用支持 在中世纪及工业革命早期，欧洲国家的政府开始注意到银行及其他服务提供者有调用大量资金及贷款的能力，政府在发给银行执照时要求银行用部分存款资金购买政府债券。在美国独立战争时期，新组建的美国政府也采取了同样的策略。北美银行是1781年由费城大陆议会授权成立的，成立该银行的目的就是以资金支持美国摆脱英国统治而实现独立。同样，在内战时期，国会建立了一种新的联邦银行体系，以购买为战争提供资金的政府债券为条件授权在各个州设立全国性银行。

支票账户（活期存款）的提供 欧洲及美国的工业革命催生了新的银行业务和服务。这一时期最重要的新服务就是**活期存款**（demand deposit）——存款人有权签发汇票并以汇票支付货物及服务的购买，银行以及其他金融机构见票立即支付现金的一种支票账户。由于活期存款提高了支付的效率，交易得以更方便、快捷、安全地进行。现在支票账户延伸到互联网及所谓的智能卡中，当存款人购买商品及服务时，账户上的资金能自动划拨。现在不仅银行提供这项服务，其他储蓄机构、信贷联盟、证券公司和其他金融机构也提供这项服务。

提供信托服务 多年以来，银行和其许多竞争者（如保险和信托公司）管理个人及企业的金融活动和财产，会依据托管财产的价值及资金金额收取手续费，这种管理财产的职能就是**信托服务**（trust services）。这类服务的提供者通常作为遗嘱的受托人，管理已去世顾客的财产，保管贵重财物，用其财产向债权人进行支付，进行适当的投资，确保法定继承人得到遗产。在其商业信托部门，银行和其他信托服务提供者为企业设计和管理证券投资组合、代理其进行养老金投资及作为企业代理人发行股票及证券。

> **小贴士**
> 美国哪个地区拥有的银行数量最多？中西部地区。哪个地区拥有的银行数量最少？东北部地区。你认为为什么会这样？

> **小贴士**
> 2001年，诞生了一家网络公司GovWorks.com，它使用的5 000万美元是哪个风险投资公司提供的？
> 答：Startup.com。

洞察力和问题

理论上银行及其他金融机构的作用

银行以及保险公司、共同基金、财务公司和类似的金融机构都是金融中介。金融中介指经济中在两类个人和机构间起联结作用的企业。这两类个人和机构是：①入不敷出的个人和机构，其目前的开销和投资支出大于收入，需向外借入资金；②有盈余的个人和机构，目前的收入大于开销和投资支出，有多余的资金存入银行。金融中介的活动在这两者之间起着不可或缺的中介作用，向有盈余的个人和机构提供便利的金融服务从而吸收其资金，转而将这些资金贷给入不敷出的个人和机构。这样，金融中介的作用通过扩大储蓄额加速了经济增长，通过多样化降低了投资风险并提高了储蓄和投资的生产力。

当向入不敷出的个人和机构放贷的预期收益大于向有盈余的个人和机构借钱的预期利率（成本），银行贷款的收益与向有盈余的个人和机构的存款及其他资金支付的利率之间有互动关系时，金融中介就充当中介角色。如果银行贷款利率与借入资金的成本有互动关系时，金融中介预期利率的风险降低，银行会扩大借贷规模。

关于银行以及其他金融中介机构为什么会存在的问题至今仍众说纷纭。它们能提供给个人及企业而企业和个人不能为自己提供的基本业务有哪些呢？

事实证明这个问题很难回答。多年以来所做的调查显示了金融体系和金融市场运作得相当成功。借入者和借出者都能得到资金和信息，贷款及证券的价格似乎是由竞争激烈的市场决定的。在完全竞争、高效率的金融体系中，所有的市场参与者公开、平等地进入金融市场。以同样的利率借贷，任何一个参与者都不能操纵利率或价格。所有的参与者都能以极小的成本获取影响贷款、证券及其他资产价值的信息。交易成本不能遏制资产交易，人们能交易任何面额的贷款和证券。那么为什么银行以及许多其他金融服务竞争者有存在的必要？

许多现代理论认为银行的存在缘于金融体系的不完善。例如，贷款及证券的面额没有小到任何人可以承受得起的程度。例如，美国国库券——全世界最受欢迎的短期流通证券，其最小面额为10 000美元。很显然，大多数小储户无力购买，但银行提供了一种将这些大额证券分解成小面值证券（以存款方式）的服务。这样，许多人都能买得起小面值证券。本例说明不完善的金融体系为银行服务小储户制造了机会。

银行及其服务竞争者所做的另一个贡献是，它愿意借入高风险资金而向储户发行低风险的证券，银行实际上介入了金融市场上的风险套利。

银行及其他货币和类货币提供者同时还满足顾客对流动性的强烈需求。如果金融工具能在现有市场上被很快出售，且几乎没有损失的风险，那么它是流动性的工具。例如很多家庭和企业需要大量流动资金以满足预期现金需求和应急，银行及其他金融机构能通过保持储蓄及贷款的高度流动性，满足这种需求，当需要现金时，借款人马上可以得到。

银行及其他金融机构发展得如此之快的另一个原因是它们有分析信息的高超能力。金融投资的相关数据较少且昂贵，一些个人和机构因掌握内部信息从而可选择暴利投资而避免亏损投资，这种信息分析能力的不均匀分布称为信息不对称。信息不对称降低了市场效率，但同时也为金融中介利用分析金融工具的专业能力及经验来选择回报最丰厚的投资工具提供了机会。

关于银行及其他借款机构为何存在的另一种现代的看法是委托监控理论。该理论认为，银行能吸引借款人是因为它许诺为其保密。例如，就连银行的储户也无权察看借款人的财务报表。通常，储户既没有时间也没有能力判断借款人的信用，从而选择优良贷款，避免坏账。他们将监控过程委托给把人力资本和信誉投资于该过程的金融中介，于是存款机构作为储户的代理人，监控借款人的财务状况，以便确保收回储户的存款。储户支付一定的费用作为监控业务的回报，当然这些费用低于储户亲自监控借款人的费用。

作为受托监控人，借款机构通过贷出大量的贷款分散、降低风险，使储户的存款更为安全，而且，当借款机构同意借款，那么该借款人向别处借钱也会容易，成本也更低，在金融界，这表明该借款人的信用好，偿贷的可能性很大。这种示范作用在银行或其他借款机构同意延期贷款还款期时是最强的，而不是在向新借款人发放第一笔贷款时。

1.3.2 银行及其金融服务竞争者新近开拓的业务

消费者贷款 20世纪早期，银行家大量吸收消费者（家庭）存款以满足对大型公司的贷款。另外，吸引企业存贷的激烈竞争促使银行迅速转向消费者，把他们作为潜在的忠实顾客。在20世纪二三十年代，由纽约花旗银行及美国银行牵头，几家大银行创立了强大的消费者信贷部门。第二次世界大战后，消费者贷款业务迅速发展。但是近年来，受信贷联盟和信用卡公司等非银行服务提供商信贷账户与其激烈竞争的影响，银行消费者贷款放慢了增长速度。

金融咨询 长期以来，银行及其金融服务竞争者为顾客提供金融咨询，尤其是提供信用、储蓄资金、投资方面的咨询。如今，绝大多数银行及其他金融机构都提供范围极广的**金融咨询服务**（financial advisory services），从为个人提供税收申报单及财务计划到为企业寻找国内外营销机会提供建议。

现金管理 许多年以来，银行及与其类似的机构发现一些内部业务同样适用于顾客，其中最主要的是**现金管理业务**（cash management services），即银行或其他金融机构为企业代收和代付款项，在企业需要现金前，将其暂时的现金盈余投资于短期付息证券和贷款。尽管银行主要着力于企业现金管理方面的专业化，但今天也越来越多地为消费者提供该业务。

设备租赁 许多银行和其他金融机构积极地向企业提供为其购买所需设备的选择权，通过租赁协议，借款机构购买设备并将它租给企业。这些**设备租赁业务**（equipment leasing services）使租赁机构及顾客都从出租者中受益。作为租赁设备的真正所有者，银行能将设备贬值从而获得税收优惠。

风险资本贷款 银行及与其竞争的机构（例如证券交易商和金融集团）逐渐在新公司成立的融资方面变得活跃起来，特别是在高科技产业领域。由于该项贷款有较大风险，一般由银行控股公司的风险资本子公司来操作，公司从投资者处筹集资金并支持新企业，当新企业出售或上市时获得利润。

保险 20世纪30年代大萧条开始，考虑到销售**保险单**（insurance policies）可能增加银行所面临的风险，以及客户在购买一种服务的同时被强迫购买其他服务所产生的利益冲突，美国银行被禁止经营保险业务。然而，在新世纪初，美国国会放宽了银行业和保险业公司间互相并购的限制，彻底取消了两大行业之间的法律屏障，二者极端隔离的局面发生了翻天覆地的变化。如今，两大行业业间竞争激烈，并购和吞并不时发生。

退休基金 银行信托部门和保险公司积极管理企业提供给雇员的退休基金，将退休基金投资，支付给到退休年龄或残疾的雇员。同时它也向储户个人提供储蓄退休基金（被称为IRA和Keoghs），持有退休基金的个人退休后可以从中提取现金。

已经进入传统银行服务市场的顶级非银行金融机构

几十年来，银行已经目睹了一些世界上最具竞争的非银行金融机构进入银行传统的市场，其中最为成功、最具竞争力的公司有：

美国运通公司（American Express Company, http://home.americanexpress.com） 美国运通是美国的第一家信用卡公司，现在为数百万家庭和公司服务。它还拥有一家在联邦存款保险公司注册的银行——美国运通百年银行（American Express Centurion Bank），通过该行提供家庭抵押和家庭资产贷款、储蓄账户、退休账户和在线支付服务。AEX是联邦储备委员会注册的一家金融控股公司。

汇丰融资（HSBC Finance Corporation, www.hsbcusa.com） 汇丰融资的前身为家居国际（Household International），在其被世界第三大银行汇丰控股集团收购和易名之前，其是世界最大的金融公司。在加拿大、英国和美国，汇丰融资为中产阶级借款者提供着低于平均水平的贷款利率。汇丰控股集团这家消费者借贷子公司还经营着信用卡、住宅抵押贷款、汽车贷款和保险产品等业务。

全国金融公司（Countrywide Financial Corp., www.countrywide.com） 全国金融公司是美国最大的住房抵押贷款者。该公司建立于1969年，它最先建立起类银行分行（被称之为"乡村商店"），开始主要位于加利福尼亚州，之后扩展到全国，随后，组建证券经纪与交易附属机构、保险代理公司和在线贷款公司。全国金融公司收购了位于弗吉尼亚州亚历山大的资金银行。

1.3.3 证券交易：证券经纪和证券承销服务

近年来，银行服务所要实现的最重要目标之一就是交易证券、执行证券交易客户的买入卖出指令（证券经纪业务）及推销新证券为公司及其他机构筹集资金（证券承销业务），美国和日本的情况更是如此。由于1933年美国通过《格拉斯—斯蒂格尔法》，银行不能从事上述大部分的**证券经纪业务**（security brokerage services）和**证券承销业务**（security underwrighting），1999年秋《金融服务现代化法案》通过，银行被允许可以和证券公司合并。银行业和证券业历史悠久，但在很长时期内受法律束缚而不能交融，这一现象在美国和日本尤为突出。现在这两个行业就像两列失去控制的火车一样，冲向同样的乘客以争夺生意。然而在21世纪早期，投资银行和商业银行遭遇了大规模的证券和借贷损失，一些老牌投资机构（如贝尔斯登和雷曼兄弟）宣布破产或者被商业银行所合并。2008年，其他两家著名的投资银行高盛和摩根士丹利成为了商业银行，而不再仅仅是投资银行。

共同基金、年金以及其他的投资产品 顾客开始要求银行或其他金融机构提供所谓的投资产品，例如互助资金账户及年金，其预期收益率虽比传统银行存款现期回报率高，但风险也大。

年金包括长期储蓄基金，从规定的未来时期开始（如退休后）每年向年金持有者支付一定数量的现金。相反，共同基金是专业化管理的投资基金，它所投资的股票、债券及其他证券要符合基金的公开目标（如收入最大化或长期资本升值）。一些银行成立了分支机构经营该业务（如花旗投资服务公司，Citicorps Investment Services）与证券中介商及交易商联合经营。结果，银行的许多主要竞争者，包括储蓄机构、保险公司和证券公司，为了与银行争夺顾客，纷纷扩大它们提供的固定和可变年金计划并扩展其共同基金和其他投资服务。

商业银行业务 美国银行及其他金融机构正紧跟全球主要金融机构（如英国的巴克莱银行和德国的德意志银行）的步伐，向大型公司提供**商业银行服务**（merchant banking services）。这些服务包括暂时购买公司股票以帮助成立新公司或帮助现有公司扩展业务，因此，提供上述服务的银行成为公司暂时的持股人，承担所购股票价值减少所带来的巨大风险。实际上，商业银行服务通常涉及鉴别潜在的购并目标和提供战略性营销建议。

风险管理和套期保值业务 许多银行家发现，大型银行正在经历革命性的变化，它们从传统上注重吸收存款和发放贷款业务转向风险中介——向其客户提供金融工具防范风险敞口损失而收取大量费用。全球最大的银行现在主导着风险和套期保值领域，或者作为交易商（例如充当作市商角色）为第三方银行客户提供风险防范服务，或者直接向其客户销售银行自己的风险防范合约（例如充当匹配交易商），在这里，银行承担了客户的风险并且寻找创造性的方法来防范本机构承受的风险。正如我们今后将要看到的，这种受欢迎的金融服务引起了风险套期保值工具如互换、期权和期货合约的大量出现。然而最近的信贷危机表明这一业务不断造成了不稳定的市场条件。

一些进入银行及其他金融服务业的领先的零售和工业公司

几十年来，银行和其他金融机构日益受到来自领先的生产、零售和其他商业公司的竞争。这些公司不属于金融部门却成功地捕获了金融服务客户。此类非金融实体中最著名的是：

通用电气（GE，www.gec.com） 托马斯·爱迪生在其发明白炽灯后于19世纪90年代创立了通用电气公司。如今，通用电气包含6大企业。其中有两大企业涉足金融服务市场——通用商务金融和通用消费金融。如果通用电气是家银行的话，它将排在全美银行的前十位。通用商务金融在全世界范围内为企业提供贷款、设备租赁、机队管理和项目融资。通用消费金融为超过1.3亿个人提供住宅贷款、保险、信用卡和个人贷款等服务。

GMAC金融服务（GMAC Financial Services，www.gmacfs.com） GMAC成立于1919年，作为通用汽车的一个子公司，它为购买通用汽车的经销商和消费者提供金融服务。现在GMAC金融服务是一个金融机构的集成，不再仅仅为购买汽车提供金融服务，而是扩展到家庭抵押贷款、房地产经纪服务、商业贷款、家庭和汽车保险并通过GMAC银行和一个储蓄机构提供银行类服务。在2008~2009年，GMAC和它的母公司通用汽车遇到了诸多问题，GAMC还进行了重组。

沃尔玛（Wal-Mart，www.wal-mart.com/financial-services） 沃尔玛目前是世界最大的消费品零售商，但它不是银行。来自金融服务业的阻碍一直试图限制其银行业务。沃尔玛在其1 000个以上的商铺内拥有货币中心。与其本身的折扣促销及杂货经营相比，金融服务业有着更高的利润率和更快的增长速度。截至2007年，沃尔玛的金融服务以每年30%~40%的速度增长着。这些商铺内服务包括支票兑现、邮政汇票、转账和票据支付等。沃尔玛还推出了现金卡来提供传统信用卡和投资服务。一如既往地，公司一直以低价格和中低收入消费群体为目标来发展业务。

1.3.4 方便：所有银行及金融服务之集大成

从以上金融业务的有关描述中，可以清楚地看到，银行及其他金融机构业务范围不仅广泛，而且不断地向新领域挺进，新型的贷款、存款不断出现，互联网及数字现金智能卡等新服务传送方式的使用越来越广泛，每年都会涌现出新业务。总体来看，现代金融机构所提供的服务范围广、服务传送渠道多，带给顾客诸多便利。一个地区的一家金融机构就可满足顾客的所有金融需求。的确，银行和其竞争者是现代社会的金融超级市场，它们将银行业、信托业、保险、证券承销有机结合起来——这种趋势在美国、英国被称为万能银行业，在德国叫做全能金融业，在法国叫做银行证券业。表1-4列出了一些金融百货公司，包括世界上一些最大的银行和与其竞争的非银行金融机构。

表1-4 一些世界上领先的银行及非银行金融机构

银行型公司	证券交易和经纪商
瑞穗金融集团（日本）（Mizuho Financial Group Ltd）	美林证券（美国）（Merrill Lynch）
三菱银行有限公司（日本）（Mitsubishi Banking Corp）	高盛集团（美国）（Goldman Sachs）
德意志银行（德国）（Deutsche Bank AG）	野村证券（日本）（Nomura Securities）
瑞士联合银行（瑞士）（UBS AG）	大和证券（日本）（Daiwa Securities）
花旗银行（美国）（Citigroup）	**保险公司：**
汇丰银行（英国）（HSBC Holdings PLC）	日本人寿保险公司（Nippon Life Insurance）
劳埃德集团（英国）（Lloyds TSB）	安盛公平保险公司（Axa/Equitable）
中国工商银行（Industrial and Commercial Bank of China）	大都会人寿保险（美国）（Metropolitan Life Insurance）
百利银行（法国）（BNP Paribus Group）	保诚保险（美国）（Prudential Insurance）
巴克莱银行（英国伦敦）（Barclays PLC）	
蒙特利尔银行（加拿大）（Bank of Montreal）	
苏格兰皇家银行（英国）（The Royal Bank of Scotland Group）	**财务公司：**
摩根大通银行（美国）（J. P. Morgan Chase & Company）	家居国际（美国）（Household International）
美国银行（美国）（Bank of America Corp）	通用资本（美国）（GE Capital）
澳大利亚新西兰银行（Australian & N.Z. Banking Group）	

资料来源：国际清算银行、英格兰银行、日本银行、联邦储备委员会。

概念测验

6. 银行向公众提供哪些不同的服务？与它们相近的竞争者提供哪些服务？
7. 什么是金融百货公司？什么是全能银行？为什么这些机构在现代金融系统中变得如此重要？
8. 依据金融理论，为什么银行及其他金融中介会存在于现代社会？

1.4 影响所有金融机构的主要趋势：危机、变革、转变

前述表明银行及其许多金融机构提供的金融服务在功能与形式上正经历着大变革。事实上，影响当今银行和其他金融机构的这些变化如此之大，以至于许多产业分析者把这些发展趋势称为"革命"——这也许会使下一代的银行和非银行金融机构面目全非。那么，重塑银行和金融服务的主要趋势是什么呢？

业务多元化 顶级金融机构一直致力于飞速扩展为顾客提供的服务范围。近年来，在银行间竞争日益激烈、顾客更加聪明和挑剔、科技不断发展的压力下，业务多元化的趋势明显加快，这同时也提高了银行的营运成本和倒闭的风险。不过，新业务对银行业产生了积极的作用，开辟了新的主要收入来源——非利息服务手续费（银行称之为手续费收入）。相对于贷款利息等传统的收入来源来说，该项收入可能会继续增长。

竞争日趋激烈 随着银行及其竞争者不断扩大业务范围，金融服务领域竞争的广度和深度更进了一步。提供企业及消费者信贷、储蓄及退休金计划、金融咨询业务的当地银行如今直接面对其他银行、信贷协会、美林等证券公司、通用资本等金融机构、保诚集团等保险公司及代理公司的挑战。这种激烈的竞争导致银行金融服务的市场份额大幅波动。例如，联邦存款保险公司1980年持有美国90%的钱，而到21世纪初只有40%。这种竞争压力是金融企业在未来不断开发出新产品以及减少运营成本的原动力。

放松政府监管 竞争的日趋激烈及银行业务多样化也是由于**放松监管**（government

deregulation)——政府降低对金融服务业的控制程度——所致。放松监管始于20世纪的最后10年的美国，随后逐渐蔓延至全球。我们将在以后的章节中清楚地看到，放松监管始于废除政府为储蓄存款设定的利率上限，以使公众能获得更为合理的储蓄收益。几乎在同一时期，储蓄、贷款及信贷协会等主要的银行竞争者根据法律，其业务范围得到了极大的扩展，仍然是银行的强有力竞争对手。一些主要国家，如澳大利亚、加拿大、英国及日本最近也加入了放松监管的行列，拓宽了银行、证券交易商及其他金融机构的法定经营领域。

然而，出现了一种新的监管趋势，即政府加强对金融服务的管理，这是政府对2007~2009年经济衰退反应的一部分。政府开始限制新的金融服务、新市场，而且再次聚焦于风险、测量方法，追踪整个金融系统的系统性风险。

银行和金融服务业的危机、变革、转变　　在本章和后面的内容中，我们会发现巨变会重塑金融服务市场，影响金融产品、行业结构和职位。金融部门正与来自经济、政治等多重力量进行斗争。没有一个部门比金融部门对2007~2009年的大萧条和信贷危机的反应更加明显。引起变化的因素包括：

- 全球房地产市场和抵押市场的投机和市场崩盘。
- 创新和创造（尤其是金融衍生合约）发展太快导致不可控制。
- 政府和监管者的无力监管，无法控制银行和金融服务机构的变化。
- 大量商业银行和投资银行（主要是在美国和欧洲）的失败。

你可以看到有关危机事件的讨论：

- 第2章，有关近来的监管改革手段，包括《多德—弗兰克华尔街改革法案》、新的保护消费者的中介机构、央行货币政策和审计的变化、新的程序步骤应对金融企业的流动性困难、新的视角追踪可能会摧毁金融系统的系统性风险。
- 第3章，包含《多德—弗兰克华尔街改革法案》更多的内容，关于应对银行和其他存款机构的结构变化和增强对大型金融企业的管理。
- 第9章，在更透明的情况下，使用风险管理工具解决关于证券化、利率和信用衍生工具等更多的问题。
- 第12章，存款保险和存款营销规则的变化。
- 第14章，收取佣金的投资银行职能的转变及其对存款机构和公众安全性的影响。
- 第15章，新的资本管理规则，尤其是《巴塞尔协议Ⅲ》，目的在于保护最大的银行规避风险。
- 第18章，在未完全披露信贷收费和其他支出的情况下，新的信用卡和借记卡监管规则保护消费者。

资金组合对利率日益敏感　　金融机构的经理们发现如今他们面对的是一群有更高素养、对利率更敏感的客户，他们的"忠诚"很容易就被野心勃勃的竞争者引诱。金融机构不得不提供更高的收益率，对公众不断变化的存款分布偏好更加敏感，以竭力保持自身的竞争力。

技术进步与自动化　　近年来，银行和与其竞争最激烈的竞争者（比如保险公司）面临着更高的营业成本，因此纷纷转向自动化并安装复杂的电子系统取代订单，人工产品和输送系统这种使用更多技术变革的服务趋向在支付、向合格客户发放贷款等业务中尤其明显。例如，2004年美国通过了《21世纪支票清算法案》，这一法案促使纸质支票向电子形式的转变。人们越来越多地使用个人计算机、手机和借贷卡来管理他们的金融账户，而"虚拟银行"也遍布世界，通过网络提供服务。

金融服务业技术革新最显著的例子包括自动柜员机（ATM）、销售点终端机（POS）和借记卡。在美国，已有30万台以上的ATM机，欧洲的情况也类似。这些电子终端设备使公众能24小时存取款，并提供更广泛的服务项目；又如商店及购物中心的销售点终端机，使得过去对商品和服务的纸币支付被计算机处理所取代。发展更为迅速的是附有密码的借记卡，通过该卡，客户可以通过电子读卡机支付购买商品和服务的费用，而在某些国家，支付购买甚至通过扫描其手机就可实现，手机卡内有一内置芯片，商店的收款机有读取其信息的电子感应器。

综上所述，银行业和金融服务正从过去的劳动密集、可变成本型行业转向资本密集、固定成本型行业。许多专家认为银行的水泥大楼及与客户面对面交谈的方式最终将成为过眼烟云，电子化交流将取而代之。服务产品的生产及交付将实现全自动化，这样的技术改进将极大地降低大规模交易的单位成本，但是，这将使银行业务非人性化，而且由于设备取代了人工，会造成失业的加剧。然而，就近年来的情况看，全自动化银行业的到来还需要很长一段时间，大部分银行顾客仍然更喜欢人性化的服务，希望能有机会与他们的银行工作人员和财务咨询师面对面地交流。

合并及地理扩张 有效地利用自动化及其他科技创新的前提是要有大量的业务，所以银行和其他金融机构不得不进入陌生的市场，扩大账户规模，发展新客户，造成分支机构数量飞速增加，出现了控股公司使较小的银行联合起来提供多种服务，在一些最大的银行和非银行金融机构之间出现了兼并，如摩根大通收购贝尔斯登，美国银行收购美林证券，以及巴克莱银行收购雷曼兄弟。

2007~2009年爆发的金融危机燃起了金融机构间的兼并之火，而联邦存款保险公司不断充当着灭火的角色。大型存储机构如全美金融公司美联银行和华盛顿互惠银行，寻求同美国银行、富国银行和花旗集团等更为稳健的机构合并。而像内华达州第一国民银行等小型机构，则被美国金融监管部门接管，宣告倒闭，其存款账户转移到了更为健康的机构，如奥马哈互惠银行。

小的独立控股的银行的数量不断减少，银行平均规模变得庞大，存款银行、信贷联盟、财务公司和保险公司也是一样，我们称这种现象为垄断。金融服务业的垄断造成了银行和金融服务部门就业人数的下降。例如，在1980~2009年，美国商业银行的数目从14 000家锐减到不足7 000家，独立注册银行的数目更是触及一个多世纪以来的最低点。金融机构之间的合并也造成整个金融服务部门就业人数的下降。

集中化 银行和其他金融机构的服务多样化和更强大的竞争对手导致了一个强大的集中化趋势，特别是对于大金融机构而言。集中化就是企业跨产品线的活动，以便使原来仅提供一种产品的企业进入其他产品线并扩大销售基础。这种现象在大银行、保险公司和证券经纪/交易商中尤为明显，它们急切地进入彼此的业务领域，提供同样或类似的服务。显然，集中化加剧了竞争，因为曾经被分开经营不同业务的公司发现原来的业务界限已不能阻止新竞争者的进入，在强大的竞争压力下，较弱的公司将会破产或者被更大的提供更多样化服务的公司兼并。

> **小贴士**
> 在哪个时期美国银行破产的数量最多？
> 答：在1929~1933年，大约1/3（约9 000家）的美国银行因倒闭或者被兼并而销声匿迹。

全球化 银行及其他金融机构的地理扩张和规模的扩大使它们超越国界走向世界，这种趋势我们称之为全球化。世界上最大的银行为每个洲的业务相互竞争。例如，一些巨大的银行如法国的BNP百利银行、德国的德意志银行、英国的汇丰银行和美国的花旗银行，它们是全球公司和政府贷款市场上重量级的竞争者。放松监管有助于它们进行更有效的竞争，使其在全球银行业务市场上所占的份额逐步上升。

银行与金融服务业的道德规范

救助贝尔斯登

阅读完本书你会发现，银行业和金融服务业从一开始就完全依赖于一个基本准则——公信力准则。金融服务管理者在公众资金管理方面必须维持公信和自信的氛围以吸引资金。一旦金融机构失去公信，个人和机构会将其储蓄和投资转入其他金融服务商处。失去信誉的金融机构最终将失去客户并面临破产。

没有哪家机构因失去公信力遭遇失败比贝尔斯登的破产来得更具戏剧化，后者是一家历史悠久（成立于1923年）又极负盛名的投资银行。在2007~2009年的信贷危机期间，华尔街谣言四起，称贝尔斯登在筹集充足资金方面陷入了困境，这些资金是为偿还其他华尔街机构和全世界客户的债务的。贝尔斯登在次级房贷市场多年的巨额投资引起了其资产价值数十亿美元的损失，这一谣言一直持续着。很多次级房贷遭遇违约，成千上万的房主离家出走，因为他们已无法承担月供。

贝尔斯登一再向银行、证券交易商、监管者以及公众保证，它将筹集足够资金以兑现即将到期的债务，并将补充长期资本。然而，谣传延续着，称贝尔斯登处境越加困难，其他金融机构拒绝贷款或者与之交易，其资金来源已逐渐枯竭。贝尔斯登的股价暴跌。

担心其他投资银行陷入同样窘境继而可能引起金融系统顶级机构垮台的恐慌蔓延着。为防止市场波动加剧而带来不利后果，美国的中央银行——美联储介入并安排了摩根大通银行对贝尔斯登的收购，美联储通过提供紧急贷款对此次交易予以了支持。

于是，美联储和摩根大通银行这两大金融巨头在贝尔斯登破产之时，重拾公众信心，避免了投资银行业一连串破产的"多米诺效应"的发生。金融机构的公信力"失之容易得之难"，这将在本书中一次次被印证。

1.5 本书的框架

本书的主要目标是使读者对金融服务行业及银行在该行业的角色有一个全面的了解。我们主要通过七个部分达到这个目标，包括综述作为一个整体的金融服务行业以及银行业和它们的竞争者每天必须解决的问题。

第一部分包括第1~4章，介绍了银行、金融服务和它们在全球经济中的角色。我们探究银行及其竞争者提供的主要金融服务，调查金融机构是如何把人才、资本和资源整合在一起来提供服务的。第一部分还解释了金融服务机构是如何被监管的，为何要接受监管以及它们的主要监管者是谁。第一部分最后介绍了金融机构采用不同的方式提供金融服务，包括特许设立新的金融机构、设立分支机构、安装自动取款机和销售点终端机，增加客服中心、网络、电话或者其他便携的电子设备来完成交易。

第二部分介绍了银行及其主要竞争者的财务报表。第5章介绍了银行及其主要竞争者的资产负债表和利润表，第6章介绍它们的绩效评估与测量，最重要的绩效测量指标是对金融机构盈利能力和风险的测量。

第三部分讲述的是资产—负债管理和风险管理。第7~9章描述了金融服务经理近年来是如何改变他们在管理资产、负债、资本和风险控制上的观点的。这些章节都详细介绍了如何对冲金融市场的利率风险，包括金融期货、期权和互换。第三部分还探究一些新的风险规避工具及表外业务应对信用风险，如证券化、贷款出售和信用衍生工具，这些在形成新的收入来源、应对风险的同时也增加了新的风险暴露。

第四部分讲解了存款机构及其主要竞争者由来已久的两个问题：投资组合及流动性头寸管理。我们介绍了不同类型的证券及投资主管在考虑买卖资产时考虑的因素。这部分介绍了为什么银行及其主要竞争者要保证无论何时何地在它们需要时要拥有足够的现金。

第五部分关注资产负债表的筹资方面——筹资获取资产，满足经营性费用。我们展示了不同类型的存款与非存款服务，回顾了近来的混合趋势以及存款定价对管理金融机构的意义。接着我们探究了非存款短期资金的来源——联邦基金、证券回购协议、欧洲美元等，以及评估它们对金融机构收益和风险的影响。这部分还介绍了在美国和世界其他一些地区的商业银行、投资银行、保险行业的联合加强以及银行非存款产品（包括证券、养老金和保险）销售的增长。我们还探究了这些新产品对金融机构收益与风险的影响。我们综述的最后资金来源为源于金融机构所有者资金的资本。

第六部分介绍了金融服务经理视为最重要的业务——通过贷款给客户提供信用。我们讨论了银行及其主要竞争者提供的贷款类型、贷款政策及评估和发放贷款的程序。这部分还提供了更多关于信用卡服务的信息——一个对于金融机构既成功又具挑战性的服务领域。

第七部分讲述许多金融机构需要做出的战略决策——收购、兼并其他金融机构以及走向国际市场。当金融服务行业继续合并成更大的组织时，关于收购、兼并和全球扩张的管理决策对金融机构的长远发展变得非常重要。本书的最后概述了21世纪金融服务市场的未来。

概念测验

9. 近几年银行和金融服务市场是如何变化的？现在是什么强大的力量正在重塑金融市场和机构？你认为哪些力量在将来仍会持续存在？

10. 在上题所述的许多力量中，你能解释为什么这些力量对银行和其他金融机构的管理及其股东造成了许多问题？

11. 20年后，你认为金融服务业将会怎样？这对于现在的金融服务业管理规划有什么意义？

本章小结

本章探讨了现代银行和与其相似的竞争者在经济中扮演的许多重要角色。我们已经看到怎样以及为什么银行业和金融服务市场作为一个整体在快速的变化。

本章中涉及的要点有：

1. 银行（所有金融机构中最古老而又为人所熟知的机构）相比其几个世纪以前起源时而言，已经发生了巨大的变化，从仅作为货币兑换和货币发行者开始，现在变成了经济中金融信息最重要的收集者和分配者。

2. 银行越来越受到一些来自主要竞争者的压力，如储蓄和贷款组织及存款银行、信贷联盟、货币市场基金、证券经纪和交易商、投资公司（共同基金）、对冲基金、财务公司、保险公司私募股权基金以及其他金融集团和控股公司。

3. 目前与银行竞争的主要非银行金融机构提供很多类似的服务，因此，将银行与其他金融机构区分开来也越来越困难。

4. 银行及其许多金融服务竞争者的主要功能（或服务）包括：贷款及投资（信用功能）；代表客户支付使得购买商品及服务更为便利（支付功能）；管理和保管客户的现金资产及其他资产（现金管理、风险及信托功能）；帮助客户融资并将这些资金投资（通过经纪业务、投资银行业务和储蓄功能）。

5. 影响银行及其他金融机构的主要发展趋势包括以下几个方面：不断扩大的服务项目（产品多样化）；金融市场的全球化和服务的全球扩散

（地域多元化）；政府监管的放松影响银行及其他金融机构，然而，在这次信贷危机之后，对与抵押贷款相关的资产和其他金融市场的监管有所收紧；银行业内部及与其他类似的金融服务竞争者日趋激烈的竞争，金融机构的趋同倾向，提供类似的服务；银行及其他金融机构的数量在减少的同时，规模却在增大，为了提供给客户更多的方便，触及更广泛的市场并减少成本，金融服务产品和传送日趋自动化。

关键术语

- 银行
- 财务公司
- 设备租赁服务
- 社区银行
- 金融控股公司
- 保险单
- 货币中心银行
- 人寿和财产意外保险公司
- 退休金计划
- 储蓄组织
- 货币兑换
- 证券经纪业务
- 信贷联盟
- 商业票据贴现
- 证券承销
- 边缘银行
- 储蓄存款
- 投资银行
- 货币市场基金
- 活期存款
- 商业银行服务
- 共同基金
- 信托服务
- 政府放松管制
- 对冲基金
- 财务咨询服务
- 再管制
- 证券经纪与交易商
- 现金管理服务
- 系统性风险

习题

1. 你是一名取得商科学位的应届毕业生，受雇于一家大公司，拿着梦寐以求的高薪。你想：①以交易为目的开一个支票账户；②为紧急事件开一个储蓄账户；③为退休养老而投资于股权共同基金；④寻求可负担得起的汽车保险；以及⑤贷款买一处公寓，前提是你的叔叔为你所取得的成绩感到骄傲，已经答应支付20 000美元的首付。

   请列举出分别能够提供这些服务的5家金融服务机构的名称。

2. 美国主要的货币中心银行近年来加速向全球投资银行业务进军，从其客户那里购买公司债券及股票转而卖给公开市场上的投资者。从利润角度来看，银行这一行为是否明智？从风险角度来看呢？从公众利益角度来看呢？你将会怎样研究这些问题？如果你是一家公司的经理，贵公司在一家涉足投资银行业务的银行里存入了大量存款，你是否会担心公司资金的安全性？为了更好地保护贵公司的资金，你会采取什么措施？

3. 近年来，银行这个词已经被广泛用于概括不同背景的金融机构，它们提供不同的服务组合。尽你所能识别出的不同种类的"银行"，你所认识的"银行"与最大的一组银行"商业银行"相比如何区分？你认为为什么这么多不同的金融机构都被称为银行？这些令人混淆的术语是如何影响金融服务消费者的？

4. 你认为银行与保险公司兼并有哪些好处？这样一个兼并如何使银行受益？对于保险公司呢？你能说出此类兼并的不利因素吗？你能列举出银行—保险公司兼并的现实例子吗？现实中它们运行的效果如何？

5. 解释一下合并与集中的不同。银行与金融服务的这些趋势有关系吗？它们之间互相影响吗？如何影响？

6. 什么是金融中介？它的主要特点是什么？银行是一类金融中介吗？为什么？其他金融机构中哪些是金融中介？金融中介在金融系统中扮演什么重要的角色？

附录1A　银行业和金融服务部门的就业机会

在本章中我们集中阐述了银行与其金融服务竞争者在经济运行中的重要作用、它所提供的业务及其在与公众交往中充当的角色，但是银行与其金融服务竞争者不仅仅是金融服务的提供者，而且还可以提供令人满意的职业，虽然由于产业自动化和合并使得获得此类工作越来越难。那么，银行和其他金融机构能提供哪些就业机会呢？

信贷员　大多数银行家和其他金融机构经理都以分析企业和家庭贷款申请书开始其银行职业生涯。银行信贷员最先接触潜在的新顾客，并帮助他们填写贷款申请书及发展他们与银行或其他借贷机构之间的业务关系。信贷员在许多重要的金融机构中都是必需的，比如银行、信贷联盟、财务公司和储蓄机构。

信用分析员　信用分析员配合信贷员的工作，他们分析每位贷款申请人的财务状况并详细地做成书面材料，然后向管理层就是否发放每一笔款项提出建议。信用分析员和信贷员必须接受会计、财务报表分析、企业融资方面的专业培训。

业务部经理　银行或其他类似金融机构的业务部经理负责处理支票，代理顾客结算其他现金项目，改进公司计算机设施及电子网络，监督出纳的行为，处理顾客关于支票及其他业务的问题，维护银行安全系统以保护财产，监督人事部（人力资源部）的行为。业务部经理必须牢固掌握企业和财务管理、计算机及管理信息系统原理方面的知识，并具有公关能力。

支行行长　当银行和其他金融机构有多个支行时，每个支行由支行行长管理。支行行长领导各自管辖的支行，在当地拜访企业及家庭，吸收新存款。他们也批准贷款申请，并处理客户投诉。支行行长必须知道如何激发雇员积极性，如何向当地社区展现本行的良好风貌。

系统分析员　这些训练有素的计算机专家，与所有部门的经理及职员一起工作，将信息需要转变成计算机程序语言。系统分析员在管理者和计算机程序员之间起着重要的连接作用，从而通过网络和其他电子渠道使计算机成为有效解决问题的工具和高效、精确、安全的服务通道。系统分析员需要深入学习计算机编程、数学以及侧重于解决商务问题的课程。

审计及控制人员　审计员和会计负责记录金融机构的收入、开支及跟踪银行财务状况的变化。由于这些职责能防止犯罪行为及浪费造成的损失，因此是金融机构内部最重要的职责之一。这些重要的岗位要求接受过大量会计和审计培训的人来承担。

信托部专家　信托部专家提供广泛的客户服务。他们帮助企业管理雇员退休基金、发行证券、进行商业记录、进行投资。他们也代客户管理财产，并帮助客户建立退休基金。银行信托部的雇员通常需要掌握商法、财产法、房地产评估、证券投资策略、财务报表分析、营销知识。

出纳　许多顾客平常见到并与之交谈的存款机构雇员就是出纳——坐在办公室里的固定位置或窗口旁，接受存款、支付现金、提供信息的人。出纳必须将存款收据及取款单分类、存档、查验顾客的签字、检查账户余额、每天至少平衡一次现金头寸。鉴于出纳与顾客交往时的中枢作用，他们必须礼貌待客、一丝不苟，并了解其他部门及其业务。

证券分析员及交易员　证券分析员及交易员通常在金融机构债券部和信托部门任职。所有的金融机构都迫切需要具有精湛技术的人来评价机构有意购买债券的发行机构（企业或政府）的状况，以及评估金融市场状况。有志于成为证券分析员或证券交易员的人最需要学习的课程是经济学、货币银行学、货币与资本市场、投资分析。

市场营销人员　面对更加激烈的市场竞争，银行及其他金融机构迫切需要进行业务创新和更积极主动地进行市场营销活动——这些工作通常主要由营销部承担。这项重要的职能要求营销人员了解在开发及提供服务中可能引发的问题，并熟悉业务广告宣传技巧和成本会计方面的知识。经济学、营销学、统计学、工商管理等课程对这一领域尤为重要。

人力资源部经理 金融机构服务于公众和股东的绩效取决于管理层和雇员的聪明才智、所受的教育和努力。人力资源经理的职责是发现并雇用高素质的人才，并培训他们使之胜任公司的工作。许多大机构开展全面的管理培训，培训期为6~18个月不等，通常由人力资源部具体负责。人力资源经理对雇员的业绩进行记录，就如何提高雇员的绩效并获得晋升的机会提供建议。

投资银行专家 银行逐渐为企业发行债券、票据、股票以协助企业筹集资本，同时也提供企业兼并及收购方面的咨询业务。投资银行业是生机勃勃、飞速发展的领域，也是金融市场中高回报、最富挑战性的领域之一。投资银行专家必须在会计、经济学、战略规划、投资及国际金融等方面有很深的造诣。

银行稽核员和监控员 鉴于银行是受监管最严的企业之一，所以需要专业人员对银行财务状况及业务程序进行不间断的监控以保证银行法规得到有效实施。一些银行监理代理机构（如FDIC）通过到大学里招聘或由申请人打电话和书面申请的方式来聘用人才。稽核员和监控员必须具备会计、工商管理、经济学、银行法律与法规方面的知识。

监管合规经理 合规人员必须确保所监管的金融机构遵守州、国家和国际法律与准则。关于公司法、经济学和会计学方面的知识最为重要。

风险管理专家 这些专家监视金融机构的风险敞口（特别是市场、信用和经营风险）并制定规避这些风险的方法。经济学、统计学和会计学的知识在这个快速发展的领域中特别重要。

总之，银行和其他金融机构为已接受必要的教育及培训的人提供了专业的就业机会，而且，随着业务的发展、科技的进步和监管的放松，它们将会成为令人激动、富有挑战性的职业。不过，如果你对这些职位有兴趣，就必须对这一行业进行深入研究——它的历史、业务和存在的问题。当然，你还必须从银行职员或其他金融机构雇员那里了解更多关于金融机构内部日常工作环境的信息。到那时，你才能真正判断出银行和金融服务业是否是你的择业目标。

第2章 政府政策及监管对银行业和金融服务业的影响

学习要点

- 对银行业和非银行金融服务业进行监管的主要原因；
- 主要的银行和非银行监管机构及法律；
- 《瑞格尔—尼尔法案》和《格雷姆—里奇—布利雷法案》；
- 《21世纪支票清算法案》《公平准确信用交易法案》《萨班斯—奥克斯利法案》《滥用破产法案》《防止破产滥用法案》《美国联邦存款保险改革法案》《金融服务监管缓解法案》；
- 《紧急经济稳定法案》和全球信贷危机；
- 《多德—弗兰克金融改革法案》以法律的形式来避免金融系统的严重毁坏和应对系统性风险；
- 一些主要的未解决的监管问题；
- 中央银行系统；
- 联邦储备系统的组织与结构以及主要的欧洲和亚洲的中央银行；
- 中央银行的政策工具对金融服务业的影响。

一些人对银行和其他金融机构怀有恐惧心理，他们或许被这些机构的影响力吓坏了。美国第三任总统托马斯·杰斐逊（Thomas Jefferson）曾经在一封信中写道："我由衷地相信银行机构要比常备军还危险得多。"部分由于这些恐惧的原因，一系列法律和监管开始出现。

本章主要研究全球范围内政府对银行和其他金融机构所制造的复杂的监管环境，监管的主要目的是为了确保公众储蓄的安全、维持金融系统稳定和维护客户的权益。在美国和其他大多数国家，金融机构必须遵守和其他产业相比更繁重和更复杂的一些规章制度。这些政府监管是由联邦和州政府的监管机构施行的，它们监管大多数金融机构的经营、服务、业绩表现及其扩张。

对于许多人来说监管是一个可憎的词，特别是对于经理和股东而言，他们通常觉得这些政府强加于他们的规章繁杂累赘且成本高昂，并且给创新和效率造成了不必要的损害，但是，正如我们将在本章中所看到的，游戏的规则正在改变——尤其是在繁荣时期，一些金融服务规章被搁置或者削弱，自由市场（而不是政府命令）正日益成为塑造、限制金融机构所作所为的基础。一个显著的例子是1999年《格雷姆—里奇—布利雷法案》（《金融服务现代化法案》），它的施行使得存在于银行、证券交易与承销和保险业之间的隔离墙轰然倒塌，它允许这些不同类型的金融机构彼此进行兼并，明显加剧了美国以及全球金融服务业的内部竞争。

相对而言，当全球经济萎靡时，金融服务规章则会被加强。当2007~2009年信贷危机后，金融机构被迫遵循更繁重的法律规章，增加营运成本。

在本章中，我们将会研究所有管理、监管银行和与其类似的竞争者的主要监管机构。本章还概述了货币政策以及世界上几个最为强大的金融机构，包括联邦储备系统、欧洲中央银行、日本银行和中国人民银行。

2.1 银行监管

首先，让我们看一下世界上所有产业中受政府监管最为严格的商业银行。由于银行提供贷款、接受存款并向客户提供其他金融服务，它们必须在联邦和州政府制定的旨在保护公共利益的规则的框架内进行经营活动。

业界流行着这样一种说法，FDIC（联邦存款保险公司）的意思是永无止境的增资要求（forever demanding increased capital）。对银行而言，FDIC和其他银行业监管机构至少是永无止境地提出某些要求——增加更多的资本、提供更多的报表和更多的公共服务项目等。与其他大多数国家一样，在美国，没有政府的许可（以许可经营的方式），不能开办新的银行，银行存款种类以及其他为筹资而向公众发放金融票据的类别必须取得银行主管机构的批准。银行监控员会对银行发放的贷款和投资质量以及其资本是否充足进行仔细的核查。当银行想通过建立新的办公大楼、并购其他银行、设立分支行或者通过购入或开办非银行类企业扩展规模时，必须首先取得法律上的准许。而且，未经授权银行开业的政府机构的明确批准，银行业主不得擅自停业或退出银行业。

为了鼓励大家对监管过程做更深一步的思考，我们可以把对金融机构的监管和青年人的经历做类比。我们在身体、智力、心理达到成人之前，都是孩子，作为孩子，我们喜欢享受快乐，然而，我们是在父母限定的框架内追求这个目标的，可能有些孩子有更加仁慈的父母；银行是金融机构，其目标是股东财富最大化（当股东赚钱的时候它们在享受快乐），尽管如此，银行必须在监管机构的限制下经营，实际上银行是拥有最严格父母的"孩子"。

2.1.1 严格监管的利与弊

为什么大多数银行要受到如此严格的监管（实际上其他任何的金融机构都是如此）？有许多理由可以解释这种政府监管给予的沉重负担，其中一些原因可上溯不止一个世纪前。

首先，银行是公众储蓄存款的主要存储地之一，尤其是对于个人和家庭存款而言。公众的储蓄存款大多数期限相对较短、流动性较大，同时银行也持有大量存放于退休金中的长期存款。银行破产或银行犯罪造成的资金损失，对许多个人和家庭而言是场灾难，然而，许多储户缺乏专业的金融知识和可靠充分的信息，这些都是正确评估一家银行或其他金融机构风险状况所不可或缺的，因此，为保护公众利益和防范风险，相关的监管机构必须汇集和分析必要信息，由此来评估银行真实的金融状况。此外，银行还采用摄像机和保安来降低失窃风险，而定期核查和统计旨在降低挪用公款、诈骗和管理不善带来的损失。政府机构随时向那些面临着突发性的可支配储备金不足的银行提供贷款，由此保护公众的存款利益。

其次，由于银行可以通过可支配存款进行放贷和投资来创造货币，由此也受到严密的监管。银行和与其竞争的金融机构创造货币的规模似乎与经济状况，尤其是就业的增长和通货膨胀密切相关。然而，银行和与其类似的金融机构创造货币（这又影响到经济）的事实并非是对其进行监管的充分理由。只要作为政府政策制定者能够控制国家货币供给，则银行和其他金融机构创造货币的规模便与监管机构和公众的关系不大。

再次，由于银行向个人和企业提供消费和投资贷款，所以受到监管。监管机构认为公众与银行体系贷款发放的适量度关系密切，而且，在存在信贷授予歧视的地方，那些遭到歧视的个人在福利和生活水平的提高上面临着巨大的障碍。在由于年龄、性别、种族、国别或其他相关因素而使信贷遭拒时，这一点尤其明显。政府可能在银行向公众提供服务项目上使之公平，这主要是通过推动银行业和其他金融机构内部及之间的竞争来实现，如严格实施反托拉斯法，而非仅仅通过一般监管来消除银行提供服务方面的歧视。

最后，银行与联邦、州和地方政府的关系由来已久。在银行业发展早期，当政府不愿直接向居民征税时就依赖低成本的银行信贷和银行税收来供应军需和筹资，而且，近年来，政府在经济政策的制定实施、征税和政府支出配置上还有赖于银行的协助。最近，这个受到监管的原因遭到反对，然而，只要有利可图，无论有没有受到监管，银行都会向政府提供金融服务。

在美国，政府通过二元制银行体系对银行进行监管，即联邦和州相关机构都有重要的对银行监管的权力。这种体系的目的在于使州政府能更加严密地控制其境内的银行业运营，而且，联邦政府通过监管，确保银行在进行跨州业务扩展时，免于受到州及地区的不公平对待。美国政府内关键的监管部门包括货币监理署（Comptroller of the Currency）、联邦储备系统以及联邦存款保险公司，司法部和证券及外汇委员会在银行业中的监管作用虽然重要但其银行监管的角色并不重要，而州银行业委员会在州一级银行中则起着非常重要的监管作用，如表2-1所示。

表2-1 主要的银行监管机构及其职责

监管机构	职责
联邦储备系统	• 监督和定期稽核所有的由州授权成立的成员银行及在美国营业的银行控股公司，并作为金融控股公司的"伞形监管者"，金融控股公司现在可以在统一的所有权之下将银行、保险和证券公司合而为一 • 强制提取存款准备金 • 必须批准所有的成员银行的兼并、设立分支机构和经营信托业务的申请 • 授权国际银行机构在美国开业，并对其进行监督和稽核
货币监理署	• 授权成立新的国民银行 • 对所有的国民银行进行监督和定期稽核 • 必须批准所有的国民银行设立新的分支行、经营信托业务和并购的申请
联邦存款保险公司	• 按其法规为银行存款给予保险 • 必须允许投保银行设立分支行、兼并和经营信托业务的所有申请 • 要求所有的投保银行递交它们的财务报告
司法部	• 根据公平竞争原则，审阅和批准银行提出的兼并和控股公司提出的收购意向。如果这些银行和控股公司的并购严重破坏了公平竞争，则对它们提出诉讼
证券交易委员会	• 必须批准由银行或银行控股公司发行公债和股票，并监督银行证券分支机构的活动
商品期货交易委员会	• 监控具有巨大风险的金融机构的衍生工具（如期货、期权、互换）的使用
州委员会	• 授权成立新的银行 • 监督和定期稽核所有的州立银行

2.1.2 监管对银行业的影响：严格监管和温和监管的争论

尽管监管的原因众所周知，但是监管对金融服务业可能造成的影响却存在争论。在早期关于监管的理论中，经济学家乔治·斯蒂格勒（George Stigler[5]）认为，属于监管性产业范畴内的企业实际上是在寻求监管，这是因为监管通过垄断租的方式给它们带来好处，这种垄断租是由于监管当局阻止其他企业涉入监管性行业所带来的,因此,一旦取消监管则可能给一些银行带来经济损失,因为它们将不再享有可以增加其盈利的垄断租。而萨缪尔·皮尔斯曼(Samuel Peltzman [4])认为,监管会使企业在需求和成本的变动上保持稳定,并降低风险。如果事实如此,这意味着取消对银行业的监管将会使企业面临更大的风险压力,并最终导致更多银行的破产。

洞察力和问题

政府监管银行金融机构的主要原因

- 保护公众储蓄的安全;
- 控制货币及信贷供给,以实现国家的经济目标(如高就业率及低通货膨胀);
- 保证公众公平地享有贷款及其他金融服务;
- 提高公众对金融体系的信任,从而使储蓄能顺利地流入有利的投资项目,更快捷、高效率地支付商品与服务价款;
- 避免金融权力过分集中在少数个人和机构手中;
- 向政府发放信贷、支付税款及提供其他服务;
- 帮助具有特殊贷款需求的经济部门(如房屋建筑、小企业、农业)。

尽管如此,法规必须有所平衡并且不能无限扩张,只有这样,银行及其金融服务竞争者才能开发满足公众需求的新业务;才能保持金融服务方面的竞争,形成一个合理的价格,保证服务的数量及质量;才不会扭曲私人部门的决策,妨碍资源的有效分配、浪费稀缺资源(例如政府支撑有权破产的银行和其他金融公司)。

2007~2009年的信贷危机表明目前金融监管仍存在致命缺陷,包括对主要金融机构活动的监管缺乏透明度等。2010年的《多德—弗兰克金融改革法案》(FINREG)开创了新的纪元,对金融部门监管的范围将扩大,并且会更为严谨,目的是减少金融市场的波动和风险。

最近,爱德华·凯恩(Edward Kane [3])提出,监管能提高客户对银行及其他金融机构的信任,这种信任反过来又会培养客户对银行的忠诚度。凯恩相信,监管机构在开展监管行为时事实上是彼此相互较劲的,由此加强其在受监管行业内的影响和对公众的影响。除此之外,凯恩还认为,监管机构和受监管企业之间存在着持续的抗争,即所谓的"监管辩证法"。这很像孩子(银行)和父母(监管机构)之间关于宵禁和交友规则的较量。这意味着,一旦新法规成文并推行,银行必定会通过金融创新想方设法规避这些新法规,从而达到银行价值的最大化。如果它们能成功绕开这些新规章,那么政府又会出台新一轮法规,而银行和其他金融机构的经理又会紧跟着在金融服务和金融工具上进一步创新。如此,监管机构与受监管企业之间的较量将会循环往复,无有止境。凯恩也确信,相关法规也会对那些受监管程度较低的企业产生激励作用,它们会努力从那些受监管程度更深的企业那里争取客户,这在近年的银行业中时有案例,如互助基金和其他受监管程度较低的企业就争取到了银行业许多最好的客户。

概念测验

1. 银行有哪些重要领域和职能受到监管?
2. 为什么要对银行的这些领域和职能进行监管?

2.2 主要的银行法规

要想知道监管机构对银行业的潜在影响,一种有效的途径就是查看一些主要的法律,根据这些法律,联邦或州级监管机构通过授权而取得监管权和监管方式,表2-2列举了受监管的美国银行的数目。

表2-2 美国投保银行的监管机构

(接受存款保险的银行的数量,2009年数据)

美国投保银行的类别	美国投保银行的数量 (至2009年12月31日)	投保银行分支行的数量 (至2009年12月31日)
由联邦政府授权成立的银行:		
由货币监理署批准成立的全国性投保银行	1 448	43 158
由州政府授权成立的银行:		
联邦储备系统的州立银行成员和接受联邦存款保险公司保险的州立银行	840	14 505
接受联邦存款保险公司保险的非成员州立银行	4 520	23 613
美国所有的投保银行及分支行数量	6 808	81 276
美国投保银行的主要联邦监管机构:	处于直接监管下的美国投保银行的数量	
联邦存款保险公司	4 520	
货币监理署	1 448	
联邦储备委员会	840	

注:由这三个联邦监管机构分别负责的被保险银行的数据可能与以上表格中所列数据不是完全吻合,这是因为有的银行受到共同的监管和监管机构之间的其他的特殊安排。

资料来源:联邦存款保险公司。

2.2.1 追本溯源:促成今日银行监管机构的立法

《国民货币及银行法案》(1863~1964) 美国银行史上第一批联邦法案就是在美国内战时期通过的《国民货币及银行法案》。通过新创建的美国财政部下属部门,即货币监理署或国民银行管理局(OOC),这些法案设立了一套授权银行设立的体系。货币监理署不仅评估成立国民银行的必要性,批准成立国民银行,而且还定期稽核所有的国民银行。根据银行金融状况的不同,这些稽核的频率和深度有所不同。然而,联邦稽核小组成员每12~18个月都要对各个国民银行进行稽核。此外,只要是国民银行提出设立新的分支行的申请或国民银行涉足的兼并,必须经过监管办公室批准。监管机构有权关闭那些资不抵债以及处境困难从而给储户造成重大损失的银行。

> **小贴士**
> 美国历史上最古老的银行监管机构是什么?
> 答:货币监理署,成立于19世纪60年代,其建立是为了授权和监管美国的全国性银行。

《联邦储备法案》(1913) 19世纪和20世纪早期的一系列严重的经济萧条和金融恐慌导致了第二个银行监管机构的诞生,即**联邦储备系统**(Federal Reserve System)。对于银行业而言,它的主要作用是银行的最后贷款人——一旦银行面临金融危机,它便会提供临时性贷款给银行,由此稳定金融市场,维持公众的信心。联邦储备系统的创建同时也是为银行业提供重要的服务，包括建立全国联网进行清算和支票收取服务（后来被电子资金转账系统取代）。然而，联邦储备系统在今天最重要的职能是控制货币和信贷状况以促进经济的平稳运行。该体系的最后一个职能就是众所周知的货币政策，我们将在本章稍后详加讨论。

《1933年银行业法案》（《格拉斯—斯蒂格尔法案》） 在1929~1933年，9 000多家银行倒闭，许多美国人对银行系统失去了信心。对此失望表现的立法反应便是《格拉斯—斯蒂格尔法案》（Class-Steagall Act）中对银行采取更加严格的规定和监管。如果孩子带着不理想的分数回家，其父母的反应或许是不让其看电视或者更加仔细地检查作业，国会的反应与此类似。《格拉斯—斯蒂格尔法案》对于商业银行的有限限制长达60年之久。该法将商业银行、投资银行和保险公司的业务分离。"孩子"（银行）不能再和他的朋友（保险和投资银行服务提供者）一起游戏了。

《格拉斯—斯蒂格尔法案》第16节禁止国民银行从事股票投资，限制它们作为代理人进行债券买卖的权利，并禁止其从事证券承销和经营由一些公司发行的不合格证券的业务（特别是公司股票和债券）。纽约几个重要的银行组织被拆分得四分五裂，例如，摩根银行因此被一分为二——一个商业银行公司J. P. 摩根，以及一个投资银行摩根士丹利。国会害怕承销私人发行证券（和承销政府担保债券不同，这很多年前就已经是合法的）将会增加银行破产的风险。而且，银行可能以获得贷款的条件强迫其客户购买其正在承销的债券（通常称为捆绑条款）。

> **小贴士**
>
> 哪个美国联邦监管机构监管和审查的银行比其他机构多？
>
> 答：联邦存款保险公司（FDIC）。

联邦存款保险公司 《格拉斯—斯蒂格尔法案》最重要的成就之一就是消除公众对银行体系运营稳健的疑虑。创建**联邦存款保险公司**（Federal Deposit Insurance Corporation, FDIC）是为了保证公众存款达到最高赔偿额度（开始是2 500美元，现在上升到250 000美元），2008年，FDIC对银行存款的保险总额暂时提升至250 000美元，并将持续到2009年年末。采取这一行动的目的是为提升银行系统的公众信誉。

自1934年成立时起，尽管联邦存款保险公司在近年来没能成功阻止众多银行免于破产，但还是显著减少了银行挤兑的发生。可以说，联邦存款保险公司降低了个体银行风险和破产几率。联邦存款保险公司要求每个投保银行在其有投保资格存款的额度和所面临的风险基础上，每年两次支付给联邦保险系统一笔保费，所带来的效果就是，一段时期后，FDIC保费基金库的额度将会达到一个相当大的数量，从而足以对付大批银行破产的困局。然而，联邦保险计划的初衷并不在于应付突然出现的大量银行倒闭的局面，比如，20世纪80年代至21世纪初美国数百家银行同时破产，这就是当美国存款保险基金几乎入不敷出时，FDIC不得不向美国国会申请额外借款权的原因。

《联邦存款保险公司修正法案》（1991） 20世纪80年代和90年代，FDIC逐渐遭到一些严厉的指责。根据美国审计局的预测，破产银行的要求将很快使存款保险资金枯竭，因此白宫和议会1991年通过了《联邦存款保险公司修正法案》（Federal Deposit Insurance Corporation Improvement Act）。此法允许FDIC为保持偿付能力可以从国库借款，要求基于风险的存款保险费和定义当银行缺乏所要求的资本时所能采取的行动。

《联邦存款保险公司修正法案》经过一番辩论后得以通过，辩论并没有批评存款保险的基础概念，但却批评了联邦存款体系的具体运作和管理方式。1993年以前，FDIC无视各个银行的资产负债表的风险差异，对所有的符合资格受保的存款征收固定的保费，由此导致道德风险问题：由于政府承诺只要银行破产，政府就会偿付银行储户存款，这无疑会鼓励银行接受更大的风险业务。由于所有银行支付的保费一样（不像大多数私营保险体系），相当于那些比较保守的银行在扶持那些倾向于接受更多风险业务的银行。因为固定保费制度使一些银行敢于冒更大的风险，而道德风险问题又带来了监管的需要，因为它鼓励一些机构承受更大的风险，如果没有这种低成本的联邦保险系统撑腰，它们就不敢如此贸然行事。

很多储户（储金数额非常大的储户除外）并不关心对银行的风险监督，相反，他们依赖FDIC作为防护伞，这无疑是帮助了那些风险很大的银行——鼓励它们拿储户的存款作赌注——这便需要一种可评估风险的保险体系，使得那些风险最大的银行所支付的保费也应是最高的。最终，美国国会于1991年要求FDIC制定一项风险敏感反应计划，据此，风险最大的银行要支付的保险金额也最高，同时要受到最为严格的监管。1993年，联邦保险公司对银行基于不同的风险执行不同的保费。然而，迄今为止，联邦政府销售给大多数美国银行的仍是廉价的存款保险，这无疑还是鼓励了银行从事风险投机。

国会还要求银行监管机构发展一种描述银行和储蓄机构资本状况的新的衡量标准，并且当一个存款机构资本开始恶化时，监管机构要采取"及时的纠错行动"，采用诸如下列措施：减缓银行扩张、要求所有者筹集额外的资本或者更换管理层。政府可以接管有形资产与全部风险调整资产比下降到2%以下的银行，或将其出售给经营状况良好的银行。例如，2008年FDIC就曾利用这些措施促成了富国银行对美联银行的收购。

根据法律，监管机构必须对资产超过1亿的银行进行一年至少一次的现场检查；对小银行而言，现场检查每18个月至少进行一次。在一场对银行业"再监管"（使之位于更严格的控制之下）的活动中，联邦银行机构被要求开发一种对其监管银行贷款记录、内部管理控制、风险敞口以及银行员工薪资的新的标准。同时，作为对巨大的卢森堡国际信贷与商业银行（BCCI）崩溃（其参与洗黑钱并试图控制美国的银行）的反应，国会要求外国银行在美国设立或关闭办事处时必须得到联邦储备董事会的许可。如果它们想接受10万美元以下的国内存款就必须申请联邦存款保险机构的保险项目。此外，如果在美国的外国银行其母国对其监管不力的话，监管机构可以要求其关闭，并且联邦存款保险公司被限制对未保险及外国银行破产时提供资金支持。

最后一个有趣的措施是联邦储备被限制对因长期贷款问题而破产的银行的支持，除非联储、联邦存款保险公司和总统办公室认为所有的存款银行都应当受保护以防止公众对金融系统失去信心。国会的用意是让承担太多市场风险的银行接受"市场纪律"并鼓励问题银行在无须政府帮助的情况下解决自身问题。在2007~2009年间的全球金融危机中，一些银行，如美国银行、摩根大通银行得到了政府贷款的支持。国会的大多数成员反对"大而不倒"（too big to fail），支持让承担太多市场风险的银行接受"市场纪律"并鼓励问题银行在无须政府帮助的情况下解决自身的问题。

早期，FDIC的主要任务是恢复公众对银行系统的信任和避免其恐慌。今天，FDIC所面临的挑战是如何对存款保险进行合理的定价，而使银行能够对付风险，这样，政府就不必过度动用纳税人的钱去解决存款机构风险这个迄今仍未能解决的问题了。

提高对联邦存款保险公司保险的限额　　随着21世纪的到来，联邦存款保险公司发现自己被卷入了另一场公共纠纷之中：联邦存款保险限额应当提高吗？联邦存款保险公司对存款者设置10万美元的保险限额是在1980年确定的。在此期间，生活成本的膨胀使得联邦存款保险公司规定的保险限额的实际购买力大大缩水。相应地，联邦存款保险公司和几个其他组织于是建议

大幅度提高保费,并附加一个应对通货膨胀的指数化条款。⊖

建议提高保费的人指出,在过去的十年中,银行和储蓄机构失去了大量的存款,而这些存款流向了共同基金、证券经纪和交易商、保险公司提供的退休计划,等等。因此,他们认为,银行和其他存款机构需要提高保费以使其在争夺公众存款的竞争中更具竞争力。

反对提高保费的人也提出了许多好的论据。例如,联邦保险计划的本意是为了保护最小的和最易受伤的银行,10万美元似乎足够满足这个目标了(甚至把通货膨胀因素也考虑在内),而且,越多的存款参与保险,银行和其他存款机构就会利用更高的保险限额进行高风险的贷款,如果取得成功的话,将会给股东和管理层带来丰厚的利润(此类行为我们称之为道德危害)。同时,如果风险贷款没有偿付,银行就破产,但是政府会拯救参保银行,由于从事风险活动,可能有更多的存款机构破产,只剩下一个政府保险机构(最后是纳税人)收拾残局并为这些存款机构埋单。

> **小贴士**
> 美国哪些州的联邦银行机构使用纳税人的钱来为其经营提供资金?
> 答:一个也没有,它们从被监管银行那里筹集资金,一些来源于证券交易收益。

最终,当2010年通过了《多德—弗兰克金融改革法案》时,美国国会解决了许多存款保险的问题。各存款保险限额目前暂时提高至25万美元。国民银行和其他非银行存款机构都处于货币监理署(美国财政部的部分)的监管下。

2.2.2 灌输社会规范与道德:社会责任法案

20世纪六七十年代人们开始关心银行和其他存款机构对其所服务的社区的生活质量所产生的影响。国会担心银行有意回避告知客户其贷款条款,尤其是关于贷款实际成本的条款。1968年,国会通过了《消费者信贷保护法案》(所谓的《贷款真相法案》),要求银行必须提高对客户金融服务的信息透明度,这项法案要求银行清楚地告知客户贷款协议中客户的权责。后来的法案尤其是近年来的《多德—弗兰克金融改革法案》强调要向客户提供更完整易懂的语言来表达其价格信息,避免误导。

1974年,国会通过《信贷机会均等法案》,以防止银行在经营公众业务时可能存在的服务歧视。银行不能因为年龄、性别、出生地、宗教信仰或者因为贷款对象为公众福利领取者而拒绝提供贷款。1977年,国会通过《社区再投资法案》(CRA),禁止银行歧视那些在其经营范围内,但却是其业务区周边的一些客户。政府检查员定期评估银行在所服务地区提供各种服务项目时的表现,并为其表现进行合适的CRA数字评级。

1987年,事态有了进一步发展,国会通过了《银行业平等竞争法案》,要求银行提供给客户的服务必须公正平等,并且要加大服务客户的信息供应量,这在1991年得到了《储蓄真相法案》的认可。这些联邦法案要求银行更为充分地告知客户其经营政策和公众储蓄账户的收益率和贷款服务的费用。如今消费者的信息更多地被消费者金融保护局(一个独立于联储的服务机构)所提供。

⊖ 2007~2009年信贷危机期间,至少有爱尔兰和希腊这两个欧洲国家对其顶级金融机构的债务进行了全额担保;而亚洲和欧洲的其他政府机关(如英国、法国和德国)也对其陷入困境的金融机构注入了大量现金(流动性),补充了资本。

> **洞察力和问题**
>
> ### 联邦存款保险公司通常如何处理银行破产
>
> 大多数银行危机是在联邦或州级监管机构的定期稽核过程中被发现的。如果稽核员发现问题严重,他们便要求危机银行的管理层和股东大会准备一份对问题的严重性进行分析的报告。事隔数周或数月之后再对该行进行一次稽核。如果很可能会破产的话,监管机构便会请稽查员对其进行破产判断。
>
> 而后,FDIC必须选择一种破产方式,最广为使用的方式是支付存款或购买承担。当破产银行不再重新经营时,经常使用支付存款法,通常发生在无人收购危机银行并且FDIC认为其他银行会向公众提供便捷服务的情况下。运用支付存款方法时,FDIC发给每个投保储户一张250 000美元的支票,退休金账户则达到250 000美元,未投保储户和其他债权人则按比例分得银行资产清算资金。此外,如果有经营业绩良好的银行愿意接管破产银行的某些资产和存款的话,则采用购买承担法。
>
> 根据购买承担法,在银行破产前,FDIC会与有意出价购买该银行的银行联系,通常,FDIC更愿意寻找规模至少为破产银行两倍的银行。收购方与FDIC协商破产银行的良性资产和不良资产的价值,分为由FDIC保留的资产和负债两大类,确定收购方对哪些资产和负债负责。
>
> 批准银行开业的州或联邦机构事先确定日期关闭银行,而后,银行股东和经理与FDIC的官员召开会议商谈有关事宜,而后与当地新闻媒体联系,宣布银行破产消息。
>
> 在指定破产日期,FDIC清算组在某一地点集合(通常在离破产银行不远的购物中心或其他地点,以避免公众注意)。当所有成员准备就绪时(通常与关闭银行同一天),清算组进入破产银行,在门口张贴标识,标明该行已由FDIC接管。清算组尽快清查破产银行资产,对储户和债权人的资产加以区别。破产日一般定在周五,FDIC清算组周末清查破产银行资产,而后,清算组可能就近租用办公室进行办公,这样,在下周一的时候,银行在新股东的控制下又可照常营业。自信贷危机爆发以来,在欧洲和亚洲,各国在陷入破产困境银行方面的合作也越来越多。

> **概念测验**
>
> 3. 货币监理署的主要作用是什么?
> 4. FDIC的主要工作是什么?
> 5. 联邦储备系统在银行业和金融系统中的关键作用是什么?
> 6. 什么是《格拉斯-斯蒂格尔法案》?该法在银行业历史上为何重要?
> 7. 为什么联邦保险体系在20世纪八九十年代步入困境?目前的联邦保险体系可以被改进吗?如何改进?
> 8. 《信贷机会均等法案》和《社区再投资法案》是如何处理歧视问题的?

2.2.3 准许跨州银行业务的立法:"孩子"可以在哪里玩耍

20世纪90年代,美国历史上一个备受争议的问题——银行跨州扩张解决了。在此之前,许多州禁止银行进入其地区并建立分支机构,有意进行跨州经营的银行不得不组建控股公司或兼并其他州的银行作为其控股公司的附属机构,但这并不是达到跨州经营目的最有效的方式,因为这导致了资本和管理成本的重复,而且,有段时期许多州甚至联邦政府禁止银行控股公司跨州兼并控制银行,但在州法律特许的情况下除外。

《瑞格尔—尼尔跨州银行和分行效率法案》（1994年） 为降低多个银行的成本耗费从而使其开展跨州业务，并且为大约数百万美国人提供更为便利的服务（这些人每天都要跨越州界），参众两院于1994年8月通过了两条有关银行业的新法案。《瑞格尔—尼尔跨州银行和分行效率法案》于1994年9月由总统克林顿签署并生效，同时废止了1927年《麦克法登法案》和1970年《道格拉斯修正法案》中禁止银行跨州服务的条款，其中一些最为引人注目的条款包括：

> **小贴士**
> 跨州银行法在20世纪90年代通过的一个原因是那时超过6 000万美国人每天要跨州去工作、上学或购物，而且，也需要银行及储蓄机构跨州兼并那些即将破产的存款机构。

- 资本充足、管理优良的银行控股公司可以在美国各地收购银行。
- 跨州银行控股公司可以将其跨州收购的附属银行整合成其分支行机构，除非所在州禁止这种分支行业务。跨州建立的分支行营业部门从公众那里吸收存款，这些机构必须提供给其所在社区足够的贷款额度。⊖
- 任何单个银行不得控制10%以上的美国存款，或者控制的存款超过某一州存款的30%（该州取消后一条限制的除外）。

这样，美国历史上首次从法律上授予一大批银行吸收存款和对客户进行跨州跟踪服务的权利，或许最终将会在全国提供所有的银行业务。对一些客户而言，银行业的服务便利进一步扩大，但一些产业分析家担心这些新法案将会促进一些大银行的发展，从而威胁到众多中小型银行的生存。第3章将讨论这个问题。

银行海外扩张 即使是在《瑞格尔—尼尔跨州银行和分行效率法案》颁布后，美国银行依旧面临着对分支行业务的监管，而其他大多数工业化国家通常没有对于创建分支行业务的监管壁垒，然而，包括加拿大和欧共体（EC）成员国在内的一些国家，对于在其境内的外国银行的分支行业务（如加拿大）一般都要加以限制，即使给予外国银行这种权利，这些国家也会区别对待，在为各个银行母国所承认的欧共体范围内，以欧共体成员国为背景的银行可向整个欧共体提供经营服务。

除此之外，每个欧洲银行所属国必须监管和监督其本国银行，无论它们在欧共体的业务市场是什么，一条主要的监管原则就是相互承认，由欧共体任一成员国授权成立的银行实际上可以在欧共体内任意地点开业。然而，由于欧共体各国在其银行从业方式上还有细微差别，欧洲内部（或者说，迁至全球任何一个地方）的银行和其他金融机构迁至的地方（允许银行有大量的行动自由，并且，银行扩张受限最小）如果存在这种差别，就会有一些监管机构出现。

2.2.4 《金融服务现代化法案》（1999年）：游戏时间可以进行哪些活动

20世纪最重要的银行法规之一便是《金融服务现代化法案》，它于1999年11月由克林顿总统签署。该法案推翻了生效多年的《格拉斯—斯蒂格尔法案》和《银行控股公司法案》，新的

⊖ 由于担心跨州银行进入一个州并收购其银行或分行后可能会提走该州的存款，美国国会在《瑞格尔—尼尔跨州银行和分行效率法案》中加入了109条款。该条款禁止银行在本州之外主要为了存款而建立或兼并支行，这同样适用于控股公司的跨州兼并，人们希望跨州兼并在本州之外吸收存款的社区进行足够的贷款。每年都会采取一些步骤以确定一个跨州银行是否遵守109条款。首先，计算一个跨州银行所进入的各州贷款—存款比，随后与进入该州内所有银行的总体贷款—存款比进行比较（零售、限制目的使用或信用卡银行除外）。监管机构检查是否跨州银行的贷款—存款比比该州所有银行的贷款—存款比的一半还低。如果属实，一个调查将会开始，决定该银行跨州支行是否"合理地满足了其服务社区的信贷需要"。如果调查发现该银行未能实现该需要，它将会受到其主要监管机构的处罚。

《金融服务现代化法案》(《格雷姆—里奇—布利雷法案》、《Gramm-Leach-Bliley法案》或《GLB法案》),允许运营管理良好和资本雄厚并且满足社区再投资法评级的银行公司和保险公司、证券公司进行联合。相应地,保险和证券公司被允许采取股份公司的形式控制一个或多个银行,银行也被允许销售保险,只要它遵守该州的保险规章。

《金融服务现代化法案》允许银行—保险—证券联合机构由银行、保险公司或机构和证券公司组成的金融控股公司控制,每部分作为独立的公司存在,但须被同一个股份公司控制(如果联邦储备委员会允许),或者是银行下设附属公司(如果银行的主要监管机构批准的话)。

《GLB法案》的目的是授予有条件的美国银行和其他金融机构使自己服务多样化的权利,从而减少其商业风险。比如,银行业遇到经济萧条而利润降低时,保险和证券事业或许在经历经济发展而利润升高,这样能给全部多样化的现金流动和可获益性带来更大的整体稳定。

此外,新的法案看起来好像给金融客户提供了一个前景,即一步到位的服务、从一个单一金融机构获得即使不是全部也是很多的金融服务。这种集中的金融服务会更好地为客户提供便利,减少流通费用。但一些金融专家认为,如果金融机构不断被大的金融控股公司兼并,竞争就会减弱或不复存在,在不久的将来,公众将没有选择而且要支付更多的金融服务费用。

《GLB法案》最有争议的部分是有关客户隐私权的问题。《GLB法案》要求金融机构公开它们和其他机构分享客户资料方面的政策。当客户开立一个账户时,金融机构必须告知其对有关客户隐私采取什么样的规定,之后至少一年通知客户一次其对于客户隐私权采用的准则。

《GLB法案》允许同一个金融机构的联合机构互相分享公众的信息。客户不能阻止机构内部分享其私人信息,但是有权反对隐私被金融机构透露给第三团体,例如电信运营商。《GLB法案》规定,如果客户不想让自己的个人信息被局外人知道要书面告知金融机构。

当很多客户表现出关注他们隐私是否得到保护的时候,大多数的金融机构却反对对共享客户信息做出限制,它们指出,分享私人数据资料,金融机构才能够更有效地策划和推出让顾客满意的服务。

此外,一些金融机构提出,如果能和其他机构分享客户资料,它们就能更好地做出决策和更有效地控制风险。例如,一个保险公司了解到一个客户的健康状况不好或者是一个粗心的驾车者且不是一个有良好信用的被保险人,该信息对同一公司组成部分的贷方在决定是否对这个客户提供新的贷款时特别有用。

> **小贴士**
>
> 在美国增长最快的犯罪是什么?
>
> 答:身份盗窃犯罪,即偷取和欺诈使用私人(非公开)信息。1998年《防止身份盗窃和冒充法案》规定,对该类犯罪行为要做出严厉的处罚。

《1999年金融服务现代化法案》

- 如果资金雄厚并得到联邦主要监管机构的同意,商业银行可以和保险公司、证券公司联合(通过控股公司或通过银行附属机构的形式)。
- 要很好地保护从银行购买保险的客户的权益。金融机构必须提醒客户不是存款金融服务的项目,包括保单,这些都不属于FDIC的保险范围,并且贷方不能将买保险作为一个要求强加在想获得贷款的客户身上。
- 银行、储蓄机构、信用机构、保险公司、证券经纪人和其他金融机构在客户开户时必须通知客户他们对于客户隐私的政策,并在这之后至少一年通知客户一次,指出客户的隐私是否被联合机构或者之外的公司分享。客户有权不让隐私被非联合机构知悉。
- 金融机构在安装自动柜员机的时候，要公布其使用费用以使非本机构的客户在被收费之前可以取消交易。
- 从金融机构以欺骗手法窃取他人的账号和私人信息是犯罪行为（处5年监禁的惩罚）。

2.2.5 《爱国者法案》和《银行保密法案》：对抗恐怖主义和反洗钱

进入21世纪，负面的政治运动和新闻报道震撼了金融界并引起了更多的金融服务监管。2001年9月11日，恐怖分子劫持商用飞机撞击纽约的世贸大厦和华盛顿的五角大楼，造成了大量的人员伤亡。美国国会迅速反应并于同年秋天通过了《爱国者法案》。《爱国者法案》和修改的《银行保密法案》（于1970年因反洗钱而通过），要求金融机构对客户可疑的活动做出报告。

银行和金融服务业的道德规范
银行保密和报告可疑交易

近期的反洗钱和反恐怖主义立法，特别是《银行保密法案》和美国《爱国者法案》，试图让金融机构，特别是银行、证券经纪商和投资顾问站在与非法或可疑金融活动斗争的第一线。例如，在美国，如果金融公司监测到可疑的活动，就必须通过美国财政部内部金融犯罪执行网络做出书面报告，而且，每个联邦监管的金融公司必须开发并部署一套客户身份识别系统（CIP），监测电脑软件和办公程序以确保每个机构都了解其客户是谁，并且可以发现便利恐怖主义的可疑金融活动。

一些银行已经表达了对该可疑活动报告要求的担忧。一个问题是安装电脑软件以及进行职员培训和聘请更多会计和律师监测问题客户账户活动引起的高成本（一家货币中心银行通常需要数百万美元），另一个问题集中在新规则的模糊性，例如，到底什么是"可疑活动"？银行家不是警察。由于不确定应报告什么活动以及面临的巨额罚款的威胁，许多金融机构倾向于"过度报告"——做出大量的正常的客户数据以避免被控在其监管执行中玩忽职守（《银行保密法案》要求超过1万美元的现金交易要上报政府）。其他银行则对"偷听"客户的交易表示不自在，或者由于他们的可疑活动，引起了"寻找恶魔"的活动。

监管机构认为这些要求在当今世界是必需的，因为恐怖主义似乎随时都可能在任何地方发生。他们认为如果银行职员和其他金融咨询师过去没有受到过发现可疑金融交易的训练，必须接受应有的教育，他们坚持认为不充足的报告和不严格的法律产生的成本威胁公众和服务机构的安全。

最近，公众对政府通过窃听电话、阅读电子邮件等手段来秘密监视普通公民的做法颇有争议。反对者认为政府在监视私人会话之前应先经法院许可，否则将触犯有关隐私保护的法律。而支持者则认为，在经历"9·11"之后，政府的秘密窃听是有助于维护公民安全的。

《爱国者法案》的众多条款以及《银行保密法修正案》规定，在美经营的金融机构需要备案新开户顾客的身份或持有账户的变化。通常在最低限度内，是通过要求顾客出示驾驶执照或其他可以接受的附照片身份证明，并获得顾客的社会保障账户号码。服务提供者还被要求核对客户身份以免其是政府提供的可疑恐怖分子名单或恐怖组织的一员，如果有任何可疑的恐怖分子或客户账户的可疑活动需要立即报告美国财政部。

近期有迹象表明，政府有意加强一些法律如《爱国者法案》和《银行保密法案》。例如，在2002年秋，西方联盟因没有按相关要求报告资金转移而被处以800万美元的罚款。在英国，也有一个类似的法律，不列颠群岛的第二大银行——苏格兰皇家银行因未对建立客户身份档案足够重视而被罚款120万美元。最近，瑞格斯国民银行（现在由美国国际集团拥有）、纽约和芝加哥的荷兰银行、波多黎各人民银行和阿拉伯银行由于没有对其一些国际客户可能的洗钱运动做出充足的报告而被罚款。

2.2.6 说明真相但不要夸大：《萨班斯—奥克斯利法案》（2002年）

在"9·11"事件之后，金融界丑闻频曝：顶级公司（如安然）中广泛的财务报告操纵和隐瞒问题交易，商业和投资经理以及公共会计公司损害了数千名雇员和市场投资者的利益，使得金融业面临着失去公众信任的危险，因此国会迅速通过了《萨班斯—奥克斯利法案》（2002年）。

《萨班斯—奥克斯利法案》组成了公共公司会计监管委员会以促成会计职业的更高标准并促进审计公共公司（包括银行和其他金融机构）财务报告的准确与公正。公布关于银行和其他公共拥有公司财务状况的虚假或误导性信息是被禁止的，而且，公司的高级管理人员要对其公司财务报告的真实性负责。银行或其他公众拥有的贷款机构对其高管人员或董事贷款时要和具有相同风险的普通客户以相同的信贷条款对待。会计影响在该法颁布时就产生了。2003年10月1日开始，联邦银行机构有权禁止会计公司审计存款机构——如果这些公司曾有大意、鲁莽行为或者缺乏职业规范。

2.3 21世纪出现的新法律和法规：《多德—弗兰克金融改革法案》《巴塞尔协议》和世界各地的其他规则

21世纪的最初十年出现并执行了一系列不同的新法律法规，为金融机构减少运营成本、扩大业务收入以及更好地向客户提供服务创造了条件。

《公平准确信用交易法案》 2003年，通过了《公平准确信用交易法案》，其目的是应对不断出现的身份盗窃问题，即某人试图窃取他人的私人信息（如社会保障号码）以进入受害者的银行账户、信用卡或其他私有财产。美国国会责令联邦贸易委员会确保受身份盗窃的个人可以更容易地提交盗窃报告，并且要求国家信贷局帮助受害者解决该问题。个人和家庭有权每年至少一次的免费信用报告以确认自己是否成为该形式欺诈的牺牲品。许多金融机构认为该新法案有助于减少它们的成本，包括由于身份盗窃案引起的客户赔偿。

《21世纪支票清算法案》（Check 21） 接下来《21世纪支票清算法案》生效，银行不必再将纸质支票从一国运到另一国了——一个成本高昂且有风险的过程。《21世纪支票清算法案》允许核对账户服务提供者以客户书写的"替代支票"来代替原支票，替代支票应该包括原支票正反面的复印版。替代支票的电子转移成本仅仅是原核对系统的几分之一。因此《21世纪支票清算法案》加快了从书写和处理纸质支票向电子支付系统的转变。

《新破产法案》 2005年，在银行业的积极游说下，国会终于成功通过了《2005年禁止滥用破产和消费者保护法案》，使美国破产法更为严格。新法将会使更高收入的借款者承受成本更高的破产，更多的破产将会被至少要求偿还其个人财产的一部分。支持该法的银行认为，该法将会降低普通客户的借款成本并鼓励个人和企业更加小心地使用他们的贷款。

《联邦存款保险公司改革法案》（Federal Deposit Insurance Reform） 随着2005年《联邦

存款保险公司改革法案》的通过，美国国会扩展了保护个人退休储蓄存款的安全网，允许联邦监管机构定期根据通货膨胀调整保险费，并且使所有联邦监管的银行和储蓄机构保险费进入同一保险基金，并保持其稳定。⊖

2008年的救助议案和新监管规则提议 始于2007年的住宅抵押市场和金融系统的动荡和损失，引起了对抵押贷方和经纪商、信贷评级机构和其他主要金融机构都适用的新规则提议的热论。由总统金融市场工作组提出的综合性新规则也在其中，该提议的一部分在2008年全球信贷危机时通过的紧急经济稳定法案中以法律的形式得到了认可。这一救助议案允许美国财政部购买达7 000亿美元的"不良"资产（如问题抵押贷款和消费者贷款），允许FDIC对个人的存款保险保护暂时提升至每人25万美元，同时允许政府为提升贷款机构和市场的公信力而向银行和其他合格贷款者注入追加资本。

2009年的《信用卡法案》和大量信息披露 在美国20世纪的严重衰退中，美国国会在公众担心经济健康和失业问题时，开始了存在长期诟病的信用卡业务。在过去，银行和信用卡发行商总是避免完全和及时披露信用卡信息（包括利率、服务费、罚金和滞纳金等与信用还款计划有关的内容）。许多信用卡公司反复寻找机会最小化信息披露，提高利率、费用和延期告知消费者支付。

2009年的《信用卡法案》（信息披露法案）对信用卡利率和其他条目变更做出严格规定，要求信用卡发行商在条目变更前至少45天书面通知消费者。费用必须阐述清楚，避免重复收费。消费者须被告知如果依限支付最低还款额时，他们需要支付的利率和清偿期限。信用卡发行商需要在网站上披露合同条款，给予消费者足够的信息披露以便于其在购物时进行衡量。

《多德—弗兰克金融改革法案》：从放松监管转回加强监管 在金融市场上，金融监管忽冷忽热，政府有时加强监管，有时放松监管。这种模式类似于匀速运动的钟摆从一侧到另一侧，取决于出现的问题和公众的态度。

比如，20世纪30年代的大萧条导致许多金融和非金融机构倒闭，导致大量监管条例颁布以应对危机。第二次世界大战之后，尤其是20世纪八九十年代，对一些新产品和新业务放松监管，包括一些复杂的金融机构跨越国界，走向世界。这个摆钟继20世纪30年代后，当经济出现大萧条时，在21世纪再次由放松监管回到加强监管。

结果导致新的联邦法案的出台来减少金融系统性风险，该法案就是2009年颁布的《多德—弗兰克华尔街改革和消费者保护法案》，以两名主要发起人命名，也就是熟知的《多德—弗兰克金融改革法案》。

新的法案允许联邦监管机构在必要时精简和拆解有问题的金融机构，禁止出现"大而不倒"的情况，来防止用公共支出保护和营救某些金融机构，成立了新的联邦机构来保护消费者免受滥用的金融服务，避免出现导致金融系统损毁的系统性风险，要求金融机构保证足够的资本和流动性，暂时提高联邦存款保险限额，合并银行和储蓄机构的监管机构，加强衍生市场的监管，增加美国证监会法规制定来监管对冲基金和其他证券公司，开始监管保险业和信用评级业，通过金融机构保护机构提高信息的流动性，鼓励在消费者借贷上有更高的公平性和开放性以及提升部分消费者的理财素养。

新的法案引起了巨大的争议。反对者指出这项复杂的法案厚达2 000页，严重依赖于监管者的判断而不是市场，而且国会很少提出明确的指导方针来应对大量监管规则带来的后果。同

⊖ 参考第12章和第18章，那里有关于《21世纪支票清算法案》、《公平准确信用交易法案》、《联邦存款保险公司改革法案》和《新破产法案》的更多的论述。

时设立大量研究机构和大量联邦部门、机构,但是一些机构缺乏指引。支持者认为这个法案是20世纪30年代《格拉斯—斯蒂格尔法案》的修正,而且认为其对未来应对全球金融市场的系统性风险有效。

洞察力和问题

大规模的金融改革:2010年的《多德—弗兰克金融改革法案》

2010年夏,美国总统巴拉克·奥巴马签署了《多德—弗兰克华尔街改革和消费者保护法案》,以两名主要发起人(康涅狄格州的Senator Christopher Dodd和纽约的Barney Frank)命名,也就是熟知的《多德—弗兰克金融改革法案》(FINREG)。这部法案是自大萧条出现的1933年和1935年《银行法》后的一部最为彻底的金融改革法案。它关注金融机构的破产风险,提升金融服务的信息透明性,加强对主要金融机构的监管,重塑消费者信心。

《多德—弗兰克金融改革法案》的主要条款如下。

- 设立新的程序来分拆陷入严重困境的大型金融服务机构(银行与非银行),这与联邦存款保险公司数年来对经营失败银行的处理类似。
- 消除"大而不倒"的信条,从今以后即使是大型金融机构没有政府、中央银行和纳税人的经济支援还是会倒闭的。
- 成立由金融监管机构领导组成、财政部长主持的金融稳定监督委员会,采取措施来应对遍及全球金融市场的系统性风险,减少金融部门的风险暴露。
- 制定完善银行资本充足率和流动性的衡量方法和规章,使存款机构可以更好地应对各种风险。
- 通过联邦存款保险公司增加存款保险限额(从100 000美元到250 000美元)来增强公众对银行和存款机构存款安全的信心。
- 把储蓄机构监理署合并到货币监理署,这样联邦存款保险公司、货币监理署、联邦储备局可以更好地监管存款机构。
- 通过证券交易委员会、商品期货交易委员会、票据交换所和公开交易所的交易来追踪这些复杂的工具,提升衍生交易(如信用违约互换和抵押支持证券)的透明性和监管。
- 证券交易会加强对大量证券公司,包括对冲基金、私募股权基金和投资顾问在利率上的监管。
- 通过联邦保险办公室加强对保险行业的详细审查,提高之前只被州进行监管的行业的监管质量。
- 通过新的信用评级办公室加强对信用评级机构的监管,检查信用评级过程的质量和准确性,使那些被评定信用等级的人的鲁莽行为损害的机构更容易起诉。
- 加强对消费者借贷行为的监管,尤其是在买房和房屋装修上的贷款,致力于减少贷款资产止赎,鼓励自有房屋,支持房屋出租咨询业务,教育公众考虑房屋融资的必要性。
- 在联邦储备委员会内设立消费者金融保护局,但独立于联储来提升借贷的公平性和部分公众的理财素养。

新世纪监管的新策略

正如我们在前面看到的,20世纪60~90年代,政府对金融部门的监管,对地理和服务扩张的限制明显放松和减少,允许被监管的金融机构更有效地竞争,并根据变换的市场形势快速做出反应。

例如,1980年美国国会通过了《存款机构放松监管和货币控制法案》(DIDMCA),把联邦政府对银行和其他存款机构存款的最高利率限制取消了,并允许个人和非营利机构对其支票存款接受这些利率。1982年,《甘恩—圣哲曼存款机构法案》使得银行和储蓄机构在其提供的服务上更加类似并且允许存款机构提供可变利率货币市场存款账户,以使它们可以与货币市场共同基金进行直接竞争。1989年,《金融机构改革—复兴—强制法案》允许银行控股公司兼并储蓄机构,并且如果需要的话可以将其转变成支行。

用资本进行监管 随着新世纪的开始,政府将资本作为监管的重点,政府监管领域的重点发生了变化,特别地,对于地域和服务的监管不再是主要的,对资本和风险的监管更加突出。政府监管部门越来越多地对银行与其竞争者所持有的资本(特别是其股东的资金)是否能够防范巨大而且无法预测的风险表示担忧。美国各银行的资本要求基于1991年通过的《联邦存款保险公司修正案》《巴塞尔协议Ⅰ》《巴塞尔协议Ⅱ》《巴塞尔协议Ⅲ》,四者是1988年美国和12个来自亚洲和欧洲的其他国家确立的,是全球所有主要银行都应遵从的资本规则。⊖

而且,监管机构开始更多地把市场数据作为单个金融机构经营好坏的指示器。例如,如果一家银行的股价下跌或者其借贷工具的利息成本上升,这可能是该银行承受更大风险的信号,需要监管机构的密切注意。

监管警示器——市场数据 新世纪也带来了监管机构对公共信息披露的兴趣,例如,我们是否能找到一个更好的方式,向公众安全地提供更多的关于金融服务价格和费用的信息以及金融机构对客户私人信息的保密程度如何,是好是坏。

金融服务机构监管公共信息披露的角色 我们是否能够找到一种方法,披露金融机构真正的财务信息和风险,而不会造成公众的误解和恐慌?监管机构希望更多的信息披露会促进金融机构更加激烈的竞争、减少风险并且帮助客户在购买和使用金融工具时做出更好的决策。

待解决的监管问题 不幸的是,尽管朝着新的监管目标取得了许多进展,但是许多主要的监管问题仍没有解决,例如:

- 我们应该怎样才能建立监管机构的安全网来保护小额存款者不受损失,仅仅依靠通常的政府发起的存款保险吗?安全网是否鼓励金融机构承担更大的风险?我们如何在风险和存款安全之间取得平衡,使得银行系统的存款保持增长,能够满足公众贷款之需,特别是在信贷危机之后。
- 我们如何确保一家垄断金融机构(包括银行)不掏空银行来支持其他业务,并造成该银行破产,最后却让政府支付客户存款?
- 随着金融机构越来越大,越来越复杂,我们如何确保政府监管机构有效地监管这些复杂的机构正在进行的业务?我们可以较好地训练监管人员以使他们适应新的金融市场环境吗?
- 功能性监管(该监管模式下,综合的金融机构拥有的每个不同的业务被不同专门的政府机构监管)是否有效?例如,一个属于某一综合金融机构的投资银行可能受证券交易委员会的监管,然而该机构拥有的商业银行可能受到货币监理署的监管。如果这些监管机构意见不同该怎么办?它们能为公众利益而有效合作吗?
- 随着金融服务业的兼并与集中,造就了更少但却更大的金融机构,更少的监管机构可行吗?我们可以简化目前的监管机构并且带来更高的效率吗?

⊖ 关于《巴塞尔协议Ⅰ》《巴塞尔协议Ⅱ》《巴塞尔协议Ⅲ》的讨论详见第15章。

- 将银行和商业结合又如何？工业公司可以自由兼并或建立金融机构或者反之亦然？例如，银行是否可以既销售汽车、卡车同时又销售存款和信用卡？这是否会导致不公平竞争？是否使得银行破产风险加大？监管机构是否可以监管这些与金融机构联合的工业公司以保护金融机构？
- 金融机构遍及全球各地，哪个国家或哪些国家应该监管它们的活动？当国家之间对金融服务监管产生分歧又会发生什么？如果一个国家的监管机构效率低下怎么办？谁应该承担懈怠的责任？国家之间是否应该像保护它们领土那样合作进行金融服务监管？
- 最后，始于2007年的全球信贷危机之后，我们如何制定合适和有效的监管规则，使之能充分保护金融服务消费者免受欺骗和隐瞒，保证信贷的充分供应以支持就业和经济，提供充足的流动性以使支付系统即使在危机中也能顺利而有效地运行，并使金融交易更透明以使借贷双方均可明晰自己的目的和面临的风险？

一个初步的答案体现在2010年的《多德—弗兰克金融改革法案》的文本中，但如果我们要减少金融系统的不确定性，学会保护公众利益仍要解决很多问题。

上述所有问题代表了公共政策中棘手的问题，监管机构必须在这个充满挑战和全球扩张的新世纪中找到答案。

洞察力和问题

银行业和商业：21世纪的热点监管问题之一

金融服务市场的许多观察家认为，21世纪主要的监管问题将集中于银行和商业——将来，银行和非金融工业公司在多大程度可以进入彼此的领域？在对储户存款充分保护的情况下，金融和非金融机构在多大程度上可以互相持有股权？

现在存在于金融和非金融机构间的壁垒看起来似乎坚不可摧，因而阻止了它们相互联合。这些法律和监管壁垒包括《银行控股公司法案》和《国民银行法案》，它们规定了银行能做什么不能做什么。一些银行总是能够寻找到聪明的方式绕过壁垒，《联邦储备法案》第23条限制同一公司拥有的银行和非银行公司的交易以此防止银行被非银行附属机构拖累。例如，银行和附属公司的交易不能超过银行资本的10%或者对其所有非银行附属公司交易最高不超过银行资本的20%。尽管有如此严格的法律，但现存禁止银行与商业或工业公司联合的法律与监管壁垒仍被冲击出了许多漏洞。例如，在《银行控股公司法案》（1970年被修订）通过之前，控制一个银行的公司可以购买或开始任何其他的业务，然而，在该法通过之后，银行被一些例外条款限制在金融服务业内。

其中之一的例外条款是非银行路径——商业公司可以购买一家银行，然后分离其支票账户或商业贷款业务，将其作为一个出售更广泛业务的较少监管的通道。美国国会在1987年修补了这个漏洞（除了那些已经逃脱的"非银行"银行之外）。另一个例外条款是关于储蓄机构的，它能够通过拥有一家公司兼并一个储蓄机构然后开展其他业务进入商业部门。1999年《金融服务现代化法案》制止了这些单元机构的诡计。

21世纪到来以后，将银行业和商业分离开的壁垒仍有一条裂缝，即工业贷款公司（ILC）。这些各州授权成立的存款和贷款公司通常和工业公司联合，并可能会对购买其母公司产品提供信贷融资。工业贷款公司通过销售非核对存款筹集资金，然后可以申请联邦存款保险公司保险。这些公司主要集中在加州和犹他州，目前在金融部门扮演着一个微不足道的角色，尽管如此，它们却持有将近1 400亿美元的资产,而总的银行资产为8万多亿美元。

近来促使银行与非银行机构分离有更多约束的《多德—弗兰克金融改革法案》颁布了。这些非银行机构包括对冲基金、私募股权基金和风险投资公司,新的法律是为了把华尔街的交易行为与传统的银行服务相分离。

银行和商业问题仍是一个热点,因为创造性的金融头脑通常是在寻找(而且通常可以找到)聪明的方式进入新领域,尽管有监管壁垒存在。关于这个问题精彩的描述可以参考论文:John R. Walter, "Banking and Commerce:Tear Down This Wall?" Economic Quarterly, Federal Reserve Bank of Richmond, 89 no.2(Spring 2003),pp.7-31.

美国现代银行法规史大事记

1863~1864年,《国民银行法案》(The National Bank Act)授予美国政府以特许和监管国民银行的权利,以扩大对国民的货币供应,以及与州特许银行竞争。

1913年,《联邦储备法案》(Federal Reserve Act)在10月颁布。该法律设立的联邦储备系统完善了国家支付机制、对银行的监管以及推出了提供货币和贷款的法规。

1933年,《格拉斯—斯蒂格尔法案》(Glass-Steagall (Banking) Act)创立了美国联邦保险公司(FDIC),该公司作为一个临时的政府代理处,对利率设定了最高限额以降低银行成本。同时这一法案将商业银行和投资银行业务两者的所有权分离。

1934年,《证券交易法案》(The Securities and Exchange Act)要求银行公开更多的所售证券的信息,并且要求建立保证金,从而禁止公众从银行或其他借款人借得过多的资金来买卖股票和其他证券。同时这部法案创建了证券交易委员会,以防止证券市场上出现欺骗性的虚假信息。

1935年,一部新的《银行业法案》扩大了美联储的主要管理机构联储委员会的权利,延长其条款的期限。这部法案还建立了联邦公开市场委员会作为联储主要的货币政策制定者,并确立美国联邦保险公司为永久性的政府机构。

1956年,《银行控股公司法案》(Bank Holding Company Act)要求控股公司控制两个或两个以上在联储董事会注册的银行,也可以找寻控制新的银行,但随后的几年里,控股公司只有在银行所在州同意的情况下,才能够跨州控制银行。

1960年,《银行业兼并法案》(The Bank Merger Act)要求联邦银行业机构同意任何涉及受联邦监督的银行的合并事宜。在后来的修正案中,要求银行的合并和收购符合反托拉斯法案。

1970年,《银行控股公司法案》(Bank Holding Company Act)修正以后,那些在联邦储备董事会注册的单个银行控股公司也包括在内,然后审核其是否符合美联储的检查。那些可能由银行控股公司提供的允许进行的非银行服务已扩展到所有美联储认为的"与银行业相关"的服务。

1977年,《社区再投资法案》(Community Reinvestment Act, CRA)颁布,禁止银行歧视一定的领域,禁止只对某些特定的社区进行宣传和提供服务。

1978年,《国际银行业法案》(International Banking Act)要求美国境内的外国银行必须遵守联邦条规,并且要求存款保险金包括外国银行在美国境内的销售零售存款。

1980年,联邦监管对存款利息利率的放松是以存在将近半个世纪之久存款利率最高限额逐渐升高开始的,并且根据《存款机构放松监管与货币控制法案》(Depository Institutions

Deregulation and Monetary Control Act）规定，所有同意合法储备金要求的存储机构可以提供可查的、非个人时间的存款。在全国范围内，无论是对于家庭还是对于非营利性机构，可转让支付命令账户（计息的支票账户）都已经合法化了。

1982年，《甘恩—圣哲曼存款机构法案》（Garn-St German Depository Institutions Act）加速了银行存款利率利息的联邦监管。银行和其他存款机构可能会提供带有货币市场共有基金共享账户的竞争性存款，与此同时借贷机构也获得与银行竞争的权利。

1987年，《银行业平等竞争法案》（Competitive Equality in Banking Act）通过，批准创立了一些不办理银行业务的银行，并与商业银行和存款银行竞争，同时也允许一些银行的合并跨越州界，要求公众对储蓄账户政策有更多的知情权。同样在1987年，联储董事会规定，在不超出出售合作证券所得的保证金限制条件下，控股公司可以发行订购补贴的证券。

1988年，《巴塞尔协议》（The Basel Agreement）针对一些主要的发达国家的银行，设定了普遍最低银行资本要求。

1989年，《金融机构改革—复兴—强制执行法案》（The Financial Institutions Reform, Recovery and Enforcement Act, FIRREA）颁布，其目的是解决S&L破产问题，同时建立了存款机构存款保险基金（SAIF），由FDIC统一管理。另外FIRREA在美国财政部内部建立了美国储蓄机构财政监理局（Office of Thrift Supervision）来管理财政机构，并且允许银行加入联邦家庭贷款银行体系。几乎在同时联储董事会加强了银行对银行证券认购活动的限制。

1991年，《联邦存款保险公司修正法案》（The FDIC Improvement Act）根据银行风险暴露水平，为存款保险设立了费用，并赋予FDIC借入和聚集资金的权利。同时颁布了《城市储蓄法》（Truth in Savings Act），使公众对出售其存款账户相关条款和费用知道得更清楚。

1994年，随着《瑞格尔—尼尔跨州银行和分行效率法案》（The Riegle-Neal Interstate Banking and Branching Efficiency Act）的颁布，跨州的全服务银行也被允许运营。只要银行具备适当的利息转为的本金数并且管理得当，就可以并购任何一个州的银行并跨越州界设立分支行，除非在1997年以前，一些州选择不参加建立跨州分支机构，当时蒙大拿州和得克萨斯州就不参加建立，但是到了1999年，得克萨斯州改变了先前的立场，允许州际银行的分支机构活动。在不违反集中制和州立法规的条件下符合CRA的标准，具备适当的利息转为的本金数并且管理得当的银行可以进行跨州合并。

1999年，《金融服务现代化法案》（The Gramm-Leach-Bliley Financial Services Modernization Act）取消了《格拉斯—斯蒂格尔法案》和《银行控股公司法案》的重要部分，即禁止银行认购私人发行的证券，禁止银行作为保险者或代理机构。银行可以设立证券和保险补助金，而银行控股公司可以设立商业性的银行业务、保险、证券和商业银行机构，同时还可以投资和发展房地产、从事其他"赠送"活动等，但只有在联储董事会同意的情况下保险和证券公司才能购并银行以及其他金融控股公司。金融机构必须保护顾客的隐私，顾客私人信息不得被披露给其他方，但是同一公司的金融服务单位可以知道这些数据。

2000年，随着欧洲和外国银行获得更多跨国交易的自由，欧洲货币联盟和中央银行体系在西欧得到扩张。作为一个新的中央银行，欧洲中央银行已在欧洲制定了新的货币和信贷政策，以作为一个整体抵抗通货膨胀。欧盟正朝向一个单一货币体系迈进，即欧元。

2001年，《爱国者法案》要求金融机构收集并与政府机构分享客户身份信息，同时向财政部报告客户账户的可疑活动。

2002年，《萨班斯—奥克斯利法案》要求公众拥有的公司加强内部和外部审计规范并禁止公众拥有的公司公布关于其财务状况或经营的虚假和误导性信息。

2003，《公平准确信用交易法案（FACT）》使得身份盗窃的受害者可以更容易地提交欺诈警示文件，并且公众也可以申请免费年度信用报告。

2004，《21世纪支票清算法案》使得银行电子转移支票图像（替代支票）速度更快、成本更低廉，不必再运输纸质支票。

2005，《滥用破产和消费者保护法案》要求困境中的企业和家庭借款者至少支付他们贷款中的一部分。

2005年，《联邦存款保险公司改革法案》对合格退休金账户的存款保险金额由10万美元提升至25万美元，授权联邦存款保险公司定期根据通货膨胀提高保险费，并且将银行和储蓄保险基金合并为单独的存款保险基金（DIF）。

2006年，《2006金融服务监管缓解法案》放松了对存款机构的监管，增加了这些机构可选的服务项目，并且授权美联储在必要时可以支付利息给存款机构的法定储备金。

2008年，《紧急经济稳定法案》开辟了"不良资产"（主要是住宅抵押贷款和消费者贷款）紧急出售的道路，为的是解放全球信贷市场和降低长期衰退的可能性。另外，FDIC的存款保险金额暂时从10万美元提升至25万美元，并将持续到2009年年末；同时，允许美国财政部对银行增加资本以提升其贷款能力。

2010年，《多德—弗兰克金融改革法案》逐渐消除"大而不倒"的信条，允许主要金融机构在没有政府和纳税人的帮助下倒闭，成立金融监督委员会来抑制系统性风险，成立消费者金融保护局来提升金融决策力，为合格的存款账户提高存款保险限额。

概念测验

9. FDIC是怎样处理银行破产的？
10. 美国银行的州际经营权发生了哪些变化？
11. 银行业破产的增多会怎样影响最近银行业的法规？
12. 《金融服务现代化法案》为银行业的立法带来了哪些变化？为什么会有这些变化？
13. 目前需要解决哪些新的条规性问题才能使州际银行业成为可能，使得证券和保险服务可以并入银行业？
14. 我们在使用金融服务用户的信息时为什么必须关注隐私问题？如果禁止共享非公共的信息，金融系统是否可以有效运行？在你看来，我们在规定谁可以使用私有信息时应如何处理？
15. 为什么《爱国者法案》和《萨班斯—奥克斯利法案》在美国得以通过？这些新法律及相关监管将会对金融机构产生哪些影响？
16. 解释说明《公平准确信用交易法案》、《21世纪支票清算法案》、《2005年禁止滥用破产和消费者保护法案》和《联邦存款保险公司改革法案》对金融机构的收入和成本以及它们向顾客提供的服务可能带来的影响。
17. 《多德—弗兰克金融改革法案》是如何减少金融系统的系统性风险，提升公平贷款，保护消费者，把银行与非银行机构相分离，从而重塑公众信心的？

2.4 对与银行竞争的非银行金融机构的监管

2.4.1 对储蓄业的监管

商业银行几乎位列政府监管业务名单之首,其他一些金融机构(尤其是信贷联盟、储蓄联盟和储蓄银行、货币基金)也不例外。这些所谓的储蓄机构吸引了公众储蓄中的很大一部分,并且其消费(家庭)信贷的市场份额也在不断增长。这样,尽管属于私人拥有,但储蓄机构仍被看做是"和公众利益密切相关的",因此,储蓄机构通常面临着严密监督和管理。

信贷联盟 该非营利性个人组织接受存款、分享支票存款以及提供贷款,仅仅针对其内部成员。联邦和州政府法规对成为一个信贷联盟成员的条件做出了规定:必须和其他信贷联盟成员有共同的"利益关系"(比如为同一雇主工作)。信贷联盟存款应当符合联邦存款保险公司10万美元保费的要求(2009年这一数额暂时增加到25万美元),尽管保费来自国家信贷联盟保险基金(NCUSIF)。在20世纪30年代《联邦信贷联盟法案》规定由联邦和州政府批准成立合格的信贷联盟。联邦信贷联盟受国家信贷联盟管理委员会的监管和审查。为了保护其成员,信贷联盟业务的许多方面受到了严密的监管,包括其可以提供的服务以及如何分配资金。对成员授予贷款的风险要和大量投资于政府债券、存款保险和其他短期货币市场工具的风险平衡。最近一些信贷联盟依据较为宽松的规则转变为了股权存款机构,以吸引新资本和更为灵活地租贷和投资。

储蓄协会 该存款机构包括州和联邦存款和贷款协会以及联邦储蓄银行,其目的是为了鼓励家庭储蓄并为其购买新住房提供融资。20世纪80年代政府放松监管使得一些模仿由商业银行提供的新消费服务的机构大量出现,而且,储蓄协会像银行一样,为了保护公众存款而面临众多监管机构的监管。州政府授权的储蓄协会由州政府或委员会监管或审查,联邦授权的储蓄贷款机构和储蓄银行由储蓄机构监管办公室(美国财政部的一部分)进行监管。《多德—弗兰克金融改革法案》于2010年通过,储蓄机构监理局和货币监理局合并,这样存款机构和国民银行在联邦水平上就有了同样的管理机构。

近几十年来,储蓄机构都被储蓄性金融机构协会保险基金保护,银行都被银行业保险基金保护。银行保险和储蓄保险都由联邦保险公司管理,两者不同的保险费一直都引起争论。然而,2005年两家保险基金合并为一家最终覆盖银行与储蓄的存款保险基金。20世纪80年代定期存款保险金额(如银行的)为10万美元,到2005年暂时提升至25万美元。调整存款保险是为了赶上通胀,提升公众信心,提高存款作为投资的竞争力。

> **小贴士**
> 2001年,一部浪漫戏剧的开始是股票经纪人雷恩·特纳(Ryan Turner)发现他因内部交易而受到SEC的调查并失去了工作,这是什么电影?
> 答:《金玉良言》(Good Advice)。

货币市场基金 尽管许多金融机构认为政府监管繁杂累赘、成本高昂,而货币市场基金则将自身存在归功于联邦政府对银行和储蓄机构给予存款利息支付的限制。证券经纪和交易发现了一种从存款机构吸引短期存款并将其投资于高收益、低风险的货币市场证券的方式。投资资产必须以美元为主,到期日不得超过397天,并且美元资产的到期日不超过90天。信贷危机之后,美国财政部向货币市场基金投入了联邦保险,以平复公众的忧虑,并且在证券交易委员会(SEC)的监管下保持货币基金每股价格固定为1美元。

2.4.2 对其他非银行金融机构的监管

人寿和财产/灾害保险公司 这些为个人和财产提供风险保护的保险销售者是几乎完全由州进行监管的几个金融机构之一。州保险委员会通常规定向公众销售保险的类型及政策，为了保护保险单持有者的利益而规定公众支付的最大保险费率、认证保险机构、检查保险机构的投资、授权新公司以及为破产公司提供流动性。

最近，联邦政府似乎更多参与了保险公司的监管。例如，当这些公司向公众销售资产或债务证券的时候，需要证券及交易委员会的许可——随着许多互助保险公司（这些公司被它们的保险单持有者拥有）转变为股份制公司，这种情况越来越多。类似地，当保险公司组成金融控股公司并兼并银行和其他受联邦监管的金融公司时，它们就可能处于联邦储备系统的监管之下。

最后，根据《多德—弗兰克金融改革法案》，建立新的联邦保险办公室（FIO）以帮助减少**系统风险**（systemic risk）以及阻止破坏性的保险损失。这些系统风险通常是由大型保险公司（例如AIG）所从事的创新性和高风险性活动引起的。

财务公司 这些公司和消费者贷款人已经被联邦政府监管多达几十年，州委员会特别关注其从个人或家庭借款。尽管州政府的监管力度在各州有所差别，但是大多数州的监管集中在以下几个方面：向公众提供的贷款协议的内容和类型、贷款利率的规定（一些州规定了利率最高限制）以及当借款人无法还款时收回贷款的措施。最近，由于监管程度低导致一些小贷款公司大量出现（比如，付薪日贷款和现金支票公司），这些公司通常提供短期小额现金贷款，其收取的贷款利息率和其他金融机构相比通常是最高的。

2010年的《多德—弗兰克金融改革法案》对小额贷款产生了重要影响，限制小额贷款未来成长和导致许多机构倒闭。在一些州，小额贷款利率由300%～400%降为30%～40%。这个行业的未来充满不确定性，政府监管也许会使经济利益为导向的行业成功或失败。

共同基金 自从1933年"大萧条"许多共同基金破产以来，这些将股份投资于生息资产（特别是股票、债券和资产支持证券）的公司就受到了联邦和州政府严密的监管。美国证券交易委员会要求这些公司在该委员会注册、定期提供财务报告，并向投资者提供相关说明书，披露其财务状况、近期表现以及每个基金的管理目标。最近证券交易委员会与联邦存款保险公司进行了密切合作，并向公众警示，如果这些基金背后没有联邦存款保险公司会是什么后果，同时证券交易委员会也与联邦储备进行合作。

证券经纪和交易商 一系列联邦和州政府监管适用于这些金融工具的交易者，它们购买销售证券、承销新证券的发行并给公司和政府提供财务建议。几十年来，证券经纪和交易一直在大公司客户方面对银行提出了巨大的挑战，但是1999年《金融服务现代化法案》放松监管鼓励了银行进行还击并获得了证券交易和承销的部分市场。其主要监管机构是证券交易委员会，它要求这些公司定期提供财务报告、限制负债数量并调查内部交易准则。最近一些公司的丑闻使得证券交易委员会更加严密地审查这些公司向其客户提供投资建议的准确性和客观性。

对冲基金 金融机构受监管最少的当属对冲基金私募股权基金和风险投资公司，即主要吸引富裕的投资者融资并允诺超额收益率的投资合作关系。这些私人投资资本池也不受政府管制。几乎任何人都可以发起这样一种公司，尽管缺少保险和经营规则意味着在资金运作陷入窘境时通常很难吸引新资本注入或者维持原有资金。尽管对冲基金几乎面临零监管，但美国证券交易委员会仍会对其在小投资者可进入的公开市场销售证券而向公众提供信息进行广泛的监督。对该行业的监管实质上还是很少的，一方面因为它还是相对比较新的行业，另一方面是它一般不向小投资者筹集资金，而我们通常认为小投资者才是需要得到额外保护的对象。为安全起见，

2010年的《**多德—弗兰克金融改革法案**》（Dodd-Frank Financial Reform Law）提倡商业银行与私人投资的更大分离。

2.4.3 对金融机构的监管真的有必要吗

目前，对有关商业银行及其金融服务竞争者的现存法规是否真正必要的讨论甚嚣尘上。正如乔治·本斯顿[1]（该领域一位顶尖的专家）指出的那样："现在我们应该认识到金融机构只是具有一些需要监管的特点的企业。"他认为金融机构受到的监管不应该与其他无税收补贴或特权公司有差别。

原因在哪里？本斯顿解释说，银行业监管的历史——向作为供给货币垄断的银行征收赋税、防治权力集中、保持银行的支付能力从而减弱银行破产对经济的影响、追求社会目标（如提供银行服务，帮助家庭获得住房，防止歧视及不公平交易）——已经不适合目前的情况，而且这些法规并不是没有副作用，它们引起的实际成本使货币使用者税收增加，生产效率低，竞争弱化。

总之，全球金融服务业将从那些严重束缚的条规中解脱出来是大势所趋。然而，2007年爆发的全球金融危机显示了金融机构破产的不利影响以及健全信贷市场对全球经济稳健的重要性。此次金融机构和市场的失败将带来关于监管的更彻底的评审，而关于自由竞争带来收益与监管需求之间的争论也将持续下去。

电子银行和电子商务

网络银行的规则

像其他金融服务活动一样，通过网络、自动柜员机（ATM）或其他形式的电子银行销售金融服务要遵守一系列联邦和州政府的法规。为了获得提供网上金融服务的许可，相关金融机构必须寻求其主要监管机构的许可（例如，受货币监理署监管的国民银行和受州银行委员会监管的州许可银行）。相关机构必须确保客户资金的安全及机构信誉不受到威胁。

在发展和提供网站及其他电子产品方面，银行允许与其他非银行机构合作，但是，必须清楚地告知公众提供的产品哪部分来自银行，哪部分来自非银行公司。对于各自的服务，客户必须与提供服务的公司签订一份合同，以确定当由于其粗心将客户账号或确认码泄露给其他人时所负的责任。

将来一个令人期待的方面是，对可以使用的电子技术类型做了较少的限制。监管机构似乎更加关注保护客户和服务提供机构而不是为新技术的发展做出限制和减慢金融服务创新的步伐。

2.5 中央银行体系对银行及其他金融机构决策和政策的影响

正如我们在本章中所看到的，法律和政府监管对金融机构的行为、组织和业绩产生了巨大的影响，但是还有一个政府机构通过货币和信贷政策对金融机构的行为和业绩也产生了巨大的影响，这个机构就是中央银行，包括美国的中央银行——联邦储备系统。和世界上大多数中央银行一样，美联储对金融机构的影响比其他任何机构、公众或个人对其收入、成本产生的影响都大。

央行的基本任务是实施**货币政策**（monetary policy），既确保银行业和金融体系运作良好，又要确保该体系创造的货币和信用能促进国家经济目标的实现。通过控制货币和信用的增长，美联储及其他国家中央银行尽力确保其经济以适当的速度增长，尽量降低失业率、抑制通货膨胀。不幸的是，中央银行的这些目标在2007年爆发的信贷危机中并没有实现。

在美国，由于美联储不需要政府融资，因此在实现这些目标时相对自由。美联储通过销售服务、买卖证券筹集资金，并（在增加少量资本及向持有美联储股票会员银行支付红利后）将大部分收入交给财政部。

欧盟也有自己的中央银行，即**欧洲中央银行**（European Central Bank，ECB），它独立于政府，在抑制通货膨胀时具有很大自主权。相比而言，日本的**日本银行**（Bank of Japan）、中国的**中国人民银行**（People's Bank of China）以及其他亚洲国家的中央银行受到政府较多的控制。虽然仍处于激烈的争论中，但近年来的研究（如伯拉德[10]和威尔士[12]的研究）表明，越独立的中央银行就越能更好地实现国家的长期经济目标，特别是在抑制通货膨胀方面。

2.5.1 美国联邦储备系统的组织结构

美联储以及许多其他中央银行为实现以上目标，逐渐演变成为一个庞大而复杂的政府机构，它设有多个部门，身兼数职。美联储体系的权力中心和决策中心是位于华盛顿哥伦比亚特区的**联储委员会**（Board of Governors）。在法律上，委员会由7名成员组成，委员由总统提名并通过议会确认，委员任期不超过14年。委员会主席和副主席由总统从这7名委员中选出，任期4年（但是候选人有可能发生变化）。

委员会管理和监督12个区储备银行及其分支机构的活动，规定银行及其他存款机构的准备金比率，批准12家储备银行收取的贴现利率，制定影响利率、货币和银行信贷增长的公开市场政策。

联邦公开市场委员会（Federal Open Market Committee，FOMC）的大部分投票委员由联储董事会成员担任，其他的投票委员由12个联储银行行长中的5人担任，每人担任决策委员的期限是1年（除了纽约联邦储备银行的行长，因为他是常任决策会员）。FOMC的具体任务是制定指导**公开市场操作**（open market operations，OMO）的决策，即由联邦银行买卖证券，它必须了解联储影响经济及银行体系的所有政策和行为。

联储体系分为12个区，每个区域设立一个**联邦储备银行**（Federal Reserve Bank）监督会员银行，同时也为它们服务。联邦储备银行向本区域存款机构提供的主要业务有：在银行和其他存款机构之间电汇资金；确保银行及其顾客持有的证券的安全；发行美国财政部和其他联邦机构的新证券；由每个联邦银行的"贴现窗口"向银行及其存款机构发放短期贷款；保持和供给货币；清算和托收流动的支票和其他现金款项；向金融机构及公众发布影响其利益变化的信息。

货币监理署授权成立的所有银行（国民银行）及那些愿意接受联储监督和监管的银行被称为**会员银行**（member banks）。会员银行必须在联邦银行区域内买卖股票（占其支付资本和盈余的6%），并且接受美联储工作人员的综合检查。作为联储系统的会员银行几乎没有特权，因为联储向会员银行提供的服务与提供给在联储存放准备金存款的其他存款机构的服务相同，但是，许多银行经理相信，一旦归属于这一体系，它们将得到一定的特权和安全保证，这样银行就能够吸引到更多的存款。

> **洞察力和问题**
>
> ### 欧洲中央银行 vs. 美联储
>
> 1999年1月,欧盟11个成员国基于单一货币欧元建立了一个新的货币体系,而这一货币体系政策制定的领导权属于统一的中央银行,即欧洲中央银行。强大的中央银行较好地控制了通货膨胀的趋势,促进了欧洲共同体经济的分离,并协助欧元在国际货币市场上的稳定。
>
> 欧洲中央银行(ECB)在结构上近似于美联储系统,有一个管理董事会或者委员会(相当于执行董事会,有6个成员组成)、政策制定委员会或者管理委员会(近似于联储系统的联邦公开市场委员会)以及一个和欧共体各成员国中央银行(如德国中央银行、法国银行,就像联储的董事会与12个构成联储系统的联邦储蓄银行之间的关系)的合作协议。ECB实际上是中央银行欧洲体系的中心环节,其中包括:
>
> (1) 每个成员国的国家中央银行(NCB);
> (2) 总部位于德国法兰克福的欧洲中央银行(ECB)。
>
> ECB的主要管理机构是执行董事会,由一名主席、一名副主席和四个银行董事组成,由欧盟(由每个成员国的首脑组成)任命。主要政策制定者是管理委员会,包括ECB执行董事会所有成员以及各个成员国国家中央银行的行长,每个国家中央银行的行长都是由其所在国政府任命。与美联储不同,欧洲中央银行并不参与私人银行的监管,而是将这一任务交由欧盟各成员国执行。
>
> 美国的联邦储备系统有很多政策目标,例如保持价格稳定、较低的失业率、经济的持续增长、支付状况的平衡。ECB则大不相同,它只有较为简单的政策目标,其中心目标就是维持价格稳定,而且在实现基本经济目标时,它对欧盟各成员国的干预极少。ECB维持价格稳定的基本工具是公开市场操作和准备金。
>
> 虽然欧洲中央银行政策集中的焦点远远少于美联储,但是也不是一项轻松的工作,它必须在有着不同经济水平、政治体系以及社会和经济问题的11个成员国(近年来加入的国家大部分来自东欧和西欧)保证价格稳定。从某种意义来说,ECB就像是在"一战"时的联邦储蓄系统,是一个经济政策合作的"巨大实验",它将为保持欧洲政治和经济力量的平衡起到怎样的作用,带来多大的效应,我们将拭目以待。它必须在有着不同经济水平、政治体系以及社会问题的各个成员国中(近年来加入的国家大部分来自东欧和西欧)保证价格稳定。欧洲中央银行是一个经济政策合作的"巨大实验",它将为保持欧洲政治和经济力量的平衡起到怎样的作用,我们将拭目以待。在最近的信贷危机中,欧洲中央银行因其日渐有力的政策制定及其同美联储、英格兰银行和其他中央银行政策合作的意愿而获得了公信力。

2.5.2 中央银行的主要任务:制定和实施货币政策

中央银行的主要任务是制定并实施货币及信用政策,促进经济的持续增长,避免高通货膨胀。⊖ 为了实现这些目标,大多数央行采用各种手段影响银行体系的法定准备金、金融体系中的贷款利率、全球外汇市场上的汇率。

根据定义,法定准备金(legal reserves)指由存款机构持有的满足央行对单个存款机构规定的资产。在美国,法定准备金由库存现金和这些机构存放在区联储银行中的法定存款账户上

⊖ 中央银行关注的主要经济指标包括通货膨胀(如消费者价格指数)、失业率和国内生产总值(GDP)。

的存款组成。

每个联储政策工具同时影响利率的水平和变化率。当联储欲减少经济中的借贷活动并减缓经济发展速度时,就提高利率;相反,如果联储想促进企业和消费者的贷款时(如2007~2009年信贷危机时),就降低利率。中央银行还可以通过改变利率及国内经济发展的速度来影响国内货币的需求量。

中央银行主要通过以下三个工具来影响法定准备金、利率和货币价值:公开市场操作、贴现率、各种银行负债的法定准备金。不同中央银行所采用的工具各不相同,例如英格兰银行使用购买短期政府及商业票据的公开市场操作和贴现;日本银行(Bank of Japan)主要以商业票据、债券及贷款进行公开市场操作,设定贴现率向需要借入准备金的银行发放贷款;瑞士国民银行在货币市场(利用美元对瑞士法郎互换)进行公开市场操作;德国的联邦银行买卖证券回购协议,并规定指导利率。相比而言,加拿大银行利用公开市场操作及政府存款在私人银行和央行之间的日常调动来影响信贷状况。尽管不同的央行所使用的工具不尽相同,但几乎所有央行的重心都集中在银行业体系的准备金、利率上。在某种程度上,货币价格也是重点之一,这些都是作为实现各自国家经济目标的主要标准。

中央银行的公开市场工具 目前在许多重要的国家,公开市场操作成为中央银行货币政策的主要工具。例如,美国联邦储备系统中的代表性政策工具是公开市场账户(SOMA)经理在纽约联邦储备银行的交易席位,由此购买和销售美国国库券、债券、票据以及其他可用的证券,这些交易在联储交易席位和符合联储要求的初级交易商之间进行。OMO被认为是美联储最为灵活的政策工具,主要是因为这种工具可以每天使用(有时一天不止一次);而且如果联储政策失误,该工具可以通过买卖交易的抵消迅速纠正。

中央银行出售证券将降低金融系统中的存款和贷款增长率。当联储卖出美国债券的时候,购买这些经联储许可的证券交易商在联邦储蓄银行账户的存款将被扣除一定数量的美元。银行和其他存款机构在进行贷款和扩展其他方面的信贷业务时没有其他材料可以利用,利率倾向于增加。

相比而言,随着银行存款和贷款数量的增长,中央银行将购买较多的证券。联储在支付这些证券时只需在区联储银行所属交易银行的账户贷记准备金就可以。这意味着银行和交易商要做的只是办一些证券买卖的手续,此时,利率倾向于减少。表2-3列出了一些经授权可以与联邦储备交易证券的主要证券交易商。

表2-3 2010年4月经授权可以与联储交易证券以帮助执行货币政策的初级交易商

摩根证券(J. P. Morgan Securities, Inc.)	摩根士丹利(Morgan Stanley & Co., Incorporated)
美林证券(Merrill Lynch Government Securities Inc.)	野村证券(Nomura Securities International, Inc.)
格林威治资本市场(Greenwich Capital Markets Inc.)	瑞银证券(UBS Securities LLC)
巴克莱资本(Barclays Capital Inc.)	美国银行证券(Bank of America Securities LLC)
高盛集团(Goldman Sachs & Co.)	瑞士信贷第一波士顿(Credit Suisse First Boston LLC)
瑞穗证券(Mizuho Securities USA, Inc.)	汇丰证券(美国)(HSBC Securities (USA) Inc.)
巴黎百利证券(BNP Paribus Securities Corp.)	大和证券(Daiwa Securities America Inc.)
全国金融证券(Countrywide Securities Corp.)	德累斯登佳华证券(Dresdner Kleinwort Wasserstein Securities)
德意志银行证券公司(Deutsche Bank Securities Inc.)	

目前美联储的联邦公开市场委员会(FOMC)将存款机构间隔夜准备金贷款的联邦基金率作为盯住目标,并以此实现联储的货币政策目标。执行公开市场操作的目的是为了盯住目标基金利率,并使得联邦基金利率的变化能影响到经济中的其他相关利率。

联邦公开市场委员会通过公开市场操作达到目标基金利率的实例

作为讨论的结果,委员会投票通过授权并监管纽约联邦储备银行,根据以下国内政策指令在系统账户执行交易:

联邦公开市场委员会(FOMC)寻求货币和金融环境以保证价格稳定和产出的平稳增长。更长远的目标是,在不久的将来委员会将寻求能保持联邦基金平均收益率大概为5.25%的储备市场环境。

投票还通过了以下内容,这些内容在下午2:15发布的文档中也将有所体现。

尽管如此,委员会认为通货膨胀风险依然存在。针对这些风险所应采取措施的范围和时间需要根据对通货膨胀和经济增长两者发展的预测来确定。

持支持票的选举人:耶伦夫人等人。

持反对票的选举人:莱克先生。

莱克先生反对的理由是,他认为在接下来的几个季度,为保证核心通货膨胀下降到一个可接受的范围,政策收紧是必需的。

其他的中央银行政策工具 许多中央银行是银行及其他存款机构短期资金的重要来源,特别是大银行,它们常常从中央银行贷款以补充准备金的不足。例如美国一些银行都在区联储银行中存放经签署的借款授权书,当联储向借款银行发放准备金贷款时,法定准备金的供给暂时增加,可能会导致银行贷款和存款增加;当借款银行偿还贴现窗口贷款时,银行的准备金减少,其存款和贷款也不得不减少。联储收取的贷款利率——贴现率由每个区联储银行的股东大会决定并经联储委员会批准。2003年,联储开始将贴现率定在高于目标联邦基金利率的水平,以此使经济更加稳定。在次贷危机的压力下,2007~2008年美联储的贴现窗口一直很宽松以增强银行的流动性。

中央银行偶尔也使用变动准备金率作为货币政策工具。出售交易存款(如支票账户)的银行和其他存款机构必须提取存款的小部分作为准备金,或者以库存现金形式和以在中央银行的存款作为准备金,存款和其他银行资金来源的准备金变化对信贷扩张有重要影响。例如,提高准备金比率,即银行必须保留存款中的更大比例作为准备金,用于放贷的资金就减少。降低准备金利率,则准备金的一部分转化为银行可以借出的资金,由于银行可以借贷的资金增多,则利率就会降低。尽管如此,中央银行通常并不使用准备金率作为政策工具,因为其影响过大且不容易反向操作,而且存款也并不像过去那样是银行唯一的资金来源。

联储、日本银行和其他中央银行使用的影响经济、银行及其他金融机构的另一个重要的政策工具是道义劝告。利用该政策,联储希望通过向个人及机构施加心理压力以使其遵守联储的政策,比如利用电话或信件与银行沟通,发表讲话解释联储政策,向国会阐明联储目前的活动及目的,同时联储官员也举行新闻发布会督促公众与联储合作以促进经济增长。

除了公开市场交易、贴现率、存款准备金、道义劝告等传统的政策工具,2007~2008年,联储创立了两个新的货币市场工具来阻止住房抵押贷款危机带来的破坏。定期拍卖工具和定期证券借贷工具给储蓄机构和证券交易商提供为期1个月的贷款来给金融市场提供流动性和扩大企业和客户的信贷。英国、加拿大、瑞士和欧洲中央银行支持联储的行动且鼓励各自国家中的银行来扩大信贷。

中央银行对金融机构影响的最后说明 显然,金融机构的经理必须要对政府监管和中央银行对特定机构货币政策的影响了如指掌。任何金融机构的管理层都不能忽视这些主要政府部门的活动,因为它对金融机构的资产、负债和资本流动性以及收入和成本的大小都具有重要的影响。

真实的银行,真实的决策

中国和日本的中央银行

中国的中央银行——中国人民银行(PBC),于1948年由3家国内银行组成,并于1995年被正式指定为国家的中央银行。一直到现在,中国人民银行既是金融机构的主要监管者,也是货币政策的主要执行者。它是在中国提供服务的国内和国外金融机构的主要监管机构,并授权成立新机构、解散破产银行以及监管外资银行的进入。然而,其中一些重要的监管职能于2003年被转交给了中国银行业监督管理委员会,而中央银行的主要任务则是执行货币政策,发行纸币和硬币,监管银行间借贷和债券市场,管理中国的支付清算体系。

中国人民银行的货币政策目标包括维持人民币币值稳定、促进经济增长并控制通货膨胀,通过变动存款准备金率、中央银行贷款和公开市场操作来达到这些目标。中央银行执行货币政策受到顾问组——货币政策委员会(MPC)的支持,该委员会至少每季度举行一次会议,包括中央银行行长、中国银行业监督管理委员会主席、财政部长和政府的其他官员。

相对来说,日本银行(BOJ)历史较长,建立于1882年,其目标是致力于保持物价平稳、稳定金融系统和经济的健康发展。日本银行通过公开市场操作(使用日本政府和企业发行的证券)、控制货币总量和利率,通过向处于困境中的机构提供紧急贷款并使用道义劝告使金融机构的经理遵守日本银行的政策。

除了执行货币政策,日本银行也负责发行货币,监控全国的支付系统并对金融服务机构执行检查。日本银行接收、支付国库基金并发行和兑现政府证券。它也可能代表财政部介入外汇市场。

概念测验

18. 对非银行金融机构的监管和对银行的监管有哪些不同之处?有哪些相同之处?
19. 哪些金融机构主要在联邦层次上受监管?哪些在州层次上?这种监管机制有哪些问题?
20. 对于银行和非银行金融机构有没有只有一个监管机构的例子?
21. 什么是货币政策?
22. 联储向银行和其他存款机构提供的服务有哪些?
23. 联储如何通过公开市场操作影响银行和金融系统?为什么公开市场操作是联储和许多其他中央银行偏爱的工具?
24. 什么是初级交易商?它们为什么重要?
25. 准备金比率和贴现率是怎样影响银行及其他存款机构业务的?如果联储从贴现窗口发放准备金贷款,那么银行体系的法定准备金如何变化?当借款被偿还时,又如何?准备金率增加会产生什么影响?
26. 联邦政府对贴现窗口近期做了哪些政策变化?为什么会发生这些变化?
27. 欧洲中央银行、日本银行和中国人民银行的组织结构在哪些方面和联邦储备系统类似?这两种强大的有影响力的银行又有哪方面的区别?

本章小结

金融机构在金融体系中的活动受到法规的严格监管（政府对金融机构行为和表现的监管）。确实，美国及其他许多国家的银行和其他金融机构在所有产业中是受到监管最严格的产业之一，部分原因是由于它们吸引和保护公众存款、向广大借款人提供贷款并创造货币，为经济提供交易媒介。本章的要点包括：

1. 金融服务监管是通过为金融机构的行为和表现提供指导原则来执行联邦和州政府的法律。对银行和其他金融机构有强大和持续影响力的主要法律有：《国民银行法案》（授予联邦政府批准成立银行的权力）、《格拉斯—斯蒂格尔法案》（把商业和投资银行业务分离）、《瑞格尔—尼尔跨州银行和分行效率法案》（允许美国银行机构跨州经营分行）、《金融服务现代化法案》（取消了对银行、证券公司和保险公司互相兼并的限制）、《萨班斯—奥克斯利法案》（要求金融机构和其他公共公司执行新的财务会计标准）、《银行保密法案》以及美国《爱国者法案》（为了防止恐怖主义和洗钱，它要求银行和其他金融机构向政府提供和报告客户信息）、《21世纪支票清算法案》（允许通过电子转移纸质票据）和《公平准确信用交易法案（FACT）》（允许公众接触更多地信用报告，并使消费者更容易地报告和打击身份盗窃行为）和2010年的《多德—弗兰克金融改革法案》（建立了广泛的政府规则来应对系统性风险，提升金融服务的公平性和增加透明度）

2. 在美国，金融机构的监管采取的是双重体制，联邦和州政府都有授权、监管、检查和关闭金融机构的权力。

3. 联邦层次的主要银行监管机构有联邦存款保险公司（FDIC）、联邦储备系统（FRS）和货币监理署（OCC）。OCC监管和检查由联邦许可的国民银行，而美联储则监管州许可的银行中已加入联储系统的银行，联邦存款保险公司监管非联邦储备系统成员。州政府对银行的监管由50个州的办公室或理事会执行。

4. 与银行竞争的非银行金融机构通常也受到监管，有的在州层次上，有的在联邦层次上或者两者兼有。比如，信贷联盟、储蓄和贷款协会、储蓄银行和一些证券经纪和交易公司，州办公室或委员会与联邦政府分担监管责任。财务和保险公司主要在州层次上进行监管。主要的信贷联盟监管机构有国家信贷联盟监管委员会（NCUA），而储蓄机构监管办公室（OTS）则监管存款和贷款机构及联邦授权成立的储蓄银行。证券经纪和交易商通常受证券交易委员会（SEC）和州委员会的监管。

5. 对金融机构放松监管是重塑银行和其他金融机构的一股新的、重要的力量，现在监管机构试图鼓励竞争及要求更多的市场自律。尽管放松监管在各国已经开始，但是主要的监管问题仍未解决，例如，为了保护公众存款的安全，应该把银行和产业公司彼此分开吗？随着独立金融机构持续减少，我们是否需要较少的监管机构？

6. 再监管，强调更严格的政府管制出现在21世纪。2007～2009年信贷危机后，在《多德—弗兰克金融改革法案》的引领下，设立了新的联邦部门来保护金融服务中消费者的利益，同时提供缓冲对抗风险（尤其是会波及全球金融市场的风险）。

7. 金融系统中最强大的金融机构之一是中央银行，它通过公开市场操作、贴现率和法定准备金率控制货币和信贷状况，即执行货币政策。中央银行对银行及与之竞争的金融机构的利润、成长、生存具有巨大影响，而且中央银行努力维持经济和金融系统的稳定性。

关键术语

二元银行制	《金融服务现代化法案》	中国人民银行
州银行业委员会	《爱国者法案》	日本银行
货币监理署	《萨班斯—奥克斯利法案》	理事会
联邦储备系统	国家信贷联盟	联邦公开市场委员会
《格拉斯—斯蒂格尔法案》	储蓄机构监管办公室	公开市场业务
联邦存款保险公司	证券交易委员会	联邦储备银行
《联邦存款保险公司修正法案》	州保险委员会	会员银行
《瑞格尔—尼尔跨州银行和分行效率法案》	货币政策	《多德—弗兰克金融改革法案》
	欧洲中央银行（ECB）	

习 题

1. 就下面每一种行为，请解释银行必须与政府哪些机构打交道，每种行为涉及哪些银行法案？
   (1) 成立一家新银行；
   (2) 设立新的分支行；
   (3) 组建一家银行控股公司（BHC）或金融控股公司（FHC）；
   (4) 合并行为；
   (5) 控股公司的收购行为。

2. 给出支持和反对下列领域存在银行监管的理由：
   (1) 限制每年进入银行业的新银行的数量；
   (2) 限制可以享受联邦存款保险的银行；
   (3) 限制银行承销企业客户发行的债券和股票；
   (4) 限制银行的地理扩张（如限制跨州、跨国设立分支行及控股公司收购）；
   (5) 关于银行破产过程的监管，即银行何时能破产及如何清理破产银行的资产。

3. 考虑政府是否应该提供存款保险体系。存款保险体系是否应该由纳税人全部或部分提供资金支持？应由银行承担的成本是多少？高风险的银行是否应该支付更高的保费？你认为每个银行每年应该支付多少保费？请解释原因。联邦储蓄保险上次变化是什么时候，金额是多少？

4. 联储银行的交易台决定向初级交易商出售10亿美元的政府证券。如果其他因素不变，银行法定准备金的供给将怎样变化？存款和贷款呢？利率呢？
   假设联储通过联储贴现窗口向银行体系发放10亿美元的贷款。该政策对银行体系的影响与联储购买10亿美元证券对银行体系的影响有何不同？请说明原因。

5. 假设联储的贴现率是7%。今天下午联储委员会宣布它已经批准几个联储银行提高贴现率至7.5%的建议，明早其他利率对此有何反应（特别是货币市场利率）？请详细说明原因。
   如果联储同时通过纽约联储交易银行的交易台卖出10亿美元证券，上述贴现率变化对其造成的影响会有所不同吗？

6. 假设联储从初级交易商那里购买50亿美元的政府证券，这对银行储备水平有什么影响？变化幅度有多大？

7. 如果联储通过贴现窗口向存款机构提供20亿美元的储备贷款，银行的法定准备金将如何变化？当这些贷款由借款机构偿还时又会怎样？

8. 中央银行如联储扩充资产会发生什么？中央银行的资产是否有上限，为什么？

附录2A 中央银行的货币政策：2007～2009年的大萧条及两大目标

在新世纪来临时，中央银行如美联储、欧洲中央银行大量使用货币政策工具来影响经济增长和金融机构盈利。主要的中央银行使用公开市场操作和其他政策工具来达到金融市场的两个重要目标：

(1) 凭借央行对银行系统强有力的影响，改变短期利率。

(2) 通过买卖证券改变央行资产负债表的规模和构成，影响一个国家的基础货币和投资活动（量化宽松政策QE）。

举例来说，当2007～2009年大萧条来临时，失业率高启，销售额停滞，联储把短期联邦基金利率设在0～0.25%。联储通过公开市场操作，在市场上交易短期政府贷款和隔夜贷款，推动联邦基金利率下降到要求的范围内，并维持这一水准。较低的短期利率鼓励银行和其他投资者借准备金来投资那些便宜的基金，从而推动经济活动。因此，联储向银行系统注入大量超额准备金，使短期利率在0附近徘徊，但是这个政策工具在对经济的长期影响上受限。急需另一个政策工具。

时间不断推进，就业增长和经济活动仍然显得很疲软，联储采用了早些年日本银行、瑞典和瑞士中央银行及其他货币机构使用的工具。联储开始购买约三倍于其资产负债表规模的长期金融票据。联储通过购买长期政府债券和抵押支持债券来实施量化宽松政策。QE的目标主要是作用于长期利率，尤其是政府债券利率和抵押支持债券利率。最重要的是联储寻求降低住房抵押贷款利率，鼓励房屋所有者继续拥有其房屋，刺激建造商复兴疲软的经济建设活动，创造就业。

通过这两个政策工具，联储得到收益率曲线的两端。联储通过改变短期利率，建立银行系统的准备金；通过改变长期利率促进长期商业投资活动和抵押信贷市场。

联储和其他央行采用的这种双管齐下的方法对银行和金融服务业有深远的影响。银行被注入了大量准备金，以便宜的资金进行贷款和投资。同时，因为银行有更多的现金和高水准的资本运作，它们看起来变得更强大。有了更多的准备金和资本来支付开支，银行和其他借贷者可以核销更多的不良贷款，追寻收购困境中的公司。

不幸的是，虽然金融业有所复苏，但房地产、制造业、交通、采矿、勘探和建筑业仍然萎靡。应对这些严重的经济问题时，实体和金融业必须共同造就经济的复苏，使就业增长，并保持价格稳定。遗憾的是，我们之前讨论的央行工具遗留下了许多问题没有解决，比如哪种货币政策工具在解决经济问题上是最有效的（见Anderson et al.[15]和Blinder[16]）。

第3章 银行及金融服务业的组织与结构

学习要点

- 商业银行业的组织与结构；
- 银行的一些组织结构：单元制、分支行制、控股公司制和电子服务提供商；
- 跨州银行和《瑞格尔—尼尔跨州银行和分行效率法案》；
- 金融控股公司（FHC）；
- 兼并与收购；
- 欧洲和亚洲的银行组织结构；
- 银行的主要竞争者正在变化中的组织与结构；
- 规模经济、范围经济与支持偏好行为。

第1章探讨了现代银行及其许多金融服务竞争者所担当的行为角色及提供的服务。在第1章中，我们把银行和其他金融机构视为信贷供应商、支付渠道、公众储蓄集散地、家庭及企业现金收支经管人、客户财产委托人、保险供应商、代理客户进行证券买卖及其他资产交易的中间人。多年来，为开展这些业务和满足客户要求，银行发展了多种**组织形式**（organizational forms）。

诚然，职能决定组织形式，尽可能高效地开展业务通常是银行及其他金融机构组建的根据。由于规模较大的机构所承担的角色和提供的服务项目更多，因此，规模也是决定金融机构组织形式的重要因素。确实，在公司规模方面，金融服务业要比其他任何产业都具有最大的不平衡性——有像J. P. 摩根大通银行这样的金融巨无霸，其分支机构遍及全世界，管理超过2万亿美元的资产；同时也有蒙大拿州盖拉丁大天空银行，相对而言，其管理的资产较少。今天的银行使我们想起了一些实业公司，大的如沃尔玛，小的如大道五金。小公司需要用其服务优势获取市场地位，否则，它们最终将会被赶出该行业。

但是，金融机构的作用和规模并不是其组织构建和出色运营的唯一决定因素，正如我们在第2章中看到的，全球范围内，在对金融机构组织的经营及多样化的塑造上，政府的法律法规也起着重要作用。在本章中，我们将会看到公众流动性及其对金融服务要求的变化，金融服务客户资源潜在竞争者的出现和不断变化的政府监管明显地改变了银行和金融服务业的主要结构、规模和组织类型。

3.1 商业银行业的组织与结构

不断增加的规模和资产的集中

在探讨组织与结构对银行及其竞争者行为和经营的巨大影响之前，我们首先要讨论最主要的金融服务业——商业银行业——全球金融系统中商业公司贷款、支票存款和借记卡的主要提供者。

美国银行业的结构与其他国家相比有其特殊之处。按世界标准而言，大多数美国银行规模较小。如图3-1所示，全美约一半的单个投保的商业银行（约2 500家）总资产额在2009年不足1亿美元。然而，这些最小的金融机构，尽管数量很多，却仅持有整个行业资产的1%多一点。而且超过100家的小金融机构在2007~2009年次贷危机及其余波中，因受不良贷款之害而倒闭，更多的则可能在将来陷入窘境。

> **小贴士**
> 美国最大、世界第5大银行是哪家银行（以总资产计算）？
> 答：花旗银行，总部位于纽约。

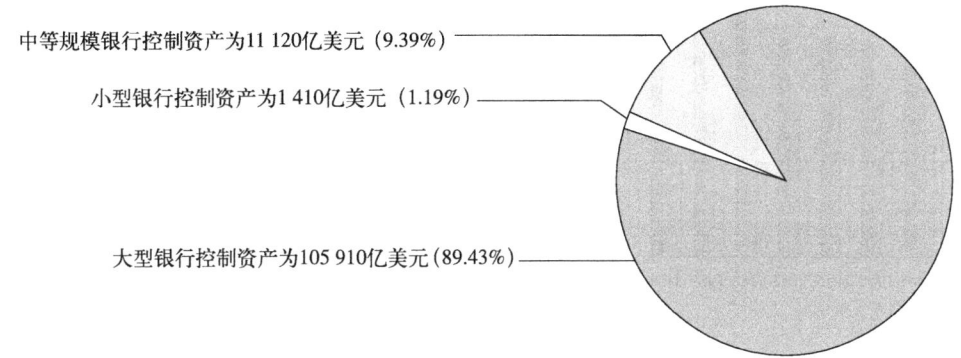

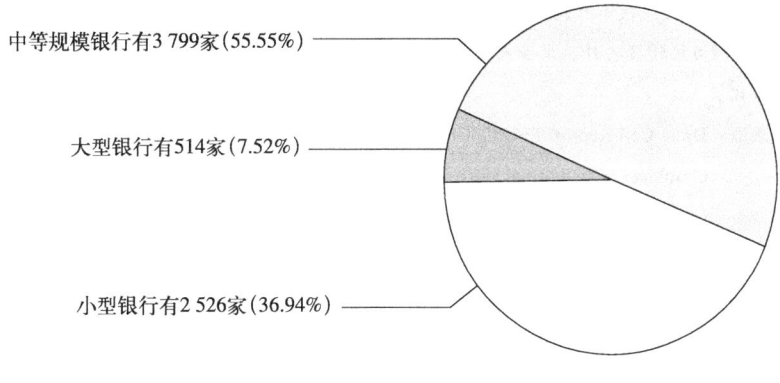

☐ 平均总产不超过1亿美元的小型投保银行

☐ 平均总产1亿~10亿美元的中等规模的投保银行

▨ 平均总产超过10亿美元或更多的大型投保银行

图3-1 美国商业银行业的构成（2009年12月31日）

资料来源：联邦存款保险公司。

与之对比，美国银行业也不乏一些全球数一数二的大型机构。例如，总部都位于纽约的花旗银行和摩根大通银行，以及位于北卡罗来纳夏洛特的美国银行，它们所持资产（大约5万亿美元之上）足以使其跻身于世界最大的金融机构之列。

此外，银行的持续兼并并不是在小范围中等规模上进行，而是日益集中于最大的金融机构。例如，10家美国最大的银行控制了该行业将近一半的资产，美国100家最大银行机构的资产总额占全部行业资产的90%以上，并且其市场份额也在逐年增长。目前，将近1/4的国内存款仅由3家银行控制。如图3-2所示，小规模和中等规模银行的大部分市场份额已经被最大的资产超过250亿美元几家银行所侵占，在此次全球信贷危机中，一些大型机构甚至从中获利，而小型银行失去了更多的市场份额。

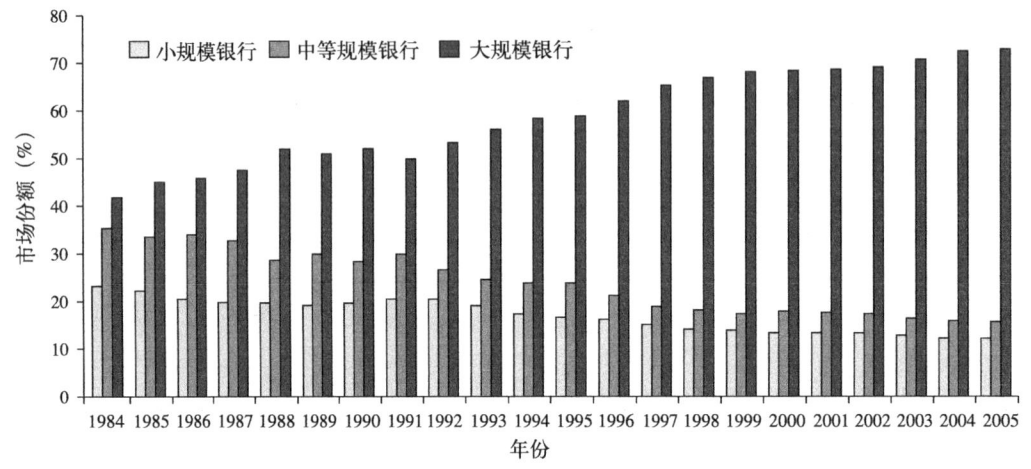

图3-2 大型银行正在侵占中小型银行的市场份额

注：小规模银行是指资产不足10亿美元的商业银行，中等银行是指资产在10亿美元以上250亿美元以下的商业银行，大规模银行是指资产超过250亿美元的银行。资产以2002年的美元为基准数据，除了2005年的数据是6月30日之外，其余都是年末统计数据。每个组代表的市场份额是其总资产占所有银行资产的百分比。

资料来源：Data: Call Report, FFIEC; Consumer Price Index for All Urban Consumers, Bureau of Labor Statistics. Graphical presentation: jeffrey W. Gunther and Robert R. Moore, "Small Banks' Competitors Loom Large," *Southwest Economy*, Federal Reserve Bank of Dallas, January/February 2004, p. 9.

3.2 银行公司的组织结构

无论上述对银行业的预测是否会发生，近年来行业内规模的变化也引起了银行内部组织方式、类型和其提供金融服务的巨大差异。

3.2.1 社区银行和其他以社区为中心的金融机构

规模对内部组织结构的影响可通过对照典型组织结构图（见图3-3）直接看出，该图是由位于中西部小城市一家资产约为3亿美元的小型社区银行的管理层提供的。如同服务于中小城镇的其他数百家银行一样，这家银行主要致力于吸引小规模的、以消费者为导向的存款和对消费者及小型企业提供贷款业务。

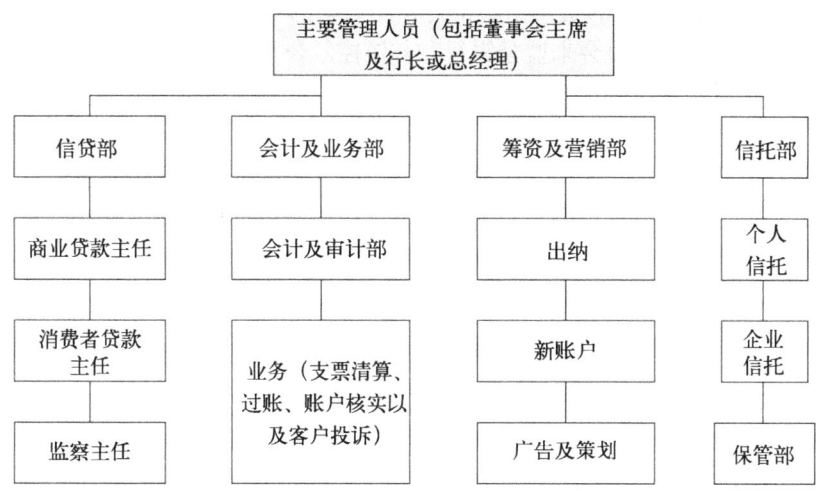

图3-3 小型社区或零售银行的组织结构图

这家银行有主要涉及消费者和小企业的存贷款业务,我们将诸如此类的银行称为**零售银行**(retail bank)。与此形成鲜明对比的是**批发银行**(wholesale banks),诸如纽约的摩根大通及花旗银行,这类机构主要集中服务于商业客户及在全球范围内发放大额企业贷款。

社区银行的业务操作通常由会计部的出纳和审计人员以及负责银行的贷款、筹资、营销和信托部门的副行长进行监督。这些人员负责向银行高级管理层汇报工作,高级管理层包括:董事会主席、行长(主要负责处理银行日常事务)、高级副行长(负责银行的远期规划,并协助各部门经理处理紧要事务)。同时,高级管理层也会定期(至少每月一次)向**董事会**(board of directors)成员汇报经营状况,董事会是由**股东**(stockholders)(所有者)推选出来制定策略和监督运营的委员会。和许多大型机构不同,社区银行通常更了解它们的客户,可以更好地监测家庭和小企业资金的持续变化。

图3-3中的组织结构并不复杂。高级经理人和经理人之间、经理人和部门员工之间都紧密联系。如果小的社区银行出现严重的问题,它们会寻找能够胜任的新经理替代年纪大的管理人员,它们也会努力支付新设备的成本、与新的法律法规保持一致。社区银行还会受到当地经济状况的影响。例如,很多社区银行与当地的农业和商业环境捆绑在一起,所以当当地销售额下降的时候,银行也会经历增长缓慢及利润下降。

社区银行提升自己及发展新技术的机会都非常有限,然而这种规模及地理位置的银行依然会提供有吸引力的工作职位。因为它们为银行从业者提供了一个近距离接触客户的机会,雇员们还有机会看到他们的行为是怎样影响当地人的生活质量的。社区银行从业者们通常非常了解他们的顾客,很擅于监控家庭及小商业组织的财富变化,这一点不同于很多大的金融机构。

尽管社区银行有这么多有利条件,但这些机构的势力范围却在减少,无论是机构的数量还是市场份额。例如,其数量(包括商业银行和储蓄机构)从1985年的14 000家减少到2010年的大约6 000家。

3.2.2 大型银行:货币中心、批发和零售

大型(数十亿美元)货币中心银行(位于大城市,且主要业务为批发金融或批发和零售金融结合)的组织结构图比小型社区或零售银行要复杂得多。如图3-4所示,这是来自美国东部

一家拥有超过500亿美元资产的货币中心银行相当典型的组织结构图。这家银行隶属一家控股公司,该控股公司推选出董事会来监督银行和与该控股公司有关联的非银行企业的运营。该控股公司的董事会成员同时也是这家银行的董事会成员。这种组织结构的关键是控制跨度:高层管理人员通常对银行运作非常熟悉,但对其下属银行提供的项目和服务则不是十分清楚。而且,由于银行本身在国内外市场上提供了种类繁多的服务,一些严重的问题可能数周甚至数月后才会被发现。近年来众多大型银行朝着利润中心型靠拢,采用这种方式,银行的主要部门都致力于最大限度地获取利润并密切监督自身的运营行为。

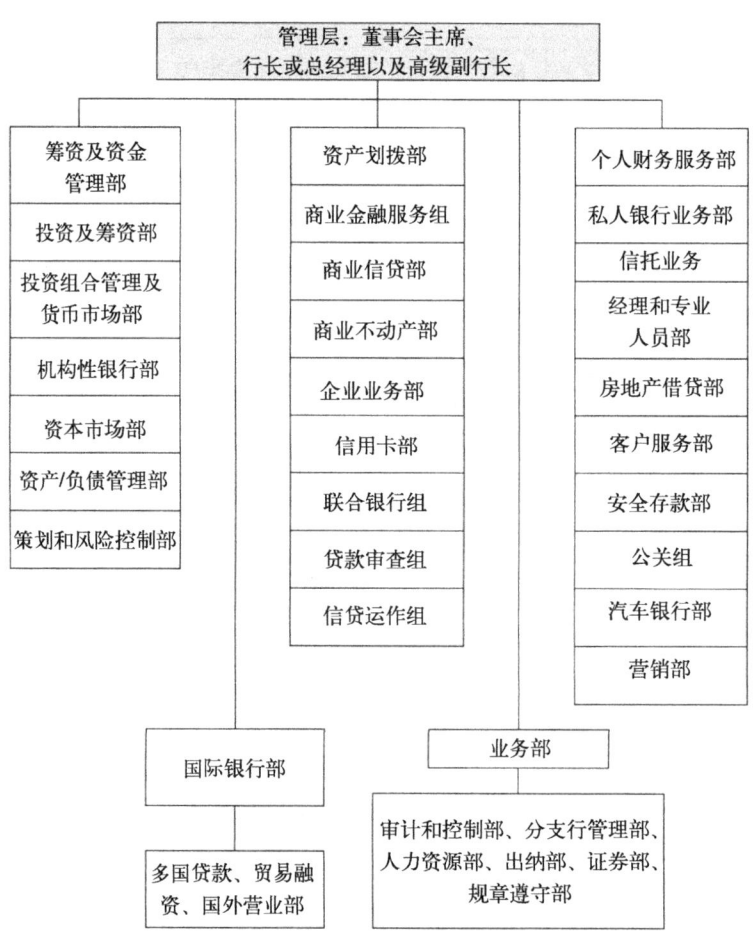

图3-4 服务国际商业市场的货币中心或批发银行的组织机构图

小贴士

如果欲了解某个银行的内部组织,试着在网络浏览器中输入它的名字,通常可以查到银行的部门如何运营、提供什么样的服务以及营业场所所在地。

大型货币中心银行较小型、以社区为中心的银行拥有更多优势。大型银行能针对众多不同的市场提供相应的多种服务,它们有更强的多样化经营能力(无论是服务的地理范围还是提供的项目类别),因此具有更强的抵御起伏不定的经济风险的能力。这些大型银行很少依赖于某个单一产业,在某些情况下,甚至不依赖于某一国家的经济运势。这些大型银行诸如花旗银行,J. P. 摩根大通银行以及德意志银行,它们一半乃至更多的净盈利来自国外市场。它们拥有能以相对较低的成本筹集金融资本的重要优势。跨州银行如今在美国持续扩张,全球银行业在亚洲、欧洲和中东也在进行扩张,由于这些银行具有更强的承受开辟新市场风险的能力和获取资本及管理人才的潜力，它们应该能在市场上站稳脚跟。

3.2.3 银行组织的最新发展趋势

近年来，大多数银行机构的发展日趋复杂。当金融机构着手发展时，往往是从开发新的服务项目和添置新设施入手，由此而产生的新的部门和分支有助于管理层更有效地集中和控制银行资源。

当前影响银行组织形式的另一方面是：银行管理者必须掌握对组织结构进行变动的技能，以便能更有效地管理银行。例如，随着全球性的政府监管的放松和银行在其主要市场上面临的竞争对手的不断增多，越来越多的银行逐渐采取以市场和销售为导向的策略，即不仅注意客户服务需求的变动，也留心银行和非银行业竞争对手的挑战。

这些新的变动要求启用合适的管理层及员工，他们须能投入更多的时间用于调查客户的服务需求、开发新服务和调整现有的服务项目。同样，当金融服务产品的开发和传送技术在近年来日益依赖计算机系统和互联网时，银行需要更多的具备计算机知识的雇员和更多的可供这些雇员使用的电子设备。同时，自动簿记技术减少了管理人员用于日常业务的时间，这为筹划新的服务项目以及如何更好地服务客户提供了更多的机会。

概念测验

1. 你会如何描述美国各银行规模的分布和行业内资产的集中情况？在美国和其他主要工业化国家，银行规模分布和资产集中正在发生哪些变化？为什么？
2. 分别描述一家小型、社区银行和货币中心银行的典型组织结构图。银行组织中主要的部门和管理单位的职责是什么？
3. 当前影响银行及其竞争者的组织结构方式的趋势是什么？

3.3 银行业组织结构和类型概览

现在金融系统中有如此众多的不同类型的银行及其他存款机构，以至于不同类型组织之间的界限很难区分。例如，如图3-5所示，大多数存款机构被冠以"被保险"银行，因为大多数美国存款机构都选择申请接受联邦保险（大多由联邦存款保险公司提供），以支持其存款并取信于公众。

图3-5还表明，多数银行和存款机构也被冠之以"州特许银行"，因为它由某个州的金融服务委员会颁发授权证书。银行部门中其余的机构被称为"国民银行"，因为它们是由联邦政府机构（货币监理署）特许经营的。类似地，所谓的"成员银行"是属于美国联邦储备系统的，但许多美国银行都不是联储的会员。州特许银行和非会员银行的数量更多，但是国民银行和会员银行通常规模更大，持有的公众存款更多。

这是我们对存款机构分类的唯一方法吗？当然不是！我们还可以通过公司或组织结构对其分类。它们的资产可能在一家公司的控制之下，或者可能是由多个公司通过共同的股东联合控制的；它们可能通过一个机构提供所有的服务，或者通过多个不同的机构提供不同的服务；它们可能仅仅通过网络、计算机和电话提供服务，或者建立多个分支机构向其客户提供服务。让我们仔细观察这些统治银行业多年的不同类型的组织结构。

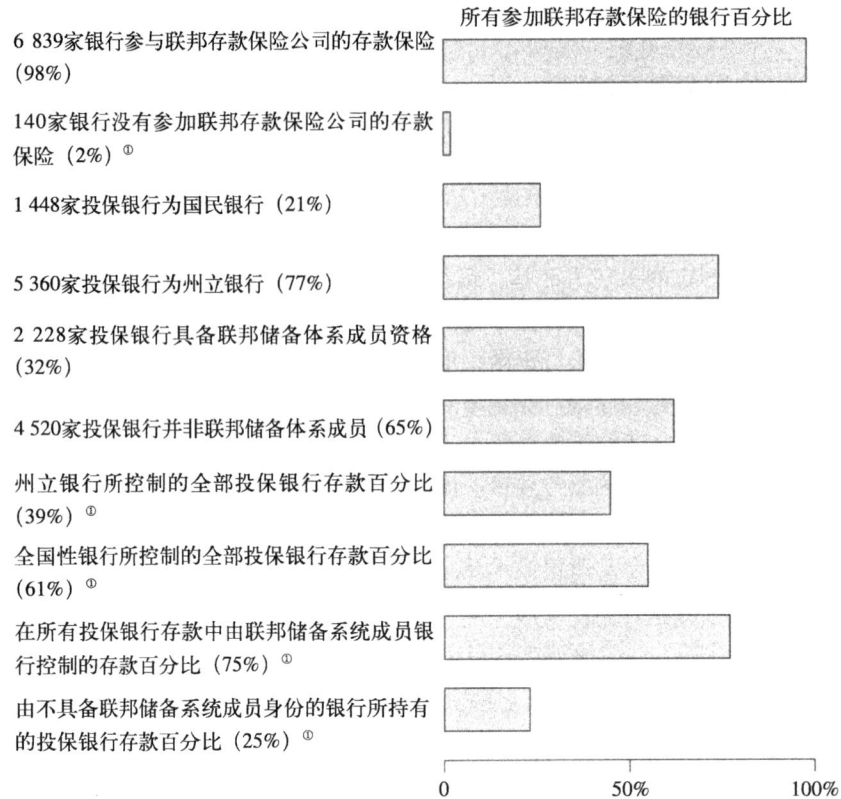

图3-5 具备联邦或州颁发的营业执照、联邦储备系统成员身份以及
联邦政府负责存款保险的美国银行（截至2009年12月31日）

① 数字为估计值。
资料来源：联邦储备系统监管委员会及联邦存款保险公司。

3.3.1 单元制银行组织结构

单元制银行 作为银行业最古老的一种组织结构，通过一个营业部门提供其全部服务，其中有少量业务（如吸收存款和支票兑现）通过专门性服务设施来提供，如便利窗口、自动柜员机（ATM）以及银行的网站。例如，2009年，相对于全美1/4约1 600家商业银行没有全业务分支机构，同时大约5 200家被保险银行拥有全业务分支机构。

单元制银行数量如此之多的原因之一在于，即使电子银行业和银行业巨头在大规模兼并，新开业银行的数量却仍在快速增长，大约有15%的社区银行成立时间不到10年。众多客户似乎仍钟情于小型银行，因为这类小型银行更了解客户，并为其提供个性化服务。1998~2010年，全美有超过5 000家新开业的银行取得了营业资格，也就是说，平均每年超过150家，大大超过同期破产银行的数量，如表3-1所示，尽管在2007~2009年的信贷危机中仅美国就有超过200家银行倒闭。

表3-1 美国新开业与倒闭银行状况一览表

年 份	新开业的银行	FDIC保险的倒闭的银行	兼并和收购的银行数量	新设立和倒闭的银行	
				新设立	倒闭
1980	205	10	126	2 397	287
1981	198	7	210	2 326	364
1982	317	32	256	1 666	443
1983	361	45	314	1 320	567
1984	391	78	330	1 405	889
1985	328	115	331	1 480	617
1986	253	141	340	1 387	763
1987	217	187	539	1 117	960
1988	229	206	601	1 676	1 082
1989	193	205	413	1 825	758
1990	165	158	389	2 987	926
1991	105	105	443	2 788	1 456
1992	72	98	425	1 677	1 313
1993	58	42	501	1 499	1 215
1994	50	11	548	2 461	1 146
1995	102	6	517	2 367	1 319
1996	145	5	552	2 487	1 870
1997	187	1	598	NA	NA
1998	189	3	557	1 436	NA
1999	230	6	417	1 450	1 158
2000	190	6	452	1 286	NA
2001	126	3	354	1 010	NA
2002	91	10	277	1 285	1 137
2003	110	2	225	1 465	649
2004	122	3	261	2 078	666
2005	167	0	269	2 427	1 632
2006	187	0	229	3 981	1 832
2007	173	3	321	3 346	3 275
2008	98	25	293	3 021	2 848
2009	31	140	179	1 998	1 613
2010	11	157	197	1 508	1 877

资料来源：联邦储备系统监管委员会及联邦存款保险公司。

新开业的银行多以单元制银行形式出现，部分原因是因其资金、管理人员及雇员数量都极为有限，只有当其不断发展吸引到更多的资源和专业人才时，才可能突破这种组织形式。大多数银行渴望开展多种服务——银行的分支行、电子网络以及其他的服务渠道——以开拓新市场和多地区经营降低其总体风险。银行管理人员都知道，如果经济疲软，人们倾向于其他市场领域时，如果银行还依赖单个营业点和服务设施来吸引顾客和盈利，将是十分危险的，例如2007～2009年发生的信贷危机。

概念测验

4. 什么是单元制银行？
5. 单元制银行和其他银行的组织类型相比有哪些优点？有哪些缺点？

3.3.2 分支行制组织结构

随着规模的扩大，单元制银行通常会决定建立一个**分支银行**（branching organization），特别是当银行所在地处于经济快速发展阶段时，其面临的形势是，要么在进入新地区时遵循其企业及家庭客户的特点和需求，要么将市场拱手让给地理位置更为优越的竞争者。在分支行组织结构下，银行通过一些营业点提供服务，包括一个主营业部门，还有一个或多个全功能型分支行部门；也可能通过一个支持性网络来供有限的服务，包括便利窗口、自动取款机、通过小型分支机构与总行计算机连接的计算机、零售商店和购物中心的销售点终端机、网络以及其他先进的通信系统。

虽然分支行制银行的高层管理人员通常是在总行办公，但是每个全业务分支行也有其领导班子，这些管理人员在批准客户的贷款申请和其他日常业务的运作上有一定的决策权力。例如，一个分支行行长可能有权发放数额不超过100 000美元的客户贷款，但当贷款额超过这个数目时，就必须报送总行决定，因此，分支行制银行组织结构中，有些业务和职能是高度集权的，而有些单个业务决策则可由分支行做出，图3-6是一个典型的分支行制银行组织结构图。

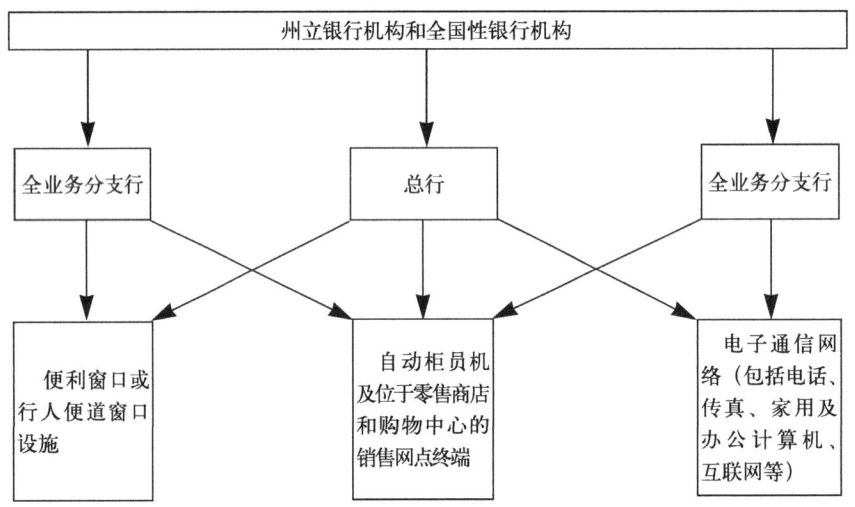

图3-6 分支行制银行组织结构图

分支行的增长 美国大多数分支行制银行与世界其他地区的银行相比规模要小。例如，21世纪初，美国仅有约5 200多家分支行制银行，经营着超过80 000个全业务支行的业务。在20世纪后50年中，美国银行数量从早先的大约14 000家下滑到今天的7 500家，而分支行制银行数量从早期的3 000家左右飙升至今天的80 000多家全业务支行，这还不计入遍布全美的30 000家零售商店、购物中心、休息大厅以及大量金融服务网站。

在20世纪30年代大萧条时期，美国平均只有1/5的银行设有全业务支行，而在21世纪初，平均每家银行都经营着差不多12家全业务支行，尽管其中有一些是全国领先的银行，如美国银行和摩根大通银行，它们拥有数百家支行。总体来说，美国平均每家银行所拥有的分支行数量有限，与加拿大、英国及西欧国家大银行的分支行相比要少得多。这些国家的大银行除了其微机终端及互联网客户连接服务外，还经营着成百上千的分支行业务。

分支行制银行迅速发展的原因 分支行制银行迅速发展的原因很多，其中之一就是在过去数十年中，大量人口由城市流向郊区，迫使许多位于市中心的银行面临这种境况：要么追随这些流动的客户，要么失去他们。结果全业务支行和自动取款机从主要城市的中心地区如轮盘一样向周边辐射开去，而那些货币中心银行就处在分支行银行轮盘的中轴。银行的破产也刺激了分支行制银行经营的扩展，业绩良好的银行可以收购和接管那些经营不善的银行并将其转化为支行。企业的扩展也刺激了分支行制的发展，快速成长的企业信贷要求银行扩大经营范围和经营方式的多样化，从而银行能够进入众多地区市场吸收小额存款并将筹集的款项集合成大额贷款。表3-2表明过去50年美国的银行设施是如何由总行向分支行集中的。

表3-2 美国银行业分支机构的发展

年　份	银行总行数量	银行分支行数量	全美银行营业处数量	美国平均每家银行的分支行数量
1934	14 146	2 985	17 131	0.21
1940	13 442	3 489	16 931	0.26
1952	13 439	5 486	18 925	0.41
1964	13 493	14 703	28 196	1.09
1970	13 511	21 810	35 321	1.61
1982①	14 451	39 784	54 235	1.75
1988	13 137	46 619	59 756	2.55
1993	10 960	52 868	63 828	3.82
1999	8 551	63 684	72 265	6.45
2001	8 096	64 938	73 034	7.02
2002	7 887	66 185	74 072	7.39
2003	7 769	67 390	75 159	8.67
2004	7 630	69 975	77 605	9.17
2005	7 527	72 775	79 802	9.67
2006	7 368	75 883	83 251	10.30
2007	7 241	78 873	86 114	10.89
2008	7 049	79 397	86 446	11.26
2009	6 808	81 276	88 174	11.78
2010	6 503	81 184	87 687	12.48

① 自1982年起自动柜员机（ATM）就没有计入总支行数目中。在1981年年底，约有3 000台自动柜员机。
资料来源：联邦存款保险公司。

1994年《瑞格尔—尼尔跨州银行和分行效率法案》为全国范围内银行新分支机构的扩张提供了法律基础（如跨州银行）。尽管如此，近年来，银行新分支机构的扩张速度似乎在减缓，而且没有一个银行在所有的州都建立了全业务分支行，首先，因为有形建筑的成本飙升和边远地区经济下滑，使得全业务支行关闭的数量越来越多；其次，网络和其他电子媒介已经取代一些传统的金融交易，因此对集中性的全业务分支机构的需求也减少了；最后，正如第2章描述的，1994年美国法律允许银行在全国建立分支机构，现在也允许银行在需要的地区购买已经存在的支行，而不是必须建立新的支行。最终，《瑞格尔—尼尔跨州银行和分行效率法案》规定任何机构都不可持有超过全民存款10%的存款，这也限制了大型机构分支行的增长活动。

分支行制的利与弊　分支行制银行常常会购买小型银行，把它们转换成支行，将行业资产集中于较少的公司，但并没有证据表明这必然会削弱竞争。由于分支机构所在地更多的服务使得客户更加便利，单位人口所拥有的银行数量更多，由此降低了单个客户的交易成本，但是，分支行所在地的一些服务费似乎要更高，特别是当分支行兼并小型银行时，它们会在兼并完成之后收取服务费。较高的费用可能反映了大型的分支制银行日益关注其服务的真实成本。

概念测验

6. 什么是分支行制银行组织结构?
7. 近年来美国分支行制银行发展的显著趋势是什么?
8. 分支行制银行与单元制银行相比,其表现有何不同?在哪些方面?你能解释为什么会有这些不同吗?

3.3.3 网站和电子网络:传统分支行的替代还是补充

在前面的章节中我们可以看到,传统的有形银行的分支行在美国和其他国家继续扩张。然而,目前发展更快的却是一些专家所称的"电子支行",包括提供**网络银行服务**(internet banking services)、**自动柜员机**(automated teller machines, ATM)、提取现金和接受存款的自动柜员机网络、商场与购物中心用来方便支付商品和服务费用的销售点终端机(POS)、连接到银行的个人计算机以及电话系统⊖,如图3-7所示。通过这些基于计算机与电话的系统,客户可以在任何时候查询存款余额、开立新账户、转账、支付账款、申请贷款以及将富余资金投资,而且,如果你拥有一个电子账户,当你搬家的时候甚至不用变更为你服务的银行。

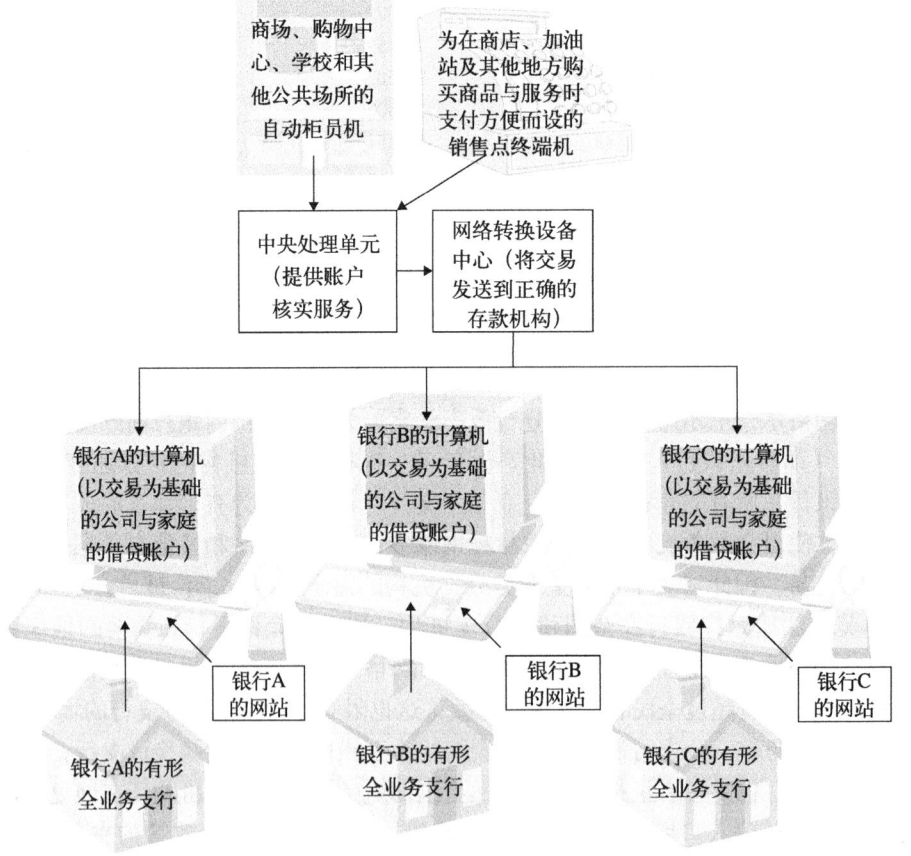

图3-7 电子银行系统、计算机网络和网络银行

⊖ 该"电子支行"的安装与使用将会在第4章做更深入的讨论。

目前，大多数电子支行要比传统的有形支行运营成本低得多，至少对于日常交易是这样。例如，通过网络进行的存款其成本要比通过自动柜员机存款节约近10倍。

许多银行[特别是专门通过网络提供服务的**虚拟银行**（virtual banks）]正在通过电子服务渠道实现成本削减，增加了客户使用"电子网络"的机会，不用承担有形支行的高额成本。以网络为基础的银行从传统银行吸引顾客的方式是：提供比传统有形支行更高的存款利率和收取较低的服务费以及贷款利率。尽管网络银行可以很大地削减成本，但是并没有显示出持续的盈利能力，随着数百万新网络客户从传统银行转向通过网络银行服务，这种局面正在改变。的确，成立于20世纪90年代的第一家只在网上进行存贷活动的Net Bank公司，拥有25亿美元资产，却因问题贷款和不能维系良好的银行—消费者关系而于2007年破产。

电子银行和电子商务

虚拟银行

网络的迅速发展和公众每天数以千计的网络交易很快就把数千家银行和其他金融机构带进了网络。起初，大多数网站只提供信息，例如，描述提供的服务或者如何联系最近的支行。随着21世纪的到来，增长最快的金融服务网站是客户可以从中获得各种基本金融服务（比如核对账户、转账和付账）的网站，以及处于增长中的扩展服务（包括贷款及投资）。

最初，这些网站大多数是由具有有形全业务支行的传统银行建立的。然而，最近出现了大量没有经营传统支行的虚拟银行，它们主要通过网络运营。尽管很多虚拟银行仍无法盈利，但其中一些已经获得联邦存款保险公司的保险资格，并提供存款、贷款和其他服务等各种业务。

一些著名的虚拟银行及其网址已在下面列出，你可能想要了解这些银行是如何组织以及它们向公众提供何种服务。

电子交易银行（www.us.etrade.com/e/t/banking）；
第一印第安纳网络银行（www.firstib.com）；
国民网络银行（www.nationalinterbank.com）；
美国网络银行（www.bankofinternet.com）；
朱尼泊银行（www.juniper.com）。

3.3.4 银行控股公司的组织结构

早在数十年前，当政府禁止或严格限制开设分支行时，控股公司逐渐在美国和其他一些国家成为最具吸引力的组织结构。**银行控股公司**（bank holding company）是持有至少一家银行的股份（权益股）而获得特许经营的公司。

大多数控股公司仅仅是持有一家或多家银行的权益股份的很小一部分，由此绕过政府监管，但是一家控股公司试图控制一家美国银行，就必须获得联邦储备委员会的许可，由此方可注册成为一家银行控股公司。根据《银行控股公司法》的有关条例，如果一家控股公司对至少一家银行所购权益股份占该行权益股的25%或更多，或者有权选择一家银行董事会的至少两名董事，即认为存在控股。一旦注册，该控股公司必须定期上报由联邦储备委员会所做的稽核记录，并且兼并其他公司要获得联储的许可。

控股公司为何能发展 近年来，银行控股公司发展迅速。早在1971年，这些银行控股公司控制着美国大约一半的银行存款，到2010年，在美国营业的将近5 500家银行控股公司控制着美国银行业资产总额的99%以上。接近5 400家商业银行附属于银行控股公司,表3-3提供了一份美国十家最大的大型银行控股公司名单。银行控股公司业务飞速发展的原因包括:更容易利用资本市场筹资;较之那些不具有附属银行的公司,它们更能有效运用杠杆效应(债务资本比权益资本高);具有用内部利润补偿其他公司损失的税收优势;能跨州跨国界扩展业务。

表3-3 美国十家最大的银行控股公司(总资产为2010年6月30日的数据)

控股公司名称	公司总部所在地	总资产(10亿美元)
美国银行(www.BankofAmerica.com)	夏洛特	2 366
J. P. 摩根大通银行(www.jpmorganchase.com)	纽约	2 014
花旗银行(www.citigroup.com)	纽约	1 938
富国银行(www.wellsfargo.com)	旧金山	1 226
高盛集团(www.goldmansachs.com)	纽约	884
摩根士丹利(www.morganstanley.com)	纽约	809
大都会人寿(www.metlifeinc.com)	纽约	574
巴克莱银行(group.barclays.com/about us)	华盛顿	356
陶纳斯公司(www.taunus.com)	纽约	349
汇丰北美控股(www.hsbcusa.com)	普罗斯百特-海斯	334

资料来源:国家信息中心和联邦储备系统。

单一银行控股公司 美国大多数注册的银行控股公司都是单一银行控股公司。21世纪初,美国5 800家控股公司中的5 000家仅仅拥有一家银行的股份。

然而,这些单一银行控股公司通常还拥有和经营着一家或多家非银行企业。一旦控股公司在联邦储备委员会注册,如果它要着手涉及或收购任何非银行企业,就必须得到联储的批准。这些非银行企业必须提供有利于"公众利益"的"与银行业密切相关的业务",比如,提高金融服务能力或降低服务费用。表3-4列出了注册的银行控股公司有权拥有和控制的非银行企业名单。目前,银行控股公司进入非银行业可以使收入和利润来源多元化(因此,可以减少风险)。

控股公司形式承认银行和非银行业务在法律上的分割,并且这些不同的公司被同一控股股东控制有更大的风险。在美国以外的其他国家,控股公司形式通常是合法的但是不经常使用。相反,多数发达国家允许银行提供更多的服务,或者允许银行建立附属公司并提供银行不能够提供的服务。

表3-4 银行控股公司依据美国法规可以并购的一些最重要的非银行金融机构

控股公司	业务
金融公司	向企业和家庭发放长期和短期贷款
抵押公司	为增加住房和商业用途的不动产价值提供短期信用
数据处理公司	提供微机处理业务及信息交换
代理公司	以提供短期融资为交换,从企业购入短期资产(主要是应收账款)
证券经纪公司	代理客户对可售证券、外汇和金融期货和期权合同等的交易以及提供其他的全行业代理职能
金融咨询公司	向一些机构客户和净收入高的个人客户提供投资、理财、合并、机构重组、筹资和可行性研究服务
信用保险承销公司	向客户提供直接与其所承诺的信用相关的人寿、意外和健康保险
商业银行	投资于公司股票,为新设立的风险企业提供创业融资和协助其扩大现有企业规模

(续)

控股公司	业 务
投资银行公司	自发行人处购买新的美国政府和普通年度市政债券、公司股票和债券、经抵押的债券、消费者应收账款抵押证券和可选择的货币市场工具；并将这些证券再转卖给投资者（根据《金融服务现代化法案》，只有那些管理到位和资本运营良好的银行控股公司才有资格并购）
信托公司	保管企业、个人和非营利组织的财产和将客户证券委托给私人投资者
信用卡公司	为个人和企业用户的零售业务提供短期信用
租赁公司	为需要设备和其他资产的公司和个人提供购买和租赁业务
保险代理公司	在不超过5 000人的社区里提供与信用或金融服务相关的保险业务，或者提供全面的保险代理和中介业务
房地产服务公司	为商业房地产项目的融资提供不动产评估和安置
储蓄贷款协会	主要向个人和家庭提供储蓄及住房信贷

多银行控股公司 少数银行控股公司的组织形式是**多银行控股公司**（multibank holding companies）。美国银行控股公司中不到900家的多银行控股公司约把持着全美银行总资产额的70%。在《瑞格尔—尼尔跨州银行和分行效率法》（1994）生效之前，这种银行组织形式对某些银行股东和管理层具有很大吸引力，他们希望在那些限制分支行制的地区建立由一些独立的银行类企业共同创建的跨州银行组织。控股公司扩张和并购的一个显著后果是大幅度减少了独立的银行组织的数目。

如果银行控股公司想持有另外一家银行股本的5%或更多的话，必须获得联邦储备委员会的批准，并证明这种收购将不会对市场竞争造成显著破坏，并且会给公众带来更多便利，从而更好地满足公众对金融服务的需求，由控股公司收购的银行便是**附属银行**（affiliated banks），如图3-8所示。那些股份未被控股公司控制的银行称为**独立银行**（independent banks）。

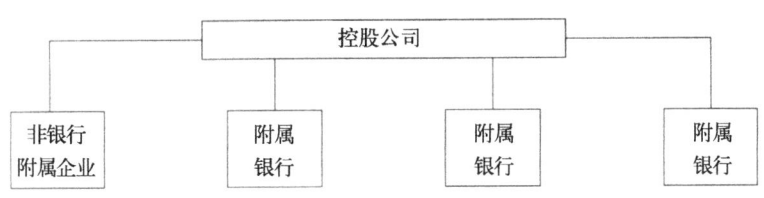

图3-8 多银行控股公司

银行控股公司的优势和劣势 分支制银行的优劣势通常也适用于银行控股公司，因此，人们便谴责银行控股公司吞并原来独立的银行而削弱了竞争，向顾客收取高额费用，并对小城镇的信贷需求置之不理。与此相反，银行控股公司的支持者则声称这类组织通过扩大银行企业的规模和加入业内竞争进一步提高了银行业的效率，为客户提供了更多的服务，银行破产的可能性降低，利润更高且平稳。

如果银行控股公司削弱了银行业的竞争的话，相对于其他银行，银行控股公司可能会获得更丰厚的利润，然而，并没有足够的证据证明此观点，但是，尽管个体银行可能不会从控股公司的并购中得益，但控股公司作为一个整体较之银行业组织获利可能更为丰厚，这些银行组织并不形成控股公司，其原因是控股公司可从其附属银行收取服务费用并能以低成本筹集长期资本，而且，银行控股公司的破产率要低于那些具有相等规模的独立银行。

至少有证据表明，银行控股公司确实从一些社区抽走资金并导致了一些乡镇地区的贫困。例如，一些主要的控股公司从美国西南部的一些小城镇抽取地方资金以支撑其陷入困境的主要银行，结果当地社区项目获取的贷款减少。一些银行控股公司的客户抱怨银行人员更换过于频繁，缺乏个性化服务，地方营业部向总行上报存在的问题时总是一拖再拖。

如前所述，近年来，银行控股公司的业务已超出银行业，它们收购或者开办保险公司、证券承销公司以及其他企业。这些做法行得通吗？如果把附加盈利能力作为目标，结果将会令人失望。银行通常对如何运用非银行业产品缺乏足够经验，由此难以成功管理这些被收购或开办的非银行企业，但并非所有的控股公司的非银行企业都难以盈利。随着跨州银行业的全业务服务的扩张，非银行企业作为跨州扩张手段的吸引力有所下降。

概念测验

9. 什么是银行控股公司？
10. 银行控股公司必须何时在联邦储备委员会登记注册？
11. 银行控股公司依法可收购何种类型的非银行企业？
12. 银行控股公司在设立非银行企业时具备何种明显的优劣势？

3.4 跨州银行业以及1994年的《瑞格尔—尼尔跨州银行和分行效率法案》

许多权威人士都极有信心地预言，全业务跨州银行将布满美国的每一个角落。正如我们在第2章中看到的那样，当美国国会1994年通过《瑞格尔—尼尔跨州银行和分行效率法案》时，联邦政府已经向这个目标迈进了一大步，该法案得到了大多数州的支持。《瑞格尔—尼尔跨州银行和分行效率法案》允许美国的银行控股公司在无须任何州许可的情况下收购银行，同时还可以跨越州界在各处设立分支行（除蒙大拿州外，它不参与跨州银行分支网络）。

为什么银行跨州扩张在受到多年的抵制（特别是来自社区银行）之后，会在20世纪90年代通过联邦政府法案并得到各州的支持呢？有很多因素起作用，其中主要包括以下几条：

- 需要新的资本振兴苦苦挣扎中的地区经济；
- 非银行业金融机构在全国扩张金融业务范围时面临较少的限制；
- 多样化经营和开拓更多的市场机遇是一些大金融公司的强烈要求；
- 管理者和许多银行家认为大金融公司效率更高、更不容易破产；
- 金融业务信息传递技术的进步允许银行为更广阔地区的顾客服务。

跨州银行的支持者认为跨州银行会给一些快速发展却缺少资本的州带来新的资本，由此也会给顾客带来更大的便利（特别是当顾客旅游或搬迁到另一个州时），同时竞争的加剧也可以提高金融服务的效率并降低成本。单个银行机构在不同市场的经营进一步多样化，使其有可能把某个市场的损失与其他市场的受益相抵消，因此会给美国银行体系带来更大的稳定性。

然而，并不是所有人都认同这些。一些经济学家声称小银行合并成为大的跨州组织，会导致银行业的集中，可能削弱竞争、提高价格、使本地资金流入全国的金融中心。出于对集中化的担心，《瑞格尔—尼尔跨州银行和分行效率法案》规定任何机构持有额不得超过国民储蓄的10%以及州储蓄的30%。但全国银行业资源在大银行的集中度大大增加了。1980年，美国前100家银行仅持有国内银行资产的约一半，而到2010年这一数值已超过90%。到2010年，美国前三大银行控制了近50%的国民储蓄，而国内最大的银行——美国银行，则持有近10%的全国储蓄。因此，美国银行很快将达到《瑞格尔—尼尔跨州银行和分行效率法案》所规定的上限。然而，若是小型银行有意与大型州际机构争夺消费者业务，它们也不用对此局面有所担忧。然而,如果小银行敢于为了各自顾客的利益相互竞争的话,对此局面也不必过于担忧。

这种全国性的集中趋势是否意味着对客户可能会有所损害呢?不一定。许多专家认为,在竞争对手减少的情况下,顾客的利益会受到损害。但非常有趣的是,许多大城市的局部地区和乡镇的存款集中程度几乎没有什么变化,因此,跨州银行业活动到目前为止并没有改变大多数顾客尤其是小客户的金融业务选择对象。

如果以体系中的大银行资产占有份额和吸收存款数量来衡量,美国的集中在世界上是最低的。例如,美国三个最大的银行机构约占美国银行业总资产的50%,在许多其他工业化国家(如加拿大、法国、德国、荷兰、西班牙、瑞典以及瑞士等)三家最大的银行占有所有银行总资产的一半或者更多。目前,还没有一家美国银行在所有的50个州都进行经营。

跨州银行研究

最近的研究表明,公众和银行股东能够从**全功能型跨州银行**(full-service interstate banking)中获取的利润是有限的。例如,戈德堡和汉威克(Goldberg and Hanweck [11])进行了一项有趣的研究,这项研究是关于那些早期受联邦法律条款保护的极少数跨州银行机构的,他们发现早期跨州收购的银行并没有胜过其州内的竞争者,实际上这些较早的跨州银行在一段时间后就失去了市场份额,其平均盈利并不比州内其他银行高。另外,对州际间并购的早期研究发现,许多被收购银行金融状况通常不好,这限制了收购方银行的成长和盈利。

随着跨州银行机构的扩张,雇员获得更多调动和提升工作的机会,然而,许多大型跨州银行(诸如摩根大通、美国银行)在其兼并的企业频频通过大量裁员降低成本、提高效率。然而在另一层面,在允许银行跨州经营后,一些跨州银行的股票市值有了明显的提高,这表明股票市场投资者认为银行业的全国范围经营对整个行业而言是有好处的。

至少在理论上,如果一个跨州银行机构在某些州收购了一些银行,这些银行的收入与其他一些已经有了跨州银行企业进入的州的银行收入成负或低正相关的时候,就会出现"投资组合效应",即一些州银行收益的损失会与另一些州银行利润相抵消,从而造成跨州银行企业整体收入风险的降低。然而,最近马克·勒夫尼安(Mark Levonian [12])和罗斯(Rose [13])的研究表明,跨州银行机构的出现并不必然降低银行收入风险。罗斯发现,为了使收入风险降低,跨州银行必须在不同的州(至少4个)和不同地区(至少2个经济关联性较弱的地区)扩张一定数量。最重要的一点就是:如果降低风险是跨州银行企业的关注所在,则慎重选择进入哪个州是关键。

最后,是否有证据表明部分顾客能够从跨州银行在美国的设立中获得利益呢?可提供的服务增加了,尤其是批发服务和小型商业服务。然而,科雷亚和苏亚雷斯[10]发现,在20世纪80~90年代,跨州银行被允许进入部分州之后不久,一些依赖银行借款的非金融企业获得了更稳定的就业、生产、销售、现金流和股票收益。

3.5 两种适应21世纪的银行组织类型:金融控股公司和银行子公司

1999年具有里程碑性质的《金融服务现代化法案》使得美国的银行业真正接近了**全功能银行**(universal banking)(在欧洲颇为流行)这一概念。基于这一概念,商业银行活动与证券、保险以及其他金融活动结合在一起。为了让银行提供可选择的非银行金融业务(尤其是出售保险和证券交易),新的法案让银行有了两种新的组织形式选择,即金融控股公司模式和银行子公司模式,如图3-9所示。

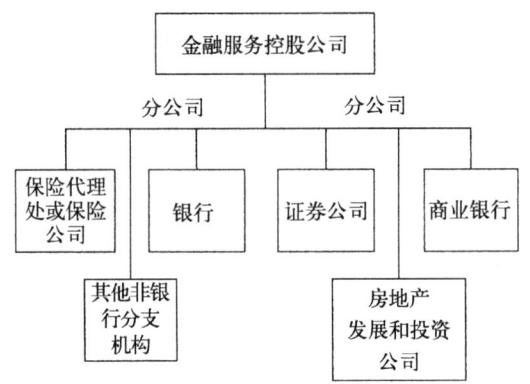

图3-9 金融控股公司模式

依据《金融服务现代化法案》，**金融控股公司**（FHC）被定义为一种特殊的控股公司并可以提供极广泛的金融服务，包括证券交易和包销以及保险业务。而且，将来金融控股公司提供的金融服务由于美国财政部和联储的合作可能会进一步扩大，提供与银行兼容的任意金融性质的服务。例如，不久前金融控股公司被允许成立可暂时有选择性地投资股票的商业银行，以及成立房地产开发公司。

真实的银行，真实的决策

隔壁的超级市场

存款机构一直致力于在全国范围内建立支行并且组建控股公司提供更为广泛的新服务，但是却突然发现它们面临着来自零售业潜在的巨大挑战。许多金融机构最近发现它们将来最大的竞争者可能不是银行、金融公司或保险经纪公司，而是在进入每个州数百个城镇方面获得巨大成功的"超级市场"。沃尔玛（世界上最大的零售商）似乎正在慢慢地涉足金融服务，一开始或许较慢，但假以时日必将令人刮目相看。

例如，2005年沃尔玛向犹他州提交了申请，要求建立一家产业银行——起初是一家小的向产业工人提供贷款和储蓄账户的金融公司。在此之前，沃尔玛已经试图购买一家加利福尼亚州的产业银行，并且试图与加拿大的多伦多自制银行进行合作，然而这些努力似乎石沉大海。沃尔玛也试图向联邦存款保险公司申请存款担保，但这些联邦和州申请最终都被回绝了。

沃尔玛未被挫折击倒，它发现了其他可能的途径，现在其金融服务部门似乎要超过它的许多传统的服务，向偏远地区（包括墨西哥）销售汇票、电汇并与"探索卡"就信用卡项目进行合作、贴现支票并向许多当地的银行在其数千家商场里出租空间建立支行。

特别是许多小银行，被它们附近的沃尔玛将要走向全国的趋势吓坏了。如果不是全球经营的银行，在每个城市经营一家支行就足够支持一家沃尔玛零售商店。沃尔玛已经以其低廉的价格和"一站式"购物的便利吞并了一些小的杂货店、五金商店和服装店，许多小的金融机构发现自己可能是下一个受害者。毕竟，在你购买面包、钓具和玩具的地方存取现金和使用信用卡不是更加方便吗？

沃尔玛宣称，现在并不打算建立一家全业务银行，而只是想使每月数百万支票、借记卡、电子资金转移以及汇票处理起来更加方便。一些专家认为沃尔玛将会避免介入全业务支行，因为它的许多客户可能并不信任这些银行。只有时间才能够告诉我们这个令人激动的故事如何结束。

在FHC组织结构下，每一个控股金融公司都有自己的资金和管理，它们的盈利和亏损与FHC的其他控股公司分离。这样，FHC就建立了防止公司全面亏损的保护措施。⊖

尽管成立金融控股公司裨益不少，但在美国其成立数量的增长仍很缓慢。到2010年年底，仅有430家国内银行控股公司，43家国外银行机构取得金融控股公司资格。这些被批准的机构仅仅占所有在美注册的银行控股公司的10%，但是它们却控制着美国银行的绝大部分资产（大约90%），表3-5列出了10家在美国经营的最大的并被联邦储备委员会批准的金融控股公司。

表3-5 在美国提供金融服务的顶级金融控股公司（FHC）

公司名称	总部所在地	网址
安联	德国慕尼黑	www.allianz.can/en/index.html
美国银行	夏洛特	www.BankofAmerica.com
巴克莱银行	英国伦敦	www.barclays.com
花旗银行	纽约	www.citigroup.com
瑞士信贷	瑞士苏伊士	www.credit-suisse.com
汇丰银行	英国伦敦	www.hsbc.com
摩根大通银行	纽约	jpmorganchase.com
大都会人寿	纽约	www.metlife.com
荷兰合作银行	荷兰乌特勒支	www.rabobank.nl/
加拿大皇家银行	加拿大蒙特利尔	www.rbcroyalbank.com

资料来源：联邦储备委员会。

早期的银行法规逐渐将美国的银行体系推向一种更大规模的合并，但只是包括少数服务范围广泛的银行。《金融服务现代化法案》促进了不同类型金融机构的集中（包括银行和非银行金融服务业），将它们推到一个相互竞争的过程中。越来越多的顾客可以享受一站式金融服务，通过一家金融公司可以办理更多的业务。

合并和集中带来了银行业地理范围的扩张和产品的多样化，这两种强劲趋势将会共同作用减少金融业务风险并最终更好地服务于顾客。然而，就像我们在本书后面部分将看到的，在严重的经济衰退中，即使是最大的银行也会崩溃，这说明规模、合并、集中都不能有效地躲避危险。

3.6 兼并和收购正在重塑金融服务部门的组织结构

分支银行、银行控股公司和最新的金融控股公司（FHC）的出现是由多种原因造成的，包括经济的不断扩张和快速增长以及人口的不断迁移。另一个促成这些组织形式产生的强有力因素是其进行**兼并**（mergers）和**收购**（acquisitions）的能力。内部增长在金融服务领域是相当重要的，但是对于大金融机构的经理和股东而言这是不够的，大公司一直在追逐小的金融机构并大量购买它们的资产。

例如，1994~2006年间，大约3 000家美国银行和将近500家储蓄机构被商业银行公司兼并。皮洛夫（Pilloff[19]）的研究表明：1994~2003年，单是美国存款机构的兼并就占了整个行业资产的30多万亿美元，2003年年底，总共超过47 000家存款机构被兼并。大多数情况下，被兼并

⊖ 对银行控股公司来说，为了符合金融控股公司的要求，其所控制的银行附属机构必须有良好的管理和资产，并且在当地社区有良好的满意度。

的存款机构规模通常较小,其营业仅局限于一州之内,资产在1亿美元左右。大多数被兼并的存款机构转换成支行或者附属机构和兼并公司的子公司。显然,兼并与收购在近10年中是重塑银行和金融服务部门的主要力量之一[⊖]。

3.7 银行主要竞争者组织结构的变化

在此之前,我们探讨了银行业的组织和结构正在发生的巨大变化。由于受到巨大力量(包括不断上升的成本和日新月异的技术)的推动,未来的银行业可能将和我们今天所见到的完全不同。

银行的主要竞争者(信贷联盟、储蓄协会、金融公司、保险公司、证券交易商和金融集团)又如何呢?他们不受这些强大力量的影响吗?非银行金融机构的结构也在以类似的方式变化吗?

确实,银行所有的主要竞争者都像银行所经历的变化一样也正处于变化之中。例如,合并(更少,但是更大的服务提供者)的步伐加快,特别是对于储蓄协会、金融公司、信贷联盟、证券公司和保险公司而言,合并减少了行业中企业的数量并造就了一些大公司。

严重的经济问题也促使非金融行业的企业像银行业一样进行合并。到目前为止一个显著的特例是对冲基金——吸引富裕投资者私有资本的投资池。由于监管松、基金发起简单以及期望收益高,其行业规模基本是增长而不仅是维持稳定。例如,在2006年全球对冲基金从业数量约为11 000名会员,他们掌管的资产在1990~2006年翻了两倍,达到1.5万亿美元。然而,2007年的信贷危机引发了许多对冲基金的破产,原因是其投资对象价格暴跌,而其资金源也枯竭。

集中(所有的金融机构变得更加相似,特别是在提供服务上)实际上在影响着所有的银行竞争者。例如,财务公司、证券公司和保险公司都已经扩大了其服务范围,并在企业和消费者贷款市场方面向银行提出了挑战,某些情况下,甚至收购银行帮助它们扩展金融服务。比如,几家大保险公司(包括大都会人寿、德法保险、全州保险)都拥有银行以销售银行和保险服务。同时,几家信贷联盟最近也根据1998年美国法律转型成了银行。

和银行的结构和组织变化的原因一样,这些动态的结构和组织变革也出现在了非金融机构,但是,不管它造成了什么结果,从全球来看,效果是显而易见的——日趋激烈的金融服务竞争、每个行业小公司和大公司的差距在加大以及由于大型机构试图在一个日趋一体化的全球金融市场中竞争而导致的更大的风险。

洞察力和问题

欧洲与亚洲的银行组织和结构

美国银行业组织结构的许多变化趋势也同样重塑了欧洲和亚洲的银行业。小银行正在合并成大银行,银行和证券公司、保险公司以及其他金融机构集中,而且在跨国界进行。然而,欧洲和亚洲国家的银行结构是有相当大的区别的。

例如,欧洲最大的银行业在德国,其银行资产和数量在欧洲大陆均处于领先地位。德国银行可以分为两大类:私人银行和公共部门银行。包括储蓄银行、综合业务银行和合作银行——这些都享有政府的支持,然而在欧盟体系下支持的力度在逐渐减弱。德国大约有2 500家银行。

⊖ 关于金融机构兼并与收购更完整的讨论,可参考第19章。

不过德国银行和国内支行的数量在减少，金融业越来越多地由如下机构所主导，如：德意志银行、商业银行、德累斯顿银行和德国邮政银行。

法国在银行数量上位居欧洲第二位，包括一些货币中心机构，如巴黎银行、兴业银行和里昂信贷，还有为数众多的小型银行和合作银行。法国总共拥有500家银行，有将近25 000家支行。比利时的银行业由5家（包括富通银行、比利时德克夏银行、比利时联合银行、荷兰商业银行和安盛集团）大银行保险公司和100多家小型机构提供广泛的服务。荷兰拥有一个类似的银行结构，由荷兰银行、荷兰商业银行和荷兰合作银行主导。

英国的银行业被6家银行所统治，包括皇家苏格兰银行、巴克莱银行、苏格兰哈利法克斯银行、利奥易兹银行、汇丰银行和国民西敏寺银行，它们经营着数百家分行和子公司经营证券交易、商业和消费者金融以及其他服务。处于第二层次的以国内业务为主的小型银行主要有克莱兹代尔银行、约克郡银行、西布里斯托银行和布拉德福德宾利集团。英国的银行在采用更有效的网络系统方面相对滞后。

瑞士是两家世界闻名的金融机构所在地——瑞士信贷和瑞士银行，每家银行都经营着众多的支行。瑞士大约有500家由瑞士银行管理委员会批准成立的小型银行。瑞士银行为全世界的富翁们提供细致的资产管理和房地产投资服务。

直到20世纪90年代，意大利的银行业都是由6家国有银行统治。随后，意大利银行业进行了私有化改革并且将大部分股份给了公众。和欧洲其他国家相比，早期的国有制使得银行在网络业务发展方面进展缓慢。意大利的主要银行有塞拉银行、罗马银行、那波利银行和曼托瓦纳农业银行。

亚洲的银行要复杂一些。例如，中国的银行业是一个庞大的、政府主导的部门。然而，私营银行正在加速扩张，并且很多外资银行购买了中资银行的股份以准备在未来中国银行系统中处于更有利的地位。中国的银行系统主要由4家支持不同行业的国有银行（包括中国银行）组成，而且还有3家政策性银行（国家开发银行、中国进出口银行和农业发展银行）为基础建设以及非营利项目提供融资。

在地域层次上，则是100多家地区性银行和30 000多家合作社为中小型企业融资。来自40多个国家的200家外资银行在中国设立了代表处。然而中国在对银行与证券、保险的混业经营方面的管理比美洲和欧洲要严格得多。

日本的银行系统主要由4家大金融集团（包括三菱东京UFJ集团、瑞穗银行、东京三菱金融集团和三井住友银行）把持。它还包括100多家小型的国内银行公司以及一些纯粹的网络银行（如索尼银行）。日本国内有70多家外资银行。合格的银行被允许从事附属业务，包括证券和保险附属公司。

日本和中国的银行似乎比美国和欧洲的银行更经得住信贷危机的风暴，部分原因就是亚洲银行只购买了少量复杂金融工具（如次级贷款）以避险。

3.8　规模与效率：大型金融机构能以更低的成本经营吗

随着银行及其最接近业务竞争者从其最先的小单元（无分支）机构扩展成为有许多分支机构和控股公司附属机构的更大的公司实体，并扩展到了其他国家和大洲，同时其提供的服务也不断增加，问题也就出现了：大型金融机构比小型金融机构具有更大的成本优势吗？换句话说，大型金融机构仅仅是比小型金融机构效率高吗？如果不是，那么为什么一些金融机构（如花旗银行和德意志银行）变成了地球上最大的公司之一？

这并不是一个容易回答的问题。金融机构规模的增大可能在两个方面减少了成本。如果存在**规模经济**（economies of scale）的话，意味着任意某种服务或一系列服务的产出增加一倍而成本的增加却小于一倍，这是由于使用公司资源生产大量同样服务时的高效率。**范围经济**（economies of scope）意味着金融机构扩大其产品线时可以节省管理成本，因为某些资源，比如管理技能、厂房和设备，在生产多种服务而不是仅仅生产一种服务时使用效率更高，固定成本可以在更大的服务产出中进行分摊。

金融服务部门的生产效率

对于金融部门的成本和效率研究大部分集中在银行部门，不仅是由于它在金融部门的重要性，还在于对于许多银行而言其成本数据是容易获得的。也有许多对非银行机构（特别是信贷联盟、储蓄协会和保险公司）成本的研究，在大多数情况下，其结论与银行的研究结论相似。

研究究竟告诉我们关于大型及小型金融机构成本及效率方面的哪些信息呢？大多数的研究表明银行业的平均成本曲线——银行规模（通常以总资产或总存款衡量）与每单位银行业务的生产成本，大致成"U"形，如图3-10所示。中间一段相当平坦，这说明较大部分的银行都处在效率最高的规模段中，但是小银行的业务品种与大银行不同，因此，一些银行成本研究试图利用与计算大银行成本的不同方法计算出较小银行的平均成本。结果是中小银行在总资产达到1亿~5亿美元时，生产成本最低；较大的银行在总资产达到20亿美元和100亿~250亿美元⊖时，处于最优规模，即成本最低。

对某些非银行金融机构的研究得到的结论通常与银行类似。上述的U形成本曲线表明，中型银行成本更具竞争性，这在某些储蓄业（包括储蓄和贷款公司、存款银行和信贷联盟）中也适用。共同基金（投资公司）以及保险公司（包括人身保险、财产及意外险）。例如，比起小型信贷联盟，资产在100万以上的信贷联盟单位资产成本普遍更低。基于投资基金的共同基金，在资产范围达到30亿~60亿时达到最优规模，而2.5亿的共同基金相比起来经营成本更高。在保险业，意外、健康、人身保险和投资产品业务的增长带动着成本的增加。公司经营越专门化，成本随业务增长而增加的趋势愈加明显，也意味着其"U"形曲线曲度更大。然而，对于所有行业，包括银行业，对规模经济的支持证据是稀少的。

这些结论的问题在于，它并没有解释为什么世界上有许多金融机构的规模大大超出这个所谓的最优规模水平。例如，最近纽约大通曼哈顿和摩根银行合并时总资产达到10 000亿美元，双方都声称合并带来了极大的"成本节省"。的确，也许随着技术的进步⊖，银行及其他某些金融机构的最佳经营规模是一个变化点⊜，它也将不断变化增长。

例如，随着银行越来越多地通过网络提供和传递业务信息，银行的运作成本大幅度下降。同时由于美国新法规和条例的出台，银行可以在零售店内部设立小型支行，设置一些提供有限服务的机器（如自动取款机及服务网络），还可以在全国自由设立分行。这些较低成本的传送渠道表明对银行成本研究必须持审慎的态度。当然目前较大的银行可以从合并者那里获得低的经营成本，一些大的机构也可能得到较高的营业收入，其经理人也可以在牺牲股东利益的基础上获得更高的报酬。我们也必须警惕干涉大型金融机构持续扩大规模的危害。2007~2009年的

⊖ See especially the studies by Berger, Hunter, and Timme [1], Berger and Humphrey [2], Guzman [26], and Wilcox [3].

⊜ 一些专家认为尽管对于整个金融机构而言规模经济不甚明显，然而，单个公司的内部机构（包括广告部、员工培训部和信息系统）可能会随着金融机构规模的增大而引起大量的成本削减。

大衰退引发了要求大型金融机构解体以防止其崩溃威胁整个金融系统的政府法规提案。然而，为防范风险而阻止行业巨头在市场机制的作用下进行合并只能导致资金配置不当、资源利用利用效率低下，最终导致金融机构的消费者成本大幅上升。

最近银行业研究的问题与过去的成本研究稍有不同，即无论规模大小，金融机构是否都能尽可能高效率地运营？这个问题就是经济学家熟知的X—效率问题。在金融机构规模既定的情况下，其运作成本是接近最低成本还是与其相去甚远？另一种问法是银行是否处于经济学家所说的成本—效率边际上，几乎没有丝毫浪费？到目前为止，研究结果并不令人满意，大多数银行及其他金融机构的运作并没有处在最可能低的成本上。在总的生产成本里，银行的X—效率比在最高效率情况下还要高20%~25%（见图3-10）。

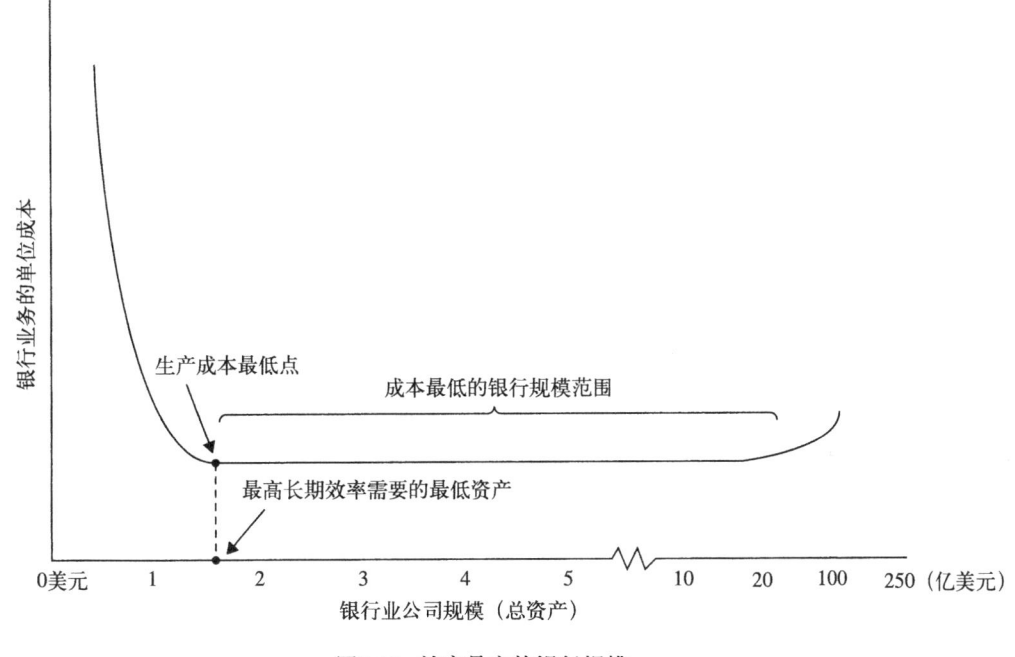

图3-10 效率最高的银行规模

这项研究后来发现，在降低运作成本的情况下，金融机构的盈利多于其为了到达平均曲线最低点而不断改变产出规模（例如缩减或增长）的盈利，因此，对于大多数金融机构而言，X—效率大于规模经济。更确定的是，大银行一般比小银行更接近它们的低成本点，这可能是因为大的机构所处的市场竞争更为激烈。

无论怎样，我们都必须谨慎对待成本研究。金融机构从自身形式到服务内容都处在不断变化之中。目前，银行成本使用的统计方法存在严重的局限，往往侧重于某个时间的一个点，没有把握整个行业不断变化的动态性。

3.9 金融机构的目标及其对经营成本、效率和业绩的影响

对金融机构经营成本及效率的研究，其结果往往是非常复杂的，原因之一可能是管理者和拥有者（股东）的动机不同。例如，低成本、高效率对追求利润最大化和股东收益的金融机构有重要意义，然而，对于那些追求低风险或最大市场份额的金融机构而言，成本控制和效率将退居次要地位。

此外，假定金融机构的管理层决定经理的利益（不是股东或公众的）是公司的主要目标。在这种情况下，相对于成本控制和效率，**支出偏好**（expense preference）行为就决定了金融机构的业绩。

> **小贴士**
>
> 1991年的一部戏剧讲述了这么一个故事：当劳伦斯·戈菲尔德（Lawrence Garfield）感觉新英格兰电缆公司的管理层所做的决策不符合其最大利益时，他对公司进行了接管并辞退了丹尼，这是哪部电影？
>
> 答：借鸡生蛋（Other People's Money）。

3.9.1 支出偏好行为

近期的研究证据表明，一些金融机构的经理人具有相当程度的支出偏好行为，在他们眼中福利、豪华的办公室、高额的旅游支出比追求股东的最大受益更重要。支出偏好行为通常表现为在追求最大利润时雇佣过多的员工，或者员工数量增长过快，从而导致成本失控。一些经济学家认为，支出偏好行为可能更多地存在于那些管理层居于支配地位、股东间没有良好组织的银行。在这种银行里，经理人有更多的机会损害股东的利益去享受豪华的生活。

3.9.2 代理理论

支出偏好行为的概念是现代公司经营理论——**代理理论**（agency theory）的重要组成部分，该理论主要分析公司所有者（股东）和经理人（在法律上是所有者的代理人）之间的关系。代理理论研究一个机构中是否存在某种机制，可以迫使经理人努力实现公司所有者的利益最大化。例如，如果银行所有者不能够完全了解经理人所掌握的信息，就不能正确评估管理层所做的决策是否明智。对许多金融机构而言，所有权被不断分散，单个股东的支配地位呈下降状态，这一趋势可能会导致代理问题的恶化。

一种降低代理成本的方法是建立更完善的系统以监督管理层，并激励管理层遵从股东的意愿，后者可能通过把管理层的薪酬和公司业绩挂钩或给予管理层有价值的利益（如股票期权）来实现，但是最近的事件表明这些措施可能会鼓励经理承担更大的风险。尽管如此，最新的研究显示（特别是纽约联邦储备银行[17]），银行（或许其他金融机构也一样）和其他生产企业相比，把管理层工资和公司业绩挂钩及向管理层提供股票期权的可能性要小，这可能是由于对于行为约束，金融服务部门比生产性部门具有更大的杠杆性（例如，更高的负债/资产比）。

许多专家认为更低的代理成本和更好的公司业绩取决于**公司治理**（corporate governance）（公司的管理者、董事会、股东和其他利益相关者之间的关系）的效率。金融机构的管理层，其治理关系由于股东和管理层的目标与监管机构和存款人的不一致而趋于复杂。一般而言，好的公司治理会带来好的业绩，但我们对此还不能妄下结论，因为目前我们对金融部门的公司治理结构知之甚少。研究表明，银行要比生产性企业具有更大规模的董事会和更多的外部董事，部分原因是监管的影响。这可能意味着金融机构的管理者比经济中其他部门的管理者受到更多的监管和约束，尽管有证据表明庞大的董事会也可能带来更糟的公司业绩。

从长远来看，代理问题会因劳动效率和资本市场效率的提高而减少。在人力资源管理方面，通过向经营业绩良好的经理人提供高薪和更多的工作机会，来减少管理层损害股东利益以谋私利情况的发生。在业绩评估方面，当公司面临被接管的危险时，新的股东可能解雇原有的管理层，或者因为银行经营不善而导致股票价格下降时，不称职的经理人会被解雇。最近银行法规的一些修改使得更多的收购得以进行，可以肯定，随着银行业面临的竞争日趋激烈，代理问题也将不复存在。

银行与金融服务业的道德规范

管理层薪资水平和费用偏好行为

公司管理领域一个争论不休的话题是许多大公司的管理层是否收入过高。最近纽约的联邦储备银行研究了银行业的管理层薪资水平,发现在1992~2000年间,顶级银行CEO们的平均薪水达到了每年66.4万美元——这一数值是其所属相同公司所有级别管理者平均薪水的数倍。然而,这次研究同其他很多调查均发现,许多高级管理层在其合约薪水之外还有非薪水报酬,包括股利、限制型股票奖励、期权、住房、公费旅游、城市俱乐部会员等。这些费用是必需的吗?对公司发展有益吗?

另外,一些薪酬组合要远高于报道中的大多数公司管理层的平均薪酬。例如,最近国会的一次窃听曝光一名顶级银行家一年内即使在股价暴跌的情况下也以执行股票期权的方式收入1.2亿美元。另一名刚退休的银行家通过股票、期权和其他退休福利收入超过1.6亿美元。

这是公平合理的吗?或许不是,但许多分析家认为衡量多少收入就是"过多"的真实标准取决于劳动力市场的环境,特别是最好备选职位的价格。如果一家金融服务公司的CEO在另一家公司可以获得3 000万美元的薪水和福利,那么他所在的公司就会支付其约3 000万美元的报酬,否则公司将失去这名管理人。

然而令观察家担忧的是,如此高昂的管理费用对于公司所有人是否是公平的。管理人收入千万美元的薪水和福利,他们能很好地回报董事会和股东吗?为什么管理层薪资水平总是不能如实地反映管理者的绩效水平?

例如,不久前一名顶级银行家"减薪"11%,而其所在银行的收益下降了近30%。他的薪酬组合虽有下降,但仍超过2 000万美元!

也许是竞争和透明度(信息进入市场的可得性)的缺乏导致了不能充分奖励成功的管理者,合理惩罚失败者。竞争和信息流极度缺失的市场特别容易滋养费用偏好行为。

经济学家费罗和克莱门特[18]主张,现代经济学理论应该支持建立商业补偿机制去鼓励经理人实现自身利益,使经理人的自身利益与公司的利益紧密相连。如果雇员和他们所服务的公司均有持续的目标,那么雇员不忠诚、追求高风险或只投资低风险、低收益项目的动机就会减小。一个解决办法就是提供有足够激励的雇用合同,雇用符合资历的雇员,做出盈利性的投资决策(收益率高于无风险利率),一切以公司的利益为重。固定工资或只考虑短期利益的补偿机制不能够实现这一目标。

概念测验

13. 《瑞格尔—尼尔跨州银行和分行效率法案》规定了什么?为什么会通过该法?
14. 你能看出允许银行跨州经营有哪些好处吗?有哪些不利之处?
15. 非银行金融服务业的结构是如何变化的?目前非银行金融机构出现的组织与结构变化与银行业相比是怎样的?
16. 银行规模、效率和生产与提供服务的单位成本之间有什么联系?在非金融机构中情况又如何?
17. 为什么衡量金融服务业产出的经济规模如此之难?这些问题是如何影响关于公司规模、效率和支出行为的结论的?
18. 什么是支出偏好行为?它是如何影响银行和其他金融机构业绩的?
19. 代理理论对于我们理解金融机构管理的变化有何帮助?管理层控制和股东控制是如何影响一个金融机构的行为和表现的?
20. 什么是公司治理,如何改进并提高股东、银行及其他金融机构客户的利益?

本章小结

本章着重探讨了银行以及其他金融机构在向客户提供服务时两种不同的组织形式。本章的主要问题如下：

1. 金融机构随着时间流逝发生了巨大的变化，通常从相对简单的、单一（单元制）的公司变成拥有众多分行的分支型组织，并最终兼并一家或多家金融机构。

2. 成立金融机构时，首先必须获得州或联邦政府的经营许可。在银行及其最接近竞争者（如信贷联盟和储蓄协会）的例子中，州许可证可以在州理事会获得，而联邦级别的许可则由货币监理署（OCC）授予全国性（联邦）银行，或者储蓄协会和信贷联盟，其许可单位为储蓄机构监理局（OTS）或国家信贷联盟管理委员会（NCUA）。联邦的许可通常导致更为严厉的监管和更为苛刻的标准，但是也可能有助于吸引较大的客户。

3. 每个金融机构所采取的组织形式，都是以下因素的结果：竞争压力、客户对于更好服务的要求、地理多元化的需要、为了减少产品线的风险敞口以及政府监管的压力。

4. 金融机构的快速成长反映了市场对金融服务产品的大量需求。当达到更大的运营规模后，使得每个金融服务机构的规模经济（更低的成本）和利用同样的组织和资源生产多种服务的范围经济（更低的成本）成为可能。如果获得这些"经济"，可以减少生产成本并形成在金融市场中强大的竞争力。

5. 过去的20年中，在州和联邦法律（特别是1994年《瑞格尔—尼尔跨州银行和分行效率法案》）为银行在不同的州购买以及建立支行扫平了道路之后，美国银行业最显著的变化要属跨州银行的扩张了。《瑞格尔—尼尔跨州银行和分行效率法案》第一次使得全国性银行在美国历史上成为可能。该跨州银行法反映了银行在不同地区市场多样化经营的需要，同时也反映了企业和个人对于随其迁移仍能提供服务的金融机构的需求。

6. 银行与监管方面另一个重要的变化是《金融服务现代化法案》的通过。该法案允许美国的银行和保险公司及销售商、证券公司和一些其他非银行金融机构合并，导致了新的银行组织形式——金融控股公司（FHC）和银行附属公司进入产品线（例如公司的证券承销商），这在以前联邦法律是禁止或给予限制的。该法案为管理完善的美国银行成为"一站式"金融机构铺平了道路。

7. 近代的法律，例如《金融服务现代化法案》，使得金融市场上出现了大型金融服务机构，它们的倒闭会导致这个金融体系的不稳定，就像我们在2007~2009年信用危机中看到的。法规制定者们已经向创造更稳定的行业环境迈进。

8. 当金融服务业合并与集中时，公众和监管机构关心的是其经营效率（保持尽可能低的管理成本）和公司治理（管理层、股东、存款者之间的关系）能否得到改进。现在一些金融机构正在集中于错误的目标，它们试图以股东和客户利益为代价来换取自身利益，这引起了代理问题并产生支出偏好行为，这种经营成本要比必要水平高。

9. 随着一些大金融机构逐渐控制银行、保险、证券经纪和其他主要产品线，集中的趋势在增强，或许这可以为顾客提供更多的便利，但也减少了某些市场的竞争。在今后几年，政府和公众需要明白顾客便利的实现，不是以金融机构减少其竞争对手为代价的。

关键术语

组织形式
银行控股公司
单元银行
全业务跨州银行
自动柜员机
公司治理

虚拟银行
股东
附属银行
网络银行服务
代理理论
董事会

多银行控股公司
分支银行
支出偏好行为
销售点终端机

习　题

1. 作为一名金融记者,你在写一本关于美国小型、中型、大型银行在最近25年来所占市场份额变化的文章。运用图3-2分别估计三类银行在1985年、1990年、1995年、2005年和2010年的市场份额情况。确定并讨论你认为导致变化的最重要的三个因素。

2. 在下列商务活动中,现在的美国金融控股公司可以经营哪些业务?
   (1) 数据处理公司;
   (2) 办公家具销售;
   (3) 汽车和卡车租赁公司;
   (4) 一般人寿保险和财产意外损失保险销售;
   (5) 储蓄和贷款协会;
   (6) 抵押公司;
   (7) 海上业务的一般险;
   (8) 专职广告服务;
   (9) 承销非金融公司发行的新的普通股票;
   (10) 房地产开发公司;
   (11) 商人银行。
   (12) 套保基金。

3. 目前你是一家单元制银行的行长或首席执政官,这家银行在当地已经有了五年的历史,鉴于当前家庭增多、商业发展的情况,同时也面临着多个强劲对手的竞争,因此你希望通过建立两个卫星营业点来转变成分支制银行。请回答下列问题:
   (1) 什么法律法规将影响你建立新机构的地点以及提供哪些服务?
   (2) 根据本章内容,你的分支制银行较老的单元制银行有哪些优势?有哪些劣势?你将怎样避免这些劣势?
   (3) 你认为在设立新的分支机构的同时或前后,是否应该设立一个控股公司?根据本章内容,控股公司将会给银行带来哪些优势和劣势?

4. 假设你正在管理一个中等规模的分支型银行组织(持有大约250亿美元的资产),它所有的分行都位于同一个州。董事会决定让你调查银行提供有限的证券承销与发行、保险销售服务的可能性。哪些联邦法律使提供上述服务以及在何种情况下可以提供成为可能?这种做法主要的好处是什么?成功的获得这些好处的主要困难有哪些?

5. 波士顿第一证券信托国民银行正在雄心勃勃地考虑进入中国,可能正在整理一些中国政府需要的资料,以便建立实体和电子服务设施。该举动将给第一证券的管理层和鼓动带来哪些好处?该银行的管理层和董事会应该考虑到哪些潜在的困难?

第4章　设立银行、分支机构、自动柜员机以及开通电话银行服务和网上银行业务

学习要点

- 特许设立新金融机构；
- 新设银行的工作绩效；
- 设立全方位服务分支机构；
- 设立有限服务分支机构；
- 自动柜员机和呼叫中心；
- 网上银行服务。

银行界流传着这样一个笑话：免下车提款窗口的设立就是为了让汽车不时地拜访一下它们真正的主人——银行。实际上，银行提供了品种繁多各具特色的服务，检查它们所发放的贷款买的车却并不在此列，为客户提供便利才是金融服务设施最重要的功能。

比如，客户希望银行能够在其方便的时间和地点为他们提供存取款和贷款服务。以大多数金融机构的经验来看，便利的含义仅仅是银行所处地理位置意义上的便捷。与位于其他城镇、州、地区或国家的银行相比，企业和个人消费者更愿意接受与自己处在同一社区或邻近社区的银行所提供的服务。

然而，随着互联网、家庭和办公室电脑、传真机、自动柜员机、设在零售店内允许顾客通过网上支付的销售点终端机，以及无须银行批准就可以立刻取得贷款的信用卡等设施的不断普及，客户对便利的理解正在发生变化。由于这些新科技可以快速地存储和传递金融信息，因此，地理位置逐渐失去了其作为客户选择服务银行的决定性地位。当前，不仅是银行服务设施的地理位置，及时获得银行服务也已成为衡量银行为客户提供便利的关键指标。例如，人们与其为了到一家只在固定时间营业的银行申请贷款而遭受交通堵塞和找寻停车位的痛苦，还不如通过电话和传真机等网络设备申请贷款，即使目标银行远在千里之外，也会更快捷、更简便。

但是，对于一些重要的金融服务，尤其是支票账户、小额储蓄、保险柜和个人小企业贷款等，许多客户仍认为银行的地理位置相当重要，特别是在发现银行提供服务有差错的时候，这一点就尤为突出。例如，当客户发现其储蓄账户多计了提款数或银行显示的数额与其对账户余额的估计值不符而且支票开始被拒付的时候，银行网点的邻近通常会显得非常重要。因此，对于许多零售存款和贷款服务，当有特殊情况发生的时候，银行便利的地理位置对许多接受银行服务的客户来说，仍具有重要的意义。

对如何不断满足客户对及时获得服务的需求，银行有以下几种选择：

- 特许设立新金融机构；
- 设立新的全方位服务支行，以提供大多数或所有在总行能获得的服务；
- 设立有限服务设施，包括免下车提款窗口、设在分行内部的自助终端、自动柜员机（放

置在银行内部或其他离银行很远的地方,比如购物中心、机场和零售店等)、商店内与银行计算机连接的销售点终端机、电话银行服务、通过互联网与银行计算机连接的家用和办公室电脑以及其他电子媒介等。

我们将在下面的章节逐一介绍各种便利的金融服务方式。

4.1 特许设立新金融服务机构

在美国(以及其他许多国家),未经联邦或州有关机构明确批准,任何人都不能开设主要金融机构,尤其是像银行、信贷联盟、存款协会这样的存款机构。

以设立银行为例,新银行的创建者不仅要证明在准备设立银行的地区确实存在公众对新银行的需求,而且还要在公众中树立诚信和证明自己的能力,并提出管理计划。创建者必须保证注入充足的自有资本为破产提供充分的保护。一般情况下,创建者应当筹集到足够的启动资金(目前是200万~1 000万美元)以满足若干年的需要(通常至少是前三年),同时,还要向有关机构证明即将设立的银行将会达到足够高的盈利水平。

为什么要提出这些要求呢?政府特许机构认为有必要对金融机构进行仔细而彻底的检查,原因有以下几点:第一,它们是吸收公众存款的主要机构,特许程序杂乱无章将会导致自有资本不足的银行泛滥并最终倒闭;第二,银行在商业和贸易的支付过程中扮演着中心的角色,因此如果它们经营不善将会严重影响经济活动;第三,银行可以创造货币(即时消费能力),这意味着,如果特许设立过多的银行,将可能创造出过多的货币,甚至会引起通货膨胀。尽管对以上的理由仍存在相当多的争议,但它仍为设立一整套详尽彻底的规则提供了重要的理论基础,据此对金融行业准入加以限制。

4.2 美国银行特许程序

为了更全面地了解特许设立金融机构的程序,我们将对美国如何特许设立新银行进行研究。在美国,只有50个州立银行监管机构和**货币监理署**(Office of the Comptroller of the Currency, OCC,美国财政部的一个部门)才可以颁发在美国设立银行的许可证。一般来说,对于颁发设立新银行的许可证,联邦的标准比州立银行监管机构更为严格。然而,新银行的创建者仍愿意向前者申请,这是因为联邦银行许可证可以帮助它们在客户尤其是持有大额存款的客户心目中树立更多的威信。

对于申请联邦还是州立银行监管机构的许可证的选择,可归结为银行的创建者权衡设立这两类银行的成本和收益以及考察银行的地理位置的过程⊖,赞成和反对的理由如下:

申请联邦(国民)银行许可证的好处:

- 申请联邦(国家)银行许可证的规则标准比较严格,但它可以为

> **小贴士**
> 哪一地区是新设立银行最多的地方?
> 答:东南部(如佛罗里达、北卡罗来纳、佐治亚、弗吉尼亚等州)和西部(包括加利福尼亚和华盛顿等州)以及伊利诺伊州和得克萨斯州等地。

⊖ 2002年3月,联邦存款保险公司(FDIC)、货币监理署(OCC)和全国储蓄机构监理局(OTS)制订了统一的申请表——设立银行机构和联邦存款保险申请,金融机构可以通过其申请建立全国性银行、存款协会或联邦存款机构。该措施的目的在于简化设立手续,尤其是对设立联邦存款机构而言,手续更简便(可参见www.fdic.gov)。

银行带来额外的声誉，从而吸引更多的企业和个人存款；
- 在经济不景气时期，国家银行管理当局将会向有困难的银行提供更高质量的技术支持，帮助渡过难关，并且为其长久生存创造更好的机会；
- 联邦银行法规比各州法律效力更高。

申请州立银行许可证的好处：
- 申请州立银行许可证比较容易且成本较低；
- 银行无须加入联邦储备系统；
- 许多州允许银行向单个借款人提供占银行自有资本较大比例的贷款；
- 州特许的银行可以提供一些联邦许可的银行所不允许提供的贷款和服务，比如，向为耕种土地者提供贷款和房地产经纪服务等。

概念测验

1. 为什么在远距离通信技术取得巨大进步的今天，银行的地理位置仍是许多银行客户考虑的重要因素之一？
2. 为什么要对新银行的设立进行严格的监管？对于非银行类金融公司呢？
3. 你认为政府控制银行特许证签发数量的主要利弊是什么？
4. 在美国，哪个机构有权特许银行和存款机构的设立？
5. 联邦存款保险公司（FDIC）在银行特许证申请过程中发挥什么样的重要作用？
6. 申请特许设立联邦银行优点是什么？州立银行呢？

4.3　监管机构经常向新设银行的创建者提出的问题

了解特许机构在通过或否决一份特许证申请之前所要求的各种有关信息具有一定的指导意义。以下是银行创建者和政府特许机构评估一家新设金融机构未来成功前景的标准：

- 主要服务地区的人口和地理状况如何？因为新设金融机构大部分的存款和贷款来自该地区，所以必须有足够的企业和居民以保证新设机构拥有充足的客源。
- 在新设金融机构所处的服务区内有多少家竞争性银行、存款协会、信贷联盟、金融公司和保险公司等。竞争者的服务、营业时间和与新设机构的距离等有关状况怎样？当地的竞争越激烈，新设金融机构就越难以吸引客户。
- 该服务地区的企业数量、种类和规模如何？企业需要获得商业存款服务，也需要从银行贷款以备库存和购买设备，而新设金融机构在很大程度上依赖于此。
- 要求新设机构创建者描述新设银行服务地区的交通情况、公路和高速公路的容量以及所有交通不畅通的地理位置。大多数新设金融机构（及其分行和其他服务设施）都坐落在上班、上学和购物所经的主干道边上，为客户提供最大的便利。
- 该地区的人口增长、收入水平、职业种类、教育水平以及居民年龄分布情况如何？这是极为重要的一点。如果当地居民受过良好的教育，那么该地区就有较高的收入水平，对金融服务的要求也就更高。
- 要求银行创建者描述当地的金融状况的历史、新增金融机构的速度以及它们的业绩表现。如果当地其他金融机构增长迅速且有良好的业绩，那么新设机构也许也会盈利并且茁壮成长。
- 银行创建者必须指明新设金融机构的未来持股人，尤其是创建者、股东和高级职员的持股数。金融机构特许监管机构需要确认银行能够筹集足够的资本以支持银行未来发展和保护银行储户,并且确保得到居民的广泛支持。
- 金融机构创建者和高级管理人员管理企业和金融机构的经验如何?董事会和职员中的成功人士将有助于吸引新贷款和存款。
- 金融机构创建者预计前3~5年内的总存款额、贷款额、收益、运营费用和净收益是多少?计划的好坏能表明新设机构的创建者对该行业的了解程度。

在货币监理署[1]的可行性标准条件下,申请设立全国性银行的申请者必须提交一份详细的商业计划,该计划须包括对该新设银行的描述以及营销、管理和财务计划。商业计划一般至少以3年为基础,并且要说明该新设银行怎样利用其资源达到所述目标。

货币监理署还要求申请者提供如下信息:对市场需求的客观评估、大致的客户基础、主要服务区的竞争状况和经济状况以及所提供服务的固有风险。营销计划必须评估该机构达到预期收入、客户规模和利润的前景。申请者(至少5人)还必须表明该机构将雇用技术熟练的管理人员,选出合格的董事,并且能够在开业以后有能力支付所有的组织费用,有足够的资金维持经营。

申请者在向货币监理署提交申请的同时也要向联邦存款保险公司(FDIC)提出申请,这样可以加快新设银行的成立进程。1991年《联邦存款保险公司修正法案》要求所有的存款机构,包括联邦或州许可设立的新银行都要向FDIC申请投保。

> **小贴士**
>
> 在1998年的一部由梅格·瑞安(Meg Ryan)和汤姆·汉克斯(Tom Hanks)主演的浪漫喜剧中,一个店主自营的小书店由于无法与大规模书店进行价格竞争而倒闭。这说明了在一个缺乏监管的市场环境中竞争会带来何种影响。这部电影叫什么名字?
>
> 答:《电子情书》(*You've Got Mail*)。

概念测验

7. 为取得银行许可证,联邦银行创建者应该向美国货币管理局提供什么样的信息?为什么这些信息如此重要?

8. 为什么申请设立全国性金融机构的申请者必须提交一份详细的包括营销、管理及财务计划的商业计划?

4.4 决定申请银行许可证的主要考虑因素

在美国的大部分州,申请银行特许证花费不菲,因此,创建者必须仔细分析他们的商业前景并思考以下关于影响其成败的内外部因素等关键问题。

外部因素包括:
- 当地经济水平。是否存在足够的业务需求?经济水平一般以新设银行服务地的零售业销售收入、个人收入、银行存款(如当地支票数额)、家庭和企业数量等来衡量。
- 对新设金融机构的需求。当地的新增人口和移居到该地区的居民是否还没能接受便利的金融服务?这个因素通常以每个金融机构服务的人数、近期收益和存款增长幅度以及新的居民建筑项目等来衡量。
- 当地金融服务的竞争性质和激烈程度。有多少家相互竞争的金融机构?这些金融机构在推广各自服务方面的激烈程度如何?这个因素通常以金融机构的数量与当地人口数量之比以及提供支票账户、储蓄计划、消费者贷款和商业贷款的金融机构数量来衡量。

内部因素包括:

- 创建者的资格和能力。他们是否有足够的经验？在当地社区的声誉是否足以吸引客户？
- 管理质量。管理者能否找到有丰富银行管理经验并经过专业培训的首席执行官？能否找到和雇用能胜任的管理人员和职工担任银行的关键职位？
- 提供资金用于申请和获得许可证的保证。创建者是否有足够的净资本头寸以满足管理机构对初始资本金的要求以及支付咨询和法律费用？由于许可证审批程序将历时数月，且有可能在开业之前就夭折，创建者是否有足够的经济能力来完成这个过程？

4.5 新特许设立银行的数量和特点

鉴于上述问题和事项以及相关成本和风险，人们就不会惊讶于曾考虑过开办新设金融机构的商业人士中最终只有一部分提交了许可证申请。然而，令人惊奇的是，美国新特许设立的存款机构数量近年来在增加，平均每年有100家甚至更多。原因之一在于，银行之间的兼并造成许多经验丰富的管理人员失去工作转而开设新机构，另外一个原因是已有大金融机构有时无法满足公众对更加个性化服务的需求。

很明显，仅仅获得许可证只是第一步，创建者和管理者面临的挑战并不仅限于此。在许可证申请得到批准之后，新设金融机构根据发行备忘录可以合法地向公众发行股票。发行备忘录包括申请人的商业计划、管理人员以及股票买卖的权利和条件，而且，新金融机构还必须制订公司章程、拟定经营政策、为职员购买保险等。

> **小贴士**
>
> 新建银行倒闭的可能性比已有银行大吗？
>
> 答：芝加哥州储备银行德杨（De Young）的一项研究表明：平均而言，在银行建立的前4年，该可能性更小。随后的几年中，新建银行的倒闭率高于已有银行。长期来看，两者倒闭的概率相同。

大多数新设立金融机构如何选址呢？比如说，新设银行的目标市场是哪里？从最近发放银行许可证的情况来看，美国大多数新设银行都设立在较大的城市，即投资预期回报率比较高的地方。相对于某地区银行的数量，随着该地区人口的增加，签发的银行许可证数量也会增加，许多银行创建者会将人口增长视为银行服务需求增加的信号。一个州的全部银行资产增长速度越快，则该州特许设立新银行的可能性就越大，因为当地银行的成功经营会提高银行创建者对所设银行未来成功的预期。

相反，银行集中度的上升将使一个州的银行许可证申请减少，这表明许多银行创建者都担心该地区有处于主导地位的金融公司的存在。尽管如此，仍没有证据可以表明如果新设银行主动参与竞争会被竞争对手打败或被挤出当地市场。实际上，近年来金融机构合并活动越多的地方就越能吸引新的申请者。

而且，更高的利润率、更大的市场容量、更多的市场资金会导致更密集的银行许可证申请。2007~2009年的大衰退像以前的衰退一样，减少了银行许可证的申请，例如，2008～2009年，全美银行许可证申请数量从近100降到了30。至2010年，美国银行许可证申请数量仅为14。

4.6 新设金融机构的业绩

经营一家新设金融机构必然会承担风险，没有人可以保证新设机构能在竞争中立足且蓬勃发展。由于金融监管的放松，大量竞争者涌入传统银行业市场，而且，已有金融机构不管是在经验、规模还是在声誉上，相比新设金融机构都有明显优势。那么，总体来说，新设金融机构的业绩如何呢？

研究结果表明，至少从银行业来看，上述问题的答案是乐观的。在吸收总存款方面，大多数新设金融机构最初的存款都来自创建者及合伙人，还有对其他金融机构不满意的客户等。被现有金融机构拒绝提供贷款的客户会迅速地转向并试探新设金融机构的信贷政策，所以贷款账户的增加将超过存款收益的增长。尽管过去的记录表明，新设金融机构的贷款损失普遍大于已有金融机构，但是许多新设金融机构在开业的前两年仍能盈利。

根据对马萨诸塞州新设金融机构的评论文章，谢伊（Shea）[6]发现早期对经营成本的管理和控制是金融机构成功的关键。新设金融机构要想在当地社区站稳脚跟，就必须在顾客中树立自己与其他金融机构不同的形象。

也有研究显示，新设金融机构早期的表现与经验、资金实力以及金融机构创建者的市场关系密不可分。例如，塞尔比（Selby）[5]发现，在新设金融机构营业第一年的存款中，来自金融机构第一任董事会成员的资金占绝大部分。这强调了金融机构创建者的重要性，他们必须曾经成功经营过其他企业。当地市场收入的增加，尤其是居民税后收入和企业销售收入的增加，会刺激新设金融机构的成长，两者之间呈现正相关的关系。

众多研究表明特许新设金融机构的设立带来了有利于公众利益的竞争效应。大部分研究[如麦考尔和彼得森（McCall and Peterson）[9]等人的研究]的对象都是小城市和乡村社区，在这些地区，会突然出现一家特许设立的竞争金融机构。通常情况下，随着新金融机构的设立，这些小社区已有的金融机构会加快其放贷步伐，并更积极地吸收存款，这样当地居民就可以得到更优质的金融服务，但是，对于金融服务的价格是否会下降或存款利率是否会提高，答案是不确定的。大多数的研究都发现，新金融机构的设立对价格几乎没有影响。约姆（Yom）[7]在其近期发表的一篇研究文章总结了有关近年来新设立银行的一些发现，他指出：

- 最新特许成立的银行都表现出"财务脆弱性"，比已有银行更容易倒闭；
- 新银行在达到成熟期（一般是开业后9年）以前盈利能力要比已有银行差；
- 新银行表现欠佳的原因之一在于，它们更容易受房地产危机的影响，因为新银行的贷款组合大量集中于风险较高的房地产贷款；
- 如今，新银行受到比已有银行更加严格的监管，被核查的次数更加频繁（每年一次或多次）。

> **小贴士**
> 美国新特许成立的银行有4/5都处于大都市，特别是经济增长最快的地区，其中约1/5得到了联邦的特许。

电子银行和电子商务

特许设立网上银行

联邦政府和许多州都授权其监管的银行提供网上银行服务，甚至允许银行只开展网上业务（虚拟银行）。大多数监管机构关心的是提供网上银行服务或创建网络电子银行的申请者是否拥有详尽的确保投资成功的商业计划（因为许多网络投资项目都不盈利），以及能否为银行记录和其客户的账户和交易提供适当保护，以阻止"黑客"或其他未经授权者侵犯银行及客户的隐私。

在货币监理署（OCC）的网站（www.occ.treas.gov/corpbook/group4/public/pdf/internetnbc.pdf）可以找到适用于网络银行法规的实例。

货币监理署允许虚拟银行获得特许，同时也为传统的有形银行开拓网上服务渠道提供可能，前提是银行或银行网络服务单位"能够在安全完整的方式下成功运行"。

如同申请全国特许的银行创建者一样，网上银行的创建者必须由五人以上的团队组成，他们将是该网上银行的初始董事会成员。这些人必须是美国公民，而且在银行业和商业管理中表现出卓越能力。货币监理署对提供网上金融服务的电子器材和设施没有提出明确要求，前提是所提供的服务符合所有的银行法，并且程序是"安全，完整和有保障的"。

全国性银行可以运行或提供：信息提供型的网站；业务型网站，可以让客户进入其账户，购买商品和服务、申请贷款、支付账单和转账；无线电服务渠道；以计算机连接的家庭和办公室银行服务。未来的关键问题在于，哪种电子银行手段可能盈利且在长期竞争中立于不败之地。从这个角度上说，以上这些不同的服务方式，没有一个明显表现出持续盈利的能力。

概念测验

9. 在决定申请金融机构特许证之前，金融机构创建者应考虑的关键因素有哪些？
10. 在美国，大部分新设金融机构都坐落在哪里？
11. 对于公众及其所有者来说，新设金融机构的业绩如何？

4.7 设立全方位服务分支机构：选址与设计

如今，当一家金融机构希望进入新的市场，或当其原有重要客户搬迁时，最重要的手段是开办新的**分支机构**（branch offices），提供大多数乃至全部与总部一致的服务。与申请设立一家全新的金融机构相比，设立新的分支机构成本通常非常低。设立新分支机构，所需资金较少，申请手续比设立新机构简单得多，而且由于新分支机构通常不需要像全新机构一样，要求配备一整套管理人员和工作人员，因此会减少冗员。基于以上优点，近年来美国新设立的银行分行数量大幅上升，到2010年已经超过80 000家，然而银行分行数量的增速正在不断下滑，平均每年新增不超过700家，见图4-1。

在美国，分行数量最多的银行是美国银行，它拥有6 000家不同种类的分行。纽约的花旗银行拥有3 300家分行，摩根大通银行在全业务分行数量上排名第三。虽然这些数字令人震撼，但是我们也应该注意到2010~2011年，很多银行业巨头宣布大规模关闭分行。它们把这种策略视为弥补亏损、降低成本的一种手段，他们更多地通过互联网为客户提供服务而不是设立实体分行。对分行的设立和关闭成为银行保护利润、缓冲成本的一种管理方法。

分支机构的位置、设计以及提供的服务等，首先取决于客户的偏好，其次是管理者和雇员的意愿。对于分支机构而言，以客户为友和以雇员为友同等重要。市场调研表明，大多数客户将保密性、舒适性和隐私保护视为新分支机构应具备的最重要的特征，而且客户和雇员都将效率视为理想的分支机构的重要标准——不管是对于客户还是雇员，提供服务的部门和工作地点应该是容易找到且能方便到达的。

总部位于芝加哥的第一银行（Bank One，现属摩根大通）在试验新分支机构和其他客户服务设施的设想等方面走在行业最前列。每当客户走进该行的一家新设分行时，都会立刻注意到醒目的标志，如用霓虹灯突出部门或办事处的服务种类，并将客户的注意力吸引到商业图表。为进一步使客户感到轻松，银行在入口处设立了咨询台以帮助客户找到要找的服务窗口，更好地满足客户的需要，而且，客户在银行大厅等待会见金融服务人员时，会看到引人注目的广告牌。最近，第一银行不仅设立了能提供全方面服务的分行——既提供传统服务（如存款和贷款

第4章 设立银行、分支机构、自动柜员机以及开通电话银行服务和网上银行业务

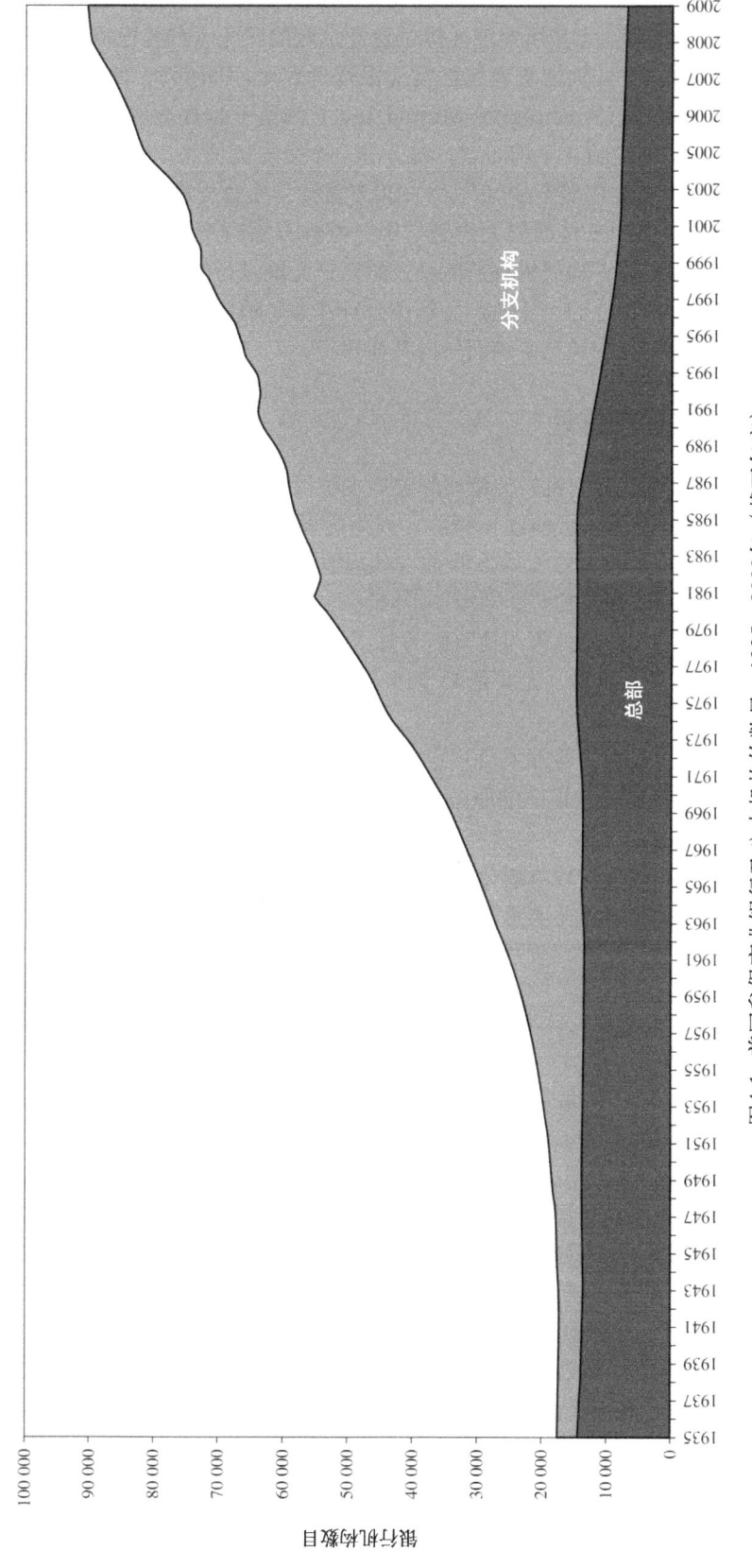

图4-1 美国参保商业银行及分支机构的数目，1935～2009年（截至年底）

资料来源：联邦存款保险公司。

业务）也提供新型服务（如旅行计划、保险、房地产经纪和金融咨询等），而且还设立了能提供专门服务的分行（专卖店），为其所处地区提供量身定做的服务（如为已退休的客户定做的储蓄投资产品）。其他的分支机构创新者包括富国银行（Wells Fargo）、美国银行（Bank of America）、华盛顿互惠银行（Washington Mutual Inc.）和第一特许金融公司（Charter One Financial Inc）。最近的研究表明，平均而言，每开办一个分支机构需花费100万美元，而其他的估计表明每个分支机构需要花费至少200万～300万美元，使分支机构运作起来还需要更多的钱。分支机构平均能提供的工作岗位大约是12个，并且只需18个月即可收回投资。从分行雇用的员工数上来看，分行的平均规模有所减小。然而，无论分行的规模如何，调查显示客户尤其是新客户，需要银行指引他们，让他们了解该分行开办了哪些业务，在哪些分行可以办理他们需要的业务，否则他们将会感到不满而转向其他银行。

4.7.1 新分支机构的理想选址

如今，提供全方位服务的分支机构的最理想的地理位置必须具备以下一些特征：
- 交通流量大（如每日车流量为3万～4万），因为这表明有大量的车辆（和潜在客户）经过此处，但必须保证即使是在交通高峰期（如周五的下午）客户也能容易地看见并到达该分支机构及其免下车服务窗口。
- 周围有大量的零售店和商场，因为这可以为分支机构带来充足的存款和贷款业务。
- 当地人口应以中老年人居多（尤其是45岁以上的个人），拥有大量的存款，并且对投资理财服务需求很大。
- 周边地区有许多企业老板、管理人员、专业人士工作或居住。
- 该地区其他金融服务竞争者设立的服务设施数量稳定或正趋下降，留有大量业务空间供新分支机构发展。
- 人口增长较快，人口越多对设立新分支机构就越为有利。
- 人口密度较大（即周围每平方英里的人口数较多）。
- 较高的人口与分支数目比率，表达为

$$人口与分支数目比率 = \frac{一地区接受银行服务的总人口数}{该地区银行分行数量} \tag{4-1}$$

以美国为例，平均一家分支机构大约为4 000人提供服务，但是，其他一些国家该比率更高。例如，奥地利和德国是10 000人，日本是8 000人。该比率越大，金融服务需求也就越大，从而可以增加收入，提高经营效率。
- 居民收入属中上游水平。居民收入水平越高，分支机构出售服务的机会也就越多。

对于那些以吸收存款为主要目的的分支机构来说，选址的要求是所处社区的收入水平相对较高、零售店和商场相对集中、居民年龄偏高以及拥有住宅的人较租房者的比例偏高。另一方面，对于吸收支票存款的分支机构而言，理想的位置是在个人和家庭收入水平较高且零售商店较为集中的地段。储蓄存款水平较高的地区一般家庭成员中老年人（包括退休人员）的比例较大，拥有住房的居民比例也较高。而对于那些以开发家庭消费贷款业务的分支机构来说，理想的位置是年轻家庭比例较大、有大量新建住宅、零售商店和购物中心集中以及交通繁忙的地区。相对地，商业贷款需求往往集中在银行信用分析师、管理信息系统人员和贷款审批委员会所在的中心城市办公区。

由联邦储备委员会的汉娜（Hanna）和汉威克（Hanweck）所做的一份研究表明[15]表明，金融机构分支的数量可能取决于给定市场中的人口数量和市场中的人均收入水平。除此以外，所在州的法规、市场集中度（由最大的金融机构决定）、吸引的存款带来的收益率和信息密集度（至少是在城市市场中）也是重要的影响因素。

预期回报率 决定是否设立分支机构属于资金预算决策问题，需要一大笔初始现金（成本）以购买或租赁设备和开张营业。在设立分支机构时，总是希望未来的净现金流（NCF）足够大，以保证金融机构能够获得所投资本可接受的收益率$E(r)$。管理层可以用以下公式估计预期收益率

$$\text{设立新分支机构的现金流出} = \frac{NCF_1}{[1+E(r)]^1} + \frac{NCF_2}{[1+E(r)]^2} + \cdots + \frac{NCF_n}{[1+E(r)]^n} \tag{4-2}$$

如果新分支机构的预期收益率$E(r)$等于或大于股东可接受的最小收益率(k)，即$E(r) \geq k$，则可认为其在经济上是可行的。例如，如果一家新分支机构预计支出300万美元用于安排办公场所、安装必需的设备以开业经营，并估计开业10年内年均经营收入的净现金流入为60万美元，该分支机构的预期收益率则是

$$3\,000\,000\text{美元} = \frac{600\,000\text{美元}}{[1+E(r)]^1} + \frac{600\,000\text{美元}}{[1+E(r)]^2} + \cdots + \frac{600\,000\text{美元}}{[1+E(r)]^{10}}$$

利用金融计算器可以得出该分支机构的预期收益率$E(r)$为15.1%。⊖

如果股东的最小可接受收益率是10%，那么开办该分支机构是可行的。当然，设立分支机构的真实投资收益率取决于该分支机构服务社区对其提供服务的需求，也取决于分支机构管理人员和职员的素质以及资金和其他用于经营的成本等。

地理位置多样化 在选择新分支机构的地理位置时，管理者不仅应该考虑每一家新分支机构地理位置所带来的预期收益率，还应该考虑到：①预期收益率的方差，主要由分支机构所在地区经济状况的变动引起；②预期收益率与新分支机构、已有分支机构以及该金融机构已有资产等之间的协方差。新分支机构预期收益率$E(R_B)$与该机构预期总收益率$E(R_T)$和其他已有分支机构及其他资产的预期收益率$E(R_{OA})$的关系如下

$$E(R_T) = W \times E(R_B) + (1-W) \times E(R_{OA}) \tag{4-3}$$

式中，W为投资于新分支机构B的总资本的份额；$(1-W)$为投资于其他分支机构和资产（OA）的总资本的份额。新分支机构对金融机构总体风险的边际作用，可以用金融机构总收益的方差来衡量

$$\sigma^2(R_T) = W^2 \sigma^2(R_B) + (1-W)^2 \sigma^2(R_{OA}) + 2W(1-W)\,\text{COV}(R_B, R_{OA}) \tag{4-4}$$

其中

$$\text{COV}(R_B, R_{OA}) = \rho_{B,OA} \times \sigma_B \times \sigma_{OA} \tag{4-5}$$

式中，$\rho_{B,OA}$表示新分支机构预期收益与其他分支机构和资产预期收益的相关系数；σ_B表示新分支机构预期收益的标准差；σ_{OA}则表示其他资产预期收益的标准差。

下面让我们看一看如何利用上述公式。假设金融机构的管理层获得了以下设立一家新分支机构的收益率和风险的信息

⊖ 可以利用Texas Instruments BA II Plus金融计算器来计算预期收益率：$N = 10$，$1/Y = ?$，$PV = -3\,000\,000$，$Pmt = 600\,000$，$FV = 0$。

$$E(R_B) = 15\% \qquad \sigma(R_B) = 3\% \qquad E(R_{OA}) = 10\% \qquad \sigma(R_{OA}) = 3\%$$

假设新分支机构资产占总资产的25%,那么其他分支机构和资产占其余的75%,即

$$W = 0.25 \qquad 1 - W = 0.75$$

新分支机构的收益与其他资产的收益负相关: $\rho_{B,A} = -0.40$

根据式 (4-1),投资设立新分支机构B后的预期收益率为

$$E(R_T) = 0.25 \times (15\%) + 0.75 \times (10\%) = 11.25\%$$

设立新分支机构后的金融机构总风险为

$$\sigma^2(R_T) = (0.25)^2 \times (3\%)^2 + (0.75)^2 \times (3\%)^2 + 2 \times (0.25) \times (0.75) \times (-0.40) \times (3\%) \times (3\%)$$

解得

$$\sigma^2(R_T) = 4.28\%$$

或

$$\sigma(R_T) = 2.07\%$$

以上计算表明,新设立的分支机构不仅提高了该金融机构的总资产收益率(R_T从10%上升到11.25%),而且由于新分支机构与金融机构已有分支机构和其他资产的收益负相关,使总收益的标准差从3%降低到2%多一点,产生了降低金融机构总风险敞口的**地理位置多样化**(geographic diversification)效应。

因此,对于金融机构管理者来说,选择一个最优的金融机构分支机构地址不仅要考虑金融机构收益率最大化,还要考虑该分支机构与其他分支机构及金融机构资产之间收益率的相关性和风险因素。如果两家新分支机构的建设成本相同,且能带来相同的预期收益率,那么金融机构管理者将最有可能选择经济状况相对稳定的地区设立新分支机构,因为该分支机构预期收益率的波动性较小。此外,如果两家位于不同地区的分支机构的建设成本、预期收益率和收益变动率几乎相同,则金融机构管理者通常会优先考虑与金融机构其他资产收益率相关性较小甚至负相关的地点。这样的选择往往会降低金融机构所有服务设施组合与其他资产的总风险水平。

4.7.2 银行分行监管条例

最近美国颁布的银行分行监管条例使得关闭一家提供全方位服务分行变得更困难。1991颁布的《联邦存款保险公司修正案》要求美国存款机构至少在其分行关闭前90天通知其主要监管机构和客户,并且在关闭前至少30天明确发布关闭分行的通知。此外,1977年颁布的《社区再投资法案》要求美国存款机构尽可能将服务网点遍布整个社区,因此,当一家分行附近的客户数量及其存款下降且又没有其他可替代的银行服务终端时,该分行将很难被获准关闭。

4.7.3 不断变化的金融服务分支机构

许多分析家都注意到,分支机构的角色正朝着新的方向发展。举例来说,随着强烈的销售导向意识席卷整个银行业,分行已经成为总行在各地的"耳目",帮助总行识别最大的和最有盈利潜力的客户,并鼓励他们使用该银行最具盈利能力的服务。同时,分行似乎可以提供最佳混合销售的机会,向每个客户提供的金融服务系列能够全面满足其需求。大多数银行自动服务设施在混合销售多方位服务方面往往不如提供全方位服务的分行有效。

以销售为导向的分行的经营理念解释了为什么越来越多的分支机构致力于最大限度地扩大销售机会。例如,银行经常会将盈利小但使用频率高的出纳窗口设在分行营业大厅的后面,这样去往出纳窗口的客户必定经过推广其他收费服务的窗口。如今,客户在车里等候免下车窗口

服务时，就经常看到宣传贷款和其他服务的广告牌，听到配有柔和音乐背景的广播，这都是为了引起客户对新服务的注意。此外，分支机构营业时间也在进行不断调整，以配合当地客户购物和娱乐时间的安排，如新泽西州的商业银行在周日也为客户提供服务。当然，分支机构以销售为导向的策略是有前提的，即所有的雇员经培训应了解其所提供的所有服务并具备随时向客户推销附加服务的意识。不幸的是，由于分支机构的迅速扩张，称职雇员的缺口很大。

分支机构的业务已经不再是单一的揽储，更多的是提供收费服务。从某种意义上说，今天的金融服务分支机构正努力发展成为零售商店，目的是向客户出售多种金融产品，且使其经营成本最小化，同时，该目标也意味着在人员和办公场所上正逐渐实现自动化。分支机构盈利的关键之一是应用最新的信息科技从而降低人力成本，将业务人员和那些审核批准客户贷款申请的人员——即无须直接向客户销售的人员——集中到交易中心。由于自助服务终端机越来越普及，客户自己可以随时获得新服务的报价，取得表格和法律文件，检查账户，甚至预定与工作人员会面的时间，但是，要实现这种程度的自动化，未来的分支机构必须具有更大的规模，拥有平均大约7 500万～1亿美元的存款规模，而目前规模仅为1 000万～4 000万美元。在许多情况下，需要将众多的小型分支机构合并成大型分支机构，以减员增效。

4.7.4 店内分行

未来很大一部分金融服务分支机构将出现在超市、购物中心和其他零售商店内部，除了提供贷款和兑现支票以外，还可以提供收费服务（如借记卡）。在店内分行业务中，美国银行、富国银行、加拿大帝国商业银行是先行者。这些以零售业务为主的设施一般只需一两个工作人员，这些工作人员大都受过良好的销售培训，可以让客户意识到他们可能需要多种金融服务。虽然各种估计并不一致，但最经常被引用的统计数据表明这种特色服务设施大约只有7 000处，占全美国银行营业部总数的10%。

店内分行的设立和维护成本相对较低，只相当于设立和经营一家独立分支机构成本的1/4，而且一般比独立分支机构提前12个月开始盈利。店内分行营业时间通常较长（包括周末和节假日，对于平时工作繁忙的客户来说，这些时间往往是他们接受服务最方便的时间）。店内分行往往处于人流量较高的地方，比如沃尔玛超市内，比传统分支机构拥有更多的客户流量，因为到商场购买日用品、五金器具和衣饰的客户经过店内分行会发现，他们购物的同时可以将其财务问题一并解决。有数据表明，与独立分支机构相比，店内分行的贷款金额虽然比较小，但存款金额较大，主要是吸收商店内日常现金收入存款和商店职员的个人存款。

然而，店内分行的发展也遇到了挑战。实际上，目前店内银行的扩张速度已经有所减缓，其原因大概是网络以及销售点终端的出现吸引了部分客户群体。某些曾经经营店内分行很有成就的公司，比如富利波士顿公司（FleetBoston Corporation，已被美国银行收购），已经开始对店内分行的规模进行裁减，其他一些公司也似乎只是将店内银行作为"破门机器"，以期利用它进入一个新的市场并逐步站稳脚跟。

在招揽客户方面，店内分行服务要采取比普通银行更为激进的营销策略，以把客户的注意力从面包、首饰、牛仔裤等上面吸引过来。况且很多金融交易，比如设计退休计划，往往需要很多的个人精力和专业技能，而店内分行的工作人员一般并不具备这种能力。

此外，由于没有免下车服务窗口，店内分行要想成功就必须寻求与商店业主和雇员的密切合作（包括进行联合广告宣传和促销活动等）。如果商店在广告宣传时提及其店内分行的服务以及在营业时间的定期广播中，告知顾客店内设有银行，这对银行将有极大的帮助。例如，在店内分行新开账户的客户可以得到免费商品。

有一种与店内分行截然相反的做法：一些金融机构将其他的商铺引入其分行之内，以期增加客流量。比如，两家纽约的银行：第一特许金融公司（Charter One Financial）和诺福克银行（North Fork Bancorp）都在其分行内引进了星巴克咖啡店。尽管如此，客户进入金融机构及其分支机构的频率仍在不断降低，部分原因是有限服务设施的快速增长。

例如，拥有6 000家分行的美国银行正逐步将其全业务服务设施转换为网上银行。但是这种发达地区店内分行的转换趋势，在非洲和亚洲的一些欠发达地区遭到了小商店的反击，它们提供货币兑换及手机金融交易业务，这种服务方式不仅可以使顾客在小商店附近接受服务，也可以使顾客通过手机设备接受服务。下面我们就讨论一下这种最新的金融服务方式，了解一下为什么有限服务设施在眼下如此风光无限。

4.8 自动有限服务设施的设立和监管

由于特许成立金融机构和全方位服务分支机构的成本很高，因此**无网点银行业务**（branchless banking）得以迅速扩张，这些设施包括：销售点终端机（POS）、自动柜员机（ATM）、电话银行（包括内置账号和客户呼叫中心的手机）以及在线金融服务。尽管全能型分支机构仍然是大多数客户接受服务的主要渠道，但电子设施系统却是增长最快的公司——起到客户关系纽带的作用。使用在线银行服务，尤其是通过网络支付账单、查询账户余额、转账的客户数量已经从10年前的400万飙升至当前的3 500万。如今，最成功的银行服务提供系统应该是跨界、多渠道的、集全能型分支机构、电子有限服务设施于一体的金融机构。越来越多的机构或第三方服务提供者可以运营全部的中心服务及其他形式的外包。

4.8.1 销售点终端机

销售点终端机（POS）是一套电脑设施，客户可以通过它购买商品和服务，消费金额直接从其存款账户扣除。顾客付费时将带有密码的借记卡交给店员，店员把借记卡插入与金融机构计算机系统连接的电脑刷卡机中，消费数目将从顾客账户自动转到商店的存款账户。

当前的销售点终端机网络基本上可以分为两类：在线POS系统和离线POS系统。离线系统是在一天的营业结束后才清算顾客的所有交易额，然后将总交易额从顾客账户中划走；在线系统则每发生一笔交易就从顾客账户中划走其消费额。从成本角度考虑，金融机构更偏好离线POS系统，但是在线POS系统可以减少客户透支的可能性，因此，从长期看，在线POS系统的成本更小。

销售点终端机的数量在世界范围内飞速增长。在美国，销售点终端机的数量从20世纪90年代的5万多部攀升到21世纪初的10万多部。最近新安装的大部分销售点终端机都设在加油站和超市。万事达卡和维萨卡是这一领域的市场领先者，它们销售Maestro和Interlink等品牌的销售点终端机。

随着顾客对使用销售点终端机抵触态度的逐渐消除，其未来发展将更为迅速。服务提供商必须努力克服其为客户带来的一些弊端，比如支票簿储备金的损失（因为资金损失发生在同一天）；可能带来巨额差错的计算机故障；只能向客户提供手写的单据等。由于使用支票存款账户的费用上升速度比通货膨胀速度更快，这可能使销售点终端机因此更加经济而吸引客户。

4.8.2 自动柜员机

自动柜员机（ATM）集计算机终端、记账系统和现金保险库于一体，客户凭一张存有个人识别码的卡片或向与金融机构计算机相连的计算机终端输入一串密码，就能够24小时进入金融机构的电脑系统。一旦进入系统即可提取预定限额以内的现金，并且可以存款、查询余额和支付账单等。因为ATM提供了越来越多的日常服务，金融机构的人员就可以有更多时间销售其他服务和帮助那些有特殊服务需求的客户。平均每台ATM每天可以处理200多笔交易。

ATM的历史 ATM起源于哪里？所有现在使用的ATM机都起源于1967年巴克莱银行（Barclays Bank）分行，但是，当时第一部自动柜员机除向客户提供自动取款服务外无法提供其他服务。当时大多数银行认为，客户只会在没有全方位服务银行营业的时候，才会使用这种自动服务设备。美国企业家梅雷迪思（B. J Meredith）是巴克莱新机器的最早参观者之一。当梅雷迪思自己的企业对生产这种机器没有兴趣时，他找到了一位有名的亲戚——唐·梅雷迪斯（Don Meredith），一名前职业橄榄球四分卫。于是，梅雷迪思二人和其他投资者共同创建了一家名为Docutel的新公司生产ATM。很快，全世界的存款机构对这种新机器的需求不断增长，Docutel公司的竞争对手也开始成为该市场积极的供应商，例如迪堡(Diebold)公司和IBM公司。

ATM提供的服务 尽管在处理某些业务上，ATM不像在线服务那么方便，但它仍是提供基本金融服务最便捷的渠道，而且与人工相比，每笔交易成本更低。ATM最广为人知的功能是诸如方便提现、接受存款和支付账单之类，近年来其服务功能却有所扩展，比如出售公共汽车和火车车票、邮票、体育比赛和电影的入场券、礼券以及零售店购物的付款等。如今，为了降低成本，一台ATM通常由多家银行共享，而且与其他ATM联网，这样就方便了客户在旅游时使用自己的账户。虽然购买和安装ATM的费用很高，但是可以减少金融机构雇员的工资成本、公共设施支出和维修费。最近公布的数据表明，一台ATM购买并安装的成本平均为7~8万美元，每月的经营费用大约为1 500美元，相比之下，开办一家全方位服务分支机构的平均成本则将近100万美元，甚至更多。

美国有大约40万台ATM，欧洲和亚洲也有几千台。大约一半的美国家庭拥有至少一张ATM卡，美国的ATM每年能处理约50亿~60亿美元的交易，每年的收入约10亿美元。ATM使用费用也较低廉（平均而言，每次提现约30美分），而且如果客户使用的是其存款银行提供的ATM，这笔费用也可免除，不过，如果使用的是其他机构的ATM，通常要收取费用，而且费用较高，这是因为大多数机构彼此都要收"返还费"（一般为50美分~2美元），而这笔费用则被转嫁到客户身上。

根据《金融服务现代化法案》，如果ATM服务需要收取手续费，必须提前通知客户。收费的ATM服务提供商经常利用有条件定价方式。例如，如果客户的存款余额低于1 000美元，则每笔ATM交易可能收费25~50美分，而对大额储户而言，ATM服务则是免费的。

ATM服务收费问题引起了很大争议。近年来，美国两家最大的自动柜员机网络机构（PLUS和CIRRUS）决定其ATM所属机构向非客户收取使用ATM的额外费用，几家区域性系统也开始收取ATM服务费。较高的服务费用部分反映了ATM在今天的使用模式——超过80%的交易是提现业务，仅有10%是存款业务。此外，ATM的使用率增势有所减缓，在某些地方甚至开始降低，因为越来越多的客户开始绕开这些机器，转而使用信用卡或者借记卡，或者在线服务。

ATM附加费可能会促使客户为了避免支付此类费用而将其账户转到拥有ATM数量较多、分布较广的大型金融机构，从而使拥有ATM数量较少的小型金融机构处于不利地位。附加费尤其会损害低收入客户，因为这些客户居住地附近往往只有ATM而没有分支机构。

ATM的利与弊　在过去的20年中，许多存款机构已经通过在其全方位服务分支机构安装ATM，并同时削减雇员数量和租用营业场地的方式，降低经营成本。安装ATM的另外一个考量是机器故障造成的停工时间。如果现场只有一台ATM，在没有出纳员的时候机器发生故障，客户就会感到不满，转而去别处完成交易。这就是为什么金融机构内往往有数台ATM，而且旧机器更换频繁的原因。

> **小贴士**
> 当客户跨行使用ATM时，服务费往往是最高的。目前，这些非联网的ATM服务费增长比通货膨胀率还快。

ATM的资源使用效率很高，它们仅占有银行资源的很小一部分，而且不需要人员值守。每月ATM达成的交易量远大于人工出纳员处理的交易量（效率约高50%），而且每笔交易费用也比较低。对于同样一笔交易，ATM的平均交易成本大约是36美分，而人工出纳的费用则高于这一金额。这就是为什么一些大的银行（如第一银行，现属摩根大通）会在客户可以使用ATM服务而选择使用人工出纳服务时对其收取手续费的原因。

但是，ATM和其他有限服务设施在崇尚个性化服务的客户中评价并不高（尤其是在年龄偏大的客户中），在销售外围服务，如贷款购车业务、购买储蓄和退休金计划等方面的能力也有限。存款机构发现，如果将ATM安放在分支机构大厅外面或远离大厅，会使银行其他服务的销售量急剧下降，而且，由于犯罪活动的频繁发生，许多客户认为这些有限服务设施的安全性比较差，甚至为了窃取现金或盗取客户个人密码以随时使用客户账户而谋杀客户的事件时有发生。ATM经常引发犯罪，这是因为通过这些设施的交易大多数为现金提取。如今，为了提高ATM的安全性和保密性，银行安装了摄像和中央监控器、大量照明设施和内置报警器等现代化设施。

安装新ATM的决策　服务提供商如何决定是否在已有的服务上加设新的ATM呢？一个基本方法是，估计出客户使用ATM代替手写支票或接受人工出纳服务而节省的现金支出，然后将这些估计的未来节省的现金流折现，与购买和安装新ATM所需的现金总支出现值进行比较。举个例子来说，假设每台ATM成本为5万美元，安装费3万美元，那么银行安装一台新ATM的现金总支出是8万美元。通过分析支票业务处理成本，银行估计如果客户不用支票而使用ATM则每笔支票交易节省1美元；ATM的使用寿命是10年，每年处理3万笔现金交易，按每笔交易可节省1美元计，每年节约的成本总金额约为3万美元。根据银行的风险和预期未来收益，银行购买和安装ATM的融资成本是14%，从而

$$
\begin{aligned}
&\text{新ATM带来的成本节约现金流的净现值} \\
&= \text{以14\%的贴现率计，每年3万美元现金流的现值} \\
&\quad - \text{新ATM的总现金流出} \\
&76\,483\text{美元} = 156\,483\text{美元}^{\ominus} - 80\,000\text{美元}
\end{aligned}
\tag{4-6}
$$

这笔投资将为银行创造76 483美元的净现值，从而改善银行的资产负债，银行的管理层将会实施这个项目。

但是，我们应该注意，并不是每一家银行的ATM都能带来利润。比如，由于一天24小时服务，客户可能会更加频繁地使用ATM。举个例子，如果客户需要支付周五晚上的电影票和周日的午餐费，他也许会在周五下午从ATM取走30美元，然后周日再取走50美元付午餐费。

$\ominus$　在$N=10$，$1/Y=14\%$，，$Pmt=-30\,000$，$FV=0$，利用金融计算器计算新ATM的现金流入的现值PV。

相比之下，客户也可以在周五到银行营业大厅的出纳窗口或免下车服务窗口一次性取走整个周末所需的80美元。另外，客户在提款时会毫不犹豫地选择ATM，而存入工资支票时则选择人工出纳，因此，银行应在正常营业时间同时设有ATM服务和人工出纳服务。同时，由于ATM附加费越收越多，一些客户减少ATM的使用，而偏向人工出纳，这样会使经营成本增加。最近，美联储[12]的一项研究表明，每年每台ATM的运营成本比其所产生收入要高出1万多美元。

当然，ATM服务的前景已经发生了戏剧性的变化，越来越多的ATM服务提供商停止了它们的业务，使ATM无线化服务，减少ATM的建设成本，加快安装速度，增加ATM机的可移动性。另外，ATM服务提供商还提供了更大、更简单的触屏保护顾客的私人信息，触屏的视觉障碍使得站在顾客旁边的人看不到顾客正在ATM上操作什么。ATM的设计者们的创作理念应该同以前有明显的不同，因为使用ATM的客户群变小了，他们转向了手机交易系统和其他更安全的信息保护技术。

银行和金融服务业的道德规范

围绕ATM机和其他服务渠道的道德问题

近十年来，金融机构在传递服务方面一直被一些道德问题困扰着。例如，当金融机构关闭了一家当地的分支机构，这可能会给一些客户带来不便，特别是那些不方便到更远分支机构办理业务的低收入或年老的客户。这就提出一个问题：到哪种程度时金融机构必须满足公众需求，即使为此它将面临成本的提高并触及其成本底线？

如今备受争议的服务问题是关于ATM机的。虽然ATM机为客户提供了极大的便利，无论白天还是黑夜，任何时候客户都能享受服务，然而，金融机构发现伴随着这些便利的，是公众反对意见的增加和经营成本的提高。例如，客户在使用ATM机时，可能遭遇账户号码或密码被偷进而存款被取走的情况。最近窃贼更是在ATM机上安装小型电子设备以窃取客户的账户信息并取走存款。

如果小偷偷走客户的ATM账户信息，如今更普遍的是直接偷走客户用于商场购物的储蓄（交易）卡，那么谁来承担因此而造成的损失？虽然被盗信用卡的损失被联邦法律限制在50美元以内，但这并没有涵盖其他被偷盗的情况，如账户信息的被盗或遗失。一些金融机构会自己承担损失，而另一些则让客户承担一部分，特别是当客户没有及时告知金融机构时。这公平吗？如果客户是在收到月账单后才意识到自己遭遇被盗的呢？

2007~2008年，另一个问题进入了人们的视线。许多大型银行提高了客户使用其他机构ATM机的手续费，有时每单交易就要收取两三美元的费用。这一举措引起了广泛争议，因为许多客户认为他们缴纳的费用远高于这些交易的实际成本。另一方面，服务提供商则认为，收取这些费用可以提高ATM机的使用率，鼓励客户去他们常用的ATM机所属的机构开户。这是合理的吗？

4.9 家庭银行与办公室银行

让金融服务不间断地触手可及——通过电话、计算机终端、电视屏幕或其他电子设备，让客户可以在家中、办公室或其他任何地方都能享受服务，这大概应该是金融服务长期发展的终极目标。一些专家预测，终将有一天，所有的金融交易都将以客户所处的位置——家里、汽车里、飞机上甚至是购物中心——并在任何时间（无论白天或黑夜）作为出发点。到了那个时候，金融机构或客户的地理位置对双方而言都不再重要了。

4.9.1 电话银行与呼叫中心

电话是今天最常见的将客户和金融服务提供商联系起来的渠道。的确，许多金融专家认为，电话将是未来主要的金融服务提供渠道，因为通过电话进行服务营销、服务交付和服务确认的成本都很低。电话是当今客户和金融服务提供商联系的最流行的渠道。的确，很多金融专家认为电话在未来将会成为客户接受金融服务最关键的设备，因为电话是个人设备，是客户可以直接接触的，而且，客户可以在电话上进行不同种类的交易、接收、确认操作，成本低且非常方便。这些手机服务还包括提交贷款申请、要求存款、投资、申请支票簿、地址变更、申请信用卡账单明细、更换新卡、支付账单及其他客户需要的交易。

许多金融服务提供商都设立了呼叫中心来帮助客户获得其账户信息并进行转账，这样，客户就无须步行或驱车前往其分支机构或是自动柜员机了。呼叫中心提供的服务量日益提高，以保证客户的问题能得到及时的解答，并促进服务，从而建立了金融机构和客户之间长期的合作关系。然而，呼叫中心的设立也给金融服务管理者带来了挑战。一些机构为降低成本，在印度、中国、日本或者其他较远的地方设立了呼叫中心，却频频遇到服务质量问题。呼叫中心设立在国外，由于语言不通，造成了客户和员工的交流障碍，那么客户就会寻求别的机构以办理业务。另外，大多数呼叫中心的离职率都很高，因为这份工作的压力很大（客户在电话中总是抱怨，而主管又要求必须尽快解决客户的问题），而且报酬还很低。如今，电话最大的特点是可移动性。人们在任何地点、任何时间都可能打来电话寻求帮助。手机——可随身携带，不局限于任何场所——为沟通和服务交付提供了改革性的便利，极大地降低了成本。苹果手机、黑莓手机、微软手机等更是实现了手机向掌上电脑的转化。另外，随着手机越来越普及，并且可以与网络连接，在保有照相机、音乐播放器、摄像机、电视及掌上电脑等功能的基础上，手机已经成为高效的"手提银行"。

手机领域的领军企业包括几家日本的电子公司，它们生产的手机拥有"电子钱包"的功能，可以用来存现金或存入信用卡账户号码，这样手机使用者可以通过在能接收手机信号的设备前移动手机来完成支付。此外，将手机网络与互联网相结合，可以高速传播大量信息，手机以及文字信息技术为我们提供了这样一个前景：全世界的人都拥有信用卡或储蓄卡账号，并在世界任何一个地方进行全球性的采购和支付。当今通过手机营销金融服务的佼佼者有美国银行、花旗银行和富国银行等。

当然，现在手机屏幕变得更大更清晰，而且通过手机获取账户信息的保密功能也显著提升，这使得比起手提电脑，手机显得更为方便，特别是当客户在旅行时。然而，手机服务也是有局限的。例如，人们已发现可以侵入手机系统的新型病毒，私人账户信息被窃取的风险增加。另外，这些服务提高了手机费，而且一个电话就可以使你正在进行的金融交易"悬在空中"。况且，基于手机的金融服务无论从数量还是规模上，都还是很少的。

4.9.2 在线银行

在线服务的种类 利用网络进行在线金融交易无疑是最具前景的将客户与服务提供商连接起来的渠道。接近一半的美国居民至少接受过一次网上银行服务，这项比例自2000年以来增长了一倍。客户所需要的仅仅是一个读卡器和一个与网络相连的电脑。银行经理们发现，网上客户一般收入较高，有着较高的存款和支票金额，一般消费大量且不同类别的服务项目。这种客户的服务成本一般也较低。

通过网络，客户可以：①随时随地即时核实账户信息；②便捷地将资金从一个账户转移到另一账户；③确认存款、结清支票以及在线交易等；④浏览并打印支票；⑤购买新支票；⑥申请贷款或信用卡；⑦进行在线账单支付。后面几项服务对银行尤为有利，因为这些服务将付款的客户绑定在了目前为他们服务的金融机构上，让他们很难再转换到另一家金融服务机构去。

在线服务最引人注目的地方在于，在产生新的客户服务需求方面，其扩张能力几乎是无限的。网络这种新兴工具，其功能不仅在于沟通，更在于执行和储存交易、获取知识、共享重要商业及个人信息等。一些专家甚至预言，在线银行业务的发展将给钢筋混凝土的金融分支机构带来灭顶之灾。

提供在线服务存在的挑战　尽管在线金融服务有很多优势，但仍存在一定的限制，例如，它必然要受到当前技术水平的制约。虽然在过去10年里有几十家只提供在线服务的银行（虚拟银行）出现，但并非都获得了成功。比如，诸如National Interbank 和Juniper Financial这样的虚拟银行的经理就发现，没有实体分支机构网点是一个很大的障碍，尤其对吸引家庭存款而言更是如此。

虚拟银行的客户不得不通过邮件或开车到指定的ATM进行储蓄才能拥有可消费的现金，有时客户会抱怨不能与服务代表交谈来解决问题。大多数虚拟银行不得不用提高电子存款利率的方式来弥补没有实体分支机构网点吸引客户这个缺陷。

> **小贴士**
> 2003年，美国利用在线银行服务的客户总数已经超过2 500万人。

在21世纪之初，一些没有实体分支机构网点的虚拟银行开始寻找行之有效的替代方案。策略之一就是挂靠在诸如MBE之类的连锁店，利用其为数众多的网点来开展业务。其他的方案包括设立自己的实体网点，如加拿大的ING Direct银行就在加拿大、欧洲和美国等地开设了咖啡连锁店，为客户提供食物、饮料和舒适的环境以吸引客户开设账户。虚拟银行在美国最大的障碍在于，美国在线银行客户与在线购物者的比率排名居世界末位。

网络与客户隐私和安全　在线服务最大的问题在于客户的隐私和安全问题。在线服务特别容易产生欺诈行为以及身份盗用问题，未经授权的用户有可能得到个人或企业信息，并进行大额消费或将储户的存款洗劫一空。此外，"9·11"恐怖袭击之后，银行业人士发现网络在全球融资资助恐怖活动方面也特别有效。

网络犯罪案件迅速攀升，美国联邦机构已于2005年发表新的存款机构指导原则，旨在打击账户欺诈、洗钱、向恐怖组织汇款、信用卡和社会安全号码（以及其他形式的受保护的私人信息）盗窃等活动。最近，联邦金融机构检查委员会成员（包括FDIC和联邦储备理事会）责令受其监管的存款机构评估其在线服务风险敞口，并采取更加有力的风险控制措施。

在题为《网络金融服务安全指导条例》[9]的文件中，美国联邦银行机构集中讨论了如何有效验证客户身份，并借此降低与身份盗用相关的风险。当前的身份认证程序要求客户提供一种或多种验证手段才能进入账户。验证手段一般可以分为3类：
- 客户知道的东西（如密码或身份识别码）；
- 客户拥有的东西（如智能卡或密码生成器）；
- 客户本身的特征（如指纹或掌纹）。

监管机构要求金融机构评估自身及客户所面临的账户受到非法操纵的风险，并且由于目前存在的大量的风险敞口，网络身份验证往往采取多个验证手段同时使用的办法，比如客户一开始要输入密码，然后需要一张载有编码信息的卡片或工具，最后很可能还需要通过指纹验证、声音识别或其他生物特征测试方法才能进入账户。类似这些严格的风险控制手段很有可能大幅提高在线服务的成本，这对有足够财力安装和维护复杂的客户身份识别系统的大型金融机构极为有利。很明显，客户隐私和账户安全将成为决定未来在线金融服务扩张的重要因素。

电子银行和电子商务

自动清算系统与支票：潮流正在转变

每天，美国都有数十亿账单付款在企业、家庭和政府间流动，存款机构将其集中并存入各自账户。一些机构和个人用支票进行支付（这仍是最普遍的方式，尽管在美国用这种方式支付的款项已经降到总支付额的50%以下），其他的支付方式还包括货币、现金支付单、信用卡和借记卡等。另外一种方式是电子提款，在这种方式下，自动清算系统（ACH）每天将电子货币转入相应的客户账户。

自动清算系统允许企业通过电子手段存入员工的工资，让家庭和企业通过计算机为其抵押品和其他贷款进行日常支付、支付家用账单和其他日常开销，这样就避免了使用支票和其他不便捷的支付方式，但是，我们必须面对的一个问题是：为何电子交易没有颠覆美国的支付体系，而在欧洲却出现了这一趋势（一些国家宣称近2/3的支付采用了电子手段）？为何美国的情况如此不同？

问题的一方面在于，美国人并不愿意放弃使用支票簿，也许是因为该项服务的价格大大低于其实际成本，如果存款机构考虑提高支票服务的费用，它们将有可能失去支票账户的客户，这是存款机构所不愿意见到的。

另一方面在于，电子支付设施成本高昂。银行在进行设备投资后并不知道选择电子支付方式的客户的准确数量，同样，也无法准确预测出将有多少家存款机构与自己竞争，向客户提供更有价值的服务，因此，这种投资成功与否，不仅仅取决于内部，还取决于其竞争者和其他外部联系者（即网络外在性现象）。由于美国的银行体系比欧洲更加分散，这种投资回报的不确定性也就更大。所以许多美国的金融机构都推迟了提供全面电子服务的时间。（更多讨论，请见Joanna Stavins, "Perspective on Payments," *Regional Review*. 波士顿联邦储备银行，2003年度第1季度，pp.6-9。）

4.10 未来金融服务设施

尽管科技在不断进步，大多数银行业的专家仍然认为，金融服务机构总数不太可能大幅减少。事实上，如果使用金融服务的人口继续增长，未来金融设施的总数也将随之继续增加，但是，大多数金融服务设施的设计和功能将极有可能向新的方向发展——出现更多的全自动或半自动化的设施，具备更为广泛的自助服务功能。这些设施一般与商店或购物中心相邻。未来金融服务设施将包括便携式信息获取设备，这样金融服务就可以随时拜访甚至全程陪伴客户，而无须客户主动上门。

客户可以通过使用所谓的"数字化钞票"来设立自己的分支机构，进行某些交易。客户只需携带口袋大小的计算机终端就可以记录所购商品和服务的总金额，并进行转账；或使用一种存有一定数量电子货币的电子钱包"智能卡"进行支付，如果卡里的电子货币已用完，那么此卡就必须在重新充值后才能继续使用。即使有了这些创新服务，传统的全功能型分支机构依然有用武之地，比如满足特殊服务需求，利用银行的服务和专家的意见帮助客户做好未来的计划等。

无论未来金融服务设施的形式如何变化，每一家分支机构和有限服务设施仍将为金融机构带来收入和净利润的增长。未来的服务提供商将有可能依照许多零售店的做法，根据每平方英尺的成本和利润来评价分支机构和有限服务设施成功与否。未来的服务提供商设施必须将零售、销售导向的环境和客户友好的自动化系统集于一身，并能灵活地不断进行产品创新。分支机构和有限服务设施将不只是经营传统的存款业务，而必须积极推销服务取得收入，比如销售信贷、管理资金、向企业和个人提供计划服务等。分支机构管理者的角色也将发生变化（如变得极富销售导向性），他们必须花更多的时间定期拜访客户，和服务社区加强联系，以创造新的业务。

> **小贴士**
> 用网络为客户提供金融服务的成本比人工服务（利用ATM或电话呼叫中心）要低得多。

最后，金融服务交付的外包业务正在不断增长，像艾克飞等公司就很有可能在这项业务中找到一些有前景、高利润的商业机会，它们可以作为第三方服务提供商发展交付服务，尤其是在那些技术普及且更新速度很快的领域中。例如，售卖预付卡、提供远程贷款、分发远程存款、执行客户在全球任何地方的资金撤销指令。通过电话执行的移动服务供应，也应该在这些成功公司努力获得更大的市场份额的过程中继续被扩展。

利用网络作为金融服务传递媒介

越来越多的金融机构都在设立其网上分支机构。这些分支机构通过网站销售某些服务，如账单支付、资金划拨、账户余额查询、抵押及消费者贷款等，并同时向客户推广总部的其他服务。一些金融机构在站点上提供有关地图，这样，客户不仅可以找到金融机构的位置，还可以了解到每一家分支机构所提供的服务。

优势 对于金融机构来说，互联网是低成本发布信息和提供服务的渠道，可以向全球客户提供服务。相对于设立传统分支机构，并配置设备和聘用职员来说，设立和维护一个网站的成本比较低。网上在线服务一天24小时，一年365天都可以获得，并且可以不间断地提供准确的交易信息。在网上，客户会主动寻找金融机构而不是金融机构发掘客户。另外一个好处是客户访问金融机构站点的次数是可以计量的，而且比钢筋混凝土的分支机构更容易获得客户对服务质量、价格和问题等的反馈。

弊端 保护客户隐私和阻止犯罪行为是最棘手的问题，一般的防范方法有：使用秘密的拨号，将大宗交易分解成若干小的交易，或使用加密数据使犯罪嫌疑人难以侵入。随着互联网的不断普及，由于黑客攻击造成系统崩溃的问题也越来越严重。另外，对于金融机构来说，互联网并非是友好和吸引人的媒介，因为它们难以通过网络来认识和了解客户，况且，许多客户至今还未拥有兼容的电子系统，因此与网络连接的成本可能成为潜在客户的障碍。在线服务的竞争并不只限于地域的竞争，不管是在国内还是在全球范围内，都有成千上万的金融机构在虎视眈眈地盯着每个客户的账户。

在线服务的推广 金融机构应该强调网络的安全性，利用一切机会对其网上服务进行宣传，并且要经常更新网站以引起客户的兴趣。金融机构还应该经常就客户对其服务质量、满意度和服务便利性进行调查，允许客户下载服务和服务设施的相关信息，鼓励客户通过电子邮件和电话交谈的方式解决问题。

在计划通过互联网提供服务、设计网站和电子交流系统时，金融机构需要回答这样一些问题：
- 在描述所提供的服务和解释客户如何获得这些服务的问题上表现如何？

- 是否考虑到客户的隐私和安全并采取重要措施加以保护?
- 是否为公众提供解释疑问和解决问题的渠道?
- 是否为客户特别指定联系人员,在客户有问题时可以与之取得联系?
- 是否为客户提供充分信息以评价金融机构当前的财务状况(这些数据信息对大额存款人和股东尤为重要)?
- 是否向求职者提供了该金融机构的就业机会信息?
- 为了在金融服务市场保持竞争力,是否愿意投资开发最先进的在线功能?

概念测验

12. 与申请特许新设金融机构相比,为什么设立新的分支机构是更好的提供金融服务的手段?
13. 在评价新分支机构的选址问题时,一般要考虑哪些因素?
14. 分支机构在其设计和作用上发生了哪些变化?请解释这些变化发生的原因。
15. 设立新分支机构和关闭已有分支机构的相关法律法规有哪些?关闭一家分支机构会带来哪些好处和问题?
16. 近些年来,在新分支机构选址上出现了哪些新发展?为什么许多金融机构都选择这样的新地址?你认为还应该考虑在其他哪些地方设立新分支机构?
17. 什么是销售点终端机?它们一般安装在哪些地方?
18. ATM提供哪些服务?作为服务提供设备,ATM主要有哪些局限?ATM服务是否应该收费?为什么?
19. 什么是自助服务终端?对于金融机构和客户来说,它能提供哪些便利?
20. 目前的在线金融服务有哪些?提供在线金融服务主要有哪些问题?
21. 金融机构如何才能更好地推广其在线服务项目?

本章小结

本章主要考察了金融机构向公众提供服务所采取的主要形式,要点如下:

1. 便利(及时地获得金融服务)是客户决定选择哪家金融机构的一个关键因素。通信技术的发展,使得客户在离金融机构很远的地方也可以与之及时取得联系,这改变了传统意义上便利的概念,即金融机构无须将服务网点设立在客户生活或工作的社区。

2. 在发生问题时(比如支票账户问题),邻近的服务网点仍然对许多客户有吸引力,特别是家庭和小型企业。

3. 目前,金融服务网点模式主要有三种:①特许设立新的金融机构;②设立新的全方位服务分支机构;③设立新的有限服务设施,如自动柜员机、销售点终端机、在线服务、呼叫中心以及电子编码的智能卡。每一种设施都有其优势和弊端,对不同的客户群体各具吸引力。

4. 如果金融机构选择设立一家新金融机构,必须向联邦或州监管机构提出申请。以申请设立商业银行为例,各个州或华盛顿特区的货币监理署都可审核发放许可证。如果要设立非银行储蓄机构,州或联邦的储蓄机构监理局都可以颁发许可证。

5. 新特许设立的银行一般都会在2~3年内开始盈利,其盈利能力在很大程度上依赖于创立者在当地的业务联系、当地人口扩张程度、服务对象的收入水平和竞争的激烈程度。

6. 与特许设立新金融机构相比,设立全方位服务分支机构的成本相对较低,这些机构往往开设在车流量大的地区。选址的其他关键因素是人口密度、零售批发以及工业发展水平。传统的分支机构都是独立经营的,其服务与总部所提供的服务并没有太大的不同。近年来，设立在主要商业区的有限服务设施如自动柜员机，大大降低了提供高频率服务的运营成本。

7. 与传统的有形营业网点相比，网站运营成本通常很小。不过这些运营成本低的设施——如ATM和网站——在销售增值服务时往往是效率最低的，而且容易引发犯罪。无论未来哪种服务设施占主导地位，其绩效和效率都将被更为严密地监控，其营销服务的手段也将更为有效。

8. 部分全球化金融服务的外包业务变得越来越重要，因为金融公司正在想尽办法节约成本、最大限度地利用最新的技术。在这个新的、更快的经济中，客户更偏好的移动服务提供设备（例如ATM机及手机系统）比那些传统的服务提供设备（例如实体分行）发展得更快。

关键术语

货币监理署　　　　　　银行许可证　　　　　　州银行业监管委员会
分支机构　　　　　　　地理位置多元化　　　　店内分行
销售点终端机　　　　　自动柜员机　　　　　　自动贷款机
在线金融服务

习　题

1. Gwynne Island小镇的一群商人考虑向州银行监管委员会提出申请设立一家新银行。由于在社区方圆10英里内都没有任何银行设施，银行创建者估计最初的银行设施将花费300万美元，其他创建费用约50万美元，且使用期为25年。计划第一年的总收益为40万美元，总运营费用为16万美元。预计从第二年开始盈利并每年增长4%，费用每年增长2%。如果创建者要求对新银行资本投资的最低收益回报率为10%。请问在上述条件下他们是否会申请设立该银行？

2. Andover存款银行考虑在Lafayette和Connecticut大街拐角处设立一家新分行。该银行的经济部门计划每年的服务销售收入是160万美元，分行每年的运营费用是80万美元，获得产权的成本是175万美元，分行的建筑总成本大约需275万美元，设施的使用期是20年。如果银行可接受的最小投资收益率是12%。请问Andover存款银行会着手进行这项计划吗？

3. Lifetime Savings Bank商业银行预备在新分支机构设立一家新的分行，每年的预期收益率是12%，标准差估计为100%。该银行的市场部估计新的分支机构的现金流与银行其他来源的现金流有微弱的正相关性（相关系数是+0.50）。Lifetime Savings Bank银行其他已有设施和资产每年的预期收益率是10%，标准差为5%。Guidar分行的资产将占Lifetime Savings Bank商业银行总资产的20%。这家拟建中的分行是否会增加银行的总

收益率？是否会增加整体风险？

4. 以下是Blue Skies Bank统计和预测的关于总行和拟建新分行的数据：

分行预期收益率=15%
分行收益标准差=8%
银行总预期收益率=10%
银行总收益率标准差=5%
分行资产价值占银行总资产价值的百分比=16%
分行净现金流和银行净现金流总数的相关系数=0.48

如果该新分行得以设立，该银行的总预期收益率和整体风险将如何变化？

5. "野花金融服务商"向"美味食品店"提出，在其利文斯顿的四家店中的两家设立店内分行。美味食品店则只同意在这两家店中选取一家尝试开设店内分行。这两家店分别是Lily店与Daisy店。以下是野花金融服务商关于两个店做出的统计预测，你认为应该在哪家店来开设店内分行？请根据收益和风险情况来判断。

	预期收益（%）	标准差（%）	同其他服务商的相关系数	占总资产的百分比（%）
Lily店内分行	15	6.5	0.5	5
Daisy店内分行	15.5	7.5	0.3	5
已有的服务机构	12	5	—	95

6. Leesville第一国民银行正在考虑在其西部分行安

装2台ATM。每台新机器预计成本3.7万美元,安装费每台1.5万美元,使用寿命10年。由于西部地区经济的快速发展,这2台ATM预计每年可处理5万笔现金交易。每一笔现金交易预计平均可节省30美分支票交易成本。如果第一国民银行的融资成本是10%,那么银行会继续这项投资计划吗?

7. 第一州立证券银行计划通过设立自己的网站宣传该银行的地理位置及在线服务,并向客户提供诸如支付定期的家庭账单、查询账户余额、调配存款和提交贷款申请表等各项服务。第一州立证券银行在设立网站和提供在线服务项目时应该考虑哪些因素?银行怎样才能在将自己与其他竞争者区别开来?银行在设计其网站和制订在线服务价格时,需怎样和客户沟通并让他们参与其中?

第二部分

金融机构的业绩和财务报表

第5章 银行及其主要竞争者的财务报表

第6章 银行及其主要竞争对手绩效的测量与评估

第5章 银行及其主要竞争者的财务报表

学习要点

- 银行及其他金融机构的资产负债表和利润表概述;
- 资产负债表和状态报告;
- 资产项目;
- 负债项目;
- 近期银行表外业务的扩展;
- 账面价值会计问题和会计"粉饰";
- 利润表的组成部分:收入和支出。

每个金融机构选择提供的各项服务及机构规模都会在其财务报表中得到反映。财务报表是一个"指路标",告诉我们金融机构的过去、现在和未来,正确编制的财务报表对于预示成功或灾难是无价的,但不幸的是,曾经出现在安然(Enron)、雷曼兄弟(Lehman Brother)等公司的错误和有误导性的财务报表问题近年来也同样出现在金融机构里,这告诫我们要谨慎阅读和分析金融机构定期发布的财务报表。

经理人、客户(尤其是那些不被存款保险全额承保的大储户)以及监管机构所依赖的主要有两种财务报表,分别是**资产负债表**(balance sheet)(经营状况报告)和**利润表**(income statement)。本章我们将深入探讨这两种重要的财务报表,同时还要分析银行和金融机构与其最接近业务竞争者——非银行金融机构之间财务报表的相同和不同之处。

5.1 银行资产负债表和利润表概述

银行两种主要财务报表——资产负债表(经营状况报告)和利润表(银行投入和产出列表)是银行投入和产出的列表,如表5-1所示。资产负债表列出了某一特定时刻所吸纳的用于发放贷款和投资的资金(即资金投入)总数和组成,以及贷款、证券和其他资金使用(即资金产出)的分配数额。

表5-1 银行财务报表中的主要项目

资产负债表(经营状况报告)	
资金——资金利用(包括资金支出)	负债+股东权益——资金来源(包括资金投入)
在其他机构中的现金和存款(一级储备)	公众存款(活期存款、可转让支付命令、货币存单、储蓄和定期存款)
流动性证券(二级储备)	非存款借款
证券投资(产生收入的部分)	
贷款和租赁	股东权益(股本、股本溢价和留存收益)
其他资产(建筑、设备等)	

(续)

利润表

收入（使用资金及其他资产生产和销售业务的收益）
贷款和投资的利息收入
非利息收入（其他资产的收入）
支出（获得提供服务需要的资金及其他银行资源的成本）
存款的利息支出
非存款借款利息支出
工资和薪金支出（员工支出）
贷款损失准备（为贷款损失而预备的资金）
其他支出
税前净营业收入（上面所列的收入－支出）
税收
证券交易的收益或损失
净收入（税前净营业收入－税收+证券投资收入－证券投资损失）

注：总收入减去总成本必须等于净收益（收入）。

利润表中的资金投入和产出列出了银行获得存款和其他资金的成本及使用这些资金获得的收入。成本包括支付给储户和银行其他债权人的利息、雇用管理人员和职工的支出、购买和使用办公设备的营业成本、支付的政府税费。此外，它还显示了向公众出售银行业务，如发放贷款、租赁、存款服务等获取的收入（现金流入）。最后银行利润表还显示出，从所有收入中扣减所有成本即净收入，净收入的一部分被用做银行未来发展的再投资，一部分作为股利流入股东手里。

5.2 资产负债表（经营状况报表）

5.2.1 主要账目种类

资产负债表（经营状况报表）列出了在某一日期由银行或其他金融机构持有或投入的资产、负债和股东权益（股东的资金）。由于金融机构只是销售特别产品的企业，因此基本资产负债关系适用于银行及其他金融机构

$$资产 = 负债 + 股东权益 \qquad (5\text{-}1)$$

在银行业中，资产负债表中的资产主要包括4项——库存现金及存放在其他存款机构的存款（C）、在公开市场上购买的政府和私人附息证券（S）、向顾客提供的贷款和租赁资金（L）、其他资产（MA）。负债主要有两类——由顾客拥有并存放在银行中的存款（D）、从货币市场和资本市场上筹措的非存款借款（NDB）。股东权益代表的是银行所有人向银行提供的长期资金（EC）（见表5-1）。因此，银行的基本资产负债关系如下

$$C + S + L + MA = D + NDB + EC \qquad (5\text{-}2)$$

现金资产（C）是为了满足提取存款、顾客贷款需求和其他非预期或即时现金需求等的流动性需求。证券（S）是应付流动性需求的后备来源，并能带来收入。贷款（L）是主要的收入来源，其他资产（MA）中大部分是固定资产（办公楼和设备）及在银行子公司中的投资

（如果有子公司）。存款（D）一般是银行资金的主要来源，非存款借款（NDB）主要用来补充存款，当现金资产或证券不能满足流动性需求时，非存款借款可以满足一定的流动性。股东权益（EC）是银行赖以发展或弥补额外损失的相对稳定的长期资金支持。

一种有效分析资产负债关系的方法是，银行负债和股东权益代表累计资金来源，为银行提供获取资产所必需的购买力，银行的资产则代表累计资金运用，为股东带来收入、向存款人支付利息、补偿银行雇员所付出的劳动和技术，所以，银行的资产负债关系简化为

$$银行累计资金运用（资产）= 银行累计资金来源（负债和股东权益） \quad (5-3)$$

很明显，每一种资金的运用必须由一定的资金来支持，所以银行累计资金使用必须等于银行累计资金来源。

当然，在现实中，银行资产负债表的组成和复杂程度是不同的。例如，如果登录联邦存款保险公司存款机构统计网站，你可以制作一家银行或属于某家控股公司所有的银行的经营状况报表。另外，你可以登录控股公司的网站或美国证券交易委员会的网站（www.sec.gov）并获得该金融服务机构的整体资产负债表。这些资产负债表比我们上述讨论的简单报表要复杂得多，因为每个项目下还有许多组成部分。

如果你想找一家金融机构资产负债表主要数据的简单形式，最好从标准普尔股票报告开始，特别是对于银行，类似于这些的政府机构报告在美国是由联邦储备系统的董事会和联邦存款保险公司管理。从表5-2中你可以找到联邦存款保险公司报告的两家大金融机构（摩根大通银行和BB&T公司）资产负债表的主要项目。摩根大通银行是世界上最大的银行控股公司之一，在2009年年底拥有超过2万亿美元的资产。与之相比的是BB&T公司，它是国内最大的银行控股公司之一，资产为1 650亿美元。BB&T公司将会在本章中经常被提及以便说明实际的银行数据。

表5-2 联邦存款保险公司中的银行资产负债表主要数据（2009年12月31日）

（单位：100万美元）

资产负债表数据	摩根大通银行	BB&T公司
货币市场资产	854 899	28 408
证券投资	357 740	33 752
商业贷款	112 816	14 351
其他贷款	706 534	89 253
总资产	2 031 989	165 764
活期存款	57 802	5 098
定期存款	127 681	38 418
长期负债	56 109	7 970
普通股	165 365	16 191

从表5-3中可以发现从联邦存款保险公司存款机构统计网站中获得的银行控股公司——BB&T公司的财务数据。联邦存款保险公司所报告的BB&T公司的资产负债表数据和标准普尔有所不同，BB&T公司各组成部分的不同包括在每个报告中。例如，联邦存款保险公司的报告——政府性的报告只包括了在联邦存款保险公司投保的银行机构。下面将更仔细地分析银行经营状况报告的各主要组成部分。

表5-3　BB&T公司2008～2009年资产负债表　　　（单位：1 000美元）

资产项目	2009年12月31日	2008年12月31日
总资产	**165 764 218**	**152 015 025**
现金和存放在存款机构的存款	1 623 978	1 686 586
证券	33 252 255	32 363 928
已售联邦基金和逆回购协议	397 592	350 380
总贷款和总租赁	106 207 386	98 668 626
贷款损失准备	2 600 670	1 574 079
未获得贴现收入	0	54 244
净贷款和租凭	103 606 716	97 097 547
交易账户资产	1 098 289	1 187 305
银行设施和固定资产	1 582 808	1 580 037
拥有的其他房地产	1 623 417	558 263
商誉及其他无形资产	21 681 734	16 112 189
总负债和股东权益总额	**165 764 218**	**152 015 025**
总负债	149 523 597	135 933 616
总存款	114 991 286	98 655 439
购买的联邦基金和回购协议	2 767 917	3 012 481
债务交易	734 048	888 386
其他借入资金	17 310 621	16 315 465
次级债务	7 969 692	7 612 589
所有其他债务	5 750 483	9 449 306
股东权益总额	16 190 879	16 037 182
优先股	0	3 082 340
普通股	3 448 749	2 796 242
盈余公积	5 620 340	3 509 911
未分配利润	7 539 696	7 380 465
其他股东资本构成	-417 906	-731 776

注：财务数据来自联邦存款保险公司网站中的银行控股公司。美元数量代表所有被联邦存款保险公司保险的银行和储蓄附属机构的总和，并没有反映非存款附属机构和母公司。

5.2.2 银行资产

现金和存放在其他银行的存款　银行资产负债表的第一项资产项目一般是现金和存放在其他银行的存款。该项目通常被称为一级准备，包括银行库存现金、存放在其他存款机构的存款（通常称为代理存款）、在途托收现金（大部分是未托收支票）、在本地区联储银行中的备抵账户。现金资产是银行应付顾客提取存款的第一道防线，也是满足顾客非预期贷款需求时的第一个资金来源。一般情况下，银行尽量将现金账户规模保持在很低的水平，因为现金余额几乎或者完全不能给银行带来收入。表5-3显示截至2007年12月31日，BB&T公司所持的现金及存放在其他银行的存款数额为16亿美元，仅占银行总资产1 657.6亿美元的大约1%。

投资性证券：流动性部分　应付现金需求的第二道防线是流动证券，通常称为二级准备，在资产负债表上称为"可销售证券"。它通常包括短期政府证券和私募货币市场证券，后者包括在其他银行的有息定期存款、商业票据等。二级准备处于现金资产和贷款之间，能带来一些收入，但持有的主要原因是能够在短期内将其转化为现金。在表5-3中，该银行持有332.5亿美元的投资性证券作为二级准备，以应付流动性需求。

投资性证券：收入性部分　主要为了获得其预期收益率或收益而持有的债券、票据及其他证券叫做投资性证券（正式报告称之为持有到期型证券）。它通常分成两类：征税证券，主要是各种联邦机构（如房利美，即全国抵押贷款协会）发行的美国政府债券和票据及公司债券和票据；以及主要由州和地方政府（市政）债券组成的免税证券。后者产生的利息收入不需缴纳联邦所得税。

投资性证券以原始成本、市价或以两者之中较低者记录在银行账目中。当然，购买证券后，如果利率升高，证券市价则会低于原始成本（账面价值），因此，银行在资产负债表中以原始成本记录时往往加上括号标明证券的市价。然而，美国银行的会计原则正在变化，其趋势是以市价取代原始或历史成本。

交易账户资产　银行购买的利用短期价格变化为其提供短期利润的证券并不包括在资产负债表中的"证券"项目下，它被记录为交易账户资产。在表5-3中，BB&T公司持有11亿美元该资产。如果银行充当证券交易商的角色，其交易账户应包括在证券到期之前想要再出售的证券。交易账户中记录的数量以市价计价。

已售联邦基金和逆回购协议　一个在资产负债表中以单独项目列出的贷款账户是已售联邦基金和逆回购协议。该项目主要包括向其他银行、证券交易商甚至大银行发放的暂时性贷款（一般是隔夜贷款，第二天偿还）。这些暂时性贷款的资金一般来自银行存放在本地区联储银行的存款，因此被称为联邦资金，其中一些是在逆回购（回售）协议（RP）下进行的，即银行在借款人偿还贷款前（通常几天之后）拥有借款人的证券所有权，作为偿还贷款的抵押物。表5-3中显示，2009年年底BB&T公司的已售联邦基金和逆回购协议为3.98亿美元。

贷款和租赁　到目前为止，最大的资产项目是贷款和租赁，一般占银行总资产的一半或3/4。银行贷款账户一般会细分为几个部分，相似类型贷款为一组。例如，一种经常使用的细分方法是贷款目的。按此方法，我们可以将银行资产负债表中所列的项目划分为如下贷款类型：

- 商业和工业（或企业）贷款；
- 消费者（或家庭）贷款；
- 房地产（资产支持型）贷款；
- 金融机构贷款（如向其他存款机构发放的贷款）；
- 国外贷款（包括外国政府、代理处和机构）；
- 农产品贷款（主要包括农民和农场主种植、收获庄稼及圈养家畜）；
- 证券贷款（帮助投资者、证券经纪人和交易商之间的交易活动）；
- 租赁（通常由银行为企业购买的设备组成，银行在规定日期内将设备提供给企业使用，收取一系列的租赁费——作用相当于定期贷款）。

我们将在第16章看到，银行贷款也可由其他方式划分，比如到期时间（短期和长期）、抵押品（有担保和无担保）或以定价条件划分（浮动利率和固定利率贷款）。

在银行资产负债表中几乎总会出现两个贷款数字（总贷款和总租赁以及净贷款和租赁），较大的数字，被称为总贷款和总租赁，是银行所有债权的总和，包括净贷款和租赁加上贷款损失准备。在表5-3中，总贷款和总租赁达到1 062.1亿美元，大约是银行总资产的65%。

贷款损失　1 062.1亿美元的总贷款数额等于1 036.1亿美元的净贷款与租赁加上26亿美元贷款损失准备，银行目前及预期的贷款损失要从总贷款数额中扣减。美国目前的税法，允许存款机构根据最近的贷款损失情况从收入流量中划拨贷款损失，这被称为贷款损失备抵（ALL）。

作为资产项目减项的ALL是累积准备金，通过ALL确认收不回来的贷款，作为一项损耗处理。这意味着坏账一般不会影响银行的目前收入。当一笔贷款被认定无法回收时，银行的会计部会从ALL账户减去该笔不能收回的贷款数额，将它从账目中冲销（销账），同时总贷款的资产项目自然减少。

例如，假设银行向房地产发展公司发放1 000万美元贷款建造一座购物中心，后来该公司破产，如果银行有充足的理由认为可以从原始的1 000万美元中收回100万美元贷款，那么未偿还的900万美元将从银行总贷款及ALL账户中扣掉。

贷款损失备抵通过每年从收入中扣减一部分累积而成。在银行利润表中这些扣减额是非现金支出，被称为贷款损失预提（PLL）。例如，假设一家银行预期今年的贷款损失是100万美元，ALL账户现有1亿美元，那么应该在利润表当期收益账户中冲销一笔非现金支出，而在贷款损失预提（PLL）上增加100万美元，如下

银行利润表中的数据记录

年贷款损失预提（PLL）＝100万美元（从银行当期收益中扣减非现金支出）

如下调整银行资产负债表ALL账户

贷款损失备抵（ALL）＝100＋1（来自银行当期利润表中PLL账户）＝101（百万美元）

现在，假设银行随后发现一笔总额50万美元的贷款确实无法收回，我们将得到

　　调整后的贷款损失备抵（ALL）
　＝贷款损失备抵期初余额（ALL）＋本年贷款损失预提（PLL）
　＝100＋1
　＝101（百万美元）
　　冲销后净贷款损失备抵（ALL）
　＝调整后的贷款损失备抵（ALL）－无法偿付贷款的实际冲销
　＝101－0.5
　＝100.5（百万美元）

同时，假设主管人员发现可以补偿一笔早期作为贷款损失冲销的部分资金（150万美元），这笔延迟的现金流入通常是因为银行可以将贷款人作为担保的抵押品归己所有并出售，然后，这种所谓的追回款项将按如下方式加入到贷款损失备抵（ALL）中

　　贷款损失备抵期末余额（ALL）
　＝冲销后净贷款损失备抵（ALL）＋从前期冲销贷款中
　　追回款项
　＝100.5＋1.5
　＝102（百万美元）

如果划去一大笔贷款，ALL账户的余额将大幅度下降，主管人员可能会被要求(通常是代表其主要监管机构的监管人员)提高每年PLL的数额（会降低本期净收入），将ALL保持在安全水平。当银行贷款组合规模扩大或判定某笔贷款全部或部分收不回或未计提准备金的贷款发生非预期损失时，都要增加ALL账户。在会计项目上，只是增加了资产对销科目ALL和成本科目PLL。自编制银行资产负债表之日起，贷款损失准备总额从总贷款中扣除，这样就得到资产负债表中的净贷款——全部未偿还贷款中的可偿还净额。

小贴士

你知道2005年美国商业银行持有的总金融资产是多少吗？93 000亿美元，是整个储蓄业（包括储贷协会、存款银行和信贷联盟）持有金融资产的3倍多。

区分银行的另一种方式：根据其持有的资产类型

近期联邦存款保险公司和其他银行监管机构正在通过银行和储蓄机构的资产构成来划分银行。下表列出了通过持有资产类型划分（资产集中度）美国银行的类型：

银行类型	定义	2010年美国的银行数量
国际型	资产超过100亿美元并且25%的资产在海外分行	4
农业型	超过25%的总贷款和租赁是农用地抵押的农业以及房地产贷款	1 553
信用卡型	信用卡贷款和抵押应收款占总资产的50%	21
商业贷款型	商业和工业贷款以及商业房地产担保的贷款占总资产的25%	4 335
抵押贷款型	房地产贷款和抵押支持证券占总资产的50%	745
消费贷款型	个人贷款（包括住房抵押和信用卡贷款）占总资产的50%以上	75
其他专业型	资产在10亿美元以下，贷款和租赁占总资产不到40%	304
所有其他	贷款活动没有明显集中度的银行	813
2010年第1季度 美国被保险的银行综合数量		7 932

资料来源：联邦存款保险公司，银行状况季度报告，2010年第1季度。

特定储备和一般储备 许多金融机构将ALL项目分为两部分：特定储备和一般储备。特定储备是为了弥补某类特殊贷款或预期的问题贷款或带给银行中等水平以上风险的贷款而设定的。主管人员或提取一部分ALL账户备抵作为特定储备，或另外增加更多储备来弥补某项问题贷款。贷款损失账户中剩余的准备金被称为一般储备，这种贷款损失分类可帮助银行经理认清为避免银行目前或未来贷款损失的保护需求。详见沃尔特（Walter）[7]和奥图尔（O'Toole）[5]。

贷款损失储备由经理决定，但也受到税法和政府监管的影响。1986年税赋改革法的一个条款规定，大银行（资产超过5亿美元）只能将实际宣布为坏账的贷款从贷款损失预提（PLL）中扣除，这使得银行不能利用贷款损失备抵账户作为前瞻性工具应付未来损失，迫使银行经理人不得不密切关注以往贷款损失经验。在第15章我们将会看到，贷款损失储备（ALL账户）作为银行资本的一部分占银行总风险加权资产的1.25%，然而，尽管规章把保留收益（未分配利润）作为长期资本，但贷款损失储备并不被认为是长期资本，因此促使许多银行降低贷款损失储备支出，从而净收入增多，长期资本增加。税法和政府监管对资产负债表中的贷款损失储备和贷款损失预提产生了重大影响。⊖

⊖ 最近，巴拉（Balla）和麦肯纳（Mckenna）发现美国现行贷款损失准备会计核算方法（LLR）存在许多问题，并鼓励专家探索更为稳定的银行贷款损失储备计算方法。现行的LLR法倾向于在经济下行时增加贷款损失费用而当经济上行时减少贷款损失费用。因此，现行的方法似乎是在突出经济周期，使得经济疲软时贷款损失增多、利润缩减，而经济形势好时正好相反。通常情况下，信贷主管似乎总是在经济形势大好时忘记过去的衰退而极度扩张贷款，但是当经济形势糟糕时，为了自身避险，进行信贷紧缩。这种行为似乎在2007~2009年的金融危机中得到了很好的证实，许多贷款机构在那时迅速合紧信贷的大门。贷款的短缺加剧经济危机，并最终使得一些银行因此而倒闭。

最近西班牙开始试验一种不同的贷款损失费用的核算方法，被称为动态配置（DP）或反周期配置。这种方法运用历史统计方法使得贷款损失的计算通过季节调整变得更加平稳。动态配置法首要处理的是贷款损失配置的时限而非数额，鼓励管理层在经济好的时期建立贷款损失准备而在经济困难时期减少其数量。虽然美国金融系统与西班牙的差异会导致许多问题，但这种方法在美国也引起了极大的关注。

国际贷款储备 向不发达国家发放国际贷款的美国大型银行必须划拨出计划风险准备金（ATR），以此应付对不发达国家发放贷款的潜在风险。和ALL账户一样，在计算净贷款时也必须从总贷款中扣减ATR这一项。该项与国际相关的准备金要求由国内风险评估委员会（ICERC）制定，ICERC由来自联邦存款保险公司（FDIC）、联储体系、货币监理署的代表组成。

未获得贴现收入 这一项目包括顾客已支付但根据目前银行会计权责发生制方法计算还没有获得的贷款利息收入。例如，如果顾客获得了一笔贷款并且预先支付全部或一部分利息，由于顾客目前尚未开始使用贷款，银行就不能将利息记为已获得的利息收入。在贷款期限内，银行逐渐获得的利息收入，则从未获得贴现项目转向银行利息收入项目。

逾期贷款 银行资产中还有被称为逾期贷款的贷款项目。逾期贷款或是不能为银行带来利息收入，或是需要重新调整来适应借款者的变动状况。在目前的法规制度下，到期超过90天未清偿的贷款即为逾期贷款（该情况通常会在资产负债表的注释中说明）。一旦某笔贷款被确认为逾期贷款，银行账目上记录的实际未收到的利息必须从贷款收入中划去，只有当实际出现贷款现金流入时，银行才能记录利息收入。

银行设施和固定资产 银行资产还包括建筑和设备的净价值（考虑贬值因素）。一般来说，银行的有形资产，即建筑及日常业务所需的设备等固定资产只占银行资产的很小部分（不到2%）。表5-3中BB&T公司所有的银行设施和固定资产价值不到总资产的1%（15.8亿美元）。正如我们所见，绝大部分银行资产是金融债权（贷款和证券）而不是固定资产。但是，固定资产一般会产生以折旧支出形式出现的固定营业成本、财产税等，这就产生了**经营杠杆**（operating leverage），即如果依靠利用固定资产所带来的销售收入比固定资产成本高，那么银行就能获得经营收益，但是由于固定资产与其他资产相比份额较小，所以银行不能过分依赖经营杠杆来增加收入；银行必须主要依靠**财务杠杆**（financial leverage）——使用借来的资金来提高收入，在吸引资本方面保持与其他行业的竞争能力。

拥有的其他房地产（OREO） 该资产项目包括银行直接和间接投资于房地产的部分。OREO的主要组成部分是补偿逾期贷款的商业和居民房产。尽管"孩子"可能想要尽可能多的OREO，但是银行喜欢通过向还贷及时的借款者发放贷款来保持OREO账户处于较低水平。

商誉及其他无形资产 大多数银行拥有一些已购买的非物质形态的资产。当一个公司以高于其净资产（资产减负债）的市场价值兼并另一家公司时就出现了商誉。其他无形资产包括抵押服务权和已购买信用卡关系。在表5-3中，商誉和其他无形资产占国民城市银行银行资产的3.49%。

所有其他资产 在表5-3中，该项资产仅占国民城市银行资产的5%多一点。该账户包括附属公司投资、客户承兑的未清账款、非贷款收入、净递延税款、可接受住房抵押服务费和所有其他资产。

> **小贴士**
> 美国哪些金融服务业的总金融资产最接近银行业？
> 答：2007年养老金的金融资产总额为74 000亿美元，共同基金资产为97 000亿美元。

5.2.3 银行负债

存款 银行的主要负债是存款，即企业、家庭、政府对银行的债权。当银行被清算时，出售银行资产所得的资金必须首先支付储户的债权（IRS除外），其他债权人和银行股东分享剩下的资金。存款主要有以下5种：

（1）无息活期存款，或一般支票账户，通常对该账户签发支票无任何限制，但是联邦法律规定，银行不对其支付任何利息（尽管许多银行支付邮资成本并且提供其他免费服务，使顾客能从这种活期存款中获取隐性收益)。

(2) 储蓄存款。银行对此支付的利率是储户利率中最低的,面额不限(尽管大多数银行有最低面额要求)。顾客可以随时提取。

(3) 可转让提款单账户(NOW账户)。个人和非营利机构才能持有这种存款,附息、可以开汇票(支票)向第三方支付。

(4) 货币市场存款账户(MMDA)。由存款银行自行制订一个具有竞争力的利率,签发支票要受一定限制。法律没有规定最低限额及期限,但是存款机构要求在取款时必须提前7天通知。

(5) 定期存款(主要是存款单或CD)。通常有固定的到期日(结账期)及确定的利率,面额不限。期限及利率由银行和储户决定,其中包括大额(10万美元以上)可转让存单——附息的存款。银行用这种工具向富有的顾客筹资。

银行存款大部分由个人和企业持有,但是政府(联邦、州和地区)也持有大量存款账户——**公共基金存款**(public fund deposits)。例如,当一个学校发行债券筹资建造新教学楼时,债券筹来的资金将作为存款流入当地银行。同样,当美国财政部征税或发行证券筹资时,这些资金通常会首先流入财政部设在美国成千上万银行中的公共基金存款账户。大银行设立外国分支行也是为了吸收存款,将从外国吸收的存款记为外国分支行中的存款。

从表5-3可明显看出,银行对存款的依赖性非常强,目前存款一般可支持60%～80%的总资产。以我们正在分析的BB&T公司为例,1 150亿美元的存款提供了70%的资产。由于公众的金融债权一般是不稳定的,但数额相对于银行股东的资本(权益)却要大得多,因此银行一般处于破产风险之中。它还必须时刻准备(流动性)以应付顾客取款。风险和流动性的双重压力促使银行在做出贷款和其他资产选择时非常谨慎,否则会使银行在储户取款的压力下面临破产的危机。

非存款借款 虽然存款一般是银行资金的最大来源,但也有大量资金来源于各种非存款负债。在其他条件相同的情况下,银行规模越大,就越愿意使用**非存款资金**(nondeposit sources of funds)。近年来银行的非存款借款迅速增长的一个原因是这种借款无准备金要求,因此降低了非存款筹资成本。非存款借款在几分钟之内就可以完成,将资金电汇到借款银行。不过,这种方式的一个缺点是其利率变化过于频繁。正如2007～2009年的信贷危机所表现的,如果一家试图借款的银行存在哪怕很小的财务方面的隐患,其借款成本都会飞速上涨,出借人甚至会拒绝向它提供借款。

对大多数美国银行来说,最重要的非存款融资渠道是购买联邦基金和在回购协议下销售的证券,即在货币市场上银行将自己的准备金暂时贷放给借款银行(购买联邦基金)或在回购协议下以持有的证券作为抵押向各家银行或大公司借款。银行其他的短期非存款借款包括从联储银行的贴现窗口借出的借款准备金和国外跨国银行或借款银行自己的海外分支行的欧洲美元借款。在全世界银行体系中,欧洲货币借款(例如以各种货币标明面值的可转让定期存款)是银行短期借款的主要来源。许多银行也发行长期债券,包括房地产抵押债券,资金用来建造新营业楼或更新机器设备。次级债(票据和公司债券)是资产负债表中显示的银行资金的另一来源。该项目包括期限优先股(有到期日的优先股),其他债务项目是银行的各种杂项债务,比如递延税款和向持有银行承兑票据的投资者支付一定款项的债务。

股权资本账户 银行资产负债表中的资本账户代表了银行所有者(股东)持有的银行股份。每一家新银行成立时必须有所有者资本投入,而后再向公众筹资扩大业务规模,实际上,银行和许多非银行金融机构是债务融资最多的企业。资本账户通常占银行总资产不到10%,以表5-3

中的银行为例，2009年161.90亿美元的股东权益只占总资产的10%。

银行资本账户中，资本账户包括的项目与其他企业的资本项目相同，其中列出了在流通中的普通股股票平价（面值）。如果股票销售价大于其面值，溢出的市场价值记入资本公积账户。发行优先股的银行很少，优先股保证每年在普通股股东获得股利之前向优先股持有人支付股利。然而，2007~2009年的信贷危机中所施行的应急方案包括让美国的银行建立优先股头寸以增强银行资本。虽然银行业一般认为优先股的成本高，因为其股利不能从税赋中扣除，导致部分资金从银行普通股股东的收入中漏出，但是大银行控股公司近年来为了开辟新资本来源发行了大量的优先股。

通常，资本账户中最大的项目是留存收益（未分配利润），它代表了每年支付股东红利后余下的累积净收入。银行为应付未预料损失，可能还会持有意外储备及库存股和其他权益资本。

5.2.4 规模不同的银行的资产负债表比例对比

不论银行规模大小，其资产负债表一般包括以上所讨论的项目，但是规模不同，这些项目的相对重要性也就不同。表5-4清楚地说明了银行规模如何影响资产负债表各项目。例如，大银行通常为了短期利润而倾向于证券交易，小型、社区银行则不是这样，小型银行通常持有投资性证券和贷款与资产的比例要大于大型存款机构。小型银行对用来支持资产的存款依赖性较强，而大银行更多的利用货币市场借款（如购买欧洲货币或联邦基金）。银行财务状况的稽核员必须考虑银行的规模大小，并将规模相近的银行加以比较，最好二者在同一市场中。

表5-4 银行资产负债表的构成（2009年年底银行资金来源和资金使用百分比）

资产、负债、股权资本项目	占总资产比例（%）			
	美国所有被保险银行	资产少于1亿美元的美国银行	总资产在1亿~10亿美元之间的美国银行	总资产等于或大于10亿美元的美国银行
总资产	**100.00**	**100.00**	**100.00**	**100.00**
现金和存款机构中的存款	8.25	8.99	6.50	8.42
生息资产	6.46	5.09	4.22	6.71
投资证券	18.57	21.46	18.74	18.52
在转售协议下出售的联邦基金和购买的证券	3.39	3.30	1.76	3.56
净贷款和租赁	53.04	60.79	66.48	51.52
贷款损失准备	1.80	1.05	1.30	1.87
交易账户中的资产	5.96	0.00①	0.05	6.66
银行建筑和固定资产	0.93	1.82	1.94	0.82
其他房地产	0.30	0.68	0.09	0.24
商誉及其他无形资产	3.44	0.33	0.52	3.78
所有其他资产	6.11	2.62	3.11	6.48
人寿保险资产	0.94	0.5	0.80	0.96
总负债与资本	**100.00**	**100.00**	**100.00**	**100.00**
总负债	**88.78**	**88.40**	**90.36**	**88.63**
存款总额	70.36	84.17	82.61	68.84
生息存款	57.13	70.30	70.76	55.53
国内机构存款	57.44	84.17	82.53	54.50
被保险	53.55	89.01	83.12	49.39

（续）

资产、负债、资本项目	占总资产比例（%）			
	美国所有被保险银行	资产少于1亿美元的美国银行	总资产在1亿~10亿美元之间的美国银行	总资产等于或大于10亿美元的美国银行
购买的联邦基金和在回购协议下出售的证券	4.65	0.60	1.81	5.01
交易负债	2.14	0.00①	0.00①	2.39
其他借入资金	7.86	3.02	5.06	8.22
次级债	1.31	0.00①	0.06	1.45
所有其他负债	2.46	0.61	0.72	2.66
权益资本	11.22	11.60	9.74	11.18
永久优先股	0.05	0.0①	0.06	0.05
普通股	0.39	1.84	1.14	0.29
资本公积	8.39	5.43	4.83	8.80
留存收益	2.22	4.28	3.71	2.03

注：由于四舍五入的原因总和可能未必恰好是100%。
① 小于0.005。
资料来源：联邦存款保险公司。

5.2.5 银行表外项目的最新扩展

尽管资产负债表是了解金融业的一个好的窗口，但是它并没有告诉我们金融机构的全部，想要了解更多，必须转向"表外项目"，我们将在第8和第9章更详细地对其进行探讨。金融机构向其客户提供许多收费的但没有在资产负债表中列出的服务。主要的表外项目包括：

- 未使用的贷款承诺。贷款者收取一定的费用并在规定时间内向借款者发放一定的资金，然而这些资金尚未由贷款者转入借款者。
- 备用信贷协议。金融机构收取一定的费用以保证客户偿还另一贷款者的贷款。
- 衍生合约。金融机构有可能因某种非拥有的资产获得利润或遭受损失，该项目包括期货合约、期权和互换，它们可以用来抵御信贷风险、利率风险、外汇风险、商品风险和拥有权益证券的风险。

表外项目的问题是，虽然它们没有出现在传统的金融机构资产负债表中，但往往给金融机构带来较高的风险。非授权的衍生合约已经造成了世界上一些金融机构的巨大损失。例如，1995年尼古拉斯·利森的期货交易合约损失大约14亿美元，并导致拥有242年悠久历史的英国老牌商人银行——巴林银行的倒闭。

如表5-5所示，表外项目的发展非常迅速，目前已超过银行总资产的数倍。这些或有合约主要集中在最大的银行中，这些大银行的股票面值是银行资产负债表上总资产的20倍之多。对于最大的银行（这些机构持有超过10亿美元的资产）而言，大约93%的资产负债表项目产生超过880亿美元名义价值的衍生品（不要过于关注衍生合约的名义价值，因为这些合约的收益和损失才是最重要的，而不是其账面价值。表外项目既可以增加也可以减少金融机构的风险暴露）。

表5-5 被FDIC保险的银行所报告的表外项目举例　　　　　　　　（单位：1 000美元）

表外项目举例	被保险银行总额	总资产少于1亿美元之间的银行	总资产在1亿~10亿美元的银行	资产等于或大于10亿美元的银行
2009年12月31日美国银行报告的所有表外业务（塞斯集团整理）				
未使用的承诺总额	5 403 446 468	24 461 604	266 822 358	5 112 162 506
金融衍生产品	236 362 309 107	430 238	22 852 503	238 339 026 366
信用衍生产品的名义价值	14 472 182 181	0	28 014	14 472 154 167
银行是担保人	7 087 433 101	0	24 499	7 087 408 602
银行是受益人	7 384 749 080	0	3 515	7 384 745 565
利率协议（即利率互换、期货、期权）	196 526 148 120	422 721	22 632 044	196 503 093 355
汇率协议（即货币互换、承诺购买和货币期权）	22 531 665 912	0	35 291	22 531 630 621
其他大宗商品和股权的合约（即其他大宗商品和股权的互换、期货和期权）	2 832 312 894	7 517	157 154	2 832 148 223
总表外项目	241 765 755 575	24 891 842	289 674 861	241 451 188 872
总资产（表内项目）	11 843 498 226	141 339 005	1 111 521 919	10 590 637 302
表外项目÷表内项目资产（%）	2 017%	18%	26%	2 295%

资料来源：联邦存款保险公司。

财务会计标准委员会（FASB）的FASB133声明（衍生工具和对冲活动的会计核算）以及其修订案FASB138，目的是为了使衍生和对冲交易在公司财务报表中显示出来，并显示其对冲交易对公司利润的影响。

衍生合约的收益或损失必须以当时的市场价值计算，它将会影响公司的利润表，或者增加收入的可变性，而且，受监管较多的金融机构必须把经营中的风险敞口结合起来使用衍生品（以此禁止投机性地使用衍生品）。

5.2.6 银行账面价值的会计问题

公众更为关心的一个问题是银行以及其他金融机构的经理如何记录经营产生的资产和负债。银行业一般采用以取得资产负债当天的原始成本记录资产和负债的做法，但这种被称为账面价值、历史成本或原始成本的会计方法近来受到非议，因为它假定所有的贷款和其他表内项目会被持有至到期日。利率和违约风险的变化会影响到银行贷款、证券、债券的价值和现金流，但这种会计方法并没有反映出利率和违约风险的变动对银行资产负债表的影响。

尽管大多数银行资产以历史或原始成本计价，但将传统银行会计过程称为摊提成本更为贴切。例如，如果借款人分期偿还贷款本金，银行从贷款的原始面值中逐次扣减偿还的本金，以反映借款人分期偿还贷款的行为。同样，如果以低于面值的折扣价购买证券，那么证券折价与到期价值之间的差额在证券到期之前作为银行额外收入摊提。

例如，如果一年期政府债券目前市场利率为10%，银行持有面值1 000美元、年利率（息票）为10%的证券，如在市场上销售该债券的

> **小贴士**
> 1999年，哪部英国喜剧讲述了一个交易员的风险交易导致了英国最古老的银行——巴林（Barings）银行的破产的故事？
> 答：《魔鬼营业员》（Rogue Trader）。

> **小贴士**
> 到目前为止，美国银行资金的主要来源是什么？
> 答：储蓄存款、特别是货币市场存款账户。

> **小贴士**
> 除了商业银行，哪个金融机构持有最多的公众存款？
> 答：储贷协会和存款银行，2005年其存款总数超过了10 000亿美元。

市场价是1 000美元。如果市场利率上升到12%，那么银行债券的市价下降到大约980美元，所以银行在债券到期日的收益率大约为12%。

同样，借款人违约风险的变化也会影响到银行贷款和证券的市场价值。显然，如果贷款偿还的可能性比发放贷款时有所下降，那么贷款的市场价值一定会下降。例如，如果借款人的财务状况恶化，利率为10%的一年期1 000美元贷款的市价会降低，如果处于同一风险等级的其他借款人的利率是12%，那么1 000美元一年期的贷款市价将会降为980美元。由于银行资产以原始（或历史）成本入账，而且没有根据市价调整这些数据，因此银行储户、股东及其他有意购买银行股票或债券的人并不能通过银行资产了解银行的真实财务状况，投资者会轻易上当。

在历史或账面价值会计制度下，利率变动并不影响银行资产和负债的入账价值，因而并不影响银行资本的价值，而且，在银行传统的会计惯例中，只有实现的资产收益或损失才影响资产负债表的账面价值。例如，尽管银行的其他资产出现账面损失，但银行可以通过出售升值的资产增加收入和资本。

1993年5月，财务会计标准委员会（FASB）出台了115号规定，它主要将注意力集中于可交易证券的投资，特别是资产负债表中银行最易获得市价的项目。FASB要求银行将其证券分为两大部分——一部分是有意持有至到期日的证券，另一部分是到期日之前可能出售的证券。银行有意持有至到期日的证券以最初成本定价，而可能出售的证券以当时市价估值。同时，证券交易委员会（SEC）要求积极参与证券交易的大银行将其预售出的证券划入资产负债表一个特殊的账户中，即预售资产账户。这项重新划分的资产项目必须以成本和市价中较低的一种来估价。FASB和SEC似乎决心消除交易收益——一种银行经理销售升值的证券从而获得资本收益，继续持有贬值的证券，以较高的历史成本来评估贬值证券价值的做法。

目前，根据监管目的，你将会发现资产负债表中的证券可以分为持有至到期证券和可供出售证券。可供出售证券以其公平市场价值计价。当我们检查一家银行或控股公司的证券清单时，摊销成本和市场价值通常都会得到报告。

5.2.7 审计：确保财务报表的可靠性

美国银行（特别是资产达到或超过5亿美元以上）在财政年度结束后90天内向联邦存款保险公司（FDIC）、联邦及州级机构提交由独立公共会计师审计的财务报表，并由FDIC、联邦及州级机构对银行来年的营业资格进行审批。除财务报表之外，还必须提交存款机构管理层撰写的为确保其安全及健全经营而进行内部控制的效果，而且，完全由银行外部股东组成的审计委员会与管理层及独立公共会计师一道审查并评估银行年度审计结果。

对拥有30亿美元以上资产的美国大银行的外部审计更加严格，如审计委员会中至少有两个委员有银行工作经验、禁止大客户加入审计委员会、审计委员会必须包括与银行管理层没有关联的法律顾问。这些新的严格的报告制度目的是为了避免银行倒闭时FDIC保险准备金被耗尽。

由于安然以及其他许多公司管理不善和丑闻的发生，美国于21世纪初出台了更为严格的会计报告规定。《萨班斯—奥克斯利法案》要求公共银行和其他公司的CEO和CFO保证其公司财务报表的准确性，公布虚假或误导性信息可能会受到严厉的经济惩罚甚至追究刑事责任。内部审计和每个公司的审计委员会在评估其公司会计和财务报表准确性与质量时有更大的权威和独立性。

> **小贴士**
>
> 你知道吗？联邦存款保险公司保险存款的总量在2007年创造了纪录，超过了42 000亿美元。

概念测验

1. 银行资产负债表（经营状况报表）中有哪些主要项目？
2. 银行资产负债表中资产类项目中哪些最重要？哪些最不重要？
3. 资产负债表中哪些负债项目最重要？
4. 活期存款、储蓄存款、定期存款最主要的区别是什么？
5. 什么叫一级准备金及二级准备金，分别有什么用途？
6. 假设一家银行持有库存现金140万美元，短期政府债券1 240万美元，一级货币市场证券520万美元，在联邦储备银行保留了2 010万美元的存款，在途回收资金60万美元，在其他银行存放了1 640万美元的存款。该银行持有的一级储备数额是多少，二级储备呢？
7. 表外项目有哪些？为什么说它们对某些金融机构很重要？
8. 为什么目前银行会计制度受到指责？金融机构改进会计制度有哪些方法？

5.3 利润表的构成

利润表列出了在一定时期内的收入及费用。银行资产负债表（财务状况表）及利润表中主要项目的规模之间往往有紧密的联系。归根结底，资产负债表中的资产带来大部分的营业收入，而负债则带来大部分的营业费用。

银行的收入主要是**收入资产**（earning assets）带来的利息收入，收入资产主要包括贷款、投资，其他收入由收取的特殊服务（例如自动柜员机使用）费获得。主要费用在获得这些收入时产生，包括向储户支付利息、非存款借款利息、股东权益成本，向银行雇员支付的年薪、周薪及福利金，银行有形设备的管理费用、贷款损失预提、应付税金。

收入与费用的差额即为净收入，因此

$$\text{净收入} = \text{总收入} - \text{总费用} \tag{5-4}$$

式中

总收入
↓
现金资产×现金资产平均收益率+证券投资×证券投资平均收益率
+发放的贷款×贷款平均收益率+其他资产×其他资产平均收益率
+费用性收入及交易账户收益

−总费用
↓
总存款×存款平均利息成本+非存款借款×非存款借款平均利息成本
+股东权益×股东权益平均成本+雇员的年薪、周薪及福利金
+管理费用+其他费用+应付税金

这个等式告诉我们，金融机构要想增加净收入可以有以下几个途径：①提高每种资产的收益率；②重新安排收入资产的比例，增加高收益率资产的比例；③增加可以提供收入的服务项目的数量；④降低存款、非存款借款、股东权益的利息或非利息成本；⑤重新安排资金来源比例，增加低成本存款及其他借款比例；⑥降低雇员成本、管理费、贷款损失预提和其他营业费用；⑦提高赋税管理水平减少应付税金。

当然，管理层无法完全控制影响净收入的项目。各种资产的收益、业务收入以及为了吸收存款及非存款借款必须支付的利率，由市场供求状况决定。从长期来看，公众是银行及非银行金融机构提供何种贷款、销售何种存款业务的主要决定因素。在市场竞争和法规允许的范围内，在公众需求的强大压力下，主管人员是决定银行和非银行金融机构持有贷款、证券、现金的具体组合及收入和费用的规模、组成部分的主要因素。

5.3.1 资金流动和存量

利润表记录了一段时期的财务流量状况，与资产负债表不同，它记录了某一时点持有的资产、负债、股东权益的存量状况，因此，我们称利润表为资金流出（费用）和资金注入（收入）表。

实际的银行利润表中的每一项目还包括几个子项目，比简要的利润表要复杂得多。大多数银行利润表与表5-6 BB&T公司的利润表相似，在前面已列举了它的资产负债表。表5-6分为成4个主要部分：①利息收入；②利息费用；③非利息收入；④非利息费用。

利息收入 毫无疑问，贷款利息和证券投资账户是大多数银行和其他借贷者的主要收入来源。以上面的银行（BB&T公司）为例，贷款收益70亿美元，占银行利息和非利息收入的70%。值得一提的是，贷款收入相对于非利息收入（又称为手续费收入）的重要性发生了重大的变化，由于银行不断开拓手续费收入业务，手续费收入目前的增长速度远远快于贷款利息和投资收入。而且，2007~2009年的经济衰退导致贷款和投资收益的剧烈下降。

表5-6 BB&T公司的利润表（2008~2009年） （单位：1 000万美元）

收入项目	2009年	2008年	
总利息收入	7 003 404	7 290 250	} 资金流入
总利息支出	2 040 010	2 968 594	} 资金流出
净利息收入	4 963 394	4 321 656	
贷款和租赁损失储备	2 799 398	1 423 033	} 非现金资金流出
总非利息收入：	3 480 685	3 058 826	
信托收入	138 897	147 108	
顾客存款业务手续费	689 973	672 924	} 资金流入
交易账户收入和费用	89 139	98 529	
其他非利息收入	2 562 727	2 140 265	
总非利息支出：	4 689 516	3 901 830	
薪水及人事费用	2 516 792	2 205 380	
办公楼及设备费用	579 188	512 745	} 资金流出
其他非利息支出	1 593 536	1 183 705	
税前净经营收入	1 154 511	2 125 118	
证券收入（或损失）	199 346	106 532	} 资金流出（如果为负）
所得税费用	158 815	549 984	} 资金流出
扣除非常规项目前的收入	853 783	1 518 623	
非常规收入——净额	0	0	} 资金流入
净收入	853 783	1 518 623	

注：财务数据来自联邦存款保险公司网站中的银行控股公司部分。（美元数量代表了所有联邦存款保险公司保险银行以及存款附属机构利润的总和，非存款附属机构或母公司的利润没有得到反映）

利息支出 存款机构最大的费用项目是存款利息。表5-6中的银行，其存款利息达到该银行总费用的60%左右。近年来，一个迅速增长的重要的利息费用项目是货币市场上的短期借款利息——主要是从其他银行借来的联邦资金（储备）与证券回购协议支持的借款，加上已发生的长期借款（包括银行资产抵押贷款、次级票据和公司债券）。

净利息收入 从总利息收入中扣除总利息费用得到净利息收入，这一重要的项目通常又被称为利息边际——银行贷款和证券利息收入与银行借款利息费用之差。它是决定银行盈利与否的关键因素。当利息边际下降，银行利润表中最后一个项目——税后净收入——将减少，股东所收到的每股股利也会减少。

贷款损失费用 在本章前面我们看到，银行和其他金融机构从收入中扣减的另一个费用是贷款损失预提。这一准备金账户实际上是非现金费用，记录为一个简单的账簿项目。设立该账户的目的是从银行应税收入中抵减一部分，用做坏账准备。每年的贷款损失预提从税前收入中扣除。

在现行的税法下，银行可以使用经验方法（可抵税贷款损失是目前未收回的贷款总额与贷款损失率的乘积，贷款损失率是近6年的净贷款注销额与总贷款数之比），或者使用特殊冲销方法（即银行每年年底可自动扣减额度不超过合格贷款的可抵减税收的准备金来确定本行的贷款损失预提金额）计算贷款损失。只有在坏账发生的年份才能计入坏账费用。

非利息收入 除贷款与证券利息收入之外的收入被称为非利息收入（或费用收入）。监管机构要求银行提交的财务报告把这些收入来源分为4大部分，正如上表所示，这些分类包括：①信托业务费用收入；②存款账户服务费；③交易账户收益和费用；④其他非利息收入（包括投资银行、证券经纪和保险服务收入）。最近，金融机构瞄准了非利息收入，把它作为未来扩张的关键。

信托服务（指对客户的财产进行管理，比如现金、证券、土地和建筑）是金融机构提供的最古老的非存款费用收入产品。对于银行大部分的历史来说，信托服务由于需要较大的空间以及高成本的人力投入，该部门的利润并不是非常丰厚。尽管如此，由于公众已接受收费服务，信托部门作为非利息收入的来源已越来越受到青睐。

信托费已经存在多年，而投资银行和保险服务费用则是因为《金融服务现代化法案》的通过而产生的新的费用收入，我们将在第14章中对其做深入的探讨。通过更加积极地推广服务而不是一味增加贷款，金融机构已经发现了这个颇具潜力的渠道，它能够增加利润表中的净收入，实现收入多样化，降低利率变动对机构的冲击。表5-6中非利息收入达到34.8亿美元，超过总收入的一半。BB&T公司超过70%的非利息收入来自一个叫"其他非利息收入"的项目，它为银行带来了一些最新的收入来源。

非利息费用 对大多数金融机构来说，最主要的非利息费用是雇员周薪、月薪及人事费用，通常认为是人力成本，而且由于近年来银行雇用高水平的大学毕业生担任管理角色，从竞争对手处挖走阅历丰富的高级管理人员，这一部分费用增长迅速。银行设备维护费用及办公地点租用费归入办公楼及设备净费用项目。银行办公家具、设备以及法律费用、办公用品费、修理费等许多小额费用都归入非利息费用中。

净经营收入和净收益 净利息（利息收入－利息支出）和净非利息收入（非利息收入－非利息支出）之和称为税前净收益。联邦及州的收入税率适用税前净收益和证券投资收入或损失以及其他项目收入。

目前银行和与其竞争的金融机构非利息收入的主要类型	
信用服务收入	信用卡成员缴纳的会费、延迟支付和超出信用额度所收费用、代表债权人代收或监督贷款用途所收费用、抵押贷款再融资
存款服务收入	保留账户所收费用、透支费用、处理资金不足的汇票或清算支票的过度使用次数所收费用、自动柜员机附加费用
证券交易收入	证券经纪人佣金、出售共同基金和其他产品所得佣金、协助公司发行新股票或债券所得佣金
信托业务收入	管理和保护客户资产、养老金计划等所有银行信用部门提供的服务费用
其他金融服务收入	数据处理费、兼并与合并咨询服务费

证券收益或损失通常是很小的，但是在很多时候对一些金融机构来说，它是一个具有重大影响的项目。例如，银行在一年当中不断地购买、出售、赎回证券，这些交易活动带来大于或小于证券原始成本（账面价值）的收益或损失。监管机构要求银行把投资证券的收益或损失作为一项普通的营业收入或营业损失来记录，然而，在利润表中可能把这些收入和损失记为非利息收入。银行能够利用证券收益或损失来稳定各年度的净收入，如果贷款收入减少了，证券收益能弥补全部或部分损失额；相反，当贷款收入（应税额）增长了，证券损失可用来降低银行总应税收入。

另一种用来稳定金融机构收入的工具是一次性资产售卖。这种一次性的（额外收入或损失）交易一般包括金融资产（如普通股）或坏账贷款中已扣押抵债的抵押品，银行也可以出售自己拥有的房地产或子公司。这种交易往往对当年的收入有很大影响，特别是当银行出售坏账的抵押品时。抵押品在银行报表中以最低市场价入账，但出售时价格可能会高得多。

任何金融机构的利润表的最后一个重要项目都是净收入，公司董事会通常将其分成两个部分。一部分资产以现金分红形式流入股东手中；另一部分（通常是较大一部分）是留存收益（又叫做未分配利润），这一部分为银行未来发展提供一定的资金支持。在表5-6中，BB&T公司2009年年底净收入小于9亿美元，这是前两年的经济衰退带来的实质性下降。

目前许多银行的主要非利息收入（手续费）来源

1. 信托业务

收入来源于金融机构的信托部门或者从事信托活动的关联子公司。
（1）管理和保护客户资产的费用。
（2）公司证券交易记录存贮以及发放利息股利的费用。
（3）管理公司和个人养老金及退休计划的费用。

2. 存款账户服务费用

存款账户服务收费主要来自国内营业部。
（1）支票账户维持费用。
（2）支票账户透支费用。
（3）超额支票开立费用。

(4) 存款账户优质费用。
(5) 中止支票支付的费用。

3. 交易账户的收益和费用

在会计期间已确认的交易现金工具以及表外衍生工具合约（包括商品交易合同）的净收益和损失。

4. 其他非利息收入

包括以下非利息收入来源。

(1) 投资银行业务、咨询、经纪人业务以及证券承销。
(2) 风险投资收入。
(3) 净服务费用。
(4) 净证券化收入。
(5) 保险委托佣金及收入。
(6) 贷款出售净收益（损失）。
(7) 自有房地产出售净收益（损失）。
(8) 其他资产（不包括证券）出售净收益（损失）。

资料来源：分类以及定义部分来源于www.FDIC.gov。

5.3.2 不同规模金融机构之间的利润表比例比较

规模不同的金融机构的利润表包含的项目相差不大，这点与资产负债表相同，但是收入和费用项目的重要性随着银行或其他金融机构规模不等而有所不同。例如，如表5-7所示，大银行的非利息收入（如服务手续费和佣金）占总收入比例要大于小银行。小银行主要依靠存款而不是货币市场取得资金，因此比大银行支付的存款利息相对要多。一家银行的利润表要与规模、地点有可比性的金融机构的利润表做比较才有意义。

表5-7 银行利润表组成部分（至2009年年底占总资产的比例）

收入和费用项目	占总资产比例(%)			
	美国所有被保险的银行	总资产小于1亿美元的美国银行	总资产在1亿~10亿美元的美国银行	总资产大于10亿美元的美国银行
总利息收入	4.07	4.97	5.00	3.96
总利息支出	1.03	1.50	1.65	0.76
净利息收入	3.04	3.47	3.35	3.00
贷款和租赁损失准备	1.95	0.72	1.21	2.05
总非利息收入	2.05	0.73	1.00	2.18
信托业务	0.21	0.08	0.01	0.22
存款账户服务费	0.35	0.32	0.33	0.35
交易账户收入和费用	0.20	0.00①	0.00①	0.22
其他非利息收入	1.30	0.33	0.52	1.39
总非利息支出	2.98	3.45	3.25	2.95
雇员工资福利支出	1.28	1.73	1.52	1.24
房屋及设备支出	0.35	0.42	0.40	0.35
其他非利息支出	1.36	1.30	1.33	1.36
税前净经营收入	0.15	0.02	0.11	0.18

(续)

收入和费用项目	占总资产比例(%)			
	美国所有被保险的银行	总资产小于1亿美元的美国银行	总资产在1亿~10亿美元的美国银行	总资产大于10亿美元的美国银行
证券收入（损失）	−0.01	−0.03	0.02	−0.01
所得税费用	0.03	0.05	0.02	0.03
非常规项目之前的收入	0.11	0.00①	−0.11	0.13
非常规收入——净额	0.03	0.00①	0.00①	−0.09
净收入	0.07	−0.00①	−0.11	0.09

① 小于0.005%。

资料来源：联邦存款保险公司。

概念测验

9. 银行的利润表中有哪些项目？
10. 请依次列举银行利润表中最重要的收入及费用项目。
11. 银行利润表中的贷款损失预提项目与银行资产负债表中的贷款损失准备项目有何关系？
12. 假设一家银行在年初持有125万美元的贷款损失准备，提取25万美元贷款损失准备，确认15万美元的坏账，收回5万元原核销的坏账。本年末贷款损失准备项目的余额是多少？

银行与金融服务业的道德规范

会计粉饰和创造性会计造成的扭曲

金融机构和其他公司一样，为了使自己看起来更加强大以便更成功地开拓市场，会操纵财务报表，"粉饰"行为在任何时候都可能发生，但是主要发生在年底和每季度末。

例如，经理可能决定让其机构看起来"更大"，市场份额明显增长。这些可以通过公司在每一季度或年底之前利用联邦基金进行货币市场借款、回购协议、存款证明或者是欧洲货币借款来达到，并在之后进行反向交易。

另外，管理层可能决定让其金融公司在年底看起来有"更强的财力"。最近，日本的足利银行对其管理层进行了控告，因其管理层对年底的财务报表做了"粉饰"，以达到利润虚增的目的，并使得银行宣布支付优先股股利。

证券交易商通常也会有类似的行为，被称为"操纵证券价格"，通常指暂时性地购买或出售稀缺证券造成股价大幅波动。大量出售或购买可能会对市场有巨大的影响，因此，这种交易在季度或年底粉饰公司的财务报表，在此之后则可能相反。其他金融公司可能会出售它们的不良资产以免股东抱怨。

除了这些把戏，更为人熟知的所谓创造性会计则可能对投资者和整个金融市场的效率造成实质性损害。这些活动隐瞒了公司真正的财务状况，投资者可能被低质量的信息误导。像证券交易委员会和联邦储备系统这样的监管机构在任何时候都不允许财务报表出现误导性信息。

5.4 主要非银行金融机构的财务报表

尽管资产负债表、利润表和银行的其他财务报表是独特的，但是近年来，非银行公司的财务报表变得和我们通常所见的银行财务报表越来越相近，存款机构（包括信贷协会和储蓄联盟）更是如此。和银行一样，存款机构的资产负债表以贷款（特别是住房抵押贷款和消费者分期贷款）、客户存款及货币市场借款为主要部分。同样，存款机构的利润表最重要的组成部分是贷款收入以及存款和货币市场借款的利息支付。

现在我们把注意力从存款性金融机构转向其他金融服务机构，如金融公司、人寿和财产/意外保险公司、共同基金和证券经纪与交易商，它们的财务报表包括了其行业特有的资金来源和不寻常的会计系统。例如，金融公司的资产负债表像银行一样，贷款是主要部分，但是这些信用资产通常被称为"应收账款"，包括企业应收账款和房地产应收账款。在资金来源方面，金融公司不是依靠存款，而是货币市场、银行和母公司（例如通用资本由通用电气控制）借款。

人寿和财产/意外保险公司也进行贷款，特别是对企业部门，但是这些通常以持有债券、股票、抵押贷款和其他证券的形式出现在保险公司的资产负债表中，它们中的大部分都在公开市场中购得。保险公司收入的主要来源包括保单收入、投资所得和货币或资本市场借款。保险业的大部分利润来自投资收入，而不是保单收入。

与之不同的是共同基金，它主要持有公司股票、债券、资产支持证券和货币市场工具，其资金主要由基金份额的销售收入和意外借款组成。证券经纪和交易商也持有类似范围的股票和债券投资，为这些融资的是货币和资本市场借款以及股东的权益资本。交易商为客户购买和销售证券、帮助企业发行证券以及为顾客资产评估提供咨询也能获得大量收入。银行也越来越多地提供类似的服务，它们的财务报表与其最强有力的竞争者非常相似。

概念测验

13. 金融服务市场中与银行竞争的主要竞争者有哪些？
14. 它们的财务报表和银行有哪些相同和不同之处？为什么会存在这些相同和不同？
15. 哪些主要的趋势正在改变金融机构提供的财务报表？
16. 银行及其类似金融机构的财务报表的主要特点有哪些？这些报表的特点对于金融机构的经理和公众而言有什么意义？

洞察力和问题

金融机构和非金融机构财务报表的对比分析

阅读完本章，我们可以停下来对比分析一下如摩根大通银行和富国银行等金融机构与波音及宝洁公司等非金融机构的财务报表。

在金融机构的资产负债表中，资产部分主要包括贷款及对政府债券、公司债券和股票的投资，负债部分包括来自金融市场的、用以支持其借贷和投资的存款和非存款借款。金融机构的收入通常包括利息收入、股息收入以及提供金融服务的手续费，费用则包括借款的利息支出以及员工工资和福利。

相反，非金融机构的资产负债表中，资产部分包括厂房和设备、销售货物或预先提供服务产生的应收账款、原材料和商品存货等；负债部分分为短期负债和长期负债，包括为满足生产需求而产生的应付账款、为满足工资支付、缴税和其他费用支出而向金融机构借入的款项等。（由此可见，金融机构归为"资产"的贷款，在收到这些贷款的非金融机构的报表上被归入"负债"。）非金融机构的收入通常来自货物的销售及其提供的非金融服务（应收账款），而费用则包括员工工资和福利、厂房和设备的折旧以及筹资成本。

财务报表主要项目	
金融公司 资产： 贷款 证券投资 现金和近似现金的金融工具 负债： 公众存款 非存款借款 收入： 利息和股利收入 服务提供手续费 费用： 利息支出 员工费用	非金融机构 资产： 厂房和设备 应收账款 存货 负债： 应付账款 来自金融机构的借款 收入： 销售收入 费用： 员工费用 厂房和设备折旧 利息支出

5.5 财务报表的主要特点

本章已探讨了大量有关银行财务报表的细节，并将其与最接近竞争者的财务报表做了比较。表5-8总结了银行和相关金融机构财务报表的主要特征以及各种财务报表对管理层和公众的意义。

表5-8 银行和相关金融机构财务报表的特点及意义

银行及相关金融机构财务报表的主要特点	对银行及类似金融机构管理者的意义
对他人供给的资金（如存款及货币市场非存款借款）的依赖性强；因此，许多金融机构为了增加股东收入大量使用财务杠杆（负债） 收入中大部分是贷款及证券利息，最大的费用项目是借款利息，其次是人力成本	当这些借款到期不能偿还时，金融机构暴露在极大的风险之下，因此，它必须持有相当一部分质量高、变现力强的资产来偿还到期债务 管理层必须慎重地选择贷款和投资项目以避免到期不能收回收益资产，损害预期收入。由于收入和费用对利息变动非常敏感，管理层必须能够预测利率变动趋势或通过运用利率套期避免银行损失
银行资产中绝大部分是金融资产（主要是贷款和证券），小部分是办公楼及设备（固定资产），因此银行在利用经营杠杆时经常受到限制	由于只有小部分资产是固定资产，因此办公楼及设备的固定成本较少，金融机构与其他企业相比对销售量（营业收入）的波动较不敏感，但是，也会影响到潜在收入（如银行业是中等利润水平的行业）

本章小结

本章概述了银行财务报表的类型和内容。财务报表为经理、投资人、监管机构以及其他利益相关方评估各个公司的绩效提供了至关重要的信息。本章同时也简略介绍了一些非银行金融机构的财务报表，并将其与银行的财务报表进行比较。本章的主要内容包括：

1. 存款机构公布的最重要的两个财务报表是资产负债表（经营状况报表）和利润表。

2. 银行的资产负债表报告了所持有资产（通常划分为现金资产、持有的投资证券、贷款以及其他资产等类别）的价值、未清偿债务（包括存款和非存款借款）资本或股东权益。资产负债表上所有项目都以某一特定时点来衡量（比如每年或每季度的最后一天）。

3. 对比而言，利润表则记录了主要的收入来源和运营费用。银行及其最接近业务竞争者的收入来源主要包括贷款和投资收入以及从销售收费服务中获取的收益。主要的管理费用包括对存款和其他借入款项的利息支付、员工薪资和福利、税金以及其他支出。

4. 非银行金融机构（包括储蓄机构、金融公司、人寿/财产/事故保险公司以及证券公司）的财务报表与银行的财务报表越来越趋于相同，尤其是当这些处于不同行业的公司进行混业经营时更是如此。这些机构普遍的特点是：大量运用财务杠杆（负债）来维系经营、金融资产大大超过实产、收入主要来自放贷以及帮助企业销售证券。对大多数金融公司来说，最主要的支出通常是对借款的利息支付，其次是人员费用支出。

5. 仔细研究银行及其竞争者的财务报表我们就会更加了解这些机构所提供的服务及其财务状况如何随时间变化而变化。这些报表为金融机构的经理、所有者、债权人以及监管机构提供了不可或缺的信息。然而问题在于，某些金融机构会粉饰其报表或采取其他手段操纵数据，这将向股东、债权人、客户以及监管机构发出误导信息。

关键术语

资产负债表　　　　　　　　　　利润表

习　题

1. Norfolk国民银行刚刚向联邦存款保险公司递交了财务报告。请填写下列报表中未填写的项目（单位：100万美元）。

资产负债表			
总资产	**4 000.00**	**总负债和权益资本**	—
现金及在其他银行的存款	90.00	总负债	—
证券	535.00	购买的联邦基金和回购协议	80.00
出售的联邦基金以及逆向回购协议	45.00	交易负债	10.00
贷款和租赁总额	—	其他借入资金	50.00
贷款损失准备	200.00	次级债	480.00
贷款和租赁净额	2 700.00	所有其他负债	40.00
交易账户资产	20.00	**总权益资本**	—
银行办公楼和设备	—	优先股	5.00
拥有的其他房地产	15.00	普通股	25.00
商誉和其他无形资产	200.00	股本溢价	320.00
所有其他资产	175.00	未分配利润	70.00

2. 除了上面提交的资产负债表，Norfolk也向联邦存单款保险公司提交了利润表。请填写下列报表中未填写的项目（单位：100万美元）。

利润表		利润表	
总利息收入	200	工资和员工福利	—
总利息支出	—	办公楼和设备支出	10
净利息收入	60	其他非利息支出	20
贷款和租赁损失准备	—	税前净经营收入	15
总非利息收入	100	证券收益（亏损）	5
信托业务	20	所得税费用	3
存款账户费用	25	非常规项目之前的收入	—
交易账户收入和费用	—	非常规收入——净额	2
其他非利息收入	30	净收入	—
总非利息支出	125		

3. 如果你知道下列数据：（单位：美元）

总利息收入	140	贷款损失备抵	5
总利息费用	100	所得税	4
总非利息收入	75	普通股股利	6
总非利息支出	90		

请计算以下项目：

净利息收入	—	总营业收入	—
净非利息收入	—	总营业费用	—
净税前经营收入	—	支付给普通股股东的股利	—
税后净收入	—		

4. 如果你知道下列数据：（单位：美元）

贷款总额	300	银行办公楼及设备总额	25
贷款损失备抵	15	交易账户证券	2
投资证券	36	其他房地产	4
普通股	5	商誉及其他无形资产	3
资本公积	15	总负债	375
股东权益总额	30	优先股	3
现金及在其他银行的存款	10	非存款借款	40
其他资产	25	银行办公楼及设备净额	20

请计算以下项目：

资产总额	—	投资证券	—
净贷款	—	折旧	—
未分配利润	—	存款总额	—

5. Sea Level银行拥有总贷款额8亿美元，贷款损失准备为4 500万美元。两年前，银行向Sunset宾馆提供了1 200万美元的贷款。在借款者拖欠该贷款之前已经偿还了200万美元。Sea Level银行的贷款委员会认为该宾馆将会以700万美元的价格被拍卖，之后他们想立即收回贷款。
   (1) 收回贷款前的净贷款数额是多少？
   (2) 在收回贷款之后，总贷款数额、贷款损失准备和净贷款是多少？假定没有其他交易发生。
   (3) 如果Sunset宾馆以1 000万美元的价格拍卖出售，这将会怎样影响资产负债表的相关账户？

6. 下列交易会影响哪些银行利润表中的收入及费用项目？
   (1) 为了下周客户及员工有足够的存款单和其他表格以供使用而购买办公用品。
   (2) 银行通过月工资单账户拨出一笔资金，划入所有合资格员工的养老基金中。
   (3) 银行邮寄出储户账户利息。
   (4) 管理层预测最近发放的房地产贷款的违约率很有可能接近3%。
   (5) Harold Jones夫妇刚刚购买了一个保险存箱用来存放股权证书及遗嘱。
   (6) 银行收回年初向Intel公司发放的贷款利息100万美元。
   (7) Hal Jones的两张支票由于资金不足而被退票，银行向Hal Jones的支票账户收取30美元的费用。
   (8) 银行获得去年年中购买的政府证券利息500万美元。
   (9) 银行今天向当地电力公司支付公共事业月账单，数额为5 000美元。
   (10) 银行售出政府证券，获得29万美元资本利得（税后净收入）。

7. 下列各项交易会影响银行资产负债表中哪些账户（至少两个）？
   (1) Sally Mayfield刚刚开立了定期存款，数额为6 000美元，这笔存款立即贷给Robert Jones用以购买二手汽车。
(2) Arthur Blode将数额为1 000美元的工资支票存入银行，银行将这笔资金投资购买政府债券。
(3) 银行向当地社区投资者新发行10万美元的普通股，所得款项用于安装新ATM机。
(4) Jane Gavel将银行支票账户余额2 500美元提出并存进一家信贷联盟，银行用Alan James刚偿还的房屋贷款来支付Jane Gavel所提款项。
(5) 银行从Ace制造公司购买了75万美元的推土机，租赁给Cespan建筑公司。
(6) Signer国民银行将500万美元准备金贷给Quesan州立银行，第二天收回贷款。
(7) 银行确认贷给Deprina公司的100万美元为坏账。

8. Nitty Gitty银行正在编制表外业务项目的定期报告，请填写下表中未填的数据。利用表5-5，描述Nitty Gitty银行在表外业务的经营上与其他银行的不同。

Nitty Gitty银行的表外项目（单位：100万美元）			
总的未使用承诺	8 000	利率合约	54 000
备用信用证和海外分支机构担保	1 350	外汇合约	—
（向其他机构的资金转移）	−50	其他商品和权益合约	1 200
商业信用证	60	所有其他的表外负债	49
抵押证券	2 200	总表外项目	—
衍生工具（总）	100 000	总资产（表内项目）	12 000
信用衍生工具的名义价值	22 000	表外项目/表内项目资产	—

9. 试从下列数据中确定Cardinal州立银行的当期税后净收入以及当期收入中留存收益数额（重新投资到银行的收入）。请将所给数据按正确顺序排列，编制出银行利润表。（单位：100万美元）

实际税率	28%	储户支付的服务费	3
贷款利息和收取的费用	90	证券利得	−7
员工周薪、月薪和福利金	13	购入联邦基金所支付利息	5
政府债券和票据所得的利息与分红	5	向100万股普通股持股人每股支付两美元股利	
贷款损失预提	2	向定期及储蓄存款客户支付的利息	40
管理费用	3	信托部门费用	3

10. 以下哪些账户项目经常出现在银行资产负债表（经营状况报表）中，哪些会出现在利润表中。

售出的联邦基金
留存收益
信用卡贷款
公共设施费用
库存现金
贷款损失备抵
银行固定资产及设备折旧
商业与工业贷款
信用卡贷款偿付
普通股
货币市场存款利息

证券收益或损失
在其他银行的存款
企业设备租赁
信用卡贷款利息
员工福利
储蓄存款
贷款损失预提
存款服务费
未分配利润
银行建筑抵押
其他房地产

11. 已知银行最新收入和费用报表数据如下：（单位：100万美元）

净利息收入	800	债券收益	100
净非利息收入	−500	银行未分配利润增加额	200
未缴所得税前净收入	372		

假设你被告知银行总利息收入是总利息支出的2倍,非利息收入是非利息支出的3/4,贷款损失预提是总利息收入的1%,而税率是未缴所得税前净收入的30%。请你计算银行收入和费用报表中的下列数据:

总利息收入	—	贷款损失预提	—
总利息支出	—	所得税	—
总非利息收入	—	普通股股利	—
总非利息支出	—		

12. 为什么银行和非银行金融服务机构公布的财务报表越来越相似?哪些非银行金融公司的资产负债表和利润表与商业银行(特别是社区银行)的报表极为相近?
13. 非银行储蓄机构(包括存款银行、存贷信用联盟)主要能够利用哪些资产和资金来源?其收入主要来自哪些渠道?其主要支出项目是什么?
14. 为什么金融公司、保险公司以及证券公司的资产负债表和利润表与银行的报表非常类似?其不同之处是什么?如何解释这些不同呢?

附录5A 金融服务业的信息来源

随后的章节会提供很多成功管理金融机构所能用到的工具,但是课本上所能提供的信息是不能满足管理者的需要的。他们的问题和解决方法可能非常专业,技术性很强,随着时间变化而变化,并且要比课本更新得更快。客户和监管者面临着同样的问题:他们必须进一步获取有用信息,以对金融服务提供商进行评价,并获取最好的服务。

金融机构的经理到哪里去寻找他们所需的消息呢?一个好的来源是全国各地的专业学校,其中最为有名的是斯托尼尔银行研究生院,它由美国银行家协会主办。其他的专业学校都致力于解决银行业内部的专业性问题,如市场开拓、消费信贷以及商业贷款等。这些学校都会提供教学材料,还经常布置课题。

除了这些专业学校,有些工业商会组织每年都会发表大量的书面论文及管理者指南,来解决一些重要的问题,如开发并改善新的服务、解决有问题贷款、制定金融计划等。

除了商业协会提供的材料外,很多出版社、杂志发行者、政府部门每年都会发行许多杂志、新闻稿和书籍。

许多行业目录会根据名称、城市、州和所在地点列出行业内企业的名单。一些更完整的目录还提供给使用者必要的联系方式,比如公司主要办公大楼的名称、公司的通信地址、电话号码和电子邮箱。更详细的目录会有关于公司财务状况的简短介绍甚至会有每家公司历史的概要。这些目录的一个通常用途是寻找就业机会。

第6章 银行及其主要竞争对手绩效的测量与评估

学习要点

- 股票价值和盈利比率；
- 信用、流动性和其他风险的衡量；
- 经营效率衡量；
- 竞争对手绩效；
- 规模效应和地点效应；
- 附录6A 利用财务杠杆和其他分析工具追踪金融机构业绩：银行业绩统一报告和银行控股公司绩效报告

幽默大师、诗人奥格登·纳什（Ogden Nash）曾经写道："银行家除了更有钱以外和其他人没什么两样"，这句评论可能对也可能不对，很大程度上取决于作为金融市场参与者的银行家和其他金融服务管理者自身的表现。确实，为了经营好公司，银行家和其竞争对手一直处于重压之下。

当把经营（perform）应用于金融机构和银行时，我们是要表述什么意思呢？在本例中，"绩效"（performance）是指一家金融机构在多大程度上满足了其股东（所有者）、雇员、储户和其他债权债务人的要求。同时这些金融机构必须努力使政府监管部门感到满意，使它们相信公司的有关政策、贷款和投资业务都是健康的，并且保护了公众利益。通常我们可以通过对其财务报表的细致分析来揭示这些机构是否达到了利益方的预期。

为什么对财务报表的要求这么严格苛刻呢？一个主要原因是银行和其他金融机构严重依赖于公开市场，它们通过销售股票、债券和短期大额存单（包括储蓄）筹集资金。金融机构进入公开市场筹集资金，意味着股票和债券投资者、信贷评级机构（比如穆迪和标准普尔）、监管机构和公众将对银行的财务报表进行更全面的审查。

这一变化使管理者在制定及完成绩效目标方面都面临巨大的压力，如果不能很好地制定和完成这些绩效目标，它们将遭受金钱和名誉损失。2002年，美国第二大银行摩根大通就是一个著名的例子。当时，由于主要储户和债权人对其潜在的贷款损失反应消极，该银行的信用评级受到质疑，同时由于受到安然公司和其他有问题的公司的丑闻所带来的负面影响，导致其借款成本上升。但后来摩根大通的地位得以加强和改善。

然而，2007~2009年，由于次级房贷和抵押支持证券的价格跳水，银行业遭遇了困难，行业领头羊如花旗集团、美国国家金融服务公司、华盛顿互惠银行等都匆忙筹集新资本并寻求恢复盈利性，若失败，则寻求并购伙伴。

同时，正如我们在第1~4章所看到的那样，对传统借贷客户的争夺骤然加剧。信贷联盟、货币市场基金、保险公司、经纪公司、证券交易商甚至连锁商店为争夺储贷市场份额大打出手。银行必须不断调整存贷政策,审查它们的扩张计划及成长方案,并且根据新的竞争环境对风险与收益进行评估。

本章将详细应用一些使用最为广泛的数量及质量指标来评价银行的业绩,同时用一些绩效指标来衡量银行主要竞争对手的表现。我们将围绕衡量银行业绩的两个最重要尺度,即盈利能力与风险展开讨论,毕竟,银行和其他金融机构从本质上来说也是商业公司,它要求在一定的可接受的风险水平上,实现股东投资价值的最大化。在股东(所有者)可接受的风险范围内,实现盈利最大化(至少是比较满意的)并不是一件容易的事情,近期全球范围内许多金融机构的破产有力地证明了这一点。积极追求这一目标,要求银行不断地寻找进一步增加营业收入并提高效率的新机会,进行更为有效地控制风险。本章随后的部分将对收益和风险这两个衡量银行及其竞争对手的最重要的指标进行介绍。

6.1 银行绩效评估

如何利用财务报表,特别是其经营状况表(资产负债表)和利润表来评价银行的业绩呢?应该观察哪些指标,来判断一家金融机构是否存在需要管理层采取措施应对的严重问题呢?

6.1.1 确定长期目标

分析财务报表的第一步,是确定银行或其他金融机构将要实现的目标。金融机构的经营和运作必须为其特定的目标服务。要对金融机构的业绩进行公正的评价,首先要确定它是否已经实现了管理层及股东所制定的目标。

当然,不同的金融机构会有不同的目标。有些公司希望更快地成长,实现某种长期增长目标,其他一些则更愿意维持日常的经营,将风险最小化,给公众一种稳健经营的感觉,同时给股东一些合适的回报。

6.1.2 实现公司价值最大化

尽管前面提及的目标都有其可取之处,但越来越多的金融机构发现它们必须密切关注的是其股票的价值。事实上,在当今的财务管理实践过程中我们发现,实现股票的价值最大化是公司应当追求的最关键目标。如果股票价值没有上升到期望的水平,投资者可能会减持他们手中的股份,金融机构在筹集资金以支持未来发展方面将会面临困难,因此,很明显,管理层应该将金融机构股票价值最大化作为首要目标。

什么因素导致金融机构股票价值上升呢?金融机构的股价可以用如下公式表示

$$股票价值(P_0) = \frac{预期未来的股东股息流}{贴现因子(给定每一家金融公司的风险水平,以权益资本所要求的最低市场收益率为基准)} = \sum_{t=0}^{\infty} \frac{E(D_t)}{(1+r)^t} \quad (6-1)$$

式中,$E(D_t)$代表的是股东期望在未来期限内获得的股利,用金融机构设想的风险水平下可接受的最低收益率(r)进行贴现。最低可接受的收益率r有时指银行的资本耗费,主要由两部分构成：①零风险利率（经常用政府债券的即期收益率表示）；②资产风险溢价（以此来补偿投资者没有投资于无风险的有价证券而投资于银行股票所接受的风险）。

如果下列任何一种情况出现，金融机构的股票价格都可能上升：
- 预期未来股东股利的价值流增加，这可能是因为公司所服务的市场最近有所发展或者由于公司实施了有利的收购。
- 金融机构所设想的风险有所降低，这可能是因为该金融机构的资产储备增加，或者是贷款损失减少，或者因为投资者感到它的总体风险降低（可能是因为它的服务更加多样化，并且扩展了市场的数量），因此资产风险溢价降低了。
- 市场利率下降，经由所有市场利率中的无风险利率部分，降低了股东可接受的收益率。
- 正如投资者所设想的那样，预期股利增加并且风险下降。

多年的调查结果表明，金融机构的股票价值对利率、汇率变动以及它们所服务的经济的强弱特别敏感。显然，管理层可以制订正确的方针以增加公司将来的收益或者减少风险，或者同时做到以上两点来提高公司股票的价格。

金融机构股价决定公式假定：公司会支付股利并且股利的数量会发生变化。但是，如果人们预期股东收到的股利会以一个不变的比率增长——这可能表示收益的稳定增长，股价公式可以进行大幅简化，变成

$$P_0 = D_1/(r-g) \tag{6-2}$$

式中，D_1表示第1期的期望股利，r是贴现率，表示投资于银行的风险估计，g表示预期银行股利每年的增长率，r肯定大于g。举个例子，假设预期银行第1期股利为每股5美元，并且预期每年以6%的速度增长，反映银行股东风险适当的贴现率是10%。那么银行的估价就是

$$P_0 = 5\text{美元}/(0.10-0.06) = 125\text{美元}/\text{股}$$

这里讨论的两个股票价格公式都假定银行会在将来的某个时间支付股利，但是，大多数资本市场投资者考虑的时间范围都是有限的，并且在其考虑的时间范围结束的时候，会卖掉股票。银行股票的现值则由以下公式决定

$$P_0 = \frac{D_1}{(1+r)^1} + \frac{D_2}{(1+r)^2} + \cdots + \frac{D_n}{(1+r)^n} + \frac{P_n}{(1+r)^n} \tag{6-3}$$

这里，我们假定投资者持有股票到第n期，收到的股利现金流分别为：D_1、$D_2\cdots D_n$，在计划投资期结束的时候将股票以P_n的价格出售。举个例子：假设投资者预期银行在第1期期末支付5美元股利，第2期期末支付10美元，之后以每股150美元的价格卖掉。如果相应的风险贴现率为10%，银行股票的现值应该是

$$P_0 = \frac{5\text{美元}}{(1+0.10)^1} + \frac{10\text{美元}}{(1+0.10)^2} + \frac{150\text{美元}}{(1+0.10)^2} = 140.91 \text{（美元）} ⊖$$

金融机构在向股东支付股利方面通常是很稳定的。他们的股利支付率（股利/每股价格）通常要高于非金融机构的平均值。例如，美国几家最大的银行历史上平均股利支付率要超过4%，而对于所有大公司，这一数据是小于3%的。

⊖ 金融计算器可以帮助你解决上述每股价格的问题，令$N=2$，$1/Y=10$，$PV=$（？），$Pmt=5$，$FV=160$。

概念测验

1. 银行和其他金融机构为什么要关注其盈利水平和风险程度？
2. 什么样的组织和个人可能对金融机构业绩的衡量尺度感兴趣？
3. 什么样的因素影响金融机构的股票价格？
4. 假设人们预期银行会在当期支付每股4美元的股利，并且预计股利会以每年5%的速度增长，在银行估计的风险水平上，最低的资本回报率是10%。你能算出股票的现值吗？

6.1.3 盈利能力比率：股票价值的替代指标

理论上，股票价格是衡量金融机构业绩的最好指标，因为它反映了市场对公司的评价，但是这一指标对小型银行和相对较小的金融机构并不适用，因为小型机构发行的股票，在国际和国内市场上并没有频繁的交易。这种情况使得金融分析师被迫以各种盈利性比率来代替市场价值指标进行分析。

目前衡量**盈利性**（profitability）的最重要的比率有

$$股东权益收益率（ROE） = \frac{净收入}{总股本} \tag{6-4}$$

$$资产收益率（ROA） = \frac{净收入}{总资产} \tag{6-5}$$

$$净利息收益率（net\ interest\ margin） = \frac{利息收入-利息支出}{总资产} \tag{6-6}$$

$$非利息净收益率（net\ noninterest\ margin） = \frac{非利息收入-贷款损失准备非利息支出}{总资产^{\ominus}} \tag{6-7}$$

$$净经营收益率（net\ operating\ margin） = \frac{经营总收入-经营总支出}{总资产} \tag{6-8}$$

$$每股收益率（EPS） = \frac{净收入}{普通股股本} \tag{6-9}$$

> **小贴士**
> 与传统观点相反，大型银行盈利率并不是最高的，小型银行也不是。最高的资产收益率（ROA）和股东权益收益率（ROE）通常出现在中等规模的银行中。

和所有的金融比率一样，不同时间、不同金融市场的盈利性比率差别很大。

上述每一个盈利比率考察了金融机构盈利能力的不同方面。ROA主要作为管理效率指标，反映了管理层将银行资产转化为净利润的能力。股东权益收益率（ROE）则衡量股东的收益率，它大致估算出股东投资于金融机构的资本所获得的利润（即股东承担一定的风险进行投资，希望获得适当的利润）。

净经营收益率、净利息收益率以及非利息净收益率，既是盈利性比率，又是效率比率，它们反映了管理层与职员使收益（主要来自贷款、

⊖ 许多银行的权威人士在定义经利息收入和非利息净收入时更乐于使用总盈利资产。盈利资产是指那些能够产生利息收入或者服务费收入的资产，主要是贷款和证券投资。这样做的原因在于，净利息收入和非利息净收入都应该同那些占银行所有收入大部分的资产（主要是贷款和安全投资）相比，而不是所有的银行资产。

投资以及收费服务）增长大于成本（主要是存款与资本市场借款的利息以及雇员工资与福利）增长的能力。**净利息收益率**（net interest margin）反映的是通过严格控制盈利性资产寻求最便宜的资金来源，实现的利息收入与利息开支的差额。**非利息净收益率**（net noninterest margin）反映的是非利息收入与非利息开支的差额，非利息收入由金融公司收取的存款服务费和其他费用收入组成，非利息支出则包括薪水、工资、设备维护及维修费用以及贷款损失费用。通常来说，非利息收益是负的。尽管近年来非利息收入在总收入中所占的比率一直呈急剧上升的趋势，但非利息支出通常都超过非利息收入。

> **小贴士**
> 由谁来宣告一家在美国经营的银行破产呢？通常由谁来出售和清算破产企业呢？
> 答：该银行的登记机构宣布其破产；联邦存款保险公司（FDIC）担任出售和清算人。

另一种传统的衡量盈利能力的指标被称为收益差额（简称差额），计算公式如下

$$收入差额 = \frac{总利息收入}{总盈利资产} - \frac{总利息支出}{总生息负债} \quad (6-10)$$

该差额可以衡量作为中介的金融机构在存贷款方面的效率以及所服务的市场竞争的激烈程度。竞争越激烈，平均资产收益与平均负债成本之间的差额越小。如果其他因素保持不变，竞争加剧，差额将会下降，这样管理层就不得不寻求其他方式（例如从新的服务项目上收取费用）来弥补收益差额的降低。

概念测验

5. 什么是股东权益收益率，它衡量的是公司业绩的哪些方面？对于金融机构的管理者来说，这一业绩衡量指标是如何起作用的？
6. 假设银行称当年的净收入是5 100万美元，其总资产是14.44亿美元，负债为9.26亿美元。其股东权益收益率是多少？你所算出的ROE是好还是坏？你需要什么信息来回答这个问题。
7. 什么是资本收益率，为什么它很重要？ROA指标对于银行的主要竞争者同样重要吗？
8. 某家银行估计今年的总收益是15.5亿美元，其总支出（包括税收）共10.7亿美元，负债为49.6亿美元，股本资本为5 200万美元。银行的资产收益率是多少？资本收益率是高还是低？你是如何判断的？
9. 为什么现在的金融机构的经理非常关注净利息收入和非利息净收入以及收入差额？
10. 假如一位银行经理告诉你今年他的银行借款利息总支出为1 200万美元，总非利息支出500万美元，由盈利性资产获得的利息收入是1 600万美元，非利息收入是200万美元。进一步假设，总资产为48 000万美元，其中收益性资产占85%，生息负债占总资产的75%。如何确定近年来的银行净利息收益率、非利息净收益、收益率基准额以及收益差额？

6.1.4 几个有用的盈利能力公式

在分析任意一个金融机构的业绩时将一些盈利性指标简化为其最重要的部分，往往是十分有用的。例如，很容易看到，ROA和股东权益收益率（ROE）（当前所使用的最重要的银行盈利性指标中的两个）之间有着密切的联系，它们的分子是一样的：净收入。因此，两个利润指标可以直接联系起来

$$股东权益收益率（ROE）= ROA \times \frac{总资产}{总股本} \quad (6-11)$$

或者表述为

$$\frac{净收入}{总股本} = \frac{净收入}{总资产} \times \frac{总资产}{总股本} \quad (6\text{-}12)$$

但是我们注意到净收入等于总收入减去营业费用和税收，因此

$$ROE = \frac{总收入 - 总营业费用 - 税收}{总资产} \times \frac{总资产}{总股本} \quad (6\text{-}13)$$

式（6-12）和式（6-13）中的关系提示我们：金融机构的股东回报率对融资方式（更多地举债还是更多地使用股本）极为敏感。资本收益率（ROA）很低的金融机构通过大量借债（杠杆），同时尽量少地使用股东资本，也可以获得很高的股东权益收益率（ROE）。

实际上，资产收益率（ROA）和股东权益收益率（ROE）之间的关系清楚地表示了金融机构的管理者所面对的风险与收益的基本转化关系。例如某银行今年制订的资产收益率（ROA）为1%，为了取得10%的股东权益收益率（ROE），银行每1美元的资本就需要10美元的资产。根据公式（6-11）

$$ROE = ROA \times \frac{总资产}{总股本} = \frac{0.01 \times 10 \times 100}{1} = 10\%$$

但是，如果人们期望资产收益率（ROA）降到0.5%，那么只有在1美元资本支持20美元资产的情况下，股东权益收益率（ROE）才能达到10%，也就是说

$$ROE = \frac{0.005 \times 20 \times 100}{1} = 10\%$$

实际上，我们可以建立一个如表6-1的风险—收益转换表，它告诉我们要使用多少杠杆（相对于资产的负债）才能取得希望的股东回报率。从这个转换表中可以看出，金融机构资产：资本＝5：1时，可知：如果ROA是0.5%，ROE就是2.5，如果ROA是2%，ROE就是10%。与此相反，如果金融机构资产/资本＝20：1，较为温和的0.5%的ROA就可以取得10%的ROE。

显然，当由资产收益率（ROA）表示的盈利率下降时，金融公司必须通过提高杠杆率承担更大的风险，以达到期望的股东回报率。

表6-1 风险—收益转换表

总资产/总股本	当ROA如下时的ROE(%)			
	0.5	1.0	1.5	2.0
5:1	2.5	5.0	7.5	10.0
10:1	5.0	10.0	15.0	20.0
15:1	7.5	15.0	22.5	30.0
20:1	10.0	20.0	30.0	40.0

6.1.5 股东权益收益率的分解分析

另外一个非常有用的收益率公式侧重于ROE的计算

$$ROE = \frac{净利润}{总营业收入} \times \frac{总营业收入}{总资产} \times \frac{总资产}{总股本} \quad (6\text{-}14)$$

或者

$$ROE = 净利润率 \times 资产利润率 \times 股本乘数$$

其中，

$$银行净利润率（NPM）= \frac{净利润}{总营业收入} \tag{6-15}$$

$$银行资产利用率（AU）= \frac{总营业收入}{总资产} \tag{6-16}$$

$$银行股本乘数（EM）= \frac{总资产}{总股本} \tag{6-17}$$

这一简单等式的每一组成部分分别说明了金融机构运营情况的不同方面，见图6-1。例如：

银行净利润率（NPM）反映了费用管理（成本控制）与服务定价政策的有效性；

银行资产利用率（AU）反映了政策管理决策（特别是银行资产组合与收益率）；

银行股本乘数（EM）反映了杠杆或融资政策：银行融资渠道的选择（债务或股票）。

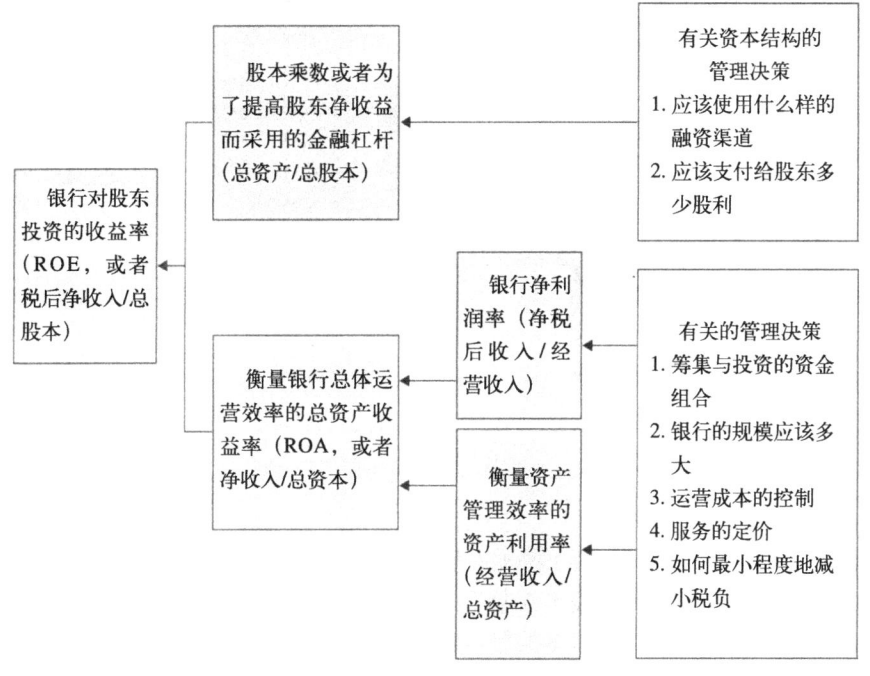

图6-1 决定金融机构股东投资的收益率（ROE）的因素

如果其中任何一个比率开始下降，管理层都要特别注意这种变化，并且找到变化背后的原因。在这三个比率中，股本乘数（EM）即资产/股本，通常是最大的，大多数银行的平均数在15左右或更大，大型银行的这一乘数是20或者更大。这个乘数直接衡量银行的融资杠杆率：每1美元股本（股东所有）可以支持多少美元资产，进而决定金融机构的多少资产要由借债来解决。因为股本必须承担金融机构资产的损失，所以乘数越大，面临的倒闭风险也就越大，但是，乘数越大，金融机构给予股东高额回报的可能性也越大。

净利润率（NPM），即净收入/总收入，在一定程度上反映了管理层控制与实施的方向。这个比率提醒我们，有效地控制成本并且最大化收入，可以提高金融机构的收益和股东回报率。同样，通过谨慎地把资产配置到收益最高的贷款及投资上，同时规避过高的风险，管理层可以提高资产的平均收益率（AU，即资产利用率）。

一个有趣的例子是关于1992~2009年第1季度间所有联邦保险公司（FDIC）承保的存款机构的平均股东权益收益率（ROE）的跟踪记录，如表6-1所示。仔细阅读该表中的数字我们会发现，在这十多年里，所有FDIC承保的存款机构的股东权益收益率相当不错。这一时期的开始和末尾期股东权益收益率均较低，约为12%~13%；在2002和2003年股东权益收益率达到了顶峰，约为14%~15%。整个行业的平均股东权益收益率约为13%，在经济衰退中有所下降。

什么因素促成了早些年稳健的ROE？表6-2很清楚地表明，主要原因是净利润率（NPM）的大幅上涨（主要是由于非利息收益和服务费收入），营业收益增速快于营业费用增速。净收益率的增长速度超过了资产利用率和股本乘数的下降速度。

表6-2 所有联邦存款保险公司承保的金融机构的
股东权益收益率的构成（1992~2009年）

年份	股东权益收益率(%)	=	净利润率(税后净收入/总收入)(%)	×	资产利用率(总收入/总资产)(%)	×	股本乘数(总资产/总权益资本)
2009	1.07	=	1.56	×	6.12	×	11.20x
2008	0.31	=	2.38	×	1.38	×	9.36x
2007	7.93	=	10.44	×	7.35	×	10.24x
2006	11.64	=	16.45	×	7.45	×	9.50x
2005	11.92	=	17.91	×	6.85	×	9.72x
2004	13.27	=	19.81	×	6.51	×	9.72x
2003	15.04	=	19.86	×	6.95	×	10.93x
2002	14.11	=	17.10	×	7.60	×	10.87x
2000	13.53	=	12.02	×	9.48	×	11.78x
1998	13.51	=	12.73	×	9.11	×	11.74x
1996	13.31	=	12.21	×	9.01	×	12.17x
1994	13.33	=	12.59	×	8.34	×	12.80x
1992	12.21	=	9.55	×	9.11	×	13.42x

注：由于四舍五入，数据会有波动。
资料来源：联邦存款保险公司。

为什么后两个比率（AU和EM）会下降呢？银行资产利用率下降的主要原因是较低水平的市场利率在这段时间里一直在下降，股本乘数下降则是由于权益资本的上升。创纪录的利润和政府监管部门的鼓励使存款机构利用更多的股本和较少的负债为其资产收购融资。为保护储户利益和维持政府存款保险准备金，监管部门要求存款机构增加资本金；同时，银行通过更多地使用表外交易（就像我们在第5章所看到的那样）及通过有偿服务收费而不是收购新的资产的方式获得更多的营业收入，成功地降低了资产增长速度。

将这个简单的股东权益收益率（ROE）模型稍加变形，就形成了一个可用于金融机构管理的四个不同领域的十分有用的效率公式

$$ROE = \frac{净利润}{税前净营业利润} \times \frac{税前净营业利润}{总营业收入} \times \frac{总营业收入}{总资产} \times \frac{总资产}{总股本} \quad (6-18)$$

或

$$ROE = 赋税管理效率 \times 费用管理效率 \times 资金管理效率 \quad (6-19)$$

在这种情况下，我们只是把净利润率（NPM）分解为两部分：①赋税管理效率比率，反映了银行利用证券收益（或损失）及其他赋税管理工具（如买进免税证券），使赋税最小化；

②税前收入/总收入，表示在扣除营业费用之后还有多少收入，用以衡量运营效率和成本控制。
例如，假设某银行的资产负债表和利润表显示如下数据：

净利润＝100万美元；税前净营业利润＝130万美元；总营业收入＝3 930万美元；总资产＝12 200万美元；总股本＝730万美元。

则其ROE为

$$ROE = \frac{100}{130} \times \frac{130}{3\,930} \times \frac{3\,930}{12\,200} \times \frac{12\,200}{730}$$

$$= 0.769 \times 0.033 \times 0.322 \times 16.71 = 0.137，即13.7\%$$

显然，当这四项指标中的任何一项开始下降时，管理层都需要重新评估金融机构该领域的管理效率。例如，如果证券收益（或损失）发生前的税后净收入/总收入从0.769降到0.610，管理层就应密切注意赋税管理及控制情况；如果特殊交易前的税后净利润/营业收入在下一年度从0.033降到0.025，银行就需要重新审视成本控制方面的效率；如果运营收入/总资产从0.322直线下降到0.270，就需要仔细检查资产投资政策，以确定资产收益率的下降是否由管理控制上的原因所造成。⊖

> **小贴士**
> 第二次世界大战以来，平均每年破产的美国银行不到行业总数量的1%～2%。

真实的银行，真实的决策

许多银行由纳税公司转变为免税S型公司

1996年，美国国会通过《小型企业就业保护法案》，允许美国的银行由一般纳税公司转变为免收入所得税S型公司。之后，2004年《美国就业机会创造法案》通过降低注册转换费使更多银行更容易转变为S型公司。虽然大多数S型银行均为小型机构，但将来会有更多大型、公有银行会注册转换，为的是回避2002年7月颁布的《萨班斯—奥克斯利法案》所规定的严格的报表要求。

S型公司并不被要求缴纳公司收入所得税。然而，为保留这一免税的权利，S型公司必须将其收益以股东持有股份数量为基础按比例支付给股东。相应地，股东必须为其从银行所得收入缴纳税款。显然S型公司避免了双重扣税，因为只在股东层次上缴税。

近几年来S型公司如雨后春笋般迅速发展。到五年前已经有2000多家商业银行转变为S型公司。

银行转变为S型公司有哪些优点呢？显然，由于S型公司不必缴纳公司收入所得税，而是将公司盈利直接支付股东，这是其优势所在。股东可以获取更多的股利支付。

那么，这一转变的缺点又是什么？这些公司股东人数不得超过100人，这就将公司组织形式限制于小银行。另外，S型公司面临着狭小的股票流通市场，因为持有它们发行的股票的股东数目有限。这限制了S型公司筹集新资本和增加资产的能力。不过，近期规定有所改变，来自同一家庭的成员，不论人数多少，都可以算作一名股东。这对新股东的吸纳是有利的。然而，一家S型公司只可发行一个级别的股票（即所有投资者必须拥有相同的经济权利），这对大型银行机构具有显著的限制作用，因为许多大银行发行在外的股票是属于不同级别的。

S型公司或许在偏远地区和小城市会最为流行。它们税前和税后收益通常都较高，并且更倾向于向股东支付稳定的股利。

⊖ 由前面的分析我们知道，美国政府允许银行在将其收益直接分配给股东的情况下，转变为S型公司以减税，这种组织形式可免公司所得税。这一趋势使得运用税前ROE比税后ROE来比较不同银行业绩更为有效。

6.1.6 资产收益率及其基本内容

我们可以把金融机构资产收益率（ROA）分解为几个组成部分，如表6-3所示。准确地讲，ROA由3个简单的比率组成。

$$净利息收益率 = \frac{利息收入 - 利息支出}{总资产} \tag{6-20}$$

加上

$$非利息净收益率 = \frac{非利息收入 - 非利息支出}{总资产}$$

减去

$$影响净收入的特殊交易 = \frac{贷款损失准备金 \pm 证券收入/损失 + 税收 - 其他净收入}{总资产}$$

等于

$$资产收益率或资产管理产生收入的能力 = \frac{净利润}{总资产}$$

表6-3 资产收益率（ROA）的计算

利润表项目	收入或成本内容
总利息收入/总资产	持有资产的收入
−利息支出/总资产	为持有资产所花费的资金成本
=净利息收入/总资产	由于借款机构的信贷好于客户信贷所产生的银行收益率
+非利息收入/总资产	办理客户业务所得收入
−非利息支出/总资产	运营成本
−贷款损失准备/总资产	增值税
=税前收入/总资产	税前资产收益率
−所得税/总资产①	金融公司分担的政府服务成本份额
=特别项目前收入/总资产	来自经常收入来源的净收入
+（特别项目净损益）/总资产	非经常收入或损失来源
=净收入/总资产	扣除股东成本后的收益

① 收入与收入税要按照银行所得到的免税收益率进行调整。等税率基础上的此类收入可用免税收入额乘以$1/(1-t)$来表示，t代表银行等级税率。

银行和金融服务业的道德规范

2001年芝加哥苏必利尔银行（Superior Bank of Chicago，一家联邦注册的储蓄银行）破产并被联邦存款保险公司接管。这家银行的破产向我们生动地描述了误导性的会计操作（比如高估资产价值和收益、低估负债和支出）是如何伤害一家金融机构的绩效并最终导致其破产的。

2002年，联邦存款保险公司作为苏必利尔银行的接管者和清算者对安永会计事务所（Ernst and Young LLP）提起诉讼，声称安永的审计人员发现了会计操作上的问题，但是直到几个月后才向监管机构汇报。依其申述，外部审计人员的这一耽搁使监管机构没有及时做出反应来减少政府保险基金的损失。

据称，苏必利尔银行既是安永的审计客户也是其咨询客户。联邦存款保险公司起诉称，这一双重关系会影响审计人员的判断，使其不愿披露该银行的问题。由于没能及时披露这家银行对其抵押贷款的高估，最终导致联邦存款保险公司损失近7.5亿美元。为了促进审计的客观性和独立性，2002年的《萨班斯—奥克斯利法案》现在已经限制这种审计和咨询结合的关系。然而，这一法案是在苏必利尔银行破产后通过的。

简而言之，金融机构的业绩取决于诚实地报告其当前公平价值和预期收益、运营成本、资产和负债，从而使外部和内部人员都能清楚地了解其表现和发展方向。

资料来源：联邦存款保险公司。

这种分解可以帮助我们理解最近金融机构财务状况上的一些变化。正如表6-4所示，1992~2003年，美国所有投保银行的平均ROA一路上升，然后从20世纪30年代的大萧条开始数据下跌，陷入了最重要的经济崩溃。

> **小贴士**
> 哪些银行的净利差——贷款和证券利息收入与借款资金利息成本之差——最高呢？
> 答：小型银行。

为什么ROA在过去的一段时间里会持续改善呢？自动化和兼并大大减少了设备的重置，成本因而得到很好的控制；经济的持续增长，提高了公众对金融服务的需求，使金融机构的服务费收入和贷款收入快速增加；同时市场利率的下降使银行的利息收入/总资产降低，净利息收益减少。服务费用的迅速上升以及贷款质量的提高（体现在较少的贷款损失成本上）所产生的利润增长超过了银行净利息下降的影响。到2003年，整个行业的平均ROA达到1.38%，这是自1934年以来最高的银行平均资产回报率。然而最近，该行业成本在上升，收入下降，信贷质量下降，行业的利润在减少。

表6-4 所有FDIC承保存款机构的资产收益率的组成（1992~2009年） (%)

利润表项目	2009年	2008年	2007年	2006年	2005年	2003年	2002年	2000年	1998年	1996年	1994年	1992年
利息总收入/总资产	4.13	4.36	5.56	5.43	4.80	4.63	5.32	7.17	6.97	7.14	6.64	7.49
－利息总支出/总资产	2.84	1.77	2.86	2.64	1.88	1.40	1.90	3.87	3.56	3.56	2.99	3.77
＝净利息收入/总资产	1.29	2.59	2.70	2.79	2.92	3.22	3.43	3.30	3.41	3.58	3.65	3.72
－贷款和租赁损失准备金/总资产	2.05	1.26	0.53	0.25	0.27	0.43	0.64	0.45	0.39	0.35	0.28	0.70
＋非利息总收入/总资产	1.99	1.50	1.79	2.03	2.04	2.32	2.27	2.32	2.14	1.87	1.70	1.62
－非利息总支出/总资产	2.93	2.63	2.82	2.77	2.92	3.20	3.27	3.39	3.51	3.45	3.46	3.51
＝税前净营业收入/总资产	−0.18	0.20	1.14	1.80	1.77	1.92	1.80	1.77	1.66	1.64	1.61	1.12
＋证券收入（损失）/总资产	−0.11	−0.11	−0.01	0.02	0.04	0.13	0.15	−0.02	0.09	0.04	−0.01	0.14
－所得税/总资产	0.04	0.04	0.36	0.57	0.60	0.67	0.64	0.61	0.60	0.58	0.54	0.41
＝扣除特别项目的收入/总资产	−0.33	0.39	1.49	1.25	1.21	1.37	1.30	1.14	1.15	1.10	1.06	0.85
＋特别项目收入（损失）/总资产	0.03	0.39	−0.01	0.02	0.00①	0.00①	0.00①	0.00①	0.01	0.00①	−0.01	0.02
＝净收入/总资产	0.36	0.52	1.48	1.27	1.21	1.38	1.30	1.14	1.16	1.10	1.05	0.87

注：由于近似和非经常项目的舍弃，数字可能没有准确加总。
① 小于0.005%。

资料来源：联邦存款保险公司。

概念测验

11. ROE的主要组成部分是什么？每一部分衡量什么？
12. 如果一个银行的ROE是0.80%，股本乘数是12，那么它的ROE是多少？假设这家银行的ROA降到了0.60%，为了保持ROE不变，股本乘数需要变为多少？

13. 假设一家银行报告说净收入是12美元，税前净收入是15美元，运营收入是100美元，资产是600美元，股本是50美元。银行的ROE是多少？赋税管理效率指标是多少？成本控制效率指标是多少？资产管理效率指标是多少？资金管理效率指标是多少？

14. ROA最重要的组成部分是什么？它衡量银行业绩的哪些方面？

15. 如果一家银行的净利润率是2.50%，非利息净收益率是−1.85%，贷款损失、赋税、证券收益及额外项目比率为−0.47%，那么这家银行的ROA是多少？

6.1.7 银行盈利性指标的分解告诉我们什么

很明显，通过把盈利性指标分解成不同的部分，我们可以知道盈利困难的原因以及为了解决这些指标所反映出来的盈利方面的问题，管理层应该在哪个方向寻找解决问题的办法。前面的分析告诉我们，金融机构能否达到良好的盈利率取决于以下几个决定性因素：

- 谨慎使用金融杠杆（通过借债取得的资产与股本之比）；
- 谨慎使用固定成本的经营杠杆（为增加税前营业收入而投入的固定成本的比率）；
- 对经营成本进行谨慎地控制，使更多的销售收入转化为净收入；
- 在追求已有资产最高收益率的同时，认真管理资产类有价证券，以满足流动性的需要；
- 谨慎对风险进行管理，使损失不超过收入与股本之和。

电子银行和电子商务

网络银行公司的失败：风险和损失带来的盈利与资本损耗

每一家金融机构都希望自己是成功的，能够在获取高盈利的同时将风险控制在一定范围之内。不幸的是，由于内外部因素的共同作用，几乎每年都有失败的案例。这些致命打击通常来自不良贷款资产组合、失败的经营模式以及错误的战略决策，最终摧毁对金融机构、股东和公众的资本保护垫。

对于网络银行公司，上面的叙述或许最为贴切了。网络银行公司在2007年9月登记破产。这一事件之所以令人关注，是因为这家机构是一家网上公司，它通过互联网接受储蓄。不过其大部分存款均已向联邦存款保险公司投保，虽然几百名客户的存款超过了存款投保额度（现在高达25万美元），这些客户需要等待该机构拥有一定的流动性后，才能知道他们可以获得多少偿还。

网络银行公司的盈利和其所有者的资本投入，最后都因不良贷款、不健全的内部控制以及失败的经营模式而付之东流。其主要通过网络而进行金融服务销售的经营模式毕竟还未被证明在长期是完全可行的，尽管全世界确实有几家网络提供商经营良好。另外，许多客户还是愿意选择同时提供网络服务并有提供全方位服务的实体机构的金融公司，特别是其遇到账户问题时，这一想法就更为迫切。显然，为满足客户这一需求，网络银行公司必须付出更多，在其他条件一定的情况下，这也就降低了其盈利性。一些金融专家认为，公众的这一态度还是在慢慢转变着的，纯网络机构和传统服务提供商的差距正在逐渐缩小。

6.1.8 银行业和金融服务业的风险衡量○

对金融机构的管理者或监管机构来说,风险就是可感知的关于某事的一种不确定性。例如,顾客是否会持续贷款?存款下个月是否会增加?银行股票的价格是否会上升?银行的收益是否会增加?下星期利率是上升还是下降,金融机构的收入或价值是否会因此遭受损失?

比如,银行很可能希望获取高的股票价值和高盈利能力,但同时没人会无视银行所承担的风险。由于金融机构内部或外部因素如经济状况、竞争或法律法规的变化,盈利率可能会不可预期地降低。比如,竞争的加剧使资产收益和筹资成本之间的利差缩小,因此,股东总是面临着每股收益下降的可能性,每股收益的降低又引起股价的下降,从而不利于未来的增长。

常用来描述金融机构总体风险的指标有:
- 股价的标准差 σ 或方差 σ^2;
- 净收入的标准差或方差;
- 股东权益收益率和资产收益率的标准差或方差。

上述这些衡量方法的标准差或方差越大,总体风险就越大。风险可以细分成不同的部分,甚至可以利用美国联邦监管机构目前使用的不同风险矩阵的不同项目作为参考,见表6-5。

每一种风险都会威胁到金融机构的日常表现、偿债能力和长期生存。下面我们研究几种金融机构可能遇到的最重要的风险形式。

信用风险 金融机构的某些资产,特别是贷款,其价值可能会下降,甚至变得一文不值,这种风险称为**信用风险**。相对于金融机构的总资产来说,股东的资本其实很少,一个很低的贷款坏账率就可以把它们逼上破产的边缘。以下是5种最常用的衡量银行信用风险的指标:

表6-5 美国部分监管机构使用的风险矩阵

联储系统	货币监理署	国家信用管理局
信用风险	信用风险	信用风险
流动性风险	流动性风险	流动性风险
市场风险	利率风险	利率风险
经营风险	交易风险	交易风险
法律风险	合规性风险	合规性风险
声誉风险	声誉风险	声誉风险
	战略风险	战略风险

- 不良资产/(总贷款和租赁);
- 注销贷款净额/(总贷款和租赁);
- 年贷款损失准备/(总贷款和租赁)或者相关股本;
- 贷款损失补贴/(总贷款和租赁)或者相关股本;
- 不良资产/股本;

不良资产是指逾期90天或以上的生息资产,包括贷款。注销贷款指的是已经被金融机构宣布为没有价值并且从账面删去的贷款,如果这些贷款最终产生了收入,收回的数额将从注销贷款总额中扣除,只留下净的注销额。如果以上两种比率上升,信用风险会增加,金融机构破产也就指日可待了。随后两种信用风险表示银行每年收入中提取费用(贷款损失准备)建立存款损失准备金(贷款损失补贴)来弥补当前贷款损失的准备程度。

○ 本节内容是以Peter S. Rose发表在《加拿大银行家》上的一篇文章为基础编写,使用已获得授权。

流动性风险　金融机构的管理者经常担心没有足够的现金和筹款能力来满足客户的存款支取、贷款及其他现金需求。金融机构在面临**流动性风险**（credit risk）时，不得不以很高的成本拆借紧急贷款以满足紧急的现金需求，从而导致盈利减少。事实上，由于可以从其他机构借入流动性资金来缓和形势，因此只有极少数金融机构才会出现资金短缺问题。像20世纪80年代早期Montana Bank（一家位于蒙大拿州的小银行）那种由于暂时性的资金短缺而暂停兑付支票几小时的情况已经很少出现了。当时这件事还引起了联储的调查。

更为常见的情况是存款机构由于预料不到的储户大量提现而引起的流动性不足，被迫以高于其他机构为同样的贷款支付的利率筹集资金。流动性下降，常常迫使银行支付更高的利率，吸引可转让的货币市场大额存单（CD），这些存单都以百万美元为单位出售，并且不受存款保险的保护。一个很有用的衡量流动性风险的比率是购入资金/总资产，购入资金包括欧洲美元、联邦基金、证券回购、大额存款单和商业票据。

如果过多地使用购入资金，在存款提现上升或贷款质量下降时，就会出现流动性问题，其他重要的衡量银行流动性风险的指标包括：现金与在其他存款机构的存款/总资产；现金资产与政府债券/总资产。

现金资产包括金融机构持有的库存现金、在该区中央银行的存款和由其他存款机构持有的用于支票清算、与其他银行内部交易和办理托收（主要是未付款支票）的现金项目。为降低金融机构的流动性风险，标准的方法是增加现金及可交易资产（如政府债券）的比率，或者通过长期贷款为机构的运营取得资金。

> **小贴士**
>
> 本部分讨论的许多类型的风险都是由国际清算银行（www.bis.org）和关于国际资本标准的《巴塞尔协议》（www.bis.org/publ/bcbs）发展和提炼出来的。我们将在第15章对该协议做详细论述。

洞察力和问题

高利润银行的生财之道

学者对银行业中的高盈利公司进行了大量的研究调查，以回答这样一个简单的问题：是什么使得一家银行的盈利超出平均水平，从众多仅能获得平均盈利的银行中脱颖而出？获得高盈利率的银行是如何做到这一点的呢？

很明显，银行规模是一个影响因素。业内的高盈利率银行——以ROA和ROE衡量——至少通常是大中型银行，它们得益于较低的银行运营成本和较高的营业效率。

表现优良的银行和较差的银行之间最重要的差别在于成本控制。高盈利率银行的运营成本和平均利息成本更低，特别是人力成本支出和一般管理费用更低。高盈利率银行的运营费用/运营收入比率比低盈利银行要低。

银行的存款结构也会影响它们的利润率水平。同其他银行相比，利润率高的银行经常有更高的存款需求。这些支票存款只需要付很少甚至不用支付费用，相反还要收取客户的服务费，这就使得银行收入扩大。另外，许多高收益银行拥有大量的核心存款——个人和小企业的小规模存款，这些存款利率很低，而且相对于那些大的存款户，个人和小企业对银行的忠诚度更高。

利润率较高的银行，其雇员的工作效率一般较高，利润最好的银行平均每个雇员能产出更多的资产和收入，并且生产率高的雇员工资也较高。

杠杆（较少地使用股本，更多地使用借债）也是增加利润的一个因素。利润较高的银行通常很少使用高成本的股东资本，而主要依靠能够产生利润的杠杆效应，使用廉价的长期及短期债务。

服务费用收入的增加是近年来银行利润增加的一个重要方面。政府取消监管使金融机构面临更大的压力，它们对以前的免费服务收取费用，并开发新的收费服务项目。

资产、存款与贷款的增加也是其中的原因之一。因为在这些方面，高盈利银行比普通银行增加得很快，可能是因为它们更积极主动地管理或客户更乐于接受它们的服务，但是，增长不能代替利润，高利润银行也似乎承认这一点，增长可能已经过高了，导致扩张超出控制，使运营费用的增长快于收入增长。为了取得高利润，中等程度的增长更合适一些。

要想进一步了解高盈利银行的特点，请参阅以下文献：Elizabeth C. Klee and Fabio M. Natalucci, "Profits and Balance Sheet Developments at U.S. Commercial Banks in 2004," *Federal Reserve Bulletin*, Spring 2005, pp. 143-74.

市场风险 目前全球大多数主要的金融机构都处于以市场为导向的经济环境中，由于市场利率和价格的不确定性，银行以及其他金融机构的资产、负债和净值的市场价值一直处于变化之中。**市场风险**（market risk）包括价格风险和利率风险。

价格风险 债券组合及股本（净值）对市场变化尤为敏感。对金融公司而言，价格的不利变动将导致债券组合及股本大幅缩水。

在金融机构管理方面，衡量价格风险的几个最重要的指标如下：
- 资产账面值/资产预估市值；
- 股本账面值/股本市值
- 债券及其他固定收入资产市值/其账面值；
- 普通股及优先股每股市值，该指标反映了投资者对金融机构风险及盈利能力的评判。

利率风险 市场利率的变动对银行及其竞争对手的利润也有重大影响。例如，当利率上升时，如果借款的利息支出增长快于贷款与投资证券的收入，利润就会下降。

利率变动对银行或其他金融机构利润率的影响叫做**利率风险**（interest rate risk）。使用最为广泛的衡量利率风险的指标有：
- 利率敏感型资产/利率敏感型负债。当一定期限内利率敏感型资产超过利率敏感型负债时，利率下降会导致金融机构损失；相反，当利率敏感型负债超过利率敏感型资产时，利率上升会导致金融机构损失。
- 未保险存款/总存款（对存款机构来说）。未保险存款通常是超过保险金额的政府与公司存款，它们对利率变化十分敏感，当竞争者提供的收益率稍高一点时，它们就会被提走。

近年来，由于市场利率复杂多变，银行和其竞争者开发出几种防范利率变动保障收益率的新方法，包括利率掉期与期货合同。我们将在第7、第8和第9章学习这些管理工具。

外汇风险和政治风险 国际金融在全球的快速发展开拓了新的服务市场，但也将金融机构暴露于由于国外市场条件波动、政府法规变化、海外政策不稳定而带来损失的风险之中。波动的货币价格形成了外汇风险，金融机构以外币标价的资产价值可能会下跌，迫使其减记资产账面价值。在政策风险之下，外国政府可能面临国内混乱甚至是军事冲突，这将破坏其对国际借贷机构偿还债务的能力。管理者必须知道如何评估并控制这些风险，以及当市场条件恶化时如何规避风险。

表外风险 正如我们在前一章所看到的，顶级金融机构面临的一项新型风险与其迅速发展起来的一些金融合同有关，这些合同要求它们以多种方式经营，而经营结果是不表现在资产负债表上的。举些例子，如备用信用证协议，金融机构对一家客户支付欠款给别的企业进行担保；贷款承诺，即金融机构向潜在借款客户作出的在未来一定时期内按约定条件向该客户提供贷款的承诺；以及金融期货和期权，金融机构利用这两种交易可以在市场反向运动时规避价格和利率风险。如今，这些表外业务量已远远超过在资产负债表上出现的传统资产业务量。而2007~2008年的信贷危机表明，这些表外工具通常是高度复杂和波动的，这就形成了大量的表外风险，给管理带来了一定的困难。

运营风险（交易风险）　　运营风险是指由于计算机系统故障、失误、雇员操作不当、洪灾、雷击等事件导致金融机构盈利的不确定性。运营风险定义中的这些事件常常会引起不可预测的运营成本上升，盈利下降。一些分析人士认为运营风险是指除了信用风险和市场风险之外的风险损失，另一些人士则认为，它应包括法律和合规性风险，但不包括声誉和战略风险。金融机构的合并和趋同以及当今金融服务技术的复杂性已经使得运营风险的内容大大丰富，必须引起金融机构管理者和政府监管部门的重视。

随着技术的进步，计算机硬件和软件系统已成为绝大多数金融机构日常运营不可或缺的一部分。如果计算机系统是由旧的程序拼凑而成，需要雇员的操作才能正常运转处理文件，那么这家公司的运营风险就比较高。尽管新的计算机系统损坏的可能性比较低，但是金融机构的雇员和客户过分依赖这些系统会造成该公司抗风险能力减弱。

今天，像"9·11"这样的恐怖事件以及飓风、地震和海啸等自然灾害会给金融机构带来巨大损失。这些自然或人为灾难，可能迫使金融机构长期关闭，中断对客户服务，而且造成的损失难以预测，导致金融机构的营业支出增加，收入起伏不定。

金融诈骗给许多优秀的电影，比如《魔鬼营业员》(*Rogue Trader*)、《银行》(*The Bank*)和《开水房》(*Boiler Room*)提供了题材，成为许多"60分钟"故事的渊源。这些影视内容包括金钱、偷窃以及一些风险机构的最终破产。金融机构的所有者、雇员、顾客或者外部人可能进行欺诈、伪造、偷窃、误导或者其他违法行为，有时会给这些机构造成灾难性的损失——如果不是因为这些违法行为，它们可能是管理良好的公司。

法律和合规性风险　　**法律风险**（legal risk）会引起金融机构收入的波动。不能强制执行的合同、诉讼和不利的判决可能会降低金融机构的收益，增加其支出。律师费和罚金都昂贵无比。广义上，**合规性风险**（compliance risk）不仅指触犯法律，还包括违反法规和规定，比如一家存款机构资本金不足，就必须采用成本极高的补救措施以避免其被迫关闭的命运。这些矫正措施是由资本重组条款所规定，我们将在第15章对这一问题进行详述。

声誉风险　　不管是真是假，负面形象都会对客户使用该机构的服务形成一种"劝阻"，影响其盈利；而正面的形象则会促进公司产品和服务的销售。**声誉风险**（reputation risk）是指民意的不确定性，金融机构要维持客户和债权人对公司的信心。

战略风险　　不利的商业决策、决策地不恰当实施以及对产业变化缺乏适当的反应是**战略风险**（strategic risk）的一部分，这类风险可归因于人为的长期管理决策不利——时机不对、缺乏远见、缺乏坚持以及必胜的信心。

资本风险　　上述所有这些风险对金融机构长期生存的影响，常被称为**资本风险**（capital risk）。由于资本金的变化通常由其他类型的风险引起，政府监管机构通常不会单独考虑资本风险，但是，资本是金融机构的基础，资本面临的风险同样会引发金融机构的破产风险或最终破产。

金融机构的破产会使得股东血本无归，而且，对存款机构来说，未投保的储户也面临大部分资金损失的风险，因此，股票以及未保险存款的价格与收益率都可看作其清债能力强弱的早期征兆。当投资者认为一家金融机构极有可能破产时，股票的市场价值开始下跌，必须提高存款利息，才能得到需要的资金，经济学家称这种现象为市场约束：金融市场上的利率与股票价格的变动不利于有问题的企业，迫使它们在政策与行动上都进行重大调整以缓解投资者对该企业的更深忧虑。这表明资本风险大致可以由以下因素来衡量：

- 负债项目（如资本票据与大额存单）的市场收益率与相同期限的政府证券的市场收益率之间的利率差额。利差增大表明投资者预计购买金融机构的债务证券后会面临更大的损失风险。
- 股价/每股年收益，当投资者认识到金融机构资本相对于其所面临的风险减小时，该比率通常会下降。
- 股本资本（净值）/银行总资产，当股本筹资相对于资产减小时，如果股权筹资相对于资产开始减少，股东与债权人的风险就会增大。
- 购入资金/总负债，购入资金包括未保险存款，在货币市场借入的银行、非银行公司和政府部门的为期一年以内的贷款。
- 股本/风险资产，反映了金融机构用现有资本补偿那些最有可能遭受价值损失的资产的能力。

> **小贴士**
> 哪些银行在控制成本和收益方面效率最高？
> 答：通常是那些大中型银行（资产超过1亿美元）。

> **小贴士**
> 2000年，在一部由保罗·纽曼（Paul Newman）主演的电影中，他饰演一位盗窃银行几百万美元的抢劫犯。正是他向这些银行出售并为其安装了安全系统，然后又反过来抢劫了这些银行。这是哪部电影呢？
> 答：《神偷大话王》(Where the Money Is)。

风险资产包括贷款和证券，但不包括现金、厂房、设备及其他各种资产。有些权威人士认为金融机构持有的短期政府债券也不属于风险资产，因为这些债券的价值基本稳定，而且都有二手市场。对存款机构资本风险的关注使其管理层面临巨大的增加资本金的压力。正如我们在本章前面所了解的一样，近年来，银行业的资本相对于其资产和负债，有了很大的提高。

银行和金融服务业的道德规范

运营风险的一个实例：法国兴业银行

从本部分我们已经列出的一系列风险中可以看出，金融服务机构是冒着怎样的风险从事经营的。这个行业由于过度风险暴露而带来损失的新闻几乎天天出现在报刊杂志上，其中一些是很严重的。其中由运营风险引起的最引人关注的案例，发生在2008年。

作为法国最大且最具权威性的银行，兴业银行为自己和客户的账户每日进行有关政府债券、公司证券和衍生工具的交易提供了交易平台。近几年来全球交易量迅猛提升着，经常超出充分内部控制的可控范围。每日交易活动的狂热使一些流氓交易员更容易隐藏自己在市场的违规行为。2008年1月，法国兴业银行报告称其欺诈交易损失超过70亿美元，是历史上最大的损失数额。旗下一名交易员三年内频繁越权投资欧洲股指期货，并隐瞒其交易仓位。每当接受定期检查时，该交易员就会声称这些仓位只是记录上的"失误"，或者承诺通过其他交易来轧平该问题仓位，从而隐藏了该银行的真实风险暴露。令许多外部人惊讶的是，该交易员不断重复的借口是如何被监管者接受而不被问责的。结果银行来自欺诈交易的潜在风险暴露达到了700亿美元，远超过法国兴业银行的资本保护垫。然而，丑闻暴露后，银行交易员迅速对冲了最具风险的一些仓位以止损。

近年来，行业分析家都认为内外部控制对于规避这些风险暴露是至关重要的。这些控制措施中，最被频繁提及的便是后台职能部门与交易部门的完全隔离。如果有效做到这一点，相关部门将对其他部门及雇员产生制衡作用。在法国兴业银行的案例中，那名交易员正是因为与其他部门的雇员建立了密切的关系，这种关系一度都助他免受更深入的问责。

6.1.9 银行和金融服务业管理的其他目标

在努力使股东投资价值最大化的过程中，许多金融机构都察觉到需要提高运营效率，这通常意味着要降低营业费用以及通过使用自动化设备与加强人员培训提高雇员的工作效率。取消监管使得存款机构必须支付更高的利息成本，并促使它们降低非利息成本，特别是雇员工资、福利和营业成本。最能表现金融机构运营效率与雇员工作效率的指标有

$$营运效率比率 = \frac{总营业费用}{总营业收入}$$

$$雇员生产率比率 = \frac{净营业收入}{全职雇员人数}$$

营运效率比率的提高通常表明成本问题的存在，或者收入有所下滑，这可能是由市场需求降低引起的。对比起来，雇员生产率比率的提高则表明管理层和职员在给定条件下可以创造更多经营收入以及/或者减少单位雇员营运成本以获取更多产出。

然而并不是所有的金融机构都将高盈利能力、股票价值最大化、持续增长或高效率作为主要目标，有大量证据表明，某些银行会以它们所服务的市场的更大影响力为目标。这样做不完全是因为它们对价格与顾客关系的控制有所加强，还因为较有市场影响力的金融机构都过着一种更为"宁静的生活"（它们所面临的盈利性降低或市场份额损失的风险较小）。近期几项研究发现，这种情况下的银行表现出费用偏好型行为：它们支付更高的管理费用与雇员工资，享受额外的福利，建造更大、更豪华的办公室，但不幸的是，对股东来说，费用偏好牺牲了利润并且限制了这些机构股票价值的潜在收益。

概念测验

16. 当今银行和其竞争者都面临着哪些不同的风险？

17. 银行资产负债表和利润表中的哪些项目可以用来衡量银行风险？这些风险衡量项目可以应用于别的金融机构吗？

18. 某银行的净贷款与租赁的总额是93 600万美元，总资产为132 400万美元，股本是11 000万美元，总存款是115 000万美元。所有这些数字指的都是账面数字。银行资产和股本的市场价值估计值分别是144 300万美元和13 000万美元，银行股票每股价值为60美元，每股收益是2.50美元，未保险存款总共24 300万美元，在资本市场上共借入13 200万美元，现在的逾期贷款为4 300万美元，注销贷款为2 100万美元。根据所给数据，计算出你能得到的所有的银行风险衡量指标。

6.2 银行主要竞争对手的绩效指标

前面讨论的许多银行绩效指标同样可以很好地用来衡量许多非银行类竞争者的绩效，当这些非银行金融机构是私有的并以营利为目的的时候，尤其如此。这些机构包括股东所有的存款

机构、保险公司、财务和信用卡公司、证券经纪商、交易公司以及共同基金。

在银行的主要绩效指标中，有一些也经常被用于私营、以盈利为目的的非银行类金融机构：

- 普通股和优先股股价；
- 资产收益率（ROA）；
- 净利息收益率；
- 资产利用率；
- 不良资产股本比率；
- 资产账面价值/市场价值；
- 股本/风险资产；
- 每股收益；
- 股东权益收益率（ROE）；
- 净经营收益率；
- 股本乘数；
- 现金账户/总资产；
- 利率敏感型资产/利率敏感型负债；
- 财务公司债务收益与政府债券市场收益利差。

> **小贴士**
>
> 最近几年，联邦保险公司承保的储蓄机构（储蓄贷款银行和储蓄银行）的资产收益率和股东权益收益率都低于商业银行，但差距不是很大。比如，2004年所有商业银行的平均资产回报率是1.31%，而存款机构是1.17%；股本回报方面，前者为13.08%，后者为10.87%。你认为为什么会出现这些差异？

有一些绩效指标只适用于非银行类金融服务业。比如，对保险公司来说，主要的业绩指标包括净承保保费增长率（总销售收入的一种衡量）和寿险与养老金储备之和/总资产，同时保险公司也会密切关注效率指标——（已偿索赔+经营费用）/来自保单持有人的保费。

共同基金的主要业绩指标包括净销售额增长率（总销售份额减去公众赎回的份额）、服务费/平均资产以及基金投资回报率，而财务和信用卡公司则经常关注它们的外部债务和应收账款增长率（衡量对客户的总贷款）。与银行竞争的存款机构，比如信贷联盟和共同储蓄协会，其主要的业绩衡量指标包括总贷款/资本金储备（风险的一种衡量）、家庭抵押贷款/总资产（一个快速增长的信贷服务）以及实际会员（客户）/潜在会员（客户）。

任何一家金融机构都应该重视其当前业绩与过去业绩以及竞争对手业绩的比较，即使一些金融机构看起来并不关心它们自己的业绩，但是很显然公众和监管机构会关心。

6.3 规模对绩效的影响

当我们比较不同金融机构的绩效时，规模（通常由总资产衡量；如果是一家存款机构，则由总存款衡量）是一个关键的因素。本章所表述的大部分绩效指标与金融机构自身的规模高度相关。

"规模偏差"在银行业十分明显。举例来说，如表6-6所示，主要的盈利率和风险指标随着银行规模的不同而发生明显的变化。譬如，2005年以ROA来衡量的盈利性最好的银行位于那些资产介于10亿～100亿美元的大银行中，而资产超过100亿美元的大型银行的股东权益收益率（ROE）则是最高的。

大型银行由于有诸多的收费服务项目，因此其非利息收益率也是最高的。由于中小型银行的存款大部分是利率较低的小额户头，而且利率较高的消费贷款占其贷款比例较大，因此它们的利息收入和成本差较大，从而其净利息收入表现较好。并且，占中小型银行贷款的大部分比例都是高利率的消费贷款。大型银行的效率比，比如净经营收益中管理费用的占比，比较高，这意味着较高的经营效率。

表6-6 与FDIC承保银行的规模和地点相关的重要的业绩指标（2009年①） （%）

	所有FDIC承保机构的平均值	按总资产规模归类的银行			
		1亿美元以下	1亿~10亿美元	10亿~100亿美元	100亿美元以上
资产收益率	0.099	0.02	−0.01	−0.29	0.16
股东权益收益率	0.90	0.13	−0.10	−2.72	1.56
净营业收入/总资产	0.13	0.00	−0.02	−0.27	0.20
净利息收益率	3.47	3.84	3.65	3.44	3.45
非利息净收益率	−0.93	−2.75	−2.26	−1.67	−0.63
营业效率比率	55.53	82.01	73.32	63.09	52.29
年贷款损失准备/坏账冲销净额	132.58	127.96	131.64	131.02	132.85
坏账冲销净额/贷款总额	2.49	0.86	1.19	1.88	2.84
备抵贷款损失/贷款总额	3.12	1.59	1.75	2.18	3.56
（非流动资产+其他不动产）/总资产①	3.32	2.22	3.27	3.59	3.31
（净贷款+租赁）/总存款	76.50	73.49	81.93	84.87	74.34
权益资本/总资产	11.04	12.02	9.94	10.78	11.21
盈利性资产的收益	4.75	5.59	5.54	5.18	4.56
取得收益性资产的成本	1.28	1.75	1.90	1.94	1.11
非利息收入/盈利性资产	1.96	0.99	1.02	1.40	2.17

注：这些是在联邦存款保险公司投保的所有美国商业银行和存款机构的数据。
① 此行为2006年的数据。
资料来源：联邦存款保险公司。

在资产负债表的各种比率中，有许多反映了银行面临的各类风险，小银行通常有较高的股本资产比率，而资产在数十亿美元以上的大银行的资本资产比率通常较低。一些银行分析家认为，对于较大的银行而言，即使资本资产比率较低它们也可以存活，因为它们的经营更加多样化而且有更多的风险规避工具可以利用。小银行流动性更好，较低的净贷款/总存款可以反映这一点，因为贷款通常是银行流动性最差的资产。大型银行信用风险较大，较高的贷款损失（总贷款和租赁的坏账净注销）比率反映出这一点。

洞察力和问题

汤臣百卫公司评定的银行信用等级

汤臣百卫（Thomson's BankWatch）是最受推崇的评定金融机构信用等级的私人机构之一。汤臣百卫对原来期限为一年及以下的短期负债以及长期负债（债务和优先股）进行评级，估计发行这些负债的银行和证券公司无力到期支付这些款项的可能性。其信用等级制是应用最为广泛的金融风险指标之一，尤其是为大储户与那些购买了银行股票与银行资本票据的人所推崇。

汤臣百卫评定的信用等级包括：

短期级别
TBW1:极有可能到期偿还本金和利息
TBW2:很有可能到期偿还本金和利息
TBW3:有足够能力到期偿还本金和利息
TBW4:非投资性级别，具有投机性

长期级别
AAA: 极有能力偿还本金和利息
AA: 很有能力偿还本金和利息
A: 相对较强的能力到期偿还本金和利息
BBB: 最低投资性级别，可接受性偿还本金能力

BB：到期不偿付的可能性高于投资级别，存在影响偿还能力的明显不确定性

B：较大的不确定性与到期不偿付的可能性高于较高级别的银行

CCC：到期不偿付的可能性高

CC：级别低于破产及重组风险防范较低的CCC级

D：拖欠债务

银行长期信用等级可以标上"+"、"−"符号，这取决于所评机构是否接近每类级别的最高或最低水平

规模、地点及监管倾向与绩效分析

正如我们在前面谈到的，金融机构的规模（通常以其总资产、存款或股本资产来衡量）对其盈利性和其他业绩指标有着非常重要的影响，因此，我们在比较两家金融机构的表现时，最好是在具有相似规模的机构之间进行，原因之一是相似规模的金融机构能提供相同或类似的服务，在进行对比时就更能把握这种比较的有效性。

同时，为使对比的效果更好，我们还应该选择服务于相同或类似市场区域的金融机构。金融机构的表现受其所处地域的重要影响，位于主要的金融中心、小城市还是农村地区对金融机构的影响明显不同，最好的比较方法是选择具有相似规模并且服务于同一市场区域的机构。然而问题在于，在规模较小的社区里，很难找到另外一家规模相似的金融机构进行比较，因此金融分析师通常在另外一个经济模式相似的社区里寻找一个规模相似的金融机构，因为金融机构顾客的基本特征对其业绩有非常重要的影响。

最后，如果可能的话，最好是比较受到相似法规和相似监管机构监管的金融机构。每一个银行监管者都有一套几乎完全不同的监管规则，银行必须遵守这些规则。这些政府强制推行的规则对银行业绩有着重要的影响，因此对不同国家的银行进行比较非常困难，必须非常谨慎。

在美国这一拥有许多不同银行监管机构的国家，分析师甚至强调要在联邦储备局的会员银行之间进行比较。同样，如果可能的话，对非会员银行与其他非会员银行进行比较，国民银行应与其他国民银行进行比较，州立银行应与其他州立银行进行比较。如果某金融机构是一家控股公司的附属机构，那么它应该与其他控股公司的附属机构进行比较，而不是同自有机构进行比较。俗话说，不要把苹果和桔子放在一起来比较，因为它们的差别实在是太明显了，这个道理同样适用于银行之间比较。没有两家银行在规模、位置、服务项目和客户基础上完全相同。金融分析师必须尽最大努力找到最具可比性的机构，然后小心谨慎地进行比较。

本章小结

本章集中讨论了银行和其他金融机构在客户服务和向股东提供适当收益率方面的表现。许多金融机构使用的业绩衡量指标对我们分析银行、存款机构、证券商、交易商、共同基金、财务公司和保险公司之间的竞争非常有帮助。银行和竞争者被迫越来越多地定期评定其表现，分析出现问题的原因，并找出提高绩效的方法。

本章主要内容如下：

1. 考察金融机构绩效的两个主要方面是盈利率和风险。令人满意的盈利率和妥善的风险控制保护了资本金，为金融机构将来的生存和发展奠定了基础。

2. 对于大型的、以营利为目的的金融机构来说，股票的市场价值通常是衡量其盈利率和风险的最好的总体性指标。

3. 对于中小型金融来说，它们的股票交易并

不活跃，一些关键的盈利比率（资产收益率、股东权益收益率、净利息收益率、非利息收益率以及净利润）就成为重要的业绩指标和管理目标。

4. 追逐利润的同时必须降低风险，包括管理和信贷控制或者违约风险、流动性或现金不足风险、资产和负债价值的市场风险、利率风险、运营风险、法律和合规性风险、声誉风险、战略风险以及资本风险。资本风险是指如果一家金融机构资本金不足，最终破产的可能性。

5. 金融机构越来越多地将营业效率作为绩效指标，关注支出控制方法和雇员在管理资产、收益和收入方面的生产率。

6. 本章还对来自联邦监管机构的银行业绩统一报告（UBPR）进行了讨论。这份关于FDIC承保的商业和储蓄银行的财务报告成为银行、监管机构、客户和公众使用最广泛的绩效考核指标之一。

关键术语

盈利性	净利润率	市场风险
ROA	资产利用率	利率风险
ROE	股本乘数	盈利性风险
效率	信用风险	资本风险
净利息率	流动性风险	法律风险
净非利息收益率	运营风险	合规性风险
声誉风险	战略风险	UBPR

习 题

1. 一位投资者持有Foremost Finanical的股票，预期年底每股能收到5.75美元的股利。股票分析师最近预测这家银行的分红会以每年3%的速度无限增长下去。如果这一预期是正确的，并且假设银行的资本调整成本（贴现率）为12.25%，那么该银行股票每股现在的价格是多少？

2. 假设股票经纪人预测Yorktown Savings银行及信托公司本年底普通股每股分红3美元；下一年每股分红4.50美元，再下一年每股分红5.5美元。资本的风险成本是15%。如果一个持有公司股票的投资者计划持有股票三年，希望到时按每股60美元的价格卖出去，该公司的股票现在的市场价值是多少？

3. Blue bird储贷协会股本对总资产的比率是9%，Newton储蓄银行的股本对总资产的比率是7%。它们的股本乘数是多少？假设两家机构的ROA都是0.85%，每家机构的股东权益收益率是多少？如果一家银行拥有的股本是监管者或者协会要求的最低水平，通过计算，你能看出这家银行会因此获得利益吗？

4. Happy商业国民银行最近的资产负债表和利润表如下所示：

利润表		利润表	
项目	金额（美元）	项目	金额（美元）
贷款利息与服务费收入	50	营业费用	5
证券利息与股利	6	其他非利息开支	2
总利息收入		非利息总支出	
存款利息支出	40	税前经营收入	
非存款借款的利息支出	6	证券收益（损失）	2
利息总支出		税前净经营收入	
利息净收入		税赋	2
贷款损失准备金	5	净运营收入	
非利息收入和服务费收入	20	特别项目净收入	(−1)
非利息支出		净收入	
工资和雇员福利	10①		

① 该银行目前有40名全职雇员。

资产负债表			
资产（美元）		负债（美元）	
现金及其他银行存款	100	活期存款	190
证券投资	150	储蓄存款	180
售出的联邦基金	10	定期存款	470
净贷款	700	购买的联邦基金	80
贷款损失补贴		总负债	900
贷款的非盈利收入		权益资本	
厂房和设备	50	普通股	20
总资产	980	余额	35
		留存收益	35
		总资本	80
总盈利资产	860	生息存款	650

补全利润表的空缺项目，利用这些指标，计算如下绩效指标：

ROE ROA 利息净收益 资产利用率 权益乘数 税收管理效率 非利息净收益 经营净收益 收益率 净利润率 支出控制效率 资产管理效率 基金管理效率 运营效率比率

这些指标能让你了解该银行的哪些优势与劣势？

5. 以下数据是关于Blue Sky National Bank的：

非利息收入	2 250.00	赋税	16.00
利息开支	1 500.00	发行的普通股股票数	5 000
总资产	45 000.00	非利息收入	800.00
证券收益（或损失）	21.00	非利息开支	900.00
盈利性资产	40 000.00	贷款损失准备	250.00
总负债	38 000.00		

请计算：ROE、ROA、净利息收益率、每股收益、非利息净收益率、净运营收益率。

其他问题：

(1) 假设利息收入、利息开支、非利息收入、非利息开支都上升5%，而前表中的其他所有收入和开支都保持不变。ROE、ROA和每股收益会发生什么变化？

(2) 假设该银行利息收入、利息开支、非利息收入、非利息开支都下降5%，同样假设其他变量保持不变。银行的ROE、ROA和每股收益会发生怎样的变化？

6. Washington Group国民银行的总资产为120亿美元，股本是12亿美元，ROA为0.011。它的ROE是多少？

其他问题：

(1) 假设该银行的ROA上升50%，资产和股本保持不变。ROE会发生什么变化？为什么？

(2) 假设该银行的ROA下降50%，总资产和总股本保持不变。ROE会发生什么变化？

(3) 如果该行的ROA维持在0.007 6的水平上，总资产和股本翻一番。ROE如何变化，为什么？

(4) 假设总资产和股本下降50%（ROA不变），该银行的ROE如何变化？

7. OK州立银行的总营业收入是1.5亿美元，总营业开支是1.3亿美元，赋税为500万美元，总资产是10亿美元，总负债是9亿美元。该行的ROE是多少？

其他问题：

(1) 如果该行的总支出、税收、总的营业收入每项都上升10%，而资产、负债保持不变，ROE如何变化？

(2) 假设该行的总资产和总负债上升10%，而其收入和开支都保持不变。银行的ROE如何变化？

(3) 如果营业收入和开支（包括税收）都下降10%，而银行的总资产和负债都保持不变，你能确定ROE会如何变化吗？

(4) 如果该行的资产和负债都下降10%，而其营业收入、赋税及营业开支都不变，ROE如何变化？

8. 假设某存款机构下一年的ROA预计为1.10%。要使ROE达到12%的目标，总资产对股本的比率要达到多少？如果该行的ROA意外下降到了0.8%，为了使ROE达到12%，资产—资本比要达到多少？

9. Watson County国民银行上一年的数据如下。请计算净利润率、股本乘数、资产利用率及ROE。

净收入	30.00
总营业收入	135.00
总资产	1 750.00
总权益股本	170.00

10. Crochett National银行信托公司在过去五年中的发展如下（所有数字都以百万美元为单位）：

年度	税后净收入	总营业收入	总资产	总负债
1	2.65	26.50	300.00	273.00
2	2.75	30.10	315.00	288.00
3	3.25	39.80	331.00	301.00
4	3.65	47.50	347.00	314.00
5	4.00	55.90	365.00	329.00

确定ROE、利润率、资产利用率及股本乘数。是否存在明显的不利趋势？为了解决银行面临的问题，你对管理层有哪些建议？

11. Paintbrush Hill州立银行刚刚向其主管机构提交了一份资产负债表与利润表。税收和证券交易发生之前的净收入是2 900万美元，税收是800万美元。如果其总的营业收入是6.50亿美元，总资产是17.5亿美元，总股本是1.7亿美元，试确定该行的以下数据：
（1）税收管理效率比率；
（2）成本控制效率比率；
（3）资产管理效率比率；
（4）资金管理效率比率；
（5）ROE。

其他问题：
（1）假设该行税前净收入上升20%，同时赋税、营业收入、资产和资本保持不变。ROE及组成部分会发生什么变化？
（2）如果总资产上升20%，该行的效率比率和ROE会发生什么变化？
（3）如果股本上升20%，ROE及其组成部分会发生什么变化？

12. 利用以下资料，计算Laredo国际银行及信托公司的净利息收益率与非利息收益率以及ROA。（单位：百万美元）

利息收入	75	非利息支出	8
利息支出	61	非利息收入	5
贷款损失准备	6	特殊收入和支出（包括税）	1
证券收益（或损失）	2	总资产	1 000

13. Valley州立银行过去五年的利润表如下（单位：100万美元），计算该行每年的ROA。是否有不利的趋势或有利的趋势，这家银行可能发生什么事情？

	今年	一年以前	两年以前	三年以前	四年以前
利息总收入	40	41	42	43	44
利息支出	24	25	26	27	28
非利息收入	4	4	3	2	1
非利息支出	8	7	7	6	5
贷款损失准备	2	1	1	0	0
收入税	1	1	0	1	0
证券净收益（或损失）	2	2	1	0	0
总资产	885	880	875	860	850

14. 本章对国民城市银行的BHCPR进行了分析。我们考察了许多该行的盈利性指标，包括ROA、ROE、净利润率、净利息与经营收益率和资产利用率，但是没有详细讨论盈利性风险、信用风险、流动性风险、市场风险、利率风险（价格风险和利率风险）。根据表6-7到表6-11的数据，我们计算最近两年该银行的数据，计算其每种风险，并且讨论一下随着时间的推移，该行的风险会发生什么变化。你会建议管理层采取什么样的办法来应对你所观察到的这些风险。

附录6A 利用财务杠杆和其他分析工具追踪金融机构绩效：银行业绩统一报告和银行控股公司绩效报告

相比于其他任何金融机构，银行披露的信息都是最多的。通过四个联邦银行机构（联邦储备系统、联邦存款保险公司、美国储蓄机构监理署和货币监理署）的通力合作，银行业绩统一报告（UBPR）和银行控股公司绩效报告（BHCPR）可以为金融分析员提供关键信息。银行业绩统一报告按季度分发给所有的联邦监管银行，内容包括每个银行的资产、负债、资本、收入和成本，银行控股公司绩效报告和银行业绩统一报告基本类似。

UBPR和BHCPR中的补充项目包括贷款和租赁承诺的分解、问题贷款及贷款损失的分析和每个银行风险暴露的情况与资本来源。同时也要求银行提供对等组报告，以方便它们可以和规模类似的其他机构比较。还要提供平均水平报告，这是由每个对等组的数据得出的平均值；以及州际报告，使得它们可以对单个银行和某个州的全部银行的合并财务状况做比较。一个新的重要的特征是，银行家可以获取任何其他联邦监管银行或银行控股公司的UBPR和BHCPR，以此来比较处在同样的环境条件下，同样的市场区域中银行的表现。

在美国联邦金融机构检查委员会（FFIEC）的网站可以下载到PDF格式的银行业绩统一报告（UBPR）和银行控股公司绩效报告（BHCPR），你还可以查找到所有主要银行和储蓄联邦监管机构的相关信息。每份UBPR和BHCPR通常都在25页以上，列举了有助于细致分析的相关信息。为了更好地了解BHCPR中的信息，我们以北卡罗来纳州温斯顿塞勒姆的BB&T公司为例进行说明。该公司拥有分支银行和信托公司，是美国最大的区域银行之一。在第5章我们利用联邦存款保险公司网站上的数据，考察了这家银行控股公司的所有银行的总数据。BHCPR是为美联储所制，后者监管着金融机构和银行控股公司，因此BHCPR涉及范围更广，包含非储蓄分支机构和子公司的相关数据。

BB&T是一家大型金融控股公司，拥有着银行和非银行分支机构及子公司。由于近年来银行业监管放松，BB&T公司通过并购扩张了其生产线及市场。自1993年以来，BB&T管理层已完成了对至少48家商业银行和储蓄机构的并购，以及对79家保险公司和其他31家非银行企业的并购。而当它充分利用多样化机遇扩张其金融服务时，其银行经营仍是引人注目的部分。2007年，BB&T银行网络的收益占公司总收入的约72%。2007年12月31日，其总资产超过了1 320亿美元。

BB&T最近几年表现如何？对于这一问题，我们将考察其2006年和2007年的财务报表来提供一些参考。然而，为了方便下文分析，我们先回忆一下，2007年，次贷市场上的一场危机成为金融服务业的焦点，房地产市场的低迷、房价的跳水令房主、投资者和贷款者都忧心忡忡。在2004～2006年连续三年的升息以及行业盈利报告之后，2007年9月，美联储开始不断降息，试图刺激经济、避免衰退。结果，金融服务业开始担心贷款质量及其对盈利和风险的影响。联邦存款保险公司担保机构的净利差在2007年跌至3.29%，触及自1988年以来的最低点。2007年银行业非利息收入下跌2.9%,是自20世纪70年代中期以来该类收入的第一次下滑。该行业平均资产回报率因此跌至0.89%——这是自1991年以来的最低点。总之,2007对于银行业可不是个好年头。

表6A-1到表6A-5摘自2007年年底的BHCPR,我们运用这几张表来研究BB&T的相关情况,对其在对于所有金融服务机构来说都很艰难的一段时期中的业绩表现进行评估。表6A-1和表6A-2向我们展示了这家银行持有的主要资产、负债和资本项目,并显示了2006年年底到2007年年底这些项目及其组成部分的增减变化情况。增长方面,BB&T的资产增加了110多亿美元,增速为9.28%。BB&T美元数额变动最大的资产项目是:

净贷款和租赁,增加80多亿美元(增幅为9.65%)。

无形资产和其他资产,增加19亿多美元(增幅为16.33%)。

支撑这一增长的资金来源包括:

外汇存款急剧增长约40亿美元(增幅为101.82%)。

剩余期限一年以上的其他借款增加39亿多美元(增幅为53.71%)。

表6A-1　BHCPR中BB&T公司的资产部分　　　　　　　　（单位:1 000美元)

资产	12/31/2007	12/31/2006	百分比变化(%) 1年	百分比变化(%) 5年
不动产贷款	64 939 644	60 452 037	7.42	72.29
商业和企业贷款	12 358 585	9 170 221	34.77	78.87
个人贷款	10 274 929	9 596 622	7.07	75.47
对存款机构及其他银行承兑的贷款	6 398	8 232	−22.28	−88.20
农业贷款	95 863	109 474	−12.43	−2.09
其他贷款和租赁	4 056 827	4 325 396	−6.21	31.52
减去:未实现收益	46 547	71 044	−34.48	−73.63
贷款和租赁,净未实现收益	91 685 699	83 590 938	9.68	71.32
减去:贷款和租赁备抵	1 004 462	888 130	13.10	38.80
净贷款和租赁	90 681 237	82 702 808	9.65	71.76
超过1年到期的债券	20 656 717	19 694 048	4.89	44.47
共同基金和股票	378 795	213 412	77.49	−43.09
小计	111 716 749	102 610 268	8.87	64.88
附息银行存款	593 199	543 509	9.14	300.48
联邦基金出售和回购协议	678 520	253 130	168.05	130.44
1年或1年内到期的债券	1 017 861	434 167	134.44	−53.69
交易账户资产	1 179 609	2 195 533	−46.27	694.41
总盈利资产	115 185 938	106 036 607	8.63	63.27
无息现金和其他银行同业存放	2 054 043	2 067 833	−0.67	6.45
房产、固定资产和资本租赁	1 528 690	1 410 196	8.40	42.59
其他不动产	164 655	70 964	132.03	130.59
对不合并子公司的投资	22 507	21 418	5.08	1 180.99
无形资产和其他资产	13 661 768	11 744 047	16.33	107.17
总资产	132 617 601	121 351 065	9.28	65.32
季度平均资产	131 141 010	119 194 742	10.02	67.88
平均贷款和租赁(YTD)	87 932 234	79 288 631	10.90	72.90

资料来源:Uniform Bank Performance Reports (www.ffiec.gov).

表6A-2 BB&T公司资产负债表中的负债和资本项目 （单位：1 000美元）

负债和资本变化	12/31/2007	12/31/2006	百分比变化（%）	
			1年	5年
活期存款	859 978	972 485	−11.57	−81.39
可转让存单账户（NOW）、ATS账户和交易账户	1 201 447	1 333 036	−9.87	5
10万美元以下的定期存款	18 514 876	18 200 068	1.73	22.55
货币市场存款账户和其他储蓄账户	43 782 213	42 670 469	2.61	95.80
其他非附息存款	0	0		
核心存款	64 358 514	63 176 058	1.87	48.87
10万美元及以上的定期存款	14 332 589	13 737 835	4.33	127.06
外国机构存款	7 898 179	3 913 398	101.82	397.65
购入的联邦基金以及回购协议	3 320 084	3 747 157	−11.40	−19.16
购入的受担保联邦基金	0	0		
商业票据	1 796 635	1 446 837	24.18	149.16
1年或1年内到期的其他借款	6 174 535	5 594 261	10.37	909.11
1年以上到期的借款	11 214 668	7 296 133	53.71	1.53
10万元以下的经纪转存款	176 267	144 287	22.16	19.20
非核心资金	44 912 957	35 879 908	25.18	83.07
交易性负债	525 934	368 158	42.86	600.07
附属票据和债务	6 446 165	5 584 568	15.43	174.97
其他负债	3 710 074	4 516 731	−17.86	53.08
总负债	119 953 644	109 525 423	9.52	65.21
少数股东权益	31 829	81 080	−60.74	−85.56
股权资本：				
优先股	0	0		
普通股	2 729 774	2 707 377	0.83	16.05
普通股剩余	3 086 995	2 800 651	10.22	289.22
留存收益	6 919 483	6 595 842	4.91	76.86
减去：库存股份	0	0		
累计其他全面收益	−104 124	−359 308		
其他股权资本成分	0	0		
总股权资本	12 632 128	11 744 562	7.56	70.98
总负债和资本	132 617 601	121 351 065	9.28	65.32

资料来源：Uniform Bank Performance Reports (www.ffiec.gov).

研究BB&T的资产可以发现，它集中于贷款这项传统的银行业务。表6A-1表明2007年这家控股公司拥有净贷款906.8亿美元，占其总资产的68%以上。这一年BB&T房地产贷款资产组合规模扩大，增长约45亿美元。在房产市场暴跌情况下，BB&T房产贷款增长率为7.42%。BB&T商业和企业贷款增长约32亿美元，增幅为34.77%。由于在整个借贷行业中消费者贷款违约率有所上升，BB&T开始将重点放在了企业贷款上。

2007年，BB&T为获取潜在收益及应对流动性需求而持有的总投资证券占其资产的16.63%。根据BHCPR的规定，该项目是债券（包括一年期、少于一年及多于一年到期的所有债券）、共同基金和股票等所有证券的加总。2007年总投资证券增速为8.41%——几乎与BB&T总资产9.28%的增速持平。然而，在一个利息率下降的环境中，短期债券急剧增长（增幅达到134.44%），远高出超过一年到期的债券增长率。管理层本可能计划着提升流动性需求或以为将会面临高利率，而并不想在相对低的利率情况下锁定投资证券。

2007年，BB&T以稳定、可负担核心存款的形式筹到总资产的近一半（48.53%），这些核心存款包括活期存款、其他交易性存款以及定期存款，每一项均低于10万美元；还包括货币市场存款账户和其他储蓄账户。2007年，核心存款只增长了1.87%。因此，BB&T的资产增长，更多的来源于成本较高的非存款筹资、次级债券和股本。运用这些长期非存款借款作为资金来源，使BB&T在面临金融市场四年来最低利率的情况下锁定了利率。

表6A-3表示资产部分的百分比组成，是BHCPR第7页的内容，而流动性和资金的百分比组成在BHCPR的第8页。这些内容的设置是为了方便对个别存款机构与同行业的机构进行对比。BB&T的同行业控股公司组合在表中标记为"同行"，这一组合包括资产均超过100亿美元的66家控股公司。表中数据是根据每一年四个季度末的数据平均得来。表6A-1和表6A-2中讨论的资产和负债的变化是基于年末数据的，BB&T在2007年12月31日资产额为1 326.2亿美元。

表6A-3　BB&T及其同行资产、流动性和资金的构成

资产百分比构成	12/31/2007			12/31/2006		
	BHC	同行	百分位	BHC	同行	百分位
占总资产百分比：						
不动产贷款	48.97%	40.82%	68	49.82%	39.85%	75
商业和企业贷款	9.32	12.81	26	7.56	11.89	21
个人贷款	7.75	5.33	68	7.91	5.36	65
对存款机构及其他银行承兑的贷款	0	0.09	49	0.01	0.11	52
农业贷款	0.07	0.21	43	0.09	0.21	49
其他贷款和租赁	3.06	3.26	50	3.56	3.17	65
净贷款和租赁	68.38%	63.86%	56	68.15%	62.66%	56
超过1年到期的债券	15.58	13.05	70	16.23	13.87	62
共同基金和股票	0.29	0.24	67	0.18	0.26	56
小计	84.24	78	67	84.56	77.54	56
附息银行存款	0.45	0.50	70	0.45	0.55	71
联邦基金出售和回购协议	0.51	2.24	44	0.21	2.68	17
1年或1年内到期的债券	0.77	3.08	28	0.36	3.12	20
交易账户资产	0.89	1.34	62	1.81	1.15	79
总盈利资产	86.86	87.57	40	87.38	88.10	43
无息现金和其他银行同业存放	1.55	2.28	22	1.70	2.38	21
其他不动产	0.12	0.10	65	0.06	0.06	60
所有其他资产	11.60	10	65	10.92	9.34	69

流动性和资金	12/31/2007			12/31/2006		
	BHC	同行	百分位	BHC	同行	百分位
占总资产百分比						
短期投资	1.73%	6.87%	28	1.01%	8.04%	14
流动性资产	16.99	19.59	52	18.52	22.47	47
投资证券	16.63	16.99	56	16.76	18.55	47
净贷款和租赁	68.38	63.86	56	68.15	62.66	56
净信贷	70.92	66.88	56	70.78	65.82	56
核心存款	48.53	46.92	47	52.06	48.23	50
非核心资金	33.87	37.38	49	29.57	36.10	40
10万美元及以上的定期存款	10.81	10.08	62	11.32	11.73	53
外国机构存款	5.96	3.12	76	3.22	2.70	66
购入的联邦基金以及回购协议	2.50	7.29	14	3.09	7.72	18

流动性和资金	12/31/2007			12/31/2006		
	BHC	同行	百分位	BHC	同行	百分位
购入的受担保联邦基金	0	0	47	0	0	48
净购入联邦基金（已售出）	1.99	4.95	23	2.88	4.92	39
商业票据	1.35	0.48	80	1.19	0.43	84
1年或1年内到期的其他借款	4.66	4.77	46	4.61	3.45	72
1年内可重新定价的盈利性资产	36.08	43.56	25	34.07	44.16	18
1年内可重新定价的附息负债	22.46	22.78	49	22.93	22.38	60
1年内可重新定价的长期债务	2.10	2.17	58	4.45	2.14	75
1年内可重新定价的净资产	11.52	17.20	35	6.69	18.20	26

资料来源：Uniform Bank Performance Reports (www.ffiec.gov).

表6A-3表示的是扣除季节效应和粉饰效应的平均数。例如，2007年BB&T的资产平均为1267.0亿美元。当分析BB&T和其同行的数据时，我们的讨论将以平均数字为依据。通过比较，可以发现在2006～2007年BB&T资产中的贷款所占比例均要高于其同行平均值。2007年，BB&T净贷款和租赁占总资产的比例为68.38%，其同行平均值为63.86%，BB&T位于同行的第56位。因为贷款往往代表着银行所持有的收益率最高的资产，所以BB&T较高的贷款/资产比例被认为是能够产出比同业银行控股公司平均收益相对更高的收益。

当我们更细致地研究其贷款组合，可以发现BB&T拥有更高的房地产贷款/总资产比例，达到48.97%，其同行比例为40.82%。它还拥有更高比例的个人（消费者）贷款，为7.75%，同行比例为5.33%。相比起来，其商业和企业贷款/总资产比例为9.32%，低于同行比例12.81%。这一贷款组合使得BB&T比其同行对影响消费者的经济下滑更为敏感。

BB&T更高比例的贷款投资，也意味着其较低的流动性资产/总资产比例，为16.99%，同行数据为19.59%。其投资证券/总资产比例为16.63%，也低于同行的16.99%。在BHCPR第8页的"流动性和资金"部分，也即表6A-3的下半部分，可以发现BB&T持有流动性资产在银行业中排在第52位，而持投资证券的比例排在第56百分位。这意味着BB&T在其同行中基本处于离中流水平不远的位置。像其他公司一样，银行也要持有足够多的流动性资产来满足其现金需求，而不因为将大量资金投资于收益率相对较低的工具而损害收益。银行对资金的需求通常由客户对资金的需求派生而来：客户签订贷款协议（表外业务变为表上资产）或者提取存款。

从资金的来源看，我们通过BHCPR提供的流动性和资金报表来对BB&T和其同行的筹资信息进行比较。BB&T运用核心存款筹集资金占其资产的48.53%，同行平均为46.92%，BB&T在其同行中排在第47百分位。这意味着BB&T核心存款/总资产比例高于同行平均值，不过略低于中流水平。这些资金来源的稳定性和可负担性可以抵消我们之前讨论的较低流动性比率的影响。除了核心存款，比起同行平均值或中流银行控股公司，BB&T有较高比例资金来源于大额存款者（每一笔存款均不低于10万美元）和国外存款者。利用这些资金来源也使BB&T真正成为一家存款机构。

让我们把目光转向BB&T的利润表（BHCPR的第2页），见表6A-4。要记得，2007年对于金融服务机构可不是个好年头。BB&T利息总收入增长了14.05%——不错的结果——但利息总支出也增长了26.02%。理想情况下，我们总是喜欢收入上升支出下降。这种理想情境与投资者著名的"低买高卖"的指令类似——理论上简单但难以操作，特别是当利息收入和支出二者均与市场利率相关联时（在第7章我们将集中讨论这些关联效应）。考察BB&T利息收入和利息费用的成分,大部分项目是增长的,而总效果是:BB&T的利息总收入是增加的。

表6A-4 BHCPR中BB&T公司的利润表 (单位:1 000美元)

利润表——收入和支出				
	12/31/2007	12/31/2006	百分比变化(%)	
			1年	5年
贷款利息和费用	6 608 023	5 833 775	13.27	99.28
金融租赁应计收入	105 668	107 537	−1.74	−30.84
应纳税收入	6 650 703	5 887 212	12.97	94.29
免税收入	62 988	54 100	16.43	37.92
所得税收益	42 432	58 282	−27.19	−46.86
贷款和租赁收入(等税率)	6 756 123	5 999 594	12.61	90.39
投资利息收入	1 079 525	881 672	22.44	8.05
其他存款机构应付利息	30 888	32 382	−4.61	1 574.15
其他盈利性资产利息收入	95 364	67 609	41.05	172.32
总利息收入(等税率)	7 961 900	6 981 257	14.05	73.67
10万美元及以上定期存款利息	735 093	583 911	25.89	238.49
10万美元以下定期存款利息	833 491	677 914	22.95	49.78
国外机构存款利息	199 551	214 236	−6.85	438.95
其他存款利息	852 460	661 278	28.91	343.09
交易账项负债和其他借款利息	1 116 251	820 402	36.06	83.89
附属票据与负债利息	277 250	227 633	21.80	262.39
总利息支出	4 014 096	3 185 374	26.02	138
净利息收入(等税率)	3 947 804	3 795 883	4	36.22
非利息收入	2 776 758	2 593 997	7.05	82.40
调整后营业收入(等税率)	6 724 562	6 389 880	5.24	52.13
管理费用	3 634 605	3 506 865	3.64	52.40
贷款和租赁损失准备金	437 288	244 717	78.69	65.83
证券收益(损失)	−2 796	−72 840		
其他税收调整项	0	0		
税前净经营收入(等税率)	2 649 873	2 565 458	3.29	36.50
实际收入税	836 234	944 447	−11.46	68.10
税收调整项	67 566	87 655	−22.92	−54.95
实际收入税(等税率)	903 800	1 032 102	−12.43	39.59
少数股东权益	12 264	4 886	151	1 992.83
净经营收入	1 733 809	1 528 470	13.43	34.07
净意外损益	0	0		100
净收入	1 733 809	1 528 470	13.43	33.06

BB&T的净利息收入在这一年增长了4%。如果用平均总资产来衡量净利息收入,那么BB&T的净利息收益率(NIM)是下降的:

$$\frac{\text{来自资产的利息收入} - \text{借入资金的利息支出}}{\text{平均总资产}} = \text{净利息收益率}$$

2007年BB&T的净利息收益率为:$3\ 947\ 804 \div 126\ 698\ 179 = 3.12\%$

2006年BB&T的净利息收益率为:$3\ 795\ 883 \div 114\ 910\ 532 = 3.30\%$

如表6A-5所示,BB&T的净利息收益率为3.12%,高于同行的平均值(2007年该值为3.00%,低于2006年的3.09%)。当然在同行中排在前位是有利的。BB&T管理层应为其净利息收益率高于同行感到高兴。

表6A-5　BHCPR中BB&T公司利润构成

相对利润和比率分析	12/31/2007			12/31/2006		
	BBC	同行	百分位	BBC	同行	百分位
占平均资产的百分比						
利息收入（等税率）	6.28%	6.13%	62	6.08%	5.95%	60
减去：利息支出	3.17	3.08	55	2.77	2.85	43
等于：净利息收入（等税率）	3.12	3	50	3.30	3.09	57
加：非利息收入	2.19	1.64	76	2.26	1.91	68
等于：调整后经营收入（等税率）	5.31	4.69	74	5.56	4.97	71
减去：管理费用	2.87	2.92	41	3.05	2.97	55
减去：贷款和租赁损失准备金	0.35	0.36	56	0.21	0.15	71
加：持有到期资产已实现G/L	0	0	49	0	0	50
加：待出售证券已实现G/L	0	−0.02	31	−0.06	−0.01	13
加：其他税收调整项	0	0	53	0	0	47
等于：税前净经营收入（等税率）	2.09	1.33	80	2.23	1.83	72
减去：实际收入税（等税率）	0.71	0.45	82	0.90	0.63	82
减去：少数股东权益	0.01	0	77	0	0.01	72
等于：净经营收入	1.37	0.88	80	1.33	1.18	60
加：净意外损益	0	0	50	0	0.01	44
等于：净收入	1.37	0.88	79	1.33	1.21	60
备忘：净收入（最后四季度）	1.37	0.87	80	1.33	1.21	60

资料来源：Uniform Bank Performance Reports (www.ffiec.gov).

BB&T税前净经营收益率——税前总经营收入和支出的差额发生了变化

$$\frac{净经营收入}{平均资产} = 税前净经营收益率$$

2007年BB&T税前净经营收益率：$2\,649\,873 \div 126\,698\,179 = 2.09\%$

2006年BB&T税前净经营收益率：$2\,565\,458 \div 114\,910\,532 = 2.23\%$

BB&T的净经营收益率再一次高于同行的平均值，2007年双方的这一比例为2.09%和1.33%，BB&T表现不错。2006～2007年，BB&T和同行的这一差距在拉大：BB&T的净经营收益率下降6.28%，而与此同时其同行的这一比率暴跌27.32%。按照这个衡量指标，BB&T在其同行中可以说是卓尔不群。

然而，BB&T的股东可能更关心其所持股票的每股收益（EPS）。BB&T公司（银行控股公司）2007年拥有545 955 000股流通股，2006年为541 475 000股（根据它提交给美国证监会的年度报告、教学版标准普尔市场观察和相关埃德加链接所知）。利用这些数据我们可以计算基于银行基础的EPS（运用BB&T的净收入）。其EPS在2006年年底和2007年年底发生了变动

$$每股收益 = \frac{净收入}{在外流通的普通股}$$

2007年BB&T每股收益：$1\,733\,809 \div 545\,955 = 3.18$美元/股

2006年BB&T每股收益：$1\,528\,470 \div 541\,475 = 2.82$美元/股

该银行经历了每股收益的大幅增长。这在对于金融机构极具挑战性的2007年来说是非常出

色的。

让我们继续来看表6A-4所示的收入和支出报表。尽管2007年净利息收入增长4%，但是净收入却增加了13.43%！BB&T股东每股收益的上升源于其收入项目较高的增长率以及大多数支出项目较低的增长率。2007年非利息收入增长了7.05%，而管理费用只增长了3.64%。真正的"好消息"应该是BB&T成功将收入所得税降低了12.43%。给非利息支出蒙上一层阴影的是其贷款和租赁损失增加了78.69%。如果一家银行以借贷业务为主，如BB&T所做，那么其增加利润表中的贷款和租赁损失准备金以及资产负债表中相应的损失账户的备抵贷款和租赁，往往意味着其管理层在为信贷风险可能带来的不利影响而做准备。（注意：如果你对贷款和租赁损失准备金账户和相应的备抵账户还不清楚，回顾一下第5章讨论的内容。）

在收支方面，相对于同行们，BB&T表现如何呢？从表6A-5中可见一斑。2007年，BB&T在利息收入、非利息收入、管理费用以及贷款和租赁损失准备金等方面的表现均好于同行。"好于同行"意味着其收入项目/平均资产高于同业银行控股公司的平均值，而其费用项目/平均资产低于同行平均值。较低的费用支出表明，与同行相比，BB&T有效的管理成功地控制了成本。总之，在2007年，相对于同行，正是收入和支出管理方面的优异表现促成了BB&T极高的税前净营业收入/平均资产（银行的净经营收益率）和净收入/平均资产（资产回报率）。

与同行相比，BB&T看起来表现不错，盈利率也越来越好。ROA增长了3.01%，而同行是下降了27.27%。我们可以利用本章之前讨论的公式（6-11）、公式（6-14）和公式（6-18）来进一步探讨BB&T的收益。公式（6-11）用季度平均数字分解资产负债表中的项目

$$股东权益报酬率（ROE）= 资产回报率ROA \times 平均资产/平均股权资本$$

2007年BB&T的股东权益报酬率：ROE = 0.013 7 × 10.493 2 = 14.38%

2006年BB&T的股东权益报酬率：ROE = 0.013 3 × 10.330 6 = 13.74%

很明显，BB&T的股东权益报酬率（ROE）由于资产回报率（ROA）的改善而有所提高，后者是对管理效率的衡量指标。与此同时，BB&T对杠杆的使用（资产中借款所占比例）略微上升。

我们可以利用公式（6-14）对股东权益报酬率作进一步分析

$$股东权益报酬率（ROE）= \frac{净收入}{总营业收入} \times \frac{总营业收入}{平均资产} \times \frac{平均资产}{平均股权资本}$$

2007年BB&T的股东权益报酬率

$$ROE = \frac{1\ 733\ 809}{10\ 738\ 658} \times \frac{10\ 738\ 658}{126\ 698\ 179} \times \frac{126\ 698\ 179}{12\ 074\ 336} = 14.38\%$$

2006年BB&T的股东权益报酬率

$$ROE = \frac{1\ 528\ 470}{9\ 575\ 254} \times \frac{9\ 575\ 259}{114\ 910\ 532} \times \frac{114\ 910\ 532}{11\ 123\ 340} = 13.74\%$$

在这些盈利关系中，是什么因素促使BB&T的股东权益报酬率上升的？关键因素是：（1）BB&T的净利润率上升了1.19%；（2）BB&T资产利用率（经营收入/平均资产）上升了1.80%；以及（3）BB&T股权乘数1.57%的增长。显然，尽管金融杠杆的增长提升了股东权益

报酬率，这也略微削弱了避免损失的保护垫。

利用公式（6-18）对ROE的分析表明了净利润率的上升和资产管理效率的改善，肯定了BB&T空前的支出控制成果

$$股东权益报酬率（ROE）=\frac{净收入}{税前净营业收入}\times\frac{税前净营业收入}{总营业收入}\times\frac{总营业收入}{平均资产}\times\frac{平均资产}{平均股权资本}$$

2007年BB&T的股东权益报酬率

$$ROE=\frac{1\,733\,809}{2\,649\,873}\times\frac{2\,649\,873}{10\,738\,658}\times\frac{10\,738\,658}{126\,698\,179}\times\frac{126\,698\,179}{12\,074\,336}=14.38\%$$

2006年BB&T的股东权益报酬率

$$ROE=\frac{1\,528\,470}{2\,565\,458}\times\frac{2\,565\,458}{9\,575\,254}\times\frac{9\,575\,254}{114\,910\,532}\times\frac{114\,910\,532}{11\,123\,340}=13.74\%$$

对ROE的分解分析表明了税收管理效率的改善，表现为净收入/税前营业收入从2006年的59.58%上升到2007年的65.42%。对于每一美元的税前收入，2006年BB&T要支付40美分的税收，2007年这一数字下降到约35美分。然而，由于利息费用、管理费用以及贷款和租赁损失准备金的增加，支出控制效率（税前净经营收入/总经营收入）下降了约8%。

总之，我们利用本章阐述的工具以及BB&T的UBPR和BHCPR更好地了解了这家银行控股公司的运营和管理。BB&T看起来比同业大型银行控股公司更加注重传统的放贷业务，它创造了更高的收益和更低的支出，这种优势在2006年和2007年间逐渐扩大。

第三部分

资产—负债管理技术与风险规避

第7章 变动利率风险管理：资产—负债管理和久期技术

第8章 金融期货、期权、互换和其他风险规避工具在资产—负债管理中的运用

第9章 使用资产支持证券、贷款出售、备用信用证与信用衍生工具进行风险管理

第7章 变动利率风险管理：资产—负债管理和久期技术

学习要点

- 资产、负债和资金管理；
- 市场利率和利率风险；
- 利率风险规避的目标；
- 利率敏感型缺口控制；
- 久期缺口控制；
- 利率风险管理技术的局限。

如今的金融机构是高度复杂的，它们通过多个部门和分支机构提供多样化的金融服务，各项金融服务的决定都是由众多专业人士做出的，因此，现代金融机构中不同部门的专家通常做出各种决策以决定给哪些顾客发放贷款，在投资组合中应该增加或者去掉哪些证券，在向公众提供存款、贷款、投资建议和其他服务时使用哪些条款以及该使用哪些资金来源。

这些管理决策彼此密切相关。例如，金融机构决定应该满足哪个顾客的贷款要求就与其筹集存款及非存款资金以支持新贷款的能力息息相关。类似地，金融机构在贷款组合上承担的风险大小与该公司赖以保护其股东、储户和其他债权人免遭损失的资本充足性（净资产）和资本结构相关。即使金融机构承担了更高的风险，也应保证其净资产价值不受损失，否则很有可能遭受重大打击。

在一个管理良好的银行里，所有这些管理决定都必须保证是基于整个银行的层面做出的，以避免各个决定相互冲突而使得收入和净资产受损。现在，银行经理们已经认识到从全局上管理资产负债的重要性，考虑怎样整合机构的资产组合以实现银行在盈利和可接受风险方面的目标。这种协调整合性的决定被称为**资产—负债管理**（asset-liability management, ALM）策略。资产—负债管理策略能够为银行机构提供处理经济周期和季度压力的防御武器，也能提供进攻性武器以帮助建立合理的资产负债组合来实现每个分支机构的目标。本章的关键就是向读者说明用综合性的方式管理资产负债和权益是非常有效的。

7.1 资产—负债管理策略

7.1.1 资产管理策略

金融机构并非总能全面地审视它们的资产和负债。实际上，在很长一段时间内，银行在很大程度上都把它们的资金（负债与产权）来源视为理所当然的事。这种**资产管理**（asset management）观点认为，存款机构持有的存款量与存款种类和存款机构所能吸引的其他借入资金额很大程度上由客户决定。按照这种观点，公众决定了活期存款、储蓄账户和其他可用资金来源的相对数量。管理决策中起关键作用的不是存款与其他借入款，而是资产；财务经理决定向谁发放数量稀缺的可贷款及贷款条件，通过这种方式，财务经理控制流入资金分配。实际上，资产管理方式是有其合理性的，因为在对银行业和其他储蓄行业放松监管前，存款类型、存款利率和可利用的非存款性资金来源是受到严格监管的，管理层对重新组织资金来源只有有限的自由度。

7.1.2 负债管理策略

近几十年来，资产—负债管理策略有了巨大变化。由于面临利率的不断波动与资金方面的激烈竞争，银行及其最接近业务竞争者更加关注开辟新的融资渠道，监控存款与非存款负债的结构与成本，这种新策略就是**负债管理**（liability management）。与财务经理长期实施的资产管理相比，负债管理的目标是对资金来源加以控制，主要的控制手段是价格——利率以及在吸纳存款与获得借款时的附加条款，目的是实现预期的数额、组合比例与成本。如果金融机构面临的贷款需求超过其可贷资金，就可以提高存款利率与货币市场借款的利率，利率超过其竞争者所提供的利率，则资金流入。而一家资金充足但缺乏资金盈利渠道的存款机构可以保持其存款利率不变甚至压低存款利率，就市场上任何可用资金而言，其他竞争者的利率总是高于它的。图7-1说明了资产—负债管理的目标。

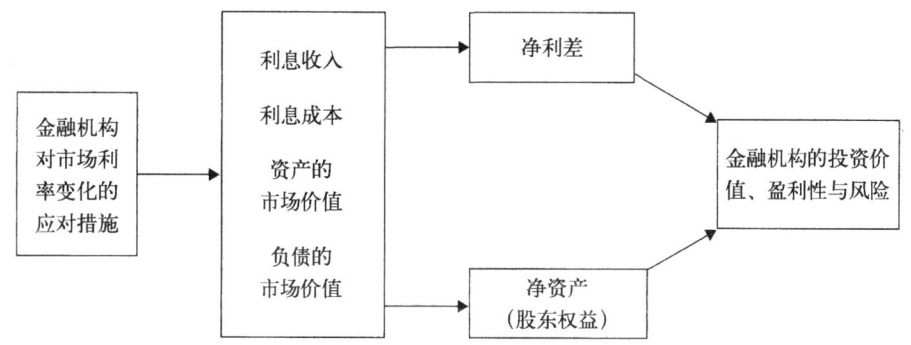

图7-1 银行业及金融服务业的资产—负债管理

7.1.3 资金管理策略

负债管理技术的成熟，伴随着更易改变的利率和更大的金融业务风险，最终催生了今天处于主导地位的**资金管理**（funds management）方法。这是个更加平衡的资产与负债管理方式，它强调以下几个目的：

- 金融机构管理层应尽可能对资产与负债的数额、组合比例、收益或成本进行控制以实现金融机构的目标。
- 对资产的管理控制必须与对负债的管理控制协调起来，以便资产—负债管理具有内在协调性而不致互相牵扯。有效协调资产—负债管理有助于实现收入与成本间的差额最大化，并且控制风险敞口。
- 收入与成本产生于资产负债表的两方面（资产与负债）。优化管理政策，最大化收益并最小化提供服务过程中产生的成本。

认为金融机构的所有收入必须来自贷款与投资的观点已经过时，新观点认为，金融机构出售一组金融服务——信贷、支付、储蓄与金融建议等，其定价应不低于其成本，因此，不仅管理贷款与其他资产可以获取收入，管理资产负债表的负债项目也能获得收入以实现盈利目标。许多金融机构通过资产—负债委员会（ALCO）实施每日资产—负债管理（ALM），这一委员会由该机构不同部门的主要负责人组成。

概念测验

1. 解释以下术语的含义：资产管理、负债管理、资金管理。
2. 什么因素促使金融机构近几年来发展资金管理技术？

7.2 利率风险：最严峻的管理挑战之一

没有任何一位财务经理能完全避免**利率风险**（interest rate risk）——所有金融机构都会面临的最严酷、最具潜在破坏力的风险之一。如果利率发生变化，金融机构就会发现利率变动影响到它们最重要的收入来源——贷款与证券的利息收入，也影响到它们最重要的支出项目——存款与向其他机构借款的利息成本。而且，利率的变化也会改变资产与负债的市值，从而改变金融机构的净资产——投资者在金融机构投资的价值，因此，利率改变既影响金融机构的资产负债表又影响其利润表。

7.2.1 决定利率的因素

利率的问题在于，虽然利率对任何金融机构都很关键，但是这些机构却完全不能控制市场利率或者其变化趋势，任何贷款与证券的利率最终都是由市场决定的。可贷资金（贷款）的供给者与需求者在金融市场上互相影响，当可贷资金（贷款）的供给与需求相等时，利率（贷款的价格）便趋于稳定，如图7-2所示。

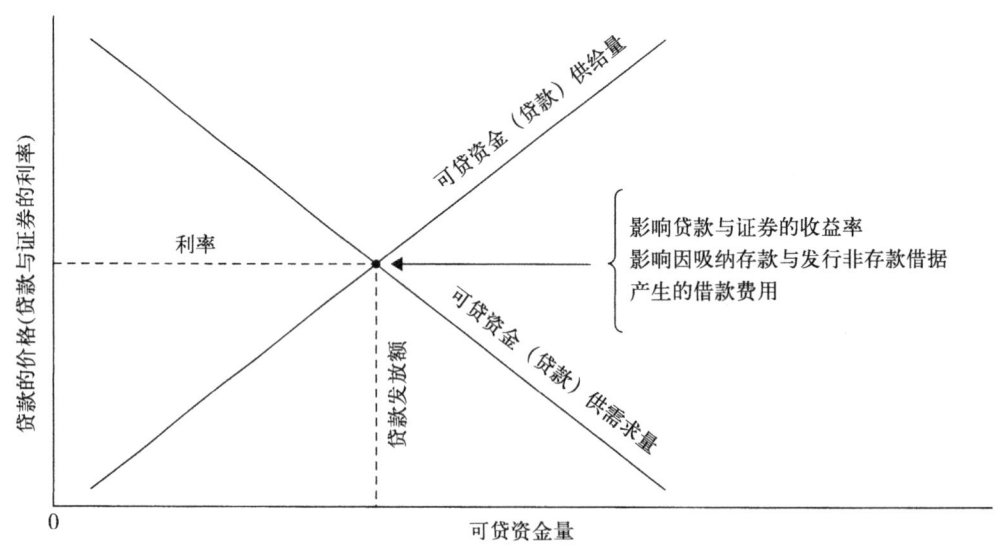

图7-2 金融市场中利率的决定

在提供贷款方面，金融机构是可贷资金（贷款）市场的供给方，但国际可贷资金市场包含了成千上万的贷方，每家金融机构只是其中一个供给者而已。类似地，存款机构作为可贷资金（贷款）需求者进入金融市场，这时它们会向公众提供存款服务或是发行非存款借据为放贷与投资筹集资金。同样的道理，市场上的借方成千上万，一家存款机构不管规模多大也只是可贷资金需求者中的一员。

因此，在任何时候，无论金融机构是可贷资金（贷款）的供给方还是需求方（通常金融机构同时身兼二职），都不能决定市场利率或把握其变化趋势。更确切地说，单个机构只能尽可能地实现其目标并以此对利率与变化趋势做出反应。换言之，大部分财务经理都是价格接受者，而不是价格制定者，所以他们必须接受既定利率并做出相应计划。

随着市场利率的变化，金融机构至少要面对两种主要的利率风险——价格风险与再投资风险。如果市场利率上升，价格风险便会产生，导致大部分债券与固定利率贷款的市值下跌。金融机构要想在利率上升时出售这些金融工具，就一定要做好承受损失的准备。再投资风险则在市场利率下降时出现，迫使金融机构将收入性资金投资于获利较差的盈利资产，同时调低预期收入。资产—负债管理的一个主要方面就是要想办法有效应对这两种利率变动风险。

7.2.2 利率的度量

利率到底指什么？利率如何度量？

大多数人对利率的理解与借钱的经历有关，知道利率是信用的价格，是放贷人出让资金使用权所要求的补偿。简单地说，利率就是我们使用贷款所需付出的费用与贷款金额的比值。但是，近年来出现了大量让人困惑的利率度量法，本书后面的章节将会介绍。

到期收益率（YTM）是最常用的一种度量法，它是一种贴现率，这种贴现率使贷款或证券在未来产生的预期现金流与其当前市值相等。到期收益率可用如下公式计算

$$\text{贷款或证券的当前市场价格} = \frac{\text{第1期预期现金流}}{(1+YTM)^1} + \frac{\text{第2期预期现金流}}{(1+YTM)^2} + \cdots$$

$$+ \frac{\text{第}n\text{期预期现金流}}{(1+YTM)^n} + \frac{\text{第}n\text{期贷款或证券的出售或赎回价格}}{(1+YTM)^n} \tag{7-1}$$

例如，现在以950美元的价格买入一笔债券，以后3年每年支付100美元的利息，到期时债券发行人会以1 000美元将债券赎回，那么这笔债券的利率可以通过到期收益率按照以下公式计算

$$950 = \frac{100}{(1+YTM)^1} + \frac{100}{(1+YTM)^2} + \frac{100}{(1+YTM)^3} + \frac{1\,000}{(1+YTM)^3}$$

在这个例子中，债券的到期收益率是12.10%。⊖

另一个常用的利率度量法是**银行贴现率**（bank discount rate），短期贷款与货币市场有价

⊖ 许多用于金融计算的计算器和软件（如Excel）都能根据输入的债券购买价格、承诺支付的利息、售价或赎回价格以及持有时间直接给出到期收益率。债券的到期收益率（YTM）相当于贷款的年利率（APR）。同时需要引起我们注意的是，在现实世界中，许多债券（包括美国财政部发行的债券）一年分两次支付利息。这一特点改变了各现金流的时期并会影响到期收益率。到期收益率的公式变为：价格 第1期预期现金流，第2期预期现金流，……，第n期预期现金流及出售或赎回价格×k，此处的k表示每一年支付利息的次数，因此，支付次数一共为$n \times k$。

证券（如美国短期国库券）常常用到此法。计算贴现率（DR）的公式如下

$$DR = \left(\frac{100 - 贷款或证券购买价格}{100}\right) \times \frac{360}{距到期日天数} \quad (7\text{-}2)$$

例如，假设一笔货币市场证券的购买价格是96美元，到期出售价格即票面价值为100美元。如果这笔证券90天后到期，用银行贴现率度量的利率应为

$$DR = \frac{(100-96)}{100} \times \frac{360}{90} = 0.16(16\%)$$

这种利率度量法忽略了复利的影响，同时假定一年仅有360天，相比之下，到期收益率度量法假定一年有365天，而且在计算到期收益率（YTM）时以复利计息。

此外，贴现率用金融工具的票面价值计算其收益或收益率，虽然这种计算方式更简单，但理论上并不正确。根据金融理论，在计算金融工具的真实收益率时，相对于票面价值，金融工具的购买价格更适合作分母。

可以用下面的公式把银行贴现率转化为等价的到期收益率

$$等价 YTM = \frac{(100-购买价格)}{购买价格} \times \frac{365}{距到期日天数} \quad (7\text{-}3)$$

> **小贴士**
> 2001年哪一部澳大利亚戏剧中一个能预测世界货币市场利率变动的电脑软件让中央银行管理层着迷？
> 答：《银行》（*The Bank*）。

对上面的货币市场证券而言，其等价到期收益率是

$$等价 YTM = \frac{(100-96)}{96} \times \frac{365}{90} = 0.1690(16.90\%)$$

虽然上面列出的两种利率度量法应用非常广泛，但我们要知道还有很多其他利率度量法，其中大部分将会在本书后面几章介绍。

7.2.3 利率的组成

许多财务经理一直试图预测市场利率的未来动向以图降低利率风险，但是，利率是由成千上万的贷款供给者与需求者相互作用决定的，这一事实证明精确预测利率实际上是不可能的。此外，任意一笔贷款或证券的具体利率都是由多种成分组成的（就好像墙是砖砌起来的），因此预测利率还要考虑

风险性贷款或证券的名义市场利率＝无风险实际利率（如通货膨胀调整后的政府债券）
　　　　　　　　　　　　　　　＋用以补偿接受了风险性借据的放贷人遭受违约
　　　　　　　　　　　　（信贷）风险、通货膨胀风险、期限或到期风险、
　　　　　　　　　　　　流动性风险、赎回风险等的风险溢价　　　　(7-4)

不仅无风险实际利率随可贷资金的供求变化而变化，金融市场中借贷双方对风险性贷款或证券的市场利率所应包含的风险溢价的看法也随时间变化而变化，从而利率会经常无规律地上升或下降。

风险溢价 假如经济进入萧条期，企业销售额下降，失业率上升，许多放贷人断定一些企业会破产，一些人会失业，从而借款人违约的风险增加，具有风险的借款人就要承担更高的违约风险溢价，这样借款利率就会上升（其他因素保持不变的情况下）。类似地，商品与服务价格上涨会增强放贷人对较高通货膨胀率的预期，而较高的通货膨胀率会降低其放贷收入的购买力，因此放贷人要求借款人支付更高的通货膨胀风险溢价来补偿预计的购买力损失。许多贷款与证券的利率还包括流动性风险溢价，放贷人以较为有利的价格转手某些金融工具可能会发生

困难，借款人就要支付流动性风险溢价。赎回风险则是因借款人有权提前偿还贷款降低了放贷人的预期收益率。根据所谓的费雪效应，名义利率等于贷款实际利率（购买力回报）与贷款存续期的预期通货膨胀率之和。

收益率曲线 另一个组成利率的主要成分是到期溢价（或期限溢价）。由于存在到期风险，与较短期限的贷款与证券相比，较长期限的贷款与证券的市场利率更高，因为较长期限贷款在贷款期内面临更大的损失风险。在某一时点上观测到的利率随贷款期限变动，这一规律反映在图形上（假定其他因素不变，如信用风险）叫收益率曲线。

> **小贴士**
> 利率不可能为负——是真是假？
> 答：与传统观念相反，利率可能是负的。两个最著名的例子发生在20世纪30年代的大萧条时期，当时政府证券有时是以高于平价的价格出售。2003年秋天，恐慌的存款人从银行提款，大量资金流入回购协议市场（见www.new-yorkfed.org/research）。

图7-3表示了三条不同时期的美国国库券收益率曲线，分别是2009年10月和2010年10月的情况。横轴表示国库券的到期日（以月和年表示），纵轴表示国库券每个到期日的到期收益率。

收益率曲线形状经常变化，因为每条曲线所示证券的收益率每天都在变。例如，我们注意到，图7-3中，2009年10月的收益率曲线起初较陡峭，而在一年后便变得相对平缓了。另外，收益率变化速度不尽相同，一般情况下短期利率往往比长期利率升降都快些。从图7-3中可见，2009年10月到2010年10月，长期利率（曲线靠右部分）已经呈现小幅下降，而短期利率（曲线靠左部分）同期却下降了更大的幅度。

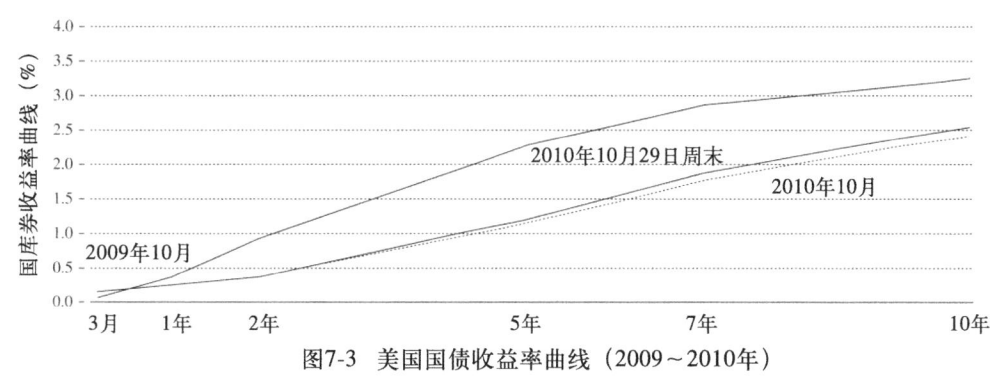

图7-3 美国国债收益率曲线（2009～2010年）

资料来源：圣路易斯联邦储备银行、《货币趋势》。

短期利率相对于长期利率的变化随时间有很大差异，图7-4中这一点表现得非常明显，同时表示3个月短期国库券利率与10年长期国债利率时就能发现。在不同的经济周期，短期利率与长期利率的波动情况不同。例如，我们注意到在萧条期，经济举步维艰，相对于长期利率，短期利率下降幅度更大，长短期利率差额倾向于扩大。经济刚刚进入繁荣时期时长期利率与短期利率缺口通常较大，然后长短期利率间的这种差距就逐渐缩小，有时甚至反过来变成了短期利率高于长期利率。

总的来说，收益率曲线在长期利率超过短期利率时呈现向上倾斜趋势（上升的收益率曲线），这种情况出现是缘于所有利率均上升但短期利率与长期利率相比始于较低水平。现代金融理论认为斜率向上的收益率曲线与利率上升及经济扩张相关。

如果短期利率高于长期利率，收益率曲线会向下倾斜。这一反向的收益率曲线意味着利率开始下降，经济可能在不久陷入衰退。

最后，如果长短期利率处于大致相等的水平，就会出现水平的收益率曲线，此时投资者无论购买何种期限的证券,其到期收益率都是一样的。水平的收益率曲线意味着利率在一段时期内会是平稳的,曲线斜率几乎没有变化。

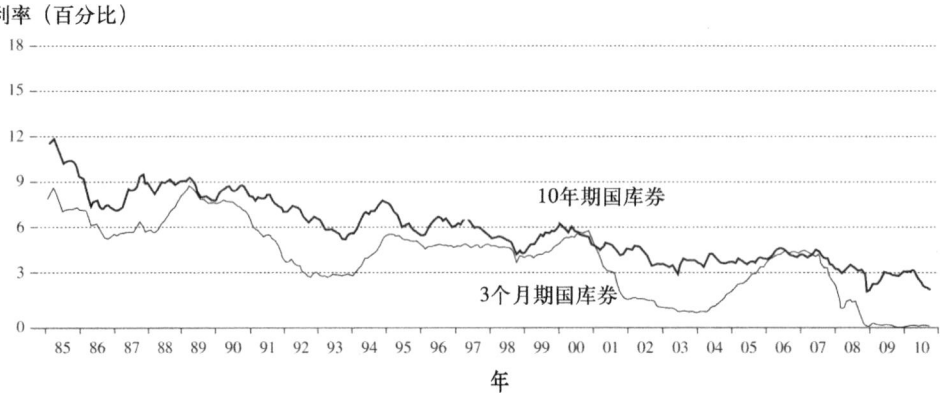

图7-4 短期利率与长期利率间的差额(以3个月短期美国国库券和10年长期美国国库券收益率为例)

注:阴影区域反映了经济衰退时期。

资料来源:圣路易斯联邦储备银行。

> **小贴士**
>
> 刚进入21世纪,市场利率走低,达到历史最低点,利率风险严重威胁银行某一主要竞争者的净资产价值,你知道这是哪一个金融机构吗?
>
> 答:货币市场基金。为了避免资产净值降到每股1美元的市场标准之下(低于这一标准的价格是难以接受的),货币市场基金不得不经常降低其费用。

到期缺口和收益率曲线 一般来说,当收益率曲线向上倾斜时,金融机构经理的日子会过得更好些,这时长期利率高于短期利率;而当收益率曲线水平或垂直倾斜时,金融机构经理人就会有困难。向上倾斜收益率曲线有利于借贷机构的盈利,原因是贷款和证券(资产负债表的资产侧)相对于资金来源(负债)到期期限更长。

大部分借贷机构都有一个正的**到期缺口**(maturity gap),这个缺口是资产平均到期期限和负债平均到期期限的差。在收益率曲线向上倾斜的情况下,从长期资产中获得的收益超过短期负债支付的费用,正常情况下,结果是正的净利差(利息收入大于利息支出),意味着更高的盈利。另一种情况是较平坦(倾向于水平)或者向下倾斜的收益率曲线,此时只能获得较小利差甚至负利差,因为是短借长贷,金融机构盈利就会有困难。

7.2.4 对利率风险的反应

前面提到,市场利率变化可能因增加资金成本、减少盈利性资产收益及降低股东的投资(净资产或股权资本)价值从而损害金融机构的盈利能力。不仅如此,近几十年来利率频繁波动,财务经理不得不面对一个全新的、更难以预测的市场环境,利率风险敞口会带来巨大损失。一个突出的例子发生在明尼苏达州,起因是明尼阿波利斯(Minneapolis)的第一银行系统公司(First Bank System, Inc.)购买了过量的政府债券。其管理层曾预测利率会下降,但很不幸,利率上升了,债券价格下跌,据报告称,该行损失高达5亿美元,不得不变卖其总部大楼(Bailey[2])。

过去几十年,金融机构的经理人积极寻求各种方法以求资产负债组合与利润免受利率变动之害。现在许多银行有资产—负债委员会,委员会通常每天都有例会,指导实施资产—负债管理决策。资产—负债委员会在决策中应对利率风险,而且还参与短期与长期规划,以达到管理银行流动性需求和其他管理事宜的目的。

一个运行良好的资产—负债委员会会定期召开会议（每一季度、每个月甚至更为频繁），以管理金融机构的利率风险（IRR）和其他风险暴露。委员会通常能够把握机构的核心目的，将重心放在最大化股东财富、保持充分的盈利性以及完成足够的资本化上。这些通常由特定的数据目标表示（例如，ROA达到1.5%，股权/资本至少为10%）。AOL会将机构的财务状况和纠正已确认缺陷的建议定期告知董事会。委员会会列出计划，指导机构该如何筹资、它应该放出什么种类的贷款以及对表外风险暴露的合理限制。资产—负债委员会通过考察机构风险暴露与净利息差额和资本净值的比率，来制定战略以使风险暴露保持在合理范围内。委员会也会通过模拟分析来检验可选管理战略。

7.3 利率风险规避的目标之一

应对利率风险的一个重要目标是使利润——减去税收与其他各项开支后的净收益——免受利率波动的破坏性影响。无论利率如何变化，金融机构经理人总是希望利润能达到预期水平并保持稳定。

要实现这个特定目标，管理重心应放在资产负债组合中对利率变动最敏感的组成部分上。正常情况下，包括金融机构资产负债表资产项目中的贷款与投资（盈利性资产）和负债项目中的有息存款与货币市场借款。为了保证利润免受不利的利率变动影响，管理层试图保持**净利差**（net interest margin, NIM）的稳定，表示如下

$$NIM = \frac{贷款与投资所得利息收入 - 存款与其他借入性资金的利息支出}{总盈利资产}$$

$$= \frac{减去支出后的净利息收入}{总盈利资产} \tag{7-5}$$

假设一家大型跨国银行从贷款与证券投资的利息收入中获利为40亿美元，吸引存款与其他借入资金的利息支出为26亿美元。如果银行所持盈利性资产为400亿美元，它的净利差则为

$$NIM = \frac{40-26}{400} \times 100\% = 3.50\%$$

请注意净利差仅为3.50%（基本接近银行业的平均值），然而，这并不是银行从借入和贷出资金中得到的利润，因为还没考虑非利息支出（如员工薪水与税收），一旦扣除这些支出，银行要获得利润，就不允许在防范利率风险时出大的差错。如果银行管理层认为3.5%的净利差可以接受，可能会动用多种规避利率风险的方法来保证该净利差，以此稳定银行的净收入。

如果对借入资金的利息支出增长快于来自贷款与证券的收入增长，银行的净利差便会受挤压，并对利润产生不利影响。⊖ 如果利率下跌导致贷款与证券收入下降快于借款利息支出下降，净利差同样会受挤压。换言之，在一定时期内收益率曲线通常不会平行变动，所以借款成本与

⊖ 阿尔登·托夫斯（Alden Toevs）[7]提到，近年来美国银行的净利息收入已占到净收入的60%~80%。托夫斯还发现了净利息收入一段时期以来波动性大幅增强的迹象，这促使银行经理人寻求更好的方式管理利率风险。20世纪末开始直到今天都很有影响力的一个利率管理策略是不强调利率相关收入，而是强调非利率相关收入（费用收入）。

利息收入间的收益率差不会稳定不变，管理层必须不断寻求解决的途径，以确保借款成本相对利息收入上升不会太显著，从而保证银行的利润。

概念测验

3. 哪些因素引起利率变动？利率变动时金融机构会面临哪些风险？
4. 什么原因使得利率变动很难正确预测？
5. 什么是收益率曲线？为什么了解收益率曲线的形状与斜率很重要？
6. 信贷机构希望保护什么免受利率不利变动的影响？
7. 规避风险的目标是什么？
8. 巴内维拉第一国民银行(First National Bank of Bannerville)公布，其利息收入为6 300万美元，各种借款的利息成本是4 200万美元。如果它有7亿美元总盈利资产，那它的净利差是多少？假设该银行的盈利资产增加了50%，其利息收入与利息成本也增加1倍，那么净利差又会如何变动？

7.3.1 利率敏感型缺口管理

目前使用最广泛的利率风险规避策略是**利率敏感型缺口管理**（interest-sensitive gap management）。缺口管理技术要求管理层进行到期分析，还要分析为有息资产、存款和其他借款等重新定价的可能性。如果管理层感觉银行面临过高的利率风险，便会调整利率变化时可重新定价的资产量，尽量使之与同期可依市场状况调整利率的存款和其他负债量相匹配。

因此，无论利率上涨还是下跌，银行都可规避利率变动风险，只要确保每期

$$\text{可重新定价的（利率敏感型）资产量（以美元计）} = \text{可重新定价的（利率敏感型）负债量（以美元计）} \tag{7-6}$$

在这种情况下，盈利资产的收入会与负债的利息成本同向且几乎同比例变动。

什么是可重新定价的资产与可重新定价的负债？最为我们熟知的可重新定价资产是即将到期或要重新定价的贷款，例如变动利率业务、家庭贷款（包含信用卡账户和变动利率住房贷款）都属于可重新定价的资产。如果这些贷款首次发放后利率上升，只有在该贷款的预期收益率与其他类似金融工具较高的当前预期收益率接近时，放贷人才会重新发放。类似地，即将到期的贷款提供了按当前利率进行再投资的新贷款资金，因此它们也是可重新定价资产。可重新定价负债包括即将到期或重新发放的可转让定期存单（此时银行与其客户会商定一个反映市场价格的新存款利率）、收益率随市场利率自动变化的浮动利率存款以及货币市场借款（其利率每天调整以反映最新市场动态），如表7-1所示。

表7-1 可重新定价资产与负债和不可重新定价资产与负债

可重新定价资产	可重新定价负债	不可重新定价资产	不可重新定价负债
政府与私人借款者发行的短期证券（即将到期）	货币市场借款（如联邦资金或回购协议借款）	库存现金或在央行的存款（法定准备金）	活期存款账户（无息或固定利率）
向借款者提供的短期贷款（即将到期）	短期储蓄账户	按固定利率提供给借款者的长期贷款	长期储蓄与退休金账户
浮动或可调整利率贷款与证券	货币市场存款（其利率经常每隔几天就调整）	以固定（息票）利率计息的长期证券建筑物、设备	投资者提供的股权资本

如果可重新定价资产量与可重新定价负债量不相等会出现什么情况？很明显，这些利率敏

感型资产与利率敏感型负债间会存在一个缺口,即资产负债表中受利率风险影响的那一部分:

$$利率敏感型缺口 = 利率敏感型资产 - 利率敏感型负债 \tag{7-7}$$

如果在计划期内(以天、周、月等计)利率敏感型资产超过需重新定价的利率敏感型负债,我们就说存在正缺口,是资产敏感型,即

$$资产敏感型(正)缺口 = 利率敏感型资产 - 利率敏感型负债 > 0 \tag{7-8}$$

例如,某银行拥有利率敏感型资产5亿美元,利率敏感型负债4亿美元,其正缺口是1亿美元,属资产敏感型。如果利率上升,该银行的净利差会增加,因为资产利息收入比借入资金成本增加更多,其他条件不变时,净利息收入也增加;在利率下降的情况下,因为仍属资产敏感型,那么资产利息收入下降比负债利息支出下降快,净利差就会减少。于是拥有正缺口的银行便会因利率下降而蒙受净利息收入损失。

相反,假设银行的利率敏感型负债大于利率敏感型资产,该银行就存在负缺口,称为负债敏感型,因此

$$负债敏感型(负)缺口 = 利率敏感型资产 - 利率敏感型负债 < 0 \tag{7-9}$$

某银行拥有利率敏感型资产1.5亿美元,利率敏感型负债2亿美元,其负缺口是0.5亿美元,属负债敏感型。利率上升会减少该银行的净利差,因为利率敏感型负债成本的增加超过了利率敏感型资产利息收入的增加。利率下降则会带来较大利差,可能获得更多收入,因为借款成本比利息收入下降得多。

实际上,度量利率敏感型缺口的方法有多种,其中一种叫作"美元利率敏感型缺口"。举例说明,上面提到的银行,如果其利率敏感型资产是1.5亿美元,利率敏感型负债是2亿美元,那么美元利率缺口 = 利率敏感型资产 - 利率敏感型负债 = 1.5亿美元 - 2亿美元 = -0.5亿美元。很明显,美元利率敏感型缺口为正值的银行属资产敏感型,而美元利率敏感型缺口为负值的则属于负债敏感,如表7-2所示。

表7-2 资产敏感型与负债敏感型银行

资产敏感型银行	负债敏感型银行
美元利率敏感型缺口为正	美元利率敏感型缺口为负
相对利率敏感型缺口比率为正	相对利率敏感型缺口比率为负
利率敏感性比率大于1	利率敏感性比率小于1

我们还可以构造相对利率敏感型缺口比率

$$相对利率敏感型缺口比率 = \frac{利率敏感型缺口}{银行规模(譬如以总资产衡量)} = \frac{-0.5}{1.5} = -0.33 \tag{7-10}$$

大于零的相对利率敏感型缺口比率说明该银行属资产敏感型,而小于零的相对利率敏感型缺口比率则属于负债敏感型银行。我们还可以计算利率敏感型资产与利率敏感型负债之比,称之为利率敏感性比率(ISR)。还以刚才的数据计算

$$利率敏感型比率 = \frac{利率敏感型资产}{利率敏感型负债} = \frac{1.5}{2} = 0.75 \tag{7-11}$$

在这个例子中,小于1的ISR表明该银行是负债敏感型的,而大于1的ISR则表明是资产敏感型的。

只有利率敏感型资产与负债相等,银行才能相对地规避利率风险。在这种情况下,资产利

息收入与资金成本会以相同比率变化，银行的利率敏感型缺口为零，且净利差不受利率升降的影响。实际上，零缺口也不能消除所有的利率风险，因为现实中银行的资产利率与负债利率并不是完全相关的。比如，贷款利率的调整往往滞后于货币市场借款利率的调整，所以经济扩张时利息收入往往比支出增长慢，而经济萎缩时利息支出往往又比收入下降快。

目前，缺口管理的方法在复杂性与形式上都有很大差别，但是，所有方法都要求财务经理做出某些重要决策：

- 管理层必须选择管理净利差（NIM）的期间（如6个月或1年），还必须选择各子期间（到期期间）的长度，设定总期间是为了实现预期价值，总计划期间设定后还需划分为若干子期间。
- 管理层必须选择净利差目标——是要维持净利差基本不变，还是增加净利差。
- 如果管理层希望增加净利差，要么准确预测利率，要么重新配置盈利资产与负债的组成，从而扩大利息收入与利息支出间的差额。
- 管理层必须决定银行持有的以美元计算的利率敏感型资产与利率敏感型负债的数额。

运用计算机技术　许多金融机构运用计算机技术，将资产与负债分为到期或可重新定价两类，界定时间有今日、下周、30天以后等。为了实现金融机构的盈利目标，管理层应尽量使每一子计划期内的利率敏感型资产与利率敏感型负债相匹配。例如，一家银行运用计算机可能获知如表7-3所示的信息。

表7-3　运用计算机可能获得的信息　　　　　　　　（单位：100万美元）

到期日子期	利率敏感型资产	利率敏感型负债	缺口规模	累积缺口
未来24小时	40	30	+10	+10
未来2~7天	120	160	-40	-30
未来8~30天	85	65	+20	-10
未来31~90天	280	250	+30	+20
未来91~120天	455	395	+60	+80
⋮	⋮	⋮	⋮	⋮

从表7-3可看出，以何种时间期限度量缺口对理解银行真实的利率敏感型情况至关重要。譬如，本例中银行在未来24小时内存在正缺口；如果利率在24小时内上升，银行的收入会增加，但是，在未来7天的累积缺口为负，未来一周货币市场利率上升就是一条坏消息了，因为这会导致利息支出比利息收入增加得多。如果利率上升预期幅度相当大，管理层就应考虑采取对策保证银行收益，包括立即出售较长期限的可转让定期存单或用期货合约获利冲销损失，因为未来一周利率上升肯定会给利差带来损失。再看一下表7-3的其余部分，如果未来几个月利率上升，银行的情况会好转，因为其累积缺口又变为正的。

上述例子提醒我们，金融机构的净利差受多种因素影响：

- 利率的变动，升高或降低；
- 资产收益与负债成本间差额的变动（常反映在长期利率与短期利率间收益率曲线形状的改变）。
- 金融机构扩张或收缩其整体业务规模时持有的生息（盈利）资产额的变动。
- 金融机构扩张或收缩规模时有息负债额的变动，而有息负债是盈利资产的资金来源。
- 金融机构管理层对资产与负债组合的调整，如调整浮动与固定利率的资产负债组合；调整到期日较长与较短的资产负债组合；调整预期收益较高与预期收益较低的资产组合（如从较少现金转为较多贷款或从收益较高的消费者与房地产贷款转为收益较低的商业贷款）。

表7-4提供的例子更详细地说明了适用于单个银行资产负债数据的利率敏感性缺口管理技术。表中管理层把银行的全部资产与负债按到期日或利率重新定价日进行分组,将资产与负债数量列出来(借助计算机)。注意该银行在接下来的一周及未来的90天中是负债敏感型,在随后的时期变成资产敏感型。不管是有意还是无意,管理层已对银行头寸做出调整使之适应在未来3个月利率下降并在随后较长时期利率上升的情况。

表7-4 某银行的利率敏感性样本分析(缺口管理) (单位:100万美元)

资产与负债项目	未来1周	未来8~30天	未来31~90天	未来91~360天	1年以上	总额(资产、负债和银行资产负债表净资产)
资产						
现金及存款	100	—	—	—	—	100
有价证券	200	50	80	110	460	900
商业贷款	750	150	220	170	210	1 500
房地产贷款	500	80	80	70	170	900
消费贷款	100	20	20	70	90	300
农业贷款	50	10	40	60	40	200
银行建筑物与设备	—	—	—	—	200	200
可重新定价(利率敏感型)资产总额	1 700	310	440	480	1 170	4 100
负债与净资产						
活期存款	800	100	—	—	—	900
储蓄账户	50	50	—	—	—	100
货币市场存款	550	150	—	—	—	700
长期定期存款	100	200	450	150	300	1 200
短期借款	300	100	—	—	—	400
其他负债	—	—	—	—	100	100
净资产	—	—	—	—	700	700
可重新定价(利率敏感型)负债总额与净资产	1 800	600	450	150	1 100	4 100
利率敏感型缺口(可重新定价资产-可重新定价负债)	−100	−290	−10	+330	+70	
累积缺口	−100	−390	−400	−70	−0	
利率敏感型资产与利率敏感型负债之比	94.4%	51.7%	97.8%	320%	106.4%	
银行状况	负债敏感型	负债敏感型	负债敏感型	资产敏感型	资产敏感型	
银行净利差受挤压情况	利率上升	利率上升	利率上升	利率下降	利率下降	

假设利率敏感型资产的当前利息收益率是10%,而利率敏感型负债的平均成本为8%。相应地,固定资产收益率为11%,固定负债成本为9%。如果所有利率保持不变,那么银行在每期的年净利息收入与年净利差是

	未来1周	未来8~30天	未来31~90天	未来91~360天	1年以上
年总利息收入	0.10 × 1 700 + 0.11 × (4 100 − 1 700)	0.10 × 310 + 0.11 × (4 100 − 310)	0.10 × 440 + 0.11 × (4 100 − 440)	0.10 × 480 + 0.11 × (4 100 − 480)	0.10 × 1 170 + 0.11 × (4 100 − 1 170)

(续)

	未来1周	未来8～30天	未来31～90天	未来91～360天	1年以上
年总利息成本	$-0.08 \times 1\,800 - 0.09 \times (4\,100 - 1800)$ $=83$	$-0.08 \times 600 - 0.09 \times (4100 - 600)$ $=84.9$	$-0.08 \times 450 - 0.09 \times (4\,100 - 45)$ $=82.10$	$-0.08 \times 150 - 0.09 \times (4\,100 - 150)$ $=80.20$	$-0.08 \times 1100 - 0.09 \times (4\,100 - 1\,100)$ $=81.30$
年净利息收入					
年净利差	$83 \div 4\,100 = 2.02\%$	$84.9 \div 4\,100 = 2.07\%$	$82.10 \div 4\,100 = 2.00\%$	$78.7 \div 4\,100 = 1.92\%$	$81.3 \div 4\,100 = 1.98\%$

假设利率敏感型资产与利率敏感型负债各自的利率均上升2个百分点，分别达到12%与10%（年利率）

	未来1周	未来8～30天	未来31～90天	未来91～360天	1年以上
年总利息收入	$0.12 \times 1\,700 + 0.11 \times (4\,100 - 1\,700)$	$0.12 \times 310 + 0.11 \times (4\,100 - 310)$	$0.12 \times 440 + 0.11 \times (4\,100 - 440)$	$0.12 \times 480 + 0.11 \times (4\,100 - 480)$	$0.12 \times 1\,170 + 0.11 \times (4\,100 - 1\,170)$
年总利息支出	$-0.10 \times 1\,800 - 0.09 \times (4\,100 - 1\,800)$ $=81$	$-0.10 \times 600 - 0.09 \times (4\,100 - 600)$ $=79.10$	$-0.10 \times 450 - 0.09 \times (4\,100 - 450)$ $=81.90$	$-0.10 \times 150 - 0.09 \times (4\,100 - 150)$ $=85.30$	$-0.10 \times 1\,100 - 0.09 \times (4\,100 - 1\,100)$ $=82.70$
年净利息收入					
年净利差	$81 \div 4\,100 = 1.98\%$	$79.1 \div 4100 = 1.93\%$	$81.9 \div 4100 = 2.00\%$	$85.3 \div 4100 = 2.08\%$	$82.7 \div 4100 = 2.02\%$

通过比较每一时期（到期日子期）的年利息收入与年利差，我们注意到，如果银行是负债敏感型且利率上升，则净利息收入与净利差减少；如果银行是资产敏感型且利率上升，则净利息收入与净利差增加

在表7-4末，我们计算出该银行的净利息收入与净利差来观察它们随利率上升如何变化。净利息收入可从下面的公式导出

$$\begin{aligned}
净利息收入 &= 总利息收入 - 总利息成本 \\
&= [利率敏感型资产的平均利息收益率 \times 利率敏感型资产 \\
&\quad + 固定（非利率敏感型）资产的平均利息收益率 \times 固定资产] \\
&\quad - [利率敏感型负债的平均利息成本 \times 利率敏感型负债 \\
&\quad + 固定（非利率敏感型）负债的平均利息成本 \\
&\quad \times 固定（非利率敏感型）负债]
\end{aligned} \tag{7-12}$$

举例说明，假设利率敏感型资产收益率与固定资产收益率分别为10%和11%，而利率敏感型负债与非利率敏感型负债的成本平均分别为8%与9%。在接下来的一周该银行持有17亿美元利率敏感型资产（总资产为41亿美元）和18亿美元利率敏感型负债，再假定年利率保持不变，那么该机构的年净利息收入是

$0.10 \times 1\,700 + 0.11 \times (4\,100 - 1\,700) - 0.08 \times 1\,800 - 0.09 \times (4\,100 - 1\,800) = 83$（百万美元）

但是，如果在第一周利率敏感型资产利率上升到12%，利率敏感型负债利率上升到10%，那该银行的年净利息收入只有

$0.12 \times 1\,700 + 0.11 \times (4\,100 - 1\,700) - 0.10 \times 1\,800 - 0.09 \times (4\,100 - 1\,800) = 81$（百万美元）

因此，如果下周利率上升，该银行会蒙受200万美元年净利息收入损失。管理层必须选择是承担风险还是采取规避策略或工具应对风险，如表7-5所示。

表7-5 积极的利率敏感型缺口管理

利率的预期变动（管理层预期）	最佳利率敏感型缺口状况	积极管理最可能采取的措施
市场利率上升	利率敏感型正缺口	增加利率敏感型资产 减少利率敏感型负债
市场利率下降	利率敏感型负缺口	减少利率敏感型资产 增加利率敏感型负债

累积缺口是一种全面实用的利率风险敞口度量法，是某一特定时期可重新定价资产与负债的总差额（以美元计）。例如，如果一家银行拥有1亿美元盈利资产与2亿美元负债，该银行在未来6个月内每月都会面对一次利率变动，那么其累积缺口就是-6亿美元，即（每月1亿美元盈利资产×6）-（每月2亿美元负债×6）=-6亿美元。累积缺口之所以实用是因为给定任何具体的利率变动值，我们可以近似计算出银行的净利息收入受利率变动的影响，基本关系如下

净利息收入的变动＝利率的总体变动（以百分点计）×累积缺口规模（以美元计）　(7-13)

譬如，利率上升1个百分点，该银行的净利息收入损失约为：

$$(+0.01) \times (-600) = -6 \text{（百万美元）}$$

如果管理层预计利率上升，通过调整银行的一部分资产与负债来缩小累积缺口规模或运用风险规避工具（如第8章要讨论的金融期货合约），可以避免即将发生的损失。总而言之，存在负累积缺口的银行在利率下降时获利，在利率上升时蒙受净利息收入损失；存在正累积缺口的银行在利率上升时获利，在利率下降时蒙受净利息收入损失。

一些银行会将其利率敏感型缺口调成小的资产敏感型缺口或小的负债敏感型缺口，这取决于该银行对预测利率准确性的把握。我们通常称这种方法为**积极缺口管理**（aggressive GAP management）。例如，如果管理层坚信当前计划期内利率会下降，那么它将使其利率敏感型负债超过利率敏感型资产。如果利率如期下降，负债成本会比收入下降更多，于是银行净利差增加。类似地，预期利率上升会使众多银行转变成资产敏感型，因为利率上升会使银行利息收入增加大于利息支出增加。当然，这种积极策略也给银行带来更大风险，准确预测利率不可能每次都成功，所以大部分管理者依靠避险而不是预测来应对利率变动。利率预测错误会放大银行损失，如表7-6所示。

表7-6 消除利率敏感型缺口

缺口类型	风　　险	可能的管理对策
利率敏感型资产＞利率敏感型负债(资产敏感型)	利率下降时因净利差减少，蒙受损失	不采取措施（利率可能会上升或不变） 延长资产到期日或缩短负债到期日 增加利率敏感型负债或减少利率敏感型资产
利率敏感型资产＜利率敏感型负债(负债敏感型)	利率上升时因净利差减少，蒙受损失	不采取措施（利率可能下降或不变） 缩短资产到期日或延长负债到期日 减少利率敏感型负债或增加利率敏感型资产

许多银行管理者选择采取纯粹的防范性缺口管理策略

防范性利率敏感型缺口管理

尽可能将利率敏感型缺口调整为零以
减小净利息收入的预期易变性

7.3.2 利率敏感性缺口管理的一些问题

理论上，缺口管理无可挑剔，但实际上银行总会存在一些利率风险敞口。比如，负债（通常是短期）的利率往往比资产（相当多属长期）的利率变化快，同样，银行资产与负债的利率变动并不一定与公开市场的利率变动同步，存款利率就典型地滞后于贷款利率。

一些银行采用加权利率敏感型缺口方法，这种方法考虑了利率速度与幅度两方面的变化趋势和利率随商业活动周期变动而变化的趋势。与银行多种负债的相关利率相比，各种资产的相关利率经常以不同幅度和不同速度变化，此即基本风险现象。

假设某银行持有的利率敏感型资产与负债的当前数量与结构如表7-7所示，其利率敏感型资产为2亿美元，利率敏感型负债为2.23亿美元，当前资产负债表上的利率敏感性缺口是-0.23亿美元。该银行持有的联邦基金贷款所附利率就是公开市场上的利率，所以这些贷款的利率敏感性权数为1.0——假定银行的联邦基金贷款利率跟随市场利率的变动幅度一样。但是，假设该银行的投资组合中有一些投资，其利率风险和利率变化比金融新闻中的证券更大、更剧烈，那么，其平均证券收益率的变动幅度就比联邦基金贷款利率变动幅度大，这样估计利率敏感性权数为1.3。贷款与租赁的利率是最易变的，其利率敏感性权数在联邦基金贷款利率权数基础上增加一半估计为1.5。对负债而言，存款与一些货币市场借款利率（如从央行借款）可能比市场利率变化要慢。在这个例子中，我们假定存款的利率敏感性权数为0.86，货币市场借款利率更易变，其权数为0.91，接近但略低于联邦基金利率的易变性。

> **小贴士**
> 持有大量住宅抵押贷款的金融机构在利率风险面前特别脆弱，部分原因是这些贷款平均到期时间长。很明显的例子是世界上最大的两家住宅抵押贷款公司，这两家公司由美国政府创办后来私有化了。这两家房贷巨人是谁呢？
> 答：联邦国民抵押协会（FNMA，俗称Fannie Mae）和联邦住宅抵押贷款公司（FHLMC，俗称Freddie Mac）。

表7-7 银行的加权利率敏感型缺口：应对基本风险

	资产负债表原始账目（100万美元）		利率敏感性权数		反映利率敏感性的重新计算后的资产负债表（100万美元）
对利率变动敏感的资产项目：					
联邦基金贷款	50	×	1.0	=	50.00
政府证券与其他投资	25	×	1.3	=	32.50
贷款与租赁	125	×	1.5	=	187.50
利率敏感型资产总额	200				270.00
对利率变动敏感的负债项目：					
有息存款	159	×	0.86	=	137.00
货币市场其他借款	64	×	0.91	=	58.00
利率敏感型负债总额	223				195.00
利率敏感型缺口	-23				75.00
如果货币市场上联邦基金利率上浮2个百分点，净利息收入将如下变动：					
	原始资产负债表（百万美元）				重新计算的资产负债表（百万美元）
净利息收入的预期变动	-0.46=(-23×0.02)				+1.50=(+75×0.02)

我们可以简单地把资产负债表的各个利率敏感型项目与相应的利率敏感性指数（即权数）相乘。资产与负债的利率变动越频繁剧烈，它们在上面重新计算（加权）后的资产负债表中占的权重就越大。乘以利率权数后，新的加权资产负债表有利率敏感型资产2.7亿美元，利率敏感型负债1.95亿美元。现在，我们面对的是+0.75亿美元的（资产敏感型）利率正缺口，而不

是-0.23亿美元的（负债敏感型）利率负缺口。

这样，该银行的利率敏感型缺口由负变为正，在市场利率上升时就不会受损，反而可以获利。假设联邦基金利率上升2个百分点（+0.02），现在银行的净利息收入不是减少0.46亿美元而是增加1.50亿美元。显然，对利率上升的预测，管理层根据加权后的新资产负债表与根据按常规编制的原始资产负债表所做出的反应完全不同。一旦涉及利率风险评估，真实情况并不总是表面现象。

确定某些资产和负债的重新定价时刻并不容易。此外，选择在哪个计划期平衡利率敏感型资产与负债也高度不确定。在确定各计划期的间隙，一部分项目总是下降的，如果利率朝着对银行不利的方向变动，这些项目就会引发问题。明智的管理者在度量可能的利率风险敞口时会选择长短不同的到期日子期。

最后，利率敏感型缺口管理并没有考虑利率改变会对投资者（股东）在银行的地位（用银行的净资产表示）产生何种影响。管理层选择积极的利率敏感型缺口政策可能会扩大净利差，但其代价是增加了净收益的不稳定性，减少了股东投资的净资产。有效的资产—负债管理要求必须致力于同时达到净利差与净资产的合意水平。

7.4 作为风险管理工具的久期概念

本章前面部分学习了一个重要的管理工具——利率敏感型缺口管理，通过这一工具，金融机构管理者可以降低因市场利率变动造成净利差或利差损失的可能性。不幸的是，利率变动还会对金融机构业绩的另一方面造成严重损害——净资产，即股东在金融机构投资的价值。因为规避利率风险保证净利差并不意味着金融机构的净资产不会受损失，因此就需要应用另一个管理工具——**久期缺口管理**（duration gap management）。下面将介绍久期的概念和久期很多有价值的应用。

概念测验

9. 解释什么是缺口管理。

10. 什么时候一家金融机构属资产敏感型？什么时候又属负债敏感型？

11. 国民商业银行(Commerce National Bank)在未来1个月有利率敏感型资产8.7亿美元，利率敏感型负债6.25亿美元。该银行是资产敏感型还是负债敏感型？如果利率上升，银行的净利差会发生什么变化？利率下降时又会怎样呢？

12. 国民储蓄银行(People's Savings Bank)下一年的累积缺口为1.35亿美元，利率预计会下降2.5个百分点。你能算出该银行可能发生的净利息收入变动吗？如果利率上升1.25个百分点，净利息收入的变化又如何？

13. 如何度量一家金融机构的美元利率敏感型缺口与相对利率敏感型缺口？什么是利率敏感性比率？

14. 假设卡洛银行与信托公司(Carroll Bank and Trust Company)有5.7亿美元利率敏感型资产，6.85亿美元利率敏感型负债。该银行的美元利率敏感型缺口、相对利率敏感型缺口与利率敏感性比率各是多少？

15. 解释加权利率敏感型缺口的概念。这一概念在度量金融机构真实的利率敏感型缺口风险敞口时有何用处？

7.4.1 久期的概念

久期是一种用价值与时间加权来度量到期日的方法，考虑了所有盈利资产产生的现金流入和所有与负债相关的现金流出的时间安排。它度量了可能的未来现金支付流的平均到期日（如一家金融机构预期从其贷款与证券投资获取的支付流或必须向其储户支付的利息支付流）。实际上，久期度量了收回投资资金所需要的平均时间。

计算单一金融工具（如贷款、证券、存款或非存款借款）久期（D）的标准公式是

$$D = \frac{\sum_{t=1}^{n} 第t期预期CF \times 期数t/(1+YTM)^t}{\dfrac{第t期预期CF}{(1+YTM)^t}} \tag{7-14}$$

式中，D代表以年或更小单位表示的金融工具的久期；t表示该金融工具每期现金流（如利息或股利收入）发生的时期；每个时期t的每笔预期现金流数额用CF表示；YTM是该金融工具的当前到期收益率。这一公式的分母与该工具的当前市场价值（价格）是等价的。因此，久期公式可以稍做简化写成

$$D = \frac{\sum_{t=1}^{n} 预期CF \times 期数t/(1+YTM)^t}{当前市场价值或价格} \tag{7-15}$$

假设银行向客户发放一笔5年期的贷款。支付给银行的年利息是10%（即每年100美元）。贷款的票面价值（平价）是1 000美元，由于该贷款的当前到期收益率为10%，所以这也是其当前市场价值（价格）。这笔贷款的久期是多久？将数据代入公式有

$$D_{贷款} = \frac{\sum_{t=1}^{5} 100 \times t/(1+0.10)^t + 1\,000 \times 5/(1+0.10)^5}{1\,000}$$

$$D_{贷款} = \frac{4\,169.87}{1\,000}$$

$$D_{贷款} = 4.17 \text{（年）}$$

我们还可以稍微简化一下计算该贷款久期的过程，即将上述公式的数据标在如表7-8的表上，和以前一样，该贷款的久期是4.17年。

表7-8 久期计算过程

	预期现金流量时期（年）	贷款的预期现金流量（美元）	预期现金流量的现值（美元）	收到现金的时期(t)	预期现金流量的现值（美元）
贷款的预期利息收入	1	100	90.91	1	90.91
	2	100	82.64	2	165.29
	3	100	75.13	3	225.39
	4	100	68.30	4	273.21
	5	100	62.09	5	310.46
贷款本金偿还	5	1 000	620.92	5	3 104.61
		价格或公式分母=1 000.00		现金流量现值×t=4 169.87	

从第5章我们知道，任何企业或家庭的净资产（NW）均等于其资产价值减去其负债价值

$$NW = A - L \tag{7-16}$$

金融机构的资产与负债价值会随利率的变化而变化，结果引起净资产（股东在金融机构的

投资)的变化

$$\Delta NW = \Delta A - \Delta L \tag{7-17}$$

金融学的投资组合理论告诉我们:
- 市场利率上升会导致固定利率资产与负债的市值(价格)下跌;
- 金融机构资产与负债的到期日越长,市场利率上升时其市场价值(价格)就越容易下跌。

因此,利率变化时金融机构净资产的变化会依据其资产与负债的相应到期日不同而不同。久期是度量到期日的方法,所以,当市场利率上升时,资产久期较负债久期长的金融机构净资产遭受的损失大于资产久期相对较短的金融机构或负债久期与资产久期相匹配的金融机构。通过平衡资产与负债的久期,管理者可以使资产预期现金流入的平均到期日与负债预期现金流出的平均到期日保持平衡。这样一来,久期分析便可用于保持金融机构净资产(NW)的市场价值稳定,或者说对其进行保值。

7.4.2 对利率变动的价格敏感性和久期

从风险管理的观点看,久期的重要特点是它度量了金融工具的市场价值对利率变动的敏感程度。一项资产或负债的市场价格的百分比变化大致等于其久期乘以这项资产或负债所附利率的相对变化,即

$$\frac{\Delta P}{P} \approx -D \times \frac{\Delta i}{(1+i)} \tag{7-18}$$

式中,$\Delta P \div P$ 代表市场价格的变动百分比;$\Delta i \div (1+i)$ 是该资产或负债所附利率的相对变化;D 代表久期;前面的负号则提醒我们,金融工具的市场价格与利率是反方向变动的。假设储蓄机构持有一种债券,其久期是4年,当前市场价值(价格)是1 000美元。类似债券的当前市场利率约为10%,不过最近预测显示利率可能会上升到11%。如果该预测最终是正确的,试问这种债券市场价值的变动百分比是多少?答案为

$$\frac{\Delta P}{P} = -4 \times (0.01)/(1+0.10) = -0.036\ 4 \text{或} -3.64\%$$

式(7-18)告诉我们,金融工具的利率风险直接与其久期成比例,久期为2的金融工具的风险就是久期为1的两倍(就价格波动性而言)。

7.4.3 凸性和久期

凸性表示资产价格变化同市场利率变化之间的非线性关系。资产组合管理者可以根据这一数据来衡量和控制资产组合的市场风险。久期短且凸性小的资产组合通常有相对较低的市场风险。

凸性随资产久期(到期时间)的增加而增加。凸性告诉我们,在利率变化既定时任何有息资产价格(价值)的变动率都是根据现行的利率水平而变化的。比如,一项有息资产的价格变化在低利率时比较大,而在高利率时比较小。利率较低时的价格风险比利率较高时的价格风险大。另外,凸度越小(对于给定资产,价格-利率曲线的曲率低),资产的价格波动性相对越小。

举个例子,假如金融机构持有一种30年期的债券,其利率从6.5%下降到6%,那么这种债券的价格会上升约8个百分点(票面价值每1 000美元约增加8美元)。如果该债券的利率从10%下降到9.5%,那么其市场价格只会上升稍多于4个百分点(票面价值每1 000美元约增加4美元)。

此外，如果让资产的到期日与收益率保持不变，那么该资产的凸性会随其承诺收益率（票面利率）上升而下降。运用资产-负债管理技术保护其资产价值的管理者必须记住，资产价值随久期、承诺（票面）收益率及现行市场利率水平（凸性因素）的变化而变化。⊖

7.5 利用久期规避利率风险

希望完全规避利率波动风险的金融机构会按照如下原则选择资产与负债

$$\text{资产组合的久期（对美元价值加权）} \approx \text{负债的久期（对美元价值加权）} \quad (7\text{-}19)$$

以使**久期缺口**（duration gap）尽可能接近零，如表7-9所示。

$$\text{久期缺口} = \text{资产组合的久期（对美元价值加权）} - \text{负债的久期（对美元价值加权）} \quad (7\text{-}20)$$

因为金融机构资产的美元数额通常大于其负债的美元数额（否则金融机构就会破产），所以要最小化利率波动影响的金融机构需要调整以达到平衡

$$\text{平衡调整后的久期} = \text{资产组合的久期（对美元价值加权）} - \text{负债组合的久期（对美元价值加权）} \times \frac{\text{总负债}}{\text{总资产}} \quad (7\text{-}21)$$

式（7-21）告诉我们，为了消除金融机构的全部利率风险敞口，其负债价值的变化必须略大于资产价值的变化。

表7-9 利用久期分析规避利率变动风险

1. 根据下列等式计算金融机构盈利资产与负债对美元价值加权的平均久期：

$$\text{对美元价值加权的资产久期（以年计）} = \frac{\text{由贷款与证券产生的预期现金流入的分配（以时间加权）}}{\text{所持贷款与证券的现值}}$$

$$= \frac{\dfrac{(\text{预期现金流入} \times \text{流入时期})}{(1+\text{贴现率})^t}}{\dfrac{\text{预期现金流入}}{(1+\text{贴现率})^t}}$$

$$\text{对美元价值加权的负债久期（以年计）} = \frac{\text{由利息支出产生的预期现金流出的分配（以时间加权）}}{\text{负债的现值}}$$

$$= \frac{\dfrac{(\text{预期现金流入} \times \text{流出时期})}{(1+\text{贴现率})^t}}{\dfrac{\text{预期现金流出}}{(1+\text{贴现率})^t}}$$

2. 为了保护金融机构净资产（权益资本）的价值，须规划盈利资产与负债所得，使之尽可能符合下式：

$$\text{对美元价值加权的资产久期} - \text{对美元价值加权的负债久期} \times \frac{\text{总负债}}{\text{总资产}} \approx 0$$

平衡调整后的久期缺口越大，金融机构净资产（股权资本）对市场利率变动的敏感程度也

⊖ 正如上文所述，凸性和久期有关。特别地，我们可以运用以下公式估算利率-资产价格关系中的凸度：
凸性=久期-久期的变化/利率的变化

越大。例如，如果平衡调整后的久期缺口为正，任何利率的相同变化都会造成负债价值变化小于资产价值变化（不管是增加还是减少），这种情况下，如果利率上升，金融机构资产价值会比负债价值减少更多，于是净资产减少，以市场价值计算，股东在金融机构的权益就会减少。反之，如果平衡调整后的久期缺口为负，任何利率的相同变化都会造成负债价值变化大于资产价值变化（不管是增加还是减少），这种情况下，如果利率下降，金融机构负债价值会比资产价值增加更多，于是净资产减少，然而，如果利率上升，负债价值会比资产价值减少得快，于是净资产会增加。

如果知道金融机构对美元价值加权的平均资产久期、对美元价值加权的平均负债久期、用于该机构现金流的原始贴现率以及利率在关注的时期内如何变动，我们就能计算该金融机构净资产市场价值的变化。相关公式基于式（7-17）中的资产负债表关系之上

$$\Delta NW = \Delta A - \Delta L$$

因为$\Delta A/A$约等于资产久期乘以利率变动的值 $\left(-D_A \times \dfrac{\Delta i}{(1+i)}\right)$，而$\Delta L/L$约等于负债久期乘以利率变动 $\left(-D_L \times \dfrac{\Delta i}{(1+i)}\right)$，所以有如下关系

$$\Delta NW = \left[-D_A \times \dfrac{\Delta i}{(1+i)} \times A\right] - \left[-D_L \times \dfrac{\Delta i}{(1+i)} \times L\right] \tag{7-22}$$

用文字表示为

$$\text{金融机构资产净值变动量} = \left[-\text{平均资产久期} \times \dfrac{\text{利率变化量}}{1+\text{原始贴现率}} \times \text{总资产}\right]$$
$$- \left[-\text{平均负债久期} \times \dfrac{\text{利率变化量}}{1+\text{原始贴现率}} \times \text{总负债}\right] \tag{7-23}$$

假设某银行的平均资产久期为3年，平均负债久期为2年，总负债为1亿美元，总资产为1.2亿美元，利率起初是10%，但突然上涨到12%。

在这个例子中

$$\text{资产净值的变动量} = \left[-3 \times \dfrac{+0.02}{(1+0.10)} \times 1.2\right] - \left[-2 \times \dfrac{+0.02}{(1+0.10)} \times 1\right] = -0.029\ 1（亿美元）$$

显然，如果这家银行不能通过规避风险来防止利率上升带来的损失，那么其净资产的价值会大幅减少。

让我们来考虑一个例子，看看久期是如何计算的，又是如何用来规避风险防止金融机构资产与负债组合损失的。我们要利用一个重要原理，就是金融机构资产组合的久期和负债组合的久期等于该组合中每种工具按价值加权的平均久期。我们的着手点是：① 计算每项贷款、存款等的久期；② 按涉及的金融工具的市场价值对这些久期逐一进行加权；③ 将所有按价值加权的久期加总以计算出金融机构全部组合的久期。

假设某银行持有一种美国长期国债，其票面价值为1 000美元，最终到期日为10年，利率是10%，当前价格为900美元。用式（7-15）进行计算，这种债券的久期为7.49年。

假定该银行持有0.9亿美元这种长期国债，久期均为7.49年，同时还持有其他资产，其久期与市场价值如表7-10所示。

表7-10 某银行久期与市场价值

持有资产	实际或估计的资产市场价值（亿美元）	资产久期（年）
长期国库券	0.9	7.49
商业贷款	1.00	0.60
消费者贷款	0.50	1.20
房地产贷款	0.40	2.25
市政债券	0.20	1.50

在计算该银行资产组合久期时，我们按每项资产对应的美元数额进行加权，计算如下

$$\text{按美元价值加权的资产组合久期} = \frac{\sum_{i=1}^{n} \text{该组合中每项资产的久期} \times \text{该组合中每项资产的市场价值}}{\text{所有资产的市场价值总额}}$$

$$= \frac{(7.49 \times 0.90 + 0.60 \times 1 + 1.20 \times 0.50 + 2.25 \times 0.40 + 1.50 \times 0.20)}{0.90 + 1 + 0.50 + 0.40 + 0.20}$$

$$= \frac{9.1410}{3}$$

$$= 3.047 \text{（年）}$$

真实的银行，真实的决策

全球最大的抵押银行报告的一项久期缺口管理

全球抵押金融机构中的佼佼者——联邦国民抵押协会（FNMA或Fannie Mae）——每月都会宣布它的久期缺口。联邦国民抵押协会是支持美国房地产市场最重要的机构。该机构发行票据和债券筹集新资金，然后向私人放款者购买住房抵押贷款，把房屋贷款打包形成资产池来为抵押支持证券提供保障。联邦国民抵押协会已经帮助很多家庭获得贷款购置新居。

刚进入21世纪，全球市场利率大跌，住房抵押贷款再融资数量急剧上升，因此，联邦国民抵押协会的资产和负债的平均到期日变化很大。负债不断延长，资产多为短期，这样，在2002年底就形成了约14个月的久期负缺口。联邦国民抵押协会的资产变现要比负债早一年多的时间，如果市场利率持续下跌，相对于短期资产，长期负债的价值会增加，这样联邦国民抵押协会的净资产会减少。联邦国民抵押协会宣布其负的久期缺口扩大后，金融市场投资者反应消极，其股票价值一度下跌。

联邦国民抵押协会力图保持的久期缺口范围在6个月的久期负缺口到6个月的久期正缺口之间。到2002年10月，联邦国民抵押协会的久期缺口达到了目标——6个月的久期负缺口。到2007年9月，其每月久期缺口在1个月的久期负缺口到1个月的久期正缺口之间。联邦国民抵押协会会在其每月总结上发表其久期缺口计算，每月总结由联邦国民抵押协会投资者关系办公室发行，在www.fanniemae.com网站上也有。

久期是度量平均到期日的方法，本例中银行资产组合的平均到期日约为3年。通过确保其存款与其他负债对美元价值加权的平均久期也约为3年，银行可以规避风险，防止存款利率上

升带来的破坏效应。⊖这样银行的资产现值就与其负债现值保持平衡,基本上避免了银行因利率波动而蒙受损失。

计算负债收入久期的方法与计算资产久期的方法一样。假设银行持有100美元未兑现大额可转让定期存单,在未来2年内需按年收益率6%向顾客进行支付。这些大额可转让定期存单的久期决定于银行在未来2年内折算为现值的现金流分配,即

$$大额可转让定期存单久期 = \frac{\frac{6 \times 1}{(1.06)^1} + \frac{6 \times 2}{(1.06)^2} + \frac{100 \times 2}{(1.06)^2}}{100} = 1.943 (年)$$

用同样的方法计算银行剩余的负债,如表7-11所示。该银行负债的平均久期是2.669年,比其资产组合3.047年的平均久期短得多,因为其负债的平均久期比资产的平均久期短,所以利率上升时净资产会减少,而利率下降时会增加。显然,管理层寄希望于未来利率下降并以此调整头寸。如果利率上升可能性大,管理层会延长其负债的平均到期日,缩短其资产的平均到期日,或运用避险工具(如下一章会讨论的金融期货或互换)来填补久期缺口,从而实现规避利率上升的风险。

表7-11 计算银行资产与负债的久期

资产(资金运用)的组成	资产市值(100万美元)	每类资产所附利率(%)	每类资产的平均久期(年)	负债与权益资本(资金来源)的组成	负债市值(100万美元)	每类负债所附利率(%)	每类负债的平均久期(年)
美国国债	90	10.00	7.490	大额可转让定期存单	100	6.00	1.943
市政债券	20	6.00	1.500	其他定期存款	125	7.20	2.750
商业贷款	100	12.00	0.600	附属性债券	50	9.00	3.918
消费者贷款	50	15.00	1.200	总负债	275		
房地产贷款	40	13.00	2.250	股东权益资本	25		
			平均久期				平均久期
总额	300		3.047	总额	300		2.669

$$资产久期 = \frac{90}{300} \times 7.49 + \frac{20}{300} \times 1.50 + \frac{100}{300} \times 0.60 + \frac{50}{300} \times 1.20 + \frac{40}{300} \times 2.25 = 3.047 (年)$$

$$负债久期 = \frac{100}{275} \times 1.943 + \frac{125}{275} \times 2.750 + \frac{50}{275} \times 3.198 = 2.669 (年)$$

$$当前调整后的久期缺口 = 资产的平均久期 - 负债的平均久期 \times \frac{总负债}{总资产}$$

$$= 3.047 - 2.669 \times \frac{275}{300} = +0.60 (年)$$

0.60年的久期正缺口说明,银行的净值在利率上升时减少,利率下降时增加。管理层预测利率水平会下降,但是,如果市场利率上升的可能性很大,资产-负债管理委员会就会利用避险工具来降低银行净值面临利率风险的可能性。

给定利率变化量,银行的净值会变动多少?正确的公式如下

⊖ 前面我们曾提到,负债组合的久期必须按照总负债与总资产的比值进行调整,因为金融机构资产通常大于负债。比如,如果该银行资产久期是3年,总资产为1亿美元,而总负债为0.92亿美元,那么管理层会希望其负债的平均久期约为3.261年(或表示为资产久期×总资产÷总负债=3年×1亿美元÷0.92亿美元=3.261年)。

(续)

$$银行净值的价值变化量 = -D_A \frac{\Delta r}{1+r} A - \left(-D_L \frac{\Delta r}{1+r} L\right)$$

式中，A是总资产；D_A是资产的平均久期；r是初始利率；Δr是利率变化量；L是总负债；D_L是负债的平均久期。让我们举个例子来说明如何运用该公式

假设资产与负债的利率均从8%上升到10%，将上表的数据代入有

$$银行净值的价值变化量 = -3.047 \times \frac{+0.02}{1+0.08} \times 300 - \left[-2.669 \times \frac{+0.02}{1+0.08} \times 275\right]$$

$$= -16.93 + 13.59$$
$$= -3.34 \text{（百万美元）}$$

如果利率增加2个百分点，那么该银行的净资产会减少约334万美元

假设利率下降2个百分点，从8%降到6%，其净资产又会发生什么变化？我们将对应值再次代入

$$净值的价值变化量 = -3.047 \times \frac{-0.02}{1+0.08} \times 300 - \left[-2.669 \times \frac{-0.02}{1+0.08} \times 275\right]$$

$$= 16.93 - 13.59 = +3.34 \text{（百万美元）}$$

如果资产与负债的利率均下降2个百分点，银行的净资产则会增加334万美元

上面的算式提醒我们，利率变动对金融机构净资产市场价值的影响取决于3个关键的规模因素：

- 久期缺口$(D_A - D_L)$的规模，久期缺口越大表示银行面临利率风险可能性越大
- 金融机构(A或L)的规模，规模越大，任何既定利率变动引起的净资产变化量（以美元计）也越大
- 利率变化的规模，利率变动越大则率风险敞口越大

管理层可以通过缩减久期缺口（改变D_A、D_L或两个都改变）或改变未付资产与负债（A与L）的相对数量来降低金融机构利率风险敞口

如果表7-11中银行调整后的久期缺口不是+0.60年而是0。资产的平均久期($\overline{D}_A$)是3.047年（银行的资产与负债分别是3亿美元与2.75亿美元），这表明金融机构负债的平均久期($\overline{D}_L$)是

$$当前久期缺口 = 平均资产久期(\overline{D}_A) - 平均负债久期(\overline{D}_L) \times \frac{总负债}{总资产}$$

即

$$0 = 3.047 - 平均负债久期(\overline{D}_L) \times \frac{275}{300}$$

于是

$$平均负债久期(\overline{D}_L) = 3.324 \text{（年）}$$

如果市场利率再次从8%上升到10%，那么这家银行净值的价值变化量是

$$资产净值的价值变化量 = -3.047 \times \frac{-0.02}{1+0.08} \times 300 - \left[-3.324 \times \frac{+0.02}{1+0.08} \times 275\right]$$

$$= -16.93 + 16.93$$
$$= 0$$

果然，只要资产与负债的久期相互平衡（以及调整银行资产与负债数额使之相当），净资产的价值变化量则为0，即净资产不随利率上升而变化。同样在我们意料之中的是，只要资产与负债久期相互平衡，则当市场利率下降（比如说从8%降到6%）时银行的净资产也不会改变，即

$$银行资产净值变化量 = -3.047 \times \frac{-0.02}{1+0.08} \times 300 - \left[-3.324 \times \frac{-0.02}{1+0.08} \times 275\right]$$

$$= +16.93 - 16.93$$
$$= 0$$

该银行净资产的价值变化量必定为0，这是因为资产与负债（通过调整使之以美元计的数量相当）有相似的平均久期，所以它们对利率变动的反应也是相似的

总之，市场利率变动对银行净资产的影响如表7-12所示。

表7-12 市场利率变动对净资产的影响

银行平衡调整后的久期缺口	利率	银行净资产
正 $\left(D_A > D_L \times \dfrac{负债}{资产}\right)$	上升 下降	减少 增加
负 $\left(D_A < D_L \times \dfrac{负债}{资产}\right)$	上升 下降	增加 减少
零 $\left(D_A = D_L \times \dfrac{负债}{资产}\right)$	上升 下降	不变 不变

表7-12最后一行调整后的久期缺口为0，此时利率变动对银行净资产影响不大。资产与负债各自市场价值的变化会相互抵消，净资产保持不变。

当然，更富有进取心的管理者可能不喜欢这种看似"懦弱"的**投资组合保值**（portfolio immunization）策略（久期缺口＝0），他们可能愿意碰碰运气以使股东权益最大化，如表7-13所示。

表7-13 银行管理者的积极应对措施

利率预期变化	管理措施	可能结果
上升	D_A减少而D_L增加（更接近久期负缺口）	净资产增加（如果管理层对利率的预测正确）
下降	D_A增加而D_L减少（更接近久期正缺口）	净资产增加（如果管理层对利率的预测正确）

7.6 久期缺口管理的局限性

久期管理有几个局限性。让金融机构资产组合和负债组合中资产和负债的久期相同就是一项令人头疼的任务。如果贷款或债券的到期日与其久期相等，情况会简单得多，但是，由于金融工具采取在一定时期内逐次支付款项的方式，所以久期总会比实际到期日短。只有像零息票证券、一次性支付贷款及短期国库券这样的金融工具，其久期才等于实际到期日。金融工具付息或还本越频繁，其久期就越短。有一点比较有用，即金融工具的到期日越短，其到期日与久期就越相近。

存款机构持有的某些账户（如活期存款账户与存折储蓄账户）可能对某一类型的现金流定义不清，这样久期就不易计算。顾客提前偿还贷款导致贷款的预期现金流不能得到如实反映，同样，顾客违约（信用风险）时，预期现金流就无法实现。此外，久期缺口模型假定资产与负债的市场价值（价格）和利率之间存在线性关系，而这一点并不总能满足。

与久期分析相关的一个问题围绕凸性的概念展开。久期缺口分析在处理利率风险问题时往往很有效，但其前提是收益率曲线（即利率的到期日结构）以相对小的量变动，且在一定时期内与短期和长期利率以大致相等的比例平行变动，但是，如果各种利率变动很大且变动速度不同，那么久期缺口管理的准确性与有效性就会降低。此外，现实中收益率曲线一般不会平行变动，短期利率往往比长期利率波动大；而且市场利率变动巨大（比如，基点从100变为200，或利率变化了一个或两个百分点）时，到底面临多大利率风险就会超出原来的预料。久期本身会随市场利率的变化而变化,而且不同金融工具的久期随时间变化的速度也不同。

幸好,最近研究显示,虽然久期平衡法的基本假定不能完全满足,但久期平衡法依然有效。我们还需记住,久期缺口分析能帮助更好地管理银行的价值(净资产),对股东负责。在这个金融业不断合并与整合的时代,尽管久期缺口管理有其局限,但仍是十分有效、有价值的管理工具。

概念测验

16. 什么是久期?
17. 金融机构的久期缺口是如何确定的?
18. 作为一种资产—负债管理工具,与利率敏感型缺口分析相比,久期的优势是什么?
19. 运用久期缺口分析时,你如何判断已经充分避险?
20. 久期缺口分析的主要局限性是什么?你能想到什么办法来减小这些局限性的影响?
21. 假设一家储蓄机构的平均资产久期是2.5年,平均负债久期是3.0年。如果该机构持有的总资产为5.60亿美元,总负债为4.67亿美元,那么其调整后的久期缺口是否很大?若利率上升,其净资产的价值会发生什么变化?
22. 斯蒂尔沃特银行与信托公司(Stilwater Bank and Trust Company)的平均资产久期是3.25年,平均负债久期是1.75年。其负债为4.85亿美元,资产为5.12亿美元。假如利率为7%,随后又涨到8%。那么利率下降时该银行净资产的价值会发生什么变化?

本章小结

金融机构的经理非常关注风险管理,试图控制因市场利率变动、借款人无力或不愿还贷、监管政策变动及其他风险因素而遭受损失的可能性。成功的风险管理需要有效的工具,这些工具为金融机构管理层提供有力武器以实现目标。本章讨论了金融机构几个最重要的利率管理工具。本章要点包括:

1. 在银行业早期历史上,管理层主要关注资产管理工具——强调对资产(如贷款、证券投资)的控制和选择以实现盈利目标,因为银行认为负债是由顾客决策和政府条规决定的。

2. 负债管理工具出现。管理层发现,通过改变利率及提供给公众的条款(相对于竞争者向公众提供的条款),银行可以控制其资产负债表上的负债。

3. 近来,很多银行开始实行资金管理。为实现目标(主要是与盈利性和风险相关的目标),银行开始注意资产管理和负债管理间的协调。

4. 银行经理每天需应对的一个最重要风险是利率风险。他们无法控制市场利率,所以必须清楚利率变化后应采取的措施以控制风险敞口实现经营目标。

5. 今天用以管理利率风险最流行的工具之一是利率敏感型缺口管理。这项技术强调保护或最大化银行利息收入和利息支出间的净利差或利差。例如,一家银行使用专业化计算机软件可以把资产和负债分为利率敏感型项目(利息收入流和利息支出流随市场利率变动而变动)和利率不敏感型项目。管理层首先明确银行在任一到期日期间内是资产敏感型(利率敏感性资产多于利率敏感性负债)还是负债敏感型(利率敏感性负债多于利率敏感性资产),然后权衡利率敏感型缺口和银行对利率的预测,采取适当措施(例如用期货合约或者改变资产组合和/或负债组合)以保证其净利差。

6. 银行经理人不久发现利率敏感型缺口管理并不一定能保护其业绩的另一重要方面——净资产。这项工作要求应用另一项资产—负债管理工具——久期缺口管理。

7. 市场利率变动引发资产负债价值变动往往会导致净资产损失。基于久期概念(以价值和时间加权测度到期日),银行管理层就能评价净资产损失的可能性。这一技术强调了避免银行资产组合与负债组合久期缺口过大的重要性。

8. 最后,银行经理发现银行面临各种形式的风险——利率风险、市场风险、违约风险、监管风险等,而风险是不能消除的,银行要生存、要发展就要合理地管理风险。

关键术语

资产—负债管理	到期收益率（YTM）	久期
资产管理	银行贴现率	凸性
负债管理	到期期限缺口	久期缺口
资金管理	利率敏感型缺口管理	投资组合保值
利率风险	久期缺口管理	利率变动风险防范

习题

1. 一种政府债券当前售价1 150美元，14年后到期，每年支付利息75美元。如果该债券赎回价值为1 000美元，其到期收益率是多少？

2. 假设储蓄机构持有第1题中所述政府债券3年，现在决定以975美元的价格出售。你能算出储蓄机构持有该债券3年的平均年收益率吗？

3. 本周美国国库券可以在下列价格（平价为100美元）按所示到期日购买并标明了距到期日的时间：
   (1) 98.25美元，182天
   (2) 97.25美元，270天
   (3) 99.25美元，91天

   计算每种国库券到期时的贴现率（DR），每种国库券的等价到期收益率（有时称为国库券等价收益率或息票等价收益率）是多少？

4. Clark sville的最近一次财务报告显示其净利差为2.75%，总利息收入为0.95亿美元，总利息成本为0.82亿美元。该银行应持有多少盈利资产？假设该银行的利息收入上升了5%，利息成本与盈利资产增加9%。其净利差会如何变？

5. 如果银行的净利差从原来的2.5%增长15%，总资产原来为6.25亿美元，现增长20%，银行的净利息收入会怎样变化？

6. Jamestown Savings Bank联邦储贷协会的累积利率缺口由原来的0.22亿美元增长75%。如果市场利率从4.5%的初始水平上升25%，这家储蓄机构的净利息收入会发生什么变化？

7. Old Settlers州立银行过去3年的财务数据记录如下表所示（单位：100万美元）。

	今年	去年	前年
利息收入	80.00	82.00	84.00
利息支出	66.00	68.00	70.00
贷款（不包含不良贷款）	400.00	405.00	400.00
投资	200.00	195.00	200.00
存款总额	450.00	425.00	475.00
货币市场借款	100.00	125.00	75.00

银行的净利差发生了什么变化？你认为是什么原因引起这些变化的？你有什么建议提供给Old Misers的管理团队？

8. Spotsburg第一国民银行的资产与负债组合中到期日与重新定价机会的分布如下表所示。

	在下述日期内到期或有待重新定价的资产与负债美元数额			
	下周	未来8~30天	未来31~90天	90天以上
贷款	210.00	300.00	475.00	525.00
证券	21.00	26.00	40.00	70.00
利率敏感型资产				
交易存款	350.00	0.00	0.00	0.00
定期账户	100.00	276.00	196.00	100.00
货币市场借款	136.00	140.00	100.00	50.00
利率敏感型负债				

银行何时会面临利率风险,其程度又如何?考虑到银行现有的组合状况,对每个到期日或重新定价期而言,利率如何变动会对银行有利,哪种变动又对银行不利?

9. Fluffy Clouds第一国民银行目前资产负债表上利率敏感型资产与负债如下表所示。

项 目	数额(美元)	利率敏感指数
利率敏感型资产		
联邦基金贷款	50.00	1.00
有价证券总存量	50.00	1.20
贷款与租赁	310.8	1.45
利率敏感型负债		
有息存款	250.00	0.75
货币市场借款	85.00	0.95

银行当前的利率敏感型缺口是多少?银行在考虑了以上利率敏感性权数后进行调整的加权利率敏感型缺口是多少?假如联邦基金利率上升或下降1个百分点,那么银行的净利息收入会受何影响?① 按当前的资产负债表结构;② 根据利率敏感指数调整后的加权资产负债表?

10. Twinkle储贷协会有3.25亿美元的利率敏感型资产与3.25亿美元的利率敏感型负债,总资产为5亿美元。那么银行的美元利率敏感型缺口是多少?Twinkle相应的利率敏感型缺口是多少?其利率敏感性比率又是多少?是资产敏感型还是负债敏感型?市场利率如何变化Mountaintop才会有净利息收入?净利息收入损失时呢?

11. Rich Bank银行有一笔贷款与证券组合,其预期现金流入如下表所示。

本金与利息支付的预期现金流入(美元)	现金流入预计时期(年)
1 500 675	今年
746 872	今后2年
341 555	今后3年
62 482	今后4年
9 871	今后5年

存款与货币市场借款的预期现金流出为:

本金与利息支付的预期现金流出(美元)	现金流出的预计时期(年)
1 595 786	今年
831 454	今后2年
123 897	今后3年
1 005	今后4年
—	今后5年

如果上述现金流的贴现率是5%,那么Rich Bank盈利资产组合的久期、存款与货币市场借款组合的久期是多少?在其他因素不变的情况下,如果利率上升,银行的总收益会发生什么变化?利率下降时又会发生什么变化?根据你已算出的久期缺口规模,银行应该采取何种避险措施?请具体说明所需的避险交易及其预期效果。

12. 给定问题11中Rich Bank商人信托银行的现金流入与现金流出数据。假设利率起始水平为5%,后来突然升至5.75%。如果该银行总资产为5亿美元,总负债为4.5亿美元,那么由于利率变动Rich Bank净资产会变动多少?如果假定利率从5%降到4.5%,那么Rich Bank的净资产价值会如何变化,变动(以美元计)是多少?该银行的久期缺口规模是多大?

13. Watson储蓄银行的平均资产久期为7年,平均负债久期为3.25年。在其最新的财务报告中,该协会记录的总资产为18亿美元,总负债为15亿美元。如果利率从开始的6%突然升到7.5%,

其净资产价值变动量是多少？如果利率不是上升而是从6%降到5%，其净资产又会变化多少？

14. 一家银行在其投资组合中持有一种久期为13.5年的债券，其当前市场价格是950美元。类似特性的证券当前市场利率是7%，未来数周预计利率会下降到6.75%。如果市场利率如预期变动，该债券的价格会如何变动（以百分比计）？

15. 一家储蓄银行对美元价值加权的资产久期是10年，其总负债是9.25亿美元，总资产是10亿美元。如果该银行调整后的久期为零，则其负债组合对美元价值加权的久期是多少？

16. New Phase国民银行持有的资产与负债平均久期与美元数量如下表所示。

资产与负债项目	平均久期（年）	美元数量（100万美元）
投资级债券	12.00	65.00
商业贷款	4.00	400.00
消费者贷款	8.00	250.00
存款	1.10	600.00
非存款借款	0.25	50.00

该银行资产组合与负债组合对美元价值加权的久期是多少？调整后的久期缺口又是多少？

17. 一种政府债券当前的到期收益率是7%，市场价格是1 161.68美元。如果该债券承诺5年内每年支付100美元的利息，那么你能算出其当前久期吗？

18. Clinton国民银行持有久期为7年的政府债券0.15亿美元。如果利率突然从6%升至7%，那该债券的市场价格会变动百分之几？

第8章 金融期货、期权、互换和其他风险规避工具在资产—负债管理中的运用

学习要点

- 衍生工具的应用；
- 金融期货合约：目的与机制；
- 空头与多头套期保值；
- 利率期权：合同种类及原理；
- 利率互换；
- 监管与会计准则；
- 利率上限、利率下限及利率上下限。

美国幽默作家詹姆士·瑟伯（James Thurber）曾写道："一把可能性相当于一磅不确定性。"银行已经学会了如何在今天的新世界中生存，但这个世界并非充满不确定性，而是充满可能性。风险是可计量的而不是简单的不确定的。

利率明天上升或下降的可能性是什么？市场利率预期变化并没有实现的可能性是什么？如果银行恰巧预测错误，它们将怎样保护自己免受损失呢？

前一章我们介绍了金融领域最重要的论题之一——风险的概念和风险管理工具（资产—负债管理）。正如我们在第7章所见，资产—负债管理技术和工具主要是为了控制由于金融市场未预见到的利率变化造成巨大损失的可能性。负责资产—负债管理的经理人特别注重于稳定本机构的净利差（利息收入和利息支出之间的差额）以及保证金融机构的净值——股东投资的价值。本章主要讨论金融机构应对利率风险敞口使用最广泛的工具——金融期货合约、利率期权、利率互换、利率上限、利率下限及利率上下限。

在开始学习本章内容之前，有必要记住以下几点：第一，我们此处讨论的资产—负债管理工具对于对利率风险敏感的众多金融机构都很有用。实际上，随着我们进入21世纪，最脆弱的金融机构是人寿保险公司，这些保险公司现在后悔没有更充分地使用如期货、期权一类的风险管理工具。亚洲（特别是中国和日本）、西欧和美国的人寿保险商向客户的储蓄许诺了高收益率，结果利率水平降到历史最低，它们几乎无法兑现对客户的许诺。第二，在本章学习的风险管理工具并不只是用于金融机构降低其利率风险，银行和其他金融机构会把这些风险管理工具卖给需要风险控制的客户，取得构成利润重要部分的费用收入。第三，我们要意识到接下来讨论的大多数金融工具是衍生工具——它们的价值是由基础工具（如短期国库券、长期国债和欧洲美元存款）的价值和条款衍生而来的。衍生工具一方面有助于财务经理应对利率风险和其他风险，另一方面其自身也产生风险，对金融机构的管理提出了挑战。⊖

⊖ 本章的某些部分基于彼得 S. 罗斯（Peter S. Rose）在《加拿大银行家》上发表的文章，本书使用已获得出版商同意。

8.1 衍生合同的使用

由于银行面临着各种不同类型的风险,所以银行及其主要竞争者是金融体系中使用衍生工具最多的金融机构。当面临利率风险、外汇波动以及其他金融变量的波动可能带来损失的情况下,衍生工具的使用可以在一定程度上保护公司的资产负债表或利润表。而且,由于对金融服务提供方的严格监管,在所有的金融机构中银行使用这些避险工具最常见。根据货币监理署①(又称为财政部金融局)近期的一份调查报告,接受调查的所有银行中约15%使用了衍生工具。2010年中旬,美国近1 200家银行持有衍生工具总面值达225万亿美元。在过去的十年中,银行持有衍生产品的美元价值已经增长了700%。

表8-1显示了货币监理署在2010年中旬对各银行按风险类型以及衍生合同的类型进行划分的各类衍生工具的使用情况。目前,衍生工具防范的主要风险是利率风险,外汇风险居其次。本章我们重点集中在期货、期权和互换合同,然后在第9章研究信用衍生工具的使用——衍生合同的最新形式。

表8-1 用于管理不同风险敞口的衍生工具合约类型 (单位:美元)

美国联邦存款保险公司承保的美国银行衍生合约	1 159,占比14.80%
所有衍生合约的账面价值(美元计)	225 433 522
美国联邦保险公司承保的存款机构的衍生合约中总资产	10 671 060
美国联邦保险公司承保的存款机构的衍生合约中总存款	7 248 761
工业衍生合约占总衍生合约比例	76.39%
衍生合约所覆盖的风险敞口(美元计)	
利率风险	188 614 013
外汇风险	20 245 402
权益风险	1 615 041
信用风险	13 876 204
货物及其他风险	1 082 812
衍生合约使用的工具类型(美元计)	
互换	141 420 332
期货和远期合约	36 793 857
买方期权	15 402 898
卖方期权	15 901 608
交易工具规模合计	209 518 695

资料来源:Federal Deposit Insurance Corporation, *FDIC Quarterly*, Second Quarter 2010, Vol. 4, no. 3, p. 12.

来自货币监理署、联储委员会和其他监管机构的最近消息表明,衍生产品的大宗交易主要集中在几家最大的银行,例如,上面讨论的监理署调查披露5家最大的银行衍生品交易的比例高于90%。这些银行交易的大部分合同是为其顾客服务的,而不是用于自身的风险管理活动。现在我们讨论金融服务机构是如何运用期货、期权、互换和其他衍生品进行利率风险敞口控制的。

8.2 金融期货合约:以事先确定的价格在未来进行证券交易

在第7章,我们研究了金融机构面临利率风险敞口的资产与负债间缺口的性质。例如,我

---

① 货币监理署的网站值得一看(www.occ.treas.gov),网站上有"货币监理署衍生工具报告,2006年第4季度"。

们详尽阐述了利率敏感型缺口的概念

$$\underset{\text{(IS GAP)}}{\text{利率敏感型缺口}} = \underset{\text{(ISA)}}{\text{利率敏感型资产}} - \underset{\text{(ISL)}}{\text{利率敏感型负债}} \quad (8\text{-}1)$$

在式（8-1）中，利率敏感型资产与负债是既定期限内资产负债表上利率可能变动的那些项目。我们在前面已经看到，资产敏感型的银行（其利率敏感型资产大于利率敏感型负债）在市场利率下降时净利差减少；负债敏感型的银行（其利率敏感型负债大于利率敏感型资产）在利率上升时银行净利差减少。

上一章我们介绍了另一种方法来衡量面临利率风险敞口的资产与负债间的差额——平衡调整后的久期缺口，它度量了金融机构资产与负债间加权平均到期日的差，具体形式为

$$\underset{\text{(DG)}}{\text{久期缺口}} = \underset{(D_A)}{\text{对美元价值加权的资产平均久期}} - \underset{(D_L)}{\text{对美元价值加权的负债平均久期}} \times \underset{\left(\frac{TL}{TA}\right)}{\frac{\text{总负债}}{\text{总资产}}} \quad (8\text{-}2)$$

若一家金融机构资产投资组合的平均久期比其负债的平均久期长，则该机构存在久期正缺口，市场利率上升使其资产价值比负债价值下降更快，从而导致资产净值减少；如果一家金融机构存在久期负缺口，那么利率下降使其负债价值比资产价值上升得更快，从而导致资产净值减少，即股东的投资价值减少。抵消这些缺口风险所采取的最流行的方式是买卖金融期货和期权合同。

8.2.1 期货的背景知识

金融期货合约（financial futures）是指买卖双方即日达成一项协议，协议要求在未来某时间以现金对某种特定证券进行交割。

期货市场上的金融期货交易在金融机构的财务报表上属于表外业务。金融市场有现货（有时也叫即期）市场和期货市场。现货市场上金融资产在买家和卖家之间交易，卖家从资产负债表上减去资产，在收益表上记录损失或者利得，买家把购置项目加到资产负债表上，买家和卖家在确定价格时就以现金交割金融资产。而在期货市场上，买家和卖家订立合同确定在未来一个时点交割一项金融资产，在合同订立的那一刻，买家和卖家都不是真正在买或卖。

投资者以确定的价格买卖金融合同时，必须先存缴**初始保证金**（initial margin）。初始保证金是交易发生所在的交易所规定的每份合同必须存缴的最低美元数额，这部分存缴款必须是现金或金融证券，如国库券。初始保证金是投资者在买入（或卖出）合同时所持头寸的权益。第一个交易日结束时，以当天结算价格（交易所确定的价格，以当日交易为基础）与交易发生时的价格比较，如果价格上升，则合同的买方获利，卖方则损失相应数额。每个交易者的账户都实行逐日盯市制度，这意味着买方的权益账户以价格变化的量增长，卖方的权益账户以相应的量减少。当交易者的权益头寸降到维持保证金限额以下（交易所要求的最小数额）时，必须存缴资金到权益账户以保持其头寸，否则，其期货头寸就会在24小时内被冻结。如果产生了利润，超出维持保证金的资金可以提出。逐日盯市制度在每个交易日末起作用，它允许交易者以最小量的资金投入持有一定头寸。

8.2.2 金融期货交易的目的

金融期货交易的目的是为了将利率波动风险从风险厌恶型投资者（如银行和保险公司）身

上转移到愿意接受风险并可能从风险中获利的投机者身上。期货合约在有组织的交易所进行交易（例如芝加哥交易所、芝加哥商品交易所或伦敦期货交易所），在交易所内，场内经纪人按公众的要求进行交易，以最优价格买卖这些合同。如果一家金融机构与交易所经纪人联系想出售期货合约（金融机构要在期货市场上做空头交易），这意味着金融机构要在未来某一确定的时间按确定价格向买方交割合同中指明的证券；反过来，金融机构可能以期货合约买方身份进入期货市场（金融机构要在期货市场上做多头交易），接受每笔合同中指明的特定证券或者在合同到期时按当时的价格向交易所的清算中心支付现金。

期货合约也可以直接在柜台交易（OTC），对交易商而言这种方式往往更经济。不过，柜台期货交易通常会面临更大的风险，因为不论合同中的哪一方违约，交易所都会保证清算每笔合同。此外，由于交易所有大量的投资者和专业人士，他们随时准备对交易的金融工具做市，所以在交易所交易的期货、期权及其他金融工具的流动性风险通常会小一些。

全球部分主要的金融期货与期权交易所

芝加哥交易所(CBOT)

芝加哥期权交易所（Chicago Board Options Exchange）

纽约期货交易所(New York Futures Exchange，NYFE)

新加坡交易所(Singapore Exchange Ltd，SGX)

芝加哥商业交易所(CME)

欧洲期货交易所（Euronext.Liffe Eurex）

伦敦国际金融期货交易所(London International Financial Futures Exchange，LIFFE)

悉尼期货交易所(Sydney Futures Exchange)

多伦多期货交易所(Toronto Futures Exchange，TFE)

南非期货交易所（South African Futures Exchange，SAFEX）

表8-2包含了美国交易所交易的利率期货合约的报价，这些信息来自2008年4月11日的《华尔街日报》，主要是关于2008年4月10日交易的情况。下面是对最受欢迎的某些金融期货合约的描述[⊖]。

(1) 美国长期国债期货合约。这种期货规定的交割对象为面值10万美元、最短期限为15年、承诺（息票）收益率为6%的美国长期国债[⊖]。要交易美国长期国债期货合约，交易商必须存缴芝加哥交易所指定的保证金。就对冲者而言，每份合约的初始保证金和维持保证金是1800美元；就投机者而言，初始保证金更高些，是每份合约2430美元。

表8-2提供了2008年6月和9月的长期国债合约的报价。以上所列月份是合约到期时间，如果到期时期货合约尚未冲销就要在这些月份交割。看一下2009年3月份的合约，可以发现开盘价（OPEN）是在2008年4月10日，在117 22/32点成交（平价的百分比）（注意国债报价是以1/32(统一格式)的形式而不是小数）。价格1/32的增长即意味着31.25美元的获利或损失，获利还

⊖ 初始保证金和维持保证金在2003年1月有调整，可以在芝加哥交易所和芝加哥商业交易所的网站上查询到。

⊖ 如果合约在到期前没有冲销掉，卖方对要交割给期货合约买方的国债有某些自由。票面利率大于或小于6%的标准，最少15年到期的债券都可以交割给买方。买方付给卖方的价格根据票面利率和交割期限经由已确定的转换因素确定。

是损失取决于交易商是空头还是多头。4月10日的第一份合约买方和卖方议定的价格是117 687.5美元。4月10日3月合同最高报价是118＋16/32，最低报价是117＋15/32。

表8-2 利率期货

日 期	开盘价	最高价	最低价	清算价	涨幅	清算价 最高	清算价 最低	未平仓合约数
短期国库券 (CBT)－100 000美元；1/32								
2008年6月	119—075	119—245	118—170	119—010	－12.5	885 927		
2008年9月	117—220	118—165	117—155	117—290	－12.5	1 214		
中期国债 (CBT)－100 000美元；1/32								
2008年6月	118—045	118—140	117—105	117—175	－20.5	2 073 278		
2008年9月	115—295	116—095	115—300	116—040	－19.0	1 370		
5年期中期国债 (CBT)－100 000美元；1/32								
2008年6月	113—257	114—017	113—132	113—162	－11.0	1 808 565		
2年期中期国债 (CBT)－100 000美元；1/32								
2008年6月	107—060	107—107	107—005	107—022	－5.0	1 094 911		
30天期联邦基金 (CBT)－5 000 000美元；								
2008年4月	97.795	97.800	97.790	97.795	…	67 414		
2008年5月	98.090	98.120	98.100	98.105	…	123 175		
1月期伦敦同业拆借利率（CME）－3 000 000；市场指数%								
2008年4月	97.290 0	97.290 0	97.267 5	97.277 5	…	13 214		
2008年5月	97.520 0	97.520 0	97.487 5	97.487 5	－0.017 5	12 355		
欧洲美元（CME）－1 000 000；市场指数%								
2008年4月	97.280 0	97.297 5	97.275 0	97.280 0	…	131 360		
2008年6月	97 540 0	97.575 0	97.490 0	97.500 0	－0.045 0	1 572 757		
2008年9月	97 720 0	97.775 0	97.660 0	97.670 0	－0.070 0	1 384 393		
2008年10月	97 655 0	97.725 0	97.565 0	97.580 0	－0.095 0	1 397 375		

资料来源：*The Wall Street Journal*, April 11, 2008, p. C9. Reprinted by permission of *The Wall Street Journal*, Dow Jones & Company, Inc. All Rights Reserved Worldwide.

清算中心确定的清算价（SETTLE）是117－29/32，这个价格用于对权益账户逐日盯市。清算价（SETTLE）后面一列是变动数（CHG），意思是自前一交易日（2008年4月9日）清算价涨了12.5点，因此，4月9日的清算价是118—095。

（2）3个月期欧洲美元定期存单期货合约。这种合约以百万美元为单位，在芝加哥（芝加哥商业交易所）、伦敦、东京、新加坡和全球其他地方的交易所进行，是投资者管理利率风险的有效工具。现在此项合约是全球交易最活跃的期货合约品种，其基础工具是欧洲美元定期存款，存款的利率是伦敦同业拆借利率（LIBOR）。要做欧洲美元定期存款期货交易，对冲者必须交纳每份合约750美元的初始和维持保证金，投机者则要交纳每份合约1 013美元的初始保证金。

表8-2提供了4种一年后到期的欧洲美元期货合约的开盘价、最高价、最低价和清算价，如果你登录wsj.com/free，就能找到6年内完整的期货价格。欧洲美元合约的价格用国际货币市场指数报价，即100减去银行折现收益（正如第7章我们遇到的情况，收益是按照一年360天计算的）。2008年9月期合约的国际货币市场指数是97.67，也就是2.33%的年折现收益（或100－97.67）。

长期国债合约是以债券价格为基础的期货合约，欧洲美元期货合约则以利率为基础。欧洲美元期货合约的报价机制来自国库券期货合约的定价机制——欧洲美元期货合约走红的同时，国库券期货合约就不像往常一样受欢迎了。较2008年4月9日，2008年4月10日国际货币市场指数清算价变化（CHG）为−0.07。根据此信息，可以推断4月9日的清算价为97.6。

如果你是2008年9月欧洲美元合约的多头，则你在2008年4月10日实现了7个指数点的收益，或者说利润是175美元（25美元乘以7）（注意每一个基点或指数点变化意味着25.00美元的收益或损失）。类似地，如果你是9月份合约的空头，则在4月10日芝加哥商业交易所收盘时对应你持有的每份合约都有175美元从你的权益账户扣除。4月10日收盘时，3月份已订立尚未平仓的合约数量为1 384 393。如果在合约到期前欧洲美元期货头寸没有冲销，就将按90天期欧洲美元定期存款利率以现金交割（注意欧洲美元定期存款并不像国库券一样以银行折现率报价）。

（3）30天期的联邦基金期货合约。这种合约在芝加哥交易所以500万美元的单位进行交易，其价格指数等于100减去联邦基金期货利率，这与芝加哥商业交易所参照国际货币市场指数为国库券期货和欧洲美元存款期货报价在本质上是相同的。《华尔街日报》的报价提供了交易日开盘价、最高价、最低价、清算价的指数信息，也提供了单种合约自始至终的最高价和最低价的指数信息。对冲者的初始和维持保证金是每份合约850美元，投机者的初始保证金要求是每份合约1 148美元。合约以现金清算，采用联邦基金经纪人所报每日利率的月平均值。

（4）一个月期的伦敦银行同业拆借利率期货。它在芝加哥商业交易所以300万美元的单位进行交易，报价采用国际货币市场指数的形式。对冲者的初始和维持保证金是每份合约450美元，投机者初始保证金是每份合约608美元。合约以现金结算而不是实际交割欧洲美元。⊖

一项期货合约当日的价格可能反映了投资者在合同规定的证券必须交割那天对现货价格的期望值。利用期货规避利率变动风险通常要求金融机构在期货市场持有与现货（立即交割）市场相反的仓位，因此，打算即日在现货市场购买债券（多头）的金融机构可能会通过在期货市场出售债券合同（空头）来全力稳定债券的价值。于是，如果现货市场上债券价格下降，则可以从期货市场得到补偿，从而把利率变动造成的损失降到最低。今天期货合约被金融机构在证券交易与债券组合管理方面大量运用，不仅如此，它还可以用来保证贷款、存款、货币市场借款以及其他金融资产的收益与成本。

> **小贴士**
>
> 有没有金融机构曾因衍生工具交易惨遭失败？
>
> 答：有。1994年社区银行家美国政府货币市场基金因为衍生工具相关损失倒闭，偿付股东（主要是更小的社区银行）约94%的权益。

8.2.3　空头套期保值

假设利率预期会上升，从而会增加出售存款的成本或在货币市场借款的成本，减少金融机构持有或打算购买的债券或任何固定利率贷款的价值。在这个例子中可以运用金融期货中的**空头套期保值**（short hedge in futures）。

如果利率上升，空头套期保值操作会从期货交易中获利以弥补金融机构资产负债表上的损失。资产—负债管理者会出售要求未来交割基础证券的期货合约。他们会选择在新的借款发生

⊖ 其他经常交易的利率期货合约包括面额为10万美元的中期国债合同，2年期与5年期的中期国债合同（面额分别为10万美元与50万美元）及市政债券指数合同。所有这些合同现在均在芝加哥交易所（CBT）进行交易。此外还有几种与国外有关联的非美国金融工具合同，包括欧洲日元存款、英国英镑账户、英国长期公债、欧洲马克、欧洲瑞士法郎与欧洲意大利里拉存款，加拿大、德国、法国与意大利的政府债券以及加拿大银行家的承兑汇票。新的欧元存款与货币单位在欧共体的出现催生了两种3个月期的欧洲银行同业拆借利率（Euridor）合同，一种以100万欧元为单位在伦敦国际期货交易所(LIFFE)进行交易，另一种（票面值也是100万欧元）在法国国际期货交易所进行交易(MATIF)。

时间附近到期的合同,也就是新发放固定利率贷款的时间或是资产组合中新增加债券的时间附近。随着借款和贷款到期或证券卖出,在第一项合约到期前,金融机构在期货交易所买进几乎同等数量的期货合约,如果利率大幅上涨,借款的利率成本就会上涨,持有的任何固定利率贷款和证券的价值就会下降。

假设某银行的证券组合包括1 000万美元的15年期债券,利率为6%,市场收益率从6%上涨到6.5%,这些债券的市场价值就从1 000万美元跌到9 525 452.07美元,现货市场损失474 547.73美元。不过,这些损失基本上可以由期货合约赚得的收益抵消。此外,如果银行在期货交易所对相同期货合约进行对冲买卖,那么它就没有义务对合同中涉及的证券进行交割,保存着每一笔期货交易记录的清算公司会将两笔对冲交易抵消(要了解存款机构如何利用期货合约保护自身免受存款利率上升的影响,参见"洞察力和问题":利用金融期货规避存款成本风险)。

洞察力和问题

利用金融期货规避存款成本风险

问题

假设一家储蓄机构的管理层预计接下来的3个月利率会上涨。现在,存款可以售给客户,承诺利率10%,但是,管理层担心接下来的3个月存款利率会上涨最少0.5个百分点(50个基点),贷款收入和存款成本间的利差会变小。

例如,如果某银行需要在未来90天中从出售存款中筹资1亿美元,以10%的年利率发行存款的边际成本应该用下列方法计算

$$要发行的新存款数量 \times 年利率 \times 存款到期天数 \div 360 = 边际存款利息成本$$

$$100 \times 0.1 \times 90 \div 360 = 2.5（百万美元）$$

然而,如果存款利率升至10.50%,则边际存款成本变成

$$100 \times 0.105\ 0 \times 90 \div 360 = 2.625（百万美元）$$

附加的筹资成本量(潜在的利润损失)$= 2.625 - 2.5 = 0.125$(百万美元)

冲销的金融期货交易

为了弥补125 000美元的潜在利润损失,管理层可能会选择下面的金融期货交易。

即日:以91.5的国际货币市场指数卖出100份90天期欧洲美元期货合约。

$$每100美元的价格 = 100 - [(100 - 国际货币市场指数) \times 90 \div 360]$$
$$= 100 - (8.5 \times 90 \div 360) = 97.875（百万美元）$$

100份合约价格则是97 875 000美元

在接下来的90天内:在买入日以91的国际货币市场指数买进100份90天期欧洲美元期货合约。

$$每100美元的价格 = 100 - (9 \times 90 \div 360) = 97.75（百万美元）$$

100份合约价格则是97 750 000美元,卖出和买入期货的总利润 = 125 000美元

结果:期货交易中的收益冲销了更高的存款成本。

8.2.4 多头套期保值

现在我们讨论一下**多头套期保值**(long hedge in futures)。金融机构通常更关注利率上升

所带来的潜在破坏作用,然而有时又希望能规避利率下降带来的风险。在不久的将来有预期现金流入产生时,这种情况通常便会出现。

假设管理层预计几周或几个月后会收到一笔数目可观的存款,但是预期那时的利率会下降,从资金成本的角度这是有利的,但对银行未来收入的增长又是不利的。如果管理层不采取任何措施,预期利率下降又成为现实,那么银行会因为把那些预期存款投资于收益率较低的贷款和证券而蒙受机会损失(即减少了潜在收入)。比如,如果银行要购进15年期利率为6%的100万美元(票面价值)债券,然而利率从6%降到5.5%,债券的价格就会由100万美元上升到1 050 623.25美元,银行要购进债券就要支付更高的价格。要抵消这种机会损失,管理层可以在期货市场上做多头交易:期货合约可在即日购买,而后大致在预期存款流入的同时以相同数量出售。如果利率真的下降期货合约就会获利,因为这些合约的价值增加了。

> **小贴士**
> 20世纪80年代的哪一部喜剧中,丹·艾克罗伊德(Dan Aykroyd)和艾迪·墨菲(Eddie Murphy)名声大噪,并且该部喜剧描述了期货交易中的做多与做空以及追缴保证金通知造成的灾难性后果。
> 答:《交易所》(*Trading Places*)。

利用空头或多头避险保值。表8-3列出了利用金融期货进行多头和空头套期保值的例子。总的来说,大多数金融机构面临的最突出的三个利率避险问题是:① 保护其证券与固定利率贷款免受利率上升带来的损失;② 避免借款成本上升;③ 避免贷款与持有证券的预期利率下降。大多数情况下,恰当利用金融期货进行避险的策略如下:

避免较高的借款成本　　　　　→　　采取卖空(即卖出)避险:卖出期
与资产价值的减少　　　　　　　　　货然后买入相似期货合约与之冲销

避免贷款与证券投资　　　　　→　　采取买空(即买入)避险:买入期
的收益率低于预期　　　　　　　　　货然后卖出相似期货合约与之冲销

表8-3　金融机构常用的金融期货交易列举

采取卖空(即卖出)避险保护金融机构免遭利率上升引发的损失
出于对未来几个月利率可能上升的担心,为避免其债券价值减少,金融机构管理层会采取如下措施:
即日——通过期货交易所合约被出售,同时承诺从即日起6个月后以某固定价格对某笔以美元计价的证券(如美国短期国债)进行交割。
未来6个月——通过相同的期货交易所购买金额相同的合约,按照合约承诺在未来某天以某一固定价格对相同或相似证券进行交割。
结果——期货交易所的清算中心冲销了这两类合约(归零),于是金融机构不再有出售或接受交割证券的义务。
但是,如果在第一类出售的期货合约有效期内利率上升,证券价格则会下降,于是金融机构在6个月期末购买期货合约时,其价格会比6个月前出售相同期货合约便宜,因此,期货交易中产生利润,并以此抵消部分或全部因仍持有债券而导致的价值损失。

采取买空(即买入)避险保护金融机构免遭利率下降引发的损失
金融机构的经济学家预测未来6个月内利率会下降,而管理层担心相对存款利率与其他经营成本而言,贷款利率下降时利润会减少,而且,流入性资金又必须投资于收益率较低的资产,这会导致金融机构蒙受机会损失,于是管理层选择如下措施:
即日——通过期货交易所合约购买,合约要求从即日起6个月后金融机构有义务以某一固定价格对某一具体数额的证券(如美国短期国债)进行交割。
未来6个月——合约在同一个期货交易所出售,该合约要求金融机构在未来确定的一天以某一固定价格对相同数额的证券进行交割。
结果——清算中心冲销了这两类合约,于是金融机构不再需要交割或接受交割所涉及的证券。
但是,如果在第一类购买的期货合约有效期内利率确实下降,证券价格则会上升,因而较6个月前买入合约而言,金融机构能以更高的价格出售期货合约,金融期货交易所得利润可以抵消部分或全部因贷款利率较低而引发的收入损失。

如果金融机构存在利率敏感型正缺口（利率敏感型资产＞利率敏感型负债），那么为避免利率下降引起的损失，可以采取多头套期保值（先买入再卖出期货）来补平缺口，涉及的期货数额要大致等于以美元计的缺口量。相反，如果金融机构存在利率敏感型负缺口（利率敏感型负债＞利率敏感型资产），那么为避免利率上升引发的损失可以采取空头套期保值（先卖出再买入期货）来补平缺口，涉及数额也要大致等于缺口量。

目前世界上几个主要交易所的期货合约交易非常活跃而且种类（先前已讨论过）繁多。利用期货合约规避利率风险的方式有一个明显的优势，即金融机构只需支付占期货合约价值很小比例的保证金，保证金以逐日盯市制度下的初始保证金和维持保证金的形式存在。

此外，经纪人收取的期货交易佣金也相对较低，因此，金融期货交易商只需支付少量现金就可以对数额巨大的存款、货币市场借款、贷款及证券进行套期保值。

基差风险　作为利率避险工具的金融期货也有一些明显的局限性，其中有一种形式特殊的风险就是基差风险。**基差**（basis）是指现货（立即交割）市场与期货（延期交割）市场间的利率差或价格差，即

$$基差 = 现货市场价格（或利率） - 期货市场价格（或利率） \tag{8-3}$$

式（8-3）中的价格或利率都发生在同一时点上。假设一张100美元的10年期美国政府债券在现货市场上售价为95美元，相同债券在6个月后交割的期货合约即日售价87美元。那么当前的基差为

$$95 - 87 = 8（美元）$$

如果在期货头寸建立和平仓期间基差发生变化，那么交易商在现货市场获得的任何收益均会减少，结果就是损失，这会减少交易商从现货市场上获得的收益。幸运的是现货市场上基差风险通常比利率风险小，所以避险可以降低（但通常不能完全消除）整体风险敞口。

套期保值的美元收益是现货市场价格变化和期货市场价格变化的加总。接下来讨论多头与空头交易中基差风险的实质。

空头套期保值中的基差风险　如果关注一家金融机构证券组合中的利率风险敞口，你就会担心利率上升会降低其债券的价值。现货市场价格变化$(C_t - C_0)$将是负的，而你在现货市场处于多头地位。为了规避利率可能上升的风险，就要在期货市场做空头。如果你的顾虑成为现实，那么将会在现货市场受损失$(C_t - C_0)$，在期货市场获利$(F_0 - F_t)$。在空头地位，以价格F_0卖出，以价格F_t买入，因此，获利（损失）用卖出价减去买入价计算。

$$现货和期货市场的总美元收益 = (C_t - C_0) + (F_0 - F_t) \tag{8-4}$$

式（8-4）可变形为

$$现货和期货市场的总美元收益 = (C_t - F_t) - (C_0 - F_0) \tag{8-5}$$

因此，在期货市场上做空头交易时

$$美元收益 = 平仓时现货与期货市场间的基差 - 建仓时现货与期货市场间的基差 \tag{8-6}$$

多头套期保值中的基差风险　持续上涨的利率经常是金融机构管理者的关注重点，然而，利率下降也会影响盈利。

如果担心利率下降，就应该做多头套期保值交易。例如，你预计3个月后有现金流入，到时要用这部分现金购入债券。从机会的角度考虑，你实际上处于这些债券的空头地位。为了规避利率下降的风险，在期货市场你应该做多头。你的美元收益是现货市场的损失（利润）$(C_0 - C_t)$

和期货市场的利润（损失）$(F_t - F_0)$。

$$\text{现货和期货市场的总美元收益} = (C_0 - C_t) + (F_t - F_0) \tag{8-7}$$

式（8-7）可变形为

$$\text{现货和期货市场的总美元收益} = (C_0 - F_0) - (C_t - F_t) \tag{8-8}$$

因此，在期货空头套期保值交易中

$$\text{美元收益} = \text{建仓时现货与期货市场间的基差} - \text{平仓时现货与期货市场间的基差} \tag{8-9}$$

只要避险措施有效，在现货市场上无论盈亏基本上都能由期货交易的盈亏抵消。利用期货避险所面临的真正风险来自基差的变动，由于现货与期货价格并不是时时同步，所以在一项期货合约的有效期内基差很可能会发生变动。期货市场的价格与利率可能比现货市场的价格与利率变动幅度大，也可能比它小，从而导致交易商获利或亏损。

金融期货合约的市场价格敏感程度部分取决于期货合约中要求交割证券的久期（计算单个证券久期的讨论参见第7章），即

$$\frac{\text{期货价格变动量}}{\text{初始期货价格}} = -\left(\begin{array}{c}\text{期货合约中要求}\\\text{交易的证券久期}\end{array}\right) \times \frac{\text{利率预期变动量}}{1 + \text{初始利率}}$$

或

$$\frac{F_t - F_0}{F_0} = -D \times \frac{\Delta i}{(1+i)} \tag{8-10}$$

我们将式（8-10）稍做改动就可以得到金融机构利用金融期货合约所得利润或所受损失的表达式

$$\text{期货合约价值的增加或减少} = -\left(\begin{array}{c}\text{期货合约中要求}\\\text{交易的证券久期}\end{array}\right) \times \text{初始期货价格}$$

$$\times \text{期货合约的数量} \times \frac{\text{利率预期变动量}}{1 + \text{初始利率}}$$

或

$$(F_t - F_0) = -D \times F_0 \times N \times \frac{\Delta i}{(1+i)} \tag{8-11}$$

上述两个公式中的负号清晰地表明，如果利率上升，期货合约的市场价值（价格）就会下降。假设票面价值为10万美元的长期国债期货合约最初交易价为9.97万美元，随后长期国债的利率上升1个百分点，从7%变为8%。如果长期国债的久期是9年，则长期国债期货合约的价值变化量为

$$\text{期货合同市场价值变化量} = -9 \times 99\,700 \times \frac{+0.01}{1 \times (1 + 0.07)} = -8\,385.98 \text{（美元）}$$

在这个例子中，利率上涨1个百分点使面额为10万美元的长期国债期货合约价格下降了约8 386美元。

图8-1总结了金融机构如何借助金融期货合约交易来规避利率风险。在期货市场上进行多头交易指先买入期货合约（价格为F_0），在利率下降时卖出相似的期货合约（此时期货价格变为F_t）。于是利率下降带来$F_t - F_0 > 0$的毛利润，当然还要减去多头套期保值交易所需支付的赋税与经纪人佣金。与之相反，金融期货中的空头套期保值是指先卖出期货合约（价格为F_0）然

后在利率上升时买入相似的期货合约（价格为F_n）。利率上升会带来$F_0 - F_n > 0$的利润，这是扣除了赋税与经纪人佣金后的净值。这些获利交易可用来帮助抵消因市场利率的不利变动而导致的金融机构资产市值减少、净值或净利息收入减少等负面影响。

所需期货合约的数量 金融机构需要多少期货合约来较好地封闭其利率缺口？目标是用期货市场获得的利润冲销因市场利率变化遭受的净值损失。第7章中，我们用下面的公式测量利率上升引起的净值损失。

$$净值变化 = -\left(D_{资产} - \frac{总负债}{总资产} \times D_{负债}\right) \times 总资产 \times \frac{利率预期变化}{1+原利率}$$

或

$$\Delta NW = -\left(D_A - \frac{TL}{TA} \times D_L\right) \times TA \times \frac{\Delta i}{1+i} \tag{8-12}$$

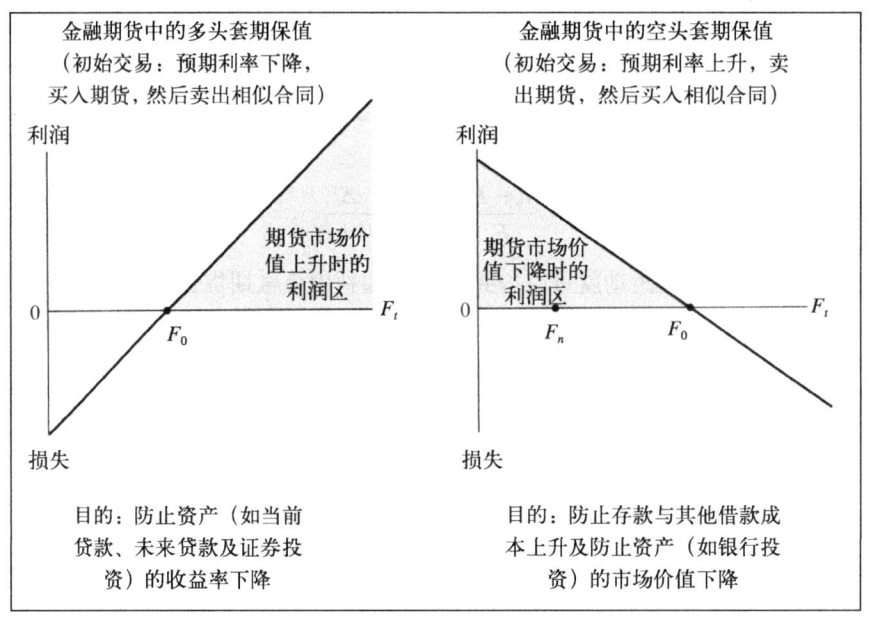

图8-1 金融期货合约收益图解

银行的平均资产久期用D_A表示，其平均负债久期用D_L表示（参见第7章了解如何计算金融机构的资产与负债的平均久期）。如果我们设定净值的变化等于期货头寸价值的变化（式8-12），则完全规避金融机构总体利率风险、保护金融机构的净值（所有者权益）所需期货合约数目取决于

$$需要的期货合约数目 = \frac{\left(D_{资产} - \frac{总负债}{总资产} \times D_{负债}\right) \times 总资产}{期货合约要求交易的价格 \times 证券的久期}$$

或

$$N = \frac{\left(D_A - \frac{TL}{TA} \times D_L\right) \times TA}{D \times F_0} \tag{8-13}$$

假设某银行的平均资产久期为4年，平均负债久期为2年，总资产为5亿美元，总负债为4.60亿美元，再假设银行计划对长期国债期货合约进行交易，期货合约中指定的长期国债久期为9年，

该国债的当前每10万美元的合约售价为9.97万美元。那么银行需要的期货合约数约为

$$需要的期货合约数 = \frac{\left(4 - \frac{46\,000万}{50\,000万} \times 2\,年\right) \times 50\,000\,万}{9 \times 9.97\,万} \approx 1\,200\,个$$

我们注意到，这家银行存在2.16年的久期正缺口（4−4.6亿/5亿×2），表明其资产的平均到期日比负债的平均到期日要长，因此利率上升时，其资产价值下降得比负债价值多，从而减少股东的投资价值（净值）。为了规避利率上升带来的风险，该银行可能会采取空头套期保值，出售约1 200份长期国债期货合约。利率下降则通常要求采取多头套期保值，即购买长期国债或其他证券期货合约。

概念测验

1. 什么是金融期货合约？哪些金融机构使用期货和其他衍生工具规避风险？
2. 金融机构如何借助金融期货应对利率风险？
3. 什么是多头套期保值？什么是空头套期保值？
4. 利率上升和利率下降时最可能利用哪种金融期货交易？
5. 如何解读华尔街日报上的金融期货报价？
6. 3个月后进行交割的短期国债期货合约当前按4%的利息收益率出售，而当前可供立即交割的国债收益率是4.60%。这种国债期货合约的基差是多少？
7. 假设一家银行希望在下个月出售1.50亿美元的新存款，相似存款的当前利率是8%，但预期下个月会升至8.25%。由于担心借款成本上升，管理层希望利用期货合约。你会推荐哪种合约给管理层？如果该银行没有消除涉及的利率风险，那么它会损失多少潜在收入？
8. 下面各情况适用哪种期货避险方式？
（1）金融机构担心存款利率上升会引起固定利率贷款的损失。
（2）金融机构持有大量的浮动利率贷款，但市场利率下降。
（3）预期市场利率上升威胁到金融机构债券组合的价值。

8.3 利率期权

利率期权（interest-rate option）赋予证券持有者以下权利：① 在期权到期前按预先确定的协定价格向另一投资者卖出（看跌）有关金融工具；② 在期权到期前按预先确定的价格从另一投资者处购买（看涨）有价证券。在看跌期权中，一旦期权买方有卖出证券的要求，期权卖方必须随时准备买入。在看涨期权中，期权卖方必须随时准备按买方要求出售证券，而期权买方必须支付享有卖出证券或买入证券的特权费，期权卖方将这笔费用称为期权费。

与期货合约不同，期权不要求合同任何一方必须交割证券，它们提供买或卖的权利，而不是必须买或卖的义务。期权买方可以：① 执行期权；② 将期权出售给另外的买方；③ 直接让期权过期。利率期权主要在柜台市场交易，期权执行期和价格可根据期权买家的需要设定。交易所中交易的标准化的利率期权主要是以期货为对象的期权，也就是期货期权市场。在2007~2009年经济萧条时期，期权开始日益受欢迎。

看涨期货期权的买家有权利但并没有义务在期权合同到期前的任何时间以事前协定的价格在期货市场做多，即买入期货；看跌期货期权的买家有权利但并没有义务在期权合同到期前的任何时间以事前协定的价格在期货市场做空，即卖出期货。期货价格与基础资产的现货市场价

格密切相关，所以，期货期权可用来规避利率风险。例如，芝加哥交易所一份美国长期国债期货期权的买家在期权到期前有权利以协定价格买进或卖出一份美国长期国债期货合约。如果利率上涨，就很有可能会执行看跌（卖出）期权，如果利率下跌，看涨（买入）期权的持有者就很有可能执行期权，要求以事前协定价格买入债券期货，原因是下降的利率会推动债券价格高于期权合约中规定的协定价格，如表8-4和表8-5所示。⊖

表8-4 利用看跌期权抵消利率上升的影响

买方从期权卖方处获得在某一具体日期按合约规定的协定价格向卖方出售与交割证券、贷款或期货合约的权利，为此买方需向期权卖方付费（期权费）。如果利率上升，期权中涉及的证券、贷款或期货合约的市值会下降。此时执行看跌期权买方会受益

某银行计划在本周末发放1.5亿美元180天到期的有息新定期存单（CD），但又担心目前6.5%的CD市场利率（年收益率）会升至7%，这会导致1.5亿美元新存款的利息成本增加37.5万美元，有可能消耗掉银行将筹集的这些存款用于放贷或投资所能产生的全部潜在利润。为了降低较高借款成本的潜在损失，该银行的资产－负债经理决定购买在芝加哥商业交易所交易的欧洲美元存款期货的看跌期权，当协议价格为9 500美元时，该看跌期权的期权费为0.50，即1 250美元（50×25美元）。如果利率如预期那样上升，该欧洲美元期货的市场指数会降至95.00以下，甚至降到94.00。该期货合约的市值降到一定程度，就可以执行看跌期权，因为看跌期权指定证券的价值已经降到协定价格（9 500美元）以下，处于赚钱时期。该银行的资产－负债经理会执行看跌期权，在期货市场以95.00卖出期货，然后在市场上以当前指数94.00买入期货合约冲销头寸。每份合同从执行期权中可赚取2 500（100×25美元）美元

该银行进行这笔期权交易所得税前利润为

$$\text{看跌期权所得税前利润} = [\text{期权协定价格} - (\text{期货市场价格} \times 100)] \times 25 - \text{期权费} \quad (8\text{-}14)$$

每百万美元欧洲美元期货合约的税前利润是

$$\text{看跌期权所得税前利润} = [9\,500 - (94.00 \times 100)] \times 25.00 - 1\,255 = 1\,250$$

每份期货合约1 250美元的期权收入至少能部分抵消利率上升引起的借款成本增量

如果购买了150份看跌期权，那么就会有187 500美元的期货期权收入，这将部分抵消额外的375 000美元的利率成本。如果利率没有上升，期权就可能不赚钱，于是银行的损失等于期权费，但如果利率没有上升，银行就不会面临较高的借款成本，因此就不需要履行期权。此外看跌期权还能用来保护银行持有的证券与贷款价值免受利率上升的影响

表8-5 利用看涨期权抵消利率下降的影响

期权买方从期权卖方处获得在某一具体到期日当日或此前按双方均认可的协定价格从该卖方处购买证券、贷款或期货合约的权利，为此买方需向期权卖方付费（期权费）。如果利率下降，期权中涉及的证券、贷款或期货合约的市值会上升，此时执行看涨期权买方会受益，因为买方能购买到价值超过协定价格的同种证券、贷款或期货合约。当然扣除佣金与相关赋税后，买方实际所得会略有减少

某金融机构计划几天后购买5 000万美元的长期国债并希望利息收入达到8%，但公司投资总监担心在准备购买时市场利率会下降，于是要求一家证券交易商出售长期国债看涨期权，该期权每10万美元债券的协定价格为9.5万美元。为此投资总监须向交易商支付500美元作为期权费。如果利率如预期那样下降，该长期国债的市场价格可能会攀升到9.7万美元（每10万美元的债券），允许投资总监以9.5万美元的较低价格买入债券。由于有价证券的市场价格高于9.5万美元的期权协定价格，所有看涨期权此时处于赚钱时期

该金融机构从这笔看涨期权交易中获利多少？在纳税以前看涨期权的获利公式为

$$\text{看涨期权所得税前利润} = \text{证券的市场价格} - \text{期权的协定价格} - \text{期权费} \quad (8\text{-}15)$$

每10万美元债券的税前利润是

$$\text{看涨期权所得税前利润} = 97\,000 - 95\,000 - 500 = 1\,500$$

每10万美元债券的预期收入至少可以部分抵消利率下降时在现货市场交易的债券可能带来的利息收入损失。如果利率不降反升，国债的价格会降至协定价格之下，此时期权便不赚钱，这种情况下金融机构很可能不使用期权直接让它过期，此时金融机构会受损，额度等于期权费。对所有新近购买的长期国债而言，利率上升使银行更容易实现预期利息收入的目标。此外看涨期权还有助于减小贷款利息收入下降的程度

⊖ 请注意，表8-1中期货合同的执行股指价格为119-010，按照惯例，对该期货的期权合同的执行价格即为表8-5中的11 900美元。

在交易所进行交易的期权一般规定在3月、6月、9月或12月到期以保持与大部分期货合约一致。期货合约的期权一般在期货合约的第一个交割日或此交割日之前几天到期。这一规则的例外是最近到期月份对应的系列合约。例如，如果现在是1月，而期货市场最近的到期月份是3月，最近到期月份为3月的期货期权除了包括3月份到期的期货期权外，还包括可能在1月和2月到期的很多期货期权交易，如表8-6所示。

表8-6 期货期权价格

a)
2008年4月15日，星期二
美国长期国债（芝加哥期货交易所）
10万美元，100点中的1/64的数目

协定价格	看涨期权			看跌期权		
	5月	6月	9月	5月	6月	9月
11 000	8-28	8-30	7-62	0-01	0-04	0-49
11 100	7-28	7-32	7-11	0-01	0-06	0-61
11 200	6-28	6-36	—	0-01	0-10	1-12
11 300	5-28	5-41	5-44	0-01	0-15	1-29
11 400	4-29	4-49	5-00	0-02	0-23	1-49
11 500	3-32	3-60	4-24	0-05	0-34	2-08
11 600	2-39	3-14	3-51	0-12	0-51	2-35
11 700	1-52	2-36	3-17	0-25	1-09	3-00
11 800	1-11	1-62	2-51	0-48	1-35	3-33
11 900	0-43	1-32	2-24	1-16	2-05	4-06
12 000	0-24	1-07	2-00	1-61	2-44	4-45
交易量		看涨期权	11 650		看跌期权	26 017
未平仓权益		看涨期权	490 573		看跌期权	481 457

b)
欧洲美元（芝加哥期货交易所）
100万美元，100点中的点数

协定价格	看涨期权			看跌期权		
	12月	1月	3月	12月	1月	3月
970 000	—	45.00	60.00	0.75	1.25	12.50
971 250	—	—	51.25	1.50	—	16.25
972 500	22.50	24.25	43.25	3.50	5.25	20.50
973 750	14.25	—	36.00	7.75	—	25.75
975 000	8.00	10.50	29.75	14.00	16.50	31.75
976 250	4.75	6.50	24.25	23.25	25.00	38.50
977 500	2.75	4.00	19.25	33.75	35.00	46.00
978 750	1.50	2.50	15.00	45.00	45.75	54.00
980 000	0.75	1.50	11.50	56.75	57.25	62.75
交易量		看涨期权	215 402		看跌期权	185 378
未平仓权益		看涨期权	6 566 635		看跌期权	2 800 972

资料来源：*The Wall Street Journal*, April 16, 2008. Reprinted by permission of *The Wall Street Journal*, Dow Jones & Company, Inc. All Rights Reserved Worldwide. See **online wsj.com/public/**. Data printed on April 16.

与在交易所进行交易的期货合约一样，交易所的清算中心通常也会保证每笔在该交易所进行交易的期权合约顺利履行。利率期权为买方提供了附加杠杆——仅用少量的投资承担少量的风险就可以控制大量的金融资本。期权买方的损失最多不过是购买期权所支付的费用。

表8-6是2008年4月16日《华尔街日报》上的期权报价。下面我们将讨论目前交易最频繁的

两种期货期权合同报价的详细信息。

（1）美国长期国债期货期权。对应一份期权，期权持有者有权卖出或买进一份美国长期国债期货合约。表8-6给出了从110到120的11个协定价格的期权费报价。在芝加哥交易所3个月份——5月、6月和9月的看涨期权和看跌期权的期权费都列了出来，这些期权是以最近的美国长期国债期货合约为基础的。美国长期国债期货期权合同在3月、6月、9月的基础期货合约的首个交割日前几天到期。

协定价格为110的5月份看涨期权的期权费报价是8-28，意味着要获得以110 000美元的价格买进美国长期国债期货合约的权利就要支付8又28/64（票面价值的百分比）或者8 437.5美元作为期权费。到了5月份，看涨期权到期时，如果期货价格高于110的协定价格，那么期权持有者就会执行期权。例如，如果期货价格是114，期权买家就会执行期权，买入一份5月期的美国长期国债期货合约。这样，期权执行者的权益账户立即会增加3 000美元的盈利。而且，期权执行者不得不马上满足期货交易所的保证金要求或平仓。

（2）欧洲美元期货期权。对应一份期权，期权持有者有权卖出或买进一份欧洲美元存款期货合约。表8-5给出了从970 000到980 000相差的9个协定价格，这些报价对应3月份到期的欧洲美元期货合约的3个看涨期权和看跌期权。5月份到期的欧洲美元期货合约到期时，3月份看涨期权和看跌期权也到期。在芝加哥商业交易所交易的期货合约和期货期权同时到期。

5月份看涨期权的期权费是0.75。正如基础期货合约一样，一个基点或指数点是25.00美元，因此0.75的报价就是指期权费为18.75美元（0.75个基点×25.00美元）。支付18.75美元后，就有以协定价格卖出一份欧洲美元期货合约的权利。以国际货币市场指数计，协定价格是97.00。如果持有看跌期权直到期权到期，并且最后清算时国际货币市场指数是96，那么期权买家在执行期权时（不要忘记所有欧洲美元期货合约以现金清算）会赚取2 500美元（100个基点×25.00美元）。

除了在芝加哥交易所、芝加哥商业交易所和其他交易所交易的这些期货期权外，在柜台市场交易的各种利率期权可以根据金融机构的具体需要确定具体条款进行交易。

大部分期权都是为货币中心银行所用，这些期权主要有两种用途：

- 通过对看跌期权的运用防止银行债券组合的价格下降（利率上升时）；但是，期权合同中并没规定必须交割，所以如果利率下降而债券价格上升，银行还可从持有债券中获利。
- 规避利率敏感型资产与利率敏感型负债间存在缺口可能引起的风险。例如，利率上升时可以利用看跌期权抵消负缺口带来的损失（利率敏感型负债＞利率敏感型资产），而利率下降时可以利用看涨期权抵消正缺口带来的损失（利率敏感型资产＞利率敏感型负债）。

金融机构既可买入也可卖出期权，但通常是期权买方而不是卖方，原因是期权卖方面临的风险较期权买方大得多，期权卖方的潜在利润最多不过是买方支付的期权费，如果利率变动对卖方不利，其潜在损失要大得多。美国禁止银行及其他几种主要的金融机构在高风险领域出售期权，而且一般要求所有购买的期权均要与面临的具体风险可能性有直接联系。

图8-2与图8-3用一目了然的图形总结了金融机构如何通过对期权的谨慎运用实现盈利或至少是保持当前的仓位水平。比如，一家对利率下降可能引发的净收入损失非常关注的银行可能选择从期权卖方（如证券交易商）处购买看涨期权。看涨期权使银行有权按价格S（如图8-2a所示）买入证券或期货合约。如果利率果真下降，那么证券与期货合约的价格会升至F_t，从而产生盈利机会，所得利润等于$F_t - S$（减去银行购买期权必须支付的期权费与所有相关赋税）。与之相反，如图8-2b所示，利率预期是上升的，导致银行管理层决定购买证券或期货合约看跌期权。上升的利率可能会导致市场价格低于F_n，小于协定价格S，于是银行会以当前价格F_n购

买看跌期权中提到的证券或期货合约，然后按协定价格S把它们卖给期权卖方，从而将$S-F_n$（减去期权卖方收取的费用与所有应付税款）的差额收入囊中。

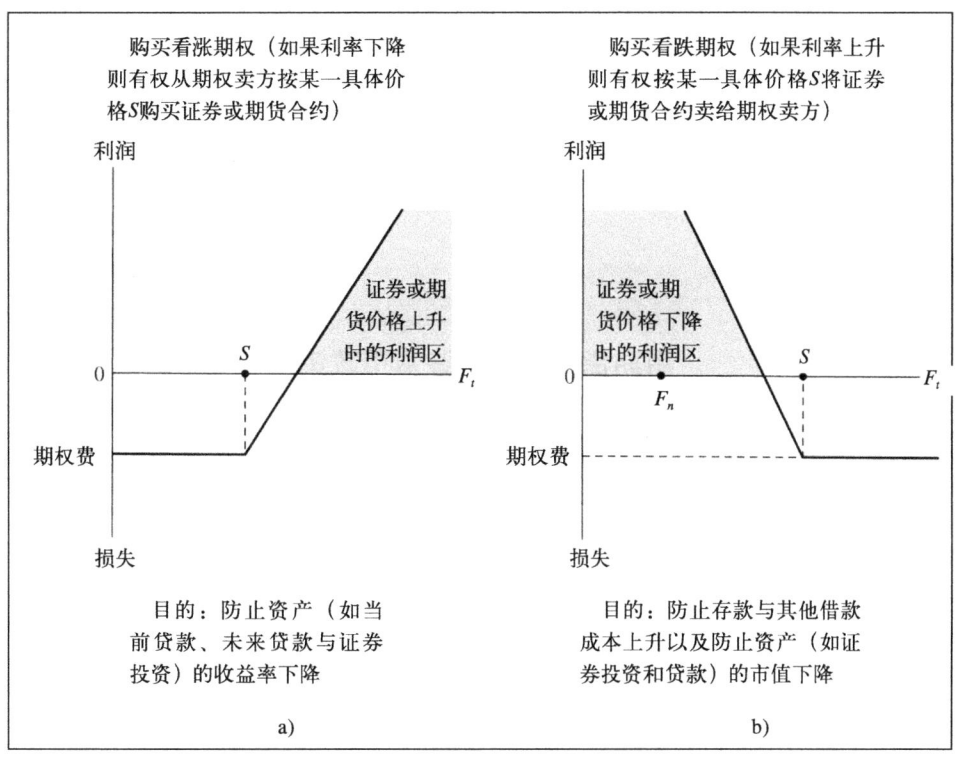

图8-2 金融机构购买看跌期权与看涨期权的收益图解

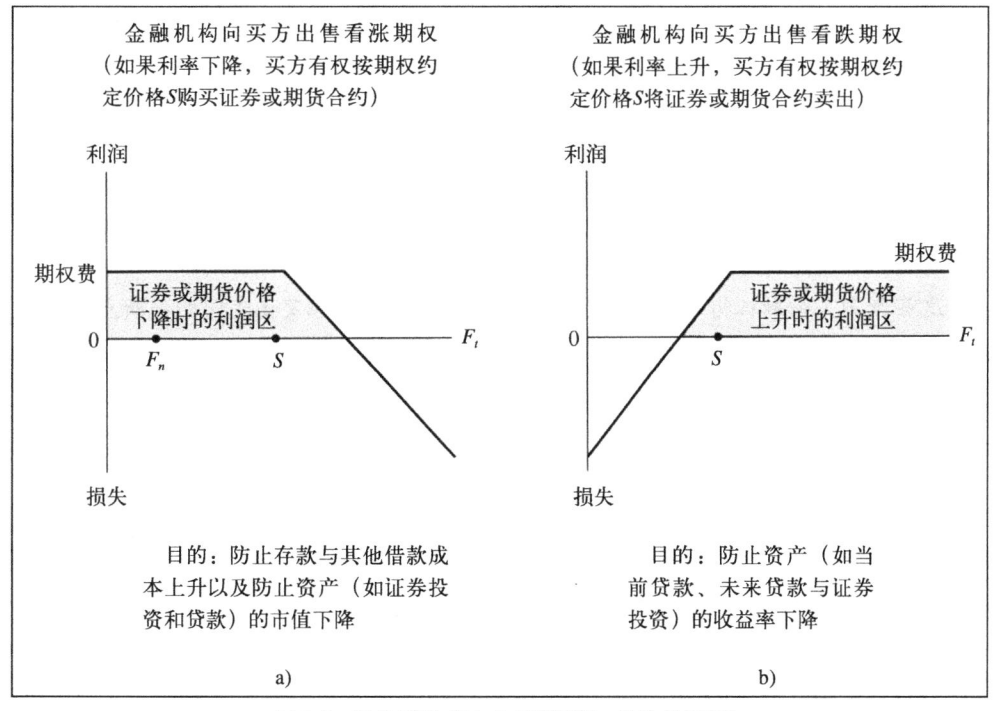

图8-3 出售看跌期权与看涨期权的收益图解

银行及其最接近业务竞争者也可充当期权卖方,向期权买方出售看涨或看跌期权。例如,如图8-3所示,假设银行向另一家机构出售看涨期权,该期权的协定价格为S。如图8-3a所示,如果利率上升,看涨期权的市值会降到F_n,此时看涨期权对买方毫无意义。于是该期权不会被使用,银行便将期权费收入囊中,作为利润抵消因市场利率上升而可能导致的任何损失。利率下降则可能会引发受损失的银行或其他金融机构寻求另一家对按协定价格S购买看跌期权感兴趣的机构。如果市场利率果真下降,那么期权中提及的证券与期货合约的市场价格就会上升,此时看跌期权对买方毫无价值。期权卖方则会收取期权费,作为利润帮助抵消利率下降可能引发的任何损失。

真实的银行,真实的决策

用期货和期权跟踪货币政策

两个最受欢迎的期货和期权合约集中在联邦基金的交易商,联邦基金是储备的隔夜拆借,主要发生在银行之间。当前联邦基金期货和期权合约主要在芝加哥期货交易所(CBOT)交易。这些合约似乎可以提供市场对未来几个月利率走向的无偏估计。这种情况看起来是真的,因为中央银行——本例中为联储系统——对利率变动方向和幅度有巨大影响,因此,市场对于中央银行政策走向的判断与规避利率风险以及资产——负债管理过程密切相关。

1988年芝加哥期货交易所开始公开交易联邦基金期货合约,面值为500万美元,价格是100减去合同交割月份的平均隔夜联邦基金率。合同的基金率提供了对于联邦公开市场委员会(FOMC,联储的主要政策制定机构)在确定未来联邦基金利率时行为的一个低成本的预测。假设当前基金率为4%(当前期货合约价格为100美元基点上的96美元),但是下个月交割的同质合约当前价格为4.25%(100美元基点上的95.75美元)。那么市场的"平均"预测是下个月联储会提高目标利率0.25%个百分点(25个基点)。如果联储确实作出此举,所有短期利率都可能会上升(除非这一计划中的变动已经完全反映在市场价格中)。

2003年,芝加哥期货交易所又进一步创立了联邦基金期货的期权合约。这一更新的合约为联邦基金率在市场预测方面提供了更大的准确度,特别是在下一期联邦公开市场委员会召开例会前。例如,下个月到期的期权合同的当前价格可能表示市场认为在下个月的公开市场委员会召开时有25%的可能会提高目标基金率,有75%的可能会保持目标基金率不便。观测每个月可获得的合约两年,就能构建出未来联邦基金率变动的路径。

有了这些预测,金融机构的经历就能确定市场对于利率未来变化走向的判断是否与自己的判断符合,也能决定是否需要以及多大程度上需要用期货、期权及其他避险工具规避可能的恶性利率变动。

8.4 银行期货和期权交易的规定与会计准则

美国三家联邦银行监管机构针对金融衍生工具的风险管理制定了指导方针,其中金融期货和期权是很重要的部分。例如,美国货币监理署(OCC)有一个186页的文件——金融衍生工具风险管理:监理手册。监管部门希望银行董事会主要负责监督,高级管理层负责发展适合本机构的风险管理体系。风险管理体系应由以下三条构成:

- 控制金融风险产生的政策和程序;
- 风险测量和报告体系;

- 独立监督和控制过程。

货币监管署要求银行测量与衍生工具相关的九种不同风险并分别设定限制，这些风险包括战略风险、声誉风险、价格风险、利率风险、流动性风险、外汇风险、信用风险、交易风险和合规风险。

对冲基金和公司（如安然）因衍生工具活动遭受巨额损失说明衍生工具综合会计准则很必要。1998年财务会计准则委员会（financial accounting standards board，FASB）推出第133条款（FAS133）"衍生工具和对冲活动会计准则"。自2000年起这一条款对所有公开上市公司都适用。

FAS133条款要求所有衍生工具都要以其公允价值作为资产或负债记入资产负债表。关于利率风险，FASB要求区分两类避险方式：公允价值避险和现金流避险。避险方式不同，会计处理方式也不同。公允价值避险的目标是抵消资产或负债价值变化造成的损失，衍生工具公允价值的变化（例如期货合约的价格变化）与避险对象的价格变化必须反映在收益表内。现金流避险的目标是降低与未来现金流（贷款的利息或债务的利息支付）相关的风险。就现金流避险方式而言，衍生工具（期货指基础价格的变化）公允价值的变化可分为有效部分和无效部分。在资产负债表上，有效部分必须归入权益作为其他综合收入；无效部分要在收益表中予以报告。新的衍生工具管理规定强制金融机构披露因为其持有期货、期权和其他衍生工具的潜在利润和损失，因此对金融机构的盈利有很大影响。

概念测验

9. 解释看跌期权涉及的内容。
10. 什么是看涨期权？
11. 什么是期货合约期权？
12. 美国长期国债期货期权和欧洲美元期货期权报价含有哪些信息？
13. 假设市场利率预期会上升，通常会采用哪种期权？
14. 如果市场利率预期会下降，金融机构的经理可能运用哪种期权？
15. 针对期货、期权和其他衍生工具的使用，最近出台了什么规则和规定？财务会计准则委员会（FASB）对公开上市公司的衍生品交易会计处理有何规定？

8.5 利率互换

20世纪80年代早期，欧洲债券市场上产生了一种新的利率避险工具，这种工具使两个借款人（包括金融机构）可以将各自最有利的部分借款条件相互交换，从而让双方均受益。例如，如果其中一个借款人实力过于弱小或是信用等级太低而无法进入公开市场，也无法以低水平的固定利率出售债券，该借款人就不得不利用短期信贷并接受成本较高、利率可变的贷款；另一个借款人可能具有高信用等级并且能在公开市场以相对较低的固定利率借入长期贷款，只要利率足够低，信誉高的公司（通常是大银行）则希望获得更灵活的短期贷款。在证券交易商或其他中介机构的帮助下，通过选取对方借款中最有利的条件，以上两类借款者经常能达成交换支付利息的合约，见图8-4。

利率互换（interest-rate swap）其实就是改变一家借贷机构因利率变动面临的风险敞口并以较低成本借款的一种方式。互换的双方可以把利率从固定的转化为浮动的或从浮动的转化为固定的，使之与资产、负债的期限更匹配。此外，金融中介作为安排互换的中间人，可以从中挣得中介费（通常是协议金额的0.25%～0.50%）；如果金融中介同意担保互换合约的顺利履行，客户还必须向其支付一笔额外的费用。

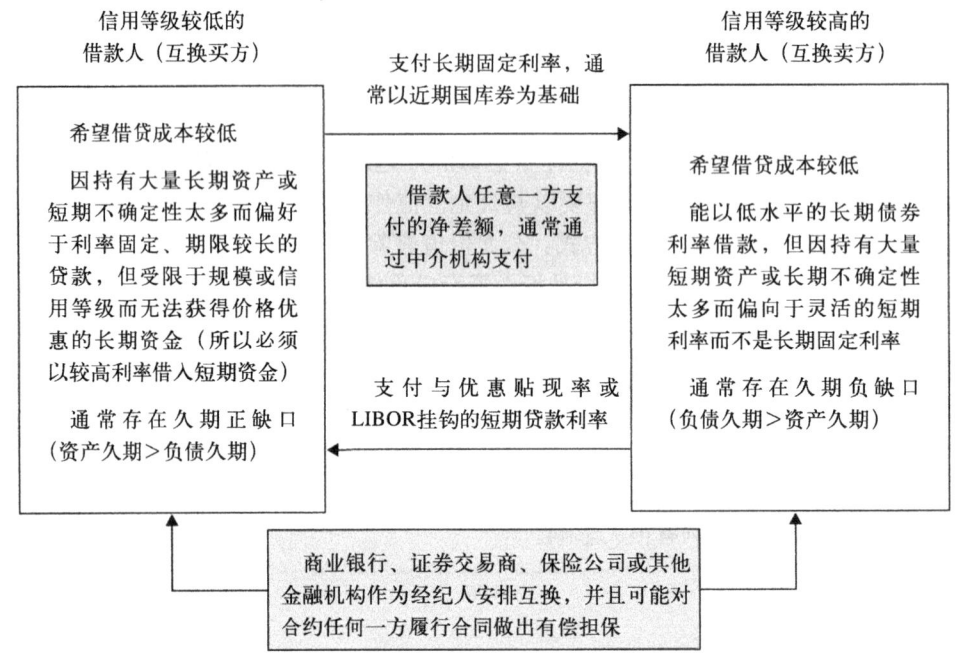

图8-4 利率互换

> **小贴士**
>
> 存款机构运用的大多数衍生工具是在像芝加哥交易所这样的有组织的交易所交易的，这种说法正确还是错误？
>
> 答：错误。平均来说大约4/5的合约是在柜台市场签订的。

按照一种被称为品质互换的合约的规定，一个信用等级较低的（可能是A级）借款人与另一个信用等级较高的（可能是最高的AAA级）借款人交换支付利息从而确定一个合约。在这种情况下，低信用等级的借款人将替高信用等级的借款人支付长期借款的成本。实际上与自己单独借入长期贷款相比，低信用等级的借款人最终为长期贷款支付的成本已低了很多。另外，高信用等级的借款人承担了所有或部分低信用等级借款人的短期浮动贷款利率，从而将长期固定利率转化为更灵活、成本更低的短期浮动利率。

总而言之，信用等级较高的借款人借入长期固定利率贷款，只需向信用等级较低的借款人支付浮动利率；而信用等级较低的借款人借入短期浮动利率借款，只需向信用等级较高的借款人支付固定利率。通常信用等级较低的借款人（如储蓄机构或保险公司）其资产久期比负债久期长，而信用等级较高的借款人（如商业银行）其负债久期比资产久期长。通过上述互换协议，双方在负债方面以利息成本形式支出的现金流与由资产获得的利息收入更加匹配了。

目前利率互换使用最广泛的短期浮动利率包括欧洲美元存款的伦敦银行同业拆借利率（LIBOR）、美国短期国债利率、美国长期国债利率、美国优惠利率、联邦基金利率与银行存单（CD）。互换合同任何一方只需在比较成本优势最明显的市场借款，然后双方交换支付各自所借资金的利息。这样一来，即使合同一方（具有最高信用等级的借款人）通常能比信用等级较低的借款人以更优惠的价格借入短期与长期贷款，通过互换安排，它仍能降低借款成本。

请注意互换双方不发生实际借贷关系。贷款的本金（通常叫名义本金额）是不交换的，㊀合约双方仍需偿还自己的债务。事实上，互换双方通常只发生到期利息净额的支付，这取决于利息到期当日市场中短期利率相对长期利率上涨了多少。虽然互换能够降低资产负债表上资产与负债可能面临的利率风险，但是互换本身一般不会出现在互换双方的平衡表上。㊁

如前所述，互换经常用来处理资产—负债期限的不匹配。如图8-5所示，某家公司可能持有到期收益率灵活的短期资产与利率固定的长期负债。该公司担心市场利率下降会减少其收入。同时，另一家公司如果持有收益率固定的长期资产与期限较短的负债，则会担心利率上升，因此这两家公司有可能达成互换协议，持有长期固定利率资产的公司可能愿意替持有长期固定利率负债的公司支付利息，反之同理。

金融机构还能用互换调整其资产和负债的有效久期，它可以用固定利率的收入流换取可变利率的收入流来缩短资产久期。如果该金融机构的负债久期过短，可以用可变利率支出换取固定利率支出。这样，利率互换就能使资产与负债久期更平衡从而实现对投资组合进行保值的目标。

为什么要使用互换来解决这些问题呢？难道为银行未清偿债务进行重新融资或利用金融期货就不能达到同样的目的吗？理论上答案是肯定的，但互换常常更受青睐。例如，清偿旧债务、发行条件更有利的新证券可能价格不菲或风险重重。新借款可能是在利率较高时借入的。承销成本、注册费用、时间延迟及监管规定常常严重制约了企业在尝试调整其资产负债表结构时可发挥的自由度。金融期货对避险者而言也有问题，因为它们的到期日是刚性的（通常在数周或数月内到期），所能涵盖的金融工具数量也很有限。

相比之下，尽管大部分互换合约的有效期限在3～10年之间，通过协商互换仍能涵盖几乎任何长度的期限或任何希望采用的借款工具。签署互换合约也很简单，通常用电话与经纪人或交易商协商并确认就可以了。几家英美大银行推出了一种通信网络使互换交易相对更简单，即使对小面额、短期限的互换也是如此。一个主要创新是推出了主互换协议，这一创新详细解释现货互换交易者的权利和责任，简化了合约的协商过程，极大地促进了国际互换市场的流动性和流畅性。

尽管2007～2009年的信贷危机引起了对互换交易真实风险的热议，并提醒管理者谨慎运用这一特殊工具。最近的另一个创新是主互换协议的推出，这一创新详细解释互换交易者的权利和责任，简化了合约的协商过程，极大地促进了国际互换市场的流动性。

安排一个新的互换协议来冲销旧的互换合同，这属于反向互换。目前许多互换协议都包含终止选择权，允许合约任何一方有偿终止互换协议。其他互换则规定了最高利率（利率上限）、最低利率（利率下限）或两者兼有（利率上下限），限制了利率支付发生重大变动时可能的风险。互换协议还可能包含免责条款与互换选择权，即合同一方或双方可以选择对互换协议进行一些改动，建立新的选择权或取消旧的互换协议。

互换也有缺点，如要承担大量经纪人佣金、面临信用风险、基差风险及利率风险。如果存在信用风险，互换协议中一方或双方就可能破产，或不履行互换协议中自己的义务（尽管损失

㊀ 名义本金额固定的互换常被称为一次还本式互换。还有名义本金额随时间减少的分期偿还式互换，名义本金额在有效期内不断增加的累积互换。季节性互换的名义本金额则随互换双方季节性现金流类型的变化而变化。

㊁ 如果一家金融机构同意对其两位客户间达成的互换协议做担保或者该金融机构与另一家公司达成互换协议，那么该金融机构通常只会把这笔交易记为或有负债。由于这种互换安排可能转为该金融机构的真正负债，所以许多金融分析师在评估某个金融机构的投资可行性时尽力查找所有未到期互换的相关信息。

仅限于承诺的净利息支付，而不需要偿还贷款本金）。此外，如果互换协议当事人为寻求担保愿意支付适当费用（通常是10~50个基点），诸如商业银行或证券交易商这样信用极高的第三方就会同意开出信用证来担保协议中指定利息的顺利支付。安排与担保互换合同方面最举足轻重的中介机构包括美国、加拿大、日本以及欧洲最大的几家商业银行与证券公司（如摩根大通、美林、所罗门兄弟公司）。有时互换中信用较低的一方还须提供抵押担保品，以确保互换协议的履行。市场上提供抵押品的情况越来越多，甚至高信用级别的交易者也要提供抵押品。

客观地讲，现实中互换违约的情况很少。⊖ 互换市场的信用是相对较高的，互换交易双方的信用级别通常在A或A以上。信用级别为BBB或BBB以下的交易方几乎不可能找到合作者进行互换交易，或者低信用级别的交易者必须遵守信用启动条款才能进行互换交易，这一条款允许互换交易的另一方在该交易者信用级别下降时有权解除合同。

如果互换交易的一方未能履行其支付义务，还有一个能显著降低潜在损失的机制就是轧差。在每个支付日，互换双方只支付一方欠另一方的利息差。实际支付量比固定利率利息支付和浮动利率利息支付都要小得多，这一实际支付量也是交易违约时的实际量，而且，在一家金融机构与另一方签订数个互换合同的情况下，该金融机构只需计算所有互换合同所要支付的净额即可，这实际上降低了信用风险敞口的实际额。

基差风险是由于互换条款中的指定利率（如长期债券利率以及诸如伦敦同业拆借利率这样的短期浮动利率）与互换一方或双方的资产与负债所附利率不完全一致时产生的，也就是说，互换的参考利率变化时，其变化的比例与互换双方资产负债所附利率的变化比例并不一定相同。因此，利率互换合同并不能规避合同双方面临的所有利率风险，现实中肯定存在风险敞口。

互换还可能存在巨大的利率风险。例如，如果收益率曲线向上倾斜，那么互换协议的买方（支付固定利率的一方）在互换合同前期一般会支付较大数额的利息成本，而在互换合同终止前会从卖方（支付浮动利率的一方）处获得较大数额的利息收入。这会助长卖方在互换协议即将到期时的违约行为，从而迫使买方在比较不利的市场条件下与新伙伴达成新的互换协议。由于互换交易商参与市场的大部分合约交易，因此它会通过与多个交易者建立对冲互换合同限制其利率风险敞口。

一般来说，如果短期市场利率预期下降或者保持低位，对支付短期利率利息的一方有利，对支付长期利率利息的一方不利，因为相对而言，其互换利率会持续保持高位，到期支付时，固定利率支付方就不得不支付短期利率和长期利率之间的利息差。如果收益率曲线向下倾斜，并且短期利率上升超过短期固定互换利率，长期固定利率支付方就会获利。在后一种情况下，只要短期（可变）利率高于固定利率，短期利率支付方就必须立即向对方支付利息流。

互换市场的发展是非同一般的。以合约名义价值（面值）计算，未平仓利率衍生品合约（包括互换和期权）已经从20世纪80年代早期的零起点发展到2007年时的380万亿美元。互换市场发展的另一个证明是今天市场参与者的广度，最重要的交易者包括：存款机构、保险公司、金融公司、非金融企业；政府证券、企业证券、资产支持证券的交易商；以及对冲基金和包括美国联邦机构（如世界银行）在内的政府关联企业等。然而，2008年金融危机来袭，许多互换交易机构缩小了其互换风险敞口。

⊖ 除了传统的利率互换以外，目前金融中介组织还运用其他几类互换，包括商品互换、股权互换与货币互换。商品互换用于规避原油、天然气、铜及其他指定商品价格波动带来的风险，如果合同一方担心价格上涨，另一方担心所售商品价格下降就可以用它。股权互换用于将债务方面的利息流转化为与股票指数表现相关的现金流，互换当事人就能在股票价格发生有利变动时获利。货币互换将在第20章国际银行业部分中讨论。

洞察力和问题

互换交易举例

本例向读者展示了两家机构如何通过达成交换支付利息的协议来降低借款成本。能够降低成本的主要原因是长期借贷市场上的利率差价（常称为品质差价）一般要大于短期借贷市场的利率差价，见表8-7。

表8-7 互换交易举例

互换各方	发行长期债券各方需支付的固定利率（%）	借入短期贷款各方需支付的浮动利率（%）	各借款人所能获得的潜在利率优惠（%）
信用等级较低的借款	11.50	美国优惠利率+1.75	0.50
信用等级较高的借款人	9.00	美国优惠利率	0.25
因借款人信用等级不同引起的利率差额(品质差价)	2.50	1.75	0.75

采取的融资方式

信誉较高的借款人以9%的利率发行长期债券，而信誉较低的借款人以美国优惠利率加1.75%的利率水平获得银行贷款，然后双方交换支付利息。

互换交易可能以如下方式安排：信用等级较低的借款人同意支付给信用等级较高的借款人9%的利息成本，与直接借入长期贷款所支付的11.5%相比，它可以获得2.5%的优惠。信用等级较高的借款人支付给信用等级较低的借款人的利率则为美国优惠利率减0.25%，于是与直接借入短期贷款所支付的美国优惠利率相比，它可以获得0.25%的优惠。请注意此时信用等级较低的借款人获得的利率净优惠为0.50%（在长期利率上获得的2.50%的优惠减去额外的1.75%，1.75%是低信用等级借款人必须支付的高于美国优惠利率的量减去高信用等级借款人贡献的0.25%）。

因此：

低信用等级的借款人支付　　　………　9%（固定利率）

高信用等级的借款人支付　　　………　美国优惠利率减0.25%（浮动利率）

低信用等级的借款人所得优惠 ………[(11.5% − 9%) − (1.75%高于美国优惠利率的部分 + 0.25%低于美国优惠利率的部分)] = 0.50%

高信用等级的借款人所得优惠 ………0.25%（低于美国优惠利率）

信用较低的借款人还可能同意为信用较高的借款人发行的长期债券支付承销成本，于是最终双方获得的优惠均约为0.5%。

显然，通过利率互换双方均节约了利息成本，另外，双方各自资产负债组合的现金流入与现金流出也更匹配，从而使双方受益。

但是，有些权威人士则认为，上述结果实际上不太可能。因为一个有效率的金融市场会迅速消除长短期市场间的套利机会，除非这个市场是不完全的。而另一些人士则认为，只有在利率朝有利方向变动且协议各方不履约而重新融资的情况下，这种互换产生的假想收益才会被各方放弃执行有价期权而导致的损失所抵消，但是，无论利率最终如何变动，它们都必须履约，除非能修订合同。

利率互换收益率曲线

近期联邦储备系统开始报告一系列利率互换合约，到期日从1~30年不等。互换中支付固定利率的一方按照每个营业日上午11点收集统计的代表性互换利率进行支付的利率即是报告利率，该利率是在国际互换业务与衍生工具协会的赞助下收集的。日常统计中的每份互换协议均假定互换中支付可变利率的一方会向固定利率一方支付现行的3个月期伦敦银行同业拆借率的市场利率。

表8-8是2008年4月7日到期日不同的互换合约所附固定利率。

表8-8 互换合约固定利率

统计中报告的互换合约期限（年）	互换中支付固定利率一方接受3个月期LIBOR利率后支付的现行利率（%）
1	2.50
2	2.69
3	3.02
4	3.29
5	3.50
7	3.83
10	4.16
30	4.69

当时，这些利率是通过统计互换协议得到的，在这些协议中支付可变利率的一方均按等于或约等于5%的货币市场利率进行支付。新的数据来源有两点值得注意：

- 与短期利率支付者相比，长期利率支付者支付的利率较高，至少在互换初期是这样；
- 这份统计数据中的互换收益率曲线向上倾斜，表明互换合约的期限越长，固定利率往往就越高。

如何解释互换利率中的差额？关键因素往往是风险，尤其是改变市场利率与利率期限结构（收益率曲线）的风险。

例如，如果短期市场利率预期会一直走低，那么互换中短期利率支付者就会受益而长期利率支付者则会因互换利率一直较高而处于不利状态。本例中，固定利率支付者无论什么时候进行支付，都必须支付短期与长期利率间的差额。如果收益率曲线变得平坦些或向下倾斜，那么只要短期（可变）利率高于长期固定互换利率，长期固定利率支付者就能受益。在后一种情况下，只要短期（可变）利率比固定利率高，短期利率支付者就必须向其互换对方支付利息。显然，互换的一方或双方考虑是否采取互换时，改变利率预期能发挥关键作用。

利率互换收益率曲线的更多信息请参考国际互换业务与衍生工具协会的网站www.isdg.org和联邦储备委员会统计信息H.15的网站www.federalreserve.gov。

概念测验

16. 利率互换的目的是什么？
17. 利率互换的主要优点与缺点是什么？
18. 金融机构如何才能从自己签订的利率互换协议中解脱出来？

8.6 利率上限、利率下限与利率上下限

利率上限、利率下限与利率上下限是借贷机构为自身及其客户开发的最为我们熟悉的几种避险工具。

8.6.1 利率上限

利率上限（interest-rate cap）保护持有者免遭市场利率上升导致的损失。借款人向金融机构预付期权费，金融机构则确保该笔贷款的利率不会超过预定的利率上限。除此以外，借款人还可从第三方购买利率上限，由第三方承诺补偿该借款人以高于利率上限的利率水平向其债权方支付的额外利息。如果借贷机构向其客户出售利率上限，则利率风险就从客户转移到该借贷机构，该机构也因承担利率风险而获得一笔收入（期权费）。如果放贷人签订了大量的利率上限协议，它就可以用诸如利率互换之类的其他避险工具来降低自己的总风险敞口。

考虑以下例子。某银行为其从欧洲美元市场上借入的1亿美元1年期贷款购买了一家保险公司提供的最高利率为11%的利率上限。假设该市场当年的利率升至12%，那么作为利率上限卖方的金融机构会对银行额外的1%利率成本做出补偿。以美元来表示，银行一年收到的补偿金是

$$（市场利率-利率上限）\times 借款额 =(12\%-11\%)\times 100=1（百万美元） \tag{8-16}$$

因此，虽然该银行的实际借款利率随时间浮动，但绝不会超过11%。如果某金融机构发现自己可能会遭受损失，如吸收浮动利率负债为固定利率资产融资、资产期限较负债期限长或持有大量债券组合面临利率上升价值下降的可能，那么该金融机构就会买入利率上限。

> **小贴士**
>
> 存款机构是衍生工具的主要交易者还是这些衍生工具的最终运用者（为规避风险敞口）呢？
>
> 答：最大的存款机构往往既是衍生工具市场的交易者又是最终运用者，最小的存款机构往往关注其规避风险的需要。

8.6.2 利率下限

利率下降金融机构的收益也可能下降，尤其是浮动利率贷款的利率下降更是如此。金融机构可以坚持为其贷款设置**利率下限**（interest-rate floor），这样无论贷款利率跌到何种程度，该金融机构总能确保获得一个最低收益率。

如果一家金融机构的客户担心自己所持有的证券收益率可能会跌到不能接受的水平，该金融机构则可向客户出售利率下限，这也是利率下限的另一个主要用途。例如，一位银行客户持有一张票面收益率6.75%期限90天的可转让存单（CD），但预期会在未来几天出售这张存单。假设客户所能接受的最低收益率为6.25%，银行就可以向该客户出售最低利率为6.25%的利率下限，并同意如果利率在90天末下跌幅度过大就将按照利率下限与存单实际利率间的差额对顾客进行支付。

金融机构如何从利率下限中获利？请看一个例子，假设一家银行以美国优惠利率向一企业客户发放了金额为1 000万美元的1年期浮动利率贷款，并规定最低利率（利率下限）为7%。如果一年内美国优惠利率跌至6%，低于利率下限，那么该客户不仅要向银行支付6%的贷款利息（即利息为1 000万美元×0.06=60万美元）而且还要返还如下的利息额

$$（利率下限-当前贷款利息）\times 借款额 =(7\%-6\%)\times 10=0.1（百万美元） \tag{8-17}$$

通过这种避险方式，银行的利益得到保证（假设借款人不违约，该贷款的最低收益率为7%）。通常金融机构靠借入固定利率的负债为浮动利率的资产融资时，其负债的期限比资产期限长，便会运用利率下限。

8.6.3 利率上下限

借贷机构与其借款客户还大量运用**利率上下限**（interest-rate collar），在利率上下限协议中同时规定了利率上限与利率下限。许多银行、证券公司和其他机构在向客户提供贷款后，将利率上下限作为一项单独收费服务出售给客户。例如，某客户从借贷机构取得1亿美元贷款后要求借贷机构向他提供美国优惠利率介于11%与7%之间的利率上下限。这样，如果美国优惠利率高于11%，借贷机构向客户支付额外的利息成本；如果美国优惠利率低于7%，客户则补偿借贷机构的损失。实际上，利率上下限的买方为自己获得利率上限支付佣金，同时也为自己接受利率下限而获得佣金，所以利率上下限的保证金可正可负，主要取决于对利率的预期以及在签订协议时资金借方与贷方对风险的厌恶程度。

通常，利率上限、利率上下限与利率下限的期限从数周到10年不等。大多数协议与政府证券、商业票据、美国优惠利率贷款或欧洲美元存款（伦敦银行同业拆借率）挂钩。在利率呈现不同寻常的多变性以及市场利率的变动方向非常不明朗时，借贷机构常常大量利用利率上下限来防止收益下降。

利率上限、利率上下限与利率下限其实就是用来消除借贷机构及其客户资产负债利率风险的特殊期权。近年来，借贷机构通过向客户出售利率上限、利率上下限与利率下限获得了大量的佣金收入（预付收入），但这些特殊的期权也隐藏着信用风险（当有支付义务的一方违约时）以及管理者在决定出售或运用这些利率避险工具时不得不仔细权衡的利率风险。

概念测验

19. 金融机构是如何利用利率上限、下限以及上下限来增加收入和管理利率风险的？
20. 假设银行与一企业老客户签订了一项贷款协议，贷款金额为1 000万美元，期限3年，利率浮动，初始利率为8%。双方还达成了一份利率上限协议与一份利率下限协议，协议规定如果浮动贷款利率降至6%以下，则客户向银行支付补偿金，如果浮动贷款利率升至10%以上，则银行向客户支付补偿金。假设在贷款的第2年年初，浮动贷款利率跌至5%并持续一年，而第3年初，浮动贷款利率又升至12%并持续一年。那么协议双方需支付的补偿金是多少？

本章小结

本章主要探讨了几种主要衍生工具——金融期货合约、期权、互换、利率上限、利率下限、利率上下限，这些衍生工具都是为金融机构应对市场利率变化造成的风险敞口设计的。本章要点包括：

1. 金融期货合约是在未来某天按规定价格出售或购买有价证券或其他金融工具（如债券、票据、存款）的合约。由于这些合约作为避险工具成本相对较低、种类繁多、期限灵活，并且在许多交易所与经纪公司都可以交易，所以发展十分迅速。

2. 期权合约使持有者有权在规定日期当日或此前按预先确定（协定）的价格卖出或买入指定有价证券。期权交易在有组织的交易所广泛开展。如果金融机构管理层想规避不利风险但又不想限制利率向有利方向发展时可能获得的潜在利润，期权特别有效。

3. 利率互换是指在传统的互换合约中，互换双方达成交换支付利息的协议，从而使双方的现金流入与现金流出更加匹配。互换还有助于降低利息成本，因为互换双方均从成本优势最大的借贷市场借入资金。

4. 利率上限为借款人的借款利率规定了最高水平，而利率下限则确保放贷人在市场利率下降时贷款收益率不会降低。利率上下限将利率上限与利率下限写入同一份合同中，从而将贷款利率或证券收益率锁定在借款人和贷款人订立的合约规定的限制之间。

5. 衍生工具主要应用于大型金融机构，如银行、证券公司和保险公司。使用利率套期保值工具的多为大型金融机构，主要原因是这些金融机构面临巨大的市场风险敞口，而且，成功使用衍生工具作为资产负债管理工具对技术手段要求较高。此外，大多数公司和政府要求有效的风险保护时会寻求大型银行、大型证券交易商和保险公司的服务。

关键术语

| 金融期货 | 利率期权 | 利率互换 |
| 利率上限 | 利率下限 | 利率上下限 |

习 题

1. 为了规避你所选银行利率下降的风险敞口，你已经以2008年4月10日的开盘价（见表8-1）买入一份6月期美国长期国债期货合约。现在是6月10日星期二，你发现6月9日星期一6月期美国长期国债期货开盘价为115—165以114—300清算。
   (1) 6月清算时你的多头头寸的利润或损失是多少？
   (2) 如果你在4月10日存入初始保证金后一直未对权益账户进行任何操作，你的权益账户余额是多少？

2. 参考芝加哥商业交易所对欧洲美元期货合约的报价，回答下列问题：

	开盘价	最高价	最低价	清算价	价格变动数	最高价	最低价	成交金额
欧洲美元（芝加哥商业交易所）——100万美元；百分比								
6月8日	97.272 5	97.287 5	97.202 5	**97.215 0**	−0.052 0	98.255 0	91.680 0	1 264 397
7月8日	97.215 0	97.225 0	97.090 0	**97.120 0**	−0.115 0	98.185 0	97.030 0	13 725
8月8日	97.120 0	97.120 0	96.950 0	**96.985 0**	−0.215 0	98.220 0	96.950 0	2 929
9月8日	97.160 0	97.185 0	96.830 0	**96.885 0**	−0.285 0	98.335 0	91.680 0	1 453 920
12月8日	96.975 0	97.005 0	96.550 0	**96.605 0**	−0.380 0	98.265 0	91.570 0	1 384 300
3月9日	96.885 0	96.920 0	96.400 0	**96.455 0**	−0.440 0	98.185 0	91.575 0	1 229 271
6月9日	96.690 0	96.735 0	96.220 0	**96.260 0**	−0.450 0	98.000 0	91.310 0	985 412
9月9日	96.460 0	96.490 0	96.020 0	**96.045 0**	−0.420 0	97.770 0	91.260 0	817 642
12月9日	96.165 0	96.200 0	95.775 0	**95.800 0**	−0.370 0	97.505 0	91.160 0	607 401
5月10日	95.950 0	95.985 0	95.590 0	**95.615 0**	−0.335 0	97.275 0	91.485 0	474 017

资料来源：online.wsj.com/public/us, for June 10, 2008. Reprinted with permission of *The Wall Street Journal*, Dow Jones & Company, Inc. All Rihts Reserved Worldwide.

(1) 以国际货币市场指数最低价计算最近的6月到期合约基础上的年折现收益率。
(2) 在2008年6月9日你所选银行以当日最高价卖出15份合约，那么清算时以美元计算的利润或损失是多少？
(3) 在做完(2)中的交易后，如果你将要求的初始保证金存入权益账户，那么清算时你的权益账户的逐日盯市价值是多少？

3. 下列情形中通常会采用哪种期货或哪种期权进行避险？
(1) 利率预期会下降，而你的财务公司的资产负债经理预计要变现部分债券投资组合以满足下个季度存款客户增加的提款需求。
(2) 你的财务公司在未来30天的利率敏感型资产为7 900万美元，利率敏感型负债为8 800万美元，而同期市场利率可能会上升。

(3) Tuskee Bank这个月（1月）的企业贷款客户调查显示，总体而言，这些企业需要从2月与3月的信贷额度中提取1.65亿美元的资金，其中有6 500万美元银行管理层没有预计到，所以资金不足。该银行的经济学家预测未来60天货币市场利率可能会大幅上升。

(4) Monarch National Bank的利率敏感型资产较利率敏感型负债多2 400万美元。如果市场利率上升（联邦储备系统提供的数据显示），贷款和证券收入的下降就会导致银行净利差受到挤压。

(5) Caufield Thrift Association发现，其资产的平均久期为1.5年，负债的平均久期为1.1年。负债对资产的比率是0.90，未来6个月内，利率预期会上涨50个基点。

4. 一家银行需出售180天后到期的定期存款以借入5亿美元。如果相似存款的当前利率是4%，那么发行这些存款的成本是多少？假设利率升至5%，这些存款的成本又是多少？处理这一成本问题应该用哪种期货合约？应该做多还是做空？

5. 假设第4题中所述银行即日以国际货币市场指数98的价格出售了500份90天到期的欧洲美元定期存款期货合约，利率如预期上涨，银行随后以国际货币市场指数96.98的价格买入500份合同以冲销其头寸。这是哪一种风险规避方式？该银行在这笔交易中可能获得的税前利润或损失是多少？

6. 3月Cavalier Financial Services Corporation担心可能的利率上升会对债券投资组合价值有不利影响。债券投资组合现值为10 110万美元，公司管理层要在6月份变现110万美元的债券为公司的贷款筹资。如果利率上升到6%，那么每100万美元的债券会承受10万美元的损失。3月份管理层以109—05的价格卖出10份6月期美国长期国债合约。利率如所料上升了，6月份管理层以100—03的价格买入10份6月期美国长期国债合约冲销其头寸。

(1) Cavalier进行了上述操作，那么现货和期货交易市场的综合收益或损失是多少？
(2) 风险规避开始时的基差是多少？
(3) 风险规避结束时的基差是多少？
(4) 请说明公司的美元收益是如何与风险规避过程中基差变化相关的？

7. 如果利率从5%上升到5.75%，一份长期国债期货合约的市场价值会变化多少？基础长期国债久期是10.48年，长期国债期货合约现在报价是113—06（注意长期国债报价以1/32为单位）。

8. Lazy Days National Bank报告显示，其资产久期为7年，平均负债久期为2.75年。为规避久期缺口带来的风险，管理层计划使用当前报价为112—170，久期为10.36年的长期国债期货。该银行最近一次财务报告显示，其总资产为1亿美元，总负债为0.9亿美元。该银行大约需要多少份这样的国债期货合约来消除全部利率风险？

9. 一家银行买入一份9月到期的长期国债期货看涨期权来规避利率下降的风险敞口。期权费为2008年4月15日的报价（见表8-5）。

(1) 如果选择协定价格为11 000，那么要为这份看涨期权合约支付多少美元（注意期权费报价以1/64为单位）？
(2) 如果行情变化，银行在2008年6月10日卖出看涨期权，那么银行获利还是损失？获利或损失的数额是多少？参考下面的2008年6月10日交易信息。

协定价格	美国长期国债（芝加哥期货交易所CBOT）10万美元；点数，100点中的1/64的数目					
	看涨期权			看跌期权		
	7月	9月	10月	7月	9月	10月
109	—	5—15	—	0—06	0—58	1—61
110	3—34	4—31	4—47	0—12	1—10	2—20
111	2—44	3—51	—	0—22	1—30	2—46
112	1—59	3—12	3—39	0—37	1—54	3—11
113	1—19	2—40	—	0—61	2—18	—
114	0—52	2—09	2—46	1—30	2—51	4—17
115	0—31	1—47	2—22	2—09	3—25	4—57

资料来源：online.wsj.com/public, June 11, 2008. Sample prices for calls and puts. Reprinted with permission of *The Wall Street Journal*. Dow Jones & Company. Inc. All Rights Reserved Worldwide.

10. 问题9中给定信息不变，一家银行买入一份3月到期的长期国债期货看跌期权以规避利率上升的风险敞口，期权费参考2008年4月15日的报价（见表8-5）。
    （1）如果选择协定价格为110，那么要为这份看跌期权合约支付多少美元（注意期权费报价是以1/64为单位）？
    （2）如果行情变化，银行在2008年6月10日卖出看跌期权，那么银行获利还是损失？获利或损失的数额是多少？参考上面的2008年6月10日交易信息。

11. 一家储蓄机构买入一份12月到期的欧洲美元定期存款期货看涨期权来规避利率下降的风险敞口。期权费为2008年6月10日的报价（见表8-5）。
    （1）如果选择协定价格为9 725，那么要为这份看涨期权合约支付多少美元（注意期权费报价是以1/64为单位）？
    （2）12月份到期时，欧洲美元定期存款期货的到期清算指数是96.5，那么该储蓄机构获利还是损失？获利或损失的数额是多少（注意将看涨期权的期权费计算在内）？

12. 一家银行买入一份12月到期的欧洲美元定期存款期货看跌期权来规避利率上涨的风险敞口。期权费为2008年4月15日的报价（见表8-5）。
    （1）如果选择协定价格为9 775，那么要为这份看跌期权合同支付多少美元（注意期权费报价是按国际货币市场指数报价）？
    （2）12月份到期时，欧洲美元定期存款期货的到期清算指数是96.5，那么该储蓄机构获利还是损失？获利或损失的数额是多少（注意将看涨期权的期权费计算在内）？

13. 一家银行正考虑采用期权解决一个严重的融资成本问题。存款利率6个月以来就保持上升趋势，目前平均水平是5%，且预计未来90天会攀升至6.75%。该银行计划大概90天后发行6 000万美元的货币市场新存款，而且能够从一家证券交易商处以0.31的报价或775.00美元的期权费购买100万美元90天期的欧洲美元定期存款期货合约的看跌或看涨期权，期权协定价格报价是9 500。预计90天内期货的交易指数为93.50。这家银行应该选择哪种期权？按照期权合约规定，该银行从每份期权中可能获得的税前利润是多少？

14. Hokie Savings Bank想要购入一份预期平均收益率为6.5%的住房抵押贷款的投资组合。银行管理层担心利率会下降，投资组合的成本会上升高于5 000万美元的现价。6个月后，购置贷款投资组合的资金到位时，市场利率预计5.5%左右。现在长期国债期权报价是10 900美元（每份100 000美元合约），期权费报价是700美元，预计每份期权合约市值会上涨到99 000美元。该银行从每份期权中可能获得的税前利润是多少？银行应该买入多少份期权合同？

15. 一家储蓄贷款银行的信用等级最近开始下跌，而该行一半的资产被用做长期抵押物。它要求与一家货币中心银行签订金额为1亿美元的利率互换协议。该银行现在能以伦敦银行同业拆借率(LIBOR)（3%）借入短期贷款，以3.95%借入长期贷款。于是该银行必须以伦敦银行同业拆借率(LIBOR)加1.5%的利率借入短期贷款，以7%的利率借入长期贷款。请说明上述双方是如何达成能使双方受益大致均等的互换协议的。

16. 一家银行计划在货币市场上以4.5%的当前市场利率借入7 500万美元，但该借款利率是随市场情况浮动的。出于防范风险的考虑，该银行为该笔借款购买了最高利率为5%的利率上限。如果借款协议刚生效就遭遇借款的市场利率猛升至5.5%，那么银行应支付多少利息，又将收到多少利息补偿金（假设借款期限只有1个月）？

17. Islander Savings Association最近以美国优惠利率加0.5%的利率水平向Oyster Farms提供了一笔金额为225万美元的6个月贷款。Islander向Oyster提供最高利率为7.5%的利率上限，为此Fairhills向该银行承诺最低利率为5%的利率下限。假设该贷款即将发放时美国优惠利率突然跌至4.25%，且在贷款到期前保持不变。那么Oyster将为这笔6个月贷款总共支付多少利息（以美元计）？由于美国优惠利率下降，Oyster需向Islander支付多少利息补偿金？

第9章 使用资产支持证券、贷款出售、备用信用证与信用衍生工具进行风险管理

学习要点

- 证券化过程；
- 证券化影响和风险；
- 贷款出售：本质和风险；
- 备用信用证：定价和风险；
- 信用衍生工具和CDOs的积极作用和风险。

金融机构的管理层一直在积极地寻求更新、更有效率、成本更低的方式来应对风险，这是管理层最具创新性的领域，富有才华的青年专业人士不断进入这一领域开发出新的风险管理方案和工具。不幸的是，他们面临着艰巨的任务。正如我们在第6章看到的，金融机构面对着难以想象的各种各样的风险敞口，确实，金融机构经理人经常说他们简直就是被风险"包围"着。⊖

正如第7章所讨论的，金融机构面临着多种风险。一旦市场利率发生变化，利息收入、利息成本、大部分资产（尤其是其证券投资组合）价值和股东投资价值都会受到影响。如果借款人违约，放贷人将面临严重的信用风险并且预期收入减少。除此之外，监管机构对资本又有要求——对大多数金融机构而言最昂贵的资金来源——以便保护金融机构免受利率风险、信用风险和其他风险敞口的损害。银行及其他金融机构的管理者已经开始积极寻求新的、更有效的和成本更低的方法来应对各种风险。

本书第三篇前面几章探讨了多种风险管理工具的原理，包括利率敏感性分析、久期缺口管理、金融期货及期权合约、利率互换、利率上限、利率下限及利率上下限。然而，这些工具主要集中于对抗利率风险——试图规避市场利率变动对金融机构的损害。的确，这种保护措施是很重要的，但是今天要成功地管理一家金融机构还要应对其他成本和风险，包括信用风险以及筹集新资本以满足客户融资需要和监管标准，这些问题促成了其他管理工具的诞生，包括贷款证券化、贷款出售、备用信用证以及各种信用衍生工具。

这些新型风险管理工具不仅使管理者可以更有效地进行风险管理，也为金融机构开辟了增加收入的新渠道。然而，2007～2009年的金融危机中，我们也看到了这些新型风险管理工具的严重局限性，包括预料之外的高风险以及极度的复杂性。这些局限性对于毫无准备的金融机构和金融系统存在致命性的打击。随后我们将仔细研究每一种风险管理工具。

⊖ 本章部分内容节选自作者在《加拿大银行家》[7]上刊发的探讨表外融资的文章（经授权许可）。

9.1 贷款及其他资产的证券化

进入21世纪以来，贷款证券化以及其他资产支持型金融工具的高速发展使其成为全球金融系统中最具增长性和吸引力的资产之一。这些资产支持型的金融工具，特别是以住房抵押贷款为支撑的证券，在全世界范围内发展至令人生畏的规模。每天，大量的交易发生在规模超过10亿美元的银行、证券公司、养老基金、对冲基金和顶尖的保险公司之间。资产证券化市场迅速成长为规模万亿美元的市场。但不幸的是，因为激进的投资者在资产证券化市场过度贪婪地追逐利润，引爆了2007～2009年的金融危机，使这些金融工具的市值顷刻间覆灭并导致美国国际集团（AIG）以及雷曼兄弟等顶尖金融机构最终破产。

什么是资产支持证券？贷款和其他资产的证券化是什么意思？为什么这些金融工具会变得如此具有波动性和不确定性？

贷款以及其他资产的**证券化**（securitization）是一种筹集新资金的简单方法，但令人难以置信的是，这种新型的金融工具直到20世纪七八十年代才得到充分发展。资产证券化要求放贷人拨出一组诸如住宅抵押贷款和信用卡贷款之类可赚取收入的资产，然后将这些资产在公开市场以发行证券（债权）的方式出售。当这些资产带来现金流入时，例如当借款人偿还本金和支付利息时，证券的持有人将从放贷人手中取得该部分收入，实际上，贷款已转变为公开交易的证券，因此，证券化是用证券市场为借款人的部分贷款组合筹资，更有效地配置资本，多样化资金来源，降低筹资成本。对操作证券化的机构而言，能收回获取资产的成本，然后利用这笔资金再获取新资产或填补经营成本。这个过程可参见图9-1。

放贷机构（贷款的源头）→（具有相似特征的）贷款池→具有特殊目的的机构或实体→资产支持证券→全球资本市场投资者

资产证券化过程的顺序——一个实例：国内买方收到一笔抵押贷款，这笔贷款与其他贷款一起从贷方资金平衡表中划出，放在一个特定目的的机构里（公司或受托方）。这些贷款作为抵押担保用以支持发行资产的证券。这些证券销售给世界各地的资本市场投资者。这些投资者总是看好这些证券的高流动性和高信用等级。投资者通过回收贷款的服务公司得到他们的利息收入和本金。

图9-1 证券化的主要过程

贷款证券化的放贷者被称为发起人，然后贷款转移给发行人，发行人通常是特定目的实体（SPE），如图9-2所示。SPE与发起人完全独立，于是即使作为发起人的放贷人破产，也不会影响到汇集资金的信用级别，这样汇集资金及其现金流就"脱离破产"了。然而，最近的一些事件表明，如果贷款存在大额坏账，那么基于此的合约也将陷入极大的麻烦中。

信用评级机构，如穆迪、标准普尔或惠誉为要出售的证券评级，投资者对于这些新证券的价值就会有更好的认识。不幸的是，这通常使得资产证券化过程过度依赖于专业评级机构的可信度——可能的道德风险问题突显，特别是在21世纪初抵押工具领域，夸大的信用评级让市场表现不佳的投资者甘之如饴地急于把资产支持证券纳入他们的投资组合。然后发行人在货币市场和资本市场出售证券，出售过程通常要有证券承销商（投资银行）的帮助。受托人则确保发行人有资格将贷款转移到汇集资金，并提供各种承诺的服务。服务人（经常是发起人）汇拢所有汇集贷款发生的现金流并将其支付给受托人，受托人要确保持有资产支持证券的投资人按时收到适当支付。

证券持有人通常能以信用增益与流动性增益形式得到额外的保护，信用增益担保不发生违约，流动性增益则担保现金流中断。这两种增益可以是内部的（如把发行的证券分成不同信用等级或提出部分现金储备以防贷款违约），也可以是外部的（以信用证或信用互换的形式）。增益可以提高证券化交易的信用级别，而且与基础资产无关。

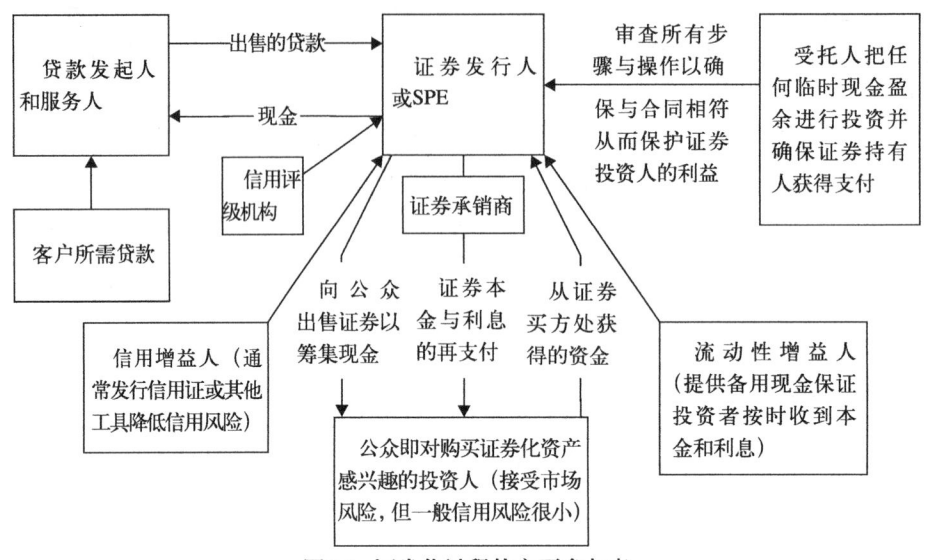

图9-2　证券化过程的主要参与者

通过证券化，汇集的贷款有助于放贷人分散信用风险，降低银行对每笔贷款的偿还进行跟踪监督的必要性。证券化还提高了流动性较差、出售成本昂贵的资产的流动性，在货币市场和资本市场将其转化为资金的新来源，并且为投资者提供了具有吸引力的投资项目。而且证券化还将这些资产转化为放贷者新的资金来源，并且为全球资本市场的投资者提供了具有吸引力的投资项目。

证券化允许放贷人持有地域上多样化的贷款组合，如果放贷人所在地经济疲软，则有可能用由其他经济状况较好的地区创造的较高贷款收入来弥补本地损失。

证券化也是利率风险管理工具。证券化选择特定贷款打包并将其从平衡表注销，同时作为新的资金来源，能够使单个金融机构更容易调整自己的资产组合从而使资产的期限（久期）与负债的期限（久期）更好地匹配。

小贴士

贷款证券化市场中谁是主角？

答：请参考该行业中领导者的网站，如花旗集团、摩根大通、美国银行、富国银行、国民西敏寺银行和德意志银行。

此外，如果放贷人承诺为这一揽子资产提供服务，还会获得额外的收入。这些服务一般包括监控借款人偿还贷款的表现、收取到期支付、确保发行人将这些贷款以证券形式发行时提供了足够的抵押品来保护证券持有人的利益。虽然放贷人仍为证券化的资产提供服务，但它可将该项资产从资产负债表中注销，所以如果到期贷款未得到清偿或利率变动导致资产价值下跌，就可消除贷款损失风险。⊖放贷人还可以通过证券化资产所附的利率与支付给证券持有人的利率（通常要低一些）之间的差额获得一笔额外收入。另外，资产证券化使利息支出减少，加之存款储备不必纳税，所以纳税额也降低了。不过，作为证券发行支持的一揽子资产必须在品质与目

⊖ 该步骤——从放贷人的资产负债表中将证券化资产注销，从金融监管机构角度来分析是一个优势。通常监管机构限制放贷人资产中用来贷款的比例，以便控制利率风险。一家贷款－资产比率相对较高的放贷人可以集中一批贷款，将其从资产负债表中注销，以使财务状况看上去更好。虽然放贷人的资本保持不变，但总资产却下降了，于是对放贷人有保护作用的资本－资产比率得到改善。

标上保持一致，同时具有吸引投资者的投资特色（例如具有高收益率或变现性很强）。

如前所述，贷款证券化为选择这种融资渠道的放贷人创造了许多获利机会。如果该一揽子贷款的平均收益率高于所发行的证券票面（承诺）利率（通常情况就是这样），那么放贷人将从中获益，收益至少是两者差额的一部分（剩余收入）。通过向证券持有人提供保护投资者利益的担保（信用增益），为机构提供如何将贷款证券化的咨询服务，很多金融机构还可以获取额外收入。下面是一宗典型的证券化交易步骤说明以及可能产生的费用：

- 汇集贷款的预期平均收益率（占证券化贷款总价值的百分比） …………20%

这些证券化贷款预期的费用及支付可能包括以下几项（以证券化贷款总价值的百分比表示）：

- 承诺向买入证券（以汇集贷款为基础发放）的投资者支付的息票率 …………7%
- 汇集贷款的违约率（一般由政府或私人担保人开出保函或从汇集贷款所产生的收入中扣留一部分收入来防止违约） …………4%
- 向收取汇集贷款利息支付以及监督汇集贷款表现的服务机构支付的补偿费用 …………2%
- 支付如何将汇集贷款证券化的咨询费以及证券承销费 …………1%
- 当需要向证券投资人支付的现金临时短缺时为其提高流动性（信用增益）支付的费用 …………1%
- 证券化机构所获得的剩余利息收入（扣除所有服务费、预期损失和应向投资者支付的息票率） …………5%
- 手续费、承诺向投资者支付的报酬、剩余利息收入之和 …………20%

9.1.1 证券化的起源：住宅抵押市场

证券化的概念首先在美国住宅抵押市场上出现。当时美国三大政府发起企业（GSE）——政府国民抵押协会(The Government National Mortgage Association/GNMA)、联邦国民抵押协会(The Federal National Mortgage Association/FNMA)以及联邦住宅贷款抵押公司(The Federal Home Loan Mortgage Corporation/FHLMC)一直致力于提高住宅抵押贷款的适销性。例如，GNMA发起以贷款为基础发行抵押证券的计划。在该计划中，银行、储蓄机构和其他放贷人可以将手中的住宅质押物证券化，并由联邦住宅管理局(The Federal Housing Administration/FHA)、退伍军人管理局(Veterans Administration/VA)以及农民住房管理局(The Farmers Home Administration/FMHA)担保，以证券化资产为基础发行一种所谓的过手证券。GNMA保证过手证券的持有人到期能取得自己应得的本金和利息。当GNMA为私人放贷人发行的过手证券进行支持和担保时，FNMA也创造了一种抵押证券，该种证券主要面向私人投资者以及人寿保险公司、退休基金等重要的机构投资者，发行该证券所获的现金收入也主要被用来从银行或其他借贷机构买进传统的或政府担保的住宅抵押贷款组合。但不幸的是，伴随着近来越来越多的住房贷款违约记录，房利美（Fannie Mae）和房地美（Freddie Mac）的长期前景也令人担忧。

抵押担保债券（CMO） FHLMC也从私人借贷机构手中买入传统贷款和政府担保的住宅抵押贷款，并通过发行自己担保的抵押证券来偿还。早在20世纪80年代初期，FHLMC就与主要的证券交易商第一波士顿公司（后来成为瑞士信贷的一部分）合作，发行了一系列新的贷款抵押支持的证券——抵押担保债券（CMO）——投资者可以从一系列不同等级的提供了不同预期现金流量的抵押证券中选择投资证券。典型的CMO操作过程包括多个步骤。首先，打包整理已发行的住宅抵押贷款，然后以这些住宅抵押贷款为基础发行过手证券并由GNMA担保，这些过手证券主要由银行或其他投资者购买,银行将购入的过手证券记入表外业务中的信托账户中。

然后，银行为筹集新的资金，以这些过手证券为基础发行不同等级的抵押担保债券CMO。作为CMO的发行人，银行希望能通过包装这些过手证券吸引不同类型的投资者，以此获利。每种等级的CMO所承诺的息票率不同，到期日和风险也不同，原因是一些被证券化的抵押贷款的偿还期较短，降低了投资者的预期收益，⊖如图9-3所示。

不同等级的CMO的抵押贷款获得的利息都将支付给证券持有人，但是偿还的本金首先支付给等级最高的CMO的持有人。只有满足了等级最高的CMO的持有人后，才考虑其他等级的CMO持有人。再向次级CMO持有人进行支付直到清偿债务，如此进行下去，直到清偿所有的CMO债务。一般而言，等级较高的CMO的久期较短，所以其再投资风险就较低；相反，等级较低的CMO的久期则较长，提前支付风险较大，需要承诺以更高的预期收益以作为风险补偿，因此颇受对冲基金等投机冒险性更高的投资者青睐。

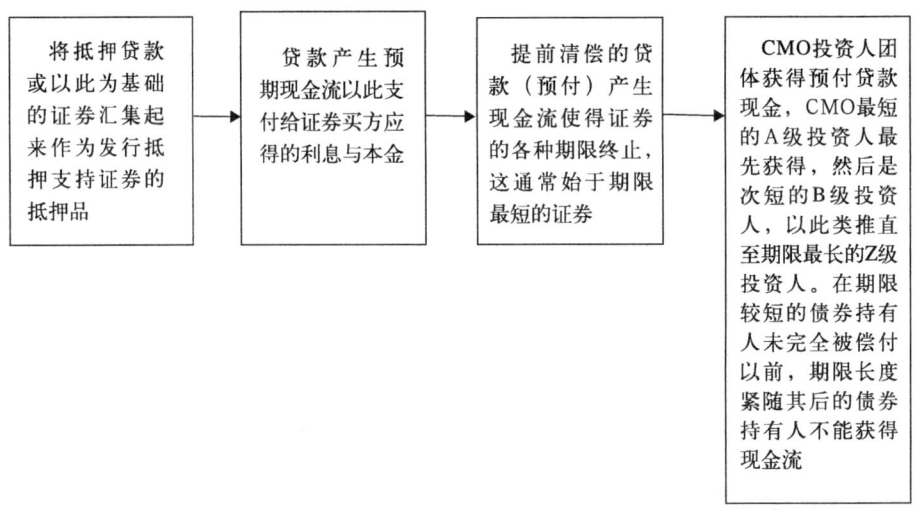

图9-3 抵押担保债券（CMO）的结构

目前，在众多CMO工具中，有一种风险最高的Z级CMO，这种等级的CMO的本金与利率的偿还顺序排在最后。近年来，又出现了一些更为少见的CMO，主要有浮动利率CMO（收益率与某一种特定的利率指标相联系）、超级浮动利率CMO（收益率的变化是某种特定利率变化的倍数）以及所谓的"跳跌Z级"CMO。"跳跌Z级"CMO的等级根据市场情况不同而不同，有时甚至可以突然跳到最高级。近年来，许多原来就很复杂的贷款抵押证券变得更加错综复杂，以至于许多经验丰富的证券交易商也常常遭受巨大损失。然而，近来房利美和房地美均放缓了做市活动，这是因为2007～2009年的金融危机后，这些机构被纳入了更为严格的政府监管之下，抵押担保债券（CMO）的市值也随之大幅下跌。

住宅产权贷款 在20世纪90年代，以住宅产权贷款为基础发行的证券开始出现，并且发展迅速。住宅产权贷款允许住宅所有者以住宅的净值为抵押借款，也就是说，借入金额是住宅的当时市价与以房屋做抵押的贷款之间的差额。以汇集的住宅产权贷款为基础发放的债券收益率通常高于以其他贷款为基础发行的债券收益率，因为利率下降时以汇集的住宅产权贷款为基础发放的债券有很大的提前支付风险，而且住宅所有者偿付住宅产权贷款较早。在这个市场上，

⊖ 有关贷款支持的证券(如COM和过手债券)的提前支付风险及对投资者的意义，见第10章。

银行与其他放贷人正展开激烈的竞争,都试图尽可能多地吸引住宅产权借款人。这也增加了以购买住宅产权贷款为基础发放证券的投资者所面临的风险。

以贷款为基础发行的债券 近年来又出现了另一种资产证券化工具,即以贷款为基础发行的债券。放贷人从银行的资产负债表中挑选出一部分贷款,以贷款为基础发行债券,并以贷款为抵押担保物支持债券发行。与CMO和相似的贷款支持工具不同,以贷款为基础发行的证券不允许将这一部分贷款从资产负债表中注销。此外,虽然这些贷款为证券提供了担保物如果发行债券的机构破产,债券持有人对抵押的贷款拥有优先偿付权),但证券化的贷款中获得的现金流量并不是支付证券持有人本金与利率的唯一渠道,发行机构可从自己的收入中抽出资金来还本付息。由于作为抵押担保物的贷款的市价总额通常大于发行的债券数目,因而以贷款为基础发行的证券的信用等级通常高于发行机构本身的信用等级。

以贷款为基础发行债券,借贷机构能从中获得什么呢?首先,由于发行机构以大量的贷款为基础发行债券,债券投资人认为该债券的违约风险较低,于是可能会降低发行机构的筹资成本。实际上,发行该种债券所支付的成本通常要比出售未经政府存款保险公司保险的大额存款的费用低得多,所以存款机构用以精选资产为基础发行的债券来代替吸纳未经保险的存款是明智之举。此外,债券的到期期限要比存款的到期期限长,因此,存款机构可以通过发行贷款债券来增加资产负债表中负债的久期,从而与资产的较长期限(久期)更好地匹配。不幸的是,由于政府提供的存款保险,上述贷款债券的好处——降低筹资成本和与资产久期更好地匹配,最终将取决于存款机构以低利率销售被保险存款的能力,其结果是产生潜在的道德风险问题,导致纳税人蒙受极大损失。

当然,发行贷款债券也存在一些缺点,这也许是目前在诸多资产证券化工具中,贷款债券应用最少的原因。例如,在贷款债券到期前,所有作为担保物的贷款一直记录在资产负债表中,这会降低贷款组合的流动性;还会增加放贷人需要满足金融监管机构有关资本要求的压力。此外,因为存款机构必须持有数量大于贷款债券的贷款作为担保物,为了轧平缺口,必须吸纳更多的存款和借款,会使负债增多,而且,如果存款机构不得不增加存款,那么就将向中央银行缴纳更多的存款准备金。

银行与金融服务业的道德规范

围绕美国联邦国民抵押贷款协会和联邦住房贷款抵押公司展开的伦理道德争议

第7章探讨了世界上最著名的两个住宅抵押贷款银行——美国联邦国民抵押贷款协会(Fannie Mae)和联邦住房贷款抵押公司(Freddie Mac)所面对的利率风险。这两家银行同时也是私人部门中住宅抵押贷款支持证券的最大担保机构。不幸的是,利率风险不是这两家银行的唯一风险,它们现在正面对着一堆伦理道德问题,这些问题甚至可能会威胁它们的生存。

这两大巨人——大到足以排入美国金融机构前10名——为住房贷款销售市场做市并且发行了数十亿美元用于担保住房抵押贷款支持证券。与大多数私人金融机构相比,美国联邦国民抵押贷款协会和联邦住房贷款抵押公司股东的权益资本金很少,因为它们似乎有美国政府的非正式支持,很多投资者认为它们失败时会得到救助。这两大机构充分利用了这种隐形支持,大量举债为其做市活动融资,扩充其证券投资组合达到接近1.5万亿美元的规模。

这种情况实际上是允许政府赞助企业(GSE)快速增长,将私有住房抵押贷款机构挤出市场,近年来引起巨大争议。美国联邦国民抵押贷款协会和联邦住房贷款抵押公司的巨大规模和巨大风险敞口近来引起了人们对信用市场未来稳定性的关注,而且,这两大机构也因会计制度不严格、运作低效和收费过高备受非议。

美国联邦国民抵押贷款协会和联邦住房贷款抵押公司回击了。它们宣称买入大量住房贷款担保数十亿美元的住房抵押贷款支持证券的支付,让数百万美国人拥有房屋产权成为可能,也鼓励了放贷人发放房屋买主承担得起的长期固定利率住房抵押贷款,而且,它们认为通过吸引成千上万的国外投资者到美元标明面值的证券化市场上来,美国经济得以加强。

联邦住宅企业监管办公室(OFHEO)是监管美国联邦国民抵押贷款协会和联邦住房贷款抵押公司的机构,近来它要求这两大机构增加资本金的速度减缓。联邦住宅企业监管办公室(OFHEO)还调查美国联邦国民抵押贷款协会和联邦住房贷款抵押公司的会计方法,主要关注其计算住房抵押贷款支持证券的价值、确定费用和确定高管工资的方法,如果美国联邦国民抵押贷款协会和联邦住房贷款抵押公司的增速降下来,它们在美国住房抵押贷款市场上约9万亿美元的份额也将降下来,那么像美国银行、全国范围房贷公司和华盛顿互惠银行这样的行业领导者就可能会迅速扩大市场份额。一家金融机构的厄运就是另一家的好运。

9.1.2 其他资产证券化实例

除了住宅抵押贷款证券化外,还有许多其他类型的资产可以证券化。例如,1986年10月,世界著名的投资银行第一波士顿公司(后来成为瑞士信贷的一部分)宣布了一项计划,该计划的内容是:以通用汽车承兑公司(GMAC)发行的低息汽车贷款为基础,发行金额为32亿美元的债券。这笔债券的不寻常之处在于其等级结构,有3种:短期、中期及长期债券。不同等级的债券对汽车贷款收入(CAR或汽车款应收凭证代表)的偿付权的优先程度不同。第一波士顿公司的一家附属公司从通用汽车承兑公司手中购买了这笔贷款,成为贷款的实际拥有者,所以,只要这笔贷款未还本付息,其持有人就不能向第一波士顿公司或通用汽车承兑公司进行追索,然而,通用汽车承兑公司为了减少汽车贷款违约风险,承诺回购经证券化的贷款的5%。

另一个证券化贷款的典型例子是由欠发达国家(LDC)发行的贴现债务以及欧洲银团贷款。此类国际贷款主要面向政府和跨国公司,但通常不能到期还本付息。此外,由于发放能源、农业以及房地产贷款而遭受了大量损失,放贷人经营处于不利境地,因此将资产证券化看作投资组合的一条出路,所以在美国国内市场上,资产证券化也大量出现。由于风险较低,且资产负债表中的不良贷款减少,从账面上看放贷人财务状况较好,所以资产证券化能降低借款成本。

在美国金融市场上,有更多的贷款参与证券化,包括商业抵押贷款、小额商业贷款、动产贷款、信用卡应收款、卡车租赁款、计算机租赁款(商业抵押担保证券市场,汇集购物中心、写字楼、宾馆和其他商业机构的贷款,该市场发展迅速,违约率仅有1%)。20世纪80年代晚期以来,资产证券化市场出现了新的发展方向,即银行和其他金融机构为企业客户进行应收款和应收租金证券化,并以这些资产为基础发行商业票据,为企业客户筹集成本较低、较稳定的资金。

并非所有的放贷人均能利用资产证券化。最近的估计表明,以贷款为基础发行债券的最低的理想金额是5 000万美元,然而,规模较小的机构通常在这类债券投资中也表现活跃,通常由几个放贷人合作,挑选贷款组合在一起,将组合贷款证券化,共同发行证券。然而市场却被少数几家大银行控制。图9-4表明，在美国国内仅有不到2%的银行类金融机构参与证券化。

报告资产证券化的存款类金融机构数目 （在FDIC提供保险的所有存款类机构中）	128
参与资产证券化的存款类金融机构所占百分比 （在FDIC提供保险的所有存款类机构中）	1.6%
证券化资产尚未偿付的本金总额（以资产分类，单位为100万美元）	
1～4家庭住房贷款	1 180 311
信用卡应收账款	15 452
汽车贷款	486
其他消费贷款	5 021
商业及工业贷款	3 796
其他资产	206 692
合计证券化资产总额	1 411 808

图9-4 2010年联邦存款保险公司（FDIC）提供保险的存款类金融机构资产证券化活动

注：数据为2010年第2季度。
资料来源：Federal Deposit Insurance Corporation, *FDIC Quarterly*, 4, no.3 (2010), pp.12-13.

以贷款为基础的证券与传统证券相比，在某些方面很相似。例如，这些债券票面通常标明月、季、半年利息；通常采取各种**信用增强**（credit enhancement）形式使买方感到这些证券是低风险投资。这些手段包括由另一家金融机构开出信用证担保该证券的还本付息，由证券发行人从证券化的资产带来的收入中扣留一部分现金，弥补因贷款到期不能还本付息所产生的损失。

近年来，证券化市场不断创新。一个有趣的例子是在保险业，主要针对近来投保人要求对飓风和地震等灾难理赔的情况，灾难关联证券被开发出来并将风险从保险人转移到金融市场。在这个例子中，创建SPE发行证券，各种灾难（如"卡特里娜"飓风）造成的损失都给定一个限额，超过这个限额的损失则由证券来弥补。证券发行收益可以投资于高质量的固定收益工具（如美国国债证券）以获得足够的现金收入弥补过度的损失或作为偿付灾难关联证券的资金来源。

在证券化及以贷款支持的证券销售市场上，需要记住的一种趋势是目前快速的国际化扩张势头。虽然这一市场大部分源自美国，但21世纪初，它在全球范围内呈爆炸性增长。这种情况在欧盟最为明显，新的投资人团体与贷款支持证券新发行人大量涌现，他们自由采用源自美国市场的创新，从美国的银行和其他投资公司雇用证券化专家。随后很多亚洲放贷人也进入了证券化市场。不幸的是，伴随着2007～2009年次级抵押贷款市场的几近崩盘，资产证券化市场的国际化扩张速度已经急剧放缓并且在市场得到恢复之前将继续走低。

当今资产支持证券的主要类型

住房抵押贷款支持证券（政府支持的住房抵押贷款池、私人住房抵押贷款证券和抵押担保债券[CMO]）
　　住宅产权贷款支持证券
　　汽车款应收凭证（CAR）
　　动产住房贷款支持证券
　　卡车租赁应收款支持证券

资产支持商业票据（ABCP）
商业抵押贷款支持证券（CMBS）
信用卡应收款凭证（CCR）
小型企业贷款支持证券
计算机租赁应收款支持证券
国际贷款参与
灾难关联证券
混合型资产支持工具（包括股权贷款、违约互换合同、彩票应收款和第二抵押权等资产）

9.1.3 资产证券化对借贷机构的影响

资产证券化可能会从几个不同的方面影响借贷机构的管理。毫无疑问，资产证券化加剧了贷款市场上借贷机构对"最佳品质"贷款的争夺。由于具备相关知识的储户发现，他们从证券交易商处购买的以贷款为基础的证券收益率比从放贷人购买存款的收益率高，所以证券化可能还会加剧放贷人对存款的竞争。证券化使许多公司能够绕开传统放贷人直接在公开市场上通过发行证券来取得信用。贷款的增长速度会因此而减慢——贷款是大多数放贷人的主要营业收入。

在放贷人的企业客户进行资产证券化时，放贷人也可以为客户有偿开立信用证(将在本章后面内容探讨)提高将在公共市场出售的企业债券的信用等级而间接受益。另外，放贷人可在客户缺少现金时为其提供资金以及作为承销商来销售证券，由此增加收入。放贷人还意识到，通过支持客户资产证券化，放贷人不必向客户直接贷款，也可为客户融通资金，而贷款会增加放贷人的风险资产。总之，证券化能使放贷人更多地发放贷款，从存款保险费和储备要求的角度看，发放贷款的成本更低，同时，与证券化相关的信用风险，利率风险和流动性风险也更低，融资来源也更多样化。

9.1.4 监管部门对证券化的担忧

> **小贴士**
> 1993年HBO哪一部电影中投行为支持杠杆收购纳贝斯克公司（RJR Nabisco)急于筹资？
> 答案：《门口的野蛮人》⊖(Barbarians at the Gate)。

证券化对放贷人有诸多益处，但加重了监管部门对单个放贷人和金融体系稳健和安全的担忧。在很多案例中，资产证券化的迅速发展导致管理松懈、风险控制不严。如今监管部门更注重以下风险：① 对持有资产支持证券的投资者进行支付和弥补不良贷款损失时，需要在短时期内有大的流动性；② 作为资产支持证券的承销商，资产支持证券却难以出售；③ 承担信用增益责任，但对贷款损失储备估计不足；④ 资质不足的受托人不能保证投资者的利益；⑤ 贷款服务人不能令人满意地监控贷款执行或者侵犯放贷人和投资者的应得资金。监管部门在关注证券化的影响时，注重贷款组合中未被证券化的部分，查找贷款组合质量可能的瑕疵。

的确，2007～2009年信贷危机中大量证券化贷款（特别是次级抵押贷款）成为坏账，促使美国财务会计标准委员会开始考虑限制特殊目的实体（SPE）的运用，或者寻找其他风险更小的贷款模式并转化风险，并且考虑检测资产证券化与整个金融体系之间的联系（例如，系统风险）。

⊖ 本书中文版机械工业出版社已出版。

概念测验

1. 什么是资产证券化?
2. 什么类型的资产最适合证券化?
3. 资产证券化能为借贷机构带来什么好处?
4. 借贷机构经理人应该对资产证券化的哪些风险有所认识?
5. 假设,银行将一笔年收益率为13%的贷款证券化。为此发行的贷款支持证券的年收益率为8.25%,该贷款的预期违约率为3.5%。该银行承诺向证券交易商支付0.35%的费用作为咨询费和弥补承销成本,并支付0.25%的费用给阿朗森抵押服务公司(Arunson Mortgage Servicing Corporation)来偿付贷款组合的预期支付。如果这笔资产证券化交易只涉及上述成本,请计算银行将从这次交易中获得的剩余收益(百分比计)。

9.2 出售贷款用以筹集资金和降低风险

贷款不仅可用做证券发行的抵押来筹集新的资金,并且其本身完全可以出售给新的所有人。实际上,**贷款出售**(loan sales)现在广为流行,各种规模的银行、金融机构、证券交易商和其他金融机构均有此做法。银行贷款出售,其主要的购买者包括银行(包括在本国市场寻找牢固落脚点的外国金融机构)、保险公司、养老基金、非金融机构、共同基金(包括专门购买问题贷款的风险基金)以及大型证券交易商(如高盛与摩根士丹利)。这些贷款的主要销售者有德意志银行、摩根大通、美国银行和荷兰国际财团银行,见图9-5和图9-6。

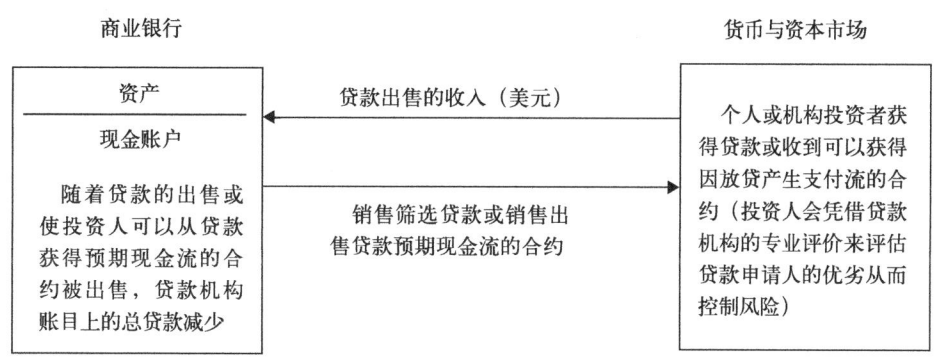

图9-5 银行贷款出售的影响

资料来源:Peter S. Rose, "New Benefits, New Pitfalls," *The Canadian Banker*, September/October 1988.

正如图9-6所示,只有少数的美国存款机构(如今大约占10%)参与定期和重大资产的出售。这些资产集中于住房抵押信贷和其他主要与家庭部门相关的杂项贷款。

商业银行在公开市场上出售的贷款期限通常在90天以内,或者是新贷款或者是已列入银行销售账本上一段时间的贷款。在20世纪80年代,当大批兼并与收购创造了成千上万笔贷款,为高度杠杆交易(HLT)融资时,贷款的销售市场得到迅猛发展。美国此类贷款在20世纪80年代扩张了10多倍,但到了90年代,当兼并与收购降温,联邦监管机构加强对此类贷款的可接受性的监管后,贷款市场又显著回落。一般来说,HLT相关贷款是凭借借款公司的资产取得的,通常为长期,有时长达8年以上。相反,银行其他贷款大多为几周或几个月到期,借款者的信用等级一般须为投资级,利率通常与短期公司贷款利率(如优惠利率)挂钩。

典型的情况是,销售贷款的金融机构对出售的贷款保留**服务权**(servicing rights),这些权利使得销售机构可以以费用的形式从借款人那里收取利息和本金,并且将收入转给贷款购买者,从而获得费用收入(经常为售出贷款额的0.25%或0.375%)。保留服务权的机构还监视借款人的行为,并且代表贷款购买者采取行动,确保借款人遵守贷款条款。

报告资产出售的存款类金融机构数目 (在FDIC提供保险的所有存款类机构中)	833
报告资产出售的存款类金融机构所占百分比 (在FDIC提供保险的所有存款类机构中)	10.6%
资产出售账户尚未偿付的本金余额(单位:100万美元)	
1~4家庭住房贷款	62 232
其他家庭相关贷款(包括信用卡、住宅产权和其他家庭信贷)	41
商业及工业贷款	514
其他资产	52 400
合计资产出售(未被证券化)总额	155 215

图9-6 2010年联邦存款保险公司(FDIC)提供保险的存款类金融机构资产出售情况

资料来源:Federal Deposit Insurance Corporation, *FDIC Quarterly*, 4, no.3 (2010), p.13.

大多数贷款是由在贷款市场经营并对债务人了解的银行和公司以百万美元为单位购买的。在20世纪90年代,由于一些保险公司和共同基金将过去购买的普通债券转为公司贷款,从而产生了一个规模高达几十亿美元的浮动利率公司贷款市场。这些销售贷款由于其严格的贷款合同、浮动利率以及可提供短期和长期金融工具等优点,比债券更具有优势。

贷款出售有几种不同的形式,最常见的两种类型是:**参与贷款**(participation loan)和**转让**(assignment)。在参与贷款中,购买者是销售贷款的金融机构与借款人之间贷款合同的第三人(并非合伙人)。只有当原来的贷款合同条款发生显著改变时,参与贷款的购买者才能对贷款合同条款施加影响,因此,参与贷款的购买者面临巨大的风险——贷款出售机构破产或借款人破产都会给参与贷款购买者造成巨大损失。这意味着,参与贷款的购买者必须密切注意借款人与贷款出售机构的动向。由于参与贷款的种种局限,当今大多数贷款出售都采用转让方式。在转让方式下,贷款所有权转让给了买方,买方获得对借款人的直接债权。这意味着在某些情况下,在转让前借款人必须同意销售他的贷款。

参与贷款有其优势之处。受管制的放贷者一般要面临法定放贷限额(这通常取决于其资本情况),他们不得向个人借款者贷出超过其限额的款项。当客户有超过放贷者法定限额的借款需求时,参与贷款者使客户的完整筹资需求得到满足成为可能。另外,参与贷款者的加入,使放贷者可以通过跨地域、跨行业分散其贷款来降低风险。

然而,由于参与贷款的种种局限,当今大多数贷款出售都采用转让方式。在转让方式下,贷款所有权转让给了买方,买方获得对借款人的直接债权。这意味着在某些情况下,在转让前借款人必须同意销售他的贷款。

第三种贷款出售形式叫做**贷款剥离**(loan strip)。贷款剥离是将长期贷款中短期部分的现金流出售给投资者的一种交易,所出售的部分通常在几天或几周之内就到期。贷款剥离的购买者有权获得贷款预期收入的一部分。在贷款剥离中,销售机构承担了借款人违约的风险,通常必须提供一些自有资金来支持这笔贷款,直到贷款到期。

9.2.1 贷款出售的原因

许多放贷人把贷款出售当成营运筹资的一个重要方式,这有很多理由。贷款出售为处理低收益率资产提供了机会，目的是当市场利率上升时，给高收益率资产留出空间，出售贷款或用适销性更好的资产来替代它，增加了流动性，使放贷人为存款提取或其他现金需求做出更好的准备；贷款的处理消除了放贷人资产负债表中的信用风险与利率风险，能够即时产生费用收入；贷款出售减缓了资产的增长，有利于管理层在贷款部门的资金增长和相应风险增大间寻求平衡。从这个意义上讲，贷款出售有利于银行和其他放贷机构管理层取悦监管者。近年来，监管机构给银行和储蓄机构施加了巨大压力，要求它们必须清除风险最大的资产，增强资本。近来一些研究[如哈桑（Hassan）[6]]表明，贷款出售通常被资本市场的投资者视为销售机构降低风险的方法，有利于降低其资本成本，并多元化其资产组合，而且，贷款出售也有助于购买这些贷款的机构的贷款证券多样化，获得来自其传统交易领域以外的新地区和新行业的贷款。这种类型的多样化能够降低贷款购入机构的风险敞口和借款成本。

贷款出售市场的发展对金融机构的未来发展有深远影响。这一市场的发展意味着金融机构比如银行不必吸收存款就能发放贷款，并且仅仅通过贷款出售就能应付存款提取。此外，如果这一市场发展迅速，银行存款保险或从联邦储备银行贴现借款的需求会减少，因为贷款出售类似于证券发行，这种金融工具使发放贷款的金融中介（如银行和金融机构）与买卖证券的其他金融机构之间的差别模糊难辨。

9.2.2 贷款出售的风险

贷款出售只是另一种投资形式，贷款出售者运用其超常能力去评价借款人的资信并把这种评价（通过贷款合约本身的内容表示）出售给另一投资者。投资者愿意购买银行或其他可信任放贷人创造的贷款，因为它们相信贷款出售方有能力辨别高质量的借款人与拟定的有利贷款合约，但是，贷款出售作为贷款出售方的一种资金来源并非没有问题存在。例如，质量最好的贷款最易找到再销售市场，但是如果贷款出售方管理不慎，廉价出售其最可靠的贷款，使得低质贷款证券严重积压，这种发展可能会引起监管机构的注意，银行或其他金融机构可能需要面对监管机构提出的增加资本的要求。

此外，放贷人销售给另一家机构的贷款和该放贷人向其顾客发放的直接贷款一样容易违约。事实上，贷款出售方在评价借款人财务状况时可能做得并不好，所以在购买现有贷款时，购买机构不仅要考察销售机构还要考察借款人的财务状况。

在一些情况下，贷款出售方同意授予购买方向其追索全部或部分拖欠的售出贷款的追索权。实际上，购买方获得看跌期权，使它能把问题贷款返销给贷款出售方，这种安排使买卖双方共同承担了贷款违约风险。

更多企业绕开银行和其他传统放贷机构获得所需贷款，使得最易出售的优质贷款减少；公司兼并与收购减速；解除监管后其他资金来源开放。但是，由于更严格的资本充足度的要求，促使银行继续出售其选定的贷款，降低资本要求；此外，由于许多跨国银行（如德意志银行和摩根大通银行）由传统的贷款业务继续转向从事更多的市场交易活动，促使这些机构更多地选择出清其资产负债表上的贷款。因此，一些权威人士对贷款出售市场的回暖依旧充满期待。

概念测验
6. 贷款出售对于借贷机构筹集资金有何益处？
7. 将贷款出售作为银行和其他金融机构资金的重要来源是否存在弊端？
8. 什么是贷款服务？
9. 如何利用贷款服务权来增加收入？

9.3 备用信用证可降低不支付或不履约的风险

近年来,所有市场中发展最迅速的非金融担保市场莫属。金融担保用来提高借方的信用等级,帮助贷方避开借方的违约风险,同时可以降低借方的融资成本。**金融担保**(financial guarantees)就是用来确保在借方破产或无法履约的情况下,贷方可以及时收回贷款的本金和利息。最受银行和保险机构欢迎的担保之一是**备用信用证**(standby letter of credit, SLC)。近年来备用信用证的发展十分迅速,然而,这却是大型银行的市场,据估计美国市场上经保险过的商业银行发行的90%的备用信用证来自那些总资产超过10亿美元的银行,这些机构的担保是最具市场广泛认可的。

备用信用证包括:① 履约担保,即金融机构担保一个建筑项目或其他项目准时完工;② 违约担保,即金融机构保证在借方不能付款的情况下,支付违约的票据。这些备用信用证使得借方顾客可以以较低的成本与更为灵活的条件获得它们所需要的贷款。为了成功地开立这些信用证,提供该项服务的机构的信用等级必须高于它的客户。

备用信用证是信用证开证人的**或有义务**(contingent obligation)。开证机构在获得一定费用收入的基础上,同意为客户的信用做担保,保证客户与第三方签订的合约的履行。金融机构开出备用信用证的主要益处如下:

- 提供这项服务,可获得一笔费用收入(通常为信用证金额的0.5%~1%);
- 帮助顾客在拥有担保的情况下以更低的成本筹资,而不需要动用担保机构有限的储备;
- 这些保证经常以相对较低的成本提供,因为开证机构往往已经知道了客户的信用状况(例如当顾客的申请为最后一笔贷款时);
- 信用证的开证人被要求付款的可能性较低。

近几年,备用信用证发展迅速,原因如下:

- 直接融资迅速发展,借方通过出售证券直接向投资者筹资而不是去银行或其他传统中介借钱,直接融资使投资者更加关心借方的违约风险从而使信用保证的需求扩大;
- 经济波动(衰退、通货膨胀等)的风险产生了对可降低风险的金融工具的需求;
- 备用信用证给予放贷人一定的费用收入,这些收入来源于开证机构的信用评估技能,即通过信用评估不需立即动用其资金。
- 开具备用信用证的成本相对较低——不需要任何存款准备金及保险支出。

9.3.1 备用信用证的结构

备用信用证包含3个基本因素:① **开证人**(issuer)的承诺(通常是银行或保险公司);② **开证申请人**(account party)(信用证为其开出);③ **受益人**(beneficiary)(通常是关心其向申请人提供的资金安全性的放贷人)。备用信用证的关键特征是通常不在开证人或受益人的资产负债表中出现,因为它是一项或有负债,在大多数情况下并不需要履行,只有在债务人发生一些未预期到的事情(如破产或者经营失败)的情况下才会向受益人付款。同时,受益人只有在符合信用证列明的所有条件的情况下,才可以向开证人要求付款,如果任何一个条件不符合,开证人都没有支付的义务,如图9-7所示。

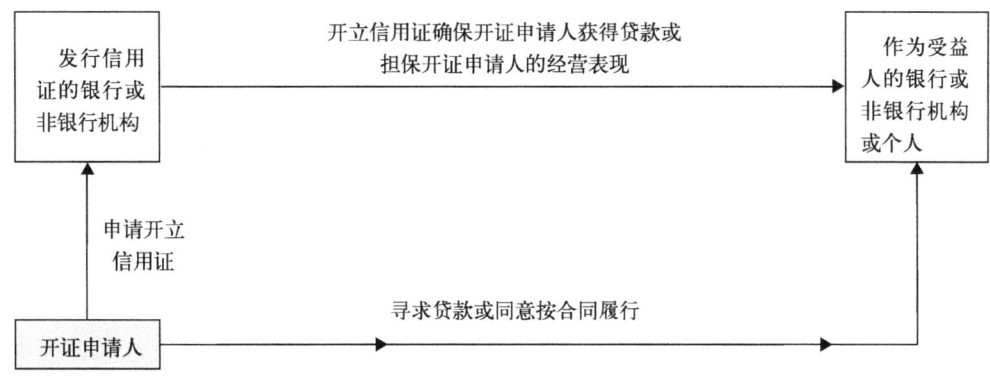

图9-7 备用信用协议的特性

9.3.2 备用信用证的价值与定价

在备用信用证条款下，开具信用证的机构将向受益人支付其顾客即信用证申请人拖欠未缴部分的利息或本金，因此备用信用证开具机构收取一定的费用，同意承担如下风险：在没有备用信用证的情况下，受益人同意向申请人贷款而承担的风险。因此，受益人与没有备用信用证时相比可能会借给申请人更多的钱或者以更低的利息提供相同的资金。

一般而言，申请人在开证机构开具信用证的费用小于受益人给予的担保价值时，将申请开具备用信用证，因此，如果P代表备用信用证的价格，NL是没有保证的贷款成本，GL是有备用信用保证的贷款成本，借方愿意申请备用信用证的条件是：

$$P < (NL - GL) \tag{9-1}$$

例如，借方能以7.5%的利息借入一笔没有保证的贷款，但被告知如果有优质的备用信用担保，则可将利息降至6.75%。如果一家银行同意以贷款金额的0.5%作为开立备用信用证的费用，则借方会寻求开立备用信用证以获得担保，这是因为贷款可以节约(7.50% − 6.75%)，即0.75%，超过了0.50%的担保费用。

对受益人而言，备用信用证的价值是备用信用证开具机构的信用等级、申请人的信用等级和评估它们信用等级的信息成本的函数。很明显，信用等级较高的银行或其他开证机构提供的保证将被受益人赋予较高的价值。申请人一般不太可能向信用等级较差的机构申请开具备用信用证，因为这种信用证使其在与受益人谈判时的主动权大大削弱。如果获得关于担保机构状况或申请人状况的有关信息成本很高，受益人也会认为备用信用证条约的价值很小或几乎毫无价值。

9.3.3 备用信用证的风险来源

对依赖于备用信用证的机构（受益人）来说，备用信用证有数种风险。例如，开具机构可能无法履行承诺，造成违约，如果强迫开证机构支付信用证担保的款项，就会违反监管条例（例如要支付的数量超过银行的法定贷款限额）。

依赖来自其他机构的备用信用证担保的受益人必须考虑周全，从而确保条款全部签署得当，以明确如何发出有效的付款诉讼。受益人只有在信用证中所有列明的条件都达到的情况下，才可以合法地从开证机构那里获得款项。在一些法庭审理中，按照联邦破产法的规定，基于有效信用证的支付被认为是"优先项目"，因此开证机构宣布破产时，支付款额必须返还申请人。

开具备用信用证也存在大量的利率以及流动性风险。当开具机构在未被提前通知的情况下被迫履行信用证付款义务时，就可能会被迫以不利的利率大量借入资金。银行和其他金融机构经理人可以使用不同的手段来降低其开具的备用信用证的风险，例如：
- 经常与备用信用证的客户重新谈判条款，从而保证贷款条款与客户不断变化的环境吻合，使得这些贷款不需要被强制支付；
- 分散开具备用信用证的地区和行业来避免风险敞口集中；
- 出售备用信用证参与权从而与其他不同的放贷机构共担风险。

9.3.4 备用信用证的监管

如果要求履约的备用信用证比预料的多，则大银行或其他担保机构迅速增多的或有负债也许会导致其破产。例如，监管机构担心如果一家银行贷款较少但开具了许多备用信用证时，银行证券的投资者（包括未经保险存款的持有者）可能会忽视银行的风险（往往低估银行风险）。不幸的是，放贷人因为备用信用证相对较低的生产成本以及不需要储备所带来的杠杆效应，从而倾向于开具更多的备用信用证，至少在协议初期如此。

检查员与监管机构致力于使银行和非银行金融机构因备用信用证而承担的风险敞口得到有效控制。一些新的管理准则目前已经实施。例如，在银行业：
- 借贷者在同意开具信用证时要求客户的信用等级必须与向客户发放直接贷款的信用等级相当；
- 借贷者在为单独的信用客户评估机构的风险时，必须将备用信用证作为贷款计算；
- 由于美国以及其他主要国家（第15章讨论）采用了国际资本协议，银行需要为许多备用信用证留置资金，就如同这些或有条约是真的贷款一样。

9.3.5 备用信用证、贷款出售以及证券化的研究

有些研究强调了放贷机构的直接贷款相对备用信用证、贷款出售以及证券化的风险。例如，本内特（Bennett[11]）观察到直接贷款比备用信用证有更高的市场风险溢价，这支持了投资者总体上认为备用信用证的风险小于贷款的观点，一个原因可能是由于信用证经常由优质借款人申请，另一个原因可能是市场认为大量的信用证都不会被要求履行。很明显，开具备用信用证实际上对银行的存款成本没有什么影响。

最近，哈桑（Hassan[1]）从期权—定价模型中发现银行股东以及银行债权人都认为表外备用信用证通过使银行资产多样化降低了银行风险，因此哈桑指出，为备用信用证留置资金可能并不恰当，因为如果备用信用证利用得当，可以降低开证人的风险。最近，更多的专家指出，备用信用证、贷款出售以及证券化是金融机构经理人用来对付监管的基本防御性反应，这些表外业务可以被简单地认为是放贷人用来提高财务杠杆的尝试，以此来增加对股东的回报。在监管机构提高众多传统金融中介业务成本的情况下，或有债务成为资产与存款的替代品。

但根据詹姆斯（James[3]）的观点，监管并非是销售贷款、销售备用信用证以及其他非传统筹资手段出现的唯一动机。詹姆斯认为这些交易更应被认为是抵押债务的替代品，因为银行和存款机构被禁止出售抵押存款（除非有特定的资产做保证的政府存款）。他指出监管与政府存款保险都是银行开展表外业务的原因，如果这些服务与工具可以提高金融机构的价值（提高其股价），政府监管严格地限制它们或许就是个错误，除非这些工具使金融机构的风险敞口过度地具毁灭性地增长。

最近，一项由美联储的经济学家诺斯（Noeth）和森古达（Sengupta）进行的研究通过对资产证券化的文献综述发现了其许多益处。他们认为，发起并分发贷款（与仅仅持有贷款相反）可以更好地分散掉放贷者的风险、降低信贷成本并且能够提升信贷过程的信息透明度。

概念测验

10. 什么是备用信用证？为什么近年来备用信用证发展很快？
11. 备用信用证合约的主要参与者有哪些？
12. 开具备用信用证的开证人与受益人分别承担什么风险？
13. 借贷机构如何降低开具备用信用证的内在风险？

9.4 信用衍生工具：降低资产负债表上信用风险敞口的合约

资产证券化、贷款出售以及备用信用证都可以帮助金融机构降低与贷款投资组合相关的信用风险以及有助于金融机构降低利率风险。然而，更有效地降低信用风险的一种相对新的金融工具是**信用衍生工具**（credit derivative），这是一种场外交易协定，当贷款、债券或其他债务工具发生违约时可以提供保护防止损失。

在2007～2009年的信贷危机前，信用衍生工具市场一直是当今世界上发展最快的市场之一。根据国际互换与衍生工具协会的资料，2007年6月，信用衍生品的名义价值（面值）超过了45万亿美元——仅仅6个月内就增长了超过1万亿美元！增长如此之快以至于根据合约的签订和结算来研究衍生工具往往不能真实地反映情况，因为市场上真实情况早就变动了。衍生工具的迅速增长可能会增加市场的波动和风险敞口。

一般来说，信用衍生工具市场由银行发挥领导作用，证券公司、保险公司和对冲基金是信用衍生工具市场的参与者。银行和证券公司使用信用衍生工具保护自己的债务组合不受损失，同时也作为交易商将这种风险保护卖给一些大客户，并从中获取手续费收入。信用衍生工具帮助财务管理者将信贷风险与其他风险区别开，并可能因此提供一种处理违约风险敞口的更为有效的方法。

9.4.1 信用互换

一个很重要的信用衍生工具是**信用互换**（credit swap）。两个放贷人同意交换其客户贷款还款的一定比例。例如，银行A与银行B可以找到一个互换交易商，如一大型保险公司，同意与这两个银行订立互换交易合同。银行A支付一笔其客户支付的本金和利息额(或许1亿美元)给这个交易商，银行B也将全部或部分的客户贷款支付交给同一个交易商，互换交易最终把这两笔款项在参与互换合同的银行间互换，如图9-8所示。通常交易商收取一笔费用，因为它提供了服务，促成了参与互换的两个合作伙伴达成交易。有些情况下，信用互换交易商也会收取一笔附加费用担保每个互换参与方履行合约。

签署这样一个合约对于每个互换参与方又有何益处呢？很明显，下面的例子会告诉我们，每个银行都有了分散自己贷款组合风险的机会，尤其是参与信用互换的银行的业务多数在其他市场时。因为每个银行的贷款组合可能来自不同的市场，信用互换允许每个银行扩大贷款的收入与本金的市场来源数目，从而减轻每个银行对一个市场或一系列小范围市场的依赖。

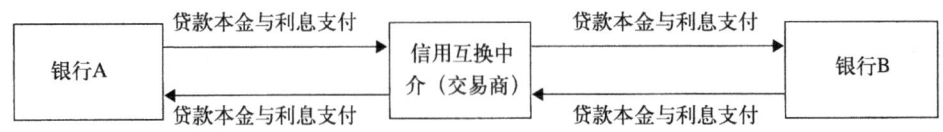

图9-8 信用互换实例

> **小贴士**
>
> 在今天的信用衍生工具市场，谁是参与交易的主要机构？
>
> 答：信用衍生工具的主要交易者包括：摩根大通、德意志银行、摩根士丹利、高盛和花旗。

一种流行的信用互换的变形形式是总收益互换，它是指一个金融机构（交易商）向互换的交易方保证其信用资产的特定收益率。例如，一个互换交易商向银行A担保A银行发放的一笔小企业贷款收益率高于长期政府债券利率3%。本例中银行A用以政府债券收益为基础的更为稳定的收入流交换其部分贷款的风险收入流。

总收益互换的另外一个例子是银行A最近发放给它的商业客户一笔贷款，并同意把从这笔贷款获取的全部收入流(包括利息、本金和贷款的市场价值的增长)支付给银行B，银行B则同意支付给银行A伦敦银行同业拆借率（LIBOR）再加上很小的利率差价，用来补偿贷款市场价值的任何贬值。实际上银行B承担与银行A相关的信用风险，就如同拥有了银行A的贷款，虽然银行B并没有银行A发放的贷款。这种互换在借款人违约的情况下将提早结束，如图9-9所示。

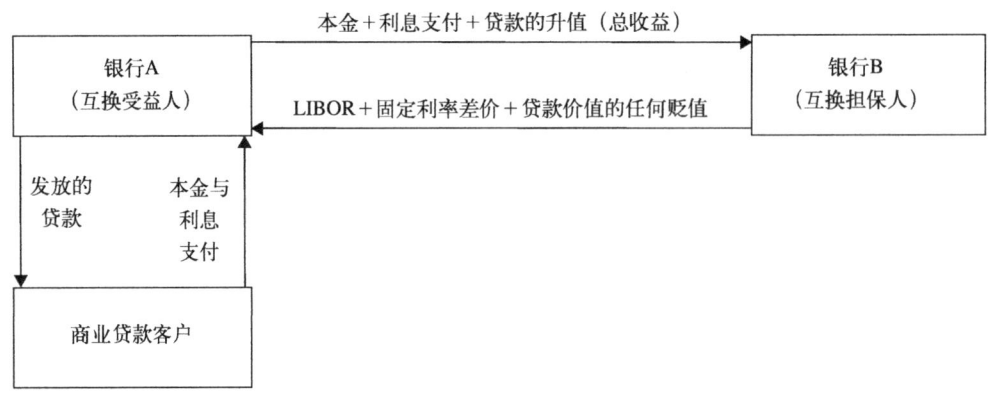

图9-9 总收益互换的实例

9.4.2 信用期权

现今流行的另一信用风险衍生工具是**信用期权**（credit option），它可以防止信用资产价值损失或者用来冲销由于信用等级的变动引起的更高的借款成本。例如，某存款机构担心其一笔1亿美元贷款违约，它就可以与一个期权交易商签订一份期权合约，在贷款价值明显缩水或者变成坏账时按合约要求赔偿。如果该机构客户履约归还贷款，那么与交易商（期权发行者）签订的期权合约则不予执行，当然该机构会失去其为获得期权支付给交易商的期权费。许多金融机构为了保证它们投资组合中的证券的价值，防止证券发行商无法支付或者由于信用等级变化导致证券的价值显著下跌，都会使用信用期权，如图9-10所示。

还有另一种信用期权可用于防范由于借方违约风险或信用等级变动造成的借款成本上升。例如，某银行控股公司可能会担心在它将要发行一些长期票据或债券来筹集资金之前其信用等级会降低，这将使其所属银行或公司为其借入的资金支付更高的利息。一种可能的解决方法是这家银行控股公司买入一份看涨期权，该买方期权以市场中通行的违约风险利率差额为标准，在需要借入资金时有权买入与其证券质量相似的债务类证券。与其他期权一样，这种信用风险期权将有一个基础利率差价，并在市场违约风险利率超过期权中规定的利率差额时行使期权。

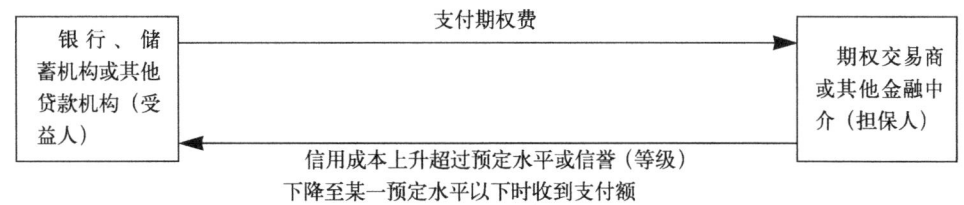

图9-10　信用期权的实例

例如，假设银行控股公司想支付的借款成本高于10年期政府债券利率1个百分点，在这种情况下，基础利率差价即1个百分点。银行控股公司的信用等级的降低或者经济的衰退导致其必须支付的违约风险利率差额可能会从高于政府债券利率的1个百分点上升到几个百分点，行使期权在这种情况下将是盈利的，它帮助该银行控股公司弥补其较高的借款成本，事实上使得违约风险利率降低至高于10年期国债利率1个百分点左右；但如果违约风险利率差额下降（可能由于信用等级上升或者经济的恢复），期权无利可图，该银行控股公司损失所支付的期权费。

9.4.3　信用违约互换（CDS）

另一与信用期权相关的形式是**信用违约互换**（credit default swap, CDS），其目的在于放贷人以相对较小的价值损失保证避免真正严重的损失。在这种情况下，放贷人可以寻求愿意发行关于投资组合或其他资产的卖方期权的交易商。假设一家银行最近已贷出1亿美元商业不动产贷款，用于支持几个不同城市的建设投资。由于担心这100份贷款可能会由于地方经济恶化变成呆账，它购买了卖方期权，在两份以上的商业不动产贷款违约的情况下履行期权，因此，在有两份以上的商业不动产贷款违约的情况下，对于每份违约的商业不动产贷款，放贷人可以获得100万美元减去出售保证贷款的建筑物所获得的价值。

信用违约互换还有另外一个例子，一家放贷机构可以寻找一个担保机构以消除贷款违约情况下的风险。例如，假设银行A发放了一笔5年期1亿美元的建设贷款，为规避信用风险，银行A与银行B签订一项互换合同，A将付给B一定费用，费用以贷款的账面价值为基础计算（例如1亿美元的0.5%或50万美元）。B则同意在贷款违约时，支付给A约定的金额或约定的贷款价值的固定比例。有些情况下合同中有所谓的"物质门槛"条款——损失超过这个最小损失量，B才会向A支付。如果真的发生违约，B向A支付的数额是贷款的面值减去违约资产的市场现值，如图9-11所示。

> **小贴士**
> 哪一家美国银行是市场上设计信用衍生工具的全球领导者？
> 答：摩根大通有将近200人的团队在世界范围设计信用衍生工具。

信用违约互换是由摩根大通银行于1995年首次运用的。如今，超过90%的信用衍生工具是信用违约互换。由于是柜台交易，各个CDS可选择任何的到期时间，不过5年期是最普遍的。今天，信用衍生工具研究指数作为一种期货合约在芝加哥期货交易所交易着，这一指数跟踪50家投资级公司的信用违约互换CDS，代表市场上顶级公司信贷保险在任一时刻的平均价格。

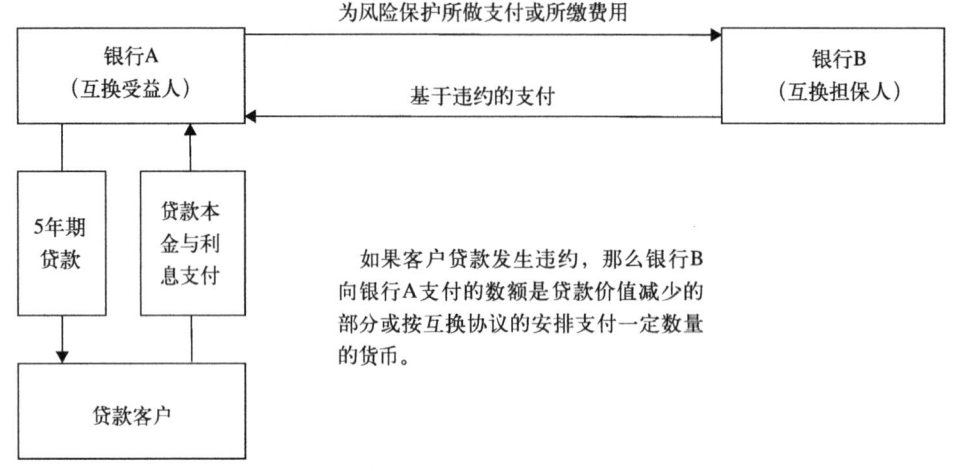

图9-11 信用违约互换实例

真实的银行，真实的决策

2007～2009年的信贷危机使资产证券化市场和信用衍生品市场衰退

资产证券化和信用衍生品市场在经历了飞速的增长过后，突然急刹车，然后随着全球投资者开始对这些投资品的价值和稳定性提出怀疑，以及对那些发放抵押贷款的领先企业和掉期证券的交易商的财务稳健性提出质疑，这个市场在2007下半年和2008上半年出现急剧下滑。在过去30多年中这些资产支持证券的信用质量都保持良好，然而突然成千上万的房屋所有者无力再为他们的房屋偿还抵押贷款，并且上百万的人丧失了住房抵押赎回权，这使得以这些贷款为基础的信用衍生工具价值直线下跌。

抵押贷款支持证券和信用互换产品的崩溃从各个方面给了那些发放贷款的机构、按揭服务公司和交易商以沉重的打击。抵押贷款支持证券，特别是那些与次级贷款相联系的证券的市场价值直线下滑，以至于贷款人的资产组合中的绝大部分都发生了重大的减值。互换产品的交易商发现通过参与信用掉期交易来购买和交易信用风险保护的成本提高了非常多，不仅没有利润，反而还会亏损。这使得以美国国家金融服务公司、贝尔斯登和美林证券为首的一些著名的贷款公司和交易商的净值都显著下跌。

在无法获得新的资本来源的情况下，这些公司的管理者能做什么呢？有的公司通过收购按揭服务公司（例如花旗集团收购了AMC按揭服务公司）来重组一些有问题的房屋贷款并取消那些处于更深困境的房屋购买者的抵押品赎回权。还有的公司匆忙进入股票市场出售高价的股票并以较高的利率发行更多的债券，有的甚至在亚洲和中东市场发行，还有的获得了外国政府的资助。美国最大的房屋贷款公司——美国国家金融服务公司，受到美国银行在财务上的重大支持。相反，贝尔斯登却处于完全瓦解的危险中，在联储的支持下，J.P.摩根很快就收购了它。

这次全球信贷带来的教训看起来十分明显：证券化的资产和信用互换产品是复杂的金融工具，很难正确地度量它们的价值和风险。而且它们所处的市场环境是十分敏感而且互相连接的，一旦证券的价格出现下滑，防范风险的成本提高，就会十分迅速地传递到这个市场的其他部分，就像爆发了传染病一样四处扩散，不能被中央银行和政府轻易地阻止。

9.4.4 信用联系票据

信用联系票据也是一种信用衍生工具，它将通常的债务工具(如债券)与信用期权融合在一起，使借方融资时具有更大的支付弹性。如果某些重要因素改变，信用联系票据的发行人有权降低其必须支付的贷款金额。例如，假设一家金融机构通过一系列债券为一组不动产贷款筹集资金，支付债券投资者10%的年利率（例如面值为1 000美元的债券每年支付100美元），然而信用联系票据规定如果由债券筹集资金发放的贷款发生显著违约(也许超过贷款的7%)，则票据发行人只需要支付7%的年利率（例如1 000美元的债券每年支付70美元），因此，放贷人实际上享有由购买债券的投资者承担的信用相关的保险。

9.4.5 债务抵押债券

21世纪初经济疲软，加之对全球恐怖主义的忧虑，金融市场对信用质量和信用风险的担忧很严重。信用衍生工具作为风险规避工具大受欢迎一点也不奇怪，全球范围内的信用衍生工具交易量高速增长。强烈的需求促进了创新，新的重要的信用衍生工具种类出现，其中最受欢迎的当属**债务抵押债券**（collateralized debt obligations，CDO）。

债务抵押债券包括高收益债券、股票、商业抵押贷款或其他金融工具的组合，这些高收益债券、股票、商业抵押贷款或其他金融工具是有益于改善资产负债表状况筹集新资金的公司发行的。各种级别的票据（要求权）出售给想要从资产池中赚取收入的投资者。像住房抵押贷款证券化一样，这些出售的票据分成多个等级，最高风险的等级有最优的预期收益，最低风险的等级有最低的预期收益。

不像传统的证券化，两个或多个公司客户也可以把盈利资产拨到同一个债务抵押债券组合中，拨出的抵押资产必须足以覆盖对投资者的任何债务。债务抵押债券提出的最大挑战是用以担保的部分资产变为坏账时如何评估投资者面临的信用风险敞口，为帮助对该市场感兴趣的投资者，穆迪和标准普尔对大的债务抵押债券都有信用评级。

最近**合成债务抵押债券**（synthetic CDOs）发展迅速，在过去4年中，增长5倍，交易价值超过2万亿美元，规模已超过规范的债务抵押债权。这些工具以信用衍生工具汇集为依托，主要是防止公司债券违约，因此，合成债务抵押债权的制造者并不是一定要买入并汇集实际债券，而是可以制造合成工具并通过买卖这些工具获取收入。今天合成债务抵押债权

> **小贴士**
> 今天通过信用衍生工具购入风险保护的主要是存款机构、金融机构和其他借贷机构；通过信用衍生工具卖出风险保护的主要是保险公司、证券交易商和基金管理公司。

的主要提供商有摩根大通、美国银行、德意志银行和纽约花旗银行。对债务抵押债券市场上许多交易者和投资者来说不幸的是，近年来，由于这一工具的复杂性、对不同债务抵押债券混乱的信贷评级以及2007～2009年严重的流动性危机，全球债务抵押债券遭遇了资产账面值的巨额减记。

9.4.6 与信用衍生工具有关的风险

信用衍生工具尽管可以降低放贷人的贷款、投资以及借款风险，但其自身仍有风险。互换或期权的合约方也许会无法履约，则放贷人必须寻找一个新的互换合作伙伴来规避信用风险；法院或许会认定信用风险合约不合法或者合约条款不恰当，则放贷人将会失去其全部或部分风险保护。下面是在诉讼中失去部分或全部信用衍生工具提供的风险保护的一个例子。2003年，荷兰合作银行（Rabobank of Netherland）起诉加拿大皇家银行（Royal Bank of Canada），安然

公司倒闭后,荷兰合作银行寻求避免按一份总收益互换合约的规定向加拿大皇家银行支付。与这些新奇的衍生工具有关的纠纷在该行业遗留了很多悬而未决的法律问题。在该案中,与荷兰合作银行签订总收益互换合约的加拿大皇家银行只收回了不到一半金额的合约规定款项。

运用信用衍生工具的银行和其他受到严格监管的机构今天还面临一些重大问题。目前信用衍生工具合约基本未受监管,但监管机构可能在任何时候涉足这一领域。银行监管机构正在仔细研究这些工具的资本监管条例,没有人确切地知道监管机构对于这些金融工具的态度将会如何。许多当前未知的因素依旧困扰着这一相对新生的风险管理。

概念测验

14. 信用衍生工具迅速发展的原因何在?其与贷款出售和证券化相比优势何在?
15. 什么是信用互换?它是在什么情况下发展起来的?
16. 什么是总收益互换?它给互换收益机构提供什么好处?
17. 信用期权是如何发挥作用的?什么情况下,需要履行期权合约?
18. 何时信用违约互换有用?为什么?
19. 信用联系票据有什么作用?
20. 什么是债务抵押债券(CDO)?与其他信用衍生工具有何不同?
21. 使用信用衍生工具会给金融机构带来什么风险?你认为监管机构针对这个市场的迅猛发展会采取什么措施?

本章小结

本章考查了很多占主导地位的金融机构利用的最新筹资来源与风险管理工具。本章探讨的主要管理工具如下:

资产证券化是指贷款从资产负债表移除打包成资产池转入一个特殊目标账户,然后在资产池的基础上发行证券,从而筹集新资金,将更优质、更高收益率的资产载入金融机构的资产负债表。

1. 贷款出售是指把贷款或拆分后的贷款出售给其他投资者,如保险公司、共同基金和外国银行,以分担贷款的风险敞口,筹集资金。

2. 发行备用信用证是指通过为借款客户提供贷款担保,帮助借款客户以更低的成本筹集资金。这也有利于金融机构(通常是一家银行或保险公司)发放信用证,因为金融机构既支持了客户贷款请求又不用动用自己的资金。

3. 使用信用衍生工具是指放贷人通过信用衍生工具合同消除其贷款组合的部分违约风险,参与信用衍生工具合同的投资者寄希望于衍生工具升值,愿意承担风险。

金融机构应用以上提及的工具有很多益处,但可能也有不利之处,包括:

- 管理资产负债表上的资产有更大的灵活性,善于运用这些新工具的金融机构的投资组合会更平衡、更具流动性、更能抵抗风险。
- 更有效地利用金融机构现存的资本,当市场状况不利时不用通过出售股票或其他金融工具的方式筹集资金。
- 金融机构帮助其客户更有效地筹集新资金应对风险敞口,以费用和佣金的形式获得新收入流。
- 给金融机构带来风险,因为信用衍生工具的设计和交易要求更高的技巧,另外,监管机构对待信用衍生工具的态度尚不明确。信用衍生工具市场是高度专业化的市场,监管机构对市场上的投机行为和不断增长的不稳定性越来越关切。

关键术语

证券化	服务权	信用期权
或有义务	受益人	财务担保
合成债务抵押债券	参与贷款	信用违约互换
信用增益	信用衍生工具	备用信用证（SLC）
开证人	转让	债务抵押债券（CDO）
贷款出售	信用互换	
开证申请人	贷款剥离	

习 题

1. GoodTimes国民银行将一组价值为1万美元的消费者贷款打包，准备以平均年收益率为6%进行证券化。为GoodTimes进行咨询的投资银行估计证券将以略低于票面价值销售，发行人的净利息成本为4%。根据最近类似类型贷款的经验，银行预计会有3%的打包贷款违约，同意留出一部分储备金来弥补预期损失额。投资银行承销与顾问费为0.5%。GoodTimes还找了一家清偿机构，花费0.5%；一家信用担保机构，花费0.6%，该担保机构保证在实际违约贷款额超过预期违约贷款率时弥补额外损失。请计算GoodTimes该笔证券化业务的剩余收入。

2. Colburn 公司正在申请一笔1 025万美元的贷款以修复其生产线设备。Farmers 金融公司同意以6.5%的利率，9个月期限提供该笔贷款，但是，Farmers 金融公司告知Colburn，如果Colburn获得适当的信用担保，贷款利率为6%。Quinmark银行同意卖给Colburn一张10 000美元的备用信用证担保。Colburn有可能购买Quinmark 银行提供的备用信用证吗？请加以解释。

3. The Lake View银行把1亿美元的美国政府国民抵押贷款协会（GNMA）担保证券拨入一个表外信托账户，然后用美国政府国民抵押贷款协会（GNMA）担保证券作为抵押物发行了四个等级的房地产抵押贷款证券（CMO），每一个等级总面值为2 500万美元，按月支付。等级A的年息票利率为4.5%，等级B的年息票利率为5%，等级C的年息票利率为5.5%，等级D的年息票利率为6.5%。

   (1) 哪一个等级的到期期限最短？哪一个等级的提前偿付保护最大？
   (2) 每个月，未偿清的房地产贷款都会有本金和利息收入，有些房地产贷款已经偿清。这些本金和利息支付转给The Monarch银行，信托人用这部分资金向房地产抵押贷款证券（CMO）持有人支付利息。第一个月每一个等级支付的利息各是多少？
   (3) 如果房地产贷款本金和利息的按计划支付额和提前支付额带来500万美元的收入，有多少要用于偿付房地产抵押贷款证券（CMO）持有人的本金？哪个等级会受到影响？
   (4) 为什么等级D的预期收益率更高？

4. Safeco联合公司向First Security国民银行申请一笔价值为3 000万美元的5年期定期贷款，用来购买新的印压机器，以使公司生产金属玩具和金属容器的生产线达到自动化。公司还计划用贷款的一半以上收购Calem Corp.，这是一家进口并组装摄像机与照相机的公司。收购的其他资金来自一家投资银行承销的公司票据发行，该投资银行不隶属于First Security 国民银行。

   银行商业信贷部评价该客户贷款申请时所面临的问题是：由于近来贷款质量问题，包括不履行合同义务的信贷明显增加，几个星期前已经做出了一项管理决策认为银行应该逐渐减少其杠杆购买贷款组合。此外，对利率急剧上涨的预期使得银行调整它的贷款政策，增加短期贷款(1年期以下)发放，减少定期贷款（1年期以上）发放。高层管理者表示，除非有特殊情况，将不再批准3年期以上的贷款。

   银行是否有表外工具形式的服务选择，来帮助客户满足它的信贷需求，且避免为5年期贷款留出3 000万美元的准备金？如何使银行与Safeco保持目前良好的关系，你有何建议？如果银行采纳你的意见，会有什么服务费收入吗？

   假如目前伦敦市场上欧洲美元存款(3个月

到期)利率为3.40%，美国市场上联邦基金与6个月大额存单利率分别为3.57%和3.19%。类似质量的公司借款者的定期贷款利率高于3个月欧洲美元利率0.125%~0.25%，或高于二级市场大额存单利率的0.25%~0.5%。有何方法可使First Security国民银行向Safeco提供服务获得的费用收入不少于向Safeco发放贷款取得的收入(考虑了所有的贷款成本)？请解释假如银行不发放贷款，Safeco如何获益。

5. 在下列情况下，你认为应该使用哪种信用衍生工具合同？

(1) 一家银行想要发行一组以信用卡贷款作为支持的债券，却担心这些信用卡贷款的到期违约率高于其先前预测的违约率6%。在贷款违约率过高时，银行想要降低债券的利息成本。

(2) 一家商业金融机构想要发行一笔总值为5 000万美元的项目贷款，用来开发一个新油田，却担心如果石油地质学家预测油田潜在收益率高于实际情况，借款开发者偿还贷款困难，产生风险。

(3) 一家银行控股公司计划下月在公开市场上发行新的资本票据，但了解到有两家信用评级机构正在对该公司的信用等级重新评估。如果此公司被信用评级机构降低信用等级，该公司想避免发行票据时支付更高的信贷成本。

(4) 一家抵押公司担心其最近发放的一组支持数座公寓楼房建筑的房地产贷款的现金流会有过度不稳定的变化，并且这些贷款大多数是固定利率，该公司的经济部门预测资本市场利率会有巨幅上涨。该公司的管理层想要找到一个方法使得这组贷款的现金流更为稳定。

(5) Ashton第一国民银行集中为一个中等规模城市区域的有限地区开展服务。该银行想要向从其目前没有涉足的市场领域获得贷款收入，使贷款收入多样化，但由于该银行对目前已服务多年的地区以外的其他地区缺乏了解，因此不想自己发放贷款。有没有什么信用衍生工具合同能够使银行的贷款组合多样化？

第四部分

银行及其主要竞争者的投资组合与流动性头寸管理

第10章 银行的投资功能与金融服务管理

第11章 流动性与准备金管理策略及政策

第10章 银行的投资功能与金融服务管理

学习要点

- 投资的性质与功能；
- 各种投资证券的利弊分析；
- 预期收益的测量；
- 税收、信贷和利率风险；
- 流动性、提前偿付和其他风险；
- 投资期限策略；
- 期限管理工具。

曾听某大型货币中心银行的投资经理说："这根本没得赚！我不是在债券价格最高时买进，就是在债券价格最低时卖出。谁乐意干这种工作？"本章我们将探讨该银行经理这番话的真实含义。

在本章开始之前，我们要记住：大多数银行和其他存款机构的首要业务并非买卖债券，而是向企业与个人发放贷款。毕竟贷款可以支撑当地社区的商业投资和消费。此类贷款最终将给成千上万的社区居民提供就业岗位和收入。

因为金融机构不能将其所有资金都用于贷款，因此买卖债券在金融机构业务中还是占有一席之地。一方面，很多贷款不具有流动性——如急需现金时无法在到期日前迅速变现；另一方面，贷款又是最具风险的资产，一般而言贷款在各种信用形式中的违约拖欠率最高。此外，至少对中小型存款机构来说，其大部分贷款都来自当地，尽管证券化、贷款销售以及信用衍生工具（第9章已做讨论）的广泛应用有助于保护部分放贷者使之不受该区域经济状况影响，但当地经济活动的任何重大衰退仍会相当程度地降低一般放贷者贷款组合的质量。同时，商业银行及某些金融机构的贷款收入需要纳税，于是在高贷款收入的年代，各种避税措施便应运而生。

基于以上原因，银行已经学会将其资产组合中相当大的一部分——通常是总资产的1/5～1/3——投放于另一大类赢利资产：由投资经理管理的投资证券。一些非银行金融机构（比如保险公司、养老基金、共同基金）投入投资证券的资产比重通常要更高，典型的投资证券包括政府债券和票据、公司债券及票据和商业票据、由借贷行为产生的资产支持的证券、国内及欧洲货币存款以及法律允许的几种普通股和优先股股票。

在本章中我们将看到，这些资产在金融机构的资产组合中执行着非常重要的职能，比如赚取收入、提供流动性、分散风险以及至少使一部分收入得以避税。投资证券也可稳定银行及其他借贷机构的收入，即在其他收入来源（特别是贷款利息）走弱时，投资可以补充收入的损失。参见图10-1和表10-1关于投资组合在金融机构资产负债表中所起作用的总结。

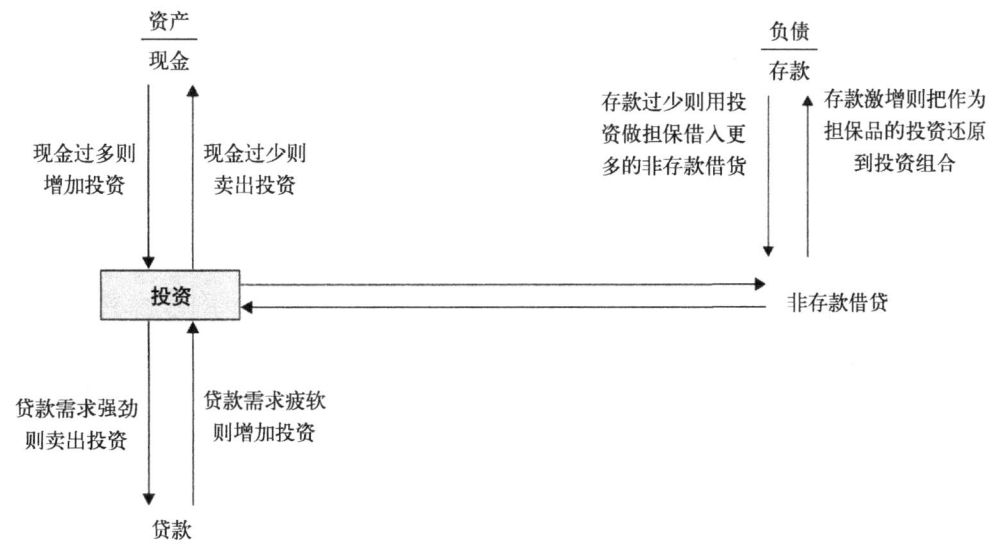

图10-1 投资：金融机构资产负债表的交叉路账户

表10-1 投资证券组合的功能

投资证券组合有助于：
1. 稳定收入。使收入在商业周期中保持平稳——若贷款收入下降，投资证券收入可能上升
2. 轧平贷款组合的信用风险敞口。通过买入并持有高质量证券冲抵贷款风险
3. 提供地域多元化。证券来源地通常不同于贷款来源地，从而实现金融机构收入来源的多样化
4. 提供备用流动性。可以出售证券以筹集所需现金或用做担保品借入资金
5. 缩小税收敞口，尤其可冲抵贷款收入税
6. 用做担保品（抵押资产）。为存款机构持有的联邦、州及当地政府存款提供担保
7. 用于套期保值。规避利率变化造成的损失
8. 为金融机构的资产组合提供灵活性。因为投资证券与大多数贷款不同，它可以迅速买卖以重组资产
9. 扮靓资产负债表。拥有高质量可交易证券使得金融机构从财务上看来更有实力

联邦法规强调所有受管辖的储蓄机构都必须制定成文的投资政策，详细明确如下指标：
1. 该机构愿意接收的违约风险敞口的质量或程度
2. 对所有买入证券要求的到期期限范围和可变现程度
3. 投资组合所追求的目标
4. 该机构的投资组合为降低风险所希望达到的资产多样化程度

10.1 金融机构可以利用的投资工具

金融机构可用来扩充证券组合的金融工具不仅为数众多，而且新的工具还在源源不断地涌现。同时，每种金融工具又因其预期收益、风险、对通货膨胀敏感度以及对政府政策及经济动向的敏感度不同而各具特色。为了便于考察各种不同的投资手段，可以将其分为两大类：① **货币市场工具**（money market instruments），到期期限为一年以内，风险低、易变现；② **资本市场工具**（capital market instruments），到期期限一年以上，预期收益率及潜在资本利得一般更高。表10-2总结了主要投资证券的利弊。

一些权威人士把投资称为"交叉路账户"，而投资也确实处于现金、贷款和存款三者之间。当现金较少时，可卖出部分证券以筹集更多现金；当现金过多时，可将部分富余现金用于投资证券。如果贷款需求疲软，可增加证券投资以提供更多盈利性资产并保持盈利，但如果贷款需

表10-2 银行及其他金融机构经常购买的几种常见投资证券主要利弊比较

	国库券	短期国债	联邦机构证券	存单	国际欧洲货币存款	银行承兑汇票	商业票据	短期市政债券
				货币市场工具				
主要优点	安全 高流动性 易变现 借款的良好担保 用作政府存款担保	安全 良好的转售市场 借款的良好担保 收益高于短期国库券	安全 良好/一般的转售市场 借款的良好担保 收益高于美国政府债券	安全（保险达10万美元） 收益高于短期国库券 面值10万美元以上存单可在经销商间交易	风险低 收益高于许多国内存单	风险低 多重信用担保	风险低（借款人质量高	利息收入免税
主要缺点	收益低于其他金融工具 收入纳税	价格风险高于短期国库券 收入纳税	不如国债易销 利得与收入纳税	长期定期存单转售市场有限 收入纳税	利率易变动 收入纳税	某特定到期日可得性受限 面值不定 收入纳税	市场易变 转售市场差 收入纳税	转售市场差 资本利得纳税

	中长期国债	市政（州和地方政府）债券	公司票据利债券	资本支持证券（包括抵押担保债券）
		资本市场工具		
主要优点	安全 良好的转售市场 借款的良好担保 用作政府存款担保	利息收入免税 高信用风险 某些证券的流动性和适销性较好	税前收益高于政府证券 有助于锁定长期回报率	税前收益高于国债 安全 充足的转售市场 借款的良好担保
主要缺点	收益低于长期私人证券 利得与收入纳税 较长期国债供给有限	市场不稳定 一些证券转售可能性有限 资本利得纳税	转售市场有限 条款不灵活 利得与收入纳税	适销度低于国债 价格更不稳定，产生巨大的违约风险 利得与收入纳税

求旺盛，则可卖出部分证券以满足旺盛的贷款需求。最后，如果存款增速不足，可将部分投资证券用作担保品借入非存款资金。投资账户在银行的资产负债表上占据着比任何其他账户都重要的交叉点位置，发挥着诸多重要作用。

> **小贴士**
> 美国哪些联邦机构在金融市场拥有为数最多的证券供银行及其他投资者购买？
> 答：联邦国民抵押协会（FNMA，简称房利美），其次是联邦住房贷款抵押银行（FLHB，对银行和储蓄机构放贷）以及联邦住房贷款抵押公司（FHLMC，简称房地美）。

10.2 常见的货币市场投资工具

10.2.1 短期国库券

美国短期国库券（U.S. treasury bill）是所有短期投资中最受欢迎的投资产品之一，它是美国政府发行的一种债务凭证，按法律规定必须在发行日起一年内到期。短期国库券每周或每月以拍卖方式出售，因其具有高度安全性而受到金融机构的追捧。短期国库券得益于联邦政府税权的支持，市价相对稳定且容易变现。此外，通过回购协议和其他借款工具，短期国库券能充当吸引其他机构贷款的担保品。短期国库券以低于票面值的价格折价发行和交易，这样，投资者的收益完全由短期国库券到期时的价格升值构成。短期国库券的收益率以银行的贴现方法计算，该贴现方法以到期时的面值为计算收益率的基础，一年按360天计算，这些内容我们已经在第7章做过讨论。

10.2.2 中期国债和长期国债

中期国债（treasury notes）和**长期国债**（treasury bonds）期限相对较长，中期国债为从发行日起1~10年，长期国债为10年以上。当其剩余到期日少于1年时，就可以将其看作货币市场工具。与短期国库券相比，中长期国债对利率风险更敏感，变现能力较差，但其预期收益率通常较高，有更大的资本利得潜力。中长期国债是息票工具，即向投资者支付固定的收益，但由于证券市场价格的波动，中长期国债的收益率可能会低于或高于承诺的息票利率。

所有可转让财政部证券都以电子簿记方式发行，不再签发登记证或镌版证。该系统（国库直接簿记证券系统）向美国国库券的银行及非银行持有人提供一个报表，注明其持有的短期、中期和长期国债。所有利息和本金支付收入都直接存入所有人的支票账户或储蓄账户。该系统不仅为金融机构和其他投资者买卖国库券提供了更大的便利，而且能够更有效地防范盗窃。

10.2.3 联邦机构证券

由联邦政府拥有或发起的机构所出售的可交易票据和债券称为**联邦机构证券**（federal agency securities）。常见的包括由联邦国民抵押协会（FNMA，简称房利美）、农场信用系统（FCS）、联邦土地银行（FLB）、联邦住宅贷款抵押公司（FHLMC，简称房地美）所发行的证券。事实上，尽管许多人认为国会将会在联邦机构陷于困境时出手相助，但大部分该类证券并未经过联邦政府正式担保，这就意味着政府支持使得联邦机构证券收益率接近国库券，并且使得许多联邦机构证券具有高度的流动性。联邦机构发行的贴现票据所产生的利息收入应缴联邦税，大部分情况下也需缴州和地方税。一些联邦政府债券（特别是房利美和房地美发行的债券）目前正面临着巨大的风险（房利美和房地美最近被美国政府破产接管）。

10.2.4 存单

存单(certificate of deposit, CD)即在存款机构存入了资金的一纸带息收据,因此,存单的主要功能是为存款机构提供额外的资金来源,但是,银行常购买其他储蓄机构发行的存单,视其为富有吸引力的低风险投资。存单有固定到期期限,提前支取需要支付联邦罚金。存款机构既发行小额、面向消费者的面值从500美元到100 000美元不等的存单,也发行大额、面向商业机构的存单(通常称Jumbos或者可转让存单,面值超过100 000美元,联邦只对第一个250 000美元提供担保)。存单利率协商确定,通常固定不变,但有时也可能随市场状况波动。证券交易商为到期日在6个月以内,面额为100 000美元以上的存单创造了活跃的二级市场。

10.2.5 国际欧洲货币存款

欧洲货币存款(Eurocurrency deposits)是由全球大型银行发行的定期存款,有固定的到期日。这些大型银行的总部遍布于世界金融中心,而伦敦是欧洲货币存款市场的中心。大部分该种国际存款存期较短(30天、60天或90天)以适应国际贸易的资金需求。欧洲货币存款未经保险,信用风险较高,流动性相对较低,对国外经济和政治发展状况更为敏感,因此它们通常比美国同等规模的银行所发行的国内定期存款的收益率稍高(对欧洲货币存款的产生及其作用的探讨详见第13章)。

10.2.6 银行承兑汇票

银行承兑汇票(bankers' acceptances)因银行承诺于未来指定日期向持有人支付指定数额的款项,而被认为是最安全的货币市场工具之一。大部分银行承兑汇票的出现是因为金融机构决定为其从事出口、进口、货物储存或购买货币的客户提供信用担保。从法律层面来讲,银行同意成为"第一债务人",即不论随后发生什么事情,银行都将偿付其客户的债务,同时收取一定费用。银行通过承兑的方式提供其自身名誉和资信,从而使其客户能够更容易、更廉价地从别处获得信贷。

由于银行承兑汇票具有便利的转售市场,它可以在到期前由一个投资者转售给另一个投资者。当前持有人出售其持有的承兑汇票并不能免除发行人在到期日支付其未偿付承兑汇票的义务。然而,通过卖出承兑汇票持有人增加了其准备金,同时将利率风险转移给了其他投资者。银行承兑汇票是一种贴现工具,通常以低于面值的价格在到期前出售,投资者的预期收益只来自汇票在到期期间内价格走高的期望。汇票的收益率通常位于欧洲货币存款收益率和短期国库券收益率之间。银行承兑汇票的另一重要优势在于,只要它们是符合资格的承兑汇票,就可以在联邦储备银行贴现(借款)。承兑汇票若要成为从联储借款的符合资格的担保品就必须以美元标价,距到期日通常不能超过6个月,且必须来自货物进出口业务或储存适销商品。

10.2.7 商业票据

商业票据(commercial paper)是指某些大公司短期无担保的借据,因其安全性高于大多数贷款而受到许多规模较小的银行、货币市场基金和其他金融机构的欢迎。在美国出售的商业票据期限相对较短(大多数为90天或更短),通常只有信用评级最高的借款人才能发行。西欧和日本快速发展的欧洲票据市场吸引了很多主要跨国银行、金融机构及其他机构的参与。欧洲票据通常比美国商业票据期限更长、信用风险更高，因而利率也更高，但是，欧洲票据拥有比大多数美国商业票据更活跃的转售市场。尽管当前也发行一些收益率固定的商业票据（息票），但大多数商业票据仍按票面价值折价发行。

10.2.8 短期市政票据

州和地方政府（包括县、市和特区）发行种类繁多的短期债务工具以弥补临时性现金短缺，最常见的两种是税赋预期票据(TAN)和收入预期票据（RAN）。前者以预期未来税收收入为基础发行，后者以建设项目的未来预期收入为基础发行，用来满足特殊项目（如建筑收费桥梁或高速路）的费用支出。市政票据的利息收入免缴联邦收入税，因此对富有的个人或银行等收入税相对较高的投资者具有很大吸引力。然而本章后面我们将看到，近年来美国银行购买市政票据获得的利息收入税收优惠受到明显限制，从而降低了其相对于联邦及私人发行证券的吸引力。同时许多州和地方政府财政问题严重，降低了市政票据的信用等级，迫使投资机构更加密切地关注其选择购买的市政票据的质量。

10.3 常见的资本市场投资工具

10.3.1 中长期国债

美国中长期国债是投资机构可利用的最安全、最富流动性的长期投资工具。中期国债期限种类繁多（自发行日始到期期限从1～10年不等），发行量大。比起中期国债，长期国债（原始期限超过10年）的交易市场比较有限，交易价格波动更大。中长期国债的预期回报率比短期国库券更高，但也使投资机构承担了更大的价格风险和流动性风险。中长期国债的面值通常为1 000美元、5 000美元、10 000美元、100 000美元和1 000 000美元。近年来，与美国长期国债市场类似的欧元区政府债券市场出现，总值大约相当于美国政府债券市场（总值约5万亿美元）的90%。

> **小贴士**
> 短期国库券和中长期国债，哪种最受欢迎（以流通数量计算）？
> 答：中期国债(原始到期期限为1～10年)，其次是短期国库券（详例参见www.treas.gov）。

10.3.2 市政票据和债券

由州、市和其他政府机构发行的长期债券统称为**市政债券**（municipal bonds）。正如短期市政票据一样，若为公众项目而非私人项目融资发行，大部分该种债券是免缴联邦收入税的，但市政债券的资本利得要全额缴税，折价发行的市政债券除外，通常认为其购买价和面值间的差额是投资者免税利息收入的一部分。

投资机构常以竞标或私人协商的方式购买当地市、县和社区发行的债务工具，以此显示其对当地社区的支持，同时也可以吸引其他业务。若仅从税后收益和风险方面考虑，投资机构也可以在国内市场从经纪人和经销商处购买市政债券，因为许多市政债券具有很高的信用评级和活跃的转售市场，但遗憾的是，市政票据流通性较差，每天交易的种类很少。

目前发行的市政债券种类虽然繁多，但大致可分为以下两大类：① 一般义务债券，完全以人们对政府发行机构的资信的信心为支持，这就意味着该种证券以所有可能的财政收入偿还（包括征收的附加税）；② 收入债券，用于为长期项目集资，并只能由规定的资金来源偿还。长期以来美国银行就有资格交易以及承销一般义务债券并为之担保，但在直接承销市政收入债券上一直受到限制，直到1999年《银行业务竞争法案》的通过，其承销权利才得以扩展。不幸的是，许多市政府（例如哈里斯堡）最近陷入了经济危机的边缘，并已向信用担保机构求助以偿还投资者债务并减少市政债券的供给量。

10.3.3 公司票据和债券

由公司发行，期限在5年以内的债务证券称为**公司票据**（corporate notes），期限在5年以上的称为**公司债券**（corporate bonds）。公司票据和公司债券根据担保证券的种类（如抵押证券和无抵押证券）、发行目的以及发行条件不同有很多种类。相对于政府债券来说，公司票据和公司债券信用风险高、转售市场有限，因而它对保险公司和养老基金的吸引力通常高于对银行的吸引力，但公司票据和公司债券的平均收益率大大高于相同期限的政府债券，随着投资者更加注重公司的信用质量，其与政府债券的收益率利差逐步扩大。

概念测验

1. 为什么银行及其他机构都选择把相当一部分资产投资于证券？
2. 投资在银行或其他存款机构的管理中起什么重要作用？
3. 当前投资机构可以利用的主要货币市场和资本市场工具是什么？其最主要的特点是什么？

10.4 近年来出现的投资工具

近年来，投资机构的投资机会和投资领域大为拓宽，出现了许多新型证券，其中一部分由传统票据和债券演变而来，而另一部分则是全新的投资工具，例如结构票据、证券化资产和剥离证券。

10.4.1 结构票据

20世纪90年代，投资机构在寻求保护自身免受利率变动影响的过程中将结构票据引入其投资组合。证券经纪人和交易商把联邦机构证券综合起来，向投资经理提供一揽子投资，其利息收益以国家参考利率（如美国长期国债利率）为基础，周期性地（每季度、半年或数年）进行调整，多数结构票据即由此产生。经担保的利率上下限的结构票据可使投资收益率既不会降至商定的最低利率（下限）以下，又不会升至最高利率（上限）以上。有些结构票据含有多重息票利率，它们周期性地提高以使投资者获得更高收益；还有些结构票据具有可调整的息票利率（用特定公式计算）。结构票据的复杂性也使一些投资机构蒙受了巨大损失，但其损失并非来自信用风险（这些票据实际很少违约），而是来自利率风险。

10.4.2 证券化资产

近年来，基于贷款资金池的混合型证券成为增长最快的投资工具之一，这些**证券化资产**（securitized assets）以某些类型统一、质量一致的贷款（如经联邦住宅管理局（FHA）和退伍军人管理局（VA）保险的住宅抵押贷款、汽车贷款和信用卡贷款等）为支持⊖。当前，存款机构购买的最常见的证券化资产多以抵押贷款为基础。

⊖ 参见第9章关于银行及其他金融机构如何利用证券化资产筹资并重组资金来源以及资金利用的讨论。

抵押贷款支持证券化资产至少有三类：过手证券、担保抵押债券（CMO）和抵押支持债券。过手证券就是放贷人将其资产负债表上一组类似的住宅抵押集合起来，从资产负债表移至法定受托人控制的账户，用该抵押贷款作为担保，向感兴趣的投资者发行的证券。抵押贷款池产生的本金和利息收入将被"过手"给持有该抵押贷款证券的投资者。本金和利息由政府国民抵押协会担保按期偿还，并收取小额费用（目前费率是贷款池总额的6个基点或0.06%）。

联邦国民抵押协会（由美国政府特许设立，但法律上独立于美国政府）热衷于购买借贷机构一揽子抵押贷款，这也有助于过手证券的出现。政府国民抵押协会有助于创立基于政府承保住宅贷款的抵押贷款支持证券，联邦国民抵押协会则同时将传统的（未经保险的）和政府承保的住宅抵押贷款证券化。持有基于政府承保的住宅抵押池发行的过手证券的银行及其他投资者不必承担对该类证券的违约风险，原因在于联邦住宅管理局和退伍军人管理局保证，即使业主放弃其住宅也会偿还池内贷款，而且，政府国民抵押协会和联邦国民抵押协会自身也为及时偿本付息提供担保。

1983年，联邦住宅贷款抵押公司（另一个由政府赞助发起的机构，现已在法律上独立于美国政府）开发了担保抵押债券（CMO）。该证券是将过手证券分为多个级别（层次），每一级别的承诺（息票）利率和风险敞口水平有所不同。担保抵押债券的产生一方面源于抵押贷款本身证券化，另一方面源于过手证券证券化。

不动产抵押投资管道（REMIC）与担保抵押债券紧密相关，它也是将抵押贷款池或抵押支持证券的主要现金流细分成多个到期期限不同的级别，从而降低活跃于抵押市场的投资者的现金流的不确定性。本章后面我们将看到，投资者购买此类证券的主要风险在于提前偿付，因为一些借款人可能提前偿付住宅抵押贷款，也可能违约，这就意味着担保抵押债券持有人的未来收入可能减少。

第三种与抵押相关的证券是**抵押支持债券**（mortgage-backed bond）。与过手证券及担保抵押债券抵押贷款须从资产负债表中移出不同，抵押支持债券（MBB）和基础抵押贷款仍然在发行者的资产负债表中，并且抵押贷款本身产生的本金利息支付也与该种债券的本金利息支付没有直接关系。发行该种证券的金融机构会将其资产负债表上的抵押贷款和其他资产分离，并将这些抵押贷款作为该种债券的担保品。抵押债券持有者的受托人追踪这些专项贷款并定期检查，确保贷款的市值高于债券应付的本息。

近几年，过手证券、担保抵押债券和其他证券化资产已经成为发展最为迅速的金融工具。这些贷款支持的投资工具之所以大受欢迎大致可由以下原因解释：
- 联邦机构（如住宅抵押相关的证券）或私人机构（如银行或保险公司对信用卡贷款的担保支持）的担保；
- 证券化资产的平均收益率高于多数政府证券；
- 全球某些市场缺乏其他种类高质量资产；
- 贷款支持的证券比贷款本身具有更好的流动性和适销性。

然而，尽管资产支持投资工具广受欢迎，2007~2009年的信贷危机还是暴露了这些工具的极大的缺点，包括基础资产（贷款）违约率显著上升时其市值的急剧下降等。尽管2007~2009年金融危机之后，一些国际性大银行的证券化资产交易已经有回暖的迹象，但这个市场的交易量较之以前已经剧烈萎缩。

10.4.3 剥离证券

20世纪80年代早期，证券交易商开发出一种名为**剥离证券**（stripped security）的混合工具，它是一种对与债务证券（如美国长期国债）相关的本金或利息支付的要求权。交易商将本金和利息的支付从原生债务证券分离，单独出售对两种收入流的要求权，从而生成剥离证券。仅对证券本金支付流的要求权称为PO（仅含本金）证券，而仅对证券利息支付流的要求权称为IO（仅含利息）证券。

剥离证券和其原生证券的表现往往迥然相异，尤其是一些剥离证券提供了利率套期保值的可能性，从而规避债券组合因利率波动造成的损失。当前，中长期（10年或10年以上）美国国债和抵押支持证券是本金和利息支付最有可能被剥离的两种证券。PO证券和IO证券都是真正的零息债券，没有周期性的利息支付，因此其再投资风险为零。每种剥离证券都以低于票面值折价出售，因此投资者的收益仅取决于证券的价格升值潜力。由于债券通常每年付息两次，因此投资者可以在一定的持有期内（短到6个月，长到几年，或到原始到期日）锁定固定的收益率。PO证券对利率变化的敏感度往往高于常规债券，而IO证券的价格敏感度往往低于原生债券。

10.5 银行实际持有的投资证券

到目前为止，我们已经考察了投资机构主要可以利用的投资机会，但实际上银行更偏好哪些投资呢？表10-3概括了截至2010年年底美国参加保险的银行持有投资证券的情况，可以明显看出有几种证券在美国银行投资组合中占有主导地位：

- 美国政府（特别是财政部）证券；
- 联邦机构债券，特别是抵押贷款支持证券。这些联邦机构包括房利美、房地美和吉利美；
- 美国政府和其他联邦机构债券，这些联邦机构包括FNMA、FHLMC和GNMA；
- 州或当地政府债券（市政票据）；
- 非抵押相关资产支持证券（如信用卡及汽车贷款支持债券）。

证券（普通股和优先股）

虽然美国政府及联邦机构担保抵押支持工具种类如此繁多，但联邦政府相关借据却仅占美国商业银行投资总额的60%左右。实际上，抵押贷款支持证券因其良好的适销性及相对较高的市场收益率而占美国银行投资的半数以上，而且此类抵押相关工具的绝大部分为业内最大规模的银行所持有。未经政府担保的资产支持证券（如汽车或信用卡贷款支持工具）虽居第二位，但其数量却相去甚远。第三位为免税的州或地方政府债券。

表10-3 联邦保险公司承保银行持有的投资证券（2010年年底）[①] （%）

持有证券类型 总投资	所有联邦保险公司承保的商业银行		银行持有资产百分比		
			小型银行	中型银行	大型银行
	10亿美元	占所有投资百分比	<1亿美元	1亿~10亿美元	>10亿美元
	2 337 748	100.0%	100.0%	100.0%	100.0%
美国政府债券[②]（包括美国国库券和联邦代理机构证券）	1 269 255	53.4	64.3	66.4	52.9
州及其他地方政府债券	165 729	7.1	28.5	25.2	5.0
资产支持证券	135 195	5.8	—[③]	0.2	6.4

(续)

持有证券类型 总投资	所有联邦保险公司承保的商业银行		银行持有资产百分比		
			小型银行	中型银行	大型银行
	10亿美元	占所有投资百分比	<1亿美元	1亿～10亿美元	>10亿美元
	2 337 748	100.0%	100.0%	100.0%	100.0%
其他国内债务证券（包括公司债和商业票据）	458 965	19.6	3.6	5.0	21.3
国外债务证券	241 843	10.3	—③	—③	11.5
权益证券（股票）	13 487	0.6	0.6	0.5	0.6
投资证券总额在总资产中所占比重		19.3	21.9	19.6	19.2
备注项目:					
剥离证券	1 119 692	47.9	36.2	45.8	48.3
抵押支持证券	1 252 730	53.6	28.3	39.9	55.3
持有至到期的证券	129 078	5.5	13.5	9.4	0.5
可销售投资证券	2 208 670	94.5	86.5	90.6	95.0
所有债务证券	2 323 635	99.4	99.3	99.4	99.4
结构票据	33 526	1.4	7.6	6.5	0.8
贸易账户中占有的资产	764 426	32.7	—②	0.1	36.5

① 日期为2010年9月30日。
② 包括联邦政府担保的抵押支持证券。
③ 表示数值小于0.05%。
资料来源: 联邦存款保险公司（2007年12月31日）。

表10-3反映出商业银行持有相对少量的私营部门证券，比如公司债券和票据、商业票据或企业股票。商业银行宁愿直接向客户贷款，也不愿从客户手中买入证券，因为投资证券的收益率通常低于贷款收益率，而且购买证券一般不会给银行带来新的存款。

表10-3也告诉我们大多数银行持有投资工具的目的是为了最终转售而不是持有至到期。一般而言，银行会在需要现金补偿客户提款、放贷或投资于更有利可图的投资机会时卖出所持有的投资工具。美国近一半的商业银行的投资组合都包含有交易账户证券，大型银行同时扮演证券交易商的角色，买入投资工具并转售给客户。

可以预见，与大型公司相比，小型公司更倾向于更多地购买美国国库券和其他政府证券。规模较小的机构更容易受当地经济问题影响而承担更大的损失风险，因而更倾向于用最低风险的证券抵消其贷款内在的高风险。与此相反，规模较大的银行则更多地投资于国外证券、私人债务以及权益证券，尤其是公司债券和商业票据，一般而言这些证券的风险高于政府证券。

总之，就美国全国而言，投资证券在银行资产中占有不到1/5的比例，这一比例因银行规模和地理位置的不同而有差异。通常在贷款需求较弱地区经营的银行持有的投资证券占总资产的比例要大得多。此外，如表10-3所列，银行的规模也是很重要的因素。最小的一类银行其持有投资证券比例超过总资产的1/4，而资产超过几十亿美元的最大的银行持有的投资证券仅占其总资产的约14%，这也表明了多数大银行的贷款需求相对较强。与此相对照的是，贷款占银行总资产一半以上，而且银行的主要收入来自贷款，这样银行贷款的平均收益率通常高于银行投资也就不足为怪了，但如我们所看到的，投资组合对银行来说除了产生收入外还有其他一些功能，

> **小贴士**
> 全球大多数银行除贷款外最大的收入来源是什么？
> 答: 投资证券的利息及股利。

如避税和减小总体风险敞口。

> **概念测验**
> 4. 银行最喜欢的投资证券类型是什么？你能解释为什么吗？
> 5. 什么是证券化资产？为什么近年来发展如此迅速？
> 6. 证券化资产给进行此项投资的金融机构带来了什么特殊风险？
> 7. 什么是结构票据和剥离证券？它们有什么与众不同的特点？

10.6 影响投资证券选择的因素

> **小贴士**
> 1987年哪一部电影令迈克尔·道格拉斯和查利·希恩因市场预期回报率不能满足他们的贪婪，进行内部交易而人格破产？
> 答：《华尔街》。

金融公司的投资经理在决定买卖或持有何种证券时必须考虑一些因素。这些影响投资选择的主要因素包括：
①预期收益率；②税收敞口；③利率风险；④信用风险；⑤商业风险；⑥流动性风险；⑦提前赎回风险；⑧提前偿付风险；⑨通货膨胀风险；⑩抵押担保要求。

下面我们将简要地逐一考查这些因素。

10.6.1 预期收益率

投资经理必须确定每种证券能达到的合理的总回报率，包括证券发行者承诺的利息支付以及可能的资本利得或损失。对于大多数投资而言，投资经理需要计算出**到期收益率**（yield to maturity, YTM）（若这种证券持有至到期），或是**持有期收益率**（holding period yield, HPY）（从购买时点到出售时点）。

我们在第7章中看到，到期收益率公式可以确定贷款或证券的贴现（收益）率，该贴现率使贷款或证券的市场价格与贷款或证券未来产生的预期现金流（本金和利息）相等。为说明到期收益率公式对投资经理的作用，可假定投资经理正考虑购买面值为1 000美元的美国中期国债，其息票利率为8%，预计5年到期，如果中期国债当前价格是900美元，我们有

$$900 = \frac{80}{(1+YTM)^1} + \frac{80}{(1+YTM)^2} + \cdots + \frac{80}{(1+YTM)^5} + \frac{1\,000}{(1+YTM)^5} \quad (10\text{-}1)$$

用金融计算器或软件可以得出到期收益率为10.74%。把计算出的到期收益率与其他贷款和证券的收益率相比较，就可以判断出哪种投资能够获得最好的回报。

然而，多数金融机构通常不会把所有投资证券都持有至到期，必须提前出售部分证券以适应新的贷款需求或补充储户提款。为应对这种情况，投资经理必须知道怎样计算持有期收益率。持有期收益率是这样一个收益率（贴现因子），它使证券的买入价格和把证券出售给另一投资者时预期收入流相等。例如，假设上述利率8%的中期国债在第2年年末以950美元出售，其持有期收益率可计算为

$$900 = \frac{80}{(1+HPY)^1} + \frac{80}{(1+HPY)^2} + \frac{950}{(1+HPY)^2} \quad (10\text{-}2)$$

在这种情况下,该国债的持有期收益率为11.51%。○

10.6.2 税收敞口

美国银行所持投资的利息和资本利得在纳税时被视为普通收入,和大多数美国居民的工资和薪金一样。由于银行的税收敞口相对较大,因而它们对贷款和证券的税后收益率比对税前收益率更感兴趣。然而对于信贷联盟和共同基金等机构而言,情况恰好相反,因为这些机构通常是不需缴税的。

州和地方政府债券的税收状况 对处于较高税级的银行而言,州和地方政府(市政)的免税债券和票据依税法和市场状况不同其吸引力也不一样。

假设信用评级为Aaa的公司债券,其平均到期收益率约为7%,最优质量的公司贷款的基本利率约为6%,Aaa级市政债券的到期收益率为5.5%。金融机构的投资经理可以用以下公式比较各自的潜在收益率

$$\text{税前收益率} \times (1 - \text{公司边际所得税率}) = \text{税后收益率} \tag{10-3}$$

通过这样的比较,处于联邦所得税率最高级别(35%)的金融机构可以得出如下预期税后收益率

Aaa级公司债券:7% × (1−0.35) = 4.55%
基本利率贷款:6% × (1−0.35) = 3.90%
Aaa级市政债券:5.5% × (1−0.00) = 5.5%

按照如上假设,市政债券在收益率上最富吸引力,但是投资决策过程还必须考虑其他因素,如吸引和持有存款及其他客户账户的需要、管理层保持拥有良好的贷款客户的需求以及税法的新近变化,同时还有州政府及地方政府的信用质量等。

请注意,投资经理可以利用式(10-3)来计算市政债券或其他免税证券的等税收益率(TEY)。等税收益率用来表明应税投资的税前收益率应该是多少才能提供与免税投资相同的税后收益率。等税收益率可用下面的等式计算

$$TEY = \frac{\text{免税投资的税后收益率}}{1 - \text{投资公司的边际税率}} \tag{10-4}$$

在上面的例子中,Aaa级公司债券和基本利率贷款的税前收益率必须达到8.46%,其税后收益才能达到Aaa级市政债券的收益率(5.5%)。

税法变化的影响 美国的税制改革对银行投资州和地方政府债券产生了很大冲击。在20世纪80年代联邦税制改革立法之前,银行持有近25%流通中的州和地方政府债券,但之后市政票据的市场份额严重萎缩,原因在于:① 税收优惠的降低;② 公司税率降低;③ 合资格免税证券数量减少。

银行合资格债券 在1986年以前,联邦税法规定银行借款买入市政票据时发生的利息费用可大幅减税。但1986年之后,银行不再能减免所有用于投资的免税债券的利息收入。如今,银行买入银行合资格债券——由较小的地方政府发行(政府每年发行公共证券不得超过100万美元)——而支付的任何利息都可以享受80%的折扣,但购买非银行合资格债券则不能享受该项优惠。

○ 使用金融计算器,比如TI BA II Plus™,输入 $N=2$, $i=?$ $PV=-900$, $PMT=80$, $FV=950$,解得利率(HPY)为 $i=11.51\%$。

1986年税制改革法案颁布之前，公司最高税级为46%。现在对年应税收入超过1 000万美元的公司的最高税级为35%，其他为34%，税级的降低也减少了与免税相关的税收节约额度。⊖

现在有免税资格的州及地方债券越来越少。如果市政债券发行收入的10%或更多用于扶持非公个人或者私营企业，该债券即被认定为私营活动发行，收入是完全应税的。同时，国会对当地政府能够发行的工业开发债券（IDB）（当地政府为引进新工业而发行的债券，用来提供新工厂或减免税）设置了最高限额。这些法规降低了免税证券的供给，同时也使得市政票据在很多金融机构的证券组合中所占比例越来越低。

金融机构为评估市政票据的吸引力，通过计算税后净收益率和/或等税收益率与其他投资工具进行比较。银行合资格市政票据的税后净收益率可用如下公式计算

$$
\begin{aligned}
\text{市政票据税后净收益率（\%）} = &\text{市政票据名义税后收益率（\%）}\\
&-\text{买入市政票据的利息费率（\%）}\\
&+\text{合资格债券的利息优惠}
\end{aligned} \quad (10\text{-}5)
$$

合资格债券的税收优惠的计算方法为

$$
\begin{aligned}
\text{合资格债券的税收优惠} = &\text{银行的边际所得税税率（\%）}\\
&\times \text{仍可减税的利息费率（\%，如有）}\\
&\times \text{买入市政票据的利息费率（\%）}
\end{aligned} \quad (10\text{-}6)
$$

假定某银行从一个小城市、县城或社区买入银行合资格债券，名义总回报率为7%。同时假定银行必须借入所需资金以6.5%的利率买入债券，而银行的所得税税级为最高等级（35%）。因为该债券来自小型地方政府，按1986年《税制改革法案》规定可享受特殊税收优惠，则银行买入该债券的年税后净回报率（扣除所有融资成本及税赋）如下所示

$$
\begin{aligned}
\text{合资格市政债券的税后净回报率} &= (7.0-6.50)+(0.35\times 0.80 \times 6.50)\\
&= 0.50\% + 1.82\%\\
&= 2.32\%
\end{aligned} \quad (10\text{-}7)
$$

投资经理会将该经计算得出的税后净回报率与其他可利用证券及贷款（包括应税及免税的种类）的税后净回报率进行比较。然而必须要注意的是，如果上述市政债券是由较大的按照《税制改革法案》规定不能享受优惠的州或地方政府发行，则不能享受1986年《税制改革法案》规定的特殊优惠，则任何利息费用都不可减税，即税收优惠为0。

税收互换工具　银行任一年份贷款收入的多少，对于其如何操作证券投资起到很重要的作用。在贷款收入高的年份，进行**税收互换**（tax swap）通常是有益的。在税收互换业务中，银行通常亏本卖出低收益证券以减少其当前应税收入，并买入高收益证券以增加其投资组合的未来预期收益。

大型银行比小型银行在选择买卖证券时更注重税收因素。通常，大型银行处于最高所得税级，选择税收敞口最小化的证券组合交易可以使其获利最大。证券组合经理总是设法计算出银行在其他证券组合选择下的预计净应税收入。这就涉及估算银行能够利用的免税收入的规模。任何金融机构都不能无限量地使用免税收入，对存款机构而言，至少需要一些应税收入冲抵每

⊖ 在当前联邦法律下，美国银行必须用两种不同方法计算所得税：按普通税率表（最高税率为35%）和最低税率20%的选择税率，然后按两种计算方法中税收较高额度缴税。在决定银行的选择最低税收时要计算市政票据的利息收入，这就意味着对市政票据收入至少要部分征税。

年因可能的贷款损失而应计的折扣。一旦这些条件得到满足，购买免税证券还是购买应税证券及贷款就取决于两者的相对税后收益。

投资组合转换工具　从税赋银行和更高收益双重角度考虑，银行也对其持有的证券进行大量的**投资组合转换**（portfolio shifting）。例如，银行常亏本卖出某些证券来冲抵大量的贷款收入，从而减少其税赋负担；还有可能为了用更高收益的新证券代替已持有的收益远低于当前市场水平的证券而改变投资组合，这一做法可能在短期内使银行蒙受大量的损失，但却换取了更好的长期盈利前景。

例如，第一国民银行的投资经理可能考虑对其市政债券组合进行如下转换，见图10-2。

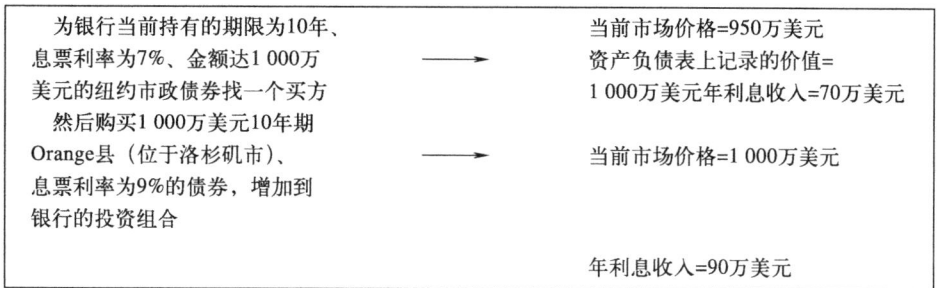

图10-2　第一国民银行市政债券组合转换示意

很明显，银行出售了息票利率为7%的纽约市政债券时即蒙受了500 000美元的税前损失（1 000万美元－950万美元），但是，如果第一国民银行处于35%的税级，其税后损失就只有500 000×（1－0.35）＝325 000美元。此外，第一国民银行已把该损失转换成10年期每年可额外得到的200 000美元的免税收入，这一资产转换可以使银行遭受的损失（必须从其当前盈利中扣除）得到补偿。此外，如果银行贷款产生高额应税收入，近期的损失能用来减少当前的应税收入，甚至可能增加本年的税后利润。

真实的银行，真实的决策

投资市场大危机："9·11"恐怖袭击对证券交付的影响

投资证券市场是全球最大的市场之一。每天有上万亿美元的资产过手，证券的购买支付和交付随时都在发生。请想象2001年"9·11"恐怖袭击产生的影响：几小时之内，美国国库券（全球最受欢迎的金融工具）对银行和其他买家的交付系统开始动荡，很多的证券卖家无法按承诺进行交付，而一些买家也不能按订单日期完成付款。这些所谓的结算失灵从恐怖袭击前每天平均20亿美元急剧飙升到袭击后每天平均1 900亿美元。

结算失灵最初是因为连接交易商、银行及客户的至关重要的沟通系统在世贸中心双子塔倒塌时被摧毁或损坏。此外，几个关键证券市场机构的交易记录遭损毁。一些在正常情况下可以买到的国库券出现严重短缺，而一般的补救措施（比如通过特殊担保重复购买协议借入证券）的成本与无法按约定交付相差无几。

幸运的是，两个关键的政府机构迅速做出反应。美联储为银行系统注入巨资，从而保证了应急款项的供应；财政部虽不需要另外筹借资金但宣布重新开放发行10年期国债，财政部同日拍卖将这些特别票据的供给增加了50%，使得借入这些证券比坐观无法结算更为有利。

美国纽约联邦储备银行的两位参事迈克尔·弗莱明（Michael J. Fleming）和肯尼思·加巴德（Kenneth D. Garbade）撰写了一篇极好的文章，为应对未来发生类似规模的事件提出了很好的建议。这些建议包括在财政部内部成立一个特别部门,在需求过度的时候有能力借出证券。事实上,在"9·11"事件之后,联储拓展了其计划(最初在1969年确立),开始从公开市场账户中向存在结算问题的交易商贷出国库券。

> **洞察力和问题**
>
> ### 高风险综合投资节节升高:区间票据、银行经理寿险、股权连接存单(指数存单)与信托优先证券
>
> 近年来,金融机构的投资组合越来越倾向于高风险并高度综合。新型投资工具的职能已经不仅仅局限于提供流动性和赚取收入,这些新型证券的四个最显著的例子包括区间票据、银行经理寿险,股权连接存单(指数存单)与信托优先证券。
>
> 例如,区间票据是一种承诺较高息票利率的可赎回证券,其收入取决于市场变动。这类票据只要市场指数保持在某特定范围内就会支付商定的利息,如果市场指数变动超过商定的特定范围,将不会支付报酬。比如,只有在欧洲货币存款利率维持在2%~4%时持有者才可以要求支付利息。
>
> 一些金融机构近年来常购买银行经理寿险,并以购买公司为指定受益人。只要购买者持续支付年金,银行经理寿险就可以作为一种资产记录在其财务报表上。如果在保单期间受保经理死亡,购买机构可将保金用于多种用途,比如将收益捐给慈善机构或者用以申请税收减免。
>
> 股权连接存单(指数存单)具有债务与股票的双重性质,它在保证利息收入的同时提供一种嵌入式期权,根据某市场指数(通常为标准普尔500股票指数)支付额外红利。例如,附带嵌入式看涨期权的看涨存单在市场指数升高超过某商定执行价格时可赚取额外收入;相反,附带嵌入式看跌期权的看跌存单在市场指数低于某商定执行价格时可赚取额外收入。
>
> 拍卖利率证券是这样的债券,它按短期债券利率付息,该利率每隔几天会重新设定。尽管许多投资者认为拍卖利率证券相对来说是安全的,但2007~2009年的信贷危机表明,拍卖失败时,这些工具仍会引起巨大的流动性风险。
>
> 最后,信托优先证券,它由投资银行通过设立特殊目的实体(SPE)发行优先股份而产生。相应地,参与金融机构发行长期公司债券来支持新的股票。这样可能带来的好处包括公司债券可视为新的资本,所支付利息可以减税,并降低了股东摊薄的风险。
>
> 近年来,监管机构(如FDIC和货币监理署)对这些投资工具巨大的信用和流动性风险(通常转售市场很不发达)及低于预期水平的收益表达了严重关切。当前,监管机构要求购买机构对这些投资进行详尽的购买分析,并利用压力测试决定在市场状况不同的情况下可能的风险敞口。更多实例请参见www.fdic.gov、www.emis.de/journals、www.wib.org以及www.aba.com。

10.6.3 利率风险

不断变动的利率造成了投资经理及其机构面临的实际风险。利率上升降低了以前发行的债券和票据的市值,投资期限最长的证券常常遭受最严重的损失。此外,利率上升时期往往贷款需求猛增,由于放贷是银行的首要考量,因此必须卖出许多投资证券以筹集贷款所需的现金,而卖出证券常常导致重大的资本损失,银行则希望通过税收优惠以及相对较高的贷款收益来弥

补这种损失。另一方面，投资经理有时会在利率下降，贷款需求疲软时买进投资证券，这样投资经理的支出就会升高。近年来，大量为防范利率风险套期保值的工具不断涌现，包括金融期货、期权、利率互换、缺口管理和久期，这些我们在第7章至第9章已经论及。

10.6.4 信用或违约风险

由于许多证券（尤其是私营企业和一些地方政府发行的证券）本身的**信用风险**（credit risk），金融机构的证券投资受到严格监管。因证券发行人对债券或票据应付本金或利息的违约风险，监管机构禁止购买投机证券——穆迪公司债券评级Baa级以下的证券或惠誉公司债券评级BBB以下的证券，表10-4定义了当前债券的各种信用评级符号。通常美国银行只允许购买投资级证券，即信用等级至少在Baa或BBB以上，以避免银行存款人承受过高风险。此外，银行可以通过设立证券子公司或成立金融控股公司的方式承销政府及私人发行的证券（包括公司债券、票据及股票）。近年来，立法、管理和法院方面的决议极大地扩展了银行组织承销证券的权利，详情请参阅第1章至第4章。

表10-4 投资证券的违约风险评级（包括长期公司债）

由公司和州及地方政府出售的投资证券在成功出售之前必须进行信用评级，以评估其违约可能性。几十年来，两大最受欢迎的私营证券评级公司——穆迪投资者服务公司和标准普尔公司所使用的信用质量评级符号已成为评估投资证券信用质量的通用指南：

证券的信用质量	穆迪公司评级等级	标准普尔公司评级等级	惠誉评级等级	说明
优等／最小投资风险	Aaa	AAA	AAA	
高级／高质量	Aa	AA	AA	
中上级	A	A	A	投资品质级或投资级别，对大多数银行来说可以接受
中级	Baa	BBB	BBB	
中级，略带投机因素	Ba	BB	BB	
中低级	B	B	B	
资信差／可能违约	Caa	CCC	CCC	投机级别、垃圾债券
投机级别，常违约	Ca	CC	CC	不适合银行及其他监管严格的金融机构
最低级别投机证券／前景差	C	C	C	
已违约证券和由已宣布破产的企业所发行的证券	未评级	DDD DD D	RD D	包括违约或破产的证券发行者

多数金融机构只限于购买投资级证券——也就是说，它们必须购买评级为AAA～BBB级证券（标准普尔公司）或Aaa～Baa的证券（穆迪公司）。投资机构有时也被允许购买未评级证券，但其必须有能力证明该证券质量为投资级

1997年1月，穆迪公司宣布对其债券（由州和地方政府发行的）信用评级系统进行重大修改。具体来说，某些级别（如Aa、A和Baa）的证券将在信用评级后加上2或3这样的数字修正符号，以区别同一信用评级但质量稍有不同的证券。1981年，穆迪公司在一些A级或B级的市政票据的级别上加入了数字符号"1"。现在由于数字"2"和"3"被引入评级级别，投资经理必须了解，"1"意味着某市政证券在其所属的以字母表示的信用评级中等级最高，"2"意味着某证券在以字母表示的信用评级处于中间等级，"3"指某市政债券位于以字母表示的信用评级中最低的一级。"1"、"2"、"3"这三个数字符号也开始用在评级为Aa～B的公司债的信用评级。表10-5为这种更加详细的评级提供了一个说明。

新引入的评级修正符号反映出人们对市政票据市场近来趋势（尤其是信用风险和波动性）的担忧与日俱增。

过去几十年来，市政票据违约保持着波动上升的趋势。1991年，有记录的市政债券违约事件有258起，总违约金额约50亿美元。如今，许多州政府和地方政府似乎面临着或至少潜在面临着更大的失败风险，因为许多因素诸如高失业率、政府收入下降、联邦政府对于福利项目、保健服务和其他基建项目（道路、桥梁等）支持的减少、高额的能源成本以及纳税人抵制更高税额等。此外，由于许多地区反对征新税和新的支出项目，越来越多的州和地方政府已转向风险更高的收入债券，以增加融资的选择范围。

表10-5 穆迪公司用于州和地方政府债券的信用评级符号

A级	B级	C级
Aaa	Baa1	Caa
Aa1	Baa2	Ca
Aa2	Baa3	C
Aa3	Ba1	
A1	Ba2	
A2	Ba3	
A3	B1	
	B2	
	B3	

不幸的是，如今信用评级过程面临着越来越多的压力，这来源于投资者越来越多地对其所收到的信用报告可靠性产生质疑。2007～2009年金融危机之后，金融改革推行。当投资者亏损时，这项改革使得信用评级公司面临着更高的法律风险。在一些情况下，信用评级机构拒绝债券发行人将其评级公开。

前一章我们已经看到，近年来，许多银行开发了新的工具应对其投资及贷款的信用风险，信用期权和互换就可以用来保证投资证券的预期收益。例如，投资经理可以找到另一个金融机构，愿意在一个标准参考利率（如短期国库券的市场收益率）基础上，以较低但较确定的证券收益与银行持有的不确定的证券收益互换。另外，在当前市场上，可以借助信用期权对公司债券进行套期保值，如果债券发行人违约，期权持有人可从信用期权中得到报酬，这至少冲抵了部分的债券损失。投资经理也可利用信用期权防止信用评级下降而导致的债券市值下跌。例如，2011年标准普尔公司对美国国债信用等级进行下调。

10.6.5 商业风险

银行无论大小都面临着其所服务地区商业不景气的风险——销售下降、破产增多、失业增加，我们常将这些不利的影响称为**商业风险**（business risk）。商业风险会迅速地反映到贷款组合中，表现为逾期贷款——尽管借款人努力创造足够的现金流以付款给放贷机构的增多。由于商业风险总会存在，许多银行严重依赖证券组合来对冲经济风险对其贷款组合的影响，这通常意味着大量投资证券来源于主要贷款市场之外的借款人。比如，达拉斯或堪萨斯市的某银行可能大量购买中西部地区以外的市或地方政府发行的市政票据（例如洛杉矶或纽约的债券）。监管机构通常也会鼓励银行购买贷款市场之外的证券，以轧平其贷款组合的风险敞口。

10.6.6 流动性风险

金融机构时刻有可能因流动性需求或**流动性风险**（liquidity risk）而不得不在投资证券到期之前将其卖出，投资经理为该投资目的选择证券时的一个关键问题是证券转售市场的广度和深度。按定义，流动证券是指：有即时的转售市场，价格在一段时间内相对稳定，具有很高的恢复初始投资资本可能性（本金风险低）的证券。一般而言，美国国库券最具流动性且拥有最活跃的转售市场，其次是联邦机构证券、市政债券和抵押支持证券。不利的因素是，大量买入流动性强、易于变现的证券会降低金融机构盈利资产的平均收益，并且在其他因素不变的条件下，会降低其盈利能力，从而令投资经理面临着对盈利能力和流动性的权衡取舍，并且随着市场利率和流动性风险的变化，需要对这种取舍重新进行逐日评估。

10.6.7 提前赎回风险

许多公司和一些政府都会在发行投资证券时保留在到期日前通知赎回证券并进行偿付的权利。由于提前赎回通常发生于市场利率下降时（从而借款人能以较低利率成本发行新证券），投资于可赎回债券和票据的金融机构就有遭受盈利损失的风险，因为它必须把其收回后的资金以当时较低的利率进行再投资。通常，投资经理会试图通过购买通知赎回延长期较长的债券（这样，赎回在几年内不会发生）或不购买可赎回证券来使**提前赎回风险**（call risk）最小化。对投资经理和其他积极投资者有利的是，由于近年来其他利率风险管理工具的出现，债券的赎回特权被大大削弱（尽管在当前市值2万亿美元的市政债券市场提前赎回仍然十分常见）。⊖

10.6.8 提前偿付风险

提前偿付风险（prepayment risk）是资产支持证券独有的一种风险。发生这种风险的原因在于，证券化贷款池（比如政府国民抵押协会或联邦国民抵押协会的过手证券、担保抵押债券、汽车或信用卡贷款的证券化打包贷款）实际实现的本利现金流与预期的本利现金流之间可能有所不同，对资产支持证券提前偿付进行估价正是该类投资与其他投资证券的不同之处。

比如，考虑住房抵押贷款组合（充当抵押支持证券发行担保品）的计划本利支付额将会如何变化。对于这些贷款支持证券的持有人来说，现金流的变动来源于：

- 贷款再融资。当市场利率大幅下跌，收益曲线达到较大的正斜率时，贷款再融资就会加速。在这种情况下，借款人可能会认为用新的低利率贷款替代其现有的贷款将节省贷款支付。
- 支持贷款的资产发生变故。在这种情况下，借款人可能迅速出清溜之大吉或者无法满足支付要求而对贷款违约。

若上述之一种或两种情况出现，一些贷款将会终止或提前偿付，从而比预期提前产生或多或少的现金流，降低买入贷款支持证券的预期收益率。

支持投资证券的贷款中止或偿还的速度，主要取决于当前市场类似贷款和证券组合中贷款的利差。当市场利率降到证券组合中的贷款利率以下且足够弥补再融资成本时，越来越多的借款人就会提前偿付贷款。这就意味着贷款支持证券的市值不仅依赖于该证券承诺产生的现金流（本利支付），也依赖于对提前偿付和贷款违约的预期，即

⊖ 投资经理通常在评估可赎回债券时通过计算两个收益率，即赎回收益率（YTC）和到期收益率（YTM）。如果可赎回债券以超过面值的溢价交易，则说明名义利率超过了当前市场利率，该债券通常以赎回收益率定价（即赎回日被赎回）。原因在于，名义利率越高的可赎回债券越有可能被赎回。另外，折价交易债券通常以到期收益率定价，因为其收益率远低于市场利率，所以有很小可能性被赎回。

$$\text{贷款支持证券的市值（价格）} = \frac{\text{第一期组合因现有贷款提前偿还或违约而调整后的预期现金流}}{(1+y/m)^1} + \cdots + \frac{\text{第}nm\text{期组合因现有贷款提前偿还或违约而调整后的预期现金流}}{(1+y/m)^{nm}} \quad (10\text{-}8)$$

式中，n代表组合中最后一笔贷款偿还或中止所需的年数；m代表一年内要对贷款支持证券持有者进行本利支付的次数；y代表证券的预期到期收益率。

为了正确评估贷款支持证券的价值，投资经理需要在持有该证券时对提前偿付或中止的贷款的数量做出合理的假设。投资经理在估计提前偿付贷款行为时，必须考虑如下因素：预期市场利率、未来收益曲线形状的变化、季节性因素的影响（例如对于住房抵押贷款支持证券，大多数住宅在每年春季买卖）、经济状况、就业机会以及组合中贷款的持续时间（因为新贷款提前偿付的可能性比旧贷款小）。

估计贷款提前偿付的一种常用方法是公共证券协会（PSA）提出的提前偿付模型，该模型以过去的经验为基础计算平均贷款提前偿付率。例如，PSA模型假设，经保险的住房抵押贷款在第一个月提前偿付的年率为0.2%，在头30个月里，提前偿付率将以每月0.2%的幅度递增。在贷款组合的剩余期限内，贷款提前偿付的率将维持6%的年率。投资经理如不加修正地使用PSA模型时，可以认为其100%地采用PSA提前偿付率，然而，投资经理可以根据其对组合中贷款性质的了解（如地理位置、到期日的分布或借款人的平均年龄等）采用75%、110%（或其他百分比乘数）的PSA模型修正。

必须注意的是，在利率下降期间，证券化贷款将会加速提前偿付，这对贷款支持证券投资者来说，并不一定是不利的影响。例如，随着提前偿付加速，投资于该类资产的投资机构能够更快地收回已投入的现金，如果该机构能把这些资金用于其他有利可图的地方，则提前偿付就是有利的。此外，较低的利率提高了所有贷款支持证券的预期现金流的现值，从而使其市值上升。投资经理必须把这些潜在的收益与以低利率再投资的形式表现的低利息支付和因贷款提前偿付导致的未来收入的潜在损失相比较。总之，利率下降时，如果预期的提前偿付造成的利息收入损失加上再投资收入降低的损失超过了因提前偿付而更快收回现金及预期现金流现值提高带来的收益之和，则贷款支持证券的价值就会下降。

10.6.9 通货膨胀风险

尽管当前通货膨胀问题没有前些年那么严重，但投资机构还是必须要警惕商品和服务的价格上涨造成的证券或贷款的利息收入和收回本金的购买力的下降。通货膨胀也给金融机构的股东造成损失——公司净值下跌。**通货膨胀风险**（inflation risk）可以借由短期证券和可变利率证券加以防范，这类证券通常在应对突然上升的通货膨胀压力方面给予投资经理更大的灵活性。

美国财政部发行的财政部通货膨胀保值证券（TIPS）可以帮助金融机构防范通货膨胀。从1997年1月，财政部开始发行5年、10年、30年期的可交易票据和证券，之后又宣布发行防范通货膨胀的小面值储蓄债券。TIPS的息票利率和面值每年都要经过调整以适应消费者物价指数（CPI）的变化，因此，从一般投资者的角度来看，非通货膨胀调整的中长期国债与相同期限的TIPS的收益率之间的利差就成为预期通货膨胀的指数。如果预期通货膨胀升高，TIPS对投资者而言就更有价值。

当前，由于各种原因，多数金融机构对TIPS的热情不是很高。美国经济的通货膨胀速度相对温和，TIPS的收益率也相对较低；另外，存在众多的防范通货膨胀风险的金融工具，如房地产和股票可供选择，这些工具有更好的收益前景；况且，TIPS并不能防范所有通货膨胀给投资者带来的不利影响（如税级变高），其市场风险和普通债券相差无几。

10.6.10 担保要求

美国的银行如果要接受联邦、州、地方政府的存款就必须提供这些政府单位要求的担保品，以保证所存入的公共财产的安全。公共存款的第一个10万美元由联邦存款保险公司（FDIC）保险，其余存款必须得到美国国库券和联邦机构债券的支持，这些债券的价值按其面值计算。一些市政债券（只要它们至少是A级）也能用来作为联邦政府在银行存款的担保，但必须以折价的方式定价（通常仅为面值的80%~90%），以给政府存款人额外的安全缓冲。尽管州和地方政府的存款担保（pledging）要求在各州之间大不相同，但大都允许银行将联邦债券和市政债券结合起来满足政府存款担保的要求。有时，政府存款人还会要求将作为担保的债券交给与接受存款的银行无从属关系的受托人保管。从表10-3中我们注意到，只有过半的银行持有证券被担保来支持政府所有存款。

某些特定负债也会有担保要求。例如，当银行从该区的联邦储备银行的贴现窗口借款时，就必须向联邦储备银行提供联邦政府债券或其他联储可以接受的担保品作为担保。如果银行或其他金融机构利用回购协议（RP）筹集资金，也必须提供一些证券（通常是美国国债和联邦机构债券）作为担保品，从而得以用低廉的回购利率筹得资金。

> **小贴士**
> 哪个金融机构持有最多的国库券？
> 答：联邦储备系统持有超过8 000亿美元的国库券；私营金融机构中养老基金持有的国库券最多，其次是共同基金和存款机构。

概念测验

8. 大部分债券的预期收益率是如何确定的？
9. 如果某种政府债券预计在两年内到期，现价950美元，面值为1 000美元，承诺息票利率为10%，那么它的到期收益率是多少？假设某投资者现在购买，一年后970美元的价格卖出，该投资者的持有期收益率为多少？
10. 证券投资的风险有哪些？
11. 近年来，美国银行证券投资的税收敞口发生了怎样的变化？
12. 假设某银行投资经理计划购买的公司债券的税前收益率为8.98%，该银行处于35%的联邦所得税级，该债券的税后总收益是多少？某种债券若要与之竞争，其税后收益率必须为多少？对银行或其他借贷机构来说，贷款是否具有某些公司债券所没有的优势？
13. 合资格市政债券的名义总收益率为6%，借入资金成本为5%，持有该债券的银行处于35%的所得税级，则债券净税后收益率为多少？该免税债券的等税收收益率（TEY）是多少？
14. Spiro存款银行现持有一种政府债券，在购买日价值为500万美元，承诺利率为6%，当前市场价值为390万美元。现有相同品质的承诺收益率为8%的债券可供选择，那么Spiro存款银行出售利率为6%的政府债券买入利率为8%的债券的好处是什么？
15. 什么是税收互换？什么是投资组合转换？各举一例。
16. 存款机构在接受政府存款时为什么会面临担保要求？
17. 何种类型的证券可用于满足担保要求？

10.7 投资期限策略

一旦投资经理选定其持有的证券类型,随之而来的问题是:怎样在时间上分配所持有的这些证券?也就是说,投资机构应持有什么期限的证券?到底是应该主要购买短期债券和票据,还是只购买长期证券,或者是两者的某种组合呢?近年来出现了几种期限分配策略,每种策略都有其优点和弊端,如图10-3和图10-4所示。

策略:把投资组合等额分布于银行或其他金融机构可接受的各期限。
优势:减少投资收入波动,管理技能要求较少。

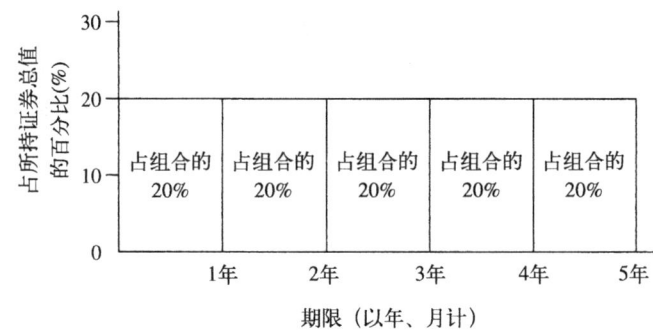

a) 阶梯/间隔期限政策

策略:所有证券投资均为短期。
优势:加强银行的流动性头寸并避免因利率上升遭受大额资本损失。

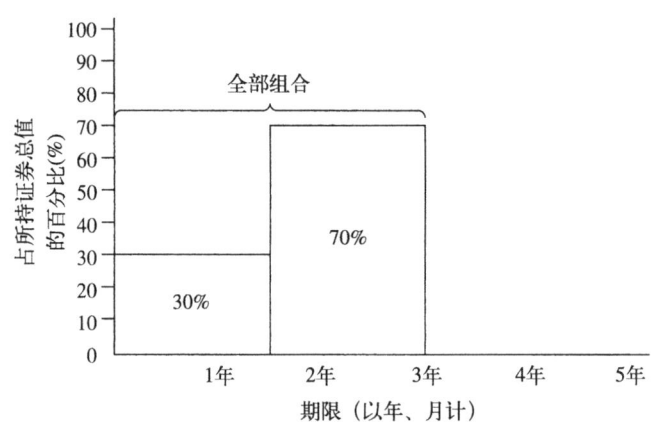

b) 前置期限政策

策略:所有证券投资均为长期。
优势:如果利率下跌,可使金融机构的证券潜在收入最大化。

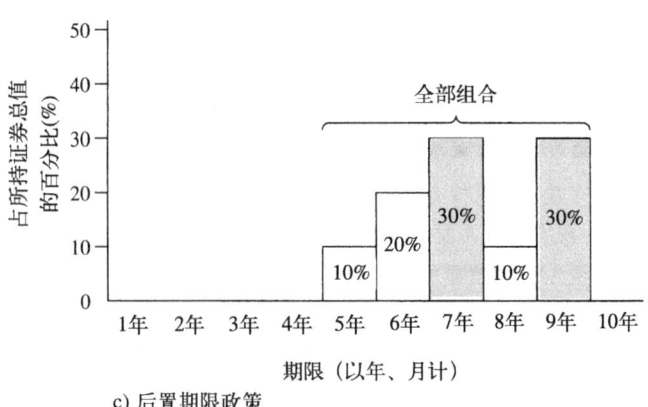

c) 后置期限政策

图10-3 投资组合管理的期限策略

阶梯/间隔期限政策　对于金融机构，尤其是规模较小的金融机构而言，一种常见的解决期限问题的办法是选出一个可接受的最大期限，然后将该期限等分成几部分，每个部分投资相同数量的证券，如图10-3a所示。

举例来说，假设管理层决定不购买任何期限超过5年的债券或票据，那么它就可以把其投资组合的20%投资于1年或1年以下的证券，20%投资于1~2年的证券，20%投资于2~3年期限的证券，依此类推，一直达到5年的那一点为止。这一策略肯定不会使投资收益最大化，但它可以减小收入波动，实施过程无须太多的专业技巧。此外，这种梯级期限方法可以提供投资灵活性，由于一些证券总是滚动性的变现，金融机构将不会错过任何诱人的投资机会。

策略：持有的证券分为短期和长期证券。
优势：有助用短期证券满足银行的流动性需要，用长期证券较高的潜在收益达到盈利目标。

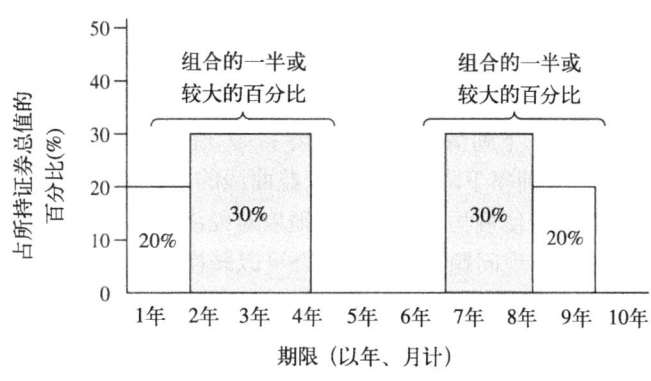

a) 杠铃期限策略

策略：随预期利率变化，变动投资期限组合。
优势：潜在收益最大化（同时损失也可能最大）。

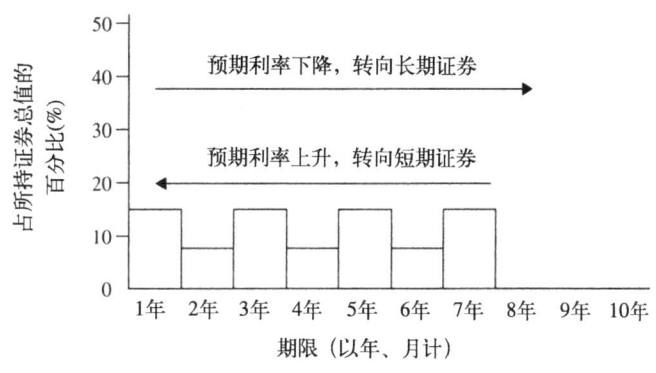

b) 利率预期法

图10-4　其他投资组合管理期限策略

前置期限政策　另一种常见的策略是只购买短期证券，并把所有投资置于一个较短的时间间隔内。例如，投资经理可能会决定将其机构中贷款和现金储备不需要的资金100%投资于3年或3年期以下的证券。这一策略强调把投资组合优先作为流动性来源而不是收入来源，见图10-3b。

后置期限政策　与前置期限相反的策略是强调把投资组合作为收入的来源。采用该策略的投资机构可能决定只投资于5~10年期限范围的证券，该金融机构可能严重依赖于从货币市场上借款以满足其流动性需求，如图10-3c所示。

杠铃期限策略　杠铃期限策略是将前置期限和后置期限策略相结合的一种方法，更频繁地被小型金融机构运用。即投资机构把大部分资金一部分投资于富有高度流动性的短期证券组合，另一部分投资于长期证券组合，极少或几乎不持有中期投资证券。短期组合提供流动性，长期组合则产生收入，如图10-4a所示。

利率预期法 所有期限策略中最激进的策略是，按照当前对利率和经济的预测不断调整所持证券的期限，这种方法被称为总绩效法或称利率预期法，它要求当预期利率上升时，把投资调整到期限幅度中较短的那一端，当预期利率下降时，把投资调整到期限幅度中较长的那一端，如图10-4b所示。经常由大型金融机构运用这种方法可能赚取大量的资本利得，但也可能导致巨额资本损失。该方法有三个特点：① 它要求对市场力量有深入的了解；② 如果预期错误，风险将会加大；③ 由于经常交易和转换证券，其交易成本也较大。

举例来说，一旦出现预期收益显著增加或者在没有高额预期收益损失的前提下降低资产风险的机会，银行将会毫不犹豫地交易其持有的无担保证券，尤其是当贷款收入下降，销售市值已上升的证券能增加净收入并提高股东收益时，银行就会变得更加激进。然而，由于证券交易损失会减少税前净收入，投资组合经理一般不喜欢承受这种损失，除非他们能向董事会表明，用出售该证券得到的收入购买的新资产的预期收益更高，足以弥补该损失。一般而言，银行及其他投资机构会在下列情况下交易证券：① 通过有效的税收管理策略能提高其预期的税后收益率；② 当预测利率下降时，能在收益曲线的长期期末锁定较高收益率；③ 交易有助于提高整体资产的质量，使机构可以更有效地应对经济衰退；④ 在预期收益没有显著损失的情况下，尤其是贷款组合出现问题时，投资组合可以转换成信用评级更高的证券。

10.8 期限管理工具

在选择购买各种不同期限的证券时，投资经理需要认真考虑使用两种主要的期限管理工具——收益率曲线和久期。这两种工具有助于投资经理更充分地理解其所选定的不同期限的证券对其所在机构盈利和风险的潜在影响及后果。

10.8.1 收益率曲线

在第7章我们看到，**收益率曲线**（yield curve）就是描绘市场利率怎样因贷款和证券到期期限不同而变化的曲线。如图10-5所示，每一条收益率曲线都假定曲线上的所有利率（或收益率）都在同一时点上测得，所有其他决定利率的因素保持不变。尽管图10-5所示的曲线向上倾斜，但收益率曲线也可能会向下倾斜或者保持水平——表明在该特殊时点上，短期利率和长期利率几乎相同。

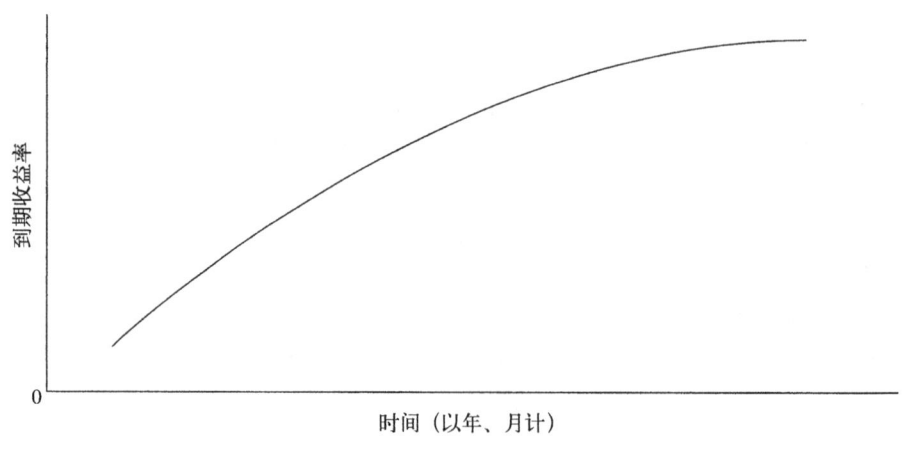

图10-5 收益率曲线

1. 对利率和经济进行预期

收益率曲线的形状对投资经理的决策有重要的意义。例如,收益率曲线隐含着对未来利率变化的预测,正斜率的收益率曲线反映对未来短期利率的市场平均预期高于当前利率。这种情况下,投资者预期利率上升,将会使其将较长期限的证券(当利率上升时将导致巨大的资本损失)转换成较短期限的证券。反之,向下倾斜的收益率曲线表明投资者预期未来一段时间内短期利率会下降,投资经理可能会考虑延长至少部分证券组合的期限,因为利率下降为长期证券提供了巨大的盈利机会。

短期内,收益率曲线为投资经理提供了有关定价过高证券和定价不足证券的信息。由于收益率曲线表明了每一种期限证券对应的到期收益率,因此,某特定期限的证券,若其收益率位于收益率曲线之上,则代表了一种有吸引力的"买入"状况,因为其收益率暂时来说太高了(因此其价格太低)。而收益率位于收益率曲线之下的证券,代表了一种可能"卖出"或"不要买入"的状况,因为这一期限的收益率暂时来说太低了(因此其价格太高)。长期来看,收益率曲线传递了目前经济周期所处的阶段的信号,通常收益率曲线在经济扩张时上升,在经济衰退时下降。

2. 风险-收益的权衡

收益率曲线同时也告诉投资经理另外一件很重要的事情:在追求更大收益和承受更大风险两者之间要权衡取舍。收益率曲线形状决定了投资经理在用长期证券替换短期证券(或者反之,用短期证券替换长期证券)时能获得多少额外收益。例如,某正斜率、陡峭的收益率曲线,10年期债券的收益率比2年期债券升高100个基点,这表明,投资经理把2年期债券转换成10年期债券能获取1%的额外收益(不计经纪人或交易商佣金及由此产生的税赋),但是,10年期债券的价格通常比2年期债券的价格更不稳定,因此,投资经理就必须承受利率上升10年期债券较大的资本损失风险。同时长期债券流动性一般较差,若需出售长期债券以迅速筹集现金,其市场较为狭窄。投资经理能够从收益率曲线上测量出通过期限延长所获收益大小,并将该收益和金融机构可能面临的流动性风险(现金不足)或利率意外变动时可能遭受的资本损失相比较。

3. 套息交易

收益率曲线也为投资经理提供了测量某一时点**套息交易**(carry trade)收益的方法。投资经理可以在曲线空头一端借入资金(例如以本机构资产组合中最安全最具流动性的投资证券为担保品借入短期货币),然后在曲线的多头位置把借入资金投资于能够带来收入的资产。举例来说,投资经理以4%的利率借入资金,期限为30天,然后用资金购买收益率为6%的5年期政府债券,这两种收益率之间的差额称为息差收益,收益率曲线越陡峭,该收益越大。

4. 驾驭收益率曲线

如果收益率曲线有足够大的正斜率,投资机构可以通过"驾驭收益率曲线"的策略,赚取高额利润。投资经理要时刻留意这样一种状况:一些证券快要到期,其价格已大幅上升,而其到期收益率已下降。如果收益率曲线很陡峭,足以弥补交易成本,投资机构就可以出售这些证券,获得价格上升带来的资本利得,然后再把出售证券所得收入投资于收益率较高的更长期证券。如果该驾驭策略成功(收益率曲线的斜率未发生显著不利的变化),投资机构既可获得更高的当前收入,又可从投资组合中获得更高的未来收益。

10.8.2 久期

尽管收益率曲线向投资经理提供了很有价值的信息,甚至是提供了巨大收入的机会,但它仍有一些局限。例如，它不能确定在任意特定的时点，收益率曲线的确切形状是怎样的以及为什么会是这样，而且收益率曲线形状随时变化的可能性也不确定。此外，收益率曲线的概念是以证券期限传统的粗略度量（距离证券偿还或中止的按日、周、月或年计算的日历时间）为基础建立的，这种传统的期限度量方法只计算时间，而不考虑证券的预期收入或现金流。对投资经理来说，最重要的信息通常不是某一证券多久会到期，而是它将在何时产生现金流或收入以及在证券持有期间每月、每季度或每年能够产生多少现金。

对上述信息的需求产生了久期这个概念，**久期**（duration）是某个证券或证券组合现值的加权期限度量。我们在第7章已经知道，久期衡量的是某证券产生的所有现金流到达持有该证券的投资者手里的平均用时。

回忆第7章式（7-18），投资证券的久期、市场利率和其价格之间存在着密切的关系。具体来说，投资证券价格的百分比变化等于负的久期乘以利率变化再除以1加上初始利率。⊖利用这一关系，我们可以知道投资证券的市场价格对市场利率变化的敏感性，并且确定我们所感兴趣的证券对于满足我们的金融机构的投资需求来说，是过于敏感，还是敏感性不足。

举个例子，假定一中期国债久期为4.26年，市场利率从10.73%上升到12%，即上升了1.27个百分点。根据上面我们叙述的久期关系式，利率只上升了1个多百分点，而证券价格却几乎会下降5%。投资经理现在必须确定利率上升的几率有多大，这种价格敏感度是否可以接受，以及其他投资证券是否更适应机构当前的需要。

久期

久期也提供了一种使市场利率变动引起的投资机构盈利损失最小化的办法，也就是说，久期为投资经理降低其机构利率风险敞口提供了一个工具。久期给出了使利率风险最小化甚至可能完全消除利率风险的一个公式

某个证券或证券组合的久期 = 投资者计划持有该证券或证券组合的期限长度 (10-9)

例如，由于当前的贷款需求疲软，某银行计划今天购入美国中期国债和长期国债，但是担心明年此时贷款需求恢复时，不得不卖出这些证券以满足其优质客户的需求。面对这样的前景，也为使利率风险最小化，投资经理可以选择久期为一年的中长期国债。这样做的效果达到**资产组合免疫**（portfolio immunization）是使所买入的证券免遭收益损失，而不论市场利率走向如何。

久期可使个别证券或证券组合不受利率变化的影响，因为当久期等于投资机构的计划持有期时，两种主要的风险——利率风险（证券价格下降的风险）和再投资风险（从证券收到的现金流必须以更低的利率再投资的可能性）互相抵消。如果买入证券后利率上升，其市价下降，投资经理可以把这些证券将产生的现金流以较高的市场利率再投资；类似地，如果利率下降，投资经理将被迫把证券所产生的现金流以较低的利率再投资，但相应地这些证券的价格会上升，结果是投资机构所持有投资证券的总收益是固定的。当久期等于投资机构计划持有期时，资本利得或损失与再投资损失或收益互相抵消。

⊖ 这句话中所描述的公式（见第7章）仅适用于每年付息一次的情况。如果每年付息超过一次，则需要使用以下公式

价格变化的百分比 = - 久期 × {利率变动/[1+(1/m)/初始利率]}

式中，m表示证券一年的付息次数。例如，大多数债券每半年付息一次，则m=2。

概念测验

18. 影响金融机构做出持有不同期限证券的决策的因素有哪些？
19. 金融机构管理投资组合的期限策略有哪些？
20. Bacone国民银行的投资组合中，最长的证券期限为4年，该银行持有1年期、2年期、3年期和4年期的证券各1 100万美元。Dunham国民银行持有3 600万美元1年期和2年期的证券，并持有约3 000万美元8~10年期的证券。每一银行遵循何种投资期限策略？你认为这两个银行为什么在其投资组合期限中采取了这两种特定策略？
21. 收益率曲线和久期如何帮助投资经理选择买卖哪些证券？
22. 一张面值1 000美元的债券，当前以950美元的价格出售，并承诺在3年内（期限为3年）每年支付100美元利息。当前类似品质证券的到期收益率为12%，则该债券的久期是多长？假设市场利率下降到10%，债券价格的百分比变化大约是多少？

本章小结

本章集中讨论了在银行业和金融服务业中的投资问题。投资时要注意什么问题？为什么这些问题如此重要？

1. 对大多数金融机构而言，投资是指买卖有价证券，比如美国中长期国债、联邦机构证券、资产支持票据和债券、市政（州及当地政府的）债券、国内存单和欧洲货币存单以及公司证券（包括商业票据、公司债券和票据以及公司股票）。

2. 投资在金融机构的管理中充当着多种角色。这些角色包括：① 从贷款中补充收入并使总收入保持稳定；② 当现金量偏低时提供额外的流动性；③ 充当借款的抵押品；④ 降低税收敞口；⑤ 对冲资产负债表其他部分（如贷款组合）固有的风险；⑥ 扮靓资产负债表以吸引客户和资本；⑦ 帮助对利率风险进行保值；⑧ 在资产负债管理中提供更大的灵活性。

3. 投资经理必须选择最佳的投资证券，以达成每一投资组合及金融机构的目标。在借贷型机构中，比如银行、财务公司和信用联盟，投资组合通常为贷款组合充当"第二小提琴"，同时投资经理也负责为贷款提供最后担保——当贷款需求疲软时提供更多收入，而在贷款需求高涨时提供更多现金。

4. 投资经理在选择购入及持有何种投资证券时必须考量多种因素：① 各个金融机构投资组合的目标或目的；② 不同金融工具的预期回报率（收益率）；③ 金融机构的税收敞口以及可能影响其当前及未来税赋水平的投资证券的数量；④ 因市场利率变化或利率期限结构变化造成的风险（利率风险），发行人可能对证券违约的风险（信用风险），随时需要流动性（现金）的风险（流动性风险），通货膨胀及经济周期对利率及金融服务的需求造成的风险，作为资产支持证券担保的贷款提前偿付从而降低预期收入（提前偿付风险）。

5. 投资经理必须考虑的另一个因素是不同投资证券的到期期限或久期。到期期限是指利率的期限结构，一般用收益率曲线来表示，收益率曲线传达了市场对利率前景预期的信息，并且用图示的方法阐明了某一时点投资经理面临的风险和收益之间的替代取舍关系；久期则提供了一幅投资的预期现金流的时间分布图，能够有效降低金融机构的利率风险敞口。

6. 大多数金融机构对其投资都有偏好的期限和久期。存款机构倾向于相对较短或中期的期限和久期，而其他一些竞争者，比如保险公司和养老基金，则倾向于大量投资于最长的期限和久期。有关投资组合中投资工具的期限结构和久期的投资决策将会影响到投资组合的利率敏感度及其产生收入的能力。

关键术语

货币市场工具	信用风险	公司债券
到期收益率（YTM）	存单（CD）	担保
资本市场工具	经济风险	证券化资产
持有期收益率（HPY）	银行承兑汇票	收益率曲线
美国短期国库券	流动性风险	抵押支持债券
税收互换	商业票据	久期
美国中期国债	提前赎回风险	剥离证券
投资组合转换	市政债券	商业风险
美国长期国债	提前偿付风险	资产组合免疫
利率风险	公司票据	
联邦机构证券	通货膨胀风险	

习 题

1. 一张面值为1 000美元的10年期美国长期国债债券，当前各证券交易商的售价为1 015美元，其息票利率为7.5%。如果现在买入并持有至到期，其预期的到期收益率是多少？

2. 当前一张市政债券其面值为1 000美元，其到期收益率为6%。在接下来到期前的10年里，该债券承诺支付其持有人每年75美元的利息，该债券的久期是多少？

3. 一张20年期美国政府债券，当前市场售价为1 050美元，息票利率为7%，每半年支付一次利息，计算其到期收益率。

4. First Colonial Financial正认真考虑购入某公司债券，该债券从当天开始20年内到期，每年付息一次，利率为6%。最近的一次通货膨胀已使这张债券的到期收益率升到10%，已知面值是1 000美元，计算该债券的久期。

5. Lifelong Savings银行常常购入其州内小的农村社区发行的市政债券。现在，该银行正考虑购入Youngstown社区所发行的800万美元的一般债务证券。该债券是该区今年计划发行的唯一债券，15年到期，名义年收益率为6.75%。Lifelong Savings银行处于35%的最高公司税级，它必须支付5.5%的平均利率来为购入该市政债券筹借资金。你会建议它购买该市政债券吗？
   (1) 计算该银行合资格市政债券的净税后收益率。合资格债券的税赋优势是什么？
   (2) 该银行合资格市政债券的等税收益是多少？

6. Lifelong Savings银行也购买了克里夫兰市发行的市政债券。目前，该银行正在考虑买入非合资格普通市政债券。这种债券将在15年内到期，名义年收益率为10.25%。Lifelong Savings银行的筹资成本和税率与上题相同。
   (1) 计算该非合资格市政债券的净税后收益率。
   (2) 该非合资格市政债券的等税收益是多少？
   (3) 讨论购买非合资格市政债券而不购买上题中银行合资格市政债券的利弊。

7. Lakeway储蓄和信托公司正打算做一些投资组合转换。到目前为止，银行当年经营状况良好，贷款需求旺盛，贷款收入比去年增长了16%。Lakeway公司须缴35%的公司所得税。公司投资经理对其投资组合中已持有一段时间的各种形式的债券有几种选择：
   (1) 出售400万美元，息票利率为7.5%，期限为12年的达拉斯市政债券，购入400万美元利率为8%由贝克萨县（Bexar County）平价发行的债券（期限同样为12年）。达拉斯市政债券的当前市场价值为3 750 000美元，但在银行账簿上以平价计账。
   (2) 出售400万美元，期限为12年，利率为12%的美国长期国债，其账面按银行购入的票面价格计账。这些债券的市值已涨到4 330 000美元。

   你建议采用上述投资转换中的哪一种？有什么充分的理由不出售长期国债吗？为做出最佳决策，还需要什么信息？请做出解释。

8. 美国政府债券当前的市场收益率按到期期限分别如下：
   3个月短期国库券＝1.90%

6个月短期国库券 = 2.10%
1年期中期国债 = 2.25%
2年期中期国债 = 2.51%
3年期中期国债 = 2.82%
5年期中期国债 = 3.28%
7年期中期国债 = 3.56%
10年期长期国债 = 3.98%
20年期长期国债 = 4.69%
30年期长期国债 = 5.25%

画出上述这些证券的收益率曲线，该曲线是什么形状？某投资机构投资组合中75%是7~30年到期的长期国债，25%是期限在一年以内的美国政府短期国库券，那么这个收益率曲线对该机构有什么重要意义？你将向管理层提出什么建议？

9. 某债券久期为7.68年。假设今天早上可比债券的市场利率是7%，但现在已上升到7.25%，利率升高0.25%，债券价值的百分比变化是多少？

10. Sillistine存款银行的投资经理正在关注利率风险会降低该存款机构的债券价值的问题。一项该机构债券组合的调查表明，债券组合的平均久期是4.5年。如果第二年内利率大幅变化，为使利率风险最小化，应怎样改变该债券组合？

11. 某商业银行的经济部门刚刚预测，至少在今后两年内经济会加速增长，国内生产总值（GDP）预计将以每年4.5%的速度增长。对于银行的投资经理来说，这一预测的意义是什么？投资经理会考虑将哪些类型证券加到银行的投资组合？为什么？假设银行持有与表10-3所描述的所有参与保险的美国银行相似的证券组合，如果预测的经济扩张发生，银行投资经理最可能考虑将哪些证券出售？会承受哪些损失？怎样才能让这些损失最小化？

12. 与第11题中所述的经济预测相反，假设银行经济部门预测经济将极大地衰退，在今后的18个月里，产出和就业将极大地下降。对银行的投资组合经理来说，该预测的意义是什么？在这样的假设下，利率和通货膨胀的前景是什么？在预测的衰退期，你建议应购买什么证券作为银行投资组合的良好补充？为什么？为了帮助你做出有关银行投资证券组合的最佳决策，你还需要关于银行当前资产负债表和利润表的什么信息？

13. Arrington Hills存款银行是一家资产为35亿美元的机构，持有下表所列的投资证券组合。该存款银行服务于某迅速增长的货币中心，许多商家正将其公司总部迁入该中心。大量企业主、公司经理以及退休人员在该市的郊区购买住宅和公寓使得该城市的郊区也迅速发展起来。你会建议对下述证券组合的构成做出改变吗？请解释为什么。

持有证券的种类	占总组合的百分比（%）	持有的证券种类	占总组合的百分比（%）
美国国库券	38.7	可销售证券	45.6
联邦机构证券	35.2	以下到期期限证券：	
州和地方政府证券	15.5	1年以下	11.3
国内债务证券	5.1	1~5年	37.9
国外债务证券	4.9	5年以上	50.8
股票	0.6		

第11章 流动性与准备金管理策略及政策

学习要点

- 流动性需求及供给的来源；
- 金融机构为什么会有流动性问题；
- 流动性管理策略；
- 流动性需求的估计；
- 市场约束的冲击；
- 法定准备金与货币管理。

不久前，圣路易斯联邦储备银行的一篇文章中提到了这样一个故事，说美国东北部一家存款银行经历了一次流动性危机。因为听到银行资金遭侵占挪用的传言，忧心忡忡的储户开始到银行挤兑，潮水般地涌到该银行的费城和纽约分行，一些惊魂未定的客户要求在一周内取走银行将近13%的储蓄。这着实让管理层手忙脚乱了一阵子，他们想尽办法筹措足够的现金满足储户的需求，同时还要保证其资产组合不受损失。虽然后来该银行在联邦存款保险公司（FDIC）的帮助下渡过了难关，但这件事还是给了我们很重要的提醒：① 金融机构在很大程度上必须依赖公众的信心才能得以存活和发展；② 若公众对一家或几家金融机构失去信心，即便是暂时的，流动性这种生死攸关的"生命之水"也将会快速流失。

所有金融机构的管理层都面临同一个非常重要的任务，即在任何时候都要保证充足的**流动性**（liquidity）。如果一个金融机构能够及时迅速地在需要时以合理的成本得到可支配资金，那么它就可以被视为是具有流动性的。这表明，具有流动性的银行和其他金融机构或者手头留有足够数量的现金以便在需要时即刻使用，或者能够及时借款或卖出资产以筹集现款。

实际上，流动性的缺乏很可能是金融机构陷入困境的首当其冲的信号。比如，某银行陷入困境，存款不断流失，那它很可能要被迫卖掉一些较安全、更具流动性的资产，其他借贷机构在没有额外保证或较高利率的前提下，不愿增加对该问题银行的贷款，这有可能导致其盈利进一步减少，甚至有可能最终破产。

金融机构在陷入困境时经历的现金短缺告诉我们：流动性需求不可轻视。金融机构即使技术上仍具有清偿能力，但如果无法筹集足够的流动性资金也很可能被迫关门。例如，20世纪90年代的时候，迈阿密东南银行（Southeast Bank of Miami）由于无法筹集足够的流动性资金偿还联储的借款，联储强制关闭了这家资产达100亿美元的银行。此外，流动性管理能力也是管理层能否在总体上有效实现该金融机构目标的重要晴雨表。现在我们就开始了解流动性管理水平对几乎任何金融机构的成功到底具有什么重要的意义。

11.1 流动性的需求和供给

金融机构对流动性（立即可用的现金）的需求可在供需框架内进行考虑。哪些活动导致流动性需求增加？哪些手段可以满足流动性需求？

对于存款机构来说，流动性的最迫切需求来自两个方面：① 客户提取存款；②客户的信贷要求，其表现形式为新贷款要求、重续到期贷款协议或是对剩余贷款额度的提取等。其他流动性需求还包括偿还过去的借款，比如从其他金融机构或中央银行（如美联储）得到的贷款。另外，定期支付所得税或定期向股东支付股利也需要立即可用现金。

为满足前述的流动性需求，金融机构可以利用的潜在流动性供给来源有几种。一般来说，存款机构最重要的流动性来源是新的客户存款，包括新开账户和在已开立账户中存款。由于在每个月月初支付工资，此时存款流入较多；每月月中支付票据和其他薪金，此时存款达到第二个高峰。另一个重要的流动性供给来源是客户偿还贷款和从投资组合中出售资产——尤其是适销证券，二者都为满足流动性需求提供了新的资金。非储蓄服务产生的收入（费用收入）和货币市场借款也会增加流动性供给。

这些不同的流动性需求来源和供给来源共同决定了金融机构在任一时刻的**净流动性头寸**（net liquidity position）。在 t 时刻的净流动头寸（L）可如下计算

$$\begin{aligned}\text{金融机构的净流动性头寸}(L_t) =& \underbrace{\text{存款}(\text{流入}) + \text{非存款服务收入} + \text{客户还贷} + \text{资产出售} + \text{从货币市场借款}}_{\text{金融机构的流动性供给}} \\ & \underbrace{- \text{存款提取}(\text{流出}) - \text{已接受的贷款要求} - \text{偿还借款} - \text{其他经营费用} - \text{向股东支付的股利}}_{-\text{金融机构的流动性需求}}\end{aligned} \quad (11\text{-}1)$$

当流动性的需求总额超过供给总额时（$L_t < 0$），管理层必须为出现流动性赤字做好准备，决定在何时、从何处筹集额外的流动性资金；相反，如果在任何时点流动性供给总额超过流动性需求总额（$L_t > 0$），管理层必须为安排流动性盈余做好准备，决定在何时、以何种途径把多余的流动性资金转变为有利可图的投资。

流动性有很强的时间性，有些流动性需求是即刻的。例如，几个大额存单明天到期，客户已经表示计划将这些存款取出，不再续存，这时银行就必须马上取得现金，如从另一家银行借入资金，以缓解近期流动性压力。

长期流动性需求受季节性、周期性和趋势性因素的影响。例如，在秋天和夏天，由于开学、放假和出游等原因，流动性需求通常较大。管理者预测到这些长期流动性需求后，将会利用比即期需求更广泛的资金来源——如出售前期积累的流动性资产、积极宣传存款服务和中介服务、与其他金融机构商讨长期借入储备等——来满足流动性需求。当然，并非所有的流动性需求都要求出售资产或借款，比如，恰好数量的新存款或者借款客户偿还贷款，很可能会在非常接近需求现金的时间发生。时间选择对流动性管理是很重要的——管理者必须仔细筹划在何时、从何处以及如何筹集所需的流动性资金。

金融机构的大多数流动性问题来源于金融机构外部，是客户从事金融活动的结果。事实上，是客户的流动性问题转移到了金融机构身上。例如，某企业的流动性储备不足，就会要求贷款或提取存款，使得金融机构产生额外现金需求。这种现象的一个戏剧性的例子是，1987年10月

全球股市崩盘后，大量借款以保证金方式买入股票的投资者被迫筹集额外的资金以保全其股票贷款，于是，大批投资者涌入银行，把资本市场的流动性危机转变成了银行的流动性危机。

金融机构的流动性管理问题的本质可以用如下两句话简要概述：

- 在任意给定时点，流动性需求很少与流动性供给相同，金融机构必须不断处理其流动性赤字或盈余问题；

> **小贴士**
> 你是否知道，正是1907年美国的一场严重的流动性危机催生了中央银行，即联邦储备系统，从而有了应对流动性问题的专门机构。

- 流动性和盈利性之间存在着一个替代取舍，金融机构用于满足流动性需要占用的资源越多，其预期盈利能力就越小（在其他因素保持不变的情况下）。

所以，确保充足的流动性是管理层永恒的主题，它对金融机构的盈利能力有重大的意义。

此外，解决流动性问题会给金融机构带来一定的成本，包括借入资金的利息成本、寻找充足的流动性资金花费的时间和资金等交易成本以及为满足流动性需求出售盈利资产时必须放弃其未来盈利的机会成本。显而易见，管理层必须将这些成本与机构流动性需求的迫切性进行权衡。如果金融机构在任意时刻都有过多的流动性资金，则一定要将这些多余的资金投资出去，以避免闲置资金带来的机会成本损失，因为闲置资金不会产生任何收入。

从另一个略微不同的角度来看，流动性管理易于遭受利率变动的风险(利率风险)和无法按所需数量获得流动性资金的风险（可得性风险）。如果利率上升，金融机构为筹集流动性资金而出售的金融资产（如政府债券）的价值将下降，一些资产必将被亏本出售，不仅出售资产所获得的流动性资金减少，其所遭受的损失也会降低盈利。此外，利率上升时通过借款筹集资金的成本也较高，某些形式的借款也可能无法再获得。例如，如果借贷机构认为金融机构的风险比以前更大，金融机构将不得不支付更高的利率来借入资金，甚至一些借贷机构干脆不再为其提供流动性资金。

11.2 为什么金融机构要经常面对重大的流动性问题

从前述讨论中，我们可以清楚地看到，大多数金融机构都面临着重大的流动性问题。流动性问题通常来自多个方面，比如，存款机构从个人、企业以及其他金融机构大量借入短期资金，然后向其借款客户长期放贷，于是存款机构就面临着其资产和负债到期日不匹配的问题。资产产生的现金流很少与偿还负债流出的现金流完全相同。

与期限不匹配相关的另一个问题是，多数存款机构通常持有很高比例的需要立即偿还的负债，如活期存款、可转让支付命令账户以及货币市场借款，因此，它们必须随时准备满足即时的现金需求，这种需求有时会很大，尤其是在周末、月初或一年中的某些特定的季节。

流动性问题也与利率变动的敏感度相关。比如，当利率上升时，一些储户就会提取存款以寻求其他收益更高的投资，许多贷款客户会推迟新贷款请求或者加速提取利率较低的信贷额度，从而利率变动既影响客户的存款，也影响其对贷款的需求，两者都会对存款机构的流动性头寸产生很大的冲击。此外，利率变动还影响金融机构为筹集额外的流动性资金而必须出售的资产的市值，并直接影响货币市场借款成本。

除了这些因素，金融机构必须将满足流动性需要作为优先考量的目标，如果没有做到这一点，可能会极大地损害公众对该机构的信心。例如，如果某天某银行因为现金暂时不足关闭了出纳窗口和取款机,不能兑现支票或不能满足存款提现(几年前,这类事件发生在蒙大拿的某银行,并引起了联储对该银行的调查,该案例我们已经在第四篇开篇处讲过),可以想象银行客户会怎样反应。流动性管理者最重要的任务之一是与其最大的存款客户和持有大额未用信贷额度的客户保持联系,以决定资金是否以及什么时候会被取走,从而确保有充足的资金满足流动性需求。

概念测验

1. 金融机构的流动性需求主要来自哪些方面?
2. 流动性供给的来源主要有哪些?
3. 假设某银行下周将面临下述的现金流入和现金流出:① 预期存款提现总额为3 300万美元;② 预期客户偿还贷款总额为1.08亿美元;③ 经营费用约需支付现金近5 100万美元;④ 承诺的新贷款请求达2.94亿美元;⑤ 银行资产出售计划为1 800万美元;⑥ 新存款总计为6.7亿美元;⑦ 估计从货币市场借款4 300万美元;⑧ 非存款服务收入将达2 700万美元;⑨ 估计偿还银行以前的借款总计2 300万美元;⑩ 计划向银行股东支付股利1.4亿美元。则该银行下周净流动性头寸大约是多少?
4. 金融机构具有充足的流动性的条件是什么?
5. 为什么金融机构面临着重大的流动性管理问题?

11.3 流动性管理策略

近年来,经验丰富的流动性管理者开发出了应对流动性问题的几大策略:① 从资产中获得流动性(资产流动性管理),② 依靠借款获得流动性满足现金需求(负债管理);③ 平衡流动性管理(资产负债管理)。

11.3.1 资产流动性管理(或资产转换)策略

最古老的满足流动性需求的方法是资产流动性管理策略。这种策略最纯粹的模式就是以持有流动性资产——主要是现金和有价证券的形式来储存流动性资金。当需要流动性资金时,选择性出售流动性资产,收回现金以满足现金需求。由于是通过把非现金资产转换成现金而筹集流动性资金,因此该策略通常又被称为资产转换策略。

何谓**流动性资产**(liquid asset)?它必须具备三个特点:
- 必须拥有可即刻变现的市场,保证变现不会拖延;
- 必须有合理稳定的价格,无论所售资产的变现要求多么急切,无论所售资产数目多么庞大,市场都足以立即吸收这些资产并且不会造成价格大幅下滑;
- 必须是可逆的,即卖方可以在几乎不承受任何损失的情况下,恢复其初始投资(本金)。

最常见的流动性资产有短期国库券、联邦资金贷款、存单、市政债券、联邦机构债券、银行承兑汇票以及欧洲货币贷款。尽管金融机构能够通过持有更多流动性资产来巩固其流动性头寸,但这种做法也未必就能使该机构富有流动性,因为每个机构的流动性头寸同时受到其流动性需求的影响。切记:只有在金融机构能以合理的成本在需要时获得所需

> **小贴士**
> 20世纪80年代有一部惊悚影片,由克里斯·克里斯托弗森和简·方达主演,展现了因阿拉伯人提取欧元存款造成巴罗国家银行的流动性问题,以及由此引起的谋杀案,你知道这是哪部影片吗?
> 答:《金融大恐慌》(Rollover)。

数量的流动性资金时,才可以说它是具有流动性的。

资产流动性管理策略主要为小规模金融机构所采用,因为它们发现,比起依赖借款,资产流动性管理是一种风险较小的流动性管理方法,但是,资产转换并非零成本的方法。首先,出售资产意味着这些资产的未来收益(如果不出售的话)将无法实现,因而若以资产储存流动性,则当这些资产必须出售时,就会产生**机会成本**(opportunity cost),而且出售资产时还需支付交易成本(佣金)。其次,这些资产若需在市场行情看跌的情况下出售,将加大资本损失的风险。管理层必须仔细斟酌,应首先出售获利潜力最小的资产,以使未来的盈利损失最小化。再次,出售资产以增加流动性将会损害资产负债表的账面状况,因为所出售的资产通常是低风险的债券,而政府债券能给人财务状况稳健的印象。最后,流动性资产通常是收益率最低的金融资产,大量投资于流动性资产意味着放弃其他资产可能带来的更高的收益。

用资产储备流动性——主要的资产选择

流动性管理者可持有的能够随时变现的流动性资产主要有以下几种:

- 美国短期国库券——美国政府或外国政府的直接债务,折价发行,到期以平价(面值)赎回。短期国库券的原始期限有3个月、6个月或12个月。通过证券交易商进行交易,拥有活跃的转售市场。
- 给其他机构的联邦资金贷款——存款机构持有的短期(常常为隔夜)贷款或储备。
- 在回购协议下购买流动性证券——用高品质证券作为担保品从交易商或其他借贷机构取得贷款。
- 向其他银行或存款机构存入的同业存放——这些银行间存款能够通过电话或电报在几分钟内借入或贷出。
- 市政债券和票据——由州和地方政府发行的债务证券,到期期限从几天到几年不等。
- 联邦机构债券——由FNMA或FHLMC等联邦发起机构发行的短期或长期债务工具。
- 可转让存单——投资于短期存单,持有至到期后可以变现,并且不需要支付罚金。
- 欧洲货币贷款——由某特定货币国之外的银行或分行承兑的存款工具,期限从几天到几个月不等。

11.3.2 借入流动性(负债)管理策略

几十年来,世界上的大银行大都通过货币市场借款以筹集更多的流动性资金。这一借入流动性策略亦可称之为购入的流动性或**负债管理**(liability management)——最单纯的模式就是借入足够的流动性资金来满足预期流动性需求。时至今日,仍有许多金融机构使用这种流动性策略。

借入流动性资金有很多优势。与以资产形式储存流动性不同,金融机构只有在确实需要资金时才选择去借款,而以资产形式储存流动性时,任何时候都需要保持大量或至少部分的流动性资产,由于这些流动性资产收益率很低,从而降低了潜在收入。如果金融机构对其现期持有资产感到满意,利用借入资金将可使其资产组合的数额和构成保持不变,相反,以出售资产的方式满足负债产生的流动性需求(比如存款提取)将使金融机构持有的总资产减少,从而缩小金融机构的规模。另外,如第7章所述,负债管理将借入资金的出价利率作为调控杠杆,如果借款机构需要更多的资金,它仅需提高其借入利率直到所需资金流入;如果所需资金较少,则可以适当调低借入利率。

存款机构借入流动性资金的主要来源包括大额可转让存单(100 000美元以上)、联邦资金借款、回购协议、欧洲货币借款、联邦住宅贷款银行放款、在某一国家或地区中央银行的贴现窗口借款(见"借入流动性——主要的资产选择",对这些工具的描述)。负债管理技巧主要为大型商业银行所广泛应用,这些银行将近100%的流动性需求需要以借入方式满足。

由于货币市场利率易变以及信贷可得性变化极快,借入流动性是风险最大的解决流动性问题的方法(但其预期收益也最高)。金融机构常常不得不在最难借入流动性(从成本和可得性两方面考虑)的时候借入,借入成本往往不确定,加大了净盈利的不确定性。此外,陷入财务困境的金融机构常常最需要借入流动性资金,因为当金融机构陷入困境的消息传出以后,储户就会开始提取存款;同时,考虑到贷款风险,其他金融机构也不愿对其提供贷款。

借入流动性——主要的资产选择

当出现流动性赤字时,金融机构通常可以从以下来源借入资金:
- 联邦资金借款——在其他货币市场放贷人处的储备,可以立即获得。
- 在回购协议下,向资金暂时盈余的金融机构出售流动性强、风险低的证券。回购协议通常规定一个固定的利率和期限,但重续的回购协议仍然有效,除非借款人或贷款人中的某一方终止该贷款协议。
- 向大公司、政府单位、富有的个人发行大额可转让存单(100 000美元以上),期限从几天到几个月不等,利率由发行存款机构和客户商定。
- 向跨国银行和其他公司发行欧洲货币存款,利率由这些短期国际存款的供给和需求共同决定。
- 从联邦住宅贷款银行(FHLB)系统获得贷款,该系统为住宅抵押市场的机构提供贷款。
- 可以从中央银行(如美联储或日本银行)的贴现窗口借入储备——只要借款机构手头有担保品(主要是政府债券),并与中央银行签署有借款授权的协议。通常只需要花几分钟即可。

11.3.3 平衡流动性管理策略(资产负债管理策略)

鉴于借入流动性存在的内在风险以及以资产储存流动性成本又较高,因此大多数金融机构在选择其流动性管理策略时采取中庸之道,既使用资产管理也使用负债管理。使用**平衡流动性管理策略**(balanced liquidity management),一部分预期的流动性需要以资产方式储存(主要是有价证券);另一部分预期的流动性需要则通过其他资金供应商预先安排信贷额度而获得支持;不可预料的现金需要主要由短期借款来满足;长期流动性需求可以预先计划,所需资金来自中短期贷款和证券,流动性需求增加时,可以将其转换成现金。

11.3.4 流动性管理的指导准则

多年来,流动性管理者总结出了一系列指导其行为的实际经验准则。

第一,流动性管理者必须跟踪机构内所有资金使用部门和资金筹集部门的活动,并且协调这些部门与流动性管理者所在部门的活动。例如，当商业贷款部门向客户授予了新的贷款额度时，流动性管理者就必须为额度内取款的可能性做出准备。如果定期账户和存款账户部门估计接下来的几天里储蓄账户会收到几笔大额存款，就必须将这一消息告知流动性管理者。

第二，对流动性管理负责者必须尽可能预先知道，最大的信贷客户或存款客户在什么时候计划提现或增加其存款，这就使管理部门能提前计划，并有效地处理突发的流动性盈余或赤字。

第三，流动性管理者在与高层及董事会沟通时，必须明确金融机构流动性管理的优先权和其所要达到的目标。目前，存款机构在分配资金时，流动性头寸往往是最优先考虑的对象。一般认为，存款机构很少或几乎不能控制其资金来源——资金来源是公众决定的——但存款机构能控制其资金的使用。此外，由于法律通常要求存款机构在央行储存法定准备金以满足存款储备要求，并且由于存款机构必须随时准备应对储户提现，流动性管理以及把充足的资产转为流动性资金应该具有最高优先权。如今，相对于金融机构的第一位要务——向所有合格客户提供贷款以及收费服务，流动性管理已被普遍降至配角的地位。只要贷款有利可图就应发放，而流动性管理者的任务就是寻找足够的资金满足流动性需求。

第四，流动性需求和流动性决策必须连续进行分析，以避免流动性头寸过量或不足。过量的流动性当天如果没有再投资就会造成收入损失，而流动性不足则需迅速处理，以免陷入匆忙借款或出售资产的困境，给金融机构带来重大损失。

概念测验

6. 资产管理、负债管理和平衡流动性管理之间的主要区别是什么？
7. 金融机构的管理层在管理流动性头寸时必须牢记哪些指导原则？

11.4 预测流动性需求

近年来，金融机构流动性需求的估计方法有几种：资金来源和使用法、资金结构法、流动性指示器法和市场信号（或市场约束）法。每一种方法都以一些特定的假设为基础，并只对给定时点的实际流动性需求做出近似的估计，因此流动性管理者必须随时准备在获得新信息后对流动性需求的估计进行微调。事实上，大多数金融机构都力求确保其流动性准备包括计划性的部分（最近流动性预测所要求的储备）以及保护性的部分（最近流动性预测指定的额外储备）。保护性的部分可多可少，取决于管理层对风险所持的态度——管理层在多大程度上愿意承受现金不足的可能性。

接下来我们对估计金融机构流动性需求的最常见的方法进行讨论。为明确起见，我们将集中讨论商业银行流动性的估计，因为商业银行在所有金融机构中面临的流动性管理的挑战最为典型，当然，我们所讨论的主要原则也同样适用于其他金融机构。

> **小贴士**
> 美国金融机构借入流动性资金来源增长最快的是FHLB的放款，其成本相对较低，期限较长，也比较稳定。到21世纪初，约半数的美国银行都持有未清偿的FHLB放款。

11.4.1 资金来源和使用法

我们以两个简单的事实开始，来说明**资金来源和使用法**（sources and uses of funds method）：
(1) 对银行而言，存款增加以及贷款减少将导致流动性上升；

(2) 相反，存款减少以及贷款增加将导致流动性下降。

一旦流动性来源与使用不相匹配就会产生**流动性缺口**（liquidity gap），缺口大小以资金来源和使用之间总差额的规模来衡量。当流动性来源（即存款增加或贷款减少）超过了流动性使用（即存款减少或贷款增加）时，银行将拥有正的流动性缺口，多余的流动性资金若非用来满足未来的现金需求就一定要迅速地投资于盈利资产。反之，当流动性使用超过流动性来源时，银行将拥有流动性赤字或负的流动性缺口，这时，银行必须利用最便宜、最及时的资金来源筹集资金。

以银行为例，资金来源和使用法的关键步骤如下：
- 在任意给定流动性计划期内必须对贷款和存款进行预测；
- 在该计划期内必须对贷款和存款的变化进行计算；
- 流动性管理者必须通过对贷款的变化（或其他的资金使用）及存款的变化（或其他的资金来源）进行比较来估计计划期内银行的净流动性资金是盈余还是不足。

银行采用不同的统计方法以及管理层的判断和经验，来预测存款和贷款。例如，银行的经济部门或流动性管理者可能利用下述预测模型

估计下期总贷款的变化是 [预期该国的经济增长（如国民生产总值GDP或商业销售的增长）, 预期的公司季度收入, 当前国家货币供给的增长率, 预期的银行基本贷款利率与商业票据利率的差, 估计的通货膨胀率] 的函数 (11-2)

估计下期总存款的变化是 [预期的该国个人收入增长, 估计零售业增长, 当前国家货币供给的增长率, 预期货币市场储蓄收益率, 估计的通货膨胀率] 的函数 (11-3)

应用前述模型，可以得出对存款和贷款的预测，管理者可以通过下面的公式估计出银行流动性需求

估计的下期流动性赤字（−）或盈余（+）= 估计的总存款变化 − 估计的总贷款变化　(11-4)

估计未来存款（或其他资金来源）或贷款（或其他资金使用）的一种比较简单的方法是将对未来存款及贷款的增长的预测分为3个主要组成部分：
- 趋势性部分。用过去至少10年（也可以用其他基点，但这段时间要足够长以预测变动趋势或长期平均增长率）的年终、每季度或每月存款总额作为参考点，做出一条趋势线（增长率不变），银行能依此做出估计。
- 季节性部分。它衡量在某给定周或月份里，存款和贷款比较上一年年终的存款（或其他资金来源）或贷款（或其他资金使用）会因季节性因素而怎样变化（与最近的年终存款和贷款水平相比）。
- 周期性部分。它代表与预期的总存款和贷款正向或负向的偏差（用趋势部分和季节性部分的总额衡量）。它取决于当前年份的经济表现，即经济是强劲还是疲软。

假如一家银行在过去10年里，银行存款总量的年平均增长率约为10%，贷款增长稍慢，平均每年为8%。年终时银行总存款达12亿美元，未偿还的总贷款达8亿美元。表11-1列出了新的一年前6周中，银行估计每周存款和贷款是多少。第1栏列出的周存贷款的趋势数字是10%的计划年存款率和8%的计划年贷款率在一周上的体现。为找出第2栏中所示的季节性因素，就要

把过去10年里每周平均（趋势）存款和贷款额与这一期间每年最后一周存贷款的平均水平做比较。假设本周对上一年末的季节性比率与往年各周计算出的比率一致，那么我们只需简单地在趋势性因素上加上或者减去计算得出的季节性因素。

表11-1 用资金来源和使用法预测存款和贷款　　　　　　　（单位：100万美元）

存款预测	存款趋势估计	季节性因素①	周期性因素②	预测的总存款
1月第1周	1 210	−4	−6	1 200
1月第2周	1 212	−54	−58	1 100
1月第3周	1 214	−121	−93	1 000
1月第4周	1 216	−165	−101	950
2月第1周	1 218	+70	−38	1 250
2月第2周	1 220	+32	−52	1 200
贷款预测	贷款趋势估计	季节性因素①	周期性因素②	预测的总贷款
1月第1周	799	+6	−5	800
1月第2周	800	+59	−9	850
1月第3周	801	+174	−25	950
1月第4周	802	+166	+32	1 000
2月第1周	803	+27	−80	750
2月第2周	804	+98	−2	900

① 季节性因素将过去10年每周平均的存贷款水平和对应前一年的12月最后一周的存贷款水平做比较。
② 周期性因素反映了上一年每周预测的存贷款水平（根据趋势因素和季节性因素衡量）和该银行宣布的该周实际的存贷款总额之差。

第3栏中的周期性因素，是由上一年估计的趋势因素和季节性因素之和与实际的存款及贷款水平相比较得到的。若同时假设今年所受的周期性因素的影响与去年大致相同，则这两个数字之间的差额就是周期性因素的影响。最后，第4栏反映了预期的总贷款和总存款，它由趋势部分（第1栏）、季节性部分（第2栏）和周期性部分（第3栏）的总和组成。

表11-2告诉我们如何运用预期的存款和贷款的数字（如表11-1第4栏中所给的数字）估计下一期银行预测的流动性赤字和盈余。本例中，流动性管理者已经对未来6周的流动性需求做出估计。表11-2的第1栏和第2栏就是表11-1第4栏估计的总存款和总贷款数，表11-3的第3栏和第4栏计算了从上一周到下一周总存款和总贷款的变化，第5栏表示每周贷款变化和存款变化之差。一旦存款下降、贷款上升，就可能发生流动性赤字；而当存款上升、贷款下降时，银行通常都具有流动性盈余。

表11-2 用资金来源和使用法预测流动性赤字和盈余　　　　　　　（单位：100万美元）

时 期	估计的总存款	估计的总贷款	估计的存款变化	估计的贷款变化	估计的流动性赤字（−）或盈余（+）
1月第1周	1 200	800	—	—	—
1月第2周	1 100	850	−100	+50	−150
1月第3周	1 000	950	−100	+100	−200
1月第4周	950	1 000	−50	+50	−100
2月第1周	1 250	750	+300	−250	+550
2月第2周	1 200	900	−50	+150	−200

如表11-2所示，银行在接下来的3周里将有预期流动性赤字——第2周为1.5亿美元，第3周为2亿美元，第4周为1亿美元，这是因为贷款在增长，而存款却在下降。由于预测第5周存款上升、贷款下降，估计第5周有5.5亿美元的流动性盈余，而接下来的第6周会有2亿美元的流动

性赤字。对于表11-3所示的第6周的状况，流动性管理者应该做出什么样的流动性决策呢？他必须做好准备在第2、第3、第4、第6周里以最便宜、最稳妥的手段筹集新的资金，并且把第5周预期的资金盈余用于投资以图获利。

管理层现在可以开始着手计划利用哪些流动性资金渠道了。首先评估银行流动性资产的存量以确定哪些资产可以利用，然后判断是否有充足的借入资金来源。例如，银行很可能已经与其主要的往来银行建立起了借款信贷额度，流动性管理者要确保信贷额度仍然有效且足以满足预测所需的借入额。

> **小贴士**
> 近年来银行现金抢劫案件又有抬头之势，其部分原因是由于银行办公室设计的重点放在客户方便以及容易进出方面，而不是银行现金和其他资产的安全，这你知道吗？你觉得这样的决策从商业上来讲有道理吗？为什么？

11.4.2 资金结构法

估计金融机构流动性需求的另一种方法是**资金结构法**（structure of funds method）。因为商业银行经常面临大量的流动性需求，我们仍以商业银行为例来说明资金结构法估计流动性需求的步骤。第一步，估计银行存款和其他资金来源被提取从而游离银行之外的可能性，并据此将资金分类。为了说明问题，我们可以把银行存款和非存款负债分成三类：

- "热钱"负债（也称为波动性负债）——对利率非常敏感或管理层确信会在当期提取的存款和其他借入资金（如联邦资金）。
- 易变资金——该类客户存款的很大一部分（可能为25%或30%）可能在当期的某个时候从银行提走。
- 稳定资金（常常称为核心存款或核心负债）——管理层认为最不可能从银行提走的资金（除了一小部分外）。

第二步，流动性管理者必须根据适当的经营规则，为上述三种资金来源储存流动性资金。例如，流动性管理者可能决定为所有"热钱"（减去银行为"热钱"所持有的法定准备金）建立多达95%的流动性准备。该流动性准备可能包括在往来银行持有的立即可用存款，或者是能在几分钟或几小时内收回资金的短期国库券及回购协议。

对于易变资金和非存款负债的一个共同的经验法则是：持有一定百分比（如30%）的流动性储备。对于稳定（核心）资金，银行可只持有一小部分（15%或更少）作为储备。从而，银行为存款和非存款负债所安排的流动性储备如下

$$负债流动性储备 = 0.95 \times （热钱存款和非存款资金 - 所持法定准备金） \\ + 0.30 \times （易变资金和非存款资金 - 所持法定准备金） \\ + 0.15 \times （稳定的存款和非存款资金 - 所持法定准备金） \quad (11\text{-}5)$$

对贷款而言，与其他借贷机构一样，银行必须时刻准备放出高质量的贷款——要满足那些符合银行贷款质量标准的客户所提出的合理的信贷要求。银行必须保有充足的流动性储备，因为贷款一旦放出，客户通常会在数小时或数天内使用该款项，这些资金将流到其他银行。然而，银行不会拒绝优质贷款，因为贷款客户为银行带来了新存款，而这通常也是银行利息收入和其他费用收入的主要来源。

的确，目前业内有种思潮，认为借贷机构应该贷出所有优质贷款，而靠借入流动性资金满足可能的紧急的现金需求，这就是所谓的客户关系准则——管理层应该尽其可能放出所有优质贷款，以建立持久的客户关系，这将持续不断地为将来创造存款和贷款。关系银行业务是指，

银行一旦为客户办理贷款，就能继续向该客户出售其他服务，建立起多维关系，从而为银行带来额外的费用收入，并增加客户对银行的依赖度（从而提升其忠诚度）。由此推理得出的结论是，管理层必须尽量估计出最大的总贷款数额，凭借流动性储备或借款能力，全额（100%）持有实际未清偿贷款额和预测总贷款额的差额。

结合贷款和存款的流动性要求，银行的总流动性要求为

$$\begin{aligned}\text{银行的总流动性要求} &= \text{存款和非存款负债流动性需求和贷款流动性需求} \\ &= 0.95 \times (\text{热钱资金} - \text{热钱存款的法定准备金}) \\ &\quad + 0.30 \times (\text{易变资金和非存款资金} - \text{法定准备金}) \\ &\quad + 0.15 \times (\text{稳定的存款和非存款资金} - \text{法定准备金}) \\ &\quad + 1.00 \times (\text{潜在的未清偿贷款} - \text{实际的未清偿贷款})\end{aligned} \quad (11\text{-}6)$$

应该承认，上述公式中存款和贷款的流动性需求是主观的估计，主要取决于管理人员对风险的判断、经验和态度。

表11-3给出了该流动性管理方法的一个实例。第一国民银行将其存款和非存款负债分成热钱、易变资金和稳定(核心)资金，总额分别为2 500万美元，2 400万美元和1亿美元。当前银行贷款总额是1.35亿美元，但最近已经高达1.4亿美元，贷款计划以每年10%的速度增长。于是，在未来的一年中，银行贷款总额有望升至1.54亿美元（1.4+0.10×1.4），这样一来会比当前高出1 900万美元。按照管理层希望持有的存款百分比作为流动性储备，我们得出，银行需要包括流动性资产和借款能力两部分在内的共6 300万美元以上的流动性总量。

表11-3 用资金结构法估计流动性需求

(1) 第一国民银行估计，当前其存款和非存款负债组成如下：

热钱	25百万美元
易变资金（包括最大的存款和非存款负债账户）	24百万美元
稳定（核心）资金	100百万美元

第一国民银行管理层想为其热钱存款（减去3%热钱法定准备金）和非存款负债保持95%的储备，为其易变资金和借入款（减去法定准备金）保持30%的储备，为其核心存款和非存款资金（减去法定准备金）保持15%的储备。

(2) 第一国民银行贷款总计为1.35亿美元，但最近却高达1.4亿美元，每年的趋势增长率约为10%。银行准备在任何时候都满足达到贷款质量标准的贷款请求。

(3) 银行的总流动性需求如下：

即，存款/非存款资金加贷款

$$0.95 \times (25 - 0.03 \times 25)$$
$$+ 0.30 \times (24 - 0.03 \times 24)$$
$$+ 0.15 \times (100 - 0.03 \times 100)$$
$$+ 140 \times 0.10 + (140 - 135)$$
$$= 23.04 + 6.98 + 14.55 + 19.00$$
$$= 63.57 \text{（百万美元）（以流动性资产和额外借款能力方式持有）}$$

很多金融机构喜欢用概率来估计应该为其存款和贷款持有流动性的总量。使用这种细分的资金结构法，流动性管理者要先定义出可能的最佳流动性头寸以及最差流动性头寸，并把这些情况用概率尽可能地表现出来。例如：

(1) 可能的最差流动性头寸。假设存款增长远远低于管理层的预测，那么实际的存款总额有时会低于银行历史最低存款增长记录；同时，假设合格信贷客户的贷款请求大大高于管理层预期，就会使贷款要求高于银行贷款增长记录的历史最高点。在这种情况下，由于存款增长不可能为贷款客户全部所需资金融资，银行面临的可用流动性储备压力最大。在这样最差的情况下，

流动性管理者将不得不为大规模的流动性赤字做好准备,并制订筹集大额流动性资金的计划。

(2) 可能的最佳流动性头寸。假设存款增长远远大于管理层预期,达到银行存款增长记录的最高点;同时,假设贷款需求大大低于管理层的预期,沿着最低路径增长,达到银行贷款增长记录最低点。这种情况下,银行面临的可用流动性储备压力最小,因为存款增长几乎能够为所有提出申请的优质贷款融资。在这种"最佳"的情况下,极有可能出现流动性盈余。流动性管理者必须做出计划,将这些盈余资金进行投资,以使银行收益最大化。

当然,对于存款以及贷款增长来说,最佳和最差的结果都不大可能发生,最可能的结果是位于两个极端之间。许多金融机构喜欢以指定给不同结果的概率为基础,计算其预期流动性需求。例如,假设银行流动性管理者认为下周可能出现的流动性情况为表11-4所述三种情况之一:

表11-4 流动性可能出现的情况

下周可能的流动性结果	估计下周平均存款额(100万美元)	估计下周平均可接受贷款额(100万美元)	估计下周的流动性盈余或赤字头寸(100万美元)	管理层给每种结果指定的概率(%)
最佳流动性头寸(存款最多、贷款最少)	170	110	+60	15
发生概率最高的流动性头寸	150	140	+10	60
最差流动性头寸(存款最少、贷款最多)	130	150	-20	25

管理层认为,下周可能的最差情况是2 000万美元的流动性赤字,但这种结果发生的概率仅有25%。类似地,可能的最佳结果是6 000万美元的流动性盈余,银行可以将其投资于有利可图的贷款和证券,但经判断,这一结果发生的概率仅有15%。最有可能发生的是中间范围——1 000万美元的流动性盈余——管理层估计其发生的概率为60%。

那么,银行预期的流动性需求是多少?我们可以用下述公式计算出答案

$$\text{银行预期的流动性需求} = \text{结果A发生的概率} \times \text{结果A下估计的流动性赤字或盈余}$$
$$+ \text{结果B发生的概率} \times \text{结果B下估计的流动性赤字或盈余}$$
$$+ \cdots \qquad (11\text{-}7)$$

上述公式的约束条件为所有概率之和等于1。

使用该公式,可以计算出银行预期的流动性需求

$$\text{银行预期的流动性需求} = 0.15 \times 60 + 0.60 \times 10$$
$$+ 0.25 \times (-20)$$
$$= 10 \text{(百万美元)}$$

平均而言,管理层必须为下周1 000万美元的流动性盈余做出安排,从现在开始就要反复研究这些预期盈余的投资选择。当然,管理层也必须备有应急预案,以防备最差的情况发生。

> **真实的银行,真实的决策**
>
> ### 2001年"9·11"恐怖袭击之后的流动性短缺
>
> 发生于纽约市的"9·11"恐怖袭击不仅摧毁了世贸中心的双子塔,也重创了银行系统。位于世贸中心或附近的拥有支付系统的银行因为无法收进或记录客户所欠的付款,也无法就其债务进行偿付,因而经历了暂时而急剧的资金短缺。下曼哈顿区世贸大厦遗址(Ground Zero)附近的银行所面临的难题如多米诺骨牌般很快传播到周边的银行。那些电子交易系统被毁坏的银行无法及时支付对其他银行的负债,其他银行也同样无法兑现其承诺。在短短几小时内,多数银行都面临着全面的流动性危机。
>
> 危机的最初信号是通过联邦结算系统(Fed Wire)——美联储的电子资金转账网络——结算的资金运动速度大幅下降,因为受恐怖袭击影响最大的银行由于不确信自己能否收到预期的收入款项而停止对其他银行转移准备金。几家在9月10日从其他机构借入准备金的银行在11日的时候已无法归还所借准备金。此外,世贸中心遗址附近的许多银行无法与其客户取得联络以说明当时所发生的情形,也不能更新交易记录或者交付承诺给客户的证券。同时,由于几家银行不敢再向外放贷,力求持有现金以应对可能的流动性短缺,美国经济开始感受到"9·11"袭击的冲击。
>
> 然而,就在数小时之后,系统开始恢复工作,在9月14日已经基本恢复正常运行。在经历了如此严重的流动性危机之后何以如此快的得以恢复呢?这是因为美联储——所谓的"最后贷款人"——及时果断地采取了措施。9月11日上午10时,联储宣布"联邦储备系统依然开放经营,贴现窗口可以满足任何流动性需求"。与此同时,联储暂停对透支银行的处罚,并通过公开市场操作的手段向联邦资金市场投放新的资金。贴现窗口贷款从平均1亿美元上升到9月12日的450亿美元,而联储的公开市场交易柜台的交易从每天平均35亿美元上升到当天的380亿美元。由于联储行动迅速,并向银行系统注入大量的流动性资金,同时各个银行也努力恢复与客户的沟通联络,流动性危机很快就平复了。

11.4.3 流动性指示器法

许多金融机构根据经验和行业平均数估计其流动性需求,这就意味着需要使用某些**流动性指示器**。比如,对于存款机构来说,经常使用的流动性指示器有以下几种:

- 现金头寸指示器:现金和同业存款÷总资产。比值较大则意味着存款机构拥有较强流动性以应对即时现金需求。
- 流动性债券指示器:美国政府债券÷总资产。将持有的最易出售的债券和其资产组合总额相比,该比值越大,存款机构的头寸就越具流动性。
- 净联邦资金及回购协议头寸:(出售的联邦资金加反向回购协议−购入的联邦资金加回购协议)÷总资产。它衡量隔夜贷款对隔夜借入储备的相对重要性,比率上升则流动性增加。
- 能力比率:净贷款及租赁÷总资产。这实际上是一个负流动性指示器,因为贷款和租赁通常是流动性最差的资产。
- 担保证券比率:担保证券÷持有证券总额。这也是一个负流动性指示器,为支持政府存款而用做担保的证券比例越大,当流动性需求上升时,可出售的证券就越少⊖。

⊖ 见第10章对抵押证券的性质及应用的讨论。

- 热钱比例：货币市场（短期）资产÷波动性负债＝（现金和存放于其他存款机构的同业存款＋短期证券＋联邦资金贷款＋反向回购协议）÷（大额存单＋欧洲货币存款＋联邦借入资金＋回购协议）。该比率反映了金融机构在其货币市场波动性负债与持有的可迅速出售偿债货币市场资产之间是否大致取得了平衡。
- 中介存款指数：中介存款÷总存款。中介存款指证券经纪人为其客户存入的打包资金（通常少于100 000美元，以获取存款保险优惠），存款机构要对其支付最高的收益率。中介存款对利率十分敏感，可能被迅速提取。存款机构持有中介存款越多，发生流动性危机的可能性越大。
- 核心存款比率：核心存款÷总资产。核心存款可定义为存款总额减去存款额在100 000美元以上的存款。核心存款主要指当地客户的小额账户，不大可能突然支取，因而流动性需求较低。
- 存款构成比率：活期存款÷定期存款。活期存款指可以通过签支票而立即取走的存款，而定期存款则有固定的到期期限，提前支取需缴罚金。该比率衡量各存款机构融资基础的稳定性，比率下降表明存款稳定性增强，对流动性需求降低。
- 贷款承诺比率：未用贷款承诺÷总资产。该比率度量在某特定时期内银行向客户承诺的信贷总额与事先确定的数额的比值。在贷款没有被提取之前，这些承诺不会在银行的资产负债表上出现。这样，对承诺而言就存在着这样一种风险：在某一时间，某特定数量的承诺将转变为真正的贷款。银行必须准备充足的流动性资金以应对客户的借款要求。该比率上升意味着未来有更大的流动性需求。

表11-5反映了最近美国参保银行的一些流动性指示器的变化趋势。这些指标显示出21世纪第一个十年中的一个衰退，因为存款机构第一次以急促的步伐将钱贷出，这侵蚀了它们的流动性（准货币）的资产。然后，2007～2009年的巨大经济衰退来袭，现金开始堆积，因为贷款发现对高质量的贷款需求几乎为零而且可能成功的新企业也越来越少。此外，客户拿到的未使用的贷款承诺也只是在苦苦挣扎的经济中蒸发。

表11-5　最近美国参保银行的流动性指示器趋势　　　　　　　　　　（%）

流动性指示器	1985	1989	1993	1996	2001	2003	2007	2010
现金头寸指示器：								
现金和同业存款÷总资产	12.5	10.6	6.3	7.3	6.0	4.6	4.3	7.7
净联邦资金头寸：								
（出售的联邦资金－购入的联邦资金）÷总资产	－3.3	－3.9	－3.4	－3.4	－2.8	－1.2	－1.1	－1.2
能力比率：								
净贷款和租赁÷总资产	58.9	60.7	56.6	60.2	58.2	58.6	58.5	54.0
存款构成比率：								
活期存款÷定期存款	68.4	44.8	52.4	58.2	44.4	42.2	24.4	32.2
贷款承诺比率：								
未用贷款承诺÷总资产	NA	NA	NA	33.1	49.9	70.9	65.0	45.2

注：NA表示数据无法获得。
资料来源：联邦存款保险公司（FDIC）。

除了经济活动的严重衰退，还有其他因素在重塑金融机构的流动资金状况中起作用。其中一个是兼并——小的金融企业被大的机构吸收，使得幸存者更大，以至于从一个顾客的账户中取出的钱很有可能又存入另一个属于相同金融企业的客户账户中。因此，对整个金融机构的优势在于，越来越多的日常交易不会对银行的现金头寸产生很大的影响。

另一个因素是资金来源组成的趋势（尤其是存款）。当较长期的资金流入（例如长期大额可转让存单），资金来源往往更稳定，只有较少的客户提款，进而，只有更少的流动性需求。相反，短期资金流入增加了资金来源的不稳定性，从而需要更强的流动资金状况。此外，中央银行，例如美联储，会在衰退期间不定期地降低法定准备金要求，以使法律要求的现金更少。另一方面，如果准备金要求提高，通常是出于对通胀的恐惧，会需要更多的现金。于是，聪明的财务经理会不定期地发现新的和改进的方法来预测流动性需求，并满足这些需求。

本节中讨论的大约一半的流动性指标都集中于讨论流动性资产或通常所说的存储性流动性。大约剩下的一半指标倾向于关注负债或者借款的未来承诺，它们旨在主要专注于购买性流动性的形式。这些指标往往对季节和商业周期的阶段高度敏感。例如，基于资产或存储性流动性的流动性指标通常在贷款需求不断上涨的繁荣时期下跌，只在萧条时才再次上升。相比之下，基于负债或购买性流动性的流动性指标则通常在信贷需求繁荣时迅速上升，而只在经济反应迟钝时才开始下降。流动性管理者必须随时与金融市场正在发生的事件保持同步。

最后，我们也必须要注意，包罗各行业的指示器平均数常常会造成误导。每一家金融机构的流动性头寸都必须与在相似市场环境中经营且规模相近的同业者做比较才有意义。此外，流动性管理者关注的通常是流动性指示器的变化，而不是每一指示器所处的具体水平，他们想知道的是流动性的变动以及变动的原因。

11.4.4 评价流动性需求的最终标准：来自市场的信号

许多分析人士认为存在一种方法，可以评估金融机构的流动性需求以及金融机构对流动性问题处理的好坏。该方法主要着眼于金融市场约束。任何金融机构未经市场的考验都不能准确地说它是否有充足的流动性。

举例来说，流动性管理者必须密切关注以下信号：
- 公众的信心。是否有证据表明，个人和机构储户认为该机构有现金不足无法偿债的危险，从而导致存款流失？
- 股价表现。公司股价是否因为投资者认为该机构有实际或疑似的流动性危机而下降？
- 对存单及其他借款的风险溢价。是否有证据表明，金融机构对其定期存款和储蓄存款（尤其是大额可转让存单）和货币市场借款支付的利率比相同地区类似规模的其他存款机构高出很多？换句话说，金融机构是否有可能陷入流动性危机，而不得不以高借贷成本的方式支付风险溢价？
- 资产出售损失。金融机构最近是否为满足流动性需求而被迫匆忙出售资产并承受巨大损失？该类事件极其少有还是屡见不鲜？
- 履行对信贷客户的承诺。金融机构能否接受其优质客户所有合理的且有潜在盈利的贷款需求？管理层是否迫于流动性压力拒绝原本是可接受的贷款申请？
- 央行借款。最近金融机构是否被迫更经常地从其母国央行（如美联储、英格兰银行、日本银行）大量借款？央行官员是否已对金融机构借款产生疑问？

如果金融机构对上述任何一个问题的回答是肯定的，管理层就必须密切留意其流动性管理政策和做法，以判断是否需要做出改变。

概念测验

8. 金融机构经理如何运用资金来源和使用法估计流动性需求？

9. 假设某银行估计，在接下来的6个月里，其存款总额分别为112、132、121、147、151、139，而其贷款总额分别为87、95、102、113、101和124（所有数字都按百万美元计）。运用资金来源和使用法估计，该银行会在什么时候出现流动性赤字（如有）？

10. 使用流动性管理的资金结构法需要采取哪些步骤？

11. 假设某存款机构的流动性管理部门有如下估计：该机构持有1 900万美元的热钱存款和其他借据，流动性储备为80%；持有5 400万美元的易变资金，流动性储备计划为25%；持有1.12亿美元稳定（核心）资金，流动性储备为5%。该存款机构估计其贷款年增长率为8%，当前贷款总计为1.17亿美元，但最近高达1.32亿美元。如果当前对负债的储备要求是3%，该存款机构的总流动性需求是多少？

12. 什么是流动性管理的流动性指示器法？

13. 第一国民银行今天报出下列资产负债分录：净贷款和租赁为35.02亿美元；现金和同业存款为6.33亿美元；出售的联邦资金为4 800万美元；美国政府证券1.85亿美元；购入的联邦资金6 200万美元；活期存款为9.88亿美元；定期存款为26.27亿美元；总资产为44.46亿美元。你能从这些数字算出多少流动性指示器？

14. 市场约束如何用来指导流动性管理决策？

真实的银行，真实的决策

经历最严重的流动性危机

管理一家金融企业，最害怕的莫过于"挤兑"，成群的顾客或取回自己的钱，或将大量的资金转移到其他"更安全"的机构。同时，并不仅仅是存款人取走他们的钱，借款人也会因为害怕现在的贷款人失去信用而转投其他债主。在19世纪30年代大萧条时期，出现了成千的案例，有的发生在真正处于危机中的存款机构身上，有的出现在"生不逢时"但基本面良好的机构中间。对于金融机构的管理和其股东来说，"挤兑"是最严重的流动性危机。

"挤兑"最早可以追溯到罗马帝国时代。在现今，1984年芝加哥伊利诺伊国民银行倒闭案是最为严重的案例，短短60天之内该银行失去了100亿美金的存款。最终，联邦储蓄保险公司（FDIC）出台了解救方案，"国有化"该银行。该银行主要的错误在于商业贷款的过度扩张，其中很多贷款其后变为不良贷款，增速过快导致银行不得不依赖于"热钱"（如货币市场上的大额可转让存货和非储蓄型借款）来融资。当货币市场投资者得知，该银行的贷款组合出现问题的时候，"热钱"忽然离开，银行被迫向政府机构借款得以存活。

2007年英国银行诺森罗克银行也出现了同样的情况。有传言说，该银行出现严重的问题（部分是因为其大量的按揭贷款组合）导致存款人在银行分支机构排队取回自己的存款，而其他存款者也通过银行网站收回资金。数小时之间，资金流失达20亿美元。正如Milne和Wood所说，英格兰银行很快成为了"最后借款人"，同时数家银行表示对接管有兴趣。

总之，即使是对于那些规模最大的金融机构来说，流动性危机——尤其是缺乏可用资金，融资成本提高以及减少现金流的不良贷款的增加这些问题也是非常致命的。流动性管理者需要特别关注机构资金的成本和构成变化以及资产组合的质量和构成的情况。

11.5 法定准备金和货币头寸管理

金融机构流动性管理者必须具备迅速做出决策的能力,而该决策可能会对机构的盈利产生深远的影响。**货币头寸经理**(money position manager)的工作最为明显地体现了这一点。

大多数大型存款机构都会任命一个货币头寸经理,而规模较小的银行或储蓄机构则将此项工作交给有往来关系的大型存款机构(持有其存款,帮助其结算支票并满足其他流动性需求)来做。

货币头寸经理负责确保维持充足的**法定准备金**(legal reserve)——依照法律或央行规定必须在特定时期持有的资产。例如,在美国,一个合格的存款机构必须以库存现金形式持有要求的法定准备金水平,如果这还不够,还有在当地联邦储备银行的准备账户的存款。非联储体系成员的小规模的存款机构和银行,可能被授予许可在联储批准的机构持有其法定准备金存款。

美国最小规模的存款机构(按2010年的规定,持有应提准备存款约1 070万美元)都被完全免除了法定准备金要求,每年调整免提准备额,以减缓通货膨胀对存款增长的冲击,并减轻小规模存款机构的法定负担。金融公司中受到美国的法定准备金要求的有商业储蓄银行、储蓄与贷款协会、信贷联盟、提供合格存款的外国银行分支机构和在美国的其他负债。

11.5.1 关于计算法定准备金要求的规定

准备金计算 图11-1表明了联储为存款机构的准备金要求计算与维持所设定的时间,所有持有应提准备金的储蓄或其他负债的存款机构都要遵从这一规定。如图11-1所示,在当前的法定准备金计提系统[有时被称为**滞后的准备金提存制**(lagged reserve accounting, LRA)]中,日平均存款加其他应提准备金负债额是利用从周二到下下周一两周的期间内收集的信息来计算的,这段时间被称为**准备计算期**(reserve computation period)。各存款机构持有的库存现金的日平均额也是用同样的两周期间方法来计算的。图11-1所示为一个循环,对于大型的存款机构来说,下一循环会立即开始。⊖

准备金的维持 货币头寸经理计算日平均存款和机构的法定准备金要求之后,就必须应当地联邦储备银行的要求在14天(从周四到下下周三)的期间内维持存款的法定准备金需求量(减去日平均库存现金量),这个期间称为**准备维持期**(reserve maintenance period)。从图11-1可以看到,这个期间开始于准备计算期的30天之后。在滞后的准备金提存制(LRA)下,货币头寸经理在准备计算期结束之后和维持期开始之前拥有16天的滞后期,这段时间可以用来制订计划。

准备金要求 究竟要持有多少法定准备金呢?答案取决于金融机构的存款数量及其构成,同时也取决于其所处的具体时期,因为应计提法定准备金的存款的数额每年都在变化。对于交易存款——比如支票账户、可转让支付命令以及其他可进行支付的存款——2010年的准备金要求是两周期间内日平均额的3%,1 070万~5 880万美元。交易存款额超出5 880万美元的部分,

---

⊖ 文中所描述的计算法定准备要求的过程对美国最大规模的银行都适用,这些银行是每周报告银行,即每周都要向联储报告其现金头寸及其他材料。比较小的银行及合资格存款机构为数更为众多,它们大多为季度报告机构,这类机构在3月、6月、9月及12月各月的第三个周二开始以7天为计算期报告日平均储蓄余额。这些小型的存款机构必须满足每季度所确定的周平均法定准备金要求。相对地,美国最大规模的银行必须满足连续的两周时间内(每两周)所确定的法定准备金要求。

准备金要求为10%。

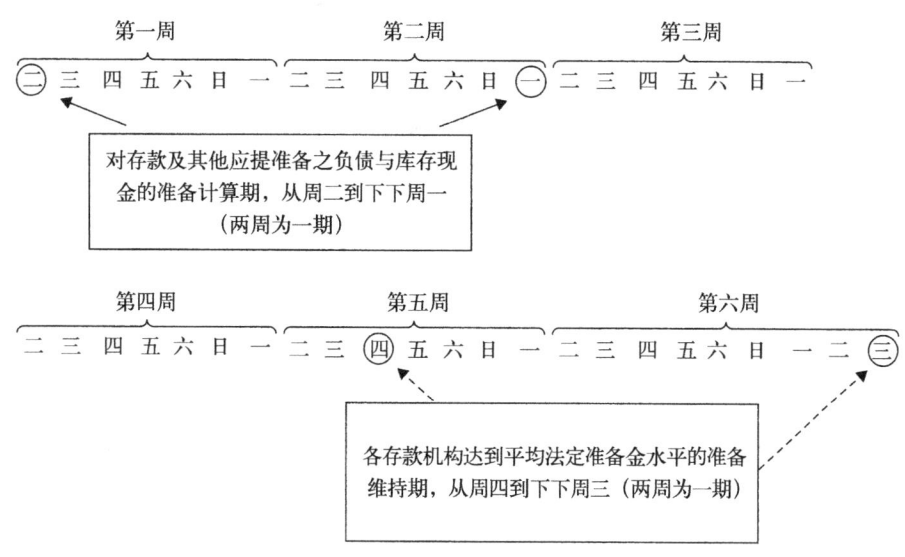

图11-1 美联储关于法定准备金计算与维持的规章（D条例）

5 880万这个数字（被称为准备部分存款）每年要根据美国存款的年增长率变动一次。根据1980年美国《存款机构放松监管和货币控制法案》的规定，联邦储备委员会必须计算出每年6月到次年6月期间所有应计提法定准备金的存款的增长率。分界点数值会根据计算出的年存款增长率的80%加以调整，高出分界点的交易存款的准备金率由3%变成10%。法定准备金每年调整一次的目的是对冲通货膨胀的影响（随着时间的推移，通货膨胀会将存款机构推向越来越高的准备金要求等级）。

准备金要求的计算 最大规模的存款机构必须持有最大数额及百分比的法定准备金，这反映了这些机构作为其自身及成千上万的较小规模金融机构的资金管理人的重大作用。然而，存款机构不论大小，其法定准备金要求都是用同一种基本计算方法得出的，每一项应提准备金负债乘以央行（美国为联邦储备委员会）规定的准备金要求百分比，得出各机构总的法定准备金要求，即

$$总法定准备金要求 = 交易存款的准备金要求 \times 计算期内日平均净交易存款额 \\ + 非交易应提准备金负债的准备金要求 \\ \times 计算期内日平均非交易应提准备金负债额^{\ominus} \quad (11\text{-}8)$$

表11-6举例说明了如何计算美国银行的法定准备金要求总额。

⊖ 净交易存款等于所有的储户可以通过支票、电话或其他交易工具进行提款的存款总额减去托收过程中的现金项目及在其他存款机构的同业存款。非个人定期存款包括存款储蓄，存单以及其他非自然人客户（即非个人、家庭或个人独资企业）的定期账户。欧洲货币负债主要指从国外办公室净借款总额。

注意，对于提供交易存款服务的金融机构，该类存款是目前为止唯一有法定准备金要求的存款类型，这相当于给存款机构增加了"税负"。金融机构为了将这一"税负"最小化，便向消费者提供非储备定期存款和欧洲货币存款，它们的准备金要求均为0。毫无疑问，银行系统内定期存款和欧洲货币存款的总额超过了交易存款（在美国，定期存款几乎是交易账户的三倍）。然而，交易账户通常支付很少的利息，或者为零利息，这有助于冲销一部分由于准备金要求而带来的"税负"。

表11-6 美国法定准备金要求计算示例

由联邦储备委员会规定的法定准备金率如下:①

净交易存款额的第一个1 070万美元的法定准备金要求是0%（所谓的免提准备额）。净交易存款从1 070万~5 880万美元部分，准备金要求为3%（所谓的低准备金部分）；净交易存款超过5 880万美元的部分，准备金要求为10%（高储备部分）；非交易应提准备金负债（包括非个人定期存款和欧洲货币负债），准备金要求为0%②

第一国民银行在14天的计算期内的净交易存款平均为1亿美元，非交易应提准备金负债在相同期间内日平均为2亿美元

该银行日平均应提法定准备金 = 0.0 × 1 070万 + 0.03 × (5 880 − 1 070) 万 + 0.10 × (10 000万 − 5 880万)
= 556.3万美元

在两周的准备金计算期内，该银行日平均持有500万美元的库存现金，因此，在其两周的准备维持期内，它应持有的额外数量的法定准备金应为

第一国民银行应筹集的日平均超额法定准备金 = 法定准备金总额 − 日平均库存现金持有额
= 556.3万 − 500万 = 56.3万美元

如今，联储官员将所谓限制和非限制存款机构加以区分。限制机构法定金要求高于其现金持有额，这意味着除了库存现金，它们必须在所处区的联邦储备银行持有额外的法定准备金。非限制存款机构持有的库存现金比法定准备金多，因而无须在联储存有法定准备金。由于法定准备金在近年来有所降低，非限制存款机构的数目有所增加

① 截至2008年4月。
② 净交易存款等于活期存款总额减去托收中的现金和同业存款。1991年，美国将原始期限不到18个月的非个人定期存款和欧洲货币负债的法定准备金率降为零。1983年，将期限为18个月或更长的非个人定期存款的准备金率定为零。

资料来源：联邦储备委员会。

存款机构一旦确定了其法定准备金要求额度，就会将该数字和其实际持有的法定准备金（库存现金和在央行的准备存款）的日平均额做比较。如果所持的法定准备金总额超过应提准备金，通常，金融公司的管理层将马上把多余的准备金投资出去以赚取额外收入，然而，在2007~2009年的全球信贷危机期间，美国储蓄机构所持有的超额准备金一再接近1万亿美元，反映出美国中央银行对私人银行创纪录的信贷扩展。起初，美联储的这些信贷扩展似乎对于拯救经济的贷款没有什么影响。然而，最终随着美联储推向更低的利率，经济状况一直在努力改善，但是非常缓慢。

相反，如果存款机构的应提准备金超过了其实际持有的日平均法定准备金额度，将会发生准备金赤字。法律要求存款机构获取额外的法定准备金来弥补该赤字。实际上，现在的法规允许存款机构日平均法定准备金头寸最多有4%的赤字，只要这一短缺能由下一个准备维持期内相应的盈余来弥补即可。⊖

结算余额 除了持有法定准备金外，许多存款机构还在央行持有**结算余额**（clearing balance），用以兑现支票或偿付其他债务项目。在美国，使用联储支票结算系统的存款机构都必须维持最低限度的结算余额。

结算余额规章和法定准备金要求一样，要求存款机构在两周期间内在其结算账户维持最低日平均额度。当余额少于最低额超过2%时，必须提供额外资金将其补足。如果结算账户内余额超出最低额度，该超出部分可视为额外准备缓冲，有助于防止法定准备金账户赤字。

⊖ 2006年9月，美国国会批准美联储对各存款机构在联储银行的准备金余额按季度支付利息，这在之前是没有的。然而，新法规要求延迟至2011年再对准备金余额支付利息，因为联储支付利息会减少美国财政部每年从联储银行获取的收入。（美联储的收益主要由大量政府证券资产组合和合格存款机构贷款所产生的利息收入构成。）最近美联储向国会关于是否提前利息支付的开始日期征询意见，认为这样有助于稳定法定储备金的数额和联邦资金利率——美联储实行货币政策的主要工具之一。

存款机构持有结算余额就可获得信用,从而可以弥补使用联储服务(如兑现或托收支票、使用FEDWIRE——联储电子资金划拨服务等)的成本。持有从联储结算余额所能获得的信用额度取决于账户平均余额的规模和该期联邦资金的利率水平。比如,假定某银行在两周的准备维持期内,平均每日有100万美元的结算余额,且同一时期内联邦资金平均利率为5.5%,则该银行可以获得的联储信用为

$$平均结算余额 \times 联邦资金年率 \times 14天/360天$$
$$= 1\,000\,000 \times 0.055 \times 0.389 = 2\,138.89\,(美元) \tag{11-9}$$

一年按360天计,则该银行最多可以申请2 138.89美元支付联储服务使用费的费用。2008年10月,美联储开始对储蓄机构的法定准备金余额支付利息。

11.5.2 影响货币头寸的因素

存款机构的货币头寸受到很多因素的影响。表11-7列出了一些影响因素,其中最重要的是每日结算的支票和其他票据额度、在存款机构和央行的库房间往返的通货和硬币量、购入和卖出政府债务以及在联邦资金(银行间)市场上的借贷。其中一些因素很大程度上是管理层可以控制的,其他的则基本是不可控的,管理层需要对这些不可控因素做出预测并迅速反应。

> **小贴士**
> 存款机构最初的隔夜账户是面向企业的,将企业的支票账户(通常为隔夜)转成储蓄存款或者表外有息投资。

表11-7 影响存款机构货币头寸的因素

可增加法定准备金的可控因素	可减少法定准备金的可控因素
出售证券	购入证券
证券的利息支付	对持有银行证券的投资者进行利息支付
从联邦储备银行借入准备金	偿还联邦储备银行的贷款
从其他银行购入联邦资金	向其他需要准备金的机构出售联邦资金
回购协议下出售证券	回购协议下购入证券
向客户出售新存单、欧洲货币存款或其他存款	收到从联邦储备银行向银行发放的通货和硬币
可增加法定准备金的不可控因素	**可减少法定准备金的不可控因素**
所收到存款支票额高于取款支票额,在当地结算所持有盈余头寸	所收到取款支票额高于存款支票额,在当地结算所持有赤字头寸
向联储发送贷款申请从而获得的贷款,银行收到的票据	美国财政部从银行的税收和贷款账户提取资金的要求
美国财政部存入银行的税收和贷款账户的存款	收到联邦储备银行因兑现该银行准备金账户支票而寄来的借记通知
先前送到联邦储备银行托收的支票获得的信用(延迟可得项目)	大额存款账户提款,通常为电报即时提取

近年来,美国的存款机构在联邦储备银行所持有的法定准备金数量急剧下降,目前,存款机构在12家联邦储备银行所持准备金不到20世纪90年代中期的一半。准备金急剧下降主要归因于**隔夜账户**(sweep account)的出现。隔夜账户是一种银行服务,联储允许存款机构提供此类服务,使得存款机构可以将客户存入的资金从有储备要求的账户(活期支票账户或交易账户)转成(通常为隔夜)再回购协议、货币市场资金股份或者储蓄账户(通常没有准备金要求)。隔夜账户给提供该类业务的存款机构带来很大的好处,因为这种服务能够在不影响储户使用支票账户的同时保证能够进行支付和应对提款,从而降低了总体资金成本。

当前,隔夜账户规模急剧增长,约涉及5 000亿美元的存款余额,极大地降低了存款机构

的总准备金要求。因为可以利用联邦储备银行的网站追踪每天流入或流出其准备金余额账户的大额美元支付,类似的转移活动大大增多,使得货币头寸经理每天能更好地规划法定准备金头寸。存款机构提供的隔夜账户服务包括零售业务(包括个人和家庭的支票和存款账户)和企业业务(可签发支票的商业存款余额可以隔夜转成商业储蓄存款,或者从企业的资产负债表中移出变成有息投资,且几小时后即可收回)。

由于近期《多德—弗兰克金融改革法案》的通过,隔夜账户市场很有可能在形式和重要性上发生改变。这个法案中的许多附加条件结束了存在了约75年的对银行向商业支票账户支付利息的禁令。20世纪30年代的美国国会认为,很多银行因为向商业存款支付利息而陷入困境。最近的研究则表明恰恰相反。现在银行可以对企业存款展开竞争,更加容易地把过去那些常流到国外的资本吸引回来,并将现金账户带回到它们在美国国内的总部。

货币头寸经理的最主要目标是将法定准备金保持在所要求的程度,即没有盈余也不会因赤字而遭受罚款。如果存款机构持有盈余准备头寸,它将向其他法定准备金短缺的存款机构出售联邦资金,如果盈余持续时间较长则可以购买证券或者发放新的贷款。如果存款机构存在法定准备金赤字,一般要买入联邦资金或从当地联邦储备银行借款。如果赤字规模特别大或者将持续较长时间,存款机构将会卖出其有价证券并减少放款。

一个例子 表11-8举例说明了银行如何每天记录其准备金头寸,该例也阐明了资金经理的首要问题——在准备金维持期内,每天记录哪些交易影响该银行在当地联邦储备银行的法定准备金数量。在本例中,资金经理估计银行在当地联邦储备银行的储备账户上平均每日需要存有5亿美元,然而,当新储备维持期第一天(星期四)结束时,银行持有5.5亿美元的准备金头寸。第二天(星期五),银行的资金经理利用该盈余准备金头寸购入1亿美元的美国财政部债券。结果造成1.3亿美元的准备金赤字,大大超过预期,部分原因是由于有-8 000万美元的结算余额(银行收到的提款支票多于来自其他银行贷记于其客户账户的存款)。

为消除准备金账户的巨大赤字,资金经理在星期五下午从联邦储备银行的贴现窗口借入5 000万美元,然而这于事无补,因为星期六和星期天(在星期六和星期天大多数银行和存款机构都歇业)的准备金头寸与星期五相同,从而星期五1.3亿美元的准备金赤字导致了整个周末3.9亿美元(3×1.3亿美元)的累计赤字。如果资金经理不从联储借入5 000万美元,星期五的赤字将达到1.8亿美元,这样整个周末的赤字将高达5.4亿美元(3×1.8亿美元)。

表11-8中的银行,直到该准备金维持期内的下个星期五,仍然在低于日平均5亿美元法定准备金的状况下经营。这一天,银行做出了一个命运攸关的决定:决定借入1亿美元联邦资金,同时出售5 000万美元联邦资金给其他存款机构。然而,很不幸的是,银行直到星期五这一天结束才意识到,由于储户大量签发提款支票,银行的结算余额已达到-7 000万美元,结果银行的准备金赤字又增加了1 000万美元,在星期五歇业时达到4.8亿美元。同样,由于星期五的余额转到星期六和星期天,资金经理在星期一早上就面对着4.1亿美元的累计准备金赤字,在准备金维持期结束前,只剩星期一、星期二、星期三三天来弥补该赤字。

正如我们前面所说,联邦准备金条例要求银行准备金赤字在日平均储备水平的4%以内,否则要为其赤字4%以上的部分支付罚款。为免遭罚款,资金经理马不停蹄,在星期一借入2.5亿美元的联邦资金,星期二借入1亿美元,两天内注入了3.5亿美元。在准备金维持期的最后一天

> **小贴士**
>
> 关于存款机构的准备金及流动性管理的两个最重要的法规是联邦委员会颁布的D条例和Q条例。Q条例规定了存款机构对存款的最高利率,而D条例则对计算和满足法定准备金要求进行了规定。

（银行结算日）——星期三，银行又在联邦资金市场借入了7 000万美元，该例中的银行才以零准备金赤字的成绩结束了这一维持期。

表11-8 银行货币头寸每日评估计划 （单位：100万美元）

准备金维持期间	联储要求的日平均余额	银行在联邦储备银行持有的存款余额的每日调整情况							联邦储备银行日平均余额	法定准备金头寸盈余或赤字	累积法定准备金盈余或赤字	在联储的累积清算余额
		联邦资金交易		联储贴现窗口		财政部债券		支票清算				
		购入(+)	出售(−)	借入(+)	偿还(−)	赎回(+)	购入(−)	贷记(+)	借记(−)			
上期转入法定准备金盈余(+)或赤字(−)：										0		
周四	500	+50	−25		−25			+50		550	+50	+50	550
周五	500		−25	+50			−100		−80	370	−130	−80	920
周六	500			+50			−100		−80	370	−130	−210	1 290
周日	500			+50			−100		−80	370	−130	−340	1 660
周一	500		−25		−50			+40		465	−35	−375	2 125
周二	500	+50							−25	525	+25	−350	2 650
周三	500					+50			−60	490	−10	−360	3 140
周四	500							+10		510	+10	−350	3 650
周五	500	+100	−50						−70	480	−20	−370	4 130
周六	500	+100	−50						−70	480	−20	−390	4 610
周日	500	+100	−50						−70	480	−20	−410	5 090
周一	500	+250					−25	+15		740	+240	−170	5 830
周二	500	+100								600	+100	−70	6 430
周三	500	+70								570	+70	0	7 000
累计	7 000												
日平均	500												

联邦资金市场的利用 上例中的银行不得不在短时间内匆忙弥补大额的准备金赤字，它选择了从**联邦资金市场**（federal funds market）大量借款。从联邦资金市场可以最廉价地借入法定准备金，但同时联邦资金市场的波动性也很大。

联邦资金市场的有效利率每秒钟都在变化，货币头寸经理必须与日联邦资金有效利率的变化（向上的或向下的）保持同步。有一个因素可以帮助货币头寸经理预测从联邦资金市场借入资金成本的变化情况，即联储通常设定一个联邦资金利率标准，然后周期性地（通常是每天一次）进行调整以使当前利率接近目标利率。如图11-2所示，日有效资金利率在联储的目标利率附近徘徊，通常相差不过几个基点。预测资金利率何时变化以及如何变化的最不可靠的一天就是银行结算日（通常为星期三），在这一天，许多存款机构都紧缺准备金，而且在当天结束时，维持期也行将到期。

联邦资金以外的选择 尽管联邦资金市场是解决法定准备金紧急短缺的最常见的方法，但货币头寸经理还是有很多其他的选择，利用资产负债表上的资产（储存的流动性）和负债（购入的流动性）来弥补赤字，如出售短期国库券或其他流动性证券、提取在其他存款机构的盈余往来余额、利用回购协议临时借款、向大客户出售新定期存款、在欧洲货币市场借款等。货币头寸经理的任务就是在综合考虑成本、风险以及其他因素后做出最佳选择。

银行规模以及借入或借出准备金 近来关于货币头寸管理的研究表明，小型存款机构一般会保持准备金盈余，在贷款需求疲软时尤其如此，因此，它们会将盈余资金借给大型机构。小型存款机构的准备金赤字如果有也是在准备金维持期末发生。相反，大型存款机构每天都存在准备金需求，而且大多数时候都需要从货币市场借款。

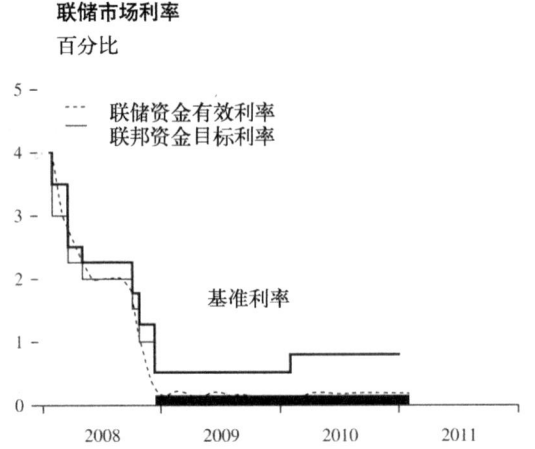

图11-2 联邦资金有效利率的变动、目标利率以及贴现率

注：数据自2008年12月16日，联邦公开市场委员会将预期联邦基金利率作为一个范围报告开始有效。
资料来源：Federal Reserve Bank of St. Louis, *Monetary Trends*, March 2011, p. 3.

透支罚款 在美国金融体系内的存款机构的准备金日间透支处罚较轻，而隔夜透支的处罚就会比较严厉。对大多数存款机构而言，避免日间及隔夜透支并非易事，因为这些机构对于其准备金流入及流出的额度和时间只有部分的控制力，这一点前面已经谈到。为了避免遭受透支罚款，很多机构靠持有预防性余额（额外的准备金）来防止准备金账户透支。

11.6 选择准备金来源的影响因素

银行在选择利用哪种资金来源弥补法定准备金赤字时，必须仔细考虑其机构流动资金需求的若干方面：

- 资金需求的即刻性。如果必须在几分钟或几小时内弥补准备金赤字，银行通常从联邦资金市场借入隔夜贷款或从央行的贴现窗口借款。存款机构也可以通过出售存款或资产来满足非即刻的准备金需求，当然，这种方式通常需要较长时间。
- 资金需求的持续期。如果预期流动赤字仅持续几小时，通常联邦资金市场或央行的贴现窗口是比较好的资金来源；如果流动性赤字将持续几天、几周或几个月，则可通过出售资产或长期借款来弥补。
- 是否可以利用流动资金市场。并非所有存款机构都有相同的机会利用所有的资金市场，例如，较小规模的储蓄所就不能从欧洲货币市场借款或出售商业票据，银行必须将其选择的范围限定在能迅速进入的市场。
- 不同资金来源的相对成本和相对风险。各种准备金来源的成本每天都在变化，同时盈余流动性的可得性也高度不确定。如果其他条件相同，银行会利用成本最低的可靠资金。因此，银行必须密切关注货币市场和资本市场，以了解利率和信用状况的动向。
- 利率前景。在计划应对未来的流动性赤字时，银行希望利用利率最低的资金。我们在第8章已经看到，新的期货或期权合约，尤其是在芝加哥商品交易所和芝加哥期货交易所交易的联邦资金期货及期权合约和欧洲美元期货合约，有力地帮助了银行预测未来的借款成本。

- **央行货币政策前景。**央行货币政策的前景与利率预期紧密相连，它决定了货币市场信贷的方向和密度。比如，较紧的货币政策暗示着较高的借款成本，信贷可得性降低。第8章中提到的联邦资金及欧洲货币期货及期权合约对银行更有价值，有助于预测央行为影响利率会出台什么样的货币政策。
- **资金来源的法规适用。**不同的流动性资金来源是不能一视同仁地利用的。比如，从央行借入准备金通常需要借款者提供担保，在美国和欧洲，两个主要的流动性来源——联邦资金和欧洲货币市场——在交易日结束前闭市，迫使有透支危险的借款机构在此前迅速安排资金或者另觅他途。

银行必须仔细权衡每一个因素才能在不同资金来源中做出合理的选择。

11.7 全球央行的准备金要求

值得注意的是，并非所有央行对其管理的存款机构都有法定准备金要求。例如，英格兰银行就没有为其所辖银行规定准备金要求。全球的趋势是取消、暂停或越来越少地使用法定准备金要求这一工具，部分原因是其很难控制。一个明显的例外是欧洲央行（ECB），其准备金要求对欧洲银行具有约束性，这些银行要不断评估其可能需要多少流动性资金来满足现金需求。

最后，必须意识到一点：即使央行完全不要求法定准备金，存款机构自己也应该保留部分现金。所有的存款机构都可能在某一时刻需要立即可用的资金来满足客户提款、新贷款请求及其他紧急现金需求。在当今世界，能力高超的流动性管理者已不可或缺。

概念测验

15. 什么是货币头寸管理？
16. 货币头寸管理的主要目的是什么？
17. 存款机构的法定准备金要求是如何确定的？
18. 第一国民银行发现，在最近的准备金计算期，其净交易存款平均为1.4亿美元。用书中所给的联储规定准备金比率计算银行应提法定准备金的总额。
19. 某美国存款银行，在最近的准备金维持期内，在当地联邦储备银行持有的日平均准备金余额为2 500万美元，其库存现金日平均为100万美元，其总交易存款（银行间存款净额和托收现金项目净额）日平均为2亿美元。目前，这家存款机构的法定准备金是否不足？针对这种情况，你应向管理层提出什么建议？
20. 货币头寸经理在弥补法定准备金赤字时需考虑哪些因素？
21. 什么是结算余额？结算余额对使用联邦储备系统支票结算网络的存款机构有哪些好处？
22. 假定某银行在一段时期内持有的平均结算余额为500万美元，同时期联储资金平均利率为6%，则该银行在当地联邦储备银行持有的可用来支付联储服务使用费的款项是多少？
23. 什么是隔夜账户？为什么隔夜账户导致了美国存款机构在联邦储备银行所持总法定准备金额度大幅下降？
24. 近期的金融改革法案对于筹集短期现金有什么影响？

本章小结

对于金融机构而言,流动性管理可能是金融市场中最具挑战性的工作。在本章中,我们回顾了流动性管理的几条基本原则,并讨论了流动性管理者最常用的几种工具。本章主要知识点如下:

1. 对存款机构而言,最常见的现金需求有两种:储户提取存款和贷款请求。

2. 一般而言,流动性需求可以通过出售资产(出售储存的流动性)、在货币市场借款(购入流动性)或者二者相结合来满足。

3. 金融机构开发出了数种不同的预测当前和未来真实流动性需求的方法,其中之一是资金来源和使用法。利用该法,在一段时间内估计总体资金来源和使用情况,以资金来源和资金使用的差额来计算流动性赤字或盈余。

4. 预测流动性需求的另外一种常见方法是资金结构法,该法要求金融机构将其资金使用和来源根据提取或流失的可能性(尤其是因市场利率变化造成的提款或流失)进行分类。为提款及流失的各种情况指定某一概率,就可以用数量的方法评估未来流动性需求。

5. 还有一种方法是流动性指示器法。在该法中,需计算出金融机构资产负债表借贷两方中某几种流动性指示器的数值,流动性管理者同时要密切留意其所在机构的流动性变化趋势和动向。

6. 如今,金融机构能够利用多种渠道筹集流动性资金或借入流动性资金。资产负债表中资产方面的主要流动性资金来源包括在存款机构的往来余额以及出售政府债券和其他高流动性货币市场工具。主要借入流动性资金来源包括从央行贴现窗口借款、购入联邦资金、利用回购协议、发行存单或其他存款、借入欧洲货币存款以及发行商业票据。

7. 存款机构资金管理最具挑战性的问题都与货币头寸经理相关。货币头寸经理管理着机构的法定准备金账户。法定准备金包括存款机构持有的库存现金和在央行的存款账户。央行的存款账户由存款机构控制,可以用来在法定准备金维持期达到法定准备金要求。法定准备金不足的机构将遭到监管机构的罚款以及更紧密的监管。

8. 流动性经理和货币头寸经理在选择流动性来源时要考虑的关键因素包括:① 流动性需求的即刻性;② 流动性需求的持续期;③ 市场进入渠道;④ 相对成本和风险;⑤ 市场利率前景;⑥ 央行货币政策前景;⑦ 政府法规。

关键术语

流动性	法定准备金	资金来源和使用法
资金结构法	机会成本	结算余额
净流动性头寸	滞后的准备金提存制	流动性缺口
流动性指示器	负债管理	隔夜账户
资产流动性管理	准备计算期	联邦资金市场
货币头寸经理	平衡流动性管理	
流动性资产	准备维持期	

习题

1. Pretty Lake Hills 州立银行估计,在未来 24 小时里,将发生下述现金流入和流出(所有数字以 100 万美元计):

存款提现	100	出售银行资产	40
存款流入	95	支付股东股利	150
计划偿还的贷款	90	非存款服务收入	95
可接受的贷款申请	60	偿还银行借款	60
从货币市场借款	80	经营费用	50

在未来的24小时里，银行预期净流动性头寸是多少？银行能从什么来源满足其流动性需求？

2. Moutain Top银行预测下周的净流动性负债为1 000万美元。具体来说：预期优质贷款需求3 200万美元；必须偿还的借款1 000万美元；支付经营费用1 800万美元；计划支付股东股利500万美元；估计存款为2 600万美元；非存款服务收入1 800万美元；客户偿还贷款2 300万美元；出售银行资产1 000万美元；其他营业费用1 500美元；货币市场借款为1 500万美元。银行预测下周的存款提现额度是多少？

3. Lawrencevile第一国民银行已经预测出在未来8个月里，其支票存款、定期和储蓄存款、商业和家庭贷款的状况将如下表所示。用资金来源和使用法指出：如果这些预测正确，那么哪一个月可能有流动性赤字，哪一个月可能有流动性盈余。详细解释你将怎样处理每个月预测的流动性头寸。

（单位：100万美元）

月份	支票存款	定期和准备存款	商业贷款	消费者贷款
1月	120	550	650	160
2月	115	500	650	230
3月	100	500	700	210
4月	90	485	700	175
5月	105	465	710	160
6月	80	490	700	200
7月	90	525	700	175
8月	100	515	675	150

4. 今天（8月最后一天），King Savings正准备确定9月份的流动性需求。由于学校开学以及工商业为秋季和冬季的商品生产和服务增加存货量，该月的工商业贷款和消费者贷款数目庞大。该机构全面分析了其存款账户，并分类如下（单位为100万美元）。

管理层决定，为每一美元热钱存款持有85%的流动性资产或借入能力作为准备。易变存款的准备金率为25%，核心存款准备金率为5%。假设储蓄存款准备金率为零和4 830万美元以上的支票存款的准备金要求为10%以外，大部分存款的准备金要求是3%。目前，King Savings未清偿总贷款为25亿美元，两周以前则高达25.50亿美元。过去3年里，其贷款平均年增长率为8%。请仔细估测9月最高和最低流动性需求。

类　别	支票存款	准备存款	非个人定期存款
热钱存款	10	5	1 200
易变存款	65	152	740
稳定（核心）存款	85	450	172

5. 利用下表列出的有关Watson国民银行的财务信息，尽可能多地计算出本章所讲过的流动性指示器。你认为该银行有哪些重大的流动性趋势？管理层应进一步考查哪些趋势？

	最近一年	前一年
资产：		
现金和同业存款	345 000	358 000
美国国库券	176 000	178 000
其他证券	339 000	343 000
有担保证券	287 000	223 000
出售的联邦资金	175 000	131 000
净贷款和租赁	2 148 000	1 948 000
总资产	3 500 000	3 250 000

	最近一年	前一年
负债：		
活期存款	600 000	556 000
储蓄存款	730 000	721 000
定期存款	1 100 000	853 000
总存款	2 430 000	2 130 000
核心存款	850 000	644 000
中介存款	58 000	37 000
购入的联邦资金	217 000	237 000
其他货币市场借款	25 000	16 000

6. Your Dreams银行的资产负债表十分简单，见下表：

（单位：100万美元）

资产		负债	
现金	100	存款	4 000
证券	1 000	其他负债	500
贷款	4 000	权益	600
总资产	5 100	总负债及权益	5 100

尽管该资产负债表十分简单，但流动性管理者还是在储户提取5亿美元存款时面临了流动性挑战：
（1）若使用资产管理法，出售证券来弥补存款的不足，Your Dreams银行的规模将受到什么影响？
（2）若使用负债管理法来弥补存款的不足，Your Dreams银行的规模又将受到什么影响？

7. Your Dreams银行的流动性管理者现需要现金来满足一些未曾预料到的贷款需求，贷款经理想要放出的贷款额为6亿美元。利用上题中的资产负债表回答下列问题：
（1）若使用资产管理法，出售证券来为贷款融资，Your Dreams银行的规模将受到什么影响？
（2）若使用负债管理法来为贷款融资，Your Dreams银行的规模又将受到什么影响？

8. 假设Victoria储蓄银行的流动性管理者估计，银行下个月发生3.75亿美元流动性赤字的概率为15%，2亿美元流动性赤字的概率为35%，1亿美元流动性盈余的概率为35%，2.5亿美元流动性盈余的概率为15%。银行估计流动性需求是多少？管理层该如何决策？

9. Rain bow第一存款银行上报存款数为7 500万美元（最近两周准备金计算期的日平均额）。在最近的准备金计算期，非个人定期存款日平均为3 700万美元，库存现金计算期的现金平均额为500万美元。假设交易存款的准备金要求是：未清偿总额在1 070万美元以上5 880万美元以下的准备金率为3%，未清偿总额在5 880万美元以上的部分按10%计算，定期存款要求的准备金率为3%。计算该存款机构在当地联邦储备银行应持有的日平均法定准备金额。

10. 在星期二营业结束时，Elton Harbor国民银行在区联邦储备银行累积有4 400万美元的法定准备金赤字。银行必须在第二天（星期三）营业结束时弥补该赤字。该银行资金主管考察了当前货币市场的结构和长期利率的分布状况，发现：

货币市场工具	当前市场收益率（%）
联邦资金	1.98
央行贴现窗口借款	2.25
商业票据（1个月）	2.33
银行承兑汇票（3个月）	2.30
存单（1个月）	2.52

(续)

货币市场工具	当前市场收益率（%）
欧洲美元存款（3个月）	3.00
美国短期国库券（3个月）	1.85
美国中长期国库券（1年）	2.57
美国中长期国库券（5年）	3.65
美国中长期国库券（10年）	4.19

一周前，该银行从联储贴现窗口借入了2 000万美元，昨天已归还。在前一准备金维持期，银行有500万美元的法定准备金赤字。从银行角度来看，哪种准备金来源更可利用？你认为应以哪种来源弥补银行法定准备金赤字？为什么？

11. Gwynn's zsland建筑与贷款协会估计，在今天（星期四）开始的准备金维持期内，其在联储的法定准备金头寸信息如下：

（单位：100万美元）

在联邦储备银行应存的日平均余额	=760
一周前银行从联储贴现窗口借入并将于下个星期五到期的贷款	=70
代表该机构及其客户计划购入的美国国库券	
明天（星期五）	=80
下星期三	=35
下星期五	=18

Gwynn's Island建筑与贷款协会在前一准备金维持期的准备金赤字为500万美元。在未来两周内，该机构在维持法定准备金头寸时将可能出现什么问题？以从联邦资金市场和从联储贴现窗口贷款作为管理银行准备金头寸的来源，为该机构在未来两周内的准备金头寸建立一张事前日工作表。对于在贴现窗口借款和在联邦资金市场买卖资产做何调整，提出你的计划。你打算怎样管理机构的法定准备金头寸以达到你期望的准备目标。

（单位：100万美元）

日	贷记余额（+）	借记余额（−）
1	+10	
2		−60
3	歇业	
4	歇业	
5		−40
6		−25
7	+30	
8		−45
9		−5
10	歇业	
11	歇业	
12	+20	
13		−70
14	+10	

12. Lathrop银行和信托公司在最近两周准备金计算期内持有的日平均存款和库存现金额计算如下：

（单位：美元）

净交易存款	90 000 000
到期期限18月以下的非个人定期存款	169 000 000
欧洲货币负债	7 000 000
库存现金日平均余额	2 000 000

假设联邦储备委员会公布的法定准备金要求是:

净交易账户:	
930万~4 390万美元	3%
超过4 390万美元	10%
非个人定期存款:	
18个月以下	3%
18或18个月以上	0%
欧洲货币负债	3%

该机构总的法定准备金是多少?该机构在当地联邦储备银行的日平均准备额须为多少?

13. Frost Street国民银行现持有7.5亿美元的交易存款(须提存款准备),但已对交易存款客户进行了隔夜账户安排,涉及资金1.5亿美元。按照目前交易存款的法定准备金要求(本章已提到),由于新的隔夜账户安排,隔夜协议涉及的交易存款余额将隔夜转入储蓄存款,这使得该银行总的法定准备金减少多少?

14. Sweetbriar存储协会在当地联邦储备银行持有结算账户,并且须保持最低3 000万美元的余额。在结束于今天的两周准备金维持期中,Sweetbriar存储协会保持了3 300万美元的平均结算余额。如果联邦资金利率在这段维持期内平均利率是1.75%,该机构最多有多少联邦信用资金可用于冲销联储服务费用?

第五部分

银行及其主要竞争者对资金来源的管理

第12章 存款服务的管理和定价
第13章 非存款负债的管理
第14章 投资银行业务、保险及其他费用收入来源
第15章 资本管理

第12章 存款服务的管理和定价

学习要点

- 存款账户的类型；
- 变化的存款结构和存款成本；
- 存款服务的定价；
- 有条件的存款定价；
- 存款保险覆盖准则；
- 存款期限；
- 基本（生命线）银行服务。

作为道琼斯历史上最著名的总裁和《华尔街日报》前任主编，巴尼·基尔戈（Barney Kilgore）曾经提醒他的员工："不要为银行家而要为银行的顾客写银行的故事，因为储蓄者远比银行家的数量多。"巴尼是明智的。全世界平均一个银行家就对应着成百上千个储蓄者，储蓄账户是大多数（但并不是所有）银行的第一资金来源。

在表述银行的工作内容和它在经济中的重要作用时，储蓄是一个重要因素。银行管理人员和一般职员能否从企业和居民处吸收支票和储蓄存款，可以作为衡量银行受公众认可程度的重要标准。存款构成了贷款的主要资金来源，因而是银行利润和发展的源泉。衡量银行管理效率的重要指标是，是否能以尽可能低的成本吸收存款以及是否有充足的存款支持银行想要发放的贷款。⊖

上段最后一句话突出了所有存款机构在存款管理中必须应对的两个关键问题：① 从何处以尽可能低的成本吸收资金；② 管理层如何确保机构始终有充足的存款来支持贷款发放及其他社会所需的金融服务？上述两个问题都不容易回答，特别是在当今竞争激烈的金融市场更是如此。大量银行和非银行金融机构提供相似的服务，例如货币市场共同基金的股票账户、经纪行公司和保险公司提供的现金管理账户、信贷协会提供的生息可开支票账户、储蓄和贷款。因而，上述银行和非银行金融机构的定价安排和竞争策略极大地影响了它们向社会提供的存款服务的成本和数量。在当今的银行业中，存款计划、服务提供方式（在电子方面的加速发展）和定价安排方面的创新日益活跃。对于银行来说，落后于竞争对手的存款定价和营销计划就意味着失去客户和利润。

本章将介绍存款机构所提供的不同类型的存款服务，同时，还将考察存款机构向社会所提供的存款服务及相关服务的不同定价方法，探究政府有关存款的规定对存款服务的影响。

⊖ 经出版商许可，本章部分内容是依据本书作者近期刊登于《加拿大银行家》的文章编写的。

12.1 存款机构提供的存款服务类型

由于存款机构提供的存款服务项目很多，范围很广，客户常常搞不清楚这些存款服务的内容。就像Baskin-Robbins冰淇淋店有31种冰淇淋一样，目前用来吸引客户资金的存款计划至少有31种。每一种存款计划各具特色，以尽可能地满足企业和居民的储蓄需要及对商品和服务的支付需要。

12.1.1 交易（支付）存款

存款机构最古老的一种存款服务就是代理客户承办支付事项，这种交易（活期）存款服务要求金融机构迅速承兑客户本人或其指定取款人的提款。交易存款包括普通无息活期存款和有息活期存款。前者没有现付利息，但向客户提供支付服务、资金存放服务和通过电子系统对支票和信用卡交易进行记录的服务。后者除了提供上述所有服务之外，还向存款人支付利息。

> **小贴士**
> 2003年，由于借记卡的迅猛发展，美国历史上第一次出现了交易存款账户通过支票交易的数额小于电子支付额。

无息活期存款 1933年《格拉斯—斯蒂格尔法案》通过之后，美国禁止向普通支票账户支付利息。当时的国会担心向可以随时提取的存款支付利息可能会危及银行安全，后来研究者发现这种担心没有依据，但是由于客户提取活期存款不用事先通知存款机构，因此活期存款是存款机构稳定性和可预测性最差的资金来源，其潜在的到期期限也最短。绝大多数的无息活期存款是企业持有的。2009年美国国会通过了《华尔街改革和消费者保护法案》，允许银行向企业提供活期存款以支付这些账户的利息。

有息活期存款 现在很多客户把资金转入其他类型的生息可开支票型存款。20世纪70年代英国最早出现了支票-储蓄混合存款，其表现形式是**可转让支付命令账户**（negotiable order of withdrawal, NOW）。可转让支付命令账户是一种支付利息的储蓄存款，提供该服务的存款机构有权要求客户在提取这种存款时预先通知存款机构。由于存款机构很少使用上述权利，因此可转让支付命令账户基本上就像活期存款一样用于商品和服务购买款项的支付。1980年《存款机构放松监管与货币控制法案》获得通过后，1981年起银行可以在全国范围内提供可转让支付命令账户服务，但是，只有个人和非营利机构可以开设可转让支付命令账户。在可转让支付命令账户在全国合法化的同时，议会也批准存款机构提供自动划拨服务（ATS），从而客户可以预先授权存款机构将储蓄账户中的资金划拨到支票账户上，以弥补透支金额。这实际上导致向交易账户余额支付的利息相当于储蓄账户的利息。

1982年《甘恩—圣哲曼储蓄机构法》获得通过后，美国创造了另外两种重要的有息交易账户。银行和储蓄机构可以提供能与货币市场共同基金的股票账户（这种股票账户的利息较高，也不受监管，还有一批高质量的证券支持）相竞争的存款服务，从而产生了**货币市场存款账户**（money market deposit accounts, MMDA）和**超级可转让支付命令账户**（SNOW），这两种账户提高了货币市场利率的灵活性，同时存款人也可以通过支票或事先授权的支票支付商品和服务费用。

货币市场存款账户（MMDA）是一种短期存款，其期限可能只有几天、几周或几个月。存款机构可以开出足够优惠的利率，从而吸引和留住客户的存款。按照规定，客户每个月最多可以开出六张预先授权汇票，但是只能开三张取款支票。客户自己提款不受限制（但存款机构设定了客户自己提款的最高限额和最多次数）。与可转让支付命令账户不同的是，个人和企业都可以开设货币市场存款账户。

超级可转让支付命令账户几乎与货币市场存款账户同时获得批准,但只有个人和非营利组织可以开设这种账户。存款人可以不受限制地开出支票,但是较货币市场存款账户而言,存款机构在超级可转让支付命令账户业务上的收益较低,这是因为客户可能更频繁地从这种账户中提款。此外,联邦监管机构如今将货币市场存款账户归入储蓄存款,而非交易(支付)存款。鉴于货币市场存款账户赋予客户开出支票的权利,本书将其归入交易账户。

移动应用——对交易存款和潜在客户的影响 最后,交易存款领域当前最热门的是移动支票存款。这主要针对移动客户设计,用户用带有相机功能的智能手机(如iPhone或黑莓),将背书支票的正面和背面拍照,并将这些信息上传至其存款账户,不论他们在哪里,将立即收到寄出存款的确认。可用此类安全措施来提供安全保障,如双因素身份验证登录;近期存款只在参与的存款机构允许时才可见,照片的清晰度也可以修正和改进。

这种移动存款创新最初只集中于行业领导者,如摩根大通、合办事银行和美国银行。然而,许多小的存款机构也将很快提供这一服务,银行和信贷联盟都宣传其可以从家里、公司、购物中心和成千上万的其他更方便的地点动用存款的能力。未来的关键问题包括:

(1) 有了手机的数字化服务,谁还愿意写支票呢?
(2) 构建和操作分支机构和自动取款机的用途是什么?
(3) 有了手机交付,有什么令人信服的理由可以使客户亲自去存款机构?
(4) 手机银行能给行业带来什么样的吸引新存款和新的收入来源的机会?
(5) 全球范围内,与存款持有者相比,手机用户与潜在客户的比例是多少?

越来越多的电子支付服务(如PayPal)在代替银行和存款机构收取消费者的资金。银行在商场收取刷卡费的份额也因电子交易的接管而下降。

12.1.2 非交易(储蓄或节约)存款

考虑到应付未来支出或资金困难的需要,有些客户想预先保存一笔钱,而**储蓄存款**(thrift deposits)(或节约存款)就是为了吸引客户的这种资金而设计的。这种存款的利率通常比交易存款的利率高得多。虽然对存款机构而言,储蓄存款的利率成本较高,但其处理和管理成本通常较低。

正如存款机构多年来只提供一种基本的交易存款(普通支票存款账户)服务一样,储蓄存款计划也是如此。存款机构出售给家庭客户小面额的**存折储蓄存款**(passbook savings deposits),通常最低5美元就可以开设一个存折储蓄存款账户,并且不对客户的提款做出限制。虽然从法律上讲,存款机构有权要求存折储蓄存款人在提款前事先通知机构,但实际上很少有存款机构固守这一技术细节,原因就在于存折储蓄存款的利率较低,并且一般比较稳定,对利率变化也没有太大反应。与个人、非营利组织和政府一样,企业也可以持有储蓄存款,但是美国企业的储蓄存款不得超过15万美元。

有些存款机构提供结算单储蓄存款,并且只用电脑记账处理。客户每月可以获取存款、取款、利息收入和账户余额方面的电脑打印单或电子单据,但是许多存款机构仍然沿用传统的存折储蓄存款,给客户一个存折或电子消息,上面载明账户余额、利息收入、存款和提款的信息以及存款机构和存款人都须遵守的规则。

多年来,存款机构向富有的个人和企业提供固定期限(通常是30天、60天、90天或180天)和固定利率的**定期存款**(time deposits)。最近,存款机构又提供了利率定期调整的定期存款

(如利率每90天调整一次，称为利息调整期）。定期存款的期限最短为7天，不满7天不得提款。

定期存款的类型多种多样，其中最为流行的是定期存单（CD）。定期存单可以可转让形式出现——其面额一般在10万美元以上，主要由公司和富人购买，持有人可以在到期前任意买卖多次。定期存单也可以不可转让方式出现——名义面额较小，且到期日之前不能进行交易，通常由个人购买。近来，定期存单市场不断发展，出现了很多新的类型：突然提高定期存单（bump-up CD，当市场利率上升时允许存款人将资金转入利率较高的账户）、递升定期存单（step-up CD，允许定期存款的利率以事先商定的利率定期增加）、流动性定期存单（liquid CD，允许存款者取出部分资金，且不收费用）。

退休储蓄存款

1981年国会通过了《振兴经济税收法案》，从而批准了另外一种存款工具（退休储蓄存款）的采用。工薪阶层每年可向个人退休账户（IRA）存入有限数额的资金，对此不用交税。存款机构、经纪公司、保险公司和共同基金可以提供这种个人退休账户，发放符合条件的养老金或制订利润分享计划的雇主也可以提供。个人退休账户的开立有许多先例。1962年，国会授权金融机构向个体独立经营者销售基奥计划（Keogh plan）退休存款。

为了鼓励人们为退休、新住宅购买和子女未来教育而储蓄，美国国会于1997年8月修改了个人退休账户的相关规则，从而允许收入较高的个人或家庭每年向其退休账户存入税收可以减免的存款。国会还允许个人和家庭开立新的教育储蓄账户，用来支付大学学费和其他符合条件的教育费用，账户存款直至使用之前都免税。此外，1997年的《税收减免法案》也批准开设若斯个人退休账户（Roth IRA），允许个人和家庭免税积累投资收益，并且如果纳税人遵循新账户有关取款和每年存款的规定，其提款时无须为其投资收益交税。

最后，国会考虑到只有为数不多的工人会为退休而储蓄，于是在2006年通过了《养老金保护法案》。这一新法案的推出，帮助雇主更容易通过工资代扣来使雇员自动加入退休金计划。在某些情况下，退休金计划会根据环境变化定期将工人的工资储蓄调整至不同的退休金账户，即使工人本身并不会这么做（这被称为"默认方案"）。雇主管理雇员退休金账户需要满足这样一个条件，即管理者要按"理性人"的思维经营退休金计划，而不会鲁莽行动。

目前美国存款机构持有已售出的个人退休账户和基奥退休账户的1/4左右，仅次于共同基金。对于存款机构而言，个人退休账户和基奥退休账户最大的吸引力在于其高度的稳定性，存款机构一般可以保有这些资金好几年。此外，许多个人退休账户和基奥退休账户的存款利率是固定的（市场利率上升时对银行有利），使存款机构能够获得更高的贷款和投资回报，在抵消其利率成本后仍有盈余。2006年，这些退休账户对于公众的吸引力更大了，因为美国国会投票决定为有资格的退休计划存款增加25万美元的联邦存款保险。然而，总体而言，基奥计划和个人退休账户仅占了美国联邦存款保险公司担保的银行总体储蓄中的不到5%。

12.2 不同类型存款的利率

我们所讨论的各种不同的存款通常有着不同的利率，一般而言，考虑到货币的时间价值以及通常斜率为正的收益曲线，存款的期限越长，存款人所获取的收益越大。例如，就可转让支付命令账户和储蓄存款来说，客户可以随时提款，所以其利率是所有存款利率中最低的，而可转

小贴士

虚拟银行（网络银行）通常比普通的有固定场所的银行提供更高的利率。这是为什么？

答：这可能是由于虚拟银行可识别的风险更大，即它们经常性地缺少完整的服务清单。

让定期存单和一年期或一年期以上存款的利率通常是银行及其他储蓄机构所能提供的最高利率。

相关机构的规模和潜在风险也是决定存款利率的重要因素。例如,由于规模较大和实力较强,纽约和伦敦的银行有代表性地能够以最低的平均利率提供存款服务,而其他机构公布的存款利率一般依据这一最低水平逐步增加。其他决定因素包括相关机构的经营理念和目标。积极争取存款的存款机构通常会报出较高的利率,以从竞争者处夺取存款。

12.2.1 存款结构

在所有的存款机构中,商业银行是存款规模最大的机构。2010年美国商业银行的存款规模达到9.3万亿美元,超过了所有非银行存款机构的总存款额(包括储蓄机构和信用合作社)。通过考察近年来银行存款的趋势,我们可以充分了解到所有类型的存款机构中所出现的存款。

近几年来,银行最容易向公众提供的存款是定期和储蓄存款(有息储蓄账户)。如表12-1所示,2010年定期和储蓄存款约占美国所有已投保商业银行之存款总额的4/5。因此,有息存款和非交易存款(两者都包含定期和储蓄存款)占美国所有银行存款账户的半壁江山也就不足为奇了。与之相反,通常不付利息并且是交易存款和无息存款主体的普通活期存款大幅减少,只占美国银行国内存款总额的10%左右。

表12-1 美国银行存款结构的变化 (%)

存款类型或类别	1983年	1987年	1993年	1998年	2001年	2007年	2010年[②]
无息存款	37.9	20.5	20.8	19.5	19.9	16.4	18.2
有息存款	62.1	79.5	79.2	80.5	80.1	83.6	81.8
存款总额	**100.0**	**100.0**	**100.0**	**100.0**	**100.0**	**100.0**	**100.0**
交易存款	31.9	32.3	33.4	24.3	21.2	12.5	12.3
非交易存款	68.1	67.7	66.6	75.7	78.8	87.5	87.7
国内机构存款总额	**100.0**	**100.0**	**100.0**	**100.0**	**100.0**	**100.0**	**100.0**
活期存款	25.4	22.9	20.2	18.9	19.0	8.8	8.7
储蓄存款[①]	30.2	36.2	41.2	43.5	48.0	55.1	64.3
定期存款	44.4	40.9	38.6	37.6	33.0	36.1	27.0
国内机构存款总额	**100.0**	**100.0**	**100.0**	**100.0**	**100.0**	**100.0**	**100.0**

① 储蓄存款数据包括货币市场存款账户(MMDA)。
② 数字为2010年9月30日数据。
资料来源:联邦存款保险公司。

正如格迪斯(Gerdes)所观察到的,由于电子支付媒介的兴起,包括信用卡和借记卡在内的网络支付系统和电子转账广泛使用,使得美国支票的使用额大幅下降,从1995年的接近50亿美元下降到最近的约40亿美元。然而,绝大多数专家认为尽管在欧洲的部分地区(特别是在芬兰、德国和荷兰),电子交易手段已经迅速成为主要的支付方式,但以支付(交易)为目的而开立的支票在美国的支付系统中仍将发挥重大作用。

如果让银行自己决定其最佳存款组合,它们一般会选择持有高比例的活期存款和低收益的定期和储蓄存款。这些账户的资金成本是银行所有资金来源中最低的,并且通常含有相当比例的**核心存款**(core

> **小贴士**
> 在一定的市场环境中,人口流动性越大,存款机构所提供的存款服务的竞争就越激烈,除非流动性人口无须改变其存款所在的机构。

deposits）。核心存款是存款资金的稳定基础，对市场利率的变化不是很敏感（利率弹性低），并且很少流出银行。虽然许多核心存款（如小额储蓄账户）可以立即提取，但它们的实际期限往往可以达到好几年，因此，大量核心存款的存在延长了存款机构的负债期限，使之较少受利率波动的影响。小银行中存在着相当多的核心存款，因此为了获得一个更稳定和成本更低的存款基础，近几年来大银行和银行控股公司收购了大量的小银行，但是通货膨胀、监管放松、竞争加剧和客户受教育程度提高等因素共同导致了存款机构的显著变化。2007年，根据联邦存款保险公司的报告显示，小型美国银行（资产少于1亿美元）的核心存款（主要是小额储蓄和支票账户）占总存款超过80%，而大型美国银行机构（资产在10亿美元以上）这一数据为70%左右。然而，通货膨胀、监管放松、竞争加剧和客户受教育程度提高等因素共同导致了存款机构提供存款类型组合的显著变化，包括核心存款的急剧减少。

> **小贴士**
>
> 在一部圣诞节影片中，筹钱举办圣诞节典礼以及应付所有存款者尤其是核心存款者排队取现，把由詹姆斯·斯图尔特（James Stewart）扮演的小镇储蓄机构经理逼到了自杀的边缘。这是哪部电影？
>
> 答案：《心想事成》（*It's a Wonderful Life*）。

近几年来存款机构提供存款服务的营业成本急剧上升。例如，1970年美国所有已投保商业银行的存款利息支付额总计接近100亿美元，到2007年这一数字攀升至近2100亿美元，是银行最大的一笔成本支出。同时，较原先成本较低的存款而言，收益较高的新型存款对利率变动更为敏感，因而存款机构管理人员在提供具有竞争力的存款利率时倍感压力。存款机构如果不能与市场利率保持一致，就不得不准备好应付额外流动性的需要（大量的提款和波动的存款水平）。面对巨大的利息成本压力，许多银行努力缩减非利息费用（如营业自动化和裁减雇员）以及提高经营效率。

12.2.2 存款所有者

银行存款在美国国内的主要持有人是私有部门，即个人、合伙制企业和公司制企业（公开上市的），占美国所有银行存款的3/4以上。第二大类的国内存款是州政府和地方政府的存款（占总额的4%），这是县、市和其他级别的地方政府积累的资金。这些存款通常很不稳定，当税款征收上来或债券销售出去时会迅速增加，当地方政府发放工资或启动新的公共建设项目时又会陡然减少。州政府和地方政府存款的利润不高，许多存款机构都将其看作是为社区提供的一种服务。

商业银行也持有少量的美国联邦政府存款。事实上，美国财政部将其大部分营运资金存入国内银行的财政税收和贷款（TT&L）账户中。当税收征收上来或国债销售出去后，为了将政府操作对金融系统的影响减至最小，联邦政府通常首先将资金存入TT&L账户。财政部在需要支出资金时会定期提取这些资金（把资金转到其在联邦储备银行开立的账户上）。现在财政部向存款机构支付费用，以降低其经营政府存款的成本，同时财政部也依据存款获得利息收入。

美国银行持有的另外一大类存款是外国政府、企业和个人的存款，其中大部分是离岸办事处吸存的。20世纪六七十年代外国存款迅速增加，并于1980年占美国银行存款总额的近1/5，这反映了国际贸易和美国企业在国外投资的迅猛发展，但是当美国国内的银行利率远低于国外水平时，外国存款（银行资金的一部分）会有所减少。此外，国际危机，如"9·11"事件和强劲的国内经济也促使美国的银行缩减其海外扩张计划。然而，随着21世纪的到来，海外投资的高回报率和一些外国经济体的迅速发展（尤其是亚洲），外国存款又开始有所增长。

最后一类主要的存款类型是其他银行的存款，其中包括往来存款，即存款机构互相持有的用来支付代理服务的资金。例如,大城市的大银行为小城市和边远地区的小型存款机构提供数据处理、电脑记账、投资和税务咨询、贷款项目参与以及支票的清算和托收服务。存款机构将所持有的其他机构的存款作为负债记入资产负债表中的应付银行及其他存款机构的存款项下。拥有这种存款的机构将其作为资产记入应收银行及其他存款机构的存款项下。

网上银行和电子商务

《21世纪支票清算法案》的通过和替代支票

如今纸质支票的处理速度有所加快,越来越多的个人和企业以电子支票代替了纸质支票。过去几年,存款人将开立支票和资金真正划拨的时间间隔称为漂移时间。现在,资金通常能在同一天在不同的账户间转移。

一个很好的例子是电子支票传送,许多贸易商和讲究效率的公司都广泛使用它,因为电子支票传送能够及时记录下你所开立的支票上的信息,并通过电子系统立即借记到你的账户中,此时,你所开立的支票不再需要通过普通的清算系统了。一旦贸易商将支票的信息通过电子系统传送过去,他们会在你的支票上打上"无效"的记号,并归还给你。另外,越来越多的存款机构既不会将支票归还给存款人,也不会将原始支票寄送给其他存款机构。

《21世纪支票清算法案》于2004年10月生效,该法案允许存款机构电子传送支票图像,而不是支票本身。同时可以用替代支票代替支票原件,但需要对支票原件进行正反面照相,支票图像可以当作原件进行处理。正面写着:"这是你的支票的合法复制。你可以将其当作支票原件使用。"因此,替代支票也可以作为你的支付方式。

《21世纪支票清算法案》给存款人和存款机构带来了很多好处。它保护了存款人由于替代支票可能带来的损失。如果替代支票发生了错误,从而导致存款人有所损失,那么就可以联系他的存款机构要求退款。《21世纪支票清算法案》也给存款机构带来了好处,因为它减少了大量支票清算成本,尤其是在全国范围内废除了支票的寄送。(想要获得更多《21世纪支票清算法案》中有关存款人和存款机构的义务与权利的信息,可以查阅以下网址:www.federalreserve.gov/check21)。

12.2.3 不同存款账户的成本

在其他因素既定的情况下,存款机构的管理者更愿意在存款成本最低或存款运用产生的收入扣除所有费用后的净收入最大的条件下吸收存款。如果存款机构能够通过吸收最便宜的存款筹措资本,然后购买收益最高的资产,那么它就能获得最大的利差,而且可能使流向股东的净收益最大。对存款机构而言,哪种存款最便宜?哪种存款产生的净收入最高?

基于成本核算技术的研究表明,可开支票(活期或交易)存款——包括普通支票存款、特别支票存款(通常不付利息)和有息支票存款——典型地代表了存款机构向公众所出售的最便宜的存款。虽然支票处理和账户维护成本是主要的一项支出,但普通支票(交易)存款和特别支票存款不用付利息,有息(活期)支票存款也只支付很少的利息,这有助于使这些存款的成本相对低于定期和储蓄存款以及其他资金来源的成本。

此外,随着支票影像服务的广泛运用,支票处理成本在未来将会大幅度降低。纸质支票将会逐渐被电子支票所替代,电子支票的容量更大,处理速度更为迅速,从而有助于降低银行成本和改善客户服务。尤其是21世纪到来后,自动支票支付服务流行,包括存款机构提供的网上支票支付服务，客户授权其所选银行、信用卡公司或其债权人直接在账户中的电子借记，而且，客户几乎无须开立支票或登录网页，资金便可以在每月同一交易日自动从客户的存款账户中划出。

实际上，支票簿地位的下降使联邦储备系统在最近宣告它将美国的支票处理地区从44个减少到32个。对于希望减少运营成本的金融机构而言，这一消息无疑是利好的。然而，随着全球金融系统的自动化和电子化，对于大多数存款机构而言，来自支票账户的巨大的费用收入作为其原有收入的重要来源，将被新的收入来源所代替。

储蓄存款（尤其是货币市场账户、定期存款和储蓄账户）通常是仅次于活期存款的成本最低的银行存款。因为储蓄存款的利率较低（大部分存款机构所提供的最低年利率收益率（APY）之一），并且在许多情况下不用每月向存款人提供结算单，所以其成本相对较低，但是许多存折储蓄账户的存取很频繁，有些存款人试图将其当做活期（交易）账户使用。许多存款机构通过限制取款和收取费用来抑制其储蓄存款的迅猛增长。

虽然每单位美元活期（支票或交易）存款的总费用和定期（储蓄）存款大致相同，但存款机构向支票存款客户收取较高的服务费，有助于降低可开支票存款的净成本（扣除了服务费收入），从而使之低于定期存款（储蓄存款）的净成本。这就解释了为什么当今存款机构不断提高可开支票存款的定价，向存款者在开支票以及进行电子转账时收取高额费用。如果假设各种存款都能通过贷款和投资产生收入，一般来说对于每一个存款机构而言，可开支票（活期）存款应该比储蓄（定期）存款盈利要多得多。此外，平均每单位美元定期存款的利息支出是每单位美元活期（交易）存款的利息支出的3倍。

诚然，由于支票处理和存款记账方面的人事和设备成本较高，使得经营活期（交易）存款的成本远高于储蓄（定期）存款，但如上文所述，存款机构盈利方面的不同关键在于存款机构对大多数可开支票（交易）账户收取的服务费用不同。基于上述原因，在近几年运营成本上升的情况下，存款机构对可开支票账户采取了更加积极的定价方法，要求存款人承担由于支票开出所导致的大部分业务成本。

如果总体上可开支票（活期）存款的利润更为丰厚，那么哪种支票账户的利润最高呢？有息支票账户的净收益（含银行贷款和投资组合的收益）大约是普通（无息）支票账户的两倍。不同规模的存款机构对特别支票账户的客户开出的每张支票都收取费用，但是一般不对账户设置最低余额要求或只设较低余额要求。特别支票账户是所有活期存款中利润最低的，主要是因为特别支票账户一般不能给存款机构带来较多的可投资资金。

> **小贴士**
>
> 近年来，存款机构所收取的一些存款类费用增长的速度快于通货膨胀。这些费用包括支票透支费用、停止支付命令、自动柜员机（ATM）使用费和透支费。

通常情况下，商业支票账户远比个人支票账户有利可图，原因之一是商业存款没有大额的利息支出。此外，个人活期账户的平均规模不到商业账户的1/3，因此，存款机构可以从商业活期存款获得较多的可投资资金。但是随着外国金融机构的进入，商业支票账户的竞争日趋激烈，以至于许多银行发现目前市场上该种账户的利润率极低。

虽然存款机构的管理者倾向于只向公众销售成本最低的存款，但是到底销售哪种存款却是由公众偏好决定的。忽视公众偏好的存款机构最终会被顺应公众偏好的存款机构击败，与此同时，金融市场监管的放松使更多类型的金融机构能够满足公众的存款偏好。

真实的银行，真实的决策

谁提供最高的存款利率，原因何在

对于想要购买最高利息的有息存款的顾客和那些想了解竞争者提供存款利率情况的存款机构管理者而言，可以通过报纸或者上网搜索重要网页如www.wsj.com、www.banx.com或Bankrate.com来达到目的。

以下是有关存款利率的主要种类的信息：

- 在美国主要地区（加利福尼亚、佛罗里达、伊利诺伊、得克萨斯和纽约），主要存款机构在货币市场存款、储蓄存款和五年期大额定期存单上所提供的年平均收益（APY）。
- 通过那些每天在市场上搜寻有着最高收益的大额存款（通常接近10万美元规模）的证券经纪商购买的大额定期存单的年平均收益（APY）。
- 在零售存款和大额定期存单上提供最高收益的美国存款机构名单（零售存款的最低限额为500~25 000美元，大额定期存单的最低开户余额为100 000美元）。

在提供最高存款收益的存款机构中，绝大多数是当前信用卡和房地产资金提供者，比如，GMAC BANK和Countrywide Bank以及一些网上银行，包括E* Trade Bank和佛罗里达州的Virtual Bank of Palm Beach。

为什么上述机构通常能够提供最高水平的存款利率呢？原因之一是这些机构通常希望能从其客户和信用卡贷款中获得相对较高的收益，当然这是建立在它们有充足的资金负担存款成本的基础之上的。

就拿网上银行来说，这些电子银行需要吸引公众从传统金融机构转向它们，而它们提供的服务种类却很少，因此它们就必须提供比较高的存款利率来吸引资金。另外，这种类型的银行由于其相对较低的固定成本，所以有能力提供更高的存款利率。

不幸的是，近年来，网上银行未能成功地从传统存款机构那里吸引到顾客。当前，在吸引存款上最为成功的银行要数多渠道银行——既提供传统服务，又提供网上服务，这表明顾客越来越倾向于通过传统的银行分支机构或者自动柜员机（ATM）进行网上支付活动。

概念测验

1. 存款机构目前提供的存款方案有哪些？
2. 什么是核心存款？它为何如此重要？
3. 近几年存款结构发生了什么变化？
4. 近几年来存款结构的变化对存款机构的管理和业绩产生了什么影响？
5. 对存款机构来说，哪种存款成本最高？哪种最低？

12.3 存款相关服务的定价

我们已经考察了当今存款机构提供的各种存款计划以及存款结构如何随着时间的推移而变化，但仍有一个同样重要的问题有待解决：存款机构如何进行存款服务定价以吸引新的资金和追求利润？现在我们就开始讨论这个重要的管理问题。

在制定存款服务价格上，存款机构总是会陷入左右为难的境地，既需要向客户提供足够高的利息回报以吸引和留住资金，又必须避免过高的利率侵蚀其运用客户资金所产生的利润。事

实上在近乎完全竞争的金融市场中，长期来看个别存款机构并不能控制其服务的价格，是市场而非个别金融机构决定所有的价格。像大多数其他企业一样，金融机构也是价格接受者。在这样的市场中，存款机构管理者必须决定是以市场决定的价格提供存款服务以吸引更多的存款和留住目前的存款，还是无视市场要求向客户提供条件不是很优惠的存款而失去资金。

12.4 存款的成本加利润定价法

存款相关服务的所有成本由客户承担，这一观点并没有得到银行业的普遍接受。事实上直到几年前，还有观点认为客户免费获得大多数存款相关服务是一个极为明智的创新，因为这有助于应对正在侵入传统银行市场的其他金融机构的挑战，但是许多管理者很快发现自己被大量小额、高活动性的账户所淹没，经营成本也随之迅速提高，从而这种新的营销战略也受到了质疑。

有息可开支票存款（特别是可转让支付命令账户）的发展向金融机构管理者提供了重新审视其存款服务定价的契机。令人惋惜的是，这个新兴市场的早期开拓者中有许多通过低于成本的定价来抢夺客户。存款机构向客户收取的费用实际上低于可开支票存款和其他存款服务的经营成本和管理成本，结果是客户的回报率大大增加，即所谓的隐性利率——存款机构筹措资金的实际成本与向客户收取的实际服务费用之间的差额增大。

就美国的情况来看，从大萧条到20世纪80年代初的50多年里，向客户支付不同形式的隐性利率一度是大多数银行争取存款的主要手段，其原因在于《格拉斯—斯蒂格尔法案》规定从1933年开始存款利率不得超过特定的上限。制定这些法定利率上限的目的是保护存款机构免受利率过度竞争的伤害，从而避免它们的倒闭。由于无法提供更高的显性利率，美国的银行和存款机构转而采取如下竞争策略：支付银行邮寄服务的来回邮资以提供更高的隐性回报，用从玩具熊到烤面包机等礼物吸引存款人以及建立方便客户的分支机构体系。

> **小贴士**
>
> 哪种类型的存款机构——规模小的银行还是规模大的银行，跨州的银行还是不跨州的银行——会对存款服务收取的费用最高？汉纳（Hannan）指出规模较大的银行和跨州的银行更倾向于提高存款服务费用，尤其是对于余额低的账户、资金不足和停止支付费用服务所要求的费用较高。

然而上述非价格性竞争扭曲了金融部门稀缺资源的配置，国会最终也没有对此坐视不管，1980年国会通过了一部旨在逐步废除存款利率上限的联邦法律，即《存款机构监管放松与货币控制法案》。如今在美国（以及在其他主要发达国家），私人决策者（存款机构及其客户）代替了公共管理机构以制定存款价格。

监管的放松促使竞争日趋激烈，从而导致存款机构的存款平均成本增加，存款机构因此也越来越多地对服务采取分类定价法。例如，分类定价法一般将存款与贷款及其他服务分开定价。各种存款服务的价格通常足以抵消存款机构提供这种服务的全部或大部分成本，因此，存款服务的定价遵循如下**成本加成定价**（cost-plus pricing）公式

$$\text{向客户收取的某种存款服务的单价} = \text{单位存款服务的经营费用} \\ + \text{存款的摊入管理费用} \\ + \text{单位存款服务的预期利润} \quad (12-1)$$

上述公式将存款定价同存款服务成本结合起来，从而有助于存款机构管理者把价格和成本更密切地结合起来，取消了许多以前免费的服务。例如在美国，越来越多的存款机构现在对客

户过多的储蓄存款提取、余额查询行为收取费用,对跳票和停止支付命令增加费用,自动取款机的使用提高了收费水平,同时也提高了存款余额的底限。这些做法总的来说对存款机构有利,服务费的提高超过了不满的客户关闭账户所带来的损失。

12.4.1 估计存款服务的平均成本

成本加利润定价法要求对各种存款服务的成本进行精确的计算。这是如何实现的呢?一个常用的方法是以存款机构估计的资金成本为依据对存款进行定价,这要求管理者:① 计算每种资金来源的单位成本率(依据中央银行的法定准备金要求、存款保险费用和市场波动进行调整);② 用某种资金来源占存款机构资金的比例乘以该资金来源的单位成本率;③ 求出所有乘积的和,得到存款机构资金的加权平均成本。这种所谓的加权平均资金成本法是基于如下假定的,即重要的不是每种存款的成本,而是存款机构所有资金来源的加权平均成本。

洞察力和问题

联邦存款保险公司在美国提供的存款保险

主要由于政府向存款机构提供存款保险,存款机构才能够以相对低于其他金融工具的利率出售存款。**联邦存款保险公司**设立于1934年,以承保存款,在其成员存款机构破产时保护国家的货币供给。投保存款机构必须在每一个出纳窗口或柜台标有官方标志,以表明其是FDIC成员。

FDIC只承保在美国境内支付的存款,而存款人不一定是美国公民或居民。对所有的存款类型而言,单个账户的最高投保额度通常为10万美元,但是近期美国国会批准联邦存款保险公司增加未来的投保额度,以此适应通货膨胀。联邦保险的对象一般是储蓄存款、活期存款、可转让支付命令账户、圣诞节俱乐部账户、定期存款、银行本票、保付支票、官方支票和任何其他未付的银行汇票。如果出于换取货币或支付存款费用的目的而开出保付支票、信用证和旅行支票,并由已投保存款机构主要负责,那么这些票据也可以投保。此外,联邦保险的对象不包括美国政府债券、共同基金股份、安全存款柜和从已投保存款人处盗来的资金,存款机构一般向私人保险公司投保来避免损失。

存放在不同金融机构(包括属于同一个控股公司的不同机构)的存款要分别投保,单个存款人所获得的保险额度最高为10万美元,但是在存款机构的各个分支机构的存款可以加总,按照加总的金额来确定保险的总额度。在这种情况下,存款人只能获得不超过10万美元的保险额度。例如,一个存款人分别在两家互相独立的存款机构持有10万美元存款,如果这两家存款机构合并了,那么该存款人的保险总额度最高为10万美元,而不是20万美元,与合并前一样。FDIC通常允许一个短暂的宽限期,这样在合并的两家存款机构中持有大额存款的存款人可以在短期内获得最高金额为20万美元的保险额度,宽限期过后存款人可以将资金转移到其他机构以获得更多的保险额度。

在单个存款机构中将资金放在不同的法定所有人名下也可以增加保险额度。例如,一个持有10万美元储蓄存款和10万美元定期存款的存款人可以通过与其配偶共同持有其中的一个账户来增加保险额度。又如,在一个三口之家,每个家庭成员都可以有自己的账户,每两个人(如丈夫和妻子、丈夫和孩子、妻子和孩子)也可以共同持有账户,结果其保险额度最高可达60万美元,但是只有自然人可以开立合格的FDIC保险的共同账户,公司制企业或合伙制企业就没有这种资格。

除非在账户记录中另有规定，否则共同账户的每个共有人都享有平等的提款权，同时也拥有相等的账户份额。在同一家已投保存款机构的共同账户中，没有一个人的保险总额度可以超过10万美元。例如，琼斯先生和夫人共同拥有一个12万美元的账户，假定每个人拥有6万美元的份额，那么每个人都享有6万美元的FDIC保险额度。除非存款记录明确规定琼斯夫人拥有12万美元中的10万美元份额，琼斯先生只拥有2万美元。在这种情况下，琼斯夫人可以获得10万美元的全额保险，而琼斯先生的保险额度最高为2万美元。

1993年12月以后，个人退休账户和基奥退休存款与非退休存款分开投保。所有的退休账户加在一起，最高的保险额度是10万美元，尽管美国国会最近投票通过允许对某些退休存款的保险额度达到25万美元。只要可以确定养老金和利润分享计划参与人的收益，相关存款机构至少是"资本充足"的且有资格吸纳由经纪人代理客户办理的存款，单个参与人（受益人）就可获得最高10万美元的转移保险。

股份公司、合伙公司或非股份企业和关联企业的存款的最高保险额度为10万美元，并且与其股东、合伙人或公司成员的个人账户分开投保，但是独资企业的存款被视为私人资金，加上企业所有人其他任何单独所有的账户，最多只能投保10万美元。

在FDIC投保的各家存款机构所要缴纳的保险费是由从社会上吸纳的存款数额和所属的保险费类别决定的。在根据《联邦存款保险公司修正法案》建立的以风险为依据的新型存款保险体系下，风险较大的存款机构必须缴纳较高的保险费。下列两个因素的综合作用决定了风险的大小程度：① 存款机构的资本充足度；② 监管机构对该机构做出的风险等级评定。资本很充足的A级存款机构每100美元存款所支付的保险费最低，而资本不充足的C级存款机构的保险费最高。

FDIC董事会每年要两次确定各家已投保存款机构的存款保险费率。如果联邦保险基金每100美元承保存款的准备金低于1.25美元（称为指定准备金率，DRR），FDIC会提高保险分摊费；如果每100美元的准备金数额超过1.25美元，FDIC则会降低或取消保险分摊费。

2006年2月，《联邦存款保险改革法案》得以通过，它将改变目前的某些保险条款。例如，从2010年开始，联邦存款保险公司董事会和国家信用管理联盟被授权每五年增加保险额度，以抵消通货膨胀的影响（如果措施得到许可）。另外，以上提到的1.25%的指定准备金率——通常被称为硬指标——在联邦存款保险公司看来实际上是一个软指标，即联邦存款保险公司有权在1.15%~1.50%对所有投保存款的指定准备金率进行调整，因此，由于新的政策法律的出台，联邦存款保险公司将更为灵活地决定何时需要调整保费及其所提供的存款保险额度。

资料来源：联邦存款保险公司。

12.4.2 加权平均资金成本法举例

现在来考查一个加权平均资金成本法的例子。假定一家存款机构已经筹集了总额为4亿美元的资金，包括1亿美元的支票存款、2亿美元的定期和储蓄存款、从货币市场筹集的5 000万美元和5 000万美元的产权资本。假定用于吸引支票存款的利息和非利息成本占存款额的10%，储蓄存款和货币市场借款的利息和非利息成本占存款额的11%。产权资本对大多数机构来说是成本最高的资金来源，在此假定产权资本成本占所筹新股的22%。假定由于法定准备金、存款保险和未收讫资金，存款机构实际可用于投资生息资产的支票存款减少了15%，储蓄存款减少了5%，货币市场借款减少了2%，因而该机构的税前加权平均资金成本是

$$\quad (支票存款 \div 所筹资金总额)$$
$$\times \frac{利息和非利息筹资成本}{100\% - 法定准备金和未收讫资金的百分比}$$
$$+ (定期和储蓄存款 \div 所筹资金总额)$$
$$\times \frac{利息和非利息筹资成本}{100\% - 法定准备金和未收讫资金的百分比}$$
$$+ (产权资本 \div 所筹资金总额)$$
$$\times (利息和非利息成本 \div 100\%)$$
$$= 1亿 \div 4亿 \times 10\% \div (100\% - 15\%)$$
$$+ 2亿 \div 4亿 \times 11\% \div (100\% - 5\%)$$
$$+ 0.5亿 \div 4亿 \times 11\% \div (100\% - 2\%)$$
$$+ 0.5亿 \div 4亿 \times 22\% \div 100\%$$
$$= 0.1288 或所筹资金的 12.88\% \qquad (12\text{-}2)$$

在本例中，存款机构管理层必须保证其资产业务至少获得12.88%的税前回报率。如果银行从贷款和投资中获得超过12.88%的税前回报率，那么额外收入（税后）将以股利的形式流向股东以及作为留存盈余以增加资本。

加权平均资金成本法使存款机构管理层能够估算其资金成本或存款价格变化所产生的影响。例如，管理层可以依据不同的存款条件（涉及利率、费用和最低余额要求），估算其提供的不同存款方案对资金成本的影响。当然，如果存款机构不知道有利可图的最低存款金额，就无法对存款进行有把握的定价。过于优惠的价格会导致客户将大额资金转移到不同的账户中，结果资金成本大幅上升，而存款机构获得的资金总额并没有显著增加。

12.5 采用边际成本确定存款利率

许多金融分析师认为应该尽可能地依据边际成本（吸收新资金所增加的成本）而非加权平均成本来确定金融机构的资金价格，理由是不断波动的利率会导致加权平均成本变得不可靠和不现实。例如，如果利率下降，筹集新资金的边际成本可能远远低于金融机构所筹全部资金的平均成本，从而，按照现在较低的边际成本来看，依据平均成本无利可图的贷款和投资将会带来很多的利润。反之，如果利率上升，新资金的边际成本可能远远高于资金的平均成本，这时如果管理层依据平均成本提前敲定新的贷款，按照目前市场中较高的筹资边际成本来衡量，新的贷款可能是无利可图的。

经济学家James E. McNulty [10]建议采用边际（新资金）成本定价法来确定新增存款账户的利率。为了说明这个方法，假定一家银行计划以7%的存款利率筹集2 500万美元的新增存款，据银行管理层的预测，如果银行提供7.5%的利率，可以筹到5 000万美元的存款，提供8%的利率可以筹到7 500万美元的存款，而8.5%的利率可以带来1亿美元的存款。此外，如果银行依据预测承诺提供9%的收益率，预计会有1.25亿美元的资金流入，其中包括新增存款和为获得高利息而留在银行的现有存款。另外假定银行能够使用上述新增存款获得10%的收益率。这个新的贷款收益即为边际收益，是指银行运用新增存款发放新贷款所增加的营业收入。依据上述假定，银行应该向客户提供怎样的存款利率呢？

如表12-2所示,我们至少需要知道两个数据:改变存款利率水平的边际成本和以银行所增资金额的百分比表示的边际成本率。一旦知道了边际成本率,我们就可以拿它同银行运用新增存款所做投资的预期增加收益(边际收益)相比较,具体来说

$$边际成本 = 总成本的变化 = 新利率 \times 以新利率筹集的资金总额$$
$$- 旧利率 \times 以旧利率筹集的资金总额 \tag{12-3}$$

$$边际成本率 = \frac{总成本的变化}{新增资金} \tag{12-4}$$

例如,如果银行将存款利率从7%提高至7.5%,表12-2考查了边际成本的变化情况

$$总成本的变化 = 50 \times 7.5\% - 25 \times 7\%$$
$$= 3.75 - 1.75$$
$$= 2(百万美元)$$

边际成本率就等于总成本的变化额除以新增资金的数额,即

$$\frac{200万}{2\,500万} = 8\%$$

请注意边际成本率为8%,远远高于7.5%的平均存款成本,这不仅仅是因为银行必须为吸纳2 500万美元支付7.5%的利率,而且还要对一开始愿意以7%的利率存入的存款人支付7.5%的利率。

表12-2 依据边际成本决定向客户提供的存款利率

预期流入的存款额(100万美元)	银行新筹资金的平均利率(%)	新筹资金的总利息成本(100万美元)	新筹资金的边际成本(100万美元)	边际成本占新筹资金的百分比(边际成本率,%)	新筹资金投资的预期边际收益(%)	边际收益率和边际成本率的差额(%)	所得利润总额(扣除利息成本,100万美元)
25	7.0	1.75	1.75	7.0	10.0	+3	0.75
50	7.5	3.75	2.00	8.0	10.0	+2	1.25
75	8.0	6.00	2.25	9.0	10.0	+1	1.50
100	8.5	8.50	2.50	10.0	10.0	0	1.50
125	9.0	11.25	2.75	11.0	10.0	-1	1.25

因为银行新增存款资金的预期收益为10%,所以在8%的存款利率水平上,边际收益超过边际成本2个百分点,新增存款带来的收益明显多于其带来的成本,银行显然可以以至少7.5%的存款利率吸收存款(假定其预期正确)。银行的总利润就等于总收益(5 000万×10%=500万美元)和总成本(5 000万×7.5%=375万美元)的差额,即125万美元的利润。

纵观表12-2,我们注意到当存款利率不大于8.5%时,边际收益率超过边际成本率,银行的利润总额一直在提高。在8.5%的利率水平上,银行可以筹集到1亿美元的新增存款资金,此时边际成本率为10%,预期边际收益率也是10%,两者相等。

此时,总利润达到最大,为150万美元,但是银行将不能继续提高存款利率。例如,如果银行以9%的利率吸引存款,边际成本率就会增加到11%,此时边际成本率比边际收益率超出整整1个百分点,成本的增加将多于收入的增加。我们还要注意到9%的存款利率使得总利润降至125万美元。根据已经做出的假定和预测,8.5%的存款利率显然是银行的最佳选择。

边际成本法不仅有助于存款机构管理者确定存款利率,也能帮助他们确定存款可以扩张到什么程度,直到增加的存款成本等于增加的利润,即总利润开始下降。当总利润开始下降时,

管理层需要另外寻找边际成本较低的资金来源,或者寻找边际收益较高的新贷款和投资,或者两者兼备。

洞察力和问题

《诚实存款法案》

依据美国国会于1991年11月通过的《诚实存款法案》,存款机构必须更多地披露其出售给公众的存款在费用、利率和其他存款条件方面的信息。1992年9月14日,联邦储备委员会发布了DD条例,详细规定了按照上述法案存款机构所必须遵循的原则。

依据美联储颁布的相关条例,存款机构必须在客户开立新的账户前充分说明其存款方案的条款。存款机构必须公开账户开立的最低余额、无须缴费或收益可获保证的最低存款额、计算账户余额的方法、实际上从何时开始计息、提前取款的罚金条款、到期的选择权、再投资和支出的选择权、宽限期、定期存款到期的提前通知及可能的奖励。

如果客户向存款机构查询其现行的利率,存款机构有义务向客户提供最近7日内的银行利率,并且提供相关电话号码,以便客户在利率变化时打电话以获取最新利率。存款机构提供固定利率账户时必须告知客户固定利率的有效期。就利率波动型存款而言,存款机构必须提醒客户利率会变化,告知其利率变化的频率,解释利率变化的决定因素以及分析存款利率的变化是否受到限制。对于所有的有息账户来说,存款机构必须以书面和广告形式公开复息计算和利息贷记的频率。

如果客户决定延长一个非自动展期存款账户的期限,该存款将被视为一个新账户,从而要求存款机构充分披露收费和其他条款。存款机构也必须告知客户其账户是否能自动展期,如果不能,存款机构将怎样处置客户的资金(比如,资金会被放在无息账户中吗)。如果客户忘记展期(一般而言,在一年以上非自动展期存款账户快到期时),存款机构必须至少提前10天向客户发出通知。如果存款机构变动存款费用或其他条款从而可能减少存款人收益,存款机构必须提前30天通知存款人。

存款机构在寄给客户的对账单中必须载有存款人已获利息收入方面的信息,同时存款机构应寄给客户载有存款年收益率的单据。年收益率(APY)必须用下列公式计算:

$$APY = 100[(1 + \text{所得利息}/\text{账户平均余额})^{(365/\text{天数})} - 1]$$

公式中的账户平均余额是寄给客户的对账单所载期限内的日平均存款余额。存款机构必须预先告知客户提前取款对其存款年收益率的影响。

例如,假设在30天的期限内,前15天存款人在有息账户中存有1 500美元,后15天该账户只有500美元,如此日平均余额即为1 000美元。假定存款机构刚刚把最近30天的利息5.25美元贷记入该账户,那么该存款人所获APY为:

$$APY = 100[(1 + 5.25/1\,000)^{(365/30)} - 1] = 6.58\%$$

存款机构必须用该存款账户中每日的本金余额,而非对账单期限内账户的最小日余额(在计算应付给客户的利息时,存款机构可以用实际的日余额,也可以用平均日余额来计算)来计算利息收入,禁止不按全额本金计算利息。1994年美国国会通过了《1994年瑞格尔社区发展和管理改进法案》,其缩小了《诚实存款法案》的适用范围,即只适用于个人或家庭的存款。

12.6 有条件的存款定价（价格表定价）法

20世纪70年代美国新英格兰地区出现了有息支票账户，加剧了美国各地存款机构之间争取客户交易存款的竞争，导致了有条件的存款定价的广泛运用。银行设计一份费率表，规定如果存款余额高于某个最低水平，客户需支付较低的费用或不用交费，如果平均余额低于最低水平，则客户需支付较高的费用，因此，客户依据自己如何运用存款来确定价格。

有条件的存款定价方法依据下列因素制定不同的存款价格：
- 该账户进行的交易次数（如开出的支票数目、存款次数、电汇次数、停止支付命令次数或资金不足通知的次数）；
- 在指定期限内（通常为1个月）账户的平均余额；
- 以日、周或月计算的存款期限。

如果客户计划开出的支票数目、预期的存取款次数和计划的平均余额既定，客户可以选择收费最低和/或收益最高的银行和存款方案。当然，存款机构也必须满足客户对安全性、便利性和服务种类的要求。

经济学家康斯坦丝·邓纳姆（Constance Dunham）[9]把支票账户价格表分为三类：① 统一费率定价；② 免费定价；③ 有条件的免费定价。在统一费率定价下，存款人开出每张支票的费用和/或每个时期的账户维持费用都是固定的，因此，不论账户活动性的高低，存款人的账户维持费每月为2美元，从该账户开出的每张支票的费用为10美分。

免费定价是指不收取月度的账户维持费用或单笔交易费用。当然，"免费"这个词可能会引起误解。即使存款机构对存款服务不收取显性费用，但是由于所支付的实际利率可能低于相似风险下投资的现行利率，因此客户可能以失去的收入（机会成本）的形式支付隐性费用。许多存款机构已经发现免费定价肯定是无利可图的，因为这种定价方法常常吸引许多小额的、高活动性的存款，而这些存款只有在市场利率很高时才能为存款服务机构带来正收益。

在许多金融机构的业务中，有条件的免费定价已经取代了固定费率定价和免费定价，因为如果账户余额超过某一最低额，服务就是免费的，所以有条件的免费定价对大额存款有利。这种定价方法的一个优点就是由客户（而非存款机构）选择更好的存款方案，这种自我选择的过程是一种市场信号，可以向存款机构提供有关存款行为和成本方面有用的数据。有条件的免费定价也使银行或储蓄机构可以将其存款市场分为高余额、低活动性存款和低余额、高活动性存款两类。

作为有条件的免费定价方法的运用范例，美国两家银行近期公布的普通支票账户和储蓄账户的收费，如表12-3所示。

我们可以看到，A银行重视高余额、低活动性的活期账户，而B银行更倾向于小额活期账户。例如，A银行在客户的余额低于600美元时开始收取服务费，而只有活期账户余额低于500美元时B银行才收费。此外，A银行对低余额活期账户收取的服务费明显高于B银行——A银行每月收取5~10美元，B银行每月收取3.5美元。另外，A银行对普通账户开出的支票数目不限制，但B银行对在一个月内开出支票数目或提款次数超过10次的账户收取费用。如果一个客户的储蓄账户余额低于200美元，A银行每月将收取3美元的服务费，而B银行在低于100美元时才收取2美元。

> **小贴士**
>
> 谁最在乎存款机构的地理位置——是高收入消费者还是低收入消费者？
>
> 答：近期的研究表明，低收入者在选择存款机构时更在意其地理位置，而高收入者更在乎开立账户所在金融机构的规模。

表12-3 某两家银行收费表

A银行		B银行	
普通支票存款：		**普通支票存款：**	
最低开户余额	100美元	最低开户余额	100美元
如果最低每日余额是：		如果最低每日余额是：	
600美元及以上	不收费	500美元及以上	不收费
300~599美元	每月5美元	500美元以下	每月3.5美元
300美元以下	每月10美元		
如果存款人每月的总余额平均为1500美元，不收费		如果每月开出的支票（借方）或ATM交易数目超过10次，且余额低于500美元	每借记一次0.15美元
不限制开支票次数			
普通储蓄存款：		**普通储蓄存款：**	
最低开户余额	100美元	最低开户余额	100美元
服务费：		服务费：	
如果余额低于200美元	每月3美元	如果余额低于100美元	每月2美元
余额为200美元及以上	不收费	余额高于100美元	不收费
每月取款次数超过两次的费用	2美元	每月取款次数超过三次的费用	2美元

这些价格差异反映了上述两家银行管理层和所有者不同的经营理念及试图吸引的不同类型的客户。A银行位于一个富裕的住宅区和办公区附近，客户主要是高收入的个人和企业，他们的存款账户余额通常较高，但其开出支票的数目也很多。而B银行位于一所大学对面，因此积极招揽余额相对较低的学生存款。B银行制定上述价格表以吸引低额存款，但是它也认识到需要抑制大量小额存款人开出过多的支票，以避免成本大幅度上升。B银行通过对每张支票收取比A银行高的费用达到上述目的。在上述例子中，我们可以看到银行存款定价政策一般至少受下列两个因素影响：

- 存款机构计划提供服务的客户类型，每家机构都制定了价格表，以满足代表市场大多数份额的个人和企业的需求。
- 存款机构向不同类型客户提供服务的成本，现在大多数存款机构存款方案的定价都能抵消所有或至少部分的预期服务成本。

洞察力和问题

美国存款机构向客户披露其存款条件的方式

为了对在美国提供存款服务的机构遵守1991年通过的《诚实存款法》提供帮助，联邦储备委员会向存款机构提供了向客户披露其存款条件的范例，以下为联邦储备委员会向存款机构提供的存款账户证明书范例：

XYZ储蓄银行提供一年期大额存单的信息披露范例

利率情况： 您持有账户的利率为5.2%，年收益率为5.34%。您将在本存单到期日获得此利息。您的存单将于2007年9月30日到期。计算年收益率时假定存款到期之前利息保留在账户中。取款会降低收益。

您持有账户的利息每日按复利计算，并于每月的最后一天贷记入您的账户。从您存入非现金项目（如支票）的营业日开始计息。

最低余额要求： 您需存入1 000美元以开立本账户。您必须使本账户每日余额保持在1 000

美元以上,方可获得上述的年收益率。

余额计算法:本行采用每日余额法计算您所持有账户的利息,即以账户中每日本金和每日利率为依据计算利息。

交易限制:开立本账户后,在到期日之前您不能从本账户中存款或取款。

提前取款罚金:若您在到期日之前提取任何本金,本行将收取三个月的利息作为罚金。

展期政策:本账户到期后自动展期。到期后您有10天的取款宽限期,在此期间取款不用支付罚金。

《诚实存款法》和美联储的DD条例都规定存款机构对存款条件的宣传不得有误导性。如果存款机构在广告中报出了利率,就必须告知公众存款的其他相关条款,如获得广告所称收益所需的最低余额以及存款机构是否收取可能降低存款人总收益的费用。

为了确保存款机构的广告中包含客户所需的全部信息,美联储制定了广告范例以规范存款机构广告。例如,联邦储备委员会最近推出了下列有关大额定期存单的广告范例。

该广告范例阐明了《诚实存款法》对存款广告的基本要求:① 必须以年收益率(APY)的形式报出存款利率;② 必须明示日期和最低余额要求;③ 必须提醒存款人可能降低其收益的罚金或收费。

XYZ银行总是向您提供有竞争力的大额定期存单利率

大额定期存单	年收益率(APY)(%)
5年	6.31
4年	6.07
3年	5.72
2年	5.25
1年	4.54
6个月	4.34
90天	4.21

向2008年5月9日至2013年5月18日期间的账户提供APY

开立账户和获得APY的最低余额为1 000美元,提前取款银行将收取罚金。

欲知详情,敬请致电:(202) 123-1234

12.7 基于与客户整体关系的存款定价法

为了取悦最好的客户,存款机构依据客户购买的服务数量来制定存款价格。如果客户购买两种以上的存款服务,可享受存款费用较低或部分费用免收的优惠,而与存款机构关系一般的客户不能享受上述优惠。其基本思路是向客户出售多种服务以增强客户对存款机构的依赖程度,从而使客户与存款机构的关系更密切。至少在理论上,**条件定价**(conditional pricing)法提高了客户忠诚度,降低了客户对竞争性金融机构所提供的业务价格的敏感度。

> **小贴士**
> 近期的研究表明至少一半的家庭和小企业将自己主要的支票账户设在位于自己所在地三英里以内的存款机构中。

存款定价对于金融机构而言无疑是重要的,但它对于客户又是怎样起关键作用的呢?客户在选择开户机构时,利率和费用是否是最重要的影响因素呢?答案显然是否定的。

美联储、密歇根大学及其他机构的近期研究表明,家庭和企业在决定开户机构时会考虑多种因素,而不仅仅是价格。正如表12-4所示,这些研究表明家庭在决定开户机构时将便利、服务的实用性和安全性列于价格之前。另外,对客户熟悉——不仅可以识别出其姓名,而且服务安全——在个人和家庭选择存款机构时,作为一个重要的考虑因素列于利息收入之前。

表12-4 家庭和企业客户在选择存款账户所在机构时所考虑的因素(按重要性排序)

家庭在选择支票账户所在金融机构时考虑的因素:		
便利的地理位置	其他多项服务的获得性	安全性
费用低和较低的最低账户余额	高的存款利率	
家庭在选择储蓄账户所在金融机构时考虑的因素:		
对客户的熟悉程度	利率水平	交易的方便(排除地理位置因素)
地理位置	薪水的扣除	费用
企业在选择存款及其他服务所在金融机构时考虑的因素:		
借贷机构良好的财务状况	未来该银行是否是可靠的贷款来源	
银行员工的素质	提供的贷款在价格上是否有竞争力	
提供金融咨询的质量	是否提供现金管理和业务服务	

资料来源:根据联邦储备委员会的研究,客户消费者金融研究。

> **小贴士**
> 近期一些调查表明银行提供的存款利率和向客户收取的账户费用确实对客户选择开户行有所影响。有趣的是,农村的金融服务市场通常比城市金融市场对利率和费用水平更敏感。

实际上,近来一次调查的结果表明家庭消费者表现出对自己开户的存款机构极度的忠诚——约有1/3的被调查者表示从未更换自己主要银行的存款。银行的附属机构更换地址,通常是因为客户的迁移,尽管银行这样做会使许多客户将注意力转移到其竞争者及其他们提供的服务的优点、缺点和价格因素上。近来密歇根大学调查研究中心所进行的一次调查显示,3/4的被调查者将地理位置作为他们选择开户机构时考虑的主要因素。

另一方面,商业企业更愿意将资金存放于能够提供可靠的贷款和财务状况良好的金融机构,它们也非常在意金融机构管理者的素质和所提供建议的质量。近期的调查表明金融机构需要让其客户了解它们所面临的成本压力以及向客户收取费用的合理性。

概念测验

6. 描述目前所采用的不同存款定价方法之间的实质性差异:成本加利润定价法、有条件定价法和关系定价法。

7. 通过成本核算分析,某银行得出下列数据:每售出最低余额为500美元的活期账户,其账户处理和其他经营成本每月平均为4.87美元,管理费用每月平均为1.21美元。这家银行希望实现相当于每月总成本10%的利润率。该银行应该向开立这种活期账户的客户每月收取多少费用?

8. 为了制定合适的存款价格,存款机构必须知道存款的成本。历史平均成本法是如何确定成本的?边际成本法呢?两种方法各有什么优点和缺点?

9. 如何采用历史平均成本法和边际成本法来帮助存款机构确定所要购买的资产(如贷款)?

10. 家庭存款人在选择活期存款银行或储蓄机构时一般最先考虑哪种因素?选择储蓄账户时呢?企业呢?

11. 1991年颁布的《诚实存款法案》要求在美国吸收存款的金融机构向客户公开什么信息?

12. 运用《诚实存款法案》要求的APY公式进行下列计算。假定客户持有一年期的储蓄账户。前180天账户余额为2 000美元,其余时间的余额为100美元。如果银行每年付给存款人8.50美元的利息,客户获得年收益率是多少?

银行与金融服务业的道德规范

关于透支保障的争论

金融经理、顾客和政府管理者最近在对金融机构提供的最富有争议性的服务之一进行权衡。这项服务就是透支保障。如果你偶然透支了你的存款账户,这项服务将可以确保你的收入支票能被支付,进而你可以避免过度的存款不足费用。

银行有各种各样的存款保障计划,但是通常银行会为你提供一个贷款额度(比如1 000美元)同时收取25到50美元的费用。另一种透支保障计划要求你拥有第二账户。从这个账户中金融机构能够转移足够的钱来支付任何透支支票。关于这项保障计划的争议到底是什么呢?

毕竟,只要你不签发大额并超过你的信贷额度的支票,金融机构将可以支付你所有的透支支票从而为你节约存款不足费用,这项费用主要来自金融机构和收到你的空头支票的商家。

那些合理定价的透支支票保障可以为金融机构带来可观的收入。即使你曾经用过这样服务,你仍然需要支付一定的费用签署协议。接着,借款者可以为你支付空头支票,你也必须偿还贷款者为你提供的贷款(通常在30天内)。综合费用加上透支支票的短期属性迫使你不得不支付实际利率的200%(以年利率测算)的利息。一些观察者认为这些贷款类似于掠夺性贷款,尤其是对于那些低收入的个体,他们可能需要短期贷款来勉强维持生计。

并且,那些知道如果他们消费过度可以被保护的消费者可能会重复透支,进而引起大量的利息支付费用,而不是建立储蓄账户来为透支支票做准备。此外,如果人们感觉到自己是安全的,他们会倾向于避免每月的账户结算,或许会产生更多的透支。面对不利的公众和监管者的评论,一些金融公司已经开始减少或消除透支费用了。

这项服务仍然很流行,尤其是在近些年,很多存款不足费用急剧增加的步伐快于通货膨胀率。消费者似乎喜欢这种便捷的服务,尤其是它能够保证一些重要的账单(比如住房抵押贷款和基础设施账单)按时支付。对于金融服务的提供者,它是一项重要的费用收入来源,它通过账本底线增加收入。

12.8 基本(生命线)银行服务:对低收入客户的重要服务

作为一个引发争议的消费者问题,基本(生命线)银行服务很有可能在未来变得越来越重要,我们有必要简要介绍一下这种银行服务,从而完成本章对银行存款服务的全面考察。是否有必要保障每位已成年公民能够获得特定的基本金融服务,如支票账户或个人贷款?每个人应获得的金融服务是否有一个最基本的底线?现在如果一个人得不到某些重要的金融服务,他还能正常生活吗(获取足够的安全保障、食物、教育和医疗保健)?

一些专家将上述问题称为生命线银行服务,因为其主要来源于有关电力、燃气和电话服务的争议。许多人认为由于这些服务对健康和生活是必不可少的,所以应该对无力支付这些服务费用的人降低价格。20世纪八九十年代,诸如消费者协会和美国退休人员联合会等消费者组织首次研究了基本(生命线)银行服务问题,然后积极组织活动呼吁解决这一问题,该问题才获得全国范围内的关注。一些存款机构在该问题上的做法受到指责,人们也开始抱怨联邦和州级监管机构工作不力。

近期开展的几个消费者调查暗示了这一问题的严重程度(参见古德(Good)[5])。例如,美联储20世纪90年代的调查指出,12%的美国人既没有支票账户也没有储蓄账户,15%没有交易存款。一家联邦存款保险公司在2010年会同美国人口普查进行的最新人口调查发现，美国人口中的一大部分不是"无银行账户者"（没有任何形式的存款或贷款），就是"仅使用少数银行服务者"，其中"无银行账户者"占8%，约有900万个家庭，而"仅适用少数银行服务者"占了18%，约有2 100万个家庭。那些"仅适用少数银行服务者"的家庭依靠昂贵的发薪日贷款、支票兑现公司、当铺和汇票服务来支付账单。

少数民族和种族的人远比一般人更可能是"仅适用少数银行服务者"。此外，大多数这种境况的家庭只有最低收入水平，几乎没有正规的教育，他们经常代表单亲家庭以至于他们不信任银行体系。然而，只有少数的银行似乎担心这个问题。

这些目前未参与银行服务的人群被看成是传统金融机构的潜在利润客户。这些人最为需要的金融服务是向亲戚朋友电汇或者汇款。例如，每年共有成千上万的白领和非白领工作者通过电汇从美国将钱转到他们在墨西哥和其他拉丁美洲国家的亲戚和朋友。据估计，电汇或汇款业务每年可以为提供该种服务的金融机构带来超过1 000亿美元的收入。

个体和家庭被排除在金融主流服务外所带来的一个重要问题是无法开立存款账户。许多潜在的存款客户在现行的美国法律（特别是2001年通过了《爱国者法案》）下不能拥有开立账户所需的社会保障账号或者其他可接受的身份验证，而那些可以提供可接受的身份验证的人发现大多数传统的存款账户由于收费过高而无法满足需求。

由于借款机构倾向于向拥有存款的客户发放贷款，如果没有支票或储蓄账户，很少有人能够获得信贷支持，而获得信贷支持对大多数家庭获取足够的住宅、医疗保障和其他重要服务至关重要。有几家存款机构对这个问题做出了反应，提供可以兑现某种支票的基本存款服务（如社会保障支票），允许一定次数的个人取款或开出支票（如每月开出的10次支票免费），甚至向最低的余额支付利息，但是，没有几部法律强制金融机构提供这种基本服务，除了在选定的州里面，如伊利诺伊州、马萨诸塞州、明尼苏达州、宾夕法尼亚州和罗得岛州（近期其他许多州就这一问题的立法展开了辩论）。

1996年美国国会通过了《公平债务催收作业法案》，1999年美国财政部启动了电子资金划拨项目，导致了一个新的难题。依据规定，上述两个改革都要求政府向接受人的所有支付（如工资支票和社会保障支票）最终均通过电子手段划拨，这就要求支票接受人名下有某种形式的存款账户，从而上述资金可以转入这些账户。

如果可能的话，政府应该怎样做？即使没有新的立法，金融机构是否有义务向所在社区的所有客户提供服务？这些问题都难以回答。绝大多数金融机构是私人拥有的公司，负责为股东争取具有竞争力的资本回报，以低于成本的低价提供金融服务与上述重要目标相悖。

但是由于公共政策并没有将金融机构像其他私人企业那样对待，基本银行业务问题解决起来可能并不简单。比如，在遵循法律的基础上，联邦和州级监管机构为了"公共便利和需要"对新银行的设立进行审批，银行业的进入是受到监管的。此外，1997年颁布的《社区再投资法》要求监管机构在金融机构建立新的分支机构或与其他机构合并时，考虑这是否会对其所在社区的所有阶层起到积极的"帮助作用"。

上述最近出台的法律旨在全面服务于地方社区，其要求可能包括提供基本银行服务的责任。此外，银行从政府获得重要的援助，使其对其他金融机构保有竞争优势，最重要的援助之一就是存款保险，即政府对银行所售大部分存款提供担保。如果银行从最终由公共税收支持的存款保险中获益，其是否负有向所有人提供某些服务的义务？如果是的话，它们如何确定哪些客户可以获得费用较低的服务？是否应当对客户进行经济情况调查？必须有人承担服务提供的成本。谁应当承担基本银行服务的成本？上述问题的答案都不确定，但有一点是确定的：这些问题不大可能消失。

概念测验

13. 什么是生命线银行业务？该业务给银行和其他金融机构管理者带来什么样的难题？
14. 是否应向低收入者提供基本（生命线）银行服务？为什么？

本章小结

存款是银行及其竞争者、储蓄机构至关重要的资金来源——发放贷款、证券投资和获得长期增长所需金融资本的主要来源。以下是本章的要点：

1. 存款机构在管理存款时必须把握两个关键问题，其核心就是成本和数量。哪种存款能够有助于把筹资成本降至最低？存款机构如何筹集到足够的存款以满足资金需要？

2. 如今存款机构提供的存款类型主要包括：① 交易（或支付）账户，客户可以用它来支付商品和服务；② 非交易（储蓄或节约）存款，客户开立这种账户主要是为了应付未来可能出现的困难情况及存款机构向其许诺的预期收益。交易存款包括普通活期账户和有息活期账户（NOW）。普通活期账户通常不付利息，而有息活期账户至少支付较低的利息，在某些情况下还可能限制账户开出支票的数目。非交易存款包括存单（CD）、存款账户和货币市场账户。

3. 交易存款通常是存款机构最赚钱的存款，因为存款机构不用对交易存款付息或支付较低的利息，并且还要收取服务费。非交易（储蓄）存款的优势在于其通常是存款较为稳定的资金基础，从而使存款机构可以购买长期和高收益的资产，但是，许多非交易存款的利息成本较高，从而威胁其利润。

4. 在上述存款定价方法中，最常用的一种就是价格表定价法，即依据客户对特定存款服务的使用程度和账户余额来确定客户所能得到的利息和其支付的费用。相反，成本加利润定价法要求估算出各项单位存款服务的经营和管理成本总额，再加上一定的利润来回报股东投资。在边际成本定价法中，存款机构将价格定在足以吸引新的存款，且依然能在所吸收的新存款的最后一美元上获得收入的水平。最后，关系定价法要求存款机构对与其关系密切的存款客户（购买服务最多及最为忠诚的客户）收取较低的费用或给予更多的回报。

5. 最近，美国政府出台了新的规章条例以规范存款服务市场。《诚实存款法》要求美国银行和储蓄机构全面并且及时地披露所提供的各项存款服务的条款，包括如下信息：最低余额要求、存款余额的计算、承诺的收益、客户为了获得承诺的收益或回报所要达到的要求、罚金或附加费用及开始计息的时间。

6. 最后，作为现代银行业最有争议的问题——基本银行服务——持续成为存款服务行业内外争论的重要话题。在一些州中，银行、储蓄机构和其竞争者已经被要求向那些无法支付传统信贷和存款服务所需费用的客户提供收费低的金融服务，尤其是提供存款和贷款。一些银行对此采取积极的态度，提供限制性服务、低成本账户，而其他一些金融机构则认为绝大多数金融机构是以赚取利润为目的的公司，因此必须将注意力放在有潜在利润的新服务上。

关键术语

交易存款
核心存款
可转让支付命令账户
成本加利润定价
货币市场存款账户

联邦存款保险公司
超级可转让支付命令账户
储蓄存款
《诚实存款法案》
存折储蓄存款

关系定价
定期存款
基本（生命线）银行服务

习 题

1. RhineStone 国民银行目前的财务报表如下：

(单位：100万美元)

资产		负债	
现金和银行间存款	50	核心存款	50
短期证券投资	15	大额可转让存单	150
贷款总额（毛）	400	经纪人存款	65
长期证券	150	其他存款	45
其他资产	10	货币市场负债	195
资产总额	625	其他负债	70
		产权资本	55
		负债总额和产权资本	625

(1) 评估 Exeter 的存款和非存款资金组合。你能看出上述资产组合潜在的问题吗？你认为银行管理层应该做出什么样的改变？为什么？

(2) 假定市场利率预期会大幅上升，RhineStone 银行会因为流动性风险而遭受巨额损失吗？利率风险呢？请尽量做具体的回答。

2. Kalewood 储蓄银行的存款结构最近发生了变化（请参阅下表：以百万美元为单位）。该银行的存款组合最近发生了什么变化？这些变化是否表明管理层在增强银行的盈利性和稳定银行的收益方面仍然可能存在问题？

银行持有的存款类型	今年	1年前	2年前	3年前
普通和特别活期账户	235	294	337	378
有息活期账户	392	358	329	287
普通（存折）储蓄存款	501	596	646	709
货币市场存款账户	863	812	749	725
退休存款	650	603	542	498
10万美元以下的存单	327	298	261	244
10万美元以上的存单（含10万美元）	606	587	522	495

3. First Metrocentre 银行公布了下列家庭和小型企业活期账户的费率：

(1) 月平均余额高于1 500美元的账户免收每月维持费和支票手续费。

(2) 月平均余额在1 000～1 500美元的，每月维持费为2美元，每张支票收费10美分。

(3) 月平均余额低于1 000美元的，每月维持费为4美元，每张支票收费为15美分。

这是什么存款定价方法？First Metrocentre 银行通过其费率表要达到什么目的？你能预测到这一定价方案的问题吗？

4. Gold Mine Pit 储蓄机构发现如果它向新存款人和延长其到期存单的人提供如下的利率，它就能吸引到如下金额的存款：

预期新存款额（100万美元）	向存款人提供的利率（%）
10	2.00
15	2.25
20	2.50
24	2.75
26	3.00

管理层预计能够把筹到的新存款投资于收益为5.50%的贷款。该储蓄机构应该将存款利率提高到什么水平，以实现总利润最大化（除去利息成本）？

5. Red Brick银行计划下周开展一场吸引新存款的活动，希望能吸引1~6亿美元的新存款资金，预期将以4.25%的利率投资。管理层相信2%的存款利率会吸引1亿美元的新存款和展期资金；要吸引2亿美元的资金，银行不得不提供2.25%的利率；银行预测2.5%的利率会获得3亿美元；2.75%的利率会带来4亿美元；3%的利率会带来5亿美元；3.25%的利率带来6亿美元。银行应该吸纳多少存款才能保证边际成本不超过边际收益？

6. Richman储蓄银行发现其基本活期账户（最低余额要求为1 000美元）的月平均服务成本（包括人工和计算机）是3.25美元，管理费用每月是1.25美元。银行试图从这些账户获取每月0.50美元的利润率。银行应该每月向每个客户收取多少费用？

对客户账户的进一步分析表明，活期账户中的最低平均余额500美元，每增加100美元能让银行节省5%的经营费用。对于每月平均余额在1 000美元以上的客户来说，银行在获得既定利润率的同时，应该向其收取多少费用？

7. Monical Lane在Monarch信用合作社拥有储蓄账户。去年Monical Lane的储蓄账户获得10.75美元的利息收入，他的储蓄账户每月的平均余额如下（单位：美元）：

月份	平均余额	月份	平均余额
1	450	7	450
2	350	8	425
3	300	9	550
4	550	10	600
5	225	11	625
6	400	12	500

Monical Lane账户的年收益率（APY）是多少？

8. Taraville国民银行就一年期货币市场存单向一家小企业报出2.75%的年收益率。该企业所持账户前90天的余额为2 500美元，接下来180天的余额为3 700美元，余下时间的余额为4 500美元。这家小企业客户当年获得的利息收入是多少？

第13章 非存款负债的管理

学习要点

- 负债管理；
- 客户关系原则；
- 选择性非存款资金来源；
- 度量资金缺口；
- 不同资金来源的选择；
- 确定全部资金成本。

银行的传统资金来源是存款账户——向个人、企业和政府出售的支票存款和储蓄存款。公众对银行支票存款和储蓄存款的需求为其贷款和投资提供了大部分的资金，最终形成银行利润的主要来源。当存款的数量和增长不足以为银行的贷款和投资活动进行融资时，管理层将怎么办？

在第9章中，我们已经找到了这个问题的答案之一——通过向客户提供备用信用证、信贷担保服务获得费用收入以及将原有贷款证券化或直接出售来吸引新的资金。第10章提供了另一种方式——当存款不足时，可以通过出售手中的证券来获得资金。本章将详细介绍另一种重要的非存款资金来源——通过在货币和资本市场上出售借据来获得一定时期的资金，时间可以是隔夜，也可以是几年。

> **小贴士**
>
> 2003年哪一部喜剧中，菲利普·西摩·霍夫曼（Philip Seymour Hoffman）饰演一个银行经理助理，他拥有该银行的资金来源，并且拥有资金使用权，但他却无法抵挡大西洋城的诱惑。这是哪部电影？
>
> 答：《美国大诈弹》（Owning Mahowny）。

13.1 负债管理和客户关系原则[⊖]

存款机构的管理者已经知道，以"我们没有足够的存款来支持这一贷款"的说法拒绝一项可盈利的贷款请求是不会被顾客接受的。拒绝贷款请求通常意味着立即失去存款，可能也会失去与对此失望的顾客在未来的业务往来。同时，同意贷款请求（即使存款流量不足）通常会带来新的存款和对存款机构其他服务的需求，其带来的好处可能会远远超过贷款客户本身。例如，向企业发放贷款常常可以吸引企业所有人及雇员在该存款机构开立个人账户。

金融界早已意识到**客户关系原则**（customer relationship doctrine）的重要性，而其他借贷机构的管理者近年来也已认识到这一点。客户关系原则认为，借贷机构应当首先考虑向能给其带来净收益的客户发放贷款，因此，借贷机构的贷款决定常常优先于其融资决定：所有回报大

⊖ 经出版商许可，本章部分内容引用了作者刊登于《加拿大银行家》[5]上的文章。

于成本、品质符合借贷机构信贷标准的贷款和投资都应当被发放。如果现有存款不能立即满足贷款需要，管理层应该找到成本最低的借款资金来满足客户的信贷需求。

当然，客户关系原则有其局限性。有时它会引发大量的不良贷款。例如，在2007~2009年的经济衰退、次级抵押市场土崩瓦解期间，监管者发现许多抵押贷款者过多地批准远低于正常行业标准的贷款，并且是在只有很少文件材料或没有文件材料的情况下仓促批准。另外，货币市场的历史最低借款利率对这一贷款狂潮推波助澜。结果，住房止赎的情况显著增多，许多抵押贷款者逐渐放弃积极的客户关系战略，而是单纯集中力量从处于困境中的借款者处收回至少一部分资金。

20世纪六七十年代，客户关系原则孕育出一种更为广泛的管理战略，即所谓的**负债管理**（liability management）（在第7章和第11章有相关介绍）。负债管理是指从其他金融机构筹资，以满足高品质的贷款要求和满足存款准备金及其他法律或规章所要求的借入资金。

表13-1表明了负债管理的基本思想。一家银行的企业和家庭客户提出总金额为1亿美元的新贷款要求，但是依据存款部门的报告，目前只有5 000万美元的新存款。如果管理层希望发放1亿美元的新贷款，就必须找到另外的5 000万美元，这就需要吸收非存款资金。借贷机构的货币市场部门——在美国和伦敦称为往来银行——迅速开始工作，与暂时拥有剩余现金的非银行机构谈判，结果通过下列方式筹集到5 000万美元：联邦资金市场借款、向在公开市场出售票据（商业票据）的属于同一控股公司的子公司借款、根据证券回购协议出售所投资的证券以及向国外分行借入欧洲美元。

表13-1 利用非存款资金补充存款和发放贷款的示例

第一国民银行和信托公司的资产负债表（单位：美元）	
资产	负债和所有者权益
贷款： 100 000 000美元新贷款	支持新贷款的资金来源： 　今天预计新存入的存款　　　　　　　　　　　　　　　　50 000 000 　非存款资金来源： 　　购买的联邦资金　　　　　　　　　　　　　　　　　　19 000 000 　　国外欧洲美元借款　　　　　　　　　　　　　　　　　20 000 000 　　根据回购协议售出的证券（RP）　　　　　　　　　　 3 000 000 　　向在货币市场出售商业票据的银行控股公司的子公司的借款　+8 000 000 　为新贷款融资取得的总的新存款和非存款资金　　　　　100 000 000

但是，该货币市场部门不能满足于已有的成就。他们知道，刚刚筹集的5 000万美元中大部分在明天早上才能到手，到时候大部分借入的资金必须归还给所有者，这些归还的资金必须迅速得到补充，来支持新贷款。获得贷款的客户通常通过开支票和电汇款项给其他金融机构，从而资金很快就被花掉（要不然他们为什么要贷款呢），因此借贷机构必须找到足够的新资金来承兑这些支票和电汇的资金。

显然，负债管理是银行实现借款计划增长的必要工具，但是负债管理也对银行提出了真正的挑战，它们必须跟上市场每天的变化，以确保银行资金的充足。此外，负债管理是一种利率敏感性的筹资方法，如果利率上升而银行又不愿支付较高的利率，从货币市场借来的资金会立即消失。货币市场借款人通常对市场利率的变化有很灵活的反应。

从另一个角度来看，利用负债管理技巧筹集的资金具有灵活性——银行可以决定所需资金的确切数量和期限，通常也能找到满足这些要求的资金来源。而当银行通过出售存款来筹资时，是存款人决定了存放在银行的资金数量和期限。利用负债管理，当需要更多资金来扩张贷款或补偿法定准备金时，银行通过提高利率就能从货币市场得到足够的资金。

洞察力和问题

是否真的到了可以大量借入短期资金的时候

从表13-1所举的有关流动性管理的例子可以看出，所有的非存款资金来源都是短期的。为何流动性管理者此时更依赖于短期债务，尤其是隔夜贷款？难道他没有听说过利率风险？

他们当然意识到了这些风险，但同时资金来源短期化也是可以带来好处的。首先，借款客户很有可能急需该笔贷款，今天，银行可能已经没有足够的时间再去寻找和商讨长期债务合同，而明天情况又会有很大的不同，也许更长期的存款又蜂拥而入。

其次，表13-1所举的例子是有关如何处理单一贷款的问题。仔细分析出借方的整个贷款组合，可以发现在短期和长期债务上的更合理的总体均衡。

再次，银行已经能够更好地管理利率风险。正如我们在第二部分所看到的，它们现在已经掌握了许多能够有效管理利率风险的工具。

最后，银行的许多资产也都是短期的，包括一些隔夜贷款和当天贷款。银行已经懂得保持短期资产和短期负债之间的均衡，从而预防流动性危机的发生。如果市场利率有下降的预期，这些负债管理者或许会很乐观，随着市场利率的下降，未来的借款成本将低于今天的成本。这意味着对市场利率的变化趋势以及总体市场状况的预期对负债管理有很大的影响。

13.2 可利用的各种非存款资金来源

如表13-2所示，非存款资金来源的数量近年来时多时少，但总的来说还是持续增长并占有银行资金中越来越大的比例，而规模较小的银行和储蓄机构则很大程度上依靠存款来满足其筹资需要。世界范围内的主要银行开始把非存款资金看做是满足贷款需求和应急现金的重要短期资金来源。

表13-2 联邦存款保险投保银行非存款资金来源的增长　　　（单位：10亿美元）

非存款资金来源	1990年	1992年	1994年	1996年	1998年	2000年	2002年	2004年	2007年	2010年[①]
货币市场（100 000美元以上）可转让存单	431.8	366.5	344.9	476.9	671.4	821.3	814.0	1 505.1	2 382.2	1 800.0
自己的国外分支机构的欧洲美元借款	168.0	160.4	185.9	177.3	148.8	194.3	231.5	382.6	154.5	201.8[③]
联邦资金借款和证券回购协议	180.1	149.9	221.1	199.8	206.1	235.5	476.8	727.4	838.5	760.7
商业票据发行[②]	420.8	406.5	443.7	601.2	936.2	1 275.8	1 194.0	1 395.0	1 788.1	1 020.0
向联邦储备银行的借款	0.3	0.1	0.5	0.2	0.1	0.2	0.1	0.0	48.6	0.7
联邦存款保险投保银行筹集的全部非存款资金	1 201.0	1 083.4	1 196.1	1 455.4	1 962.5	2 527.1	2 716.4	4 010.1	5 211.9	3 791.2
联邦存款保险投保银行的总存款	3 637.3	3 527.1	3 611.6	3 925.2	4 386.1	4 914.8	5 568.7	5 026.0	6 590.7	7 513.1
所有美国银行非存款资金占总存款的比重	33%	31%	33%	37%	45%	51%	49%	80%	79%	50%

① 货币市场可转让存单、欧洲美元借款和回购协议的数据源自2010年第2季度。
② 包括由银行及其他金融机构发行的所有金融机构票据。
③ 欧洲美元对外国子公司的承诺数据源自2009年第4季度。
资料来源：联邦储备委员会和联邦存款保险公司。

表13-3显示了银行和储蓄机构的规模与非存款资金借贷的密切关系,就一组规模最小的美国银行和储蓄机构(资产低于1亿美元)而言,其非存款借贷资金在其总资产中所占比率很少(比例在4%左右)。与此相比,规模最大的机构(资产超过10亿),其非存款借入资金占大的商业银行资产的比例是小规模机构的4倍。

表13-3 银行规模与其非存款借款使用情况的关系

(全美联邦存款保险公司投保银行2007年数据)

规模和存款机构种类	非存款借款占资产的百分比(%)
美国最大的商业银行(资产超过10亿美元)	16
美国最小的商业银行(资产在1亿美元以下)	4

注:储蓄机构包括联邦存款保险公司投保的储贷协会和储蓄银行。
资料来源:联邦存款保险公司。

总的来说,非存款资金已经超过了传统存款的增长,正如表13-2所示,部分原因是非存款资金不规则的高灵活性,此外近年来还有一些存款流失到具有竞争力的其他金融机构,比如共同基金、保险公司、对冲基金和养老基金,这些机构也试图积极地吸引公众的存款。在接下来的部分我们将考察目前银行最常用的非存款资金来源。

13.2.1 联邦资金市场

最常用的国内准备金借款来源是联邦资金市场。联邦资金原先只包括美国银行在联邦储备银行持有的存款。这些存款由存款机构所有,放在中央银行是为了满足法定准备金、支票清算和购买政府债券的需要。通过连接美国境内所有联邦储备银行的联邦储备电汇网络(FED WIRE),这些联储余额可以在几秒内进行资金划拨,但是现在存款机构相互持有的存款机构间(往来)存款也可以在提出贷款要求的当天在银行体系内实现转移。证券交易商和政府拥有的大额活期存款也是如此,并且也能电汇。所有这些类型的存款构成了联邦资金市场中交易的基本品种,用专业术语来说,联邦资金就是立即可获取的短期借款。

银行早就意识到了这些同日资金的潜在盈利性。由于联邦储备银行的准备金和企业持有的大部分活期存款都没有利息,银行和非银行金融机构为了经济利益非常愿意借出多余的准备金或没有即时现金需求的活期存款。此外,目前联邦资金借款无须交纳准备金,监管也很少,因此刺激了该市场的增长,从而有助于降低借款成本。需要即时资金的金融机构可以向持有多余银行间存款的机构或联储银行请求贷款。如果需要的话,贷款人要承诺在第二天偿还。

现在联邦资金市场的主要用途仍然非常传统:向有暂时闲置资金的机构借入即时可用的资金,来弥补存款机构法定准备金的不足或满足客户的贷款需求。联邦储备也用来作为存款增长的补充,为客户暂时多余的资金提供了一个既盈利又安全的途径(即使是几个小时的贷款也可以)。此外,联邦资金市场也作为联邦储备系统政策传递的管道,用来控制货币和信贷的增长,从而稳定经济。

通过上述功能,联邦资金市场在金融体系内有效地分配准备金,使之流向最需要资金的地方。为了帮助联邦资金的供求双方达成一致,很快就出现了为获取佣金而进行联邦资金交易的经纪人。大的往来银行成为融通性银行,在当地为小的存款机构充当经纪人,其作用与资金经纪人类似。一家融通性银行同时买卖联邦资金,为客户银行的准备金创造市场,虽然它本身可能并不需要额外资金。

联邦资金借入和借出的程序很简单。借入和借出机构可以直接联系，也可以通过往来银行或资金经纪人联系。一旦双方就联邦资金贷款条件——特别是利率和期限——达成协议，借出机构就安排将其持有的在当地联储或在往来银行的准备金存款转换成借入机构的存款。如果借贷双方位于不同地区，可以通过电汇。如果借贷双方在同一家联邦储备银行或往来银行持有准备金存款，借出机构只需让该银行把资金从其准备金账户划拨到借入机构的准备金账户——这是通过计算机几秒就可以完成的记账工作。当贷款到期时，资金自动划拨回借出机构的准备金账户，见表13-4对有关账目的描述。利息也可在此转账，或者由借款人向贷款人开一张支票。

表13-4 联邦资金的借贷机制 （单位：100万美元）

使用联邦资金的一种方式

第一步 联邦储备银行借出准备金余额

贷款银行的资产负债表		借款银行的资产负债表	
资　产	负债与资本净值	资　产	负债与资本净值
贷出联邦资金　　+100		联邦银行持有存款　+100	购买的联邦资金　+100
联邦银行持有存款　-100			

第二步 通过联邦储备银行偿还联邦资金贷款

贷款银行的资产负债表		借款银行的资产负债表	
资　产	负债与资本净值	资　产	负债与资本净值
联邦银行持有存款　+100		联邦银行持有存款　-100	购买的联邦资金　-100
贷出联邦资金　　-100			

使用联邦资金的另一种方式

第一步 贷款银行（通常较小）借给往来银行（通常较大）的联邦资金

贷款（客户）银行的资产负债表		借款（往来）银行的资产负债表	
资　产	负债与资本净值	资　产	负债与资本净值
往来银行持有存款　-100			购买的联邦资金　+100
贷出联邦资金　　+100			客户银行的存款　-100

第二步 偿还往来存款机构的贷款

代理机构		往来机构	
资　产	负债与资本净值	资　产	负债与资本净值
往来机构持有存款　+100			购买联邦资金（借款）
贷出联邦资金　　-100			以支持贷款和投资　-100
			客户银行存储　　+100

联邦资金贷款的利率根据借贷双方的谈判而定。虽然每笔联邦资金贷款的利率可能会有所不同，但是大多数贷款采用每天全国市场现行的有效利率——联邦资金经纪人和主要的融通性银行公布的利率。近年来，多元联邦资金利率（利率表）时有出现，有问题的银行要支付较高的利率或干脆被市场拒之门外。

联邦资金市场的贷款协议有三种类型：① 隔夜贷款；② 定期贷款；③ 可续合同。隔夜贷款不签订书面协议，通过电报或电话谈判，借款资金第二天偿还。这种贷款通常没有抵押，但若借款人和贷款人不很熟悉或对借款人的信用有疑问，可能会要求借款人在偿还贷款前以贷款人的名义在一个监管账户中放置特定的政府债券。定期贷款的期限较长，为几天、几周或几个月，签订书面合同。可续合同是每天自动展期的合同，直到借款人或贷款人决定终止协议为止。大多数可续合同是由较小的客户银行、储蓄机构与较大的往来机构签订的。往来机构自动将其持有的较小机构的存款投资于联邦资金贷款，直到被告知其他用途。

13.2.2 作为资金来源的回购协议

回购协议（RP）与联邦资金交易类似，它通常被看作抵押的联邦资金交易。在联邦资金交易中，贷款者需要承担信用风险，即借款机构可能无法偿还贷款。如果借款者可以提供市场化的证券作为抵押，则可以降低贷款者所面临的信用风险，这种信用风险的减少可以通过回购协议成本比联邦资金交易利率低而体现出来。绝大多数回购协议像联邦资金交易那样通过联邦电汇系统完成，但是，由于贷款者必须审查借款者所提供用作抵押的证券的质量和数量，所以回购协议耗时多于联邦资金交易。⊖

回购协议因其交易过程得名，借款者暂时将证券换成现金。回购协议是指暂时出售高品质的、易于变卖的资产（如美国国库券），然后在将来特定的日期以事先确定的价格购回这些资产的协议，见表13-5。回购协议可以短至隔夜交易，也可长达几个月。

联邦资金交易和回购协议的利息成本可以用下式计算

$$\text{回购协议的利息成本} = \text{借款金额} \times \text{现行回购利率} \times \frac{\text{回购协议的借款期限}}{360\text{天}} \tag{13-1}$$

假定商业银行通过回购协议借款5 000万美元，以政府债券为担保，期限为3天，现行市场回购利率为6%。那么银行的总利息成本就是

$$\text{回购协议的利息成本} = 50\,000\,000 \times 0.06 \times \frac{3}{360} = 24\,995（\text{美元}）$$

近年来，回购协议市场上的创新集中在一般抵押融资回购上，它是1998年由纽约银行、摩根大通银行和固定收益结算公司（FICC）联合创立的。那么，什么是一般抵押融资回购？它与传统的回购协议有何区别？

表13-5 通过涉及银行证券的回购协议筹集可贷资金 （单位：100万美元）

第一步 银行根据回购协议出售一些证券			
商业银行		银行证券的暂时购买者	
资 产	负债与资本净值	资 产	负债与资本净值
证券出售 −100		证券购买 +100	
准备金 +100		现金账户 −100	

第二步 回购协议终止，证券购回			
商业银行		银行证券的暂时购买者	
资 产	负债与资本净值	资 产	负债与资本净值
证券回购 +100		证券出售 −100	
准备金 −100		现金账户 +100	

传统（固定抵押）回购协议会对作为抵押的证券做明确规定，在贷款期结算前，贷款者对抵押证券拥有所有权。与其不同的是，首先，一般抵押融资回购允许相对简单和低成本的替代抵押，只要借贷双方达成共识，任何种类的证券都可作为抵押品，其中常见的抵押品有五年内到期的国库券或美国国债和联邦政府债券，而在协议达成时规定的抵押品并不需要在贷款结束时交付。其次，一般抵押融资回购是在固定收益结算公司账面上进行结算，因此借贷双方及经

⊖ 由于1985年两种与政府债券交易商有关的回购协议所带来的损失，国会通过政府债券法案，要求美国政府债券交易商必须书面报告借贷双方所签订的回购协议及相关活动，并且具体描述抵押品的性质和地点。

纪人只需履行净的支付额，从而大大减少了资金和证券的转账。最后，一般抵押融资回购可以在每天早晨反转，晚些时候可以进行结算，借款者在整个白天有充分地灵活性去决定如何处置抵押品。总之，一般抵押融资回购更充分利用了抵押品，降低了交易成本，加大了回购协议市场的流动性，这也正是一般抵押融资回购近年来发展迅速的原因。（更详细的资料可以查阅弗莱明与加巴德（Fleming and Garbade）的文章[2]）。

然而，总的来说，近年来回购协议市场有所缩小，特别是在2007~2009年的信贷危机中，由于一些作为贷款抵押品的证券的质量和市值的不稳定，这一情况尤为明显。另外，顶级投资银行贝尔斯登众所周知的破产，其中一个原因就是它没能够从回购协议市场中收回充足的资金。

概念测验

1. 什么是负债管理？
2. 负债管理的优点和给借贷机构带来的风险是什么？
3. 什么是客户关系原则？它对借贷机构筹资有什么意义？
4. 联邦资金最适用于筹资的哪些情况？
5. 切克国民银行从在费城联邦储备银行的准备金账户中向斯密斯万第一国民银行贷出了5 000万美元。后者位于纽约联邦储备区内。贷款期限为24小时，第二天偿还。你能做出这笔贷款的发放和偿还的会计分录吗？
6. 半山储蓄协会在其主要往来银行——斯特灵城市银行的存款余额多余3 500万美元。前者指示后者今天向另一家机构贷款，第二个营业日偿还其往来存款。斯特灵城市银行贷给英派瑞证券国民银行3 500万美元，期限为24小时。你能做出这笔贷款展期和半山储蓄协会收回贷款资金的正确的会计分录吗？
7. 比较联邦资金交易和回购协议。
8. 在回购协议中，借款者得到的主要好处是什么？

13.2.3 向联邦储备银行借款

对于立即需要准备金的存款机构来说，除了联邦资金市场和回购协议以外的另一个可行的方法是向联邦储备银行短期借款。例如，美国的存款机构可以向当地的联邦储备银行申请贷款，联储通过其**贴现窗口**发放贷款，贷记借款机构在联邦储备银行的准备金账户，见表13-6有关通过贴现窗口贷款和偿还贷款的会计分录。

表13-6 从本地区联邦储备银行借入准备金 （单位：100万美元）

从本区储备银行获取贷款			
借款的存款机构		联邦储备银行	
资产	负债与资本净值	资产	负债与资本净值
在联储的存款准备金 +100	应付票据 +100	贷款和预付款 +100	银行准备金账户 +100
偿还从本区储备银行获取的贷款			
借款的存款机构		联邦储备银行	
资产	负债与资本净值	资产	负债与资本净值
在联储的存款准备金 −100	应付票据 −100	贷款和预付款 −100	银行准备金账户 −100

联邦储备银行发放的每笔贷款必须有抵押。大多数存款机构为此在联邦储备银行的金库里

存放了美国政府债券,联储也接受某些联邦机构债券、高等级商业票据及其他联储认为符合贷款抵押品要求的资产作为抵押。

联邦储备贷款的类型包括:

- 初级信贷。贷款对象为处于良好财务状态的存款机构,期限短暂(通常为隔夜,偶尔可以持续几周)。初级信贷利率稍高于联邦资金利率(起初初级信贷利率被定于高于联邦资金利率一个百分点)。初级信贷的借款机构无须在贷款前向美联储说明它们已经用掉所有其他来源的资金(但过去必须要说明),并且,借款机构不再被禁止在联邦资金市场上将从联储所借得资金贷放给其他存款机构。
- 二级信贷。二级信贷针对无法得到初级信贷贷款的存款机构,通常利率比初级信贷高。它由联邦储备银行监控,以确保借款者不存在承担过度风险的情况。二级信贷利率通常比初级信贷利率高50个基准点。它主要帮助借款机构解决财务问题,加强其从私人市场寻找其他资金来源的能力以及减少对联储的负债。然而,二级信贷不能用于充实借款机构的资产。
- 季节性信贷。期限长于初级信贷,提供给存贷款存在季节性波动的中小型存款机构(如在播种和收获季节的农业银行)。季节性信贷的利率处于联邦资金实际利率和90天期存单二级市场利率的平均水平。

正如以上介绍,每一种贴现窗口贷款都有各自的利率,其中二级信贷的利率最高,季节性信贷利率最低。例如,在2008年3月联邦储备贴现窗口贷款中,初级信贷利率为2.50%,二级信贷利率为3.00%,季节性信贷利率为2.95%。

1991年美国国会通过了《联邦存款保险公司修正法案》,严格限制联邦储备银行向有问题的存款机构提供贷款支持的程度。一般来说,在每120天的期限内,不能给予资本不足的机构超过60天的贴现窗口贷款。联储只有在借款机构是一个"能够生存的实体"时才能为其提供长期支持。如果联邦储备银行超过了这一限度,它要对相关存款机构最终破产导致FDIC保险资金的任何损失负责。总的来说,不论根据监管规定、抵押品要求还是成本情况,联储贴现窗口都不是一个特别流行的筹资渠道,尽管在2007~2009年的信贷危机中,这一情况有所改观,很多困境中的企业都通过联储的"窗口"借到了资金。

真实的银行,真实的决策

什么是抵押贷款利率

近来,联储调整了有关向银行及其他存款机构提供贴现窗口服务的条例(条例A),使得美国央行在贴现窗口方面的做法更像欧洲的中央银行了。

2003年以前,联储的贴现利率通常是货币市场的最低利率,低于联邦资金利率。由于贴现利率处于如此低的水平,因此许多存款机构试图从联储借款,然后再在联邦资金市场贷出,赚取利差。的确有很多存款机构这么做了。

如今,在隔夜贷款中,美国初级信贷利率设定得比联邦资金利率更高,而美联储将联邦资金利率作为稳定经济的基准利率,如欧洲中央银行一样,将联储的贴现利率设在被称为"市场镜子"的抵押贷款利率水平以上。第一个将其用于银行市场贷款利率的使用者为Bundesbank德国的中央银行。如今,欧洲中央银行(ECB)、奥地利、比利时、法国、德国、意大利和瑞典的中央银行都使用抵押贷款利率。最近,加拿大和日本的中央银行也开始采用相同的贷款条例。

由于可以将贴现率或抵押贷款利率设在相似贷款的市场水平以上,中央银行很少限制通过贴现窗口提供贷款,同时更少关注借款者如何处理借入的资金。此外,近期有迹象表明高于市场水平的抵押贷款利率逐渐被看作是隔夜贷款利率的最高限,可能也可以作为美国联邦资金利率的有效上限。

13.2.4 联邦银行房屋贷款的优势

近年来,另一个政府机构——联邦银行房屋贷款系统(FHLB)已经向抵押贷款者提供了大量资金。FHLB由美国联邦政府在1932年创立,目的是改善国内抵押贷款市场的流动性。它为提供抵押贷款的存款机构提供资金支出,这些资金作为FHLB给予抵押品的垫款。通过允许出现资金短缺的存款机构资产中所持有的房屋抵押贷款作为抵押品获得及时的资金,FHLB改善了房屋抵押贷款的流动性,同时也鼓励更多的借款机构向房地产市场提供贷款。

近年来,有资格从FHLB获得贷款的金融机构数目增长很快,尤其是规模较小的社区银行和储蓄机构。目前将近有6 000家商业银行,多于1 300家储蓄机构,超过700家信贷联盟和将近80家保险公司获得了FHLB的贷款,共计超过5 000亿美元。(见麦罗尼(Maloney)和汤姆逊(Thomson)[5])。抵押贷款机构的管理者之所以对FHLB贷款感兴趣,原因在于FHLB贷款的利率低于市场利率水平。FHLB贷款完全以房屋贷款作为抵押品,期限短则隔夜,长则20年,且利率既可浮动也可固定。联邦宪章允许FHLB以低利率借款,并将存款贷给持有FHLB股票并获得红利的成员机构。如果借款机构倒闭,从法律上讲,FHLB(甚至先于联邦保险公司)是第一个应该获得贷款偿还的机构。可以说,由于成本低廉,以及贷款到期日的灵活性,这一筹资方式已日渐流行。

洞察力和问题

作为中期贷款来源的联邦短期标售工具和定期证券贷款工具

2007~2008年金融市场的混乱导致了一场全球范围内贷款机构的"信贷危机"。尤其是,因为金融经理们疯狂的寻找中期贷款,对于1~6个月的中期贷款的需求急剧上升,这些贷款比正常的联邦资金贷款、RPs以及贴现窗口贷款的期限长。

2007年12月,美联储担心当前的货币政策不足以为次贷危机市场提供流动性,开始发行一种新的临时性贷款,即短期标售工具。美联储宣布,它愿意以低于传统的贴现率的利率为储蓄机构提供28天期的贷款。它为这些中期贷款体系建立了一个标价体系,和国债出售的方式很相似,即在密封投标的条件下采取单一价格拍卖。

2008年3月,一些关键的金融市场(包括抵押、自动贷款、信用卡应收账款和学生贷款)都由于流动性的匮乏而遭到破坏,美联储发行了定期证券贷款工具从而为这些困难的市场提供流动性支持。一级证券交易商(它们定期和美联储合作)被邀请向美联储借款,他们可以用那些3A级的优质证券做抵押,如抵押、自动贷款、信用卡应收账款和学生贷款。

站在自己的立场上,美联储承诺暂时接受券商的3A级证券作为抵押品换取美国国债。借款期限为28天。这一步似乎有助于稳定美联储的目标市场,至少一段时间内可以。2011年年底,美联储通过一个名为"扭转"的政策来武装自己,这项政策具体是通过买入长期债券、买出短期金融工具来刺激长期信贷。

事实上，在非正常和紧急情况下，美联储有足够的权利提供紧急信贷。例如，联储法令的第十三部分的第三段允许其借款给任何个体、合伙人或者是公司，只要联储委员会中至少有5人投赞成票。在20世纪30年代的大萧条时期，美联储根据这一法令向非银行机构提供了大量的贷款，并且在接下来的20年里持续这样做，尤其是在第二次世界大战期间为了刺激生产。最近的是2008年纽约联储局为了支持J. P. 摩根收购贝尔斯登，为其提供290亿美元的贷款。

这个领域的一些权威学者认为联储新的信贷工具应该由中央银行的政策武器兵工厂所保管，这个兵工厂可以给美联储新的工具以处理流动性危机并避免来自一些重要利率的直接压力。而另外一些专家认为，联储最近的一些空前的行动走的太极端了，刺激了通货膨胀，并且没有唤起个体和机构的纪律意识，事实上，他们在住房和信贷市场上赌博，进而威胁到整个金融市场的稳定性。

13.2.5　大额可转让存单的开发与销售

在20世纪60年代，随着新的存款品种——**可转让存单**（negotiable CD）的发展，负债管理和用短期借款来补充存款增长的做法一时兴起。这种资金来源实际上是一种混合账户——法律上它是存款，但实际上它只不过是为了从大公司、富人和政府获取暂时多余的资金而发行的一种借据。存单是证明存款机构收到存款资金的收据，存款有特定的期限和特定的利率或者特定的计息公式。

现在可转让存单有四种主要类型：国内存单是由位于美国境内的美国机构发行的；美国境外的银行发行的美元存单称为欧洲存单；活跃在美国的最大的外国银行（如德意志银行和汇丰银行）通过其美国支行销售的存单称为扬基存单；非银行储蓄机构销售储蓄存单。

在20世纪60年代，由于最大的客户为其多余的现金找到了比支票存款收益更高的途径，大客户持有的支票存款增长缓慢。面对这一情况，美国货币中心银行开始在市场上寻找新的资金来源。纽约花旗银行（后来成为花旗集团）是世界上最富有创新精神的银行之一，其首先在1961年开发了大额可转让存单（10万美元以上）。花旗集团计划用这种销路良好的存款与政府债券和其他著名的货币市场工具竞争，其面额（一般是100万美元的倍数）大得足以吸引持有巨额流动资金的大公司。可转让存单仅限于短期——期限从7天到一两年，但是为了方便大多数的存单购买人，期限主要集中在1~6个月。这一新工具是可转让的——在到期之前可以在二级市场上任意出售，目的是在公司客户的多余现金比预计的要少或不稳定的情况下提供流动性。为了使可转让存单在到期之前易于销售，存单是持有人抬头。此外，几个证券交易商同意为6个月或6个月以下的可转让存单做市。

可转让存单一炮打响。大额存单从20世纪60年代初的零增长到60年代末的近1 000亿美元，在高利率的70年代和80年代初高涨。到2005年年底，美国银行10万美元以上的定期存单总额超过1万亿美元，储蓄机构已累计发行2 000亿美元定期存单。和所有的负债管理工具一样，管理层通过向存单客户提供不同的收益来控制流通的存单数量。

固定利率存单占发行的全部可转让存单的绝大多数，其利率的计算以附息为基础，以360天为一年。例如，如果存款机构向一张10万美元6个月（180天）存单的买主承诺8%的年利率，在6个月后存款人可以得到

$$应付给客户的资金 = 本金 + 本金 \times \frac{期限}{360天} \times 年利率$$

$$= 100\,000 + 100\,000 \times \frac{180}{360} \times 0.08$$

$$= 104\,000（美元） \tag{13-2}$$

一年期以上的存单通常每6个月付息一次。可变利率存单在制定的期限（成为利息调整期）后重新确定利率，新利率以共同接受的参考利率为基础，如欧洲美元存款的伦敦银行同业拆借利率（LIBOR），或在二级市场交易的高等级存单的现行平均利率。

存单的销售对银行主要客户的净影响常常是在同一存款机构存款账户间简单的资金转移，特别是从活期账户转入存单账户，不过这一简单的转账也能使存款机构获得可贷资金，因为目前存单的法定准备金为零，至少在美国是如此，而大的存款机构活期账户的法定准备金率是10%。因为存单的期限固定，在到期之前一般不会提款，所以存单也能提高存款机构存款的稳定性，而活期存款可以随时提款。但是最大额可转让存单对利率敏感性很强，这意味着大量利用可转让存单和其他负债管理技巧的存款机构必须力争避免净收益的波动（包括利用第7～9章所讨论的利率套期保值技术）。不过由于其成本适中、可得资金数额大以及具有灵活性等，它仍是一种流行的借款方式。

13.2.6 欧洲货币存款市场

美国可转让存单市场的发展紧随着20世纪50年代兴起的另一个存款市场——**欧洲货币存款**（eurocurrency deposit）市场的发展。欧洲货币存款起源于西欧，用来提供可以在跨国银行之间互换的流动资金或贷给银行最大的客户。如此巨大的国际借贷发生在欧洲美元市场。

欧洲美元是在美国以外的银行的美元存款。因为在存款银行的账户中欧洲美元存款是以美元表示，而不是以本国货币表示的，所以这些存款只包括定期存款账户，它们不能像货币一样使用。⊖

接受欧洲美元存款的银行可以是外国银行、美国银行的海外支行或者国际银行设施（IBF）。国际银行设施是在美国建立的代表美国的母行进行国外交易的设施。世界欧洲美元市场的中心在伦敦，在那里英国银行和大量的美国及其他外国银行为获得欧洲美元存款而竞争。欧洲货币市场是世界上最大的不受监管的金融市场，这也是其增长最快的原因之一。

国内金融机构可以与每日进行欧洲货币借贷活动的主要银行联系，从欧洲市场获得资金。最大的美国银行也利用自己的海外支行从这一市场融资。当一家支行把欧洲存款贷给其美国总部时，总部把这笔存款记入"对国外支行的负债"账户。当一家美国金融机构向海外的银行借入欧洲存款时，通过往来银行系统进行交易。贷款银行将指示一家它拥有存款的美国往来银行把相当于欧洲货币贷款金额的资金划拨给借款银行的往来账户，这些借入的资金会迅速贷给合格的借款人，或者用来弥补准备金的不足。当贷款到期时，往来银行的账目处理相反。从表13-7可以看出欧洲美元的借贷过程。

⊖ 一般每当银行接受了以本币以外的其他货币表示的存款，这种存款就被称为欧洲货币存款。欧洲货币市场起始于欧洲（所以冠以"欧洲"的前缀），现在已遍及世界。

表13-7 美国银行向外国银行的欧洲美元借款　　　　　　　（单位：100万美元）

第一步　从欧洲美元市场向美国银行发放贷款

借入欧洲美元的美国银行		为外国银行充当往来银行的美国银行		借出欧洲美元的外国银行	
资　产	负　债	资　产	负　债	资　产	负　债
在其他银行的存款 +100	欠外国银行的存款(借入的欧洲美元) +100		欠外国银行的存款 −100 美国往来银行的存款(借入的欧洲美元) +100	在美国往来银行的存款 −100 对美国银行的欧洲美元贷款 +100	

第二步　美国借款银行偿还贷款

借入欧洲美元的美国银行		为外国银行充当往来银行的美国银行		借出欧洲美元的外国银行	
资　产	负　债	资　产	负　债	资　产	负　债
在其他银行的存款 −100	欠外国银行的存款(借入的欧洲美元) −100		欠外国银行的存款 +100 美国往来银行的存款(借入的欧洲美元) −100	在美国往来银行的存款 +100 对美国银行的欧洲美元贷款 −100	

大部分欧洲美元存款是固定利率定期存款，但是从20世纪70年代开始出现了浮动利率存单（FRCD）和浮动利率票据（FRN），从而保护银行和欧洲存款人免遭利率波动的风险。FRCD和FRN一般是中长期的，期限从1～20年不等。这些长期可转让存款的利率每3～6个月根据银行间欧洲美元市场的利率波动调整一次。大部分欧洲美元存款在6个月之内到期，有些存款则隔夜就到期；而且大部分欧洲美元存款是银行间负债，其利息收益与LIBOR密切相关。LIBOR是货币中心银行相互报出的欧洲美元存款的短期贷款利率。在银行间市场发行的大额欧洲存单称为整售存单，向广大投资者出售的小额欧洲存单称为分档存单，和国内存单一样，这些存单有一个活跃的二级市场。

大银行和其大公司客户在欧洲美元和美国存单市场套利。例如，如果期限相等的国内存单的利率明显低于欧洲美元存款利率，银行或其公司客户可以在国内存单市场借款，再用这些资金在离岸欧洲货币市场放贷。类似地，相反方向的利差会导致欧洲美元借款的增加，款项流入美国国内的存单市场。

13.2.7　商业票据市场

20世纪60年代晚期，面临强烈的贷款需求，大银行和大金融机构找到了可贷资金的新来源——**商业票据市场**（commercial paper market）。商业票据是指知名公司为了筹集营运资金而发行的期限从三四天到9个月不等的短期票据。商业票据按面值折价发行，发行通过交易商进行，发行公司也可以与有兴趣的投资者直接联系。

商业票据中有一类重要票据——工业票据，其大多数是用来满足购买商品或原材料存货、交税或其他的即时现金需要。另一种重要票据——金融票据，主要由金融机构（如通用电气资本公司）及金融控股公司（汇丰金融公司）的附属机构发行。一旦售出，所得款项可以用来购买同一机构内部银行或其他内部金融公司的贷款，向它们提供额外的资金以发放贷款。表13-8总结了通过附属公司发行商业票据进行间接借款的过程。这一资金来源规模大、成本适中，然而在资本可得性方面具有波动性，而且信贷风险高。

表13-8 金融控股公司通过商业票据间接借款过程　　　　　　　　　（单位：100万美元）

第一步　附属的非银行公司在货币市场出售商业票据			
附属银行		附属公司	
资产	负债与资本净值	资产	负债与资本净值
		现金账户　　+100	商业票据　　+100
第二步　附属公司向属于同一机构的银行购买贷款			
附属银行		附属公司	
资产	负债与资本净值	资产	负债与资本净值
贷款　　　－100 准备金　　+100		现金账户　　－100 向借贷机构 购买的贷款　+100	

13.2.8 长期非存款资金来源

以上我们所讨论的非存款资金来源主要是短期借款，涉及的贷款期限从几个小时到几天，定期联邦资金合约、商业票据和类似的融资工具的期限会达到几周或几个月，但是许多金融机构也在发掘期限超过1年的长期非存款资金。例如为建设融资的抵押契据、资本票据和债券，期限通常为5～12年，用来补充权益资本。资本票据和债券将在第15章详细讨论。

由于管制和长期借款较大的风险，这些长期非存款资金来源的数量多年来相对稳定。此外，因为大多数存款机构资产和负债是中短期的，发行长期负债会使上述金融机构的期限结构明显不匹配，然而这种负债有利的杠杆效应近年来还是吸引了大银行及其他金融机构。

因为这些资金来源具有长期性，所以它们是发行机构风险暴露程度（特别是违约风险）的敏感的晴雨表。例如在1990年，当市场担心银行可能会重大违约时，有问题的东南银行集团和波士顿银行的资本票据的年收益率接近20%，而新英格兰银行发行的票据仅以大约相当于面值的1/5的价格进行折价交易。到2007年12月，所有的美国投保银行已经发行了总额超过1 750亿美元的资本票据和债券（低于存款者的要求）。

概念测验

9. 向联邦储备银行借款的优点是什么？它有什么缺点？初级信贷、二级信贷和季节性信贷的区别是什么？什么是抵押贷款利率，它为何在达到货币政策目标中起到重要作用？

10. 什么是联邦储备贴现窗口贷款？这种贷款是否需要抵押品？

11. 珀勒国家银行向克里夫兰的联邦储备银行借入1 000万美元的初级信贷。你能做出发放和偿还的正确分录吗？

12. 哪些机构可以从联邦银行房屋贷款系统借款？为何许多机构越来越青睐这种资金来源？

13. 可转让存单是如何发展起来的？

14. 存单作为一种资金来源的缺点是什么？

15. 假定一个客户购买了100万美元、期限为90天的存单，承诺的年收益率为6%。当这一90天的存款到期时，客户可以获得的利息收入是多少？在90天以后存款人的资金总额为多少？

16. 欧洲美元起源于哪里？
17. 银行如何获得欧洲货币市场的资金？
18. 假定摩根大通银行选择从伦敦巴克莱银行借款2.5亿美元，并把这笔借来的资金贷给一个证券交易商，期限为一周，然后向巴克莱银行偿还这笔资金。你能做出这一过程的会计分录吗？
19. 什么是商业票据？什么类型的金融机构发行这种票据？
20. 假定花旗集团附属的财务公司向有兴趣的投资者发行了325 000 000美元的90天商业票据，并用这笔款项向花旗集团购买贷款。花旗集团和附属财务公司的资产负债表的账目应该怎么做？
21. 银行及其竞争者现在利用哪种长期非存款资金来源？其利息成本和大部分的货币市场借款有什么不同？

13.3 其他非存款资金来源的选择

金融机构的管理者有这么多不同的非存款资金来源可供利用，他们必须做出选择。在利用非存款资金时，必须回答下列关键问题：

- 以这种方式借入多少款项才能满足资金需要？
- 给定借款机构的目标，在任意指定的时刻，哪一种非存款资金来源是最优的？

13.3.1 衡量金融机构对非存款资金的总需求：资金缺口

每一家存款机构对非存款资金的需求基本上是由其总信贷需求和存款及其他可用资金之间的资金缺口的大小决定的。在通过直接贷款和证券投资的方式来满足的各种各样的客户信贷要求中，负责资产负债表中资产一方的管理者必须做出选择，不仅要满足现在的信贷需求，还要满足可以预测的未来信贷需求。这意味着对目前的信贷需求和未来的信贷需求的预测必须基于对存款机构的客户特别是最大的客户，目前和未来可能的资金需求的了解。这样的预测不是随意的猜测，而是基于金融机构管理者从他们与现有客户及潜在客户的经常联系中搜集来的信息得到的。

存款机构必须做的第二个决定是，为了给预计发放的贷款和证券投资提供资金，能够吸纳多少存款。存款机构必须再次做出关于客户存取款的预测，并特别注意银行最大的客户。存款预测必须考虑目前和将来的经济形势、利率和存款机构最大存款人的现金流量要求等因素。

目前的和预测的信贷与存款流量之间的差异就是存款机构的**资金缺口**（available funds gap），因此

$$资金缺口(AFG) = 目前的和预测的存款机构预计发放的贷款和投资$$
$$- 目前的和期望的存款流入 \qquad (13\text{-}3)$$

假定一家商业银行有一项符合其品质标准的1.5亿美元的新贷款需求。它希望购买7 500万美元本周发行的新国债。根据信贷安排，其最好的公司客户预计要提款1.35亿美元。现在已吸收的存款总额为1.85亿美元。下周预计会再有1亿美元。下周该银行估计的资金缺口（AFG）如下（以100万美元为单位）

$$AFG = (150 + 75 + 135) - (185 + 100)$$
$$= 360 - 285$$
$$= 75（百万美元）$$

大多数存款机构会在这一估计出的资金缺口上再多加一点，来满足未预料的信贷需求或补充存款流入的意外减少，然后就可以利用各种非存款资金来源来弥补这一估计的资金缺口。

13.3.2 非存款资金来源：考虑的因素

存款机构管理层会利用哪一种非存款资金来源来弥补预测的资金缺口呢？这个问题在很大程度上取决于五个因素：

- 每种非存款来源的相对筹资成本；
- 每种资金来源的风险（波动性和可靠性）；
- 所需资金的时间长短（到期日或定期）；
- 需要非存款资金的存款机构的规模；
- 利用各种资金来源要遵循的规则。

> **小贴士**
> 在所有非存款借款负债的利率中，哪种利率最低？
> 答：有效的联邦资金利率常常是存款机构最低的借款利率。

相对成本 实行负债管理的金融机构必须不断地了解不同借款资金来源的现行市场利率。主要贷款人每天公布其愿意向需要额外准备金的金融机构提供资金的利率。存款机构管理者一般愿意借最便宜的资金，尽管他们也考虑成本之外的其他因素。

货币市场借款利率在各年的平均值如表13-9所示。请注意各种资金来源的价格——借款机构必须支付的利息有明显的不同。最便宜的短期资金来源通常是存款机构之间的联邦资金隔夜贷款。大多数情况下国内存单和欧洲货币存款的利率稍高于联邦资金利率。商业票据（短期无担保票据）的利率通常情况下会高于联邦资金利率和存单的利率，当然，具体水平还要考虑票据的发行时间及到期日。当前，向联邦储备银行借款的利率（初级信贷利率）通常是所有短期借款利率中的最高水平，原因在于这种贷款形式的利率通常至少要比央行的目标联邦资金利率高出整整1个百分点。

表13-9 非存款借款和大额（10万美元以上）存单的货币市场利率

资金来源	各年份报出的利率平均值（%）								
	1994年	1996年	1998年	2000年	2002年	2004年	2005年	2007年	2010年②
联邦资金贷款	4.47	5.30	5.35	6.24	1.34	1.35	3.22	5.02	0.17
向联邦储备银行的借款①	3.76	5.00	4.98	5.50	1.25	2.34	4.19	5.86	0.72
出售商业票据（1个月到期，直接发行）	4.65	5.43	n.a.	6.27	1.68	1.41	3.27	5.07	0.20
大额可转让存单（二级市场受益，1个月到期）	4.60	5.35	5.49	6.35	1.39	1.45	3.34	5.23	0.26
欧洲美元存款（3个月到期）	4.80	5.38	5.44	6.45	1.39	1.55	3.51	5.32	0.39

① 联邦储备银行公布的年平均利率。从2003年开始，联邦储备银行的贷款折现率是初级信贷利率，最初设为联邦资金利率加上100个基准点的水平，但目前一般为在联邦资金利率的基础上加50个基准点左右。
② 所选取的数据基于年末利率水平。
资料来源：联邦储备委员会。

尽管低于其他借款利率水平，但联邦资金利率非常不稳定，围绕中央银行的目标联邦资金利率上下波动，在正常的营业日内要变动好几次。联邦资金的主要优点是，只需打个电话或者通过在线的计算机就可以很容易地获得资金。此外，联邦资金的到期日灵活，可以短至几小时，也可以长达几个月。联邦资金的主要缺点是前文提到的其不稳定的市场利率，利率的剧烈波动（尤其在结算日存款机构需要满足其存款法定准备金要求时）给事先制订计划造成困难。

与此相反，大额可转让存单和商业票据的利率通常更稳定，但由于它们的平均持续期更长

（贷款通常从三四天到几个月）和为了寻找买主而消耗的营销成本，大额可转让存单和商业票据的利率通常接近或者稍高于联邦资金利率。在短期市场上，如果存款机构需要立即借入资金，存款机构更愿意选择联邦资金和央行的贴现窗口贷款而不是大额可转让存单和商业票据。若存款机构的资金需求属于长期资金需求（持续几天或几周），此时大额可转让存单和商业票据更有优势。

利率是非存款资金的主要借款成本，但是在计算非存款类借款的真正成本时，非利息成本也不能忽视，包括职员所花的时间和贷款交易的谈判以及缔结合约所涉及的电话电报费。在不同的资金来源之间进行成本比较的一个公式可以表示如下

$$\text{存款和非存款资金来源的有效成本率} = \frac{\text{借款目前的利息成本} + \text{获得资金的非利息成本}}{\text{筹得的可投资资金的净额}} \quad (13\text{-}4)$$

式中

$$\text{借款目前的利息成本} = \text{货币市场先行利率} \times \text{借款金额} \quad (13\text{-}5)$$

$$\text{获得资金的非利息成本} = \text{员工时间、设施和交易成本估计的成本率} \times \text{借款金额} \quad (13\text{-}6)$$

$$\text{筹得的可投资资金净额} = \text{借款总资金} - \text{法定准备金（如果有的话）} - \text{存款保险费用（如果有的话）} - \text{用于非盈利性资产的资金} \quad (13\text{-}7)$$

请注意比较每种资金来源的成本与所筹资金净额（减去法定准备金、联邦存款保险费和转换成超额准备金或者银行固定资产等非盈利性资产后）。我们用可投资资金的净额作为借款的基础，这是因为，我们想要比较存款机构为了吸引借款资金而必须付出的美元成本与可以实际用来获得盈利性资产和补偿存款机构筹资成本的美元资金。

让我们看看如何运用以上公式估计借款资金成本。假设，联邦资金以约6.0%的平均市场利率交易，管理层估计在联邦资金市场筹资的以人工费用和交易费用计算的边际非利息成本为0.25%。假定存款机构需要2 500万美元为其今天打算发放的贷款融资，因为还有其他即时的现金需求，所以其中只有2 400万美元可以充分利用。则今天联邦资金有效成本率的计算如下

$$\text{目前联邦资金的利息成本} = 0.06 \times 25\,000\,000 = 1\,500\,000\text{（美元）}$$

$$\text{获得联邦资金的非利息成本} = 0.0025 \times 25\,000\,000 = 63\,000\text{（美元）}$$

$$\text{筹集的可投资资金净额} = 25\,000\,000 - 1\,000\,000 = 24\,000\,000\text{（美元）}$$

因此，联邦资金有效成本率是

$$\frac{1\,500\,000 + 63\,000}{24\,000\,000} = 0.065\,1 \text{ 或 } 6.51\%$$

存款机构用借来的资金发放贷款和投资的净收益率必须至少是6.51%，才能达到盈亏相抵。

若假设该存款机构的管理者开始考虑通过发行大额可转让定期存单来筹集资金。存单的市场利率是7.00%，发行存单的非利息成本为0.75%。那么该存款机构发行存单按年计算的成本率为

$$存单的有效成本率 = \frac{0.07 \times 25\,000\,000 + 0.0075 \times 25\,000\,000}{24\,000\,000}$$

$$= \frac{1\,750\,000 + 187\,500}{24\,000\,000}$$

$$= 0.080\,7 \text{ 或} 8.07\%$$

利用存单来筹集存款机构所需资金还有一笔额外费用。在美国，存单和其他向公众吸纳的存款要交纳存款保险费。这笔费用的多少随着联邦存款保险公司所保的每家存款机构的风险和资本总额而变化波动。

但是，假定现在每一美元存款的FDIC保险费为0.002 7美元——通常向全美金融系统中风险最大的投保存款机构收费。我们还应该注意FDIC要求投保的存款机构不仅支付客户存款账户上第一个100 000美元的保险费还要为公众所有存款的面值支付这笔费用。那么，风险最大的存款机构通过存单筹集2 500万美元的总保险费是

$$公众存款总额 \times 每美元的保险费 = 25\,000\,000 \times 0.002\,7 = 67\,500（美元） \quad (13-8)$$

如果从存款机构可用的存单净金额中减去此费用，得到

$$存单的有效成本率 = \frac{1\,937\,500}{24\,000\,000 - 67\,500} = \frac{1\,937\,500}{23\,925\,000} = 8.10\%$$

在本例中，存款机构发行存单显然比联邦资金借款的成本高，但是存单的优点是可以得到几天或几周的资金，而联邦资金贷款必须在24小时内偿还。

与其他资金来源相比，非存款资金来源的成本通常处于中等水平。非存款资金来源的成本通常高于活期存款，但是低于储蓄和定期存款。在此我们必须指出：非存款资金来源的成本和利润往往比存款的成本和盈利的稳定性差。与大多数存款相比，非存款资金确实具有迅速可得的优点，但是与定期和储蓄存款相比，它显然不是一个稳定的资金来源。

风险因素 金融机构在选择非存款资金来源时，必须至少考虑两种风险。首先是**利率风险**（interest rate risk）——信贷成本的波动性。除了联邦储备贴现率以外的所有利率都是由公开市场的供求力量决定的，因此变化无常。贷款的期限越短，市场现行利率就会越不稳定，因此大部分联邦资金都是隔夜贷款，而且不难理解的是这一市场利率是最不稳定的。请见下面的"洞察力和问题"。

> **小贴士**
>
> 联邦资金利率是否一定是货币市场上最低的利率？
>
> 答：不是，美国短期国库券利率常常会低于联邦资金利率。

洞察力和问题

计算存款机构资金的总成本

在计算每一种资金借入来源的成本的讨论中，我们是把每一个资金来源独立起来看的。然而，大多数借款机构借款都不止一个资金来源而是同时吸取各种来源，包括存款、非存款借入资金和所有者的资本净值。我们是否能找出一种方法计算出银行常用的所有筹资来源的总成本呢？

答案当然是能。这里我们介绍两种最流行的资金成本计算方法——历史平均成本法和集合资金法。

历史平均成本法 这种计算借款机构资金成本的方法考查过去,它关注到目前为止金融机构筹到了哪些资金,他们的成本是多少?

已筹资金的来源	筹集到的平均资金额(100万美元)	发生过的平均利率(%)	为各资金来源所付利息(100万美元)
无息活期存款	100	0	0
有息交易存款	200	7	14
存款账户	100	5	5
定期存款	500	8	40
货币市场借款	100	6	6
	总筹集资金=1 000		总利息成本=65

于是存款与货币市场借入资金的平均利息成本

$$\text{利息费用的加权平均数} = \frac{\text{所付总利息}}{\text{筹资总额}} = \frac{65}{1\,000} = 6.5\%$$

但其他运营成本,比如用于吸引存款工资和一般管理费用,若估计为1 000万美元,则有

$$\text{借入资金用于获取资产的收支平衡成本率} = \frac{\text{利息} + \text{其他运营成本}}{\text{总获取资产}}$$

$$= \frac{65 + 10}{750} = 10\%$$

这个成本利率叫做收支平衡率,因为借款机构必须获取至少这个收益率的资产(主要是贷款和有价证券)才刚好补偿筹资消耗的运营成本,但借款机构的股东利益呢,它们想要的收益率是多少(这里假定税后是12%)?

$$\text{总资产成本的加权平均数} = \text{借入成本的收支平衡成本} + \text{借款机构股东税前投资成本}$$

$$= \text{收支平衡成本} + \frac{\text{税后股东投资成本}}{1 - \text{税率}} \times \frac{\text{股东投资}}{\text{获取资产}}$$

$$= 10\% + \frac{12\%}{1 - 0.35} \times \frac{100}{750} = 10\% + 2.5\% = 12.5\%$$

所以,如果股东向银行投资1亿美元,借款机构所能承担的最低筹资成本收益率为12.5%。

集合资金法 这种计算资金成本的方法考察将来。我们将要在未来贷款和有价证券投资上赚钱以补偿所有新筹集资金的成本的最小收益率是多少?假设我们估计未来资金来源的成本如下:

有利的新存款和非存款借入资金	新存款和非存款借入资金额(100万美元)	投入盈利资产的借入资金比重(%)	投入盈利资产的资金额(100万美元)	利息费用和其他运营费用占总筹资额比重(%)	发生的总运营费用(100万美元)
有息交易存款	100	50	50	8	8
定期存款	100	60	60	9	9
新股东投资	100	90	90	13	13
总额	300		200		30

则新存款和其他资金来源的总成本是

$$\text{集合存款和非存款费用} = \frac{\text{总期望运营费用}}{\text{总期望新资金}} = \frac{30\,000\,000}{300\,000\,000} = 10\%$$

但只有2/3的期望新资金（300 000 000美元筹集资金中的200 000 000美元）能真正用于赚取资产，

$$\text{总获取资产的障碍率} = \frac{\text{总期望运营成本}}{\text{可投入赚取资产的金额}} = \frac{30\,000\,000}{200\,000\,000} = 15\%$$

所以，借款机构必须至少平均赚取所有新投入资金的15%（税前），才能补偿期望资金筹集成本。

管理者还必须考虑**信贷风险**（credit availability risk）。任何信贷市场都不能保证贷款人愿意并且能够贷款给每一个借款人。当资金很紧时，贷款人的贷款资金是有限的，可能实行信贷配给，只向那些最好、最忠实的客户贷款。有时对于贷款人来说，某家借款机构可能看起来风险很大，贷款人就会拒绝向它贷款或者开出高价使其收益减少。经验证明可转让存单、欧洲美元和商业票据市场对信用风险特别敏感，所以金融机构必须做好寻找其他信贷来源的准备，并在必要的时候为获取资金支付较高的价格。

需要资金的期限 正如我们所见，在需要即时信贷时是不能依靠某些资金来源的（如商业票据和长期债券）。当天下午就需要可贷资金的金融机构往往会在联邦资金市场借款，但是如果所需资金的期限为几天，存单和商业票据就成为更可行的选择，因此所需资金的期限（或到期日）也起到关键的作用。

借款机构的规模 大部分货币市场贷款的标准交易单位是100万美元，这一金额常常超过了最小金融机构的借款需求。例如，欧洲美元借款是100万美元的倍数，而且只向信用等级最高的银行发放。因为优惠利率存单有一个活跃的二级市场，所以最大的存款机构发行的大额可转让存单也受到大部分投资者的青睐。规模小的存款机构的信用评级使其不能销售大多数的大额可转让存单。商业票据也符合这种情况。只有联邦储备贴现窗口和联邦资金市场发放适合于规模小的存款机构的小额融资。

条例 联邦或州银行业条例可能会限制银行和储蓄机构借款的金额、频率和用途。例如，在美国，存单的期限至少是7天。各联邦储备银行对向贴现窗口的过度借款，尤其是对那些存在重大破产风险的存款机构加以限制。其他形式的借款要遵守联邦储备委员会的准备金要求。例如，20世纪60年代末和70年代初，当时联储正在试图用紧缩的货币政策与通货膨胀作战，一度对向联邦资金借款、回购协议和为购买附属借贷机构的资产而发行的商业票据规定准备金要求。虽然目前这些特别的准备金要求已不复存在，但是很显然，在国家处于紧急情况的时候，政策制定者会迅速制定出新的规则，从而影响非存款借款的成本和风险。

概念测验

22. 什么是资金缺口？

23. 假定摩根大通银行发现下周预计的贷款需求总额是3.25亿美元，持有经过确认的信贷安排的客户计划下周提取5.1亿美元来满足其现金需求，而下周银行的新存款预计为6.8亿美元，银行还计划下周购买4.2亿美元的公司和政府债券。银行预计的资金缺口是多少？

24. 目前金融机构在选择各种非存款资金来源时，必须权衡哪些因素？

本章小结

虽然银行和储蓄机构主要的资金来源仍然是存款,但是现在几乎所有的存款机构都利用非存款货币和资本市场借款作为存款的补充。本章我们分析了最重要的非存款资金来源以及在具体选择非存款资金来源种类时所考虑的因素。以下是本章要点:

1. 当今,由于负债管理的发展,存款机构开始大规模利用非存款资金来源解决资金需求。它要求金融机构管理者正如他们一直积极运用资产负债表上的资产部分一样,也应该积极利用负债部分,并且以利率为控制杠杆。例如,遇到资金短缺时,金融机构通常可以通过提高利率吸引更多资金。

2. 客户关系原则的出现推动了非存款资金成为金融机构的一种重要资金来源。这一管理战略要求管理者将满足优质客户的信贷要求摆在首位。如果存款无法满足优质客户的资金需求,那么管理者应当尽可能运用其他资金来源,包括到货币和资本市场借款,因此,一旦金融机构决定满足客户的贷款需求,那么它就必须做出融资决策。

3. 联邦资金来源是金融机构重要的非存款资金来源之一。它在金融机构间进行交易,可以及时获得,但通常必须在24小时之内偿还。金融机构从某些政府机构借款——美国的联邦储备银行的贴现窗口和联邦银行房屋贷款的垫款——近年来发展很快,同时更多宽松规定的出台使得这种借款方式的交易过程更加便利。

4. 其他重要的非存款资金来源还包括:可转让大额(10万美元以上)定期存单(主要针对公司客户)、从离岸国际银行借入欧洲货币存款、通过附属机构或分支机构公开发行商业票据、基于高质量资产(通常为政府债券)作为抵押品的回购协议。这些都是借款机构的短期资金来源,通常期限为几小时或几天。通过发行次级债券在资本市场上的长期借款或其他形式的长期债务也是金融机构重要的非存款资金来源。

5. 金融机构在利用这些非存款资金来源时,首先必须估计出其总资金需求。一个常用的方法是衡量资金缺口——目前和预期的贷款及投资与目前和预期的存款流入之间的差额。

6. 金融机构选择最合适的非存款资金来源,在进行决策时考虑下列因素:① 每一非存款资金来源的相对成本;② 每一资金来源的风险或可靠性;③ 每一资金来源所需期限的长短;④ 借款机构和其融资需求的规模;⑤ 政府条例的内容。

7. 与金融机构利用非存款借款有关的最重要的条例是世界上所有中央银行的准备金要求(要求存款机构在账面上所持有最小流动性准备)以及金融机构相互借贷时所签订合同条款的相关条例。

关键术语

客户关系原则	欧洲货币存款	信贷风险
贴现窗口	利率风险	回购协议(RP)
资金缺口	联邦资金市场	商业票据市场
负债管理	可转让存单	

习题

1. 罗布特森国家银行决定将其在联邦储备银行持有的7 000万美元的准备金的一部分贷给坦森国民证券银行24小时。坦森国民证券银行打算在必须向罗布特森国家银行还款之前,向一个证券交易商发放一笔24小时的贷款。请做出这些交易的正确的会计分录。

2. 总部设在一个小社区的曼森国民银行把大部分的往来存款存在弗拉格市政中心银行(一家货币中心机构)。当曼森国民银行的往来存款有多余的现金时,弗拉格市政中心银行自动将多余的资金投资于联邦资金贷款,向其他货币中心银行发放。今天早上曼森国民银行的账户记录有48小时的1 100万美元的暂时现金剩余。弗拉格市政中心银行将把此剩余现金贷给需要准备金的塞克罗中央城市银行两个营业日。请做出贷款的发放和到期偿还的资产负债表的会计分录。

3. 诺伽地国民银行从旧金山的联邦储备银行得到3 200万美元的初级信贷,期限为7天。请做出这笔贷款的发放和偿还的正确会计分录。

4. Rockfish公司从派森担保和信托银行购买了500万美元60天的可转让存单,年收益率为2.95%。当这一存单到期时,银行要支付多少利息?银行在60天以后要向伊特科公司支付的总金额是多少?

5. Lost Vally银行用国库券作担保,通过回购协议借入了1.25亿美元的隔夜借款。目前回购的利率是2.50%。银行这笔借款应付的利息成本是多少?

6. 纽约Rosemory银行预计下个月会有2.65亿美元的新存款流入,取款额为4.25亿美元。银行的经济学部预计新贷款需求将达到4.60亿美元,获得信贷安排的客户将需要1.75亿美元的现金。银行将出售4.8亿美元的证券,但计划买入0.85亿美元的新证券。银行预计的资金缺口是多少?

7. 华盛顿共同基金为了给一笔30天的贷款融资,向纽约的摩根大通银行借入1.5亿美元24小时的联邦资金。这种期限联邦资金贷款的现行利率是7.85%。摩根大通银行贷出的资金在该银行在纽约联邦储备银行的准备金。当华盛顿共同基金将第二天借款偿还后,摩根大通银行将其中的5 000万美元用作补充准备金,同时将1亿美元按照现行7.92%的联邦资金利率贷给休斯敦的得克萨斯储蓄机构,期限为两天。对于以上交易,请建立T型账户,在摩根大通银行、华盛顿共同基金和得克萨斯储蓄机构的账户上表明原先的联邦资金贷款和贷款的偿还,并计算摩根大通银行两笔联邦资金贷款的总利息收入。

8. 佛罗里达Clear Skies银行向ABC保险公司发行了2 000万美元的90天(3个月)可转让存单,商定的年利率是2.75%(以360天为一年)。计算此存单账户到期日的价值和ABC保险公司的利息收入。ABC保险公司一年(365天)的利息收入是多少?

9. 跨州国民银行的控股公司的附属银行及其他借贷机构报告称美国东南部的公司正计划在秋季开始之前大量增加存货扩建设施,因而本周有很大的贷款需求。该控股公司和其主要银行计划本周筹集7.75亿美元的短期资金,其中约7.00亿美元将用来满足上述新贷款的需求。目前联邦资金利率是2.25%,10万美元以上的可转让存单在纽约的利率是2.40%,伦敦的一年期以内的欧洲美元借款利率为2.30%。直接发行期限为一个月的商业票据市场利率为2.35%,而瑞琪蒙德联邦储备银行的贴现率目前定为2.75%——这是跨州国民银行在过去两周里每周都利用的资金来源。联邦资金、贴现窗口借款和存单的非利息成本预计是0.25%,欧洲美元借款的非利息成本预计是0.35%,商业票据的非利息成本预计是0.50%。计算跨州国民银行每一种资金来源的有效成本率,决定使用哪一种资金来源,并说明理由。

10. Surfs-Up证券储蓄机构考虑尝试在货币市场筹集8 000万美元的资金,以满足一个最大的公司客户6周贷款的要求。货币市场目前的利率水平如下:

贷款类别	利率(%)
联邦资金,本周平均值	1.98
联邦储蓄银行的贴现窗口	2.25
存单(优惠利率,二级市场)	
1个月	2.52
3个月	2.80
6个月	3.18
欧洲美元存款(3个月)	3.00
商业票据(直接发行的)	
1个月	2.33
3个月	2.70

不幸的是,该储蓄机构的经济学部预测在接下来的6周内,货币市场利率会大幅上升。关于如何筹集资金,到哪里去筹集资金的问题,你将如何向银行的资金管理部门提出建议?一定要考虑诸如此类的成本因素:准备金要求、管理条例和贷款期间利率的持续上升对每种资金来源相对吸引力的影响。

另外,如果该储蓄机构的经济学家预测错误,接下来的6周货币市场利率大幅下降,情况将会怎样?你对银行资金管理部门关于如何筹集资金和到哪里筹集资金的建议会有什么改动?

11. Firefly银行和信托机构已筹集到7.5亿美元总资金,其中2亿美元可核查存款账户,4亿美元定期、活期存款,1亿美元货币市场借入资金和

5 000万美元股东净资产。定期、活期存款的利息成本占2.5%，平均起来，筹集这些特殊存款的非利息成本占资金总额的大约0.5%。支票存款的平均利息成本占0.75%，因为大多数这种存款都不支付利息，但筹集支票存款的非利息成本却占资金总额的2%。该机构筹集货币市场借入资金的平均成本占利息成本的2.75%，非利息成本占12%。银行管理层估计股东净资产税前成本占13%（银行现在处于35%税级中）。如果把准备金需求和未收托资金余额考虑进去，这些因素估计能占活期存款成本的0.75%，占定期和储蓄存款成本的0.5%。准备金需求（仅对欧洲存款）和筹集的延迟估计占货币市场借入资金成本的0.25%。

（1）计算Firefly银行和信托机构总筹集资金的加权平均利息成本（税前基础上）。

（2）假设银行的总筹集资产为7亿美元，求它的收支平衡成本率。

（3）Firefly银行和信托机构的总历史加权平均资本成本是多少？

12. Aspiration 储贷协会考虑将4亿美元投资于一系列新贷款，它必须筹资4.5亿美元以便能有4亿美元提供贷款。预计通过以2.25%的利率出售定期存款筹到3.25亿美元，出售定期存款的非利息成本估计将占运营费用的0.45%。该机构期望能从无息交易存款中筹到另外的1.25亿美元，其非利息成本预计占这些存款总额的2.00%。该机构计划集合资金的边际成本是多少？实现赚取资产的障碍率应该是多少？

第14章 投资银行业务、保险及其他费用收入来源

学习要点

- 费用收入来源的开发；
- 投资银行服务；
- 共同基金及其他投资产品；
- 信托服务和保险产品；
- 产品线多元化的利益；
- 规模经济和范围经济；
- 信息流和客户隐私。

近年来，银行及其竞争者在吸引足够的资金以用来发放贷款和投资并增加其收入时面临着越来越激烈的竞争。不幸的是，公众对于存款方式和地点选择的不断变化以及银行和非银行存款机构（如信贷联盟和储蓄协会）之间的激烈竞争使得这些努力往往徒劳无功。许多存款机构发现存款市场在它们需要资金的时候并不怎么友好。

尤其是当股票和债券的价格上涨时，顾客很有可能将其大部分的资金从储蓄存款转向证券投资，就如我们在20世纪90年代所看到的情况一样。当然，证券价格也并不总是上涨的，如在21世纪初，股价暴跌使得新增存款增长。尽管如此，在存款增长缓慢的时候，金融机构仍常常被迫寻找新的资金来源和增加收入的方式。

> **小贴士**
>
> 据报道说，某银行对费用收入的胃口已经无以复加。该银行的某客户支票账户的余额为100美元，客户连续开出了三张支票，分别为20美元、30美元和111美元。该银行的做法是：把111美元的支票最先入账，结果该客户账户就被收取了三次"余额不足"费用。实际上，客户只需支付一次费用就够了。

目前，**费用收入**（fee income）开始成为金融机构未来收入的主要来源之一。费用收入是指通过向客户提供某种金融服务收取费用而获得的收入。包括交易账户的每月服务费用、为家庭和企业提供保险收取的佣金、接受和使用某种信用卡或储蓄卡而产生的会员费用、为个人和公司提供金融咨询服务获得的收入、消费时产生的刷卡费，等等。

费用收入是存款机构及其他一些服务提供商增长最快的资金来源之一，其部分来自传统服务，如支票和储蓄账户费用、自动柜员机（ATM）的使用费用、向客户提供贷款而收取的佣金。然而，令客户极为不满的是，这些传统服务（尤其是存款服务）的费用不断增长，其增速甚至超过了通货膨胀率。

近年来，有些费用收入是来自非传统服务——那些多年来通常并不是由商业银行、信贷联盟或其他常见的金融机构提供的新型服务。例如，为公司和政府提供投资银行服务的佣金、投资产品交易的费用和佣金（包括代理客户进行的股票、债券和共同基金等交易）、通过附属的信托公司或信托部门向客户提供理财业务所收取的费用、保险产品（包括人

寿、健康、财产或灾害保险）销售和保险承销的费用和佣金。正如我们在第1章中所了解的，这些非传统服务的扩展和通过这些服务所获得的收入都是这些年来不同的金融服务行业兼并整合的结果。如今，大的金融机构可以跨越行业界限获得新的费用收入，同时它们也承担了向客户提供这些服务的风险。

在某些情况下，这些非传统服务与原有的传统服务收入来源相关程度不够，因此提供这些服务有助于降低金融机构的总体风险。例如，经济下滑造成存贷款收入下降，但同时债券、共同基金、保险的销售收入却有可能增加。因此总体而言，利润和收入甚至在经济低迷时也可能保持稳定（至少下降的会少一些）。简言之，金融机构越来越多地依靠费用收入作为其收入的主要来源，原因有以下几点：

- 对传统资金来源（如存款）收入不足进行补充；
- 利用现有的同样的设施和资源向客户提供更多的服务可以降低生产成本（范围经济）；
- 用客户支付传统及新型金融服务所带来的大部分成本来对冲产品成本；
- 寻找与原有传统服务相关性小的收入来源以降低金融机构现金流的总体风险；
- 将传统和新型服务交叉销售，进一步增加收入。

下面我们将介绍近年来在银行及其竞争者之间较为常见的费用收入来源。

> **小贴士**
>
> 哪种存款机构最有可能收取服务费用，而且费用通常很高——规模大的还是规模小的机构？
>
> 答：规模大的机构，因为它们更了解自己的成本。

传统及新型费用收入来源

大多数银行的传统费用收入来源：

- 支票账户、储蓄存款及使用自动柜员机的服务费用，包括因余额不足以及过度透支而收取的费用；
- 信用卡服务费用，包括会员费和延迟付款费用等；
- 承诺在某特定期间都可以提供信贷而收取的承诺费；
- 为客户存储贵重物品收取的费用；
- 向个人及企业出租银行资产收取的费用。

多数银行的新型费用收入来源：

- 向世界各地的企业和政府提供投资银行服务（证券承销）收取的费用及佣金；
- 帮助客户进行股票、债券、共同基金及其他资产交易收取的中介费；
- 信托收入——为个人及企业进行资产管理收取的信托费用；
- 向企业和个人销售保险相关产品（包括保单、养老金计划、年金计划等）收取的佣金；
- 贷款证券化及贷款销售的服务费，包括对借款人是否遵守贷款条款进行监督以及进行还款记录。

目前新旧型费用来源的激增：

2007～2009年的经济危机后，金融改革和政府管制的压力使得存款机构的经理们寻找更多产生费用收入的方式。他们最大的忧虑在于，原来很多熟悉的收入来源现在被宣布为非法（如闲置费）或者被严重削弱，导致收入大幅下滑。在最近公布的两个法律条文的约束下，能够向顾客所要的金融服务费已经有了严格的制约（见第2章和第18章）。这两个法律条文分别为《多德—弗兰克华尔街改革和消费者保护法案》（FINREG）和《信用卡责任、义务和披露（CARD）法案》。FINREG和CARD法案使得计算新的金融服务费用和提高利率更加困难。这两项法案降低了交易费，借记卡的发行者可以对顾客的每次支付进行评估，对顾客信用的披露要求更多的细节。这导致金融服务机构的经理们追求那些前景依然被看好的费用收入，例如：

- 账户活动费
- 账户保留费
- 余额查询费
- 现金垫付费
- 借记卡费
- 外币费
- 商业交换费
- 最低支付费用
- 付款保护保险费
- 预付卡费用

14.1 投资银行业务

尽管商业银行及其最接近业务竞争者并没有如其所愿，在某些费用收入服务中获得成功，但其**投行业务**（investment banking）却不断获得成功。在《金融服务现代化法案》和联邦储备委员会所制定的条例的监管下，近年来美国许多占主导地位的银行为了向全世界的公司和政府提供服务，要么通过收购，要么成立了自己的投行机构。例如，花旗集团收购了所罗门美邦（Salomon Brothers Smith Barney），大通曼哈顿（Chase Manhattan）收购了汉鼎（Hambrecht & Quist）。当今世界投行的领跑者包括花旗集团（Citigroup）、摩根大通（J.P. Morgan Chase）、摩根士丹利（Morgan Stanley）、美林（Merrill Lynch）、高盛（Goldman Sachs）、瑞士信贷（Credit Suisse）、贝尔斯登（Bear Stearns）、瑞银集团（UBS）、雷曼兄弟（Lehman Brothers）、野村证券（Nomura Securities）、德意志银行（Deutsche Bank）以及美银证券（Banc of America Securities）。当前，美国境内金融控股公司至少有600家，其中有50家以上都设立了投行机构。

全球范围内承接发行新债券和股票的领先投行

花旗集团(citigroup.com)	雷蒙德·杰姆斯股份资本(raymondjamesecm.com)
摩根士丹利（morganstanley.com）	高盛（gs.com）
瑞银集团（ubs.com）	摩根大通（jpmorgan.com）
野村证券（nomura.com）	瑞士信贷第一波士顿银行(csfb.com)
德意志银行（deutsche-bank.com）	巴克莱银行(barclays.com)
美银证券（boasecurities.com）	

14.1.1 主要的投行业务

投资银行是公司、政府以及其他大型机构的金融顾问，它们为客户就一些重大问题提供至关重要的建议，这些问题包括：

- 客户是否需要筹集新的资本？如果需要，筹集多少，在哪里筹集，如何筹集？
- 客户是否需要在国内或国外开辟新的市场？如果需要，如何才能最好地完成扩张战略？

- 客户是否需要收购或兼并其他公司？如果需要，何时才是最佳时机？
- 客户是否应该将自己的公司出售？如果是，公司价值是多少？如何找到最好的买家？

传统而言，最著名同时也是利润最丰厚的投行业务是证券承销，即在货币和资本市场购买需要筹资的客户所发行的股票、债券及其他金融工具，然后再转售。近年来，在证券承销业务中最有利可图同时也最具争议的要数首次公开发行（IPO）。在首次公开发行市场上，原来的私人企业通过发行新股融资上市，常常在IPO刚开始几小时就可以获得大量利润，但同时也可能损失惨重。

杠杆收购（LBO）的借贷和做市业务在投行领域也已异军突起。LBO通常是一小部分投资者，通过大量举债融资，并购一家公司。例如，一家企业的管理层想收购股东所有股份，并提高该被收购企业的绩效和价值。这次收购会通过大量债券发行、银行贷款或其他形式的负债来筹集资金。投资银行不仅提供咨询和管理意见，而且在新债券出售被取消、延迟或不足时，以提供"过桥贷款"的形式支持债券发行。

最近一段时期，投资银行涉猎对冲基金，即通常隶属于投资银行或其他信托机构的几乎不受监管的私人投资池。对冲基金通过购入较具风险的资产以及大量举债为该资产筹资来为其客户（主要是富裕的投资者和机构）提供潜在的高投资回报。"对冲"的过程，是将一系列资产，包括股票、房地产、商品以及抵押证券等放在一起，以期不论市场朝哪个方向波动都可以获利（由此得名"对冲"）。在2007～2009年的信贷危机中，许多对冲基金破产，一些则被其母公司收购，后者承担起了偿还投资者和贷款者债务的责任。贝尔斯登和雷曼兄弟——两家最为著名的投资银行——近年来都陷入了破产的境地，其中部分原因就是其对冲基金的基础资产价值的暴跌（特别是次级贷款），以及货币市场贷款者不再愿意贷给更多资金。

投行业务实际上要比商业银行业务的风险大（平均来说利润也更大）。投资银行必须预先估计其客户所发行的证券的价值，然后再将其出售给公众。投资银行希望从出售的第一天起，证券的市场价格一直上涨，从而获得利润。当然，市场价格会受到恐怖主义、战争和政府政策以及监管变化的影响。如果投资银行对价格判断错误，市场价格从一开始就下跌，它将不得不承担相应的损失，损失额度有可能达到几亿美元。相反，若证券价格从一开始上涨得很快，将会增加投行的预期利润。

除了从证券交易中获得资本利得，投行也可以通过收取服务费用和佣金获取收益。例如，在首次公开发行业务中，一些投行向客户收取承销费用，其金额可达到向市场出售证券总金额的4%，因此，一个刚成立的公司，在市场上发行的股票额若为25 000 000美元，它就必须向投行支付1 000 000美元（甚至更多）的费用。

由于市场状况的突然转变以及激烈的竞争，投资银行的收益波动较大，比大多数商业银行的收益更不稳定。投行的雇员大多技艺超群，市场需求量很大，但一旦市场环境恶化，他们也有失业的可能，往往会离开一家投行而转到另一家。比如，在21世纪的头几年，高盛（Goldman Sachs）、美林（Merrill Lynch）、摩根士丹利（Morgan Stanley）这几家投行的管理层人员时有互换。

> **小贴士**
>
> 1996年的一部喜剧中，乌比·戈德堡（Whoopi Goldberg）因身着男装而赢得尊重，同时为她的投行咨询业务开辟了市场，这是哪一部电影？
>
> 答：《合作人》（*The Associate*）。

投行的收入来源

投行用以获得佣金的典型的证券承销类型:
- 政府和联邦债券
- 投资型企业的债券
- 可转换的公司债券和股票
- 普通股和优先股
- 公司垃圾债券
- 资产抵押证券

投行的其他收入来源:
- 为客户提供关于公司兼并的建议
- 为增加利润和规避风险创造和交易衍生品
- 经纪人贷款销售
- 设立特殊目的的实体
- 支持和监管贷款证券化
- 为其他投行和其顾客提供股票和债券交易
- 与其他投行及其客户交易货币和商品
- 为顾客提供债券发行和流动性增级服务
- 为扩张市场制订商业计划

14.1.2 商业银行业务与投资银行业务的关系

研究表明,投行业务的收入和利润率与商业银行业务收入呈正相关,但相关性不高,因此,那些涉及投行业务的商业银行或是旗下拥有商业银行的投行,可能存在一些可以降低总体风险的产品线多元化效应(将在本章后面讨论)。此外,投行业务与商业银行传统的贷款业务互为补充,从而使商业银行不仅能够为需要筹资的客户提供传统意义的贷款,还可以提供证券承销。

投资银行与商业银行的这种互补关系的一个重要体现是在1999年《金融服务现代化法案》通过以后,垃圾债券(信用评级很低)市场业务在商行中迅速崛起,成为其最重要的投行业务。随着21世纪的到来,世界著名的商业银行(如美国银行、摩根大通、花旗集团和德意志银行)的证券交易部门在为企业客户提供正常商业贷款的同时,也为其销售收益率较高、风险较大的债券,这就产生了客户信息采集的范围经济,即商业银行的贷款业务主管与投资银行家可以共享客户关于贷款需求和证券承销服务需求的信息。

14.1.3 商业银行业务与投资银行业务相结合的利弊分析

正如我们在第2章看到的,1933年的《格拉斯—斯蒂格尔法案》禁止金融机构同时开展商行业务和投行业务。从20世纪80年代开始,由于联邦储备委员会通过一系列条例才逐渐使商业银行能够从事投行业务。随着1999年《金融服务现代化法案》的通过,所有资本充足、管理完善的商业银行都能够从事投行业务。

早些时候,混业经营之所以被禁止是因为在大萧条时期国会认为金融机构同时开展这两项业务会导致高成本和高风险:
- 投行强迫客户购买由其承销的证券,以此作为客户获得贷款的条件(捆绑合同);
- 投行业务本身的不稳定和周期性会增加附属商业银行的风险敞口,从而导致更多的银行倒闭。

但是,在20世纪90年代,美国银行界及其他行业的管理者成功地反驳了上述观点,它们指出,在美国以外的地区,混业经营已经成为事实,这使得外国银行机构不断抢夺美国客户,它们同时辩称,允许商业银行开展投行业务会增加其竞争力,且能降低客户费用。

尽管商业银行已经改变了投资银行业的面貌，收购了其中一些较大的公司，把小型投行机构合并成大型国际化的机构，但上述所声称的这些混业经营的利益却并没有完全实现。当前一些重要的投行——比如花旗集团、摩根大通、美国银行、德意志银行和瑞银集团都是大型的金融服务提供商，以大型商业银行为中心开展业务。不过，投行服务对经济波动仍高度敏感，在衰退时期业务急剧下降。比如，2000～2002年以及2007～2008年之间，由于经济疲软，证券发行量减少，美国证券公司裁员3万多人。

另外，在21世纪初，某些商业银行涉嫌强迫有借款需求的客户签订捆绑合同——逼迫客户购买由其承销的证券作为获得贷款的条件，而不论其是否需要或有能力购买。其他一些指控还包括"钓鱼"行为——一些投行私自向某些利益相关企业的管理者出售某些其他买家无法买到的IPO股票。

14.1.4 未来投行的重要问题

当前，投资银行正在绞尽脑汁地考虑它们未来需要什么样的金融机构，什么样的服务组合能够带来高额可持续的利润。

比如，在21世纪初，摩根士丹利——一家历史最悠久、规模最大、最受业界尊敬的投行——发现自己正在"三元公司结构"中苦苦挣扎。摩根士丹利不仅拥有投行业务，同时也控制着Discover信用卡公司和Dean Witter零售中介机构。公司管理层相信，将证券承销与向公众发售（由Dean Witter完成）相结合一定可以大赚特赚。管理层同时对信用卡业务的高额利润也颇感满意，他们认为摩根士丹利和Dean Witter的客户可以很容易被说服使用Discover的信用卡服务。然而始料未及的是，这种金融机构和金融产品相结合的结果令人大失所望，导致人们纷纷猜测摩根士丹利最终会卖掉其与投行业务无关的附属公司。

一些商业银行（CB）—投资银行（IB）结合体将大有前途，尽管它们在2007～2009年抵押市场的土崩瓦解中，也陷入了力图避免损失的持续挣扎之中。在这些CB—IB结合体中，最广为人知的是2008年摩根大通银行在美联储的资金援助下对贝尔斯登的收购，其中美联储出资290亿美元提供了帮助。其后不久，摩根士丹利和高盛由投资银行转变为商业银行控股公司，从而可以从美联储获得存贷款，但同时也将接受美联储的监管。

最近，投资银行和商业银行都面临着筹集大量新资本的巨大压力，以期将高负债比率（杠杆）降低，以防止更多投资银行陷入窘境。许多观察家认为，为了获得双赢，将有更多投资银行和商业银行之间的兼并。然而，由于金融市场持续经历着剧烈的变化、革新以及巨大的风险敞口，CB—IB结合体能否在未来持续表现良好还是一个未知数。经历2007～2009年的抵押信贷危机之后，对于投资银行和商业银行，一个最可能的结果就是更多的政府监管，就像美国联邦储备体系做的那样。正如我们在第13章看到的，最近美联储向资金短缺的投资银行和商业银行提供了大量贷款，作为回报，则是要求投资银行和商业银行更为谨慎的管理，并且在某种程度上有节制地发展。

银行与金融服务业的道德规范

投资银行业似乎充斥着道德规范问题

由于投资银行业违规现象的屡屡发生，对投行的罚款已高达上亿美元，许多银行已开始仔细考虑自己的业务操作和方向。其中最严重的违规现象是一些证券公司通过向客户发布歪曲不实的信息,诱使客户购买它们最想销售的证券。在过去十年中,过分乐观的研究报告和业绩预测诱使成千上万的客户做出错误的投资选择,并在更为客观的信息在金融市场披露时,遭受惨重的损失。

许多投资者认为自己被误导而买进问题股票和债券,加之承销商也没有在事前提出警告,于是他们开始提起诉讼,行业道德规范的相关问题开始浮出水面。一些大型投行被指控涉嫌帮助濒临倒闭的公司(比如安然、世通)销售其被高估的证券并隐瞒其欺诈行为。这一系列的诉讼挽回了由投行造成的几十亿美元的损失。

在法律和行业规范之外,在投行的证券承销及客户咨询部门和自营股票或债券交易部门之间,还应该有着一道"长城",将有关客户内部信息的交流有效阻断,证券交易部门不应从咨询及承销部门得到的有关客户信息中得益。最近澳大利亚发生了一起颇具戏剧性的争议,有人指控花旗集团的承销部门和股票交易部门之间存在信息共享行为,而花旗集团已经在为该客户可能进行的一起并购提供意见。

美国证券交易委员会(SEC)面临的另一个挑战是,如何在投行内部的证券销售部门和承销、咨询和研究部门之间建立有效的防火墙,从而重建公众对投行业务和证券交易业务的信心。未来需要解决的相关问题还包括投行是否有责任揭露其客户存在的问题?而谁又应该成为它们所揭露的信息的接受者,是客户、公众还是监管机构?

14.2 投资产品销售

近年来,许多在银行或非银行储蓄机构持有大额存款的企业和家庭都将资金从存款账户取出,用于购买**投资产品**(investment products)。这些投资产品包括股票、债券、共同基金、年金及相似的金融工具,可以带来比传统存款更高的回报。21世纪之初,很多储户开始投资于房地产,以应付通货膨胀。此外,由于平均寿命延长,以前的储蓄显得不足,公众开始注意为退休做准备。同时,收益率曲线也变得更为陡峭,表明诸如股票和债券等长期金融资产最终会比短期存款带来更高的回报。

相应地,在过去的20年中,公众已经对他们的投资组合做出了大规模的调整。比如,1993~2010年,支票账户存款、定期存款和储蓄存款从3万亿美元升至7万亿美元,增加了约140%。支票账户存款总额实际上有所降低,而储蓄存款则大幅上升。更为引人注目的是非存款投资产品的快速发展,例如,公众持有共同基金涨幅超过了400%,而退休金(养老金)计划总额则飙升了近3倍。之后,2007~2009年信贷危机中,非存款投资产品的增长急剧下滑。

传统银行的客户倾向于将其较为稳健的存款投资(通常可以获得联邦存款保险)转为未投保的股票、共同基金、年金和其他投资和保险产品,这一点令银行业大为震动。银行迅速行动,挖空心思设计投资和保险产品,并提供金融规划服务,企图挽回流失的存款,或者至少说服客户通过银行而不是非银行竞争者来完成其投资和保险产品的购买和销售。

14.2.1 共同基金

直到2007~2009年次贷危机爆发前出售的投资产品中最受欢迎的是**共同基金**(mutual funds)。19世纪英国首先创设了共同基金,20世纪20年代共同基金传入美国。到21世纪初,投资于共同基金的客户已经多达9 000余万。

共同基金通过持有股票、债券或其他证券组合而获得股利或其他形式的收益，客户可以根据所持有的共同基金份额获得同比例的收益。如果一个共同基金被清算，在债务偿清后，客户可以依据所持有的份额获得同比例的净资产价值（NAV）。每家基金都会公布投资目标，如资本价值或现期收入最大化等。在美国，共同基金必须在证券交易委员会（SEC）登记注册，并且向投资者发送一份介绍基金目标、近期业绩和结构的招股书。这些投资基金并不会雇用大量工作人员，而是由董事会代表股东聘请具有管理经验的公司进行基金操作。

由于共同基金的长期收益相对较高，大多数基金都做到了多元化，将投资风险分散到许多不同种类的股票、债券和其他金融工具，因此共同基金对个人和机构投资者而言都极具吸引力。投资公司往往具有高度的创新精神，近年来不断开发出多种新型基金。同时，投资公司之间又相互激烈竞争，大幅降低佣金和服务费用以将更多的客户吸引到这个7万亿美元的市场中来。

截至2010年年底，全球范围内的共同基金数目达6 8000份净资产超过23万亿美元。工业资产的最大份额被普通股基金占据（占40%），其次是债券基金（占22%）、货币市场基金（占19%）、混合式、平衡式和其他各式各样的基金（差不多也占19%）。

截至2010年大约有2 200家FDIC保证下的储蓄型金融机构声称自己有接受信托资质（这个数量占行业内的不到1/3）。

当今较为常见的共同基金包括场内交易基金（ETF）和对冲基金。场内基金与指数跟踪共同基金类似，但与传统基金不同的是，场内基金在交易所内全天交易，这使得偏爱共同基金的投资者可以"与市场共舞"。进行场内交易基金的最有名的机构是巴克莱全球投资者（Barclays Global Investors）和道富环球投资（State Street Global Advisors）。

对冲基金则是由私人投资机构向富有的个人和机构发行的份额，以大量借款为支持，以对市场变动的预测为基础，具有很高的风险性。该类基金主要为企业创始提供风险投资，为已成立公司提供贷款以及进行货币和衍生品等的交易。对冲基金主要由大型金融机构，如巴克莱集团（Barclays）、加拿大帝国商业银行（Canadian Imperial Bank of Commerce）、高盛（Goldman Sachs）和一些其他的金融机构提供交易。自2000年以来，对冲基金资产增幅超过100%，近年来达到了近1万亿美元。

共同基金的优势在于由专业的基金管理人员监控所持各证券的每日表现，并不断地寻找有利可图的交易机会。对许多既没有能力也没有时间持续观察市场的小投资者而言，专业的基金管理服务是一个巨大的吸引。但是，一些权威人士指出，共同基金管理者通常在证券组合的日常操作中耗费过多精力，从而导致成本上升，收益减少。另外，在21世纪初由于股票市场急转直下，许多投资者将资金从共同基金转移到传统的存款产品中，这一转变也导致了提供共同基金和证券买卖服务的金融机构大量减少。

依据1999年《金融服务现代化法案》，银行、证券公司和保险公司可以向联邦储备委员会申请成为金融控股公司，从而可以发起和销售各种类型的共同基金。大多数银行都通过至少两个途径开展共同基金业务。首先，规模较大的银行可以通过下属公司出售所有权基金。在这种情况下，银行下属公司的职员将宣传该基金的交易机会，依据客户要求购买和销售份额。这样的例子包括梅隆银行（Mellon Bank）（该银行旗下的Dreyfus公司就拥有大量共同基金）和Wachovia银行旗下的长青基金（Evergreen Funds）。银行下属公司获准：① 提供投资建议，这通常是服务费收益的最大来源；② 可以作为转让代理人和共同基金份额的保管人，记录份额的所有人和基金报告的送达人和收益人；③ 执行基金投资顾问的交易指令。

其次，银行也会提供非所有权基金。这种情况下，基金提供机构常常作为非从属共同基金或共同基金组合的经纪人，而非投资顾问。非所有权基金由非从属公司进行组织、分销和管理，不过该公司可以租用银行分支机构的场所或通过与银行有某种联系的经纪人销售其份额。通常银行从其分支机构售出的非所有权基金中分取服务费或佣金。

一些专家认为，所有权基金的优势在于能够给银行及其他金融机构带来相对具有可持续性的收入流，而非所有权基金销售所产生的服务费收入通常会有所波动，并且通常数额较小。一些银行只是宣传非所有权基金，并未能从销售中赚取大量的服务费。不过，宣传非所有权基金可能有助于将客户吸引过来，从而有望向其销售其他服务。

当然，银行向客户提供投资共同基金和其他证券的交易机会，可以使自己处于某种优势地位。银行至少可以从经纪服务和其他相关服务赚取大量的服务费收入，部分服务费相对存款和贷款等传统服务，对利率变动较不敏感。另外，许多金融机构在销售自己的（所有权）基金时可以扩大知名度。一些银行首席执行官认为，提供这种服务可以使银行在未来占据有利的位置，尤其是那些为退休计划而积累了大量储蓄的客户。

> **小贴士**
>
> 如果你将所收到的支票存入自己的银行账户时，该支票款项被证实无法收回，银行需将你的支票退回，那么你是否仍需要缴纳费用呢？
>
> 答：在美国，你仍需要交费。半数以上的美国银行收取该项费用，平均额度为7美元。

14.2.2 年金

另外一种投资产品——**年金**（annuities），经常与保险公司相关，既可固定也可变动。固定年金向一次性存入一笔存款的客户承诺年金合约期内的固定回报率，固定年金可为客户或其受益人提供稳定的收入流，通常客户在实际开始收到所承诺的收入流之前不必缴税。相对而言，可变年金则允许投资者依据延税协定将一笔资金投资于一揽子的股票、共同基金或其他投资产品，但无法确保固定的回报率，客户通常可以不断增加可变年金合约的金额，并在未来某特定的时间获得依据合约累加的市值计算的收益。如果年金基础资产的价值下降，客户（年金领取者）的收入就会少于预期收益；相反，如果累计资产价值上升，年金领取者则可获得较多的收入。

近年来出现了一种被称为"股指年金"的新型年金合约，这种合约集固定年金和可变年金的特点于一身。购买股指年金的投资者可以得到购买股票的收益，同时本金还可得到有效保护。这样，如果市场（以标准普尔500或道琼斯工业指数为标准）走软，合约持有人仍然可以确保获得最低收益。这种由许为著名的保险公司发行的新型合约对行将退休的投资者最具吸引力。另外，美国大都会人寿和保诚集团还设计了新型递延年金合约，将其变为退休时的收入年金，同时附加不同的利率。该种合约的主要客户群体是"婴儿潮"时代出生的即将退休的人，这些人除社会保障金外没有其他的养老金收入。

对银行和出售这种金融服务的其他金融机构而言，其中一个优势是可变年金通常每年可以带来大量的服务费用。年金和寿险是相对的：投资于寿险是为了防止去世得太早，而投资于年金是防止活得太长从而耗尽储蓄。近来，保险公司正在和存款机构合作开发以存款机构名义发行的所有权可变年金。通过存款机构出售年金的顶级保险公司有好事达保险、纽约人寿保险和恒康人寿保险公司。通过存款机构销售年金的一个显著缺点是，他们将与存款销售形成竞争。

14.2.3 投资产品销售

21世纪初，美国1 000多家银行（约占美国银行总数的1/5）都在销售第三方或所有权共同基金和/或年金计划，大部分销售（90%以上）是由资产逾亿的银行完成的，但是令人惋惜的是，这些产品的创新并不都是特别成功的。例如，近年来银行共同基金和年金销售所占比例不到银行服务费（非利息）收入总额的5%。

与长期股票和债券共同基金相比，存款机构在销售低风险的货币市场（短期）共同基金方面更为成功，其原因部分在于货币市场基金份额和存款机构货币市场存款之间的紧密联系。美国银行股票和债券资金销售份额在1994年占所有共同基金份额的8%这一最高点，但在此之后有所下降。

大多数投资产品销售欠佳可以部分归因于近年来银行业创纪录的高额利润（在2007～2009年前银行业的利润达到顶峰）。随着收益屡创历史新高，银行在推销其投资产品时并没有感受到太大压力。银行销售服务费也居高不下。同时，监管机构对共同基金和其他投资产品的交易实施了严格的审查，而对存款（尤其是存款保险费和储备要求）的规定却有所降低，从而，传统存款业务比新的投资产品更具有吸引力，成本也更低。共同基金的初始成本很高，基金的资产总额至少达到1 000亿美元才可能真正具有竞争力。

如今，一些银行找到了其他的盈利途径：作为证券交易的记录人和处理人而获取利润。其中最著名的是纽约银行和波士顿道富银行（State Street Bank of Boston），它们提供如下服务：转移交易中证券的所有权、管理美国投资者购买的外国股票以及处理共同基金新份额的销售和赎回已发行的基金份额。

真实的银行，真实的决策

道富银行靠费用盈利

总部在波士顿的道富银行（www.statestreet.com）是世界上最著名的靠费用盈利的银行之一。数年前，该银行逐渐停止了其传统的借贷业务，转而以收费服务作为其主要收入来源。目前，道富银行的办事机构遍布全球20多个国家。

道富银行提供的服务包括：资产管理（包括为其他银行、养老金计划和共同基金提供资产管理）、保管人服务（跟踪记录证券所有者、向证券所有者递送财务报告和股利）、代表大的企业客户进行外汇交易和风险管理。这些仅是道富银行提供的多种金融服务中的几种。在收入方面，由于道富银行将业务重点放在了费用收入业务上，而不像大多数其他银行那样将业务重点放在利率敏感的贷款业务上，因而它成为世界上能够持续盈利的银行之一。道富银行不断地在国际前沿扩展业务，例如，近来它宣布收购德意志银行的保管人业务，使得道富银行成为全球最大的为机构投资者提供记录保管及其他服务的机构。

道富银行不断地在国际前沿扩展业务，包括对投资者信托银行和德意志银行托管业务的收购，这使得它成为为机构投资者保管和服务的全球领先者。然而，像大多数其他银行，受2007～2009年信贷危机的不利影响，道富银行未能幸免，其股价也经历了下跌。

14.2.4 投资产品销售的风险和规定

投资产品的销售也存在一些问题和风险。首先，这些产品的价值是由市场决定的，其业绩可能非常不好，从而愤怒的客户将对银行的服务标准和业务表现提出更高的要求。其次，一些银行官司缠身：失望的客户声称其在投资产品的风险上受到误导而向法院提起诉讼。如果银行不能向证券交易委员会登记其投资产品业务，或者未能遵从由证券交易委员会和其他法律机构制定的所有规定，可能面临法律服从方面的问题。

目前美国法律要求消费者必须被口头告知（并签署一份证明已被告知的文件）的非存款投

资产品包括：

- 未获得联邦存款保险公司（FDIC）的保险；
- 不是存款机构的存款或其他义务，存款机构不做担保；
- 可能面临投资风险，其中包括客户投资本金价值的损失。

上述规定及其他监管规定必须展示在存款机构投资产品销售处的显著位置。此外，投资产品的销售场所必须与公众存款的场所分开。存款机构的管理人员必须向政府审查官员表明其一直严密监控对投资产品的销售行为，严格自我监督以避免出现可能影响公众对这些机构信心的严重问题。存款机构必须对小额的非存款产品销售提供全面的债权保险，并依据每个客户的情况和需要，只向"条件符合"的客户提供购买建议。最后，银行下属公司不能使用与发起银行名称相似的共同基金，以防止公众将投资产品的安全性与经过联邦存款保险公司承保的存款的安全性相混淆。总的说来，这些法律规定的高昂成本和对投资产品销售行为的严格监控使得一些银行（比如花旗集团）降低了其对基金管理和营销的重视程度。

概念测验

1. 投资银行提供哪些服务？它们的主要客户有哪些？
2. 为什么美国商业银行在过去的几十年中曾被禁止提供投行服务？而这又是如何影响美国银行在证券承销业务中的竞争力的？
3. 拥有投行业务附属机构的商业银行，在与不能提供投行服务的商业银行竞争时有哪些优势？劣势又是什么？
4. 什么是投资产品？提供这种服务对存款机构有什么好处？
5. 投资产品可能给销售机构带来什么风险？如何才能将这些风险降至最低？

14.3 费用收入来源之一：信托服务

信托服务——对客户所拥有的资产，如证券、土地、房屋和其他资产进行管理——是银行及其竞争者历史最悠久的非存款服务之一。有证据表明，专业信托服务的产生几乎可以上溯到金融服务业的诞生时期，这些信托服务包括保管客户的资产，并通过适当的管理获取收益。

公众对银行吸收的存款和信托服务之间的紧密关系知之甚少。银行的信托部门可能是银行新存款的一个重要来源，当然，并不是所有的银行都有能力开展信托服务，这要取决于银行的授权机构或主要的监管机构，但是绝大多数大中型银行和部分非银行储蓄机构都会开展信托业务。信托部门的员工不得将其所服务的客户的资料透露给银行其他部门的员工。

信托部门通常可以带来巨额存款，因为信托部门代客户管理资产（包括存款和其他资产），这些客户一般包括企业、政府部门、个人和家庭、慈善团体和基金会。在接受信托服务客户委托下，信托管理人员可以遵照客户要求或自己决定是否将特定资金存入活期或定期存款账户以供未来使用，如支付账单或追求更高的回报率。银行信托部门存入银行的存款必须获得全额担保，如其他存款一样，这种存款可以在法定保险额度内投保，但是其任何超出投保额度的部分，必须获得银行所持有的投资级证券的担保。

信托业务至少可以追溯到中世纪，当时的富人（委托人）通常将其资产交给某个管理人（受托人），委托后者保管和使用该资产以创造收益。美国的州立银行从事信托服务已有很长的历史，而国民银行直到1913年《联邦储备法》获得通过后才获准开展信托业务。从银行业的历史来看，大部分时期信托业务被认为是有利于银行客户的一个必要的内容，但是由于信托服务需要许多高技能的人才（通常包括投资组合经理、律师及职业会计师），所以人们通常认为信托业务无利可图。但是随着政府逐步放松监管，银行开始对其服务收取费用，信托部门也日益成为服务费收入的一个重要来源。例如，银行信托部门一般依据客户委托其管理和提交税收报告的资产价值收取资产管理（信托）费，因为与其他诸如贷款利息等银行收入相比，上述费用对市场利率的敏感程度通常较小，所以银行更为重视这些费用收入。

信托部门担当着多种职能。其常规服务是作为客户意愿的执行者或管理者，确定、清查和保管死者的资产（不动产），确保债务全部清偿以及死者继承人获得应得的收入和资产。信托部门还可以作为公司证券服务方面的代理，如发行新股票、支付股东股利及为客户企业发行或赎回债券。此外，信托部门还常常为公司或个人管理养老金或退休金计划。有时还作为未成年人获益资产的保管人或代表法定无行为能力的成年人管理其资产。

在履行上述这些职能以后，信托部门会公布基本信托协议，这是一种契约，赋予信托管理人员正当的权利，以代表客户进行投资、偿还账单及向对信托资产有正当要求权的人或机构进行支付。不同的州的法律都允许许多种类信托业务的开展，但是州与州之间信托的种类和手续通常有所不同，所以任何人要想签订信托协议就必须参考所在州的信托条例。复杂程度较高的信托协议通常需要外部律师的服务。

生前信托（或称委托人可撤销信托）是最受欢迎的信托品种之一，这种信托服务允许银行信托管理人员无须法院指令就可代表活着的客户管理资产，这通常有助于避免资产所有人死亡或无行为能力时昂贵的遗嘱检验程序，并且这种信托可以遵照客户的意愿撤销或更改。另外还有源自正当遗嘱的遗嘱信托，通常用于节省遗产税。如果运用恰当，遗嘱信托有时可以用于保护客户的资产，防止债权人或受益人的不正当要求导致信托资产提前耗尽。其他常见的信托协议类型包括：不可撤销信托，资产转让不需交纳赠与和遗产税，或依据法庭协议或私人合约分配资金；公益信托，向适当的方向提供资金支持，如医疗研究、艺术、穷人救济、奖学金和孤儿院；契约信托，通常接收、保管和管理支持某公司在金融市场上筹集资金而发行的证券的资产，并在证券到期时代表发行公司运用上述资产赎回证券。

显然，信托部门起到了许多重要的作用，但通常却并不为人所知。信托业务的核心通常是与客户建立信托关系，保管客户的资产，做出资产管理，规划客户的遗产以确保法定的受益人适时地获得遗产，以及帮助企业筹集和管理资金，并向其员工提供退休保障。信托部门必须遵从信托或代理协议的条款，以及已发布的法庭指令。信托部门应当高度负责，努力从事信托和代理事项，对疏忽导致的损失或决策失误负有法律责任，应明智地为客户追求最好的收益。信托部门的作用日益增大，为银行带来了巨大的利润，包括吸引到可观的存款。此外，许多银行运用信托部门设置规模扩张很快的共同基金，向信托客户提供多种投资选择，并且是银行更为迅速地实现规模经济的共同基金。

以前，信托部门一般被认为相对稳健，运作速度缓慢，但近年来信托活动重新活跃起来，这要归功于信托部门为公司提供员工股票期权计划（ESOP），由第三者保存附带条件委付盖印的契约机构以及文档管理服务，从而满足公司现金和资产管理的需求，提供债务和权益证券的获得渠道和记录保管服务。著名银行（如富国银行、Wachovia银行、汇丰银行以及纽约银行）的信托部门在抵押工具及其他贷款抵押证券的发行市场的形成中，发挥着重要的作用。（尽管在最近2007～2009年的信贷危机中，这一特殊的全球市场明显疲软。）这类似于非传统产品——投行业务，有助于刺激对信托服务另一个产品的需求——信托服务，特别刺激了公司客户积极地保护它们的资产、控制风险、重新构造或拓宽其资本基础以作为未来增长的平台。

最后，许多信托领域的专家认为个人信托服务在近些年将有迅猛发展，延伸至个人和家庭。

在这里，人口统计是一个重要的因素，因为成千上万"婴儿潮"时代出生的人已达到退休年龄，并且在其退休储蓄管理方面需要财务顾问。继而，将出现"X时代人"，他们从前辈那里继承了大量的可投资资产，他们也将需要信托服务。

14.4　保险相关类产品的销售

世界上处于行业领先地位的商业银行不仅广泛地开展投行业务、证券经纪和年金投资业务，而且还积极地进军保险（风险管理）业务。美国近代历史上银行业和保险业联合的最为著名的案例发生在1998年，花旗银行（总部位于美国东海岸，是世界上最富有创新精神的银行之一）和旅行者保险公司（位于美国西海岸）合并，在美国及全球交叉销售各自的产品（尽管2002年两者又分道扬镳）。

进行金融交叉服务的不止花旗银行和旅行者保险公司两家。北美、欧洲和亚洲的银行和保险业的总裁们正逐渐走到一起，并开始分享这两种重要的金融服务行业合并的好处。银行开始兼并保险公司，并开发出自己的保险产品，同时保险公司也在积极地收购或设立银行。比如，仅在美国，在过去10年内，就有将近20家大型保险公司兼并或设立了附属银行机构，其中包括全美保险公司（Allstate，设立了全美银行Allstate Bank）、大都会人寿（MetLife，掌控着大都会银行MetLife Bank）。一些大型保险公司拥有广泛的保险机构网络，同时也开展银行业务，尽管大多数由保险公司控制的银行都是"虚拟银行"，只是利用电子邮件进行在线服务销售。银行也可以利用其分支机构销售保险。实际上，今天美国境内有100多家银行销售自己的保险产品。然而近年来银行—保险业合并的速度已经有所减缓，部分原因是银行业利润相对较高而保险业的利润相对较低。

尽管保险公司和其他金融机构的合并势头有所减缓，但保险业内部的合并（保险公司联合成大型保险集团）却方兴未艾。保险业的一些领军企业，如普天寿财务公司（Prudential Financial Inc.）、永信国卫保险公司（Axa）、安联保险公司（Allianz AG）、美国国际集团公司（American International Group Inc.）、瑞士再保险公司（Swiss Re）、林肯国民银行（Lincoln National）和圣保罗旅行者保险（St. Paul Travelers）都在收购竞争对手，从而成为全球性的大公司。这些公司不断地寻求较低的生产和营销成本，利用在几个国家进行多元化服务来分散风险，同时也在"保险不足"的市场（尤其是在欧洲和亚洲）打开了未来收入的大门。

14.4.1　保险产品类型

考虑到利用传统保险公司和银行—保险公司销售两种渠道，当今市场上最常见的保险产品是哪些呢？当然，大多数人最熟悉的要数寿险了，这类保险合约可以保护个人、家庭和企业遇到死亡事件时免遭损失，同时通过开立的储蓄账户为保单持有人或受益人未来的金融服务需求做好准备。

此外，保险公司（及其银行的竞争者）在销售常规寿险保单以外，也可以设立**人寿保险承销机构**（life insurance underwriters），通过管理保险风险和收取比人寿保险索赔额更多的保险费，从而从保险业务中获取利润。寿险公司也经常向个人和企业客户销售健康保险和退休计划，以获得保险费和佣金收入。

全球顶级人寿保险公司包括美国大都会人寿保险公司、保诚人寿保险公司、纽约人寿保险公司、美国教师退休基金会、美国家庭人寿保险公司和通用金融等，它们都是行业领头羊。许多人寿保险的行业先锋还通过银行和其他存款机构销售大量保险产品，这些公司包括Transamirica、好事达保险公司、自由人寿保险公司、哈特福德保险公司和林肯国家保险公司等。

如今，银行及其金融服务竞争机构也通过分支机构及独立的保险机构销售**财产/灾害保险单**（property/casualty insurance policies）。财产/灾害险承保公司和保险机构向客户出售的保单包括种类繁多的企业和个人风险。比如，如下风险：汽车驾驶、船只驾驶、工业事故、疾病和医疗费用、企业经营中的疏忽或欺诈、与住宅相关的损失、利率变动和他人拖欠借款信用欺诈所造成的损失。**财产/灾害保险商**（property/casualty insurance underwriters）承担由于事故、疏忽和其他事件所造成生命和财产损失的风险，以期通过收取保险费及其所获资金的投资获得收入，来负担保单持有者的索赔款项。

14.4.2 对已参加联邦保险的存款机构保险销售的规定

随着银行和其大量竞争者争相投入保险销售业务，人们更加关注消费者是否可能被误导或被不实信息欺骗。例如，公众可能错误地认为存款机构提供的保险产品在消费者遭受损失时可以得到政府的存款保险。这种担心促使美国主要的联邦银行监管机构（联邦储备系统、联邦存款保险公司、货币监理署及储蓄机构监理局）颁布新的《消费者保护法规》，该法规于2001年10月生效。

上述新的法规强制要求销售保险产品的存款机构向公众做出如下披露：

- 保险产品或年金并非存款机构或其附属机构的存款或其他契约；
- 美国境内存款机构销售的保险产品或年金并未获得联邦存款保险公司、美国政府的其他机构、存款机构或其附属机构的担保；
- 保险产品或年金可能面临投资风险及遭受价值损失；
- 美国的存款机构不得以客户从其或其附属机构处购买保险产品或年金，也不得以强迫客户允诺不从非附属机构购买保险产品或年金，作为发放贷款的条件。

在保险产品或年金销售完成之前，存款机构必须就上述规定向客户（个人和家庭）做出口头和书面披露。此外，新法规要求客户在存款机构做出上述披露后进行书面确认。存款机构必须在可行的条件下将保险和年金的销售场所和日常向公众销售小额存款的场所分开。存款机构从事保险相关产品销售的雇员必须符合各州保险监管机构的要求，并且持有所需执照。

真实的银行，真实的决策

保险业的道德规范问题

21世纪刚开始，保险业就丑闻不断。最广为人知的案例发生在美国国际集团公司（American International Group Inc.，AIG）——世界上最大的财产/灾害险公司之一。该公司被指控在财务报告上利用不正当的会计手段做假，政府机构已经开始调查。尽管这件丑闻一传出即引起股价下跌，但很多投资者还是很看好AIG和其他保险公司在中国及全球其他保险不足市场进行的扩张。

类似的关于保险公司财务报告的可信性问题与"有限风险"合约有关。这种多年期以现值计算的合约往往由再保险公司发行，用以平衡一般保险公司所承担的承销风险。再保险在保险公司面临未预料到的高额索赔时（如"9·11"袭击以后发生的情况一样）为保险公司提供了额外的缓冲。"有限风险"合约实际上把原保险公司的一部分风险转嫁给再保险公司，这样原保险公司的资产负债表显得更加好看。然而，如果实际转移出去的风险很小，原保险公司得到的风险降低的利益并不大。近来，联邦及州的监管机构都在商议，以确定这种"有限风险"合约是否存在不当使用的行为并对一些保险公司的股东和客户造成了误导。

14.5 金融服务多元化的好处

正如我们在第1章所看到的，当两个不同类型的行业——如商业银行、投资银行和保险公司彼此结合时，就产生了所谓的**行业整合**（convergence）。行业整合一个可能（但非绝对）的好处就是传统产品（如银行的贷款和存款）和非传统产品（如银行自主销售的汽车保险和共同基金）的销售产生的现金流之间的相对较低的相关性（甚至是负相关性）。

例如，罗斯（Rose）[5]在对大量的银行和非银行机构进行研究后发现银行和其他金融机构如企业和个人财务公司、证券和商品经纪商、寿险、财产/灾害险保险公司以及房地产公司的现金流之间存在着很小甚至负的相关性。由于不同产品线的收入流通常在不同时期的移动方向不同，将这些不同行业的不同产品整合在一起可以产生稳定现金流和盈利能力的总体效果，并且可以降低金融机构的倒闭风险。

我们将两个或两个以上金融服务业务整合后所产生的潜在效果称为**产品多元化效应**（product-line diversification effect），即提供具有不同现金流量特征的不同服务在长期内可以降低金融机构的整体风险。⊖

14.5.1 产品多元化效应的一个范例

我们现在简要解释一下一个组织内将传统服务和非传统服务进行整合对总体风险的影响。假设某银行决定在现有产品基础上增添保险服务，它预计传统产品的平均收益率为12%，经营保险业务的收益率为20%。上述两种产品的现金流波动风险基本一致（标准差度约为5%左右），但银行预计其收入的20%来自保险业务，80%来自传统产品的销售。这两种产品的现金流在长期内呈负相关，相关系数为-0.50。

在此例中，传统产品和非传统产品销售对银行整体收入将会产生什么样的影响？投资组合理论表明，在前述假设成立的前提下，银行收入会受到下列影响

所有服务的预期收益率（$E(r)$）
= 传统服务收入所占份额（R_{TS}）× 传统服务的预期收益率（$E(r_{TS})$）
+ 非传统服务收入所占份额（R_{NS}）× 非传统服务的预期收益率（$E(r_{NS})$）   (14-1)

即，
$$E(r) = R_{TS} \times E(r_{TS}) + R_{NS} \times E(r_{NS})$$

采用前面给定的数字计算
$$E(r) = 0.80(12\%) + 0.20(20\%) = 13.6\%$$

该总体收益率比银行传统产品的预期收益率（只有12%）要高。

该银行的收益风险会受到什么样的影响呢？表达式如下

⊖ 正如第4章所述，在若干地理位置不同和经济特性不同的市场开展业务也可以产生地域多元化效果，降低金融机构所面临的现金流风险。如果一个市场陷入低迷，其他的市场则可能正处于上升阶段，这有助于总体现金流和盈利能力的稳定。但是我们必须清醒地看到，金融机构实施产品多元化和/或地域多元化并不能保证其所面临的整体风险必然下降。比如，当管理层觉得上述两个多元化效果可以降低风险时，就有可能采取一些措施，如发放更多的风险贷款或减少资本金，这实际上会使金融机构面临比以前更大的风险。

传统及非传统服务销售总体收益的方差（σ_r^2）

= 传统服务销售收益份额的平方（R_{TS}^2）

× 传统服务收益的方差（σ_{TS}^2）

+ 非传统服务销售收益份额的平方（R_{NS}^2）

× 非传统服务收益的方差（σ_{NS}^2）

+ 2× 传统服务销售收益份额（R_{TS}）

×（1−非传统服务销售收益份额（R_{NS}））

× 传统服务和非传统服务销售收益的相关系数（$\rho_{TS,NS}$）

× 传统服务销售收益的标准差（σ_{TS}）

× 非传统服务销售收益的标准差（σ_{NS}） (14-2)

$$\sigma_r^2 = R_{TS}^2 \times \sigma_{TS}^2 + R_{NS}^2 \times \sigma_{NS}^2 + 2 \times R_{TS}(1-R_{NS}) \times \rho_{TS,NS} \times \sigma_{TS} \times \sigma_{NS}$$

采用前面给定的数字计算

$$\sigma_r^2 = (0.80)^2 \times (0.05)^2 + (0.20)^2 \times (0.05)^2 + 2(0.80) \times (0.20) \times (-0.50) \times (0.05) \times (0.05) = 13\%$$

因此，传统服务和非传统服务销售收益的标准差为

$$\sigma_r = \sqrt{13\%} = 3.06\%$$

因此，本例中传统和非传统银行服务相结合将使银行总体回报的标准差（衡量银行总体回报风险的指标）平均从5%降低到3%左右。

尽管这看起来像是一个双赢的结局——传统产品与非传统产品销售相结合带来更高的收益率，而总体风险则有所降低，但并非每个人都相信这种结果在现实中会出现。事实上，纽约联邦储备银行的斯蒂洛（Stiroh）[6]最近所进行的一次调查发现，来自非传统产品的现金流（收入）已变得更具有波动性，而且与传统的贷款和投资所带来的利息收入存在高度相关性，从而减少了多元化带来的好处。另外，同样的研究表明，非利息收入来源（特别是证券交易产生的收入）比传统的利息收入来源具有更高的风险和更低的风险调整收益。简言之，那些表明将传统和非传统的金融服务结合起来能够带来更高收益（如果有的话）的证据并不充分；金融服务业的整合所带来的增长、利润和风险降低的利益都有待检验。对于金融业整合的未来收益的不确定性的最新案例是摩根大通宣布收购卫人保险公司（Protective Life Corp）的保险和年金承销部门及其在线经纪服务业务。

14.5.2 规模经济和范围经济

除了通过产品线的多元化降低风险，同一家金融机构提供多种服务还可能获得另外一个好处，即规模经济和范围经济。正如我们在第3章所看到的，金融机构在规模扩大时可能出现**规模经济**（economies of scale）。在小型企业成长为大型企业的过程中，由于生产效率的提高，固定成本（尤其是厂房和设备成本）由更多的产出分摊，每单位产出的成本将不断降低。然而规模经济研究表明多数金融机构很快就用尽了低成本带来的好处，许多金融机构成长到中等规模的时候规模经济的效益就已经寥寥无几了。

范围经济（economies of scope）是指由一个企业同时提供两种或两种以上服务的成本少于由每个企业单独提供每种服务的成本之和。比如，如果某金融机构利用同样的资源同时提供两种服务（S_1和S_2），而非仅提供一种服务（S_1），其生产成本会有所降低，即

由同一金融机构提供两种服务的生产成本$C(S_1, S_2)$

＜由金融机构A提供甲服务的生产成本$C(S_1, 0)$

＋由金融机构B提供乙服务的生产成本$C(0, S_2)$ (14-3)

这种由一家企业提供多种服务带来的成本节约有可能因为一些投入品（如广告、管理以及计算机和办公设施）的共享而有所降低。金融服务产品种类的扩张还可能导致资源的集中使用，降低总体成本的同时还增加了金融机构的利润空间。

尽管如此，对于规模经济和范围经济能够大幅节约成本的说法我们还应该保持谨慎的态度。迄今为止的研究表明，在大多数金融服务中并没有很明显的规模经济和范围经济效应，不过，信贷联盟、证券经纪商和一些保险公司可能是个例外。以银行为例，在银行资产规模达到10亿美元之间（目前，这种资产规模的银行只能算是中等规模）的时候，规模经济的效应就已经消耗殆尽了，而范围经济几乎无迹可寻（正如伯格（Berger）、汉弗莱（Humphrey）[7]和克拉克（Clark）[8]所表明的那样），因此，超大规模的提供多种服务的金融机构是否有助于降低生产成本目前还无法断言。不过，金融机构不断增加服务项目可以增加收入，并使收入更加稳定，如表14-1所示。

表14-1 金融控股公司多元化经营的好处

商行业务	信托服务管理	投行业务	保险销售及承销
扩展利率贷款 提供信用担保、支付业务、流动性和储蓄计划	管理财产、养老金计划 记录和保证安全性 发行新证券 对现有证券派发利息和红利	协助客户进行兼并和收购活动 为政府和公司客户通过债务和权益资本筹资（如证券承销） 向客户提供证券经纪服务	向个人和财产、养老金计划提供风险管理、现金管理服务和长期储蓄计划

由一家金融控股公司提供各种不同的金融服务的优势包括：传统的资金和收入来源与新的资金和收入来源互为补充；规模经济和范围经济使得生产成本更低；收入流更加稳定；由于拥有更长的产品线和地理多元化的优势，倒闭的风险有所降低。

14.6 金融机构内部的信息流

随着银行及其竞争者发展成为提供投资、保险和其他新型服务的更为多元化的金融机构，它们也日益变得更像是纯粹开展信息收集、信息处理和信息传播业务的公司。金融机构可以反复使用同样的客户资料来产生收入或现金流，并使每单位服务成本最小化。金融机构在经济体中担任着特殊的客户信息收集者以及信息处理者和阐释者的作用。通过提供信贷保险和其他金融服务，可以获得有价值的客户数据，而这些数据对努力深化和扩展客户基础的其他公司大有用处。

例如，非银行企业（不论其是否与银行存在附属关系）都可能寻求获取银行的客户数据并加以使用，以扩大其自身的现金流量和市场份额。事实上，目前一些经济学家认为这些潜在的信息运用如今正在推动经济中的合并和收购行为，而这些并购行为正在改变着当今金融服务业的面貌。一些金融机构发现与银行相关联可以产生巨大的利益，尤其是当从独立的提供商处购买关键的客户信息代价昂贵时更是如此。

在20世纪行将结束之际，世界上的一些政府（包括美国的联邦政府和若干州政府）认为金融机构的信息收集和处理，特别是信息的传播，可能对公众有利，也可能对公众不利。例如，拥有大量银行和非银行业务的金融机构可以用较低的成本使用客户的数据从而增强其盈利能力，获取高额利润，不但使该金融机构比其他机构拥有关键的经济优势，同时也可能对银行的客户产生巨大的伤害。

例如，一个客户在申请购买人寿保险或健康保险的同时向银行申请新的住宅贷款，而该客户的医疗信息也可以被银行共享。假定该客户因存在严重的健康问题而没有买到保险，这种服务被拒绝很可能导致其他金融服务也被拒绝。对上述客户而言，银行可能依据所得到的客户的不利医疗信息而拒绝提供贷款。此外，这个不利的信息完全可能被其他机构获得，从而导致该客户被其他许多金融机构列入"黑名单"，这种协调和联合歧视很有可能阻碍金融服务业之间的客户竞争。

当美国于1999年通过《金融服务现代化法案》时，上述信息共享对个人可能造成的伤害，以及企业对个人隐私的大肆侵入问题引发了广泛的争议。正如我们在第2章和第3章中讨论过的一样，该法案允许金融机构与附属公司共享客户信息，而且只要客户没有明确表示反对，银行还可以和独立的第三方分享客户信息。

于是，在21世纪初，美国主要的联邦银行监管机构（包括联邦储备系统、货币监理署、联邦存款保险公司以及储蓄机构监理局）起草了新的规定，以使消费者有真正的机会否决或至少限制个人信息的共享。该规定的第一步就是起草保护**客户隐私**（customer privacy）的新规定，防止客户私人资料在无关的金融机构之间共享。新颁布的规定要求，在客户申请开立新的账户或接受一项新的服务时，必须被告知金融机构的客户隐私政策。此外，金融机构至少还要1年提醒客户一次上述隐私政策的内容，包括：

- 金融机构将与其他机构共享客户的何种信息（如客户的收入、婚姻状况、信用记录和信用评级、工作经历等）；
- 客户的私人信息将被哪些机构共享（如抵押银行、保险代理、零售商以及直销商等）；
- 客户如何能够否决信息共享并告诉金融机构不再允许其私人信息共享（如向客户提供一个免费电话热线、网址或通过填写并寄送表格等方式）；
- 提示客户某些信息无须征得客户许可即可共享（如当客户要求进行一笔交易时所需要的数据）。

如果客户不同意将其私人资料被共享给其他无关的公司（如电话直销商），金融机构必须告知客户怎样否决资料共享。如果客户未能告知金融机构不同意个人信息共享，则该机构可以与其他部门甚至是外部公司，共享客户的私人信息。

> **小贴士**
> 当你用自动柜员机取款时，在哪种情况下你最有可能支付费用？
> 答：当你所使用的自动柜员机并不属于你的存款账户所在的存款机构时。

> **小贴士**
> 2003年，美国通过《公平准确信用交易法案》（《FACT法案》），使得客户能够更好地防止身份盗窃、修改信用报告并限制服务推销。《FACT法案》和其他法规（如B条例、V条例和FF条例）限制了信贷机构获取和使用私人医疗信息的行为。不过，如果客户自愿提供此类信息则不受此限制。

概念测验

6. 什么是信托服务？
7. 银行及其他金融机构是怎样利用信托服务吸引更多存款的？
8. 目前银行及其竞争者销售哪些类型的保险产品？销售保险产品能给存款机构带来什么好处？又有哪些坏处？

9. 什么是行业整合？产品线多元化？规模经济和范围经济？为什么它们对银行和其他金融机构意义重大？

10. 客户在接受金融服务时怎样限制其私人资料在不同金融机构之间共享？在什么情况下共享信息对银行及客户都有好处？这种信息共享可能造成的危险有哪些？

本章小结

在本章中，我们介绍了近年来许多银行和非银行金融机构提供的几种新服务，同时，我们也探讨了金融机构进行产品多元化的原因。本章最重要的内容包括以下几点：

1. 银行及其竞争者将业务扩展到传统业务范围以外，开始提供非传统产品，如人寿保险、资产/灾害保险、投行业务以及股票、债券、共同基金以及其他证券的经纪业务。这些非传统服务带来了新的费用收入来源。这些服务带来的产品（服务）多元化降低了总体风险，同时还带来了规模经济和范围经济，即管理、设施及其他业务自营能够更充分、更有效率地运用，从而获得更多的收入。

2. 在商业银行及其他金融机构的所有服务中，投资银行业务占有重要地位。投行业务是指向企业、政府及其他机构客户提供有关市场扩展、兼并收购及在金融市场上发行新的债券和权益证券的相关咨询服务。当经济处于上升阶段时，投行业务可能成为金融机构利润最为丰厚的业务。

3. 从20世纪90年代开始，大量存款机构开始向客户提供投资产品，包括代客户买卖股票、债券、共同基金以及其他证券，从中收取佣金和服务收入。这些服务收入有助于降低存款机构由于客户提现（将现金用于投资收益较高的股票、债券及其他投资产品）造成存款减少带来的影响。

4. 信托服务——管理客户的资产和利息——主要由银行、保险公司和信托公司提供。信托部门提供种类繁多的家庭和企业信托服务，包括准备遗嘱和房产计划、管理个人或家庭的财产、帮助企业制订和管理员工的养老计划、协助企业向公众出售证券（包括代表客户进行发行证券的所有权登记和完成付款）以及其他许多专业金融服务。信托服务不仅可以产生费用收入，还能为金融机构吸引新的资金。

5. 许多大型金融机构都开展了保单销售和保险承销服务。人寿保险和资产/灾害保险主要是预防个人和企业财产由于死亡、疾病、退休等带来的金融风险。大型银行集团近年来也开始办理保险业务，通过对保险资金进行投资和管理以获得利润。

6. 随着金融机构将业务扩展至非传统产品领域，金融机构逐渐成为经济中重要的信息收集和处理单位，收集、处理大量客户的私人和内部信息。这些信息使得金融机构能够设计出更符合客户需求的服务产品。然而，将客户个人信息与其他企业共享也会产生风险。1999年《金融服务现代化法案》的通过使得客户有机会选择是否同意银行及其他金融机构将其个人信息共享。

关键术语

费用收入	产品多元化效应	财产/灾害保单
信托服务	投资产品	范围经济
行业整合	寿险公司	年金
投行业务	规模经济	财产/灾害保险商
人寿保险	共同基金	客户隐私

习 题

1. 假定纽约第一国民银行的管理层决定新增收费服务项目。该银行正在考虑添加的服务项目包括：投行业务、股票、债券、年金及共同基金经纪服务、人寿/灾害险保单销售以及个人和商业信托服务。
   (1) 根据本章所学到的知识，列出该银行新增上述服务能够带来的好处。
   (2) 该银行开展上述收费服务的不利之处有哪些？
   (3) 银行提供上述服务有风险吗？如果有，你能想出减小风险的办法吗？
   (4) 开展上述收费服务对收入和支出的规模与波动性以及盈利能力的影响有哪些？

2. 某商行决定扩展业务范围，在经营传统存贷服务的同时，开展新证券的发售（投行业务）。该银行计算出上述两种服务的预期回报率和风险如下：
   传统银行服务的预期回报率：3.5%
   证券承销服务的预期回报率：12%
   传统银行服务回报率的标准差：2.5%
   证券承销服务回报率的标准差：6%
   传统银行服务和证券承销服务回报率间的相关性：+0.25
   预计所获收入的份额：
   传统银行业务：70%
   证券承销服务：30%
   请计算新服务对银行的整体回报率和风险的影响。

3. 利用本章所学到的知识，结合你从网上得到的材料，请回答：下列哪些金融机构将会获得规模经济或范围经济？根据所给的信息判断哪家机构的规模经济或范围经济效应并不明显。
   (1) 新设立的开展传统银行业务（主要是存贷款业务）的银行，于今年早些时候特许成立，起初6个月的资产收益为50 000 000美元。
   (2) 提供传统银行服务的资产约250 000 000美元的社区银行，该银行拥有小型信托部门，为当地的家庭和小型企业提供方便。
   (3) 资产约20亿美元的金融控股公司，提供全系列的银行服务和投资服务，向客户提供为数众多的共同基金。
   (4) 资产刚过100亿美元的银行控股公司，该公司拥有证券经纪机构，代理客户进行股票和债券交易。
   (5) 资产为7 500亿美元的金融控股公司，该公司控制着一家商行、一家投行以及多家保险代理机构。该公司最近又拓展了信托部门，为客户提供信托服务。

第15章 资本管理

学习要点

- 资本的职能；
- 资本和风险；
- 资本的类型；
- 资本管理；
- 《巴塞尔协议I》和《巴塞尔协议II》；
- 满足资本需要的计划；
- 大萧条后的资本管制《巴塞尔协议III》

本书所讨论的问题对于金融机构有着重要意义，关系到它们的盈利和生存，但显然这些问题的重要程度不同，资本是其中最重要的问题之一。维持充足的资本以保护储户、借款人、雇员、股东和公众利益，是金融机构管理中面临的一个重大挑战。

何谓**资本**（capital）？对于银行及其竞争者的管理层来说，资本这个词有着特殊的含义，它指的是金融机构所有者提供的初始资金。对于商业银行来说，其所有者是指股东，即购买该银行普通股或优先股的投资者。对于商业银行的主要竞争对手——储蓄机构来说，如果该储蓄机构的形式是公司，所有者即是股东；如果其形式是信贷联盟或互助储蓄银行，所有者则是客户（对客户共有的金融机构来说，资本主要是未投资利润的累积）。

金融机构的所有者提供了什么？他们提供了部分财富——货币，以期获得满意的收益率。有时他们能够收到满意的回报，有时却不能。事实上，2007~2009年的全球信贷危机告诉我们，如果一家金融机构破产，其所有者的全部投资将付之东流。资本主要来自所有者提供的资金，由于这些资金承担一定的风险，所以投资者要求获得与风险相匹配的预期回报。

本章将详细探讨金融机构的所有者采取哪种方式进行投资。一种方式是购买股票，另一种重要的方式是所有者将年收益进行再投资，建立储备金，期望管理层用留存收益投资并获利，以提高未来回报。

为什么金融机构的资本管理如此重要呢？正如修建新工厂离不开原材料一样，资本在为未来成长和拓展提供基础、抵御风险、提升公众的长期信心等方面有着不可替代的作用。同时，资本已经成为监管的核心问题，当危机来临时，监管机构可以利用该杠杆阻止金融机构的破产，事实上，金融机构资产负债表上的其他项目都不具备此项功能。资本对于金融业的重要意义即在于此。

15.1 资本的职能

金融机构的资本账户在其日常经营和长期生存中起到了关键作用。首先，资本是减震器，在管理层察觉到金融机构问题及恢复盈利之前，资本通过吸纳财务和经营损失，降低风险。

其次，在其他资金流入之前，资本为金融机构的注册、组建和经营提供了所需的资金。一家新的金融机构需要启动资金来购买土地、盖新楼或租场地、装备设施，甚至在开业之前聘请经理和职员。

再者，资本增强了公众对金融机构的信心，消除了债权人对机构财务能力的疑虑。金融机构必须有足够的资本，才能使借款人相信其在经济衰退时也能够满足其信贷需求。资本的公信力职能在2007~2009年的全球信贷危机中得到了充分的体现，美国政府和欧洲许多政府机构向顶级银行注入政府股权资本，以重塑全球金融系统的公信力。

再次，资本为金融机构的成长和新业务及新设施的发展提供资金。大多数金融机构最终的规模都超过了初始时的水平。资本的注入使金融机构可以在更多的地区开展业务，建立新的分支机构来满足日益扩大的市场，为客户提供服务。

最后，作为规范机构增长的因素，资本有助于保证实现其长期可持续的增长。监管机构和金融市场都要求金融机构资本的增长与贷款及风险资产的增长基本保持一致，因此随着风险的增加，资本的抗损失能力也应该增加。贷款和存款如果扩张得太快，市场和监管机构会给出信号，要求其放慢速度，或者增加资本。

近来相关的研究表明资本在金融机构兼并浪潮中起到了重要作用。例如，波士顿联邦储备银行的佩克（Peek）和罗森格伦（Rosengren）[3]发现资本雄厚的大型银行有能力发放大额贷款（每笔100万美元以上），这种贷款的增加导致成百上千的小银行被兼并。银行的内部贷款政策和联邦银行条例都规定，发放给单个借款人的未完全担保贷款的最大限额不得超过银行优质资本和资本公积的15%，而完全抵押贷款的限额不超过在联邦注册的银行优质资本和资本公积的25%。资本增长不够快的银行发觉自己在竞争中逐渐失去大客户借款的市场份额。或者，由于全球信贷危机，发觉其已濒临破产。

在风险限制方面，监管机构有关资本的规定已经成为一种日益重要的工具。资本不仅可以增强公众对金融体系的信心，而且可以保护政府的存款保险制度（安全网）免遭重创。

15.2 资本和风险

资本和风险是密切相关的。资本主要是金融机构所有者投入的资金，所有者要承担所有者风险，即资本可能无法获得令人满意的回报或者破产导致股东无法收回资本。此外，所有者还面临着许多其他风险。

15.2.1 银行与其他金融机构的主要风险

信用风险 金融机构首先要面对的就是信用风险。金融机构发放贷款，进行投资，以期获取预期的收益，当借款人不能支付部分或全部的应付账款时，这些违约所导致的损失最终会侵蚀资本。因为产权资本一般不超过贷款和风险证券金额的10%（通常低于这个比例），所以金额不大的违约贷款和证券就可能导致金融机构资本不足，使其无法再冲抵损失，此时，金融机构就会破产关闭，除非监管机构决定维持其经营直到有人愿意购买。

流动性风险 银行还面临很大的流动性风险，即现金不足时客户要求提款或优质客户提出信贷要求所产生的风险。例如，如果银行不能及时筹集到现金，就可能失去许多客户，从而所有者的收益也会遭受损失。如果现金继续短缺，就可能导致存款人挤兑和银行最终破产。银行

利率风险 金融机构也会面临利差的风险，即从盈利性资产所获收入减少的风险，或利息支出上升减少了收入和支出之间的利差从而降低净收益的风险。通常利差的变化不是与资产管理决策（资产负债构成的变化）有关，就是与利率风险有关。利率风险是指利率的波动可能会导致金融机构资产收益的大幅升值或贬值。近年来，金融机构已经找到可以降低利率风险的方法，但是这种风险并未完全消除，也不可能完全消除。

经营风险 金融机构也面临着巨大的**经营风险**（operational risk），这种经营风险源于天气变化、计算机系统老化出错、质量控制上的不力、创造和提供服务的低效率、自然灾害、恐怖袭击、管理层的判断错误、影响金融机构业务需求的经济波动等的变化。这些变化对金融机构的收入、经营成本和所有者投资的价值（如股价）都会产生不利的影响。

汇率风险 规模较大的银行和证券公司进行外汇交易时会面临**汇率风险**（exchange risk）。当今世界上交易活跃的货币价格随着市场情况的变动而变动。为自己和客户买卖这些货币的机构总会面临市场上买卖价格不利变动的风险。

犯罪风险 最后，金融机构可能会遭受很大的**犯罪风险**（crime risk）。金融机构雇员和董事的诈骗或挪用行为会对金融机构产生严重影响，严重时甚至会导致机构破产。事实上，联邦存款保险公司（FDIC）把银行内部人员的诈骗或挪用行为列为近期银行倒闭的主要原因之一。此外，银行金库中存放的大笔金钱对外人来说常常是无法抗拒的诱惑，如同臭名昭著的罪犯杰斯·詹姆斯在被问及为什么抢劫银行时所说的一句著名的话："因为钱就在那儿"。

近几十年银行抢劫案的发生频率是史无前例的。银行努力使其营业厅、免下车提款窗口和柜员机更接近顾客，从而给抢劫嫌疑犯提供了可乘之机。虽然最近一些年来抢劫案的发生率降低了，但是犯罪的广度和深度远远超过了以前。抢劫案的重点随着技术的变化而有所改变，如今金融犯罪最猖獗的就是自动柜员机盗窃案和抢劫从自动柜员机中提款的客户。

> **小贴士**
> 1977年的一部喜剧中，两个银行经理（由伯吉斯·梅雷迪思（Burgess Meredith）和理查德·贝斯哈特（Richard Basehart）扮演）在监管机构现场检查的时候掩盖银行职员的挪用行为，这部影片名称是什么？
> 答：《惊天诈案》（*The Great Bank Hoax*）。

概念测验
1. 金融机构资本的真正含义是什么？
2. 金融机构的资本在管理和生存中起到了什么样的重要作用？
3. 金融机构的资本和风险之间有什么联系？

15.2.2 风险的防范

当然，金融机构对这些风险并没有置之不理，金融机构对自身的财务状况有以下几种保护措施。

质量管理 保护措施之一就是质量管理，即银行和其他金融机构高级经理在问题恶化之前迅速采取措施处理问题。

多元化 金融机构资金来源和使用的多元化也有降低风险的效果，金融机构的管理者努力实现两种类型的多元化来降低风险：资产多元化和地理多元化。**资产多元化**（portfolio diversification）是指把信贷账户和存款分散在各种不同的客户中，包括大企业和小企业、不同行业及有不同收入和担保来源的家庭。**地理多元化**（geographic diversification）指的是吸引不同社区或国家的客户，而这些社区或国家的经济情况一般是不同的。当不同类型客户的现金流量在长期内以不同方式运转时，这些形式的多元化对于降低风险最为有效，因此，一组客户所导致的现金流量减少至少可以部分地被来自其他客户的现金流量增加所抵消。

  存款保险 存款保险是另一种保护措施。美国于1934年创建的联邦存款保险公司（FDIC）目前保护着在任何投保存款机构持有存款的存款人，最高保险金额达25万美元，这增强了公众对金融体系的信心。虽然联邦存款保险公司不能避免存款机构的破产，但可以避免一家存款机构破产引发公众对相邻机构的挤兑。此外，联邦存款保险公司有权稽核存款机构、发布停业命令、收取罚金和向违反联邦法的机构提起刑事诉讼，从而遏制了金融机构管理层和股东的过度冒险行为。这就是当今大多数发达国家都采取某种形式的存款保险制度的原因。

  产权资本 当所有保护措施都失效时，产权资本（资本净值）构筑了抵御金融机构风险的最后一道防线。产权资本冲抵了不良贷款、证券投资业绩不佳、犯罪和管理失误所造成的损失，金融机构才得以继续经营下去，直到问题得到解决，损失得到弥补。只有当损失非常大，以至于连产权资本都无法解决问题时，金融机构才不得不破产关门。产权资本是金融机构免遭破产的最后一道防线，因此，破产的风险越大（不论是哪种风险），金融机构持有的资本就应该越多。

15.3 资本的类型

  金融业中，资本有不同的类型：
- **普通股**，以已发行普通股的面值衡量，其收益根据董事会是否派发股利的决议而有所不同。
- **优先股**，以已发行的承诺支付固定收益（股利率）的股票的面值衡量。优先股可以是永久的，也可以有一定的期限。（它具有债券和股票的双重性质）⊖
- **资本公积**，金融机构股东支付的高于每股面值的溢价。
- **未分配利润**，金融机构留存而没有以股利形式支付的净收益。
- **权益准备金**，用来应付诸如银行被起诉等意外情况而拨出的资金，也用来为预计支付但尚无公告支付的股利提供准备金以及作为将来赎回股票或债务的沉淀资金。
- **次级债券**，外部投资者投入的长期债务资本，其要求权仅次于存款人的要求权。这些债务证券可以具有可转换性，将来可以换成股份。
- **附属机构的少数股东权益**，金融机构在其他公司持有的股份。
- **权益承诺票据**，靠出售股票来偿还的债务证券。

  为了了解各种资本来源的相对重要性，我们考察了美国参保银行的资本账户。表15-1表明银行的各种资本来源有着不同的重要性。普通股和优先股的全部市场价值高于其面值的盈余是美国银行资本中规模最大的一项，约占长期债务和产权资本总额的50%以上，紧随其后的是未分配利润（或留存盈余）和资本准备金，它们也是美国银行资本的重要来源。余下的银行资本为将近10%的长期债券（次级债券和票据）和约3%的普通股面值。

  优先股相对来说不重要（不到美国银行业资本的1%），不过近年来在世界范围内，银行和银行控股公司的优先股越来越重要。优先股的股利率常常是浮动的，而且具有可赎回的特征，即允许管理层在财务有利的时候收回已发行的优先股，付清对股东的债务。但是银行优先股很

⊖ 美国政府于2007～2009年信贷危机中推出的振兴计划包括拨款支持财政部投资私有银行和其他金融机构的无投票权优先股，以向这些重要的金融机构注入资本。英国和欧洲其他国家都推出了类似的资本注入计划。

难赢得投资者的信任,其部分原因是20世纪30年代大萧条,以及2007~2009年的信贷危机所带来的惨痛教训,当时许多陷入危机的银行为了生存而出售优先股。

表15-1 美国投保商业银行的资本账户(2010年12月31日)

银行资本的形式	投保商业银行		不同规模的银行的资本比例(%)		
	金额(10亿美元)	占债务和产权资本总额的百分比(%)	小	中	大
长期债务资本:					
次级债券和票据	144.8	9.6	0.1①	0.3	10.4
产权资本:					
普通股(面值)	46.4	3.1	14.6	11.5	2.3
永久优先股(面值)	6.5	0.4	0.4	0.7	0.4
资本公积	1 026.3	67.9	48.0	49.7	69.5
未分配利润和资本准备金	286.8	19.0	37.0	37.8	17.3
产权资本总额	1 366.2	90.4	99.9	99.7	89.6
长期债务和产权资本总额	1 511.0	100.0	100.0	100.0	100.0
总负债、权益资产/银行总资产	12.5%		11.4	10.4	12.8

注:小银行总资产不到1亿美元,中型银行资产规模在1亿~10亿美元,大银行资产超过10亿美元。
① 表示小于0.05%,数字没有按栏加总。
资料来源:联邦存款保险公司(FDIC)。

次级债券和票据是银行资本中一个相对较小的组成部分,但却是银行和其他金融机构长期资金日益重要的来源。监管条例规定这些资本票据的要求权次于存款人等银行普通债权人的要求权。因此如果银行关闭清算,存款人有第一位的要求权,而债券投资者的要求权是第二位的,但是次级债券持有人对银行收益和资产的要求权优先于普通股和优先股股东。

银行控股公司近年来发行了大量的次级债券(特别是养老金、互助基金和保险公司),这种票据一般在发行后不久即可收回,利率(通常与政府债券或短期欧洲美元存款利率相关)可固定亦可浮动。从管理者的角度来看,次级债券的一个明显优势在于它使银行面临一种市场约束,因为附属于存款的银行债务得不到联邦保险的保护,次级债券的投资者由于承担了较大的风险而要求较高的收益,因此次级债券的持有人会比存款人对风险更为敏感,从而会更加密切地监督金融机构的行为,降低其破产的发生率。一般只有信用等级为证券投资者所信任的大型金融机构才能成功发行次级债券和票据。由于成本和风险较高,许多证券交易商拒绝发行小银行的债券。

规模最大的银行和最小的银行在资本构成上有着显著的区别。例如,规模最小的银行特别依赖留存盈余(未分配利润)来建立其资本头寸,而很少发行长期债券(次级债券和票据)。而规模最大的银行主要依靠在金融市场出售的股票溢价以及留存盈余,同时发行大量的长期债券。这些差异在某种程度上反映了规模最大的银行在公开市场出售资本证券和吸引大量投资者的能力较强,而规模最小的银行由于在金融市场的筹资能力有限,从而必须依靠自己的能力产生足够的收入并保留其中大部分来建立适当的资本缓冲器。

> **小贴士**
> 商业银行资本的最主要来源是资本公积,即银行股票市价与面值之间的差额。银行最主要的竞争对手——储蓄机构的资本主要来源是什么?
> 答:留存收益。

但是,相对于资产规模来说,最小的银行通常持有最高比例的资本。例如,2007年,美国规模最小的银行(每家银行的资产总额少于1亿美元)公布的总资本/资产比例为13%,而规模中等的银行(每家银行的资产总额为1亿~10亿美元)的总资本/资产比例为10.4%,规模最大的FDIC投保银行(每家银行的资产总额超过10亿美元)的总资本/资产比例为12%。许多权威人士认为最小的银行应当保持较高的资本/资产比例，原因是小银行产品多元化和地理多元化的程度较低，面临的破产风险也更大。较大的破产风险反过来使保护公众存款的保险资金面临更大的风险。

概念测验
4. 现在资本有哪些形式？其根本区别有哪些？
5. 根据规模和比例，哪种形式的资本来源对美国的参保银行最重要？哪种最不重要？请解释原因。
6. 大小银行间的资本构成、资本/总资产比例有哪些不同？造成这种差异的原因是什么？

15.4 银行史上的一个重大问题：究竟需要多少资本

银行应该持有多少资本一直是银行业历史上最有争议的问题之一。银行是金融体系的核心，缺少资本而导致的银行破产，将会影响整个金融系统的稳定。这一争议主要演变成两个问题，适用于所有金融机构：
- 应该由谁来制定资本的衡量标准，市场还是监管机构？
- 合理的资本标准是什么？

15.4.1 进行资本监管的理由

监管机构对银行资本头寸的监管远早于对其他金融机构的监管。银行只有满足了最低资本要求才能获得执照，对银行存续期内所持有的资本也有最低要求，同时监管机构还对资本来源进行了规定。如沃尔（Wall）[4]所说，对银行资本进行监管的基本目的有三个：
- 降低银行破产的风险；
- 保持公众对银行的信心；
- 限制存款保险索赔对政府和其他机构造成的损失。

这里有一个基本假定，即市场不能同时实现上述三个目标，因为市场不能正确地确定银行破产影响金融体系稳定性的成本，也不能准确地确定银行破产给存款保险资金带来的损失。

银行之所以特殊，在于它拥有大量的短期负债（特别是活期存款），信心不足的公众可以立即提取，在面临大规模取款时，几乎没有哪家银行可以立即清偿其存款资产。此外，个别银行并不考虑其他银行的风险对其可能产生的外部效应，于是这些银行可能会因为邻近银行的破产而陷入困境。

正如沃尔（Wall）[4]所指出的那样，大银行的破产是一个特殊的问题，会引起媒体的重视，导致存款人对账户所在银行的状况产生怀疑。此外，规模最大的银行通常持有高比例的非存款负债和未全部投保的大额存款，与许多小银行的破产相比，一家大银行的破产对政府存款保险的影响要大得多。

政府资助的存款保险产生了一个副作用，即降低了存款人对银行安全和风险的警惕。大部分存款人因为受到了充分的保护而不注意银行的风险，也不把资金转到风险较低的银行以惩罚那些风险较大的银行。政府资助存款保险的这种"道德危险"促使存款机构降低其资本存款比例，从而使政府资金面临更大的损失风险。

15.4.2 研究证据

市场和政府监管机构对银行风险和资本决策的影响何者更大,对此近年来人们进行了大量研究,研究结果并不相同,但是大部分结果都表明,在决定银行必须持有的长期资本数量和类型方面,市场可能比监管机构更重要。但是,随着资本监管的严格化和最低资本要求规定的出台,政府监管似乎变得和市场一样重要,特别是在2007～2009年巨大的信贷危机之后。

的确,市场似乎对银行不同的风险状况做出了反应,表现在市场降低了高风险银行所发行的债务和权益证券的评级。但是,正如艾森拜斯(Eisenbeis)和吉贝特(Gilbert)[2]所指出的那样,我们根本不能保证市场约束对中小投保银行同样有效,原因是它们的证券在公开市场的交易并不活跃,我们也不清楚市场对低品质银行证券要求的风险报酬(以低价格和高利率的形式)是否足以约束银行的风险行为。此外,虽然市场可能会有效利用所掌握的全部信息,但它却没有评估银行真实风险水平所需的关键信息,这些信息只有银行监管机构才知道。

银行的资本/资产率与其破产的概率有重大联系吗?大部分研究发现二者之间几乎没有什么关系。例如,圣梅罗(Santomero)和文森(Vinso)[1]发现增加资本并不能真正降低银行破产的风险,即使资本增加了两倍或三倍,许多银行还是破产了(这一结论被佩克(Peek)和罗森格伦(Rosengren)[3]最近在新英格兰地区进行的一项研究所证实。他们发现,20世纪八九十年代在新英格兰地区的银行破产案中,有4/5的银行在破产前属于"资本充足"的银行)。实施更高的资本要求是否可以降低银行破产的风险是根本无法确定的。面临更严厉的资本要求的银行为了避免收益的降低,可能在其他经营领域冒更多的风险。

> **小贴士**
>
> 判断:银行持有的资本数量是反映其倒闭可能性的合理指标?
>
> 答:错。一般说来,倒闭银行的资本充足率并不低于没倒闭的银行。收入与支出才是银行倒闭与否的重要指标。

概念测验

7. 由政府监管机构而非市场来确定金融机构资本标准的理论依据是什么?
8. 最近的研究表明市场在决定金融机构资本标准中起了什么作用?
9. 根据近来的研究,资本能防止银行破产吗?

15.5 关于国际资本标准的《巴塞尔协议》:发达国家之间不断发展的历史性协议

尽管对金融机构资本监管的成本收益分析从未间断,但监管机构近年来却采取了重大举措,加强了政府在银行和其业务最接近竞争者资本规模决策中的作用,提高了政府监管的标准。

1988年,联邦储备委员会作为美国的代表和来自其他11个主要发达国家(比利时、加拿大、法国、德国、意大利、日本、荷兰、瑞典、瑞士、英国和卢森堡)的代表宣布就新的资本标准达成初步协议——由于签订于瑞士的巴塞尔,该协议通常被称为**《巴塞尔协议》**(Basel Agreement)。该协议适用于处于各国司法制度下的所有银行机构(可以根据地区不同进行个别调整),尽管其初衷只是规范开展国际业务的银行。

该协议于1988年7月获得正式批准。这一新的资本要求鼓励大银行增加资本、降低各国管理规则的不公平性,促进公平竞争,紧跟金融服务和金融创新的步伐(例如近年来银行开发的许多表外业务)。最早的《巴塞尔协议》直到1993年1月1日才得以完全实施,此后几年还做了些许调整。美联储宣布，新的资本要求稍加修改后也适用于联储监管的州立成员银行和银行控股公司。

15.5.1 《巴塞尔协议Ⅰ》

根据新的国际协议，即当前所称的《巴塞尔协议Ⅰ》(Basel I)，银行资本来源可以分为两级：

- **一级资本**（核心资本）包括普通股和资本公积、未分配利润（留存盈余）、优质非永久优先股、附属机构的少数权益以及某些可确认的无形资产（减去商誉和其他无形资产）。⊖
- **二级资本**（补充资本）包括贷款和租赁损失准备金、次级债务资本工具、法定可转换债券、中期优先股、未支付股利的累积永久优先股以及权益承诺票据和其他具有债务和股权双重特征的长期资本工具。

为了确定银行的总资本，管理者必须从一级资本和二级资本的总和中减去几项：在未合并子公司中的投资、银行持有的由其他存款机构发行的以回购协议为基础的资本证券、被银行收购的储蓄贷款协会从事的联邦银行不允许从事的活动，以及银行主要监管机构可能要求的其他扣除项目。

《巴塞尔协议Ⅰ》要求银行拥有充足的资本，包括：

- 核心资本（一级资本）对加权风险资产的比例至少是4%；
- 总资本（一级资本和二级资本之和）对总加权风险资产的比率至少是8%，其中二级资本数量最高为一级资本的100%。⊜

计算加权风险资产 为了确定资本是否充足，银行必须比较一级资本和二级资本对加权风险资产的比例，因此银行必须首先了解加权风险资产的定义。

银行资产负债表表内和表外每一项资产项目都与反映银行信用风险大小的风险权重系数相乘。最受关注的表外项目包括银行开立的备用信用证和向私人客户提供的具有长期法律约束力的信贷承诺。

下面是某银行如何依据新的国际标准计算最低资本要求的例子。假定联储的一个州立成员银行一级资本4 000美元、二级资本2 000美元，总资产为10万美元。资产负债表表内和表外项目（OBS）如表15-2所示。

该银行总资本比总表内资产率为

$$6\,000 \div 100\,000 = 6.00\%$$

⊖ 银行可以将商誉作为一种无形资产计入其资产负债表。当公众以超过其账面价值的价格购买企业的股票以获取现金时，这种资产就产生了。一家已经站稳脚跟的公司通过向客户提供良好服务可以建立商誉，这就能够解释银行股票的市场价值可以超过其账面价值。大部分监管机构不允许把商誉计入银行资本，但是，可确认的无形资产——商誉以外的无形资产，其一部分可以计入银行资本。当今，抵押服务权（MSRS）是一种重要的可确认的无形资产。银行收取和发放贷款，监督借款人是否遵守银行或另一个贷款人规定的条款，以此获取收入。另一种主要的可确认的无形资产是购买信用卡关系（PCCR）。一家发行信用卡的银行能够获得一批新的潜在客户，这会给银行带来预期利润。

⊜ 新的国际资本标准允许原始平均期限在5年以上的次级债务计入补充资本（二级资本）。次级债务和可计入二级资本的中期优先股的最大总金额为一级资本的50%（减去商誉和其他需扣除的无形资产）。贷款和租赁损失准备金也计入补充资本，只要贷款损失准备金是一般（不是特别）准备金，且不超过银行加权风险资产的1.25%。《巴塞尔协议》规定，二级资本的构成由各国银行监管机构斟酌决定。

表15-2 某银行资产负债表表内和表外项目 （单位：美元）

项目	金额
资产负债表项目（资产）：	
现金	5 000
美国国债	20 000
在国内银行的存款余额	5 000
以1~4人家庭住宅财产为第一抵押的贷款	5 000
私人公司贷款	65 000
总表内资产	100 000
表外项目（OBS）：	
为发行美国市政一般义务债券做担保的备用信用证	10 000
对私人公司的长期有约束力的信贷承诺	20 000
总表外项目	30 000

但是，新国际资本标准是以加权风险资产而非总资产为依据的。计算银行加权风险资产的过程如下：

- 计算每一表外项目的等价信贷，即把每一表外项目转换成风险相同的直接贷款额，见表15-3。
- 用监管机构确定的风险权重乘以每一表内项目金额和表外项目的等价信贷。银行有价证券的权重为0%（包括现金和美国政府债券）；在其他银行的存款和短期自动清偿贸易应急贷款的权重为20%；住宅抵押贷款、票据发行便利和一年以上的信贷的权重为50%；公司贷款和长期信贷承诺、所有其他对私人部门的要求权以及银行营业场所和其他固定资产及房地产投资的权重为100%。

本例中银行的加权风险资产，如表15-4所示。

表15-3 表外项目的转换 （单位：美元）

表外项目	面值	×	转换系数	=	等价信贷
银行开立的备用信用证，目的是为市政债券和其他直接信贷的替代品、有追索权的资产出售和回购协议及远期资产购买作担保	50 000	×	0.20	=	10 000
对私人公司的长期信贷承诺	20 000	×	0.50	=	10 000

表15-4 某银行加权风险资产计算 （单位：美元）

项目	计算
风险权重为0%	
现金	5 000
美国国债	20 000
	25 000 × 0 = 0
风险权重为20%	
在国内银行存款余额	5 000
SLC担保的美国市政债券的信贷等额	10 000
	15 000 × 0.20 = 3 000
风险权重为50%	
以1~4人家庭住宅财产为第一抵押的贷款	5 000 × 0.50 = 2 500

（续）

项 目	计 算
风险权重为100%	
私人公司贷款	65 000
为私人公司长期信贷承诺的等价信贷	10 000
	75 000×1.00＝75 000
银行持有的总加权风险资产	80 500

计算资本对加权风险资产的比率 一旦知道银行的总加权风险资产和总资本（一级资本＋二级资本），我们就能确定国际资本标准的《巴塞尔协议》要求的资本充足比例。主要公式如下

$$\text{一级风险资本比例} = \text{一级资本}/\text{总加权风险资产} \quad (15\text{-}1a)$$

和

$$\text{总风险资本比例} = (\text{一级资本} + \text{二级资本})/\text{总加权风险资产} \quad (15\text{-}1b)$$

对于本例中总加权风险资产为80 500美元的银行来说，它的资本充足比例为

$$\text{总监管资本}/\text{总加权风险资产} = \frac{4\,000}{80\,500} = 0.055\,2\text{或者}5.52\%$$

> **小贴士**
> 在《巴塞尔协议》的制定过程中，总部设在瑞士巴塞尔的国际清算银行（BIS）起到了重要作用。国际清算银行建立于1930年，帮助各国央行进行交割并裁决国际金融争端，是世界上历史最悠久的国际金融组织。

请注意，该银行5.52%的一级资本对加权风险资产比例，要高于4%的一级资本最低要求。然而，一级资本与二级资本之和占总加权风险资产的7.45%的比例，低于8%的最低要求。因此该银行必须筹集新资本或者减少风险资产以满足《巴塞尔协议Ⅰ》的标准。

15.5.2 衍生工具的资本要求

最近，巴塞尔委员会对新的巴塞尔国际资本标准进行了修改，把银行衍生工具（期货、期权、远期合约、利率和货币互换、利率上限和利率不限合约）所具有的风险也考虑进去。这些工具使得银行面临交易对手风险，即客户不付款或不履行义务，从而迫使银行与不甚合适的另一方签订替代合约的风险。

降低此风险的重要手段之一就是让期货和期权合约在有组织的交易所中交易（比如伦敦国际金融期货交易所或芝加哥商品交易所），从而保证合约双方履行合约。如果一家银行的客户未能根据在交易所交易的期货或期权合约交货，有关的交易所会向银行如数交货。在这种情况下，银行通常无须对这种交易合约做出资本担保。

但是，对于其他类型的衍生合约来说，修订后的《巴塞尔协议》要求银行首先把所有有风险的合约都转换成等额的信贷，就好像是表内的一项风险资产，然后把该合约（如利率或货币合约）的等价信贷与事先确定的风险权重相乘。近来的研究表明利率合约的风险大大低于外币合约，因此《巴塞尔协议》规定的利率衍生工具的信用转换系数要远远低于外币合约，例如，为期一年或一年以下的利率合约的信用转换系数为0%，一年以上仅为0.005或0.5%，而一年或一年以下的外币合约的信用转换系数为0.01或1%，一年以上的为0.05或5%。

在确定这些表外合约的等额信贷时，《巴塞尔协议》要求银行把每一合约的风险分为两类：潜在市场风险和现有市场风险。潜在市场风险是指与银行签订以市场为基础的合约的客户不履行合约可能给银行造成的损失。现有市场风险是用来衡量客户现在违约给银行造成的损失，因为银行被迫用一个新合约来代替原来未履行的合约。《巴塞尔协议》要求银行确定与客户签订的合约的现行市场价值，从而计算出后者的替代成本。现有合约的未来现金流量必须用现在的

利率、货币价格或商品价格贴现成现值,以决定该合约的当前市场价值。

一旦确定了合约的替代成本,把估计的潜在市场风险额与现有市场风险额相加就可以得出每一合约总的等额信贷。这一总额乘以适当的风险权重(通常为50%或0.50),就可以得到每一合约的表外加权风险资产。把这一加权风险资产和银行所有的其他加权风险资产相加,就可以得到表内表外总加权风险资产。如上一节所述,总资本(一级资本+二级资本)除以总加权风险资产就可以确定银行的资本是否充足。

例如,再来考察上述总加权风险资产为80 500美元的银行。假定该银行与一个客户签订了10万美元的5年期利率互换协议,与另一个客户签订了3年期5万美元的货币互换协议。首先,将这两个合约的面值(理论值)与每一合约的适当信用转换系数相乘,此例中利率互换合约的系数为0.005,货币合约为0.05,这样就得到每个合约的潜在市场风险。其次,若银行必须用一个依据现在价格和利率的新互换合约来代替原有的合约,我们就加上估计的替代成本。我们假定利率合约的替代成本为2 500美元,货币合约的替代成本为1 500美元,如表15-5所示。

表15-5 利率和货币合约的等价信贷计算

利率和货币合约	合约面值(美元)		潜在市场风险的转换系数		潜在市场风险(美元)		现有市场风险,替代成本(美元)		利率和货币合约的等价信贷(美元)
5年期利率互换合约	100 000	×	0.005	=	500	+	2 500	=	3 000
3年期货币互换合约	50 000	×	0.05	=	2 500	+	1 500	=	4 000
							总数	=	7 000

两个合约的总等额信贷为7 000美元。

最后一步是把这一总额与适当的风险权重50%或0.5相乘,可得

$$\text{银行表外利率和货币合约的总加权风险资产} = \text{利率和货币合约的等额信贷} \times \text{信用风险权重}$$
$$= 7\,000 \times 0.50 = 3\,500 \quad (15\text{-}2)$$

为了利用这一结果,我们回到上一个例子。原先考查的银行总资本为6 000美元,总加权风险资产为80 500美元,其加权风险资产包括68 500美元的表内资产和12 000美元的表外备用信用证及公司贷款承诺。现在必须再加上刚刚计算出的3 500美元的货币和利率合约的加权风险资产。这样银行的总资本对总加权风险资产的比例为

$$\frac{\text{总资本}}{\text{总加权风险资产}} = \frac{\text{总资本(一级资本+二级资本)}}{\text{表内总加权风险资产+表外总加权风险资产}}$$
$$= \frac{6\,000}{(68\,500 + 12\,000 + 3\,500)} = \frac{6\,000}{84\,000} = 0.071\,4 \text{或} 7.14\% \quad (15\text{-}3)$$

以及,

$$\text{一级风险资本比例} = \frac{\text{一级资本}}{\text{加权风险资产}} = \frac{4\,000}{68\,500 + 12\,000 + 3\,500} = 0.047\,6 \text{或} 4.76\%$$

现在该银行的资本充足率大大低于《巴塞尔协议》8%的最低要求。这一资本不足的银行可能会被迫处理掉一些风险资产,用留存盈余或出售股票的方式筹集新资本,使资本头寸达到《巴塞尔协议》规定的水平。我们在计算资本充足率时只考虑了信用风险,却没有考虑利率上升或货币和商品价格下降会造成银行表内资产市场价值下降的可能性。正如2007～2009年信贷

危机所体现的那样。如果监管机构发现市场力量造成的风险过大，可能会要求该银行持有多于 6 000美元的资本。在这种情况下，银行的资本会更加不足，监管机构会对其施加相当大的压力要求其增加资本。

洞察力和问题

《巴塞尔协议》规定的银行资产和表外项目的风险权重

1. 资产负债表中银行资产的信用风险分类，如表15-6所示。

表15-6　表内项目信用风险分类

计算银行加权风险资产时使用的信用风险权重（占每一家银行资产的百分比）	每一类银行资产的信用风险大小	银行资产分类或类型
0	零信用风险	现金；在联邦储备银行的存款；各种期限的美国国债；政府国家抵押协会（GNMA）有抵押的证券；世界上主要发达国家政府发行的债务证券
20%	低信用风险	银行间（往来）存款；州和地方政府发行的一般义务债券和票据；美国政府机构发行或担保的证券；联邦国家抵押协会（FNMA）或联邦住宅贷款抵押公司（FHLMC）发行或担保的有抵押证券
50%	中等信用风险	家庭住宅抵押贷款；州及地方政府单位或机构发行的收入债券
100%	最大信用风险	商业和工业（企业）贷款；信用卡贷款；不动产；在银行子公司的投资；所有其他未列出的银行资产

2. 表外项目的信用风险分类，如表15-7所示。

表15-7　表外项目信用风险分类

表外项目等额信贷的转换系数	信用风险加权（%）	假定的信用风险	表外项目分类或类型
0	0	零信用风险或低信用风险	一年以下的信贷承诺
0.20	20	低信用风险	为州和地方政府一般义务债券做担保的备用信用证
0.20	100	中等信用风险	以贸易为基础的商业信用证和银行承兑
0.50	100	中等信用风险	为客户未来履约做担保的备用信用证和一年以上未用的贷款承诺
1.00	100	最大信用风险	为商业票据偿还做担保的备用信用证（短期无担保公司借据）

3. 未在资产负债表列出的衍生工具和其他市场合约的信用风险分类，如表15-8所示。

表15-8　衍生工具和其他市场合约信用风险分类

衍生工具和其他以市场为基础的利率和货币合约等额信贷的转换系数	信用风险权重（%）	假定的信用风险	表外货币和利率合约分类或类型
0	50	最低信用风险	期限在一年或一年以下的利率合约
0.005	50	中等信用风险	一年以上的利率合约
0.01	50	中等信用风险	期限在一年或一年以下的货币合约
0.05	50	最大信用风险	一年以上的货币合约

资料来源：联邦储备委员会。

银行资本标准和市场风险 原先的《巴塞尔协议》最明显的不足就是忽视了市场风险。银行资产的风险权重主要考虑的是信用风险，即借款人违约的风险，但银行也面临着很大的市场风险，即利率、证券价格、货币和商品价格的不利变动给银行带来的损失。银行是世界上外国证券和海外财产的主要交易商之一，当外币价格发生变化时其可能会在财务上遭受重大损失（通常称为汇率或外汇风险）。为了应对各种市场风险，1996年1月巴塞尔委员会正式批准了对《巴塞尔协议Ⅰ》条款的修改，允许大型银行进行内部风险评估，并估计应对市场风险所需的资本数额。两年以后，监管机构对大型银行的交易头寸的市场风险敞口提出了资本要求，其中最令人关注的是如果银行资产组合的市值大幅跳水将导致银行盈利和净值（资本）的潜在损失。

市场风险的出现（尤其是外汇风险和商品风险）导致了第三个资本比率，即三级资本的出现。这个新的巴塞尔银行资本标准广泛地包括了次级债务资本、一般损失准备金和未公开准备金，这些比较次要的资本组成项目都是被以前的资本标准所忽略的，但随着时间推移越来越受到关注。随后，利率风险和信用风险也逐渐成为银行风险暴露的焦点。随着新标准（《巴塞尔协议Ⅲ》）的兴起，删去三级资本被提上了议程。巴塞尔银行监管委员会在20世纪90年代提出了新建议，建议面临很大市场风险的银行持有更多的资本。

风险价值（VaR）模型 《巴塞尔协议Ⅰ》存在种种弊端，比如它对金融创新的反应缺少灵活性。意识到这点后，银行监管者开始允许大型银行运用其偏好的办法来确定一定期间内能承受的最大损失，这就是所谓的风险价值模型（value at risk models）。

假如某银行预计其交易资产组合的日平均风险价值为1亿美元，该预计的置信水平为99%。那么，如果该1亿美元的风险价值估计正确，期间内组合价值日损失超过1亿美元的可能性应该不高于1%。更精确地说，银行预测，在10天的期限内99%的可能最大损失不会超过1亿美元。

对银行近期的交易资产证券损失的分布加以分析就可以清楚地表明该估计是否合理。管理者希望能够将估计的未来损失与银行目前的权益资本水平相比较，以确定该机构是否拥有充足资本以防止倒闭。若管理者认为风险价值上升，银行或者增加其持有的法定资本数量以吸收增大的风险，或者降低风险敞口，二者必择其一。管理层需要对问题资产在市场恶化的情况下被清算的时间期进行估计（比如，对高流动性资产可能是24小时，而对于流动性较差的资产而言可能是两周）。管理者也需要利用一定历史时期的信息预测市场价格和市场利率（在目前的规定下，该期限不得短于1年）。

风险价值和内部评估模型的局限与挑战 尽管风险价值和内部评估模型有所发展，但用这两个模型决定每家银行的市场风险和必要的资本规模仍非完美，此前，这种方法存在潜在的问题，困扰着银行和监管机构。例如，风险价值估计不准确会令银行暴露在过大的风险之下（银行的资本头寸可能会变得不足以抵抗其面对的真实风险）。此外，最大的银行，其资产规模如此庞大、复杂，受到数以千计的风险因素影响，以至于无法对其进行持续准确的风险价值估计。这或许可以解释为什么目前一些银行做出非常保守的风险价值估计，不断地增加其必须持有的资本数额。

一个可能可以提高评估准确性的条款就是"事后检测"，即评价银行过去的预测表现。如果银行有着频繁预测不准的记录，则要求它充实资本，因为这样能够激励银行开发出更好的预测模型，但是，即使一家银行预测水平高，它仍将面对系统风险。系统风险是指由于金融系统的相互联系，几家银行会同时遭受市场损失，加剧了每家银行的风险，并给监管机构出了道难题，2007~2009年的信贷危机就是最好的证明。

15.5.3 《巴塞尔协议Ⅱ》：新资本协议蓄势待发

为什么万众期待《巴塞尔协议Ⅱ》 巴塞尔银行资本协议首次出台后不久，第2版的国际银行资本协议，即今天的《**巴塞尔协议Ⅱ**》（BaselⅡ）的起草工作就已经开始进行了。银行、监管机构以及行业分析人员最为关注的是，怎样纠正《巴塞尔协议Ⅰ》最明显的不足，尤其是其对金融市场创新不够敏感，而这些创新却每天都在发生。

精明的银行管理者已经找到一些方法来规避《巴塞尔协议Ⅰ》的限制。比如，许多大规模的银行利用资本套利来增加其盈利能力，并同时使其资本要求水平最小化。这些银行发现《巴塞尔协议Ⅰ》中的资产风险分类实际包括了多种不同水平的风险敞口，比如，企业贷款和信用卡贷款处于同一风险类别，风险权重相同，但信用卡贷款往往风险更高，然而，因为同一风险类别的所有资产的风险权重都是相同的，银行就可以出售低风险资产买入较高风险（同时收益也较高）资产而不改变其资本要求。这样，《巴塞尔协议Ⅰ》不但没有降低银行风险，有时反而鼓励银行承担更高的风险。

此外，《巴塞尔协议Ⅰ》在资本监管上采用一视同仁的办法，未意识到没有两家银行在风险特征上是完全相同的。不同的银行，其风险敞口不尽相同，因此应该利用不同的模型来估计风险并以此确定其资本要求。

2004年6月，国际银行监管机构就世界各大银行计算资本要求的框架修改草案达成了共识。新框架最初将只适用于美国最大的20家银行和一些顶尖的外国银行，剩下的7 000多家美国银行和外国的小银行至少要在一段时间以后，才能在平行的《巴塞尔协议Ⅰ》的要求下进行综合管理。按照目前的计划，《巴塞尔协议Ⅱ》将在2008年对大型银行适用，此后逐步实行。它鼓励银行逐步调整自身的政策和程序，以便在官方启动新的资本协议——《巴塞尔协议Ⅱ》时，已经准备就绪。

与《巴塞尔协议Ⅰ》相比，《巴塞尔协议Ⅱ》所构建的体系的资本要求对风险更加敏感，能够防范更多类型的风险。《巴塞尔协议Ⅱ》试图确定低风险资产需要的资本比高风险资产要少，虽然《巴塞尔协议Ⅰ》的情况刚好相反，但是，对大多数银行来说，《巴塞尔协议Ⅰ》运行良好，并把小银行从众多资产类型的可能损失的复杂计算中解放出来。

尽管多数银行并非必须满足《巴塞尔协议Ⅱ》的要求，至少一开始不会，但由于竞争的存在，《巴塞尔协议Ⅱ》可能会对所有的银行造成影响。《巴塞尔协议Ⅱ》规定，许多情况下，使用最先进的风险计算技术的大银行的资本—风险资产比例，可以低于《巴塞尔协议Ⅰ》下许多小银行的比例。这将赋予运用《巴塞尔协议Ⅱ》的银行以竞争优势，使其可以以更低的利率向借款人（例如社区抵押贷款）发放某种类型的贷款，甚至可能给仍在使用《巴塞尔协议Ⅰ》的小银行带来更多的风险。

一些专家认为，《巴塞尔协议Ⅱ》的出台将进一步整合银行业，并给大银行带来好处。股东、存款人、信用评级机构和其他行业参与者或许会得出以下结论：采用《巴塞尔协议Ⅱ》的银行比采用《巴塞尔协议Ⅰ》的小银行能够更好地计算真实风险，也能够更好地管理真实风险。此外，采用《巴塞尔协议Ⅱ》的银行进行风险分析的成本要低于采用《巴塞尔协议Ⅰ》的银行，这也许最终会令后者被采用《巴塞尔协议Ⅱ》的、规模庞大的国际银行收购。事实上，所有的银行可能都会采用《巴塞尔协议Ⅱ》，否则采用《巴塞尔协议Ⅰ》的银行将会处于"追赶"行业领先者的不利位置。监管机构和公众最终希望：以先进的风险衡量技术为基础的《巴塞尔协议Ⅱ》下的最低资本要求决定方法，将会大大降低全球金融体系的不稳定性。

《巴塞尔协议Ⅱ》的支柱 《巴塞尔协议Ⅱ》的三个支柱为：

- 每家银行根据自己的信用、市场和经营风险,估计出风险敞口,确定其最低资本要求;
- 对每家银行的风险评估程序和资本充足程度进行监督审查,确保二者的合理性;
- 更广泛地披露银行真实财务状况,从而市场约束将成为驱使高风险银行降低其风险敞口的强大力量。

内部风险评估 《巴塞尔协议Ⅱ》带来了革命性变化。银行得以测量自身的风险敞口,并确定需要多少资本来满足要求,当然,监管机构还要对其进行审查以确保测量的合理性。此外,银行还需要在商业周期内采用内部评级法(IRB)反复进行压力测试,以确保能够应对变幻无常的市场变化可能造成的损失。

允许每家银行评测自身的风险以及决定其资本需求有望提升银行应对不断变化的市场状况的灵活性,并在金融服务领域不断创新。但愿《巴塞尔协议Ⅱ》能够弥补《巴塞尔协议Ⅰ》的弱点——条款僵化,无法跟上大型金融机构开发新服务以及新方法的步伐。《巴塞尔协议Ⅱ》最根本的目标是在当今世界资本监管与国际银行实际面临的风险间建立一个更准确的联系。

经营风险 《巴塞尔协议Ⅱ》议案中最重要的一项创新就是要求银行持有资本来应对信用风险与市场风险以外的经营风险。该类风险敞口包括诸如雇员欺诈损失、产品瑕疵、会计错误、计算机故障、恐怖袭击和自然灾害(比如暴风雨和地震)等能够给银行的实体资产带来损失、从而降低银行与客户的沟通能力的事件。为降低资本要求,银行必须表明其正在运用有效的办法来降低经营风险,包括购买充足的保险、保持后备服务能力、进行有效的内部审计以及制订质量事故方案和建立管理信息系统。受《巴塞尔协议Ⅱ》管辖的银行需要估计出不利风险事件发生的可能性以及将会造成的损失。

《巴塞尔协议Ⅱ》与信用风险模型 与风险价值模型平行发展、用来估计市场风险敞口的另一种模型是**信用风险模型**(credit risk models),该模型是在推出Credit Metrics模型的J. P. 摩根的领导下创建的。这种计算机算法试图测量银行由于借款客户违约以及信用评级下降导致的贷款价值缩水带来的风险。这些变故都将降低贷款的转售价格,降低银行全额收回贷款的概率。

信用风险模型的根本目的是提出和解决下列问题:如果未来情况不利,有多少损失(贷款违约和贷款价值缩水)可以避免?目前应用领域中有许多不同的风险模型,大多数模型进行信用风险评估的基础是:①借款人信用等级;②信用等级变化的概率;③一些违约贷款被偿还的可能性;④利差在高风险贷款和低风险贷款间变化的可能性。

这种尝试充满挑战性,甚至比评价银行的市场风险更加困难。信用风险的统计模型必须考虑到发放给一些大额借款人的贷款的集中度,以及分布于不同信用等级的借款人的贷款资产多元化的变量。此外,由于经济不景气,当上述情况发生时,贷款损失常常同时发生(联合违约)。银行管理者在一定时期必须为这种极端的信贷损失做好准备,而在其他时期只准备面对最小的损失即可。

贷款违约的统计分布并非正态,而是严重偏斜的,其遭受大量损失的可能性小,仅获得一般回报率的可能性大(毕竟多数贷款只限定了可能盈利上限,因为借款人实际偿还的数额不会超过其偿还数额)。但是,不考虑涉及的困难,信用风险模型为估算可抵御潜在贷款损失、保护银行清偿能力的必要资本额提供了定量基础。

未来信用风险模型在《巴塞尔协议Ⅱ》全面实施后应用将更为广泛。在《巴塞尔协议Ⅰ》框架下,大多数贷款不论其信用评级如何,最低资本要求都是相同的,而在《巴塞尔协议Ⅱ》框架下,最低资本要求很有可能根据信用质量不同而有重大变化。联邦存款保险公司(FDIC)最近引用的一个例子表明,一个评级为AAA的商业贷款在《巴塞尔协议Ⅱ》下最低资本要求可能低到0.37美元/100美元，或者高至4.45美元/100美元。然而，如果某贷款评级为BBB，其最低资本要求范围则是1.01美元/100美元与15.13美元/100美元之间，相比而言，《巴塞尔协议Ⅰ》对此类贷款的最低资本要求仍保持在8美元/100美元的固定水平。显然，当前的《巴塞尔协议Ⅱ》提案较《巴塞尔协议Ⅱ》对信用风险敏感得多。

双重（大银行与小银行）标准 《巴塞尔协议Ⅱ》有可能对最大规模的跨国银行采用一套资本规定，而对众多规模较小的银行则采用另外一套规定。监管机构尤其关注的是，小银行可能因为采集信用风险信息和进行复杂的风险计算负担过重而无力应付，因此，采用《巴塞尔协议Ⅱ》在降低了众多最大规模的银行的资本要求的同时给较小规模的银行造成了竞争劣势。较小规模的银行有望参照《巴塞尔协议Ⅰ》的规则继续使用比较简单的、更加标准化的方法来确定其资本要求和风险敞口。

实施巴塞尔协议Ⅱ带来的问题 现阶段，《巴塞尔协议Ⅱ》计划并不完善，一些重要的问题仍未得到解决。首先，风险测量方法还有很长的路要走。比如，某些风险（如经营风险）还没有可普遍接受的测量分度，这种情况下，我们无法确切知道怎样计算风险敞口的量值以及风险敞口将会如何随时间变化。

其次，风险汇整的问题也很复杂。我们应该如何将不同形式的风险敞口加总得到银行总体风险敞口呢？很明显，《巴塞尔协议Ⅱ》中的各种风险必须要用某种方法量化，这样才能把它们加总成一个风险指数，从而计算出某银行需要持有多少资本。

再次，商业周期又需如何处理？与经济扩张时期相比，大多数银行很有可能会在经济衰退时面临更大的风险敞口，这就意味着大多数银行在经济不景气时需要持有更多的资本。

没有什么比2007~2009年的全球信贷危机能更好解释这一资本需求问题了，在此期间，许多银行资产（特别是抵押贷款和证券）的价值暴跌，全球银行的资本蒸发了上亿美元。业界领导者，如花旗集团和美林证券等，通过接触美国、欧洲和亚洲的私募基金，以及从亚洲延伸至中东的主权财富基金，来寻求巨额新资本。最近一些顶级银行，包括巴克莱银行和苏格兰皇家银行等，开始在国际市场折价出售股票，以从竞争激烈的市场中吸引高成本资本。而另外如美国和欧洲发达国家则开始注入银行股权资本（通常以优先股的形式）以平息股权市场的波动。

最后，一些银行和金融专家已经对监管机构的监管能力表示关注。风险管理模型技术前进的同时，监管机构也必须与时俱进才有能力评估不同风险模型以及每家银行采用的风险管理程序的精确度和效度。这意味着监管机构必须随着金融服务业的变化而变化。

15.5.4 《巴塞尔协议Ⅲ》：全球金融危机下的诞生的又一重大监管举措

《巴塞尔协议Ⅱ》从来没有被完整地实施过。此外，它还饱受争议，成为了这场80年来最严重的全球信贷危机的牺牲品。2007~2009年的大萧条导致全球大量银行倒闭，也促使人们将《巴塞尔协议Ⅱ》尽快发展为**巴塞尔协议Ⅲ**（Basel Ⅲ）以预防未来的金融危机。银行资本监管的下一步关键在于：世界主要银行在其最麻烦的资产（如高风险的抵押贷款支持证券及其衍生工具）出现巨额亏损并有可能倒闭的情况下，应维持多大规模的资产以及何种资产组合。

在最近的这次信用危机中，《巴塞尔协议Ⅰ》和《巴塞尔协议Ⅱ》所规定的资产水平明显不足。银行都想尽办法减少所持资本总额并降低资本组合的质量，没有提供足够的金融实力来应对问题，比如难以控制的周期性信用扩张。而且，尽管看上去最大的跨国银行都遵守着较为均衡和统一的《巴塞尔协议Ⅰ》和《巴塞尔协议Ⅱ》规则，各国成千上万的小型国内银行却不是在统一的规则下运营，这使得一些金融机构享有其他金融机构没有的优势特权。

2010年秋，近30个国家的代表们开始就这个资产管理进程中的第三次大进展开展谈判。相关行业监管者声称《巴塞尔协议Ⅱ》导致了更低的资本总量和质量更差的资本组合，最终使情况恶化成了一场信用灾难。所以，《巴塞尔协议Ⅲ》的拥护者呼吁提高资本化（提高资本对资产的比率），并明确哪些项目属于银行资本账户、哪些项目不属于此账户。在美国，银行不能把超过3%的资本投资于对冲基金或私人股权基金，这是为了防止威胁全球银行业的稳定（沃克尔规则）。

目前的问题是，更严苛的银行资本要求将减缓经济扩张的速度，并导致大量人口失业。所以，人们开始倾向于更灵活的资本标准，包括"资本缓冲"的概念。这意味着资本要求可以包括基本资本比率和缓冲比率。例如，银行可能按规定要维持4.5%的基本资本资产比和额外的2.5%资本资产比作为缓冲。在经济出现严重问题时缓冲比率可以吸收损失，而在经济形势良好时可扩大缓冲资本规模。欧洲银行监管者中流行的另外一个资本比率衡量方法则是呼吁把一级资本对总资产的最小比率设为6%。这些新资本比率可以结合流动性缓冲以保证主要银行有足够的短期现金流，并结合杠杆（债务）比率来预防过度信用扩张。

《巴塞尔协议Ⅲ》的参与国众多，对资本的定义也各有不同，可能要用很多年才能完成这份协议的定义和实施。在2009年年底，巴塞尔委员会制定了协议头三年的开展方案。从2012年开始逐步推动实施，可能在2019年前后完成。

一种担忧是在它成为世界上最新的完全实施的银行监管工具之前，可能出现一场新的金融危机。在这期间全球的中央银行（尤其是美国和欧洲的央行）在努力改善系统风险的衡量方法，让它成为危机早期预警装置（"烟雾报警器"），让监管者们能以更快的反应速度应对新的资本要求完全实施之前可能出现的问题。所以，《巴塞尔协议Ⅲ》涵盖了单个跨国银行的资本、流动性和债务状况，以及与控制全球商业周期和金融系统性风险相关的更广义的命题。

概念测验

10. 目前监管机构评估资本充足程度最常用的财务比例是什么？

11. 核心资本（一级资本）和补充资本（二级资本）的区别是什么？

12. 某银行最新的资产负债表项目如下：贷款和租赁损失准备金为4 200万美元；未分配利润为8 100万美元；次级债务资本为300万美元；普通股和资本公积为2 700万美元；权益承诺票据为200万美元；附属公司的少数股东权益为400万美元；法定可转换债券为500万美元；可辨认无形资产为300万美元；非累积永久优先股为500万美元。银行持有的一级资本是多少？二级资本呢？银行持有的二级资本是否过多？

13. 《巴塞尔协议》对银行资本监管带来了哪些影响？什么是《巴塞尔协议Ⅰ》？什么是《巴塞尔协议Ⅱ》？

14. 第一国民银行的资产负债表项目如下：现金为2亿美元；美国政府债券为1.5亿美元；居民房地产贷款为3亿美元；公司贷款为3.5亿美元。其表外项目包括：备用信用证2 000万美元；对公司的长期信贷承诺为1.6亿美元。该银行总加权风险资产是多少？如果该银行的一级资本是3 000万美元，二级资本是2 000万美元，银行资本是否不足？

15. 《巴塞尔协议》对银行购入资产选择可能产生什么影响？

16. 《巴塞尔协议Ⅰ》《巴塞尔协议Ⅱ》和《巴塞尔协议Ⅲ》最重要的区别是什么？阐述内部风险评估、风险价值、市场约束等概念的重要意义。

15.6 美国资本标准的变迁

在美国，监管机构在批准银行开展新业务或者建立新的子公司之前都着重强调银行的资本头寸。资本充足的银行将得以进入新的领域（比如投资银行或保险承销）并在地域上进行扩张。资本不足的银行将承受更大的监管压力，并在经营活动上受到诸多限制，直到其资本状况有所改善。这种以资本为基础的监管的意义在于，银行所有者用来承担风险的钱越多，它就会尽可能避免失败或者承担过多的风险，实际上，银行活动的资本支持越大，股东就会对银行经营进行更多的质量控制。然而，监管机构对银行的资本要求有个限度，资本要求过多将会制约银行的放贷能力和盈利能力，阻碍经济增长，并且在其他条件保持不变的情况下，将降低银行整体的股东权益收益率（ROE），使得银行丧失对资本市场投资者的吸引力，将来更加难以筹集资金。

按照《联邦存款保险公司（FDIC）改进法》（1991年11月由国会通过实施）的要求，美国监管机构近来颁布了一些新的资本规定。《联邦存款保险公司（FDIC）改进法》要求联邦监管机构在银行资本降到可接受水平以下时采取"立即纠正措施"。该法的第131条允许监管机构对参保的银行的资本水平下降时采取更为严厉的措施，比如禁止支付管理费用或股利。如果银行有形权益资本占总资产的比例低于2%，该银行将被认为"资本危急"，有可能在90天内被接管，除非该银行的主要监管机构和联邦存款保险公司（FDIC）认为让该银行在其现有的所有者和管理层治理下继续经营对公众有利。为了避免接管的发生，银行必须持有正的净值并且表明其状况正在改善。

1992年秋，联邦存款保险公司（FDIC）和其他联邦监管机构为存款机构划分了5个资本充足类别，目的在于在存款机构资本不足时及时采取更正措施。这5个类别表明了存款机构的资本状况如何，具体为：

- 资本完足（well capitalized）——处于该类别的存款机构的总资本对风险加权资产的比例至少为10%，一级资本（核心资本）对风险加权资产的比例至少为6%，杠杆率（一级资本对平均总资产比例）至少为5%。资本完足的存款机构在扩张时不受严格监管约束。
- 资本适足（adequately capitalized）——处于该类别的存款机构的总资本对风险加权资产的比例最低为10%，一级资本对风险加权资产的比例至少为4%，杠杆率至少为4%。资本适足的机构在未经监管机构允许下不得接受经纪人存款。
- 资本不足（undercapitalized）——不能达到资本适足条件中一个或几个要求的存款机构即被认为是资本不足的，将会受到不同程度的强制或相机监管约束，包括限制支付管理费用和股利、限制联邦贴现窗口服务、限制最高资产增长率、限制机构和服务的扩张、限制并购等，除非事先得到联邦监管机构许可。该类别的存款机构将受到更严格的监管，且必须按照计划恢复资本。
- 资本严重不足（significantly undercapitalized）——处于该类别的存款机构的总资本对风险加权资产的比例不足6%，一级资本（核心资本）对风险加权资产的比例不足3%，杠杆率平均不足3%。该类存款机构会受到所要对于资本不足机构的限制，并且还要受到诸如强制禁止发放奖金、禁止高管提薪等限制，除非经监管机构许可。另外还要受到存款利率的限制，有时甚至会被强制并购。
- 资本危急（critically undercapitalized）——有形权益资本占总资产比例不足2%（有形权益资本包括普通股本加累积永久优先股减去大多数形式的无形资产）的存款机构即被视为资本危急。处于该类别的银行或存款机构除了受到对于资本不足机构的全部限制以外，在对高杠杆借款人发放贷款、修改章程或条例、对存款支付超过市场利率的利息、更改会计方法或者对咨询人员及公司职员发放过多的补偿或奖金时需要监管机构的许可。资本危急的机构将被阻止对其次级债务还本付息，而且在规定时限内资本水平如果没有增长将被接管。美国联邦金融机构计划同时保留目前的立即纠正措施（prompt corrective action）以及上文提到的杠杆资本要求，并把二者纳入美国实施当前及未来全球《巴塞尔协议》的过程。

15.7 如何满足资本要求

面对监管机构要求保持充足资本的压力，金融机构逐渐认识到有必要对其长期资本需求做出计划，并在内部及外部资本需求增长时筹集新的资本，尤其是在2007~2009年信贷危机发生时，这一问题更为突出。

15.7.1 内部筹资

多年以来，金融机构主要的资本来源是银行留存的未支付给股东的盈余。内部资本的好处是无须依赖公开市场，从而无须支付发行成本。内部资本不仅筹资成本较低，而且不会威胁到现有股东的控制权——避免了股权稀释，每股收益也不会降低。如果金融机构决定出售股票，那么一些股票就会被出售给新股东，这些新股东有权分享未来的收益，并对决策进行投票。内部资本的缺点是联邦政府要对此全额征税，并且利率和经济状况变动这些管理层无法控制的因素对其也有较大影响。

股利政策　依靠净收益的增长来满足资本需求就意味着，必须决定目前的收益中有多少留存下来，有多少作为股利支付给股东。也就是说，董事会和管理层必须就适当的留存比例（现有留存盈余除以现有税后净收益）达成一致，从而决定了股利支付率（现行股利除以现有税后净收益）。

留存比例对管理者来说非常重要。留存比例设定过低（股利支付率过高）将导致内部资本增长放慢，可能会增大破产的风险，阻碍其盈利性资产的增长；留存比例设定过高（股利支付率过低）将导致股东股利收入减少，在其他条件不变的情况下，会降低股票的市值。最优的股利政策是股东投资价值的最大化。如果产权资本收益率不低于其他风险相同投资的收益率，就能吸引新股东，并留住现有股东。

对于管理层而言，稳定的股利发放也非常重要。如果金融机构的股利支付率保持相对稳定，有兴趣的投资者会认为股利支付的风险较小，而机构对投资者就会具有更大的吸引力。科恩（Keen）[4]最近的一项研究表明，银行在宣布减少股利后，其股票价格通常会迅速下降，不仅会使现有的股东大失所望，也会使有意购买股票的投资者失去信心，从而导致未来筹集新资本的难度增大。

产生于内部的资本的增速　在管理层确定适当的留存比例和股利支付率时需要考虑的一个主要因素是，在不损害现有的资本资产比例的前提下，金融机构资产（特别是贷款）的增速最快可以达到多少？换句话说，如果金融机构继续向其股东支付同样的股利率，其收益必须以多快的速度增长才能保证资本—资产比率不会降低？

下列公式可以帮助管理层和董事会回答上述问题

$$\frac{\text{内部资本增长率}\text{或留存盈余}}{\text{产权资本}} = ROE \times \text{留存比例} = \frac{\text{税后净收益}}{\text{产权资本}} \times \frac{\text{留存盈余}}{\text{税后净收益}} \tag{15-4}$$

读者可以回忆第6章讨论过的股东权益收益率（ROE）

$$ROE = 利润率 \times 资产利用率 \times 权益乘数 \qquad (15\text{-}5)$$

那么就有

$$\frac{留存盈余}{产权资本} = \frac{税后净收益}{经营收入} \times \frac{经营收入}{总资产} \times \frac{总资产}{产权资本} \times \frac{留存盈余}{税后净收益} \qquad (15\text{-}6)$$

这一公式表明，如要使产生于内部的资本增加，就必须增加净收益（通过更高的利润率、资产利用率和/或权益乘数）或增加留存盈余比例，或者两者并用。

现在解释一下如何使用上述公式。假设管理层预测今年的股东权益收益率（ROE）为10%，并且计划向股东支付净收益的50%。在不降低目前的总资本—资产比例的前提下，资产的最快增长速度是多少？依据式（15-4）可得

$$内部资本增长率（ICGR） = ROE \times 留存比例 = 0.10 \times 0.50 = 5\%$$

这样，在前述假设前提下，资产增长率最多不能超过5%，否则其资本—资产比例就会下降。如果下降得太多，监管机构会要求其增加资本。

再举一个例子，假定某银行的资产今年预计增加10%。若要保持当前的资本—资产比例不变，管理层可选择多大的收益率（以ROE衡量）和留存比例？上述公式会给出无数种方案以供选择。比如，如果管理层能够使权益收益率达到20%，它就可以支付50%的税后净收益，保留剩下的50%，同时保证现有的资本—资产比例不变。如果权益收益率只有10%，那么必须保留全部的当期收益。很明显，如果权益收益率低于10%，即使保留全部的收益，其资本—资产比例也必定会下降。本例中，监管机构会要求该银行管理层从外部筹集更多的资本，以改善其不良的收益记录。

上述银行的资产今年预计增长10%，什么样的权益收益率和留存比例组合可以保持目前的资本—资产比例不变？

预计为10%的资产增长率 = 权益收益率 × 留存比例
0.10	=	0.20	×	0.50
0.10	=	0.15	×	0.67
0.10	=	0.10	×	1.00

15.7.2 外部筹资

如果金融机构确实需要从外部筹集资本，可以有几种选择：① 发行普通股股票；② 发行优先股股票；③ 发行资本票据；④ 出售资产；⑤ 出租某些固定资产；⑥ 债转股。管理层选择何种方案主要取决于各种资本来源对股东收益的影响，通常用每股收益（EPS）衡量。其他要考虑的主要因素是机构的风险敞口、对现有股东控制权的影响、出售资产或证券的市场状况及相关的监管。

发行普通股股票　考虑到发行成本以及股东比债权人面临更大的收益风险，发行股票通常是成本最高的外部筹资途径。如果现有的股东不能吸纳所有的新股票，则新股的发行会稀释控制权以及每股收益，除非所筹资本的收益高于其发行成本。发行股票也会削弱金融机构利用杠杆作用的能力，但是其优点是所有者股份的增加增强了公司未来的借款能力。

发行优先股股票　同发行普通股股票一样，发行优先股股票也是成本最高的资本来源之一。

因为优先股股东对机构盈利的要求权优先于普通股股东,在优先股发行之后普通股股利可能会降低。但是优先股相对于债务的优势是灵活性较大(因为不需支付股利),而且新发行的优先股增强了未来的借款能力。此外,如我们在本章前面所介绍的,近年来,新的混合形式的优先股股票(如信托优先股)已经出现,其成本较低。最近同样流行的是可转换优先股,即最终它极有可能被转换为普通股。

发行次级债券和票据 次级债券的优点是,如果借款资金的收益高于其利息成本,财务杠杆作用增强从而每股收益增加。此外,债券的利息支付是可以减税的。但是债务提高了破产风险和收益风险,使得未来出售股票的难度增大。

资产出售和设施出租 金融机构偶尔也出售全部或部分的办公设施,然后回租。最近的实例有,美洲银行和巴克莱银行出售,然后回租分行和其他设施。这种交易往往创造大量的现金流入,大大提高出售机构资本头寸的净值。

当通货膨胀和经济增长极大地增加金融机构资产负债表中的财产价值时,这种出售—回租交易最为成功。假若商业不动产报废速度加快,出售和回租财产的方法会更具吸引力。然而,1986年通过的《税制改革法案》降低了这种潜在的吸引力。新法案延长了不动产的折旧期,使得管理层在评估不动产交易时更多地从经济利益而不是从税收利益角度出发。不过进行出售—回租的机构还是能够以低成本获得大量现金,增强其盈利能力。

近年来,许多存款机构通过出售资产提高了资本-资产比例,这些机构同时也频繁减缓风险较大资产的增长速度,将资产重新组合,增加了低风险投资,从而降低了加权风险资产。一个相关的策略是通过向贷款客户介绍外在的其他资金来源(如第9章所讨论过的资产证券化和备用信贷协议),避免做出贷款承诺,从而避免增加资产和资本要求。

债转股 近年来,一些银行进行了债务-股权互换。例如,某银行的资产负债表中可能有200万美元利率为8%的次级债券。按照传统做法,这些债券按照其发行价格(账面价值)入账。如果最近利率上升,比如说上升到10%,这些票据的市场价值可能只有100万美元。通过发行100万美元的新股,然后按照现行市价购回上述票据,银行就可以注销资产负债表中200万美元的债务。从监制机构的角度来看,银行的资本增加了,并且节省了票据的未来利息成本。此外,大部分的债券发行都有偿债基金要求,即要求每年支付资金来购回债券。完成了债转股之后,银行就可以不用支出这些资金了。

选择最佳的外部筹资渠道 在选择筹集外部资本的方式时,金融机构应当对各种方案对每股收益的影响进行细致的财务分析。表15-9所示的某银行需要筹集2 000万美元的外部资本。该银行目前已发行了800万股的普通股,每股面值为4美元,总资产将近10亿美元,产权资本为6 000万美元。如果该银行能够产生约1亿美元的总收入,而经营费用不超过8 000万美元,那么其税后收益约为1 080万美元。如果管理层决定通过以每股10美元的价格发行200万股新股来筹集所需的2 000万美元资金,普通股股东的每股收益将为1.30美元。

表15-9 某银行的外部筹资方式 (单位:1亿美元)

收入或支出项目	以每股10美元发行普通股	以每股20美元,8%的股利率发行优先股	按10%的票面利率发行资本票据
预期收入	100	100	100
预期经营费用	80	80	80
净收入	20	20	20
资本票据的利息支出	—	—	2
预期税前净收益	20	20	18

(续)

收入或支出项目	以每股10美元发行普通股	以每股20美元,8%的股利率发行优先股	按10%的票面利率发行资本票据
预期收入税(35%)	7	7	6.3
预期税后净收益	13	13	11.7
优先股股利	—	1.6	—
普通股股东净收益	13	11.4	11.7
普通股每股收益①	1.30	1.43	1.46
	(1 000万股)	(800万股)	(800万股)

注:该机构已发行800万股普通股,每股面值为4美元。

① 此项单位为美元。

发行普通股股票是该银行的最佳选择吗?如果银行的目标是使每股收益最大化,那么发行普通股就不是最佳选择。管理层可以以8%的股利率和每股20美元的价格发行优先股。如果董事会决定每年派发优先股股利,虽然这样每年会减少160万美元(2 000万美元×0.08)的普通股股利,但仍将为800万普通股的股东留下1 160万美元,或每股1.43美元的股利率。因此,发行优先股为普通股股东带来的股利比发行普通股的股利每股多出0.13美元。

管理层也可以出售2 000万美元票面利率为10%的资本票据。虽然银行每年必须为其支付200万美元的利息,但扣除所有费用后(包括税赋)仍然还剩下近1 200万美元,将这笔钱在800万普通股中分配,每股收益为1.46美元。显然,在这个例子中,最好的筹资方案是发行资本票据。此外,资本票据没有投票权,所有现有的股东将保留控制权。

概念测验

17. 制订长期资本筹集计划有哪4个步骤?
18. 股利政策如何影响资本需求?
19. 什么是内部资本增长率(ICGR)?为什么内部资本增长率对金融机构的管理层如此重要?
20. 假定某银行的股东权益收益率为12%,留存比例为35%。在保持其目前的资本-资产比例不变的情况下,该银行的资产增速最快是多少?假定银行的收益(以ROE衡量)出人意料地下降到期望值(12%)的2/3,该银行的ICGR会有什么变化?
21. 金融机构主要的外部筹资渠道有哪些?
22. 管理层在选择外部资本渠道时要考虑哪些因素?

本章小结

在银行和金融机构发展史上,围绕着资本产生了一系列的问题。银行、监管机构和金融分析家长期以来一直争论的一个问题是:银行应该持有多少资本以及哪些类型的资本。不仅资本的定义和内涵在改变,关于资本对金融机构约束作用的观点也在改变。本章的要点主要包括:

1. 在金融服务业,资本是指由金融机构的所有者投入的资金,虽承担一定风险但有望赚取较高的回报。银行是公司的一种,其所有者即股东——普通股和优先股股票的持有者,但对其他一些金融机构如信贷联盟和互助储蓄银行而言,所有者是在机构中储蓄的客户,资本是指累积的再投资的利润。

2. 资本主要包括普通股和优先股股票、资本公积、应急准备金、未分配利润、股本储备、附属公司的少数股东权益以及权益承诺票据。大多数的金融机构并不持有所有这些种类的工具。最重要的资本来源包括股票、资本公积、未分配利润和股本储备。然而,近年来,存款机构越来越多地发行长期次级债券,储户具有要求权,这也被监管机构认为是资本构成的一部分。

3. 资本是抵御破产风险的最后防线，为金融机构赢得时间来应对所面临的风险并恢复盈利。资本也为设立新的金融机构提供长期的资金支持以及未来持续增长的基础，并且提升公众对金融体系中每个金融机构的信心。

4. 受监管的金融机构持有的资本的数量及其资本账户的结构要由监管机构和市场来共同决定。因为受监管的金融机构的真实状况信息发布往往不完全，因此单靠市场机制不能有效地保护公众的利益，于是政府监管的角色应运而生。

5. 资本要求由各国的监管机构以及《巴塞尔国际银行资本标准协议》来决定。《巴塞尔国际银行资本标准协议》作为历史上首个成功地对不同国家的银行具有约束力的协议对100多个参加国的银行适用。政府监管机构制定最低资本要求，并对所监管的金融机构资本充足率进行评估。

6. 《巴塞尔协议Ⅰ》的制定开始主要是为了对大型的国际银行的资本进行监管。该套国际规则要求大型银行将资产负债表内和表外资产与承诺按不同的风险类别分开，并将每类资产乘以适当的风险权重来决定总风险资产。资本与总风险加权资产及表外承诺的比例是银行资本头寸强度的最重要指标。

7. 《巴塞尔协议Ⅰ》并不完善，尤其是它无法应对金融市场创新，在这种情况下《巴塞尔协议Ⅱ》开始起草。新的资本监管办法将要求大型银行进行连续的内部风险敞口评估，包括压力测试来计算资本要求水平。这样，每个参加《巴塞尔协议Ⅱ》的银行都将根据各自的风险特征来确定其资本要求。小型的银行可能会用比较简单的、标准化的方法（与《巴塞尔协议Ⅰ》相同或类似）来决定最低资本要求。

8. 《巴塞尔协议Ⅱ》从未完整地实施过，2007～2009年的信用危机最终使30个国家坐在一起商量起草一个《巴塞尔协议Ⅲ》。虽然目前这个最新的国际资本协议的内容还不甚明确，却很可能要求主要银行持有更大规模的资本量，为应对更大的金融系统风险做好准备。

9. 金融机构的管理层在选择不同的资本来源时必须考虑各种因素，包括资本来源的相对成本和风险、机构的总体风险敞口、对股东收益的潜在影响、政府监管以及私人投资者的要求。

关键术语

资本　　　　　　　　　资本公积　　　　　　　　一级资本
经营风险　　　　　　　未分配利润　　　　　　　二级资本
外汇风险　　　　　　　权益准备金　　　　　　　风险价值模型
犯罪风险　　　　　　　次级债券　　　　　　　　《巴塞尔协议Ⅱ》
资产组合多元化　　　　附属公司的少数股东权益　信用风险模型
地理多元化　　　　　　权益承诺票据　　　　　　内部资本增长
普通股　　　　　　　　《巴塞尔协议》
优先股　　　　　　　　《巴塞尔协议Ⅰ》

习　题

1. Thyme国民银行位于佛罗里达州的基韦斯特，其管理层正在计算主要资本充足比率，为银行的第3季度报告准备。银行季度末总资产为9 200万美元，包括表外项目的总风险加权资产为8 550万美元。一级资本项目总和为475万美元，二级资本项目总和为250万美元。请计算Thyme国民银行的杠杆比率、总资本-总资产比例、核心资本-总风险加权资产比例，和总资本-总风险加权资产比例。《巴塞尔协议》是为评定银行是否符合资本充足性而制定的，Thyme国民银行满足协议的要求么？根据美国联邦监管者的成分分析方法，Thyme国民银行满足落入了五个资本充足性级别中的哪一级？它将受到怎样的监管限制？

2. 请根据巴塞尔协议指出下列银行财务报表中哪些项目属于一级资本，哪些项目属于二级资本？

贷款和租赁损失准备金	普通股
两年期以下的次级债券	权益票据
中期优先股	未分配利润
合格的非累积永久优先股	法定可转换债券
未分配股利的累积永久优先股	附属公司的少数股东权益
原始平均期限5年以上的次级债券资本工具	

3. 根据《巴塞尔协议Ⅰ》的条款，下列各表内项目和表外项目各自适用哪种风险权重？

居民不动产贷款	信用卡贷款
现金	市政债券的备用信用证
商业贷款	对公司的长期未使用信贷承诺
美国国库券	货币衍生合同
在其他国内银行的同业存款	利率衍生合同
政府国民抵押贷款协会抵押证券	短期（1年以下）贷款承诺
商业票据的备用信用证	银行不动产
联邦机构债券	银行承兑汇票
市政一般义务债券	市政收入债券
在子公司的投资	在联邦储备银行持有的存款准备金
房利美或房地美发行或担保的证券	

4. 利用下表所列的有关Bright Star国民银行的数据，依据《巴塞尔协议Ⅰ》，计算一级资本-风险加权资产比例和总资本-风险加权资产比例。该银行的资本是否充足？

（单位：100万美元）

表内项目（资产）		表外项目	
现金	4	商业票据的备用信用证	20.5
美国国库券	30.6	与公司客户的长期未使用信贷协议	25.5
在其他银行的同业存款余额	4.0	所有表外项目总额	46.0
以住宅为第一抵押品的贷款（1~4人户家庭住宅）	66	一级资本	7.5
公司贷款	105.3	二级资本	5.8
总资产	209.9		

5. 请根据下列资产负债表项目计算New River国民银行的总风险加权资产。银行资本是否不足？

（单位：100万美元）

现金	75
国内银行间存款	130
美国政府债券	250
居民房地产贷款	375
商业贷款	520
总资产	1 350
总负债	1 235
总资本	100

表外项目包括：

（单位：100万美元）

市政一般义务债券的备用信用证	87
对私营企业的长期未使用贷款承诺	145

6. 假定习题5中的New River国民银行的资本类型如下表，日期为最新财务报表的日期。该银行一级资本

和二级资本的总美元金额是多少？根据习题5和习题6中的数据，该银行的资本是否充足？

（单位：100万美元）

普通股（面值）	5
资本公积	15
未分配利润	30
贷款损失准备金	25
次级债务资本	20
中期优先股	5

7. Colburn储蓄协会预测来年的业绩如下表所示。假定在计划期内下列数字不变，在不降低股权资本－总资产比例的前提下，该银行的资产增长速度最快是多少？

经营收入中净收益的利润率	16.00%
资产利用率（经营收入÷资产）	8.25%
权益乘数	10x
净收益留存比例	60.00%

8. 运用本章和第6章给出的公式以及下表中的数据，计算下表中各银行的总资本－总资产比例。你能观察到各银行的资产收益率、股东权益报酬率和资本－资产比例之间有什么关联吗？你会向这些机构的管理层提出什么样的建议？

银行名称	净税后收入÷总资产（ROA）	净收入÷总股本（ROE）
First National Bank of Hopkins	1.25%	15%
Safety National Bank	1.2%	13%
Ilsher State Bank	0.9%	11%
Mercantile Bank and Trust Company	0.25%	3%
Lakeside National Trust	−0.5%	−7%

9. 监管机构告知Hill存款银行需要再筹集800万美元的长期资本。该银行已发行总数为540万股的普通股股票，每股面值为1美元。该储蓄机构目前持有的总资产将近20亿美元，总本为1.35亿美元。经济学家预测来年的经营收入为1.80亿美元，经营费用为2 500万美元加上经营收入的70%。

管理层的备选筹资方案包括：①发行800万美元的普通股股票，即按每股25美元出售320 000股；②发行800万美元的优先股股票，每股价格为12美元，年股利率为9%；③出售800万美元的10年期资本票据，票面利率为10%。哪种方案对股东最有利（假设税率为34%）？如果经营收入的增长大于预测值将会怎样（2.25亿美元而非1.80亿美元）？如果收入增长比预期的慢（只有1.10亿美元，而非1.80亿美元）又将如何？请解释。

第六部分

为企业和消费者提供贷款

第16章　贷款政策与程序

第17章　企业贷款和定价

第18章　消费信贷、信用卡和房地产贷款

第16章 贷款政策与程序

学习要点

- 银行及其他放贷机构的贷款种类；
- 影响贷款结构的因素；
- 信贷监管；
- 制定书面贷款政策；
- 贷款的程序；
- 贷款审查与不良贷款的处理。

保罗·格蒂（J. Paul Getty），曾经是世界上最富有的人，他指出："如果你欠银行100美元，那是你的问题，如果你欠银行1亿美元，那就是银行的问题了。"的确，为企业、政府以及个人提供信贷是银行及其最接近业务竞争者提供的最重要的服务之一，也是最近的全球信用危机所证明的。

然而，不管有无风险，联邦及各州政府特许成立金融机构的一个主要目的是给客户提供贷款。[○] 联邦和州政府希望银行和其他放贷机构提供充足的信贷以满足其所在地区的所有合法企业及消费者的融资需求，从而支持当地的发展，并且根据竞争形成的市场利率合理地为贷款定价。

事实上，银行及其最接近业务竞争者最主要的经济功能就是发放贷款，为企业、个人以及政府部门的投资和消费融资。放贷机构信贷职能运作情况对其所处地区经济的健康运行有着很大影响，因为贷款支持了其业务区域内企业数目和就业机会的增加。此外，贷款常向市场传递借款人资信状况的信息，从而使得那些贷款获批的借款人可以从其他渠道获得更多、成本更低的资金。

尽管贷款能为放贷机构和客户都带来利益，但贷款过程却一直处于内部控制和外部监管当中。当放贷机构遇到严重的财务困难时，问题通常归咎于贷款无法收回，其原因可能是管理不善、非法运作贷款、错误的信贷政策或者未预期的经济滑坡。难怪，当检查人员来到受监管的放贷机构时，他们会对其贷款组合进行彻底检查。通常，检查包括对大额贷款的文件和抵押品进行详尽的调查分析，对小额贷款抽样检查以及对银行信贷政策的考核。对信贷政策的考核是为了确保其健全谨慎，从而保障公众的存款利益。

16.1 贷款的种类

银行及其最接近业务竞争者发放的贷款有哪些种类呢？银行发放种类繁多的贷款，以满足

○ 经出版商允许，本章的部分内容依据作者在《加拿大银行家》[3]上发表的文章。

不同客户的许多不同目的——从买车、买新家具、假日旅行、接受高等教育到建造住宅和写字楼。幸运的是，通过对贷款按其目的分组，即按顾客的贷款使用计划分类，我们可以将各种不同的贷款归类。美国联邦储备系统、联邦存款保险公司和货币监理署要求所有的美国银行至少每年上交一次根据贷款目的划分的贷款组合的结构报告，该报表即所谓的A明细报表，附在资产负债表后同时上报。表16-1总结了2010年年底所有美国银行的A明细报表上的主要条款。

表16-1 2007年12月31日美国所有参保银行的未偿还贷款

（包括国内和国外分支机构）

按贷款目的分类	贷款组合的百分比			
	所有联邦存款保险公司投保的美国银行金额（10亿美元）	占贷款总额的百分比（％）	最小的银行，即总资产少于1亿美元（％）	最大的银行，即总资产超过10亿美元（％）
房地产贷款①	3 650.4	55.3	66.0	55.7
对存款机构的贷款②	102.4	1.6	0.1	1.7
对农产品生产的贷款	59.1	0.9	11.0	0.4
工商业贷款③	1 123.1	17.0	14.0	17.4
个人贷款④	1 128.1	19.5	7.4	20.4
杂项贷款⑤	334.8	5.1	1.0	5.6
应收账款融资租赁	99.6	1.5	0.4	1.7
美国银行资产负债表上贷款总额及租赁	6 597.5	100.0	100.0	100.0

注：由于舍去误差，各列总和可能和总计有出入。
① 建筑和土地开发贷款；对1～4个家庭房屋贷款；对多家庭住宅不动产贷款；非农场、非住宅不动产贷款；国外房地产贷款。
② 对商业银行和其他国内外存款机构的贷款及对其他银行的承兑。
③ 包括商业厂房和设备建筑贷款；企业经营费用贷款；企业其他用途贷款，包括国际贷款和承兑。
④ 包括购买汽车贷款；信用卡贷款；活动房屋贷款；购买消费品贷款；修理和改善住宅贷款；所有其他个人分期付款贷款；单一支付贷款；其他个人贷款。
⑤ 包括对外国政府、州和当地政府的贷款以及对其他银行的承兑。
资料来源：联邦存款保险公司。

从表16-1可以看出，贷款根据目的可以分为7大种类：
- **房地产贷款**，该项贷款由不动产做抵押，如土地、楼房和其他建筑物，包括为建筑和土地开发提供的短期贷款和为购买农田、住宅、公寓、商业建筑物和国外不动产融资的长期贷款。
- **金融机构的贷款**，包括对银行、保险公司、财务公司和其他金融机构的贷款。
- **农业贷款**，面向农牧场用以支持和帮助农作物的播种收获和饲养照料牲畜。
- **工商业贷款**，发放给企业，用于支付以下开支：购买存货、付税和发放薪水。
- **个人贷款**，包括为购买汽车、活动房屋、电器和其他零售物品的贷款，用于修理和改善住宅的贷款以及支付医疗保健和其他个人费用的贷款。个人贷款或对个人直接发放，或通过零售商间接发放。
- **杂项贷款**，指所有未归类的贷款，包括证券投资贷款。
- **应收账款融资租赁**，放贷机构购买设备或运输工具，并将其租赁给它们的顾客。

在以上贷款种类中，美国银行贷款所占金额最大的是房地产贷款，占银行全部贷款的1/2左右；其次是工商业（C&I）贷款，占银行贷款的1/4左右；接下来是个人和家庭贷款，占银行全部贷款的1/6左右。

表16-1的数据显示的是整个银行业的贷款规模和结构，但是不同的银行之间，贷款结构存在明显差异。银行所服务地区的市场区域特征是决定其贷款组合的主要因素之一，它要回应其市场范围内顾客产生的特殊信贷要求。如果一家银行服务于城郊社区，那里有许多单一家庭住宅和小型零售商店，那么该银行发放的住宅不动产贷款、汽车贷款以及购买家用电器和日常开支的贷款数额和比例较大。如果一家银行位于中心城区，周围环绕着写字楼、百货商场和制造企业，该银行贷款组合中相当大的部分则是投向工商业，用来满足客户购买货物、设备和支付薪金的需要。

当然，银行并不完全依赖其所服务区域来获得所有贷款业务。它们可以从其他银行购买整笔或部分贷款，和其他银行（参与行）一起分担贷款，甚至运用信用衍生工具来冲销其业务区域中贷款本身潜在的经济波动（参见第9章）。如果银行所服务的地区发生了严重的经济问题，这些措施都有助于降低其损失风险。然而，政府批准成立的大多数银行首先是为了服务特定的市场，而且在实际操作中，大部分贷款申请也来自这些市场。

银行的规模也是决定贷款组合结构的一个重要因素。例如，银行所拥有的资本规模决定了其向单个借款人提供贷款的法定限额。大银行通常是**批发贷款人**（wholesale lenders），它们贷款的很大一部分投向了企业的大额贷款。相反，小银行则侧重于**零售信贷**（retail credit），其形式包括对个人和家庭发放的较小额度的个人现金贷款和住宅抵押贷款以及对小企业发放的小额贷款。

表16-1反映了美国最大的银行和最小的银行在贷款组合结构方面的一些差异。最小的银行（总资产少于1亿美元）致力于房地产贷款和农业贷款，相比而言，最大的银行（总资产多于10亿美元）致力于商业贷款和个人贷款。发放不同种类贷款的管理经验和专长也决定了银行的贷款组合结构，银行禁止信贷员发放某些种类贷款的贷款政策也起同样作用。

我们还应该注意到不同类型的机构，其贷款结构不同。例如，商业银行通常会发放大量的工商业（企业）贷款，储蓄协会和信贷联盟则侧重于发放住宅抵押贷款和个人分期付款贷款。相比较而言，财务公司喜欢发放企业存货和设备贷款，同时还发放大量的家庭贷款，用于满足家庭购买电器、家具和汽车的需要。

最后，任意一家放贷机构的贷款组合结构在很大程度上取决于将每笔贷款的预期收益和放贷机构通过投资于其他资产可获得的收益相比较的结果。在其他因素相同的情况下，放贷机构在考虑了所有费用和贷款损失风险之后，通常愿意发放有最高预期收益的贷款。近期研究表明：信用卡贷款、分期付款贷款（主要对家庭和小企业发放）和房地产贷款通常有非常高的总收益率（总收入除以贷款额）。而计算净收益率（从收入中减去费用和损失率）的时候，房地产和商业银行的排名相对高于其他种类贷款，这也有助于解释为什么它们受到许多放贷机构的欢迎，尽管大多数主要种类的贷款（特别是房地产和消费者贷款）在2007年开始的信贷危机中遭遇了严重的问题。

> **小贴士**
> 最近几年，哪类金融机构已成为美国经济中处于第一位的放贷机构？
> 答：商业银行，随后是保险公司、储蓄机构、财务公司以及信贷联盟。

放贷机构规模似乎对经营不同类型贷款所产生的净收益有着重要的影响。例如，小银行在发放房地产和商业贷款中获得的净收益一般都比较大，而大银行在发放信用卡贷款方面具有净收益上的绝对优势。当然，和放贷机构规模一样，客户规模也会影响贷款相对收益。例如，最大的银行都对最大的公司发放贷款，由于风险相对较低，竞争也非常激烈，贷款利率也就较低；相反，小银行的贷款主要投向小企业，它们的贷款利率通常大大高于给大公司的贷款利率，因而，最小银行的商业贷款净收益率高过大银行也就不足为奇了。

通常来说，如果一家放贷机构在发放某类贷款时效率最高，则就应发放这类贷款。最大的银行似乎在发放几乎所有类型的房地产和分期付款贷款方面都有成本优势；大中型银行通常在信用卡贷款方面具有成本最低的优势；相对于较大的银行来说，虽然最小的银行似乎在几乎所有贷款类别中都没有成本优势，但是这些较小的银行在控制贷款损失方面通常是最有效率的，这可能是因为它们对其客户有更多了解的缘故。

概念测验

1. 放贷机构的信贷职能以怎样的方式影响其所在社区或区域的经济？
2. 银行发放的贷款主要有哪些类型？
3. 哪些因素可能影响放贷机构贷款的增长和结构？
4. 一家放贷机构的成本会计系统显示其在房地产贷款上的损失平均为贷款量的0.45%，并且其发放该贷款的经营费用平均为贷款量的1.85%。如果此时房地产贷款的总收益率是8.80%，该放贷机构在此项贷款上的净收益率是多少？

16.2 信贷监管

在所有金融机构中，放贷机构受到的监管是最严格的。放贷机构贷款组合的结构、质量和收益在很大程度上受其所面临的监管的内容和程度的影响，发放的所有贷款都要受到检查和审查，许多贷款受法律限制，甚至被禁止。

例如，银行常被禁止发放用借款人自身股票抵押的贷款。美国任何一家国民银行发放的房地产贷款不能超过该银行资本金和资本公积金的总和或者定期存款和储蓄存款总和的70%，两者中取较大值。对单个客户的贷款通常不能超过国民银行未侵蚀资本金和资本公积总和的15%，如果超出该额度的贷款是用有价证券全额抵押的，则贷款额度可以增加到银行未侵蚀资本金和资本公积金总和的25%。

银行已经找到降低这些限额的影响、增加对客户的贷款规模的方法，比如与其他一个或多个放贷机构共同参与同一笔贷款。并且，现在很多银行都成立或参股了银行持股公司，以此来提高掌控大规模贷款的能力。银行持股公司可以为每个与之合作的银行提供不超过其资本和资本公积10%的公司支持，对所有与之合作的银行提供不超过资本和资本公积总额20%的公司支持。

向银行员工发放的贷款，如果不是用于教育或购买住房，或没有以美国政府债券或存款对其全额担保，则贷款最高额度为银行资本和未侵蚀资本公积总和的2.5%或者25 000美元，两者中取较大值，但是不得超过10万美元。州立银行在内部人贷款方面面临着来自本州及联邦存款保险公司的类似限制。2002年通过的《萨班斯—奥克斯利法案》要求放贷机构对内部人发放的贷款应按市场价格定价，而不能给予优惠。

《社区再投资法案》（Community Reinvestment Act）要求银行和其他放贷机构做出"积极的努力"，满足其业务区域内个人和企业的信贷需求，从而使区域内的各地区在寻求银行贷款时不受到歧视。此外，按照《信贷机会均等法案》（Equal Credit Opportunity Act），不得因为种族、性别、宗教、年龄或是否接受公众援助剥夺任何个人获得信贷的权利。《公开法案》

(Disclosure law)要求在贷款协议签订之前，应告知借款人贷款的"真实成本"，即年利率（APR）和取得贷款需要支付的全部费用。⊖

近年来为了降低发放国外贷款的风险，在国际信贷领域中出现了专门规定。在该领域中，放贷机构通常面临着由于外国政府通过限制性法案或是没收外国产权资产而导致的巨大的政治风险，同时由于缺少外国市场信息，放贷机构还面临着巨大的商业风险。美国通过的《国际借贷和监督法案》（International Lending and Supervision Act）要求，当对单一国家的贷款超过银行初级资本的15%或资产总额的0.75%中的较小值时，银行要向监管机构汇报，并公开信贷风险情况。该法律还对放贷机构向有问题的国际借款人收取的费用进行限制以调整贷款。

对银行进行检查时，联邦和州检查员关注最为密切的就是其贷款组合的质量及其信贷政策的成熟度。在联邦检查员使用的金融机构统一评级制度中，根据银行包括贷款在内的资产组合质量，每家银行都被给予一个数字评级。检查员可能给予的评级有：

1——优秀
2——满意
3——较好
4——一般
5——不满意

其他因素不变，银行资产质量评级越高，受联邦监管机构的检查就越少。

通常，检查员检查超过某一金额以上的所有贷款，并随机抽查小额贷款。一些贷款运行良好，但是由于银行没有遵循自己的贷款政策，或者没能从借款人处取得所有文件而存在小的缺陷，这类贷款被称为**批评贷款**（criticized loan）。如果贷款包含有重大缺陷，或者检查员认为其在某一借款人或某一行业内过于集中，这类贷款被称为**备案贷款**（scheduled loan）。备案贷款警告管理者密切关注该贷款，并且努力减少该贷款的风险敞口。

当检查员发现一些贷款存在不能按计划还款的危险时，这种贷款就属于不良贷款。通常，检查员将不良贷款分为3种：① 次级贷款，由于抵押或者借款人还款能力不足，导致银行的保证金保护不足；② 可疑贷款，贷款很可能给银行带来损失；③ 损失贷款，此类贷款被认为不可收回，并不适合被称为银行资产。检查员通常采取的方法是：次级贷款数额乘以0.20，可疑贷款数额乘以0.50，损失贷款数额乘以1.00，然后将加权汇总值和银行的贷款损失准备金与股权资本之和做比较。如果所有不良贷款的加权总值相对于贷款损失准备金与股权资本之和太大，检查员将要求银行改变信贷政策和程序，或者，如果可能，增加贷款损失准备金和资本金。银行如果不同意检查员对其贷款的分类可以提出申诉。

当然，由金融机构统一评级制度所评定的贷款质量只是反映了银行经营绩效的一个方面。检查员还会根据银行的资本充足率、管理质量、盈利记录、流动头寸和对市场风险敏感度确定其的数字评级。银行运营的五方面表现综合为一个数字评级，即通常所说的**骆驼（CAMELS）评级**。CAMELS代表：

- 资本充足率 Capital adequacy；
- 资产质量 Asset quality；
- 管理质量 Management quality；
- 盈利记录 Earnings record；
- 流动头寸 Liquidity position；

⊖ 有关个人和家庭银行贷款适用的反歧视法和信息披露法规的详细讨论参见第18章。

- 对市场风险敏感程度Sensitivity to market risk。

骆驼评级为4级或5级,处于较大风险范围的银行,骆驼等级就越低,相较于1、2、3级的评级较高的银行,其所受到的检查更为频繁。⊖

关于目前的检查程序值得注意的是:迅速进步的技术和超大型金融机构的出现似乎削弱了传统的检查程序的有效性。另外,对金融机构的检查每年通常不超过一次,而随着时间的流逝,检查信息的质量会很快降低,业绩不佳或管理不善的银行尤是如此。因此,监管机构开始更多地求助于市场的力量,将其作为更好的长期方法来监督银行的行为并鼓励其谨慎经营。目前对银行的检查,强调要更多地依靠"私人市场原则",在这个原则中,将诸如借款成本、股票价格和其他市场价值等因素作为了解银行经营状况的信号,被用来帮助检查员决定是否需要仔细检查一家银行如何管理其贷款和保护公众存款。在2007~2009年大萧条之后,检查策略变得更加严格了。⊜

放贷机构保证贷款符合监管标准并且可盈利的重要方法之一是制定书面贷款政策。贷款政策使信贷员和管理层在决定单笔贷款以及形成贷款组合方面有了具体的行为准则。放贷机构贷款组合的实际构成应该反映其贷款政策,否则,贷款政策没有有效地运行,就应该进行修订或者由高层管理者强加实施。

书面贷款政策应该包括哪些内容呢?联邦存款保险公司在新的检查员的检查手册中指出,一份好的书面贷款政策的重要组成部分应包括:

- 贷款组合的目标说明(从贷款种类、期限、规模和质量方面说明好的贷款组合的特点);
- 具体规定各信贷员和贷款委员会的贷款权限(规定每个人和贷款委员会可以审批的贷款品种及最高贷款限额以及需要何种签字);
- 信贷部门内部分配工作任务和汇报信息的责任界限;
- 对客户贷款申请的报送、评估和决策的贷款运作程序;
- 每笔贷款申请要求附带的文件以及放贷机构信贷档案中必须保存的文件(财务报表、担保协定等);
- 放贷机构内部责任制度,具体规定保存和检查机构贷款档案的负责人;
- 有关取得、评估和完善贷款抵押的准则;
- 确定贷款利率、费用以及贷款偿还条款有关程序的说明;
- 对所有贷款都适用的质量标准的说明;
- 所有未偿还贷款的预定上限的说明(总贷款与总资产的最高比率);
- 对放贷机构主要业务区域,即大多数贷款来源地的说明;
- 关于发现和解决问题贷款的程序的说明。

概念测验

5. 为什么联邦和州政府对贷款进行严格监管?
6. 什么是骆驼(CAMELS)评级,如何运用?
7. 好的书面贷款政策应该包括哪些内容?

⊖ 一些银行评级领域的机构在CAMELS后加入子母I,表示信息技术对合理银行管理、特别是网上金融服务日渐增长的重要性。
⊜ 为了能更清楚地监督银行的经营状况,目前,除了常规检查,监管机构还使用场外监控系统。例如,联邦存款保险公司使用了SCOR,即the statistical camels off-site rating,该系统按季度预测骆驼评级,预测是基于12项主要的财务比率,包括股权资本、贷款损失暴露、收益、流动资产以及贷款总额。参见科利尔(Collier)等的文章。[7]

其他监管机构可能在这个目录中加入其他条目，譬如具体规定哪些贷款最好不要发放，例如为建造投机性住宅融资的贷款或是支持由少数内部人杠杆收购（LBO）公司的贷款。同时也可能列出偏好的贷款，例如具有自动清偿性质的短期企业存货贷款。

书面贷款政策为放贷机构带来很多好处。它向信贷部门的职员传达了贷款必须遵守的程序及其责任；帮助放贷机构建立能将多重目标有效统一的贷款组合，例如提高盈利性、控制风险敞口以及满足管制要求。任何对书面贷款政策的例外都应该有充分的文件，并且应该列明对贷款政策偏离的原因。尽管为适应不断变化的经济环境和监管的要求，贷款政策必须具有灵活性，但违背贷款政策应该是偶然事件。

16.3 贷款的程序

寻找目标贷款客户 个人贷款通常是客户个人找到放贷机构的信贷员填写贷款申请书，直接向放贷机构提出借款申请。企业贷款则经常是放贷机构的信贷员或销售代表向在其市场区域内经营的企业推销贷款。贷款越来越像一种销售。有时候，信贷员连续数月联系同一公司，才有可能说服客户填写贷款申请书。大多数信贷部门的职员在拜访目标客户营业场所后，填写一张顾客联系报告，类似于表16-2。此后每次拜访之后，该报告都会更新，为以后的信贷员拜访目标客户提供了重要信息。

表16-2 客户联系报告样本（先前拜访客户的结果）

客户名称：_____
地址：_____ 电话（ ）_____
当前联系客户的放贷机构的职员：_____
曾与该客户联系的职员姓名：_____
该客户现在是否使用本行服务？ _____ 是 _____ 否
何种服务？_____
客户过去是否使用本行服务？_____
如客户为企业，本行曾与什么职位的客户管理人员联系？_____
如客户为个人，其职业为？_____
如为企业，其业务种类为？_____
年销售额（估算）：_____ 职工人数：_____
该客户目前往来的金融机构：_____
该客户和目前往来金融机构之间存在什么问题？_____

该客户目前使用哪些金融服务？（请打勾）
_____ 信贷额度 _____ 资金转账
_____ 中长期贷款 _____ 现金管理服务
_____ 支票存款 _____ 其他服务
哪种服务该客户虽然目前并未使用，但可能会对客户非常有用？_____
_____
描述同该客户接触的最新结果：_____
建议准备下次访问的步骤（如：所需特别信息）

评估目标客户的品格和借款诚意 客户提出贷款申请后，信贷员通常会立即与客户进行一次面谈，客户可以借此机会阐述他们的借款需要。面谈是十分重要的，因为信贷员可以就此对客户的品格和借款诚意进行评估。如果在信贷员提出客户需要遵循的贷款条款时，客户看起来缺乏诚意，这必须被记录下来，在衡量是否批准贷款申请时作为一个重要的反面因素。

进行现场拜访并评估目标客户的信用记录　　如果客户申请的是商业贷款或者抵押贷款，信贷员通常要做一次现场拜访以评估客户所在位置和财产状况，并询问一些客户需要澄清的问题。信贷员可能会与曾向该客户贷款的其他债权人联系，调查客户以往的还款情况。该客户是否严格遵守了先前的贷款协议，是否按照要求保有足够的存款余额？以往的还款记录通常在很大程度上反映了客户的品格、诚信以及使用放贷机构信用的责任感。

评估目标客户的财务状况　　如果至此一切令人满意，放贷机构会要求客户提供一些重要文件，用来进一步评估贷款申请，这些文件包括完整的财务报表，如果是公司，还要有董事会授权与放贷机构谈判贷款的决议。文件收集齐全后，放贷机构的信用分析部门就开始对申请人的财务报表进行全面分析，以确定客户是否有充足的现金流量和担保资产来偿还贷款。随后信用分析部门准备一份简短的总结和建议，送交贷款委员会审批。对于大额贷款，信用分析部门人员会做口头陈述，并且随后和贷款委员会讨论贷款申请的优缺点。

评估可能的贷款担保并签署贷款协议　　如果贷款委员会批准了客户贷款申请，信贷员或者贷款委员通常会检查客户用以抵押的财产或其他资产，以保证如果其违约，放贷机构可以立即取得抵押物品或是获得财产所有权，这通常被称为完善放贷机构对抵押物的要求权。如果信贷员和贷款委员会认为贷款和相关抵押是健全的，贷款协议的各方就要准备并签署协议的票据和其他文件。

监管贷款协议的履行以及了解客户对其他服务的需要　　贷款程序就到此为止了吗？信贷员可以将已签署的贷款协议束之高阁，就此不闻不问了么？这是绝对不可以的。放贷机构必须不间断地监控新协议，保证贷款条款被遵守且应付本息都如期偿还。对于大额商业贷款，信贷员会定期拜访客户以检查公司进展并了解客户还需何种服务。通常信贷员或其他人员将每个新贷款客户的信息输入计算机文档中，形成客户档案。该档案反映客户目前所使用的服务，并且包含管理者在监控客户业务进展和了解客户金融服务需要时所需的其他信息。

> **小贴士**
> 1999年哪部电影叙述了苹果公司和微软公司在其发展早期，衣冠楚楚的史蒂夫·乔布斯（Steve Jobs）在为苹果计算机进行融资的时候解释了为什么要刮胡子："银行家们不喜欢胡子。"
> 答：《硅谷传奇》（*Pirates of Silicon Valley*）。

16.4　信用分析：优良贷款的决定因素

信用部门负责对大多数贷款申请进行分析并提出建议。经验显示该部门必须就每笔贷款申请的3个主要问题给出令人满意的答案：

- 借款人是否资信状况良好？如何得知？
- 贷款协议是否经过正确策划和记录，使得放贷机构和其存款人得到充分保护，并且客户可以从容偿还贷款？
- 放贷机构能否完善其对客户资产和收入的要求权，使得如果发生违约，放贷机构的资金能够低成本、低风险地迅速收回？

让我们按此顺序研究以上三个关键问题，这三个问题影响着放贷机构对每笔贷款申请做出"批准"或"拒绝"的决策。

16.4.1　借款人是否资信良好

在涉及其他问题之前，首先要回答的问题就是借款人是否能够偿还贷款，即当贷款到期时，即使经营出现差错其也可以从容还款。这通常涉及对贷款申请6个方面的仔细研究,即6C原则:品格(character)、能力(capacity)、现金(cash)、担保(collateral)、经营环境(conditions)、监管(control)。从放贷机构角度来说,一笔好的贷款在上述6个方面都必须令人满意,如表16-3所示。

表16-3 贷款6C原则

品格	能力	现金	担保	经营环境	监管
客户以往的还款记录	客户和担保人身份	个人可支配收入;企业以往的收入、红利和销售记录	资产所有权	企业在其行业中所处的地位和预期的市场份额	有关可接受贷款的特征和质量所适用的法律法规
其他放贷机构与该客户的业务经验	社会保障卡、驾驶执照、公司章程、决议、合伙协议和其他法律文件的复印件	过去以及预测的将来的现金流量的充足程度	资产废弃的可能性	该企业与同行业部门类似企业相比的经营绩效	为贷款审查人员准备的足够的档案资料
贷款目的	对企业经营的历史、法律构架、所有人、经营性质、产品以及企业的主要客户和供货商的描述性介绍	可获得的流动性储备	资产的变现价值	客户产品的竞争环境	签署的承认文件和其他正确的贷款文件
该客户预期业务或个人收入情况的记录		应付款、应收账款以及存货的周转率	资产的专业化程度	客户及其所处行业对经济周期和技术发展的敏感程度	贷款申请与放贷机构的书面贷款政策保持一致
信用评级		资金结构和杠杆率	已设立置押权、债权和其他对持有该资产的限制	客户所处行业和市场区域内的劳动力市场状况	非信贷人员(如经济学家或政治研究专家)提供的影响贷款偿还的外部因素
贷款是否存在联署保证人或担保人		费用控制	对不动产和设备的租赁与抵押	通货膨胀对客户资产负债表和现金流量的影响	
		覆盖率	保险范围	对客户所处行业或客户工作的长期预测	
		借款人股票的近期表现和市盈率(P/E)	对其他事项的保证	对客户工作、企业、行业产生影响的规章制度、政治和环境因素	
		管理质量	放贷机构作为债权人对借款人资产要求权的次序		

					(续)
品格	能力	现金	担保	经营环境	监管
		近期会计变化	将来可能的融资需求		

资料来源：彼得 S.罗斯，《问题经济中的贷款》，《加拿大银行家》，第三期（1983年6月），第55页。

品格 信贷员必须确定客户具有真实严肃的资金使用目的和强烈真诚的还款态度。如果信贷员不能确切知道客户为什么贷款，该客户就必须阐明贷款目的，直到放贷机构满意为止。在已知贷款目的后，信贷员必须判断该目的是否和放贷机构的贷款政策一致，但是即使有良好的贷款目的，信贷员还要确定借款人对所借资金有着负责的态度，如实回答银行的问题，并努力偿还贷款。责任感、诚实、严肃的目的和端正的还款态度，构成了信贷员所认为的品格。如果信贷员认为客户在承诺将按计划使用贷款和还款时不够诚实，则不应发放贷款，因为它几乎肯定会变成一笔问题贷款。

能力 信贷员必须确定借款人具有申请贷款和签署贷款协议的资格，即具有借款能力。例如，在大多数地区，未成年人（未满18岁或者21岁）在法律上不能够承担贷款协议责任，因此放贷机构无法保证此类贷款是否能够收回。与此相似，信贷员必须确定代表公司申请贷款的人有公司董事会的授权，可以就贷款进行谈判并签署对公司有约束力的贷款协议。通常，获得一份由公司客户董事会通过的授权公司借款的决议副本就可以确定借款人资格。如果是一家合伙制企业，信贷员必须要求查看合伙协议，确定哪些人有权为企业借款。由未获得授权人员签署的贷款协议往往导致贷款不能收回，因此给放贷机构带来巨大损失。

现金 任何贷款申请的关键问题都集中在一点上：借款人是否有能力产生充足的**现金流量**来还贷？一般而言，借款客户偿还贷款只有三种资金来源：① 销售收入或其他收入产生的现金流量；② 出售或变现资产；③ 发行债券或股票。任意一种来源都可以提供足够的现金来偿还贷款。然而，放贷机构最希望客户以经营收入产生的现金流量作为偿还贷款的主要来源，因为出售资产使借款客户的实力削弱，并使作为债权人的放贷机构的安全性降低。此外，现金流量的减少还是企业走下坡路和信贷关系出现问题的指示器，这也是为什么现在的银行监管机构要求放贷机构在决定是否批准贷款时采用现金制的原因之一。

什么是现金流量？在会计学上，通常这样定义

$$现金流量 = 净利润（或总收入减去总费用）+ 非现金费用（特别是折旧）$$

这通常被称为传统的现金流量，可以进一步细分为以下形式

$$现金流量 = 销售收入 - 销货成本 - 销售、管理和一般费用 - 用现金支付的税款 + 非现金费用$$

以上所有项目（除了非现金费用）的计算都采用现金制，而非应计制。

例如，如果一家企业年销售收入为1亿美元，销货成本为7 000万美元，年销售和管理费用为1 500万美元，支付税金500万美元，折旧和其他非现金费用为600万美元，则该企业预计年现金流量为1 600万美元。放贷机构必须确定该企业的年现金流量的这种规模是否足以从容偿还贷款并能应对出现的未预期费用。

从这个扩展的形式得知，信贷员向企业或其他机构发放贷款时，至少需要密切注意传统现金流量计算公式中的以下五个主要方面：

- 销售收入的水平以及近期变化趋势（反映了产品与服务的质量及公众接受程度）；

- 销货成本的水平以及近期出现的变化（包括存货成本）；
- 销售管理和一般费用的水平以及近期变化趋势（包括管理者和员工的薪金）；
- 以现金支付的税款；
- 非现金费用的水平以及近期变化趋势（主要指折旧费用）；

这些主要的现金来源和使用方面若出现不利的变动，信贷员就要对其进行调查并给出令人满意的解决方案。

另一种新的更加直观的度量现金流量的方法是直接法，有时也称为现金来源法。它回答了一个简单但是非常重要的问题：为什么现金会随着时间而发生变化？在直接法度量下，现金流量有三个主要来源：

- 经营活动产生的现金流量（借款人的净收益在现金制下计算，而非应计制）；
- 筹资活动产生的现金流量（计算借款人发行证券或回购协议引起的现金流入和流出）；
- 投资活动产生的现金流量（计算借款人购买和出售资产引起的现金流出和流入）。

用这种方法计算现金流量以及其组成部分时，可以非常有效地揭示借款人近期现金流量的来源。例如，大多数放贷机构希望企业现金流入的大部分来自经营活动（销售产品或服务）。相反，如果现金流入中很大一部分是由于借款人出售资产（投资活动）或发行债务（筹资活动）引起的，会导致借款人未来产生现金流量的机会降低，因此会加大放贷机构发放贷款所面临的风险。

担保 在评价贷款申请的担保时，信贷员必须明白：借款人是否拥有充足的净资产或足够的高质量资产来支持贷款？信贷员对借款人资产的年代、状况和专业化尤其敏感。此外，技术同样也很重要，如果借款人的资产技术陈旧，作为担保时就只有限的价值，因此当借款人收入不足时，很难为此类资产找到买家。

经营环境 信贷员和信用分析员必须注意借款人所从事的工作或所在行业的发展趋势以及经济大环境改变将如何影响贷款。一笔贷款在文件上看起来非常好，但是经济衰退导致的销售或收入下降，或是由通货膨胀引起的高利率，都可能使其价值减少。为了了解行业和经济环境，大多数放贷机构都保存反映其主要借款客户所在行业信息的文件——剪报、杂志文章和研究报告。

> **小贴士**
>
> 在美国，家庭贷款发放规模最大的是哪类金融机构？
>
> 答：商业银行，随后是财务公司、信贷联盟和储蓄机构。

监管 除了上述传统的5C贷款原则，一些贷款专家增加了第六个因素——监管，主要集中在以下问题：法律和法规的改变是否会给借款人带来负面影响？贷款申请是否符合放贷机构和监管机构对贷款质量的要求？监管因素还考虑和贷款相关的支持性文档材料的充分性，以及提议贷款是否与现行贷款政策相一致。

16.4.2 贷款协议的结构是否合理

6C原则帮助信贷员和信用分析员回答了主要的问题：借款人是否资信良好？一旦回答了这个问题，他们就将面临着下一个问题：贷款协议是否能适当地策划制作以满足借贷双方的需求？

信贷员对借款人、存款人、其他债权人以及股东都负有责任，他必须设法满足各方的要求。这首先要求起草的贷款协议要满足借款人的借款需求，并提出合适的还款计划。借款人必须能够宽松地偿还贷款，因为放贷机构的顺利经营从根本上说依靠其客户的顺利经营。如果一个主要的借款人由于出现问题不能还贷，放贷机构会发现其自身也将出现严重问题。适当地为客户融通可能包括借贷资金或多于或少于申请额（因为许多客户不清楚其自身财务需求），贷款期限长于或短于申请，因此，信贷员除了起到传递客户贷款申请的作用，还必须是客户的财务顾问。

一份适当架构的贷款协议还必须能够保护放贷机构和放贷机构代表的各方——主要是存款人，其他债权人和股东，这种保护是通过对客户可能影响偿还放贷机构资金的行为加以一定限制完成的。在客户行为可能严重影响放贷机构的资金收回时，这种限制尤为必要。贷款协议中还必须仔细注明放贷机构收回资金的过程，即何时何地采取行动取回贷款。

16.4.3 放贷机构对借款人收入和抵押资产的要求权

获得抵押的原因　大公司和其他信誉卓越的借款人可以获得信用贷款，这种贷款仅凭借款人的信誉和获得收入的能力，没有特定抵押品，但是大多数借款人都在不同时期被要求以其部分资产做抵押或是以个人名义保证偿还贷款。对于放贷机构来说获得借款人的一些资产作为一笔贷款的抵押有两个目的：第一，如果借款人不能还款，抵押使放贷机构有权利取得并出售作为抵押品的资产，并用所得收入补偿借款人不能偿还的贷款；第二，抵押贷款使放贷机构对借款人有着心理优势，因为如果借款人感到可能失去某些资产（例如客户的汽车或住宅），就会更努力工作以偿还贷款并避免失去贵重财产。因此，许多贷款申请面临的第三个重要问题就是：放贷机构是否能够完善其对借款人的资产或收入的要求权？

放贷机构取得抵押的目标是精确界定借款人的哪些资产可以获得并出售，并对其他债权人证明，一旦贷款不偿还，则放贷机构对该资产拥有法定要求权。当一家放贷机构对借款人的资产拥有的要求权优先于其他放贷机构以及借款人自身的要求权时，则认为该放贷机构的要求权是完善的。放贷机构清楚要对他人的资产拥有完善的要求权所需的程序是不同的，它取决于借款人抵押资产的性质和资产所在地的国家和州的法律。例如，如果放贷机构拥有抵押资产的实际所有权（比如，借款人以在银行的存款为抵押，或者允许放贷机构持有其部分股票和债券），为了完善要求权要采取的步骤，在和借款人保有所有权（例如汽车）的情况下所采取的步骤是不同的，而且，如果用以抵押的是房地产——土地和建筑物，那么就要遵循另外的程序。

贷款抵押的常见类型　下面列举一些最常见的用来作为贷款抵押的资产。

应收账款。放贷机构将企业借款人资产负债表上应收账款（赊销）面值的预定百分比（通常40%～90%之间）作为担保物权。当借款人的信用客户以现金偿还债务时，这些现款被用于偿还贷款。当借款人因销售产品或服务而导致应收账款增加时，放贷机构可能同意增加贷款，因此只要借款人有贷款需求并且继续有足够的销售量和信用还款，就可以持续贷款。

保理。放贷机构按照账面价值的一定比例购买借款人的应收账款。所用的百分比数取决于应收款的期限和质量。此外，由于放贷机构取得应收款的所有权，它将通知借款人的客户直接还款给购买应收账款的机构。通常借款人许诺留出资金，以备在应收账款得不到支付时补偿放贷机构的部分或者全部损失。

存货。为了保证还款，放贷机构可能对企业借款人的产品或原材料存货取得担保物权。通常放贷机构只会向借款人发放其存货估计市值一定比例（通常为30%～80%）的贷款，以防存货价值跌落。借款人可以通过所谓的浮动质押方式完全控制用以抵押的存货。另一选择方案是保底安排，汽车和客车交易商或者家电售货商经常采用这种方式，其做法是放贷机构取得存货中所有货

物的临时所有权，并且在货物被售出时借款人将款项或者售货合同送给放贷机构。⊖

房地产。 在产权调查、评估和土地考察之后，放贷机构可能对借款人的土地和/或土地开发设施获得担保物权，并在政府机构登记其要求权——抵押——以告诉其他放贷机构此财产已经被抵押（对此担保品拥有留置权），这有助于保证原始放贷机构相对于其他放贷机构的利益。例如，房地产的抵押公告可能会在房产所在地的地方法院和税务评估或收集机构备案。放贷机构也可以投保产权保险，并要求借款人购买保险以弥补洪水和其他危险因素带来的损失，且放贷机构对保险理赔的金额具有第一要求权。

个人财产。 放贷机构对借款人拥有的个人财产取得担保物权，如汽车、家具及设备、珠宝、证券以及其他形式的个人财产。当借款人把私人财产作为贷款期间的抵押物时，州政府或地方政府会将其财务报表归档，财务报表必须有借款人和放贷机构职员双方的签名才能生效。另一方面，如果放贷机构或者其代理人持有抵押财产，即放贷机构有权支配抵押品直至贷款全部偿还，则还要准备一份抵押协议（但通常不公开）。美国许多州采用了统一商业编码（UCC），UCC清楚地说明了放贷机构应如何完善其留置权以及借款人如何将其抵押品账目归档。通常，详述贷款抵押品的财务报表都要在债务人所在州的州政府秘书处归档。

个人担保。 放贷机构可能要求公司大股东或公司所有者将其持有的股票、存款或其他私人财产用以抵押，为贷款做担保。放贷机构在向小企业或经营困难的企业贷款时考虑采取担保。这样，用企业所有者的私人财产做抵押也同样给所有者一个额外动力，促使其努力使公司兴隆并且偿还贷款。

其他保护贷款的安全措施　许多信贷员认为，客户用抵押品担保贷款，只是放贷机构必须给其发放的贷款以充分保护的安全带之一。正如图16-1所示，大多数信贷员喜欢为其冒险贷给客户的资金周围至少构建两层防护区域，理想状态是三层。最基本的防护区域是收入或现金流，这是放贷机构希望客户用以还贷的资金来源。第二层包括客户资产负债表上的实力，即可以用于抵押的资产，或可以出售变现用以弥补客户现金流缺口的流动资产。最后，最外一层包括企业所有者为获得企业贷款所做的担保，或来自第三方的担保，即以个人财产支持贷款的第三方。

概念测验

8. 客户申请贷款一般包括哪些步骤？
9. 放贷机构在评估几乎所有贷款申请时，要考虑的3个主要问题和方面是什么？
10. 解释下列术语：品格、能力、现金、担保、经营环境和监管。
11. 假设一个企业借款人预计当年净利润210万美元，而去年净利润为270万美元，今年折旧和其他非现金费用70万美元，去年折旧和非现金费用为60万美元。该企业今年预计现金流量为多少？企业现金流量是增加还是减少？对于考虑贷款给该企业的放贷机构来说有什么意义？假设销售收入增加50万美元，销货成本降低30万美元，现金税款增加10万美元，非现金费用减少20万美元。则企业的现金流量为多少？放贷机构对该事件可能做出的反应是什么？

⊖ 寻求对借方存货进一步控制的放贷机构通常采用仓库管理（warehousing）技术，货物由放贷机构或者代表放贷机构利益的独立代理人存储和监管（仓库可能远离借方企业所在地——厂外仓库）。如果有货物运入，仓库给放贷机构开立收据，使其拥有仓库内货物和原料的法定要求权。放贷机构根据事前达成的百分比，对借方发放相当于存货市值一部分的贷款。当公众购买借方的货物时，放贷机构放弃其要求权，公司产品即可运给客户。然而，客户的货款直接归还放贷机构用于还贷。考虑到欺诈及偷窃的可能，信贷员可能定期检查企业借款人的存货，确保贷款得到保障，并且对存货的保护和估价也按照正确步骤进行。

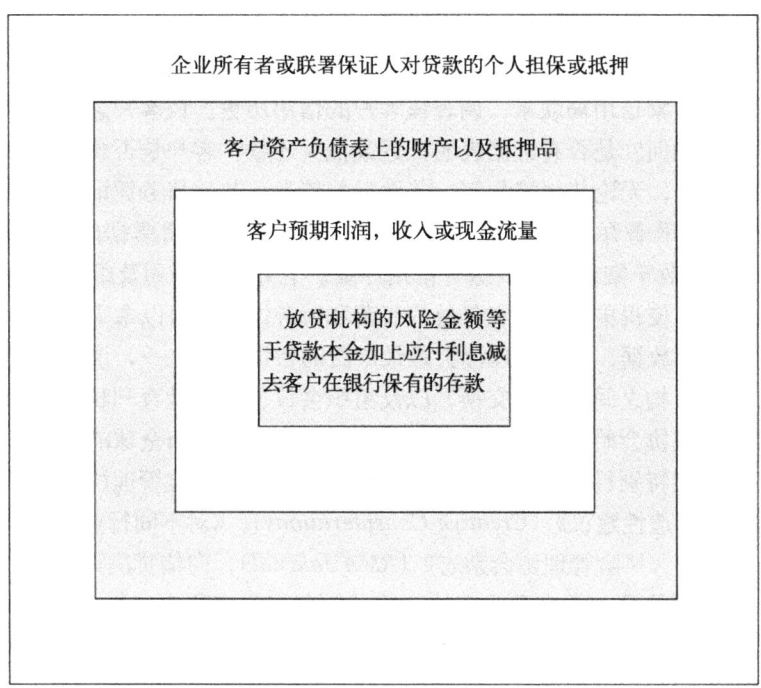

图16-1　贷款资金的安全防护区域

16.5　贷款客户的信息来源

放贷机构主要依靠外部信息来评估贷款客户的品格、财务状况以及贷款抵押，如表16-4所示。进行这项分析时，首先要调查客户在贷款申请中提供的信息。申请贷款金额是多少？贷款用途是什么？客户还有其他哪些债务？用以支持贷款的抵押品可能是何种资产？

表16-4　贷款分析和评估中经常使用的信息来源

关于消费者（个人和家庭）的信息	关于借款企业的信息	关于政府借款的信息	对借款人产生影响的一般经济状况的信息
客户提供的财务报表	借款企业提供的财务报告	政府预算报告	当地报纸和商会
信用局对借款人信用历史的报告	董事会决议或合伙协议的复印件	穆迪、标准普尔公司等评定的政府借款人的信用评级	《华尔街日报》、《经济学人》以及其他一般商业出版物
其他放贷机构与该借款人的业务情况	由邓白氏、穆迪投资服务公司、标准普尔公司、惠誉国际等提供的信用评级	国际互联网	美国商务部
通过消费者雇主核实其雇用状况	《纽约时报》和《纽约时报索引》		中央银行企业数据系列（联邦储备委员会公告）
通过当地政府记录核查财产所有权	《华尔街日报》、《财富》、其他商业出版物		国际互联网
国际互联网	风险管理协会（RMA）或邓白氏行业平均值		
	国际互联网		

放贷机构可能会与其他放贷机构联系，了解它们和该客户以前的业务情况。以前贷款协议中的所有计划还款是否都按时偿还？存款额是否保持在足够高的水平上？如果是家庭借款人，放贷机构会与一家或多家信用局联系，调查该客户的信用历史。该客户之前曾贷款多少，并且这些贷款的还款情况如何？是否有证据表明推迟或拖欠还款？客户是否曾宣告破产？

大多数企业借款人，无论其规模如何，其发行的债券、其他债务凭证和企业综合信用记录都有评级。穆迪和标准普尔评定的信用评级反映了债券和短期票据的违约概率。邓白氏（Dun&Bradstreet）为数千家公司提供综合信用评级。它和其他公司及组织提供整个行业的经营和财务比率的基准，使得借款人任意年份的经营和财务比率都可以拿来和行业标准相比较。

要取得企业的绩效数据，风险管理协会是最广泛的咨询途径之一，该协会于1914年建立于费城，从事商业放贷机构之间的信息交换，以及组织会议、出版教育刊物，帮助培训信贷员和信用分析员。风险管理协会始建于美国，但它的成员现在已经遍布全球的很多国家和地区，加拿大、西欧、中国香港特别行政区和墨西哥的组织尤其活跃。风险管理协会每月出版畅销刊物和专题文章，包括《创造性建议》（*Creative Considerations*），《对不同行业的贷款》（*Lending to Different Industries*）和《风险管理协会杂志》（*RMA Journal*），向信贷决策者提供信息和培训。

风险管理协会出版的另一本广受欢迎的刊物是《年度报表研究：财务比率基准》，该刊物将企业按所处行业及企业规模大小分组，提供企业的财务绩效数据。作为风险管理协会成员的信贷员基于其借款客户提供的数据，向风险管理协会提交财务绩效信息。随后风险管理协会将这些数据归类，并计算主要绩效比率的平均值。风险管理协会公布的按行业和企业规模分类的比率有：

- 流动资产比流动负债（流动比率）；
- 流动资产减去存货的差值比流动负债（速动比率）；
- 销售额比应收账款；
- 销货成本比存货（存货周转率）；
- 息税前收入比总利息费用（利息保障倍数）；
- 固定资产比净资产；
- 总负债比净资产（杠杆比率）；
- 税前利润比总资产及税前利润比有形净资产；
- 总销售额比固定资产净值以及总销售额比总资产。

风险管理协会还为同一行业内不同规模的公司计算总体结构资产负债表（所有主要资产和负债项目以总资产百分比表示）和总体结构损益表（利润和营业费用项目以总销售额的百分比表示）。最近，该协会开始出版其财务报表研究系列的第二卷，即《年度报表研究：行业违约概率和现金流计算方法》，报告了大约450个不同行业的风险敞口，估算了一年期和五年期的违约概率，并使用了至少四种方法来计算现金流量，因为现金流量在任何贷款决策中都是考虑的关键要素。

最后，风险管理协会向放贷机构提供了其报表研究系列的Windows版本，叫作eCompare2，该程序使信用分析员和信贷员可以进行棋盘式对照表分析，即将贷款客户各个时期的财务报表以及主要财务和经营比率与行业平均值进行排列比较，所使用的行业平均值是根据150 000余个财务报表中的数据计算得出的。eCompare2系统可以使信贷员在和借款客户商谈时，指出和行业标准相比，客户的财务或经营状况存在哪些明显的缺点。它还报告了600多个行业中每个行业的最近发展情况。打算向放贷机构申请贷款的企业也可以获得这一信用分析程序，这样，企业所有者可以从放贷机构角度出发评价企业财务状况。

目前风险管理协会管理着资本管理协会大学，该大学通过一系列实用的形式（包括网络和现场展示）提供资本管理信息和培训。资本管理大学的课程包括放贷机构会议、论坛、圆桌会议、网络研讨会和关于风险暴露的多维度开放注册课程。

邓白氏信用服务公司提供另一类与放贷机构的专业需求相关的重要信息。该信用评级机构收集800个不同产业部门内数百万家企业的信息。邓白氏为其订阅者提供单个借款公司的详细财务报告，对每个涉及公司，邓白氏《企业信息报告》提供信用评级、企业财务和管理简史、资产负债表和收入支出报表的最近趋势、贸易条件以及企业设施所在地和其情况。邓白氏还计算一些主要比率，衡量行业中中型企业、1/4最大的和最小的企业的效益、盈利性、偿付能力和总体结构资产负债表和总体结构损益表（报表中每个项目均表示为总资产或净销售额的百分比）。

在评估贷款申请时，信贷员的观察不能仅限于客户本身，对于小额贷款申请要参考客户所在地区的经济情况，对于大额贷款申请要参考全国或国际经济情况。许多贷款客户都对经济波动（所谓经济周期）十分敏感。例如，汽车交易商、农产品和其他初级产品的生产商、住宅开发商以及证券交易商和经纪人，其产品和服务对市场周期变动十分敏感。这并不意味着放贷机构不应该对这些企业发放贷款，而是应该明白，它们的一些借款人对周期变化敏感，为了提防经济大环境的波动，要设计贷款期限。此外，对于所有的企业借款人来说，预测行业的未来状况是十分重要的。信贷员必须明确客户对未来的预测是否和行业前景相一致，在最终决定批准或是驳回贷款申请前，所有对未来发展的不同预见都要得到解释。

16.6 典型贷款协议的构成

票据 当放贷机构向客户发放贷款时，通常会签订一份包括几个不同组成部分的书面合同。首先，要有借款人签字的**票据**（promissory note），明确说明贷款本金金额；其次，票据正面还要指出适用于本金的利率和还款条款（包括分期付款的还款日期）。

票据是可转让的，背书人是融资过程的一个重要环节，当借款人违约时，债权人可根据票据的内容来请求相应的补偿。

贷款承诺协议 大额商业贷款和住宅抵押贷款通常要签订**贷款承诺协议**（loan commitment agreements），放贷机构承诺在未来一定时期内向借款人提供约定数额的贷款，并收取承诺费（通常是可获得最大贷款金额的一定百分比，如0.5%）。这一做法在短期商业信贷发放中很常见，例如，企业客户可以在一定的期限内（比如6个月）根据需要提取最大额为100万美元的贷款。

抵押 贷款可能有担保，也可能无担保。担保贷款以借款人的一些财产（如住宅和汽车）作保证，即**抵押**（collateral）。如果借款人没有其他办法偿还贷款，抵押品就可能被出售。无担保贷款不需要借款人以特定的资产做保证；这些贷款主要依赖于借款人的信誉和估计的盈利能力。担保贷款协议包括描述用以保证放贷机构利益的抵押品，并说明放贷机构何时、怎样获取抵押品以收回资金。例如，申请汽车贷款的个人通常必须签署动产抵押协议，这意味着借款人在将贷款还清之前暂时将汽车的所有权交给放贷机构。另一种情况，住房购买者会签署房产抵押协议，将房屋所有权暂时交给抵押放贷机构。

协约 大多数正式贷款协议还包括**限制性协约**（restrictive covenats），通常有肯定性和否定性两种：
- 肯定性协约规定借款人的义务，例如定期向放贷机构提交财务报表，为贷款和用以保证的抵押品购买保险以及保持一定水平的流动性和净资产。
- 否定性协约对借款人在未得到放贷机构许可情况下采取的某些行为进行限制，例如借入新贷款、购入新的固定资产、参加兼并活动、出售资产或者向股东支付过多的股利。

最近，贷款协约的使用似乎在减少（尤其是企业贷款），平均每笔贷款大约仅有5～6个协约，这是因为放贷机构之间竞争加剧，放贷机构出售贷款以及市场波动性加剧，都使得借款人更难实现绩效目标。

借款人保证或担保　大多数贷款协议中，借款人明确**保证**或**担保**（guarantees or warranties）贷款申请中提供的信息是真实正确的。借款人可能还被要求用个人资产——住宅、土地、汽车等为贷款做担保，或由第三方为贷款做保证。无论是否设立抵押，贷款协议都必须明确指出谁或什么机构为贷款负责并有还款义务。

违约事项　大多数贷款协议包括一个列举**违约事项**（events of default）的部分，明确说明借款人的哪些作为或不作为是对贷款协议条款的重大违背，以及为了收回资金，放贷机构可以依法采取哪些行动。违约事项部分还明确规定，收回贷款的支出以及由贷款协议引起的诉讼带来的审理费用和律师费用由哪一方承担。

银行与金融服务业的道德规范

以旧的方式贷款——这是一种倒退吗

近半个世纪，贷款者们似乎正在经历一次关于提供贷款给公众的方式的革命。在早期的历史中，大多数贷款者都是通过传统的借贷方式来获得利润。筹集资金的主要方式是在一定的利率水平下获得存款，然后以较高的利率将获得的资金贷给借款者。贷款者的主要利润来自存贷款利率的差额。这些差额通常是正的并且有严格的政府设定的最高利率限制。在这种环境下，大多数的贷款者既是贷款发起者也是贷款的监管者，正如他们所提供的贷款常常反映在贷款发起者的资产平衡表中。

尽管如此，在20世纪70年代和80年代初，在新的法律下，很多旧的规则都渐渐放松了，一个新的金融体系展现出来，因此，存贷款利率及差额变得更加灵活，并且风险更大。接着新的联邦和州立法令出现了，允许储蓄机构跨越州的界限经营并最终在全世界范围内经营。新的政府法令带来了一次创新的浪潮，贷款者在思考如何利用贷款来赚钱的过程中更加富有创造性了。

在较松的外部控制下，传统的贷款模型由新的管制较少的贷款模型所替代，但是风险更大。越来越多的金融公司采取了电脑算法（如信用打分）来评估他们的借款者。传统的贷款专员的任务是亲自拜访客户并评估他们的性格，这项任务渐渐消失，取而代之的是客观、大量的电脑方法，这些方法会给借款者的各种特征打分，其中包括贷款记录。得分将会成为贷款是否通过的依据，在这个过程中，双方并不需要直接接触。（参见第18章对信用评分技术的详细介绍。）

此外，储蓄作为贷款资金的来源的重要性降低了。贷款者仍然是大多数贷款的发起者，但是他们很快会将贷款卖给全球投资者以平衡其资产负债表。正如Mizen所解释的那样，日益增加的贷款销售被用来增加新的资金以进一步提供贷款等。出售贷款的这种能力不用太担心借款者的偿付能力因此对风险敏感度降低。

很多贷款者并不是一次卖掉一项贷款，而是将很多贷款打包组合，为由这些贷款组合所抵押的债权在全世界出售做准备。急切的投资者会抢购这些贷款支持证券,因为它们通常比其他的投资的信用评级收益高。不幸的是,评级公司给贷款支持债券打的较高的评级分被证明是过分夸大的,并且在2007年年初,随着次贷危机的开始,它们的价值最终一落千丈。

尽管世界信贷市场面临很多发展问题,但是贷款者们仍然在寻找各种奇怪的贷款和赚钱的方法。抵押贷款市场——最大的国内金融市场——吸引了大量贷款者的注意,而政府也鼓励住房贷款进而为更多的低收入家庭提供住房。很多贷款者充分利用这种形势,在没有文件证明借款者的收入甚至不考虑他们每月的预算以看看其能否应付这些贷款的情况下,提供他们新的贷款。其他贷款者选择不充分披露其所提供的风险贷款的条件,其中包括有些贷款实行可变利率,而这些利率可能很快上升导致每月支付暴涨,进而将一些借款者赶出他们的房子。这些问题成为现实可能的原因就是抵押贷款提供者面临较少的管制并且购房者得到的保护很少。

在新的住房抵押环境下,贷款者受到鼓舞,卖掉个人贷款和一揽子贷款转而买进抵押贷款支持证券,将贷款风险转移给了全球的资本市场的投资者。事实上,传统的贷款者已经变成了证券交易商。当2007年和2008年抵押贷款市场开始垮台时,很多投资者大量倾销抵押贷款支持证券,导致它们的价格暴跌。很多房屋拥有者丧失了房子,国际投资者开始恐慌,因为他们的贷款支持投资价值下跌。一些野心的投资者被破产撞昏了头。

最近,立法者和监管者开始认真思考新的贷款模型,并将这次信贷危机部分都归咎于已经成为准则的流线型的贷款条例。一些专家认为现在所需要的是在新旧贷款模型中寻找一个平衡。监管者认为贷款者需要更好地了解他们的顾客,发起人需要持有其所卖给投资者的贷款的一部分风险,需要更好的披露贷款条件以及它们会给消费者带来的福利效应。总之,新旧贷款模型都需要融合,至少从某种程度上来说,在21世纪要努力寻找更加安全和公平的贷款条件。最终,欧洲、亚洲和美国的金融监管者将会更加协调有效的处理金融创新和贷款风险带来的较大波动。

16.7 贷款审查

当放贷机构和借款人签署贷款协议后,还需为此协议做哪些工作呢?在贷款到期和借款人偿还最后款项前把它束之高阁,不闻不问吗?显然,对于任何放贷机构来说,这都是非常愚蠢的做法,因为贷款期间的经济环境是不停变化的,这会影响借款人的财务实力以及还贷能力。经济波动使一些企业的贷款需求减少,而另一些企业贷款需求增加;而个人可能失业或者出现严重健康问题,影响其偿还贷款的能力。信贷部门必须对这些变化予以关注,并且定期检查所有贷款,直至期满。

虽然放贷机构使用许多不同的**贷款审查**(loan review)程序,但是几乎所有的放贷机构都遵循一些基本原则:

(1) 对所有类型的贷款都安排定期检查。例如,每30天、60天或90天对大额未到期贷款进行例行检查,同时随机抽查小额贷款。

(2) 认真安排贷后检查程序,确保能够检查到每笔贷款最重要的方面,包括:

- 借款人还款记录,确保客户没有落后于事先安排的还款时间表;
- 任何为贷款提供担保的抵押品的质量和状况;
- 贷款文件的完整性,确保放贷机构可以获得用于保证的抵押品,并在必要时拥有充分的法定权利起诉借款人;
- 对可能增加或减少贷款需求的借款人的财务状况和前景变化进行评估;
- 评价贷款是否和放贷机构贷款政策相一致,是否和监管机构的检查员应用于其贷款组合的标准相一致。

（3）对大额贷款的检查是最频繁的，因为这些贷款的违约可能严重影响放贷机构自身的财务状况。

（4）对有问题的贷款加强检查，若问题严重性增加，放贷机构就要增加检查的次数。

（5）如果经济下滑，或者放贷机构贷款组合中比重很大的贷款所处行业出现重大问题（如出现新的竞争者；或由于技术转型，而要求开发新产品并使用新运输方式等），放贷机构应加速贷后检查。

对于健全的信贷计划来说，贷款审查并不是多余，而是必须。它不仅帮助管理者更快地找出问题贷款，还能持续检查信贷员是否遵循机构自身的贷款政策。由于这个原因以及为了提高贷款审查程序的客观性，许多大的放贷机构将贷款审查人员从信贷部门中分离出来。贷款审查还帮助高层管理者和董事会评价机构的整体风险和未来需要更多资本的可能性。

16.8 问题贷款处理

尽管大多数放贷机构在贷款计划中做了安全防护，然而总有一些贷款最终会成为问题贷款，比如，借款人一次或多次未按约定还款，或者为贷款做担保的抵押品价值大幅下跌。通常这些问题是因对账面贷款的数量而非质量的过分强调而引起的。虽然每笔问题贷款的情况各不相同，但是此类情况的一些共同特征应该引起放贷机构的注意，警惕贷款中可能隐藏的麻烦，参见表16-5。

表16-5 低质量贷款和信贷政策欠佳的征兆

联邦存款保险公司发给银行和储蓄机构检查员的手册中列举了一些问题贷款和银行信贷政策欠佳的信号	
低质量贷款或有问题贷款的信号	不适当或欠佳信贷政策的信号
还款不规律或拖欠	在借款客户中不当选择风险组合
贷款期限频繁改变	依赖可能的未来事件放贷（例如兼并）
不良的贷款展期记录（当贷款展期时，贷款本金没有减少）	由于客户承诺存入大笔资金放贷
少见的高利率（可能试图为了获取高风险贷款补偿银行）	未能对每笔贷款的清理制订计划
少见或非预期的借款客户的应收账款或存货累积	银行将贷款中的很大比例发放给其业务区域以外的借款人
债务对净资产比率（杠杆比率）增加	信贷档案不完整
文件缺乏（尤其是缺少客户财务报表）	大量自我交易贷款（向内部人员贷款——职员、董事或股东）
低质量的抵押品	对竞争反应过度（发放低质量贷款以阻止客户流向其他银行）
借款客户依靠资产重新估价增加其资产净值	发放贷款用于支持投机性购买
没有现金流量表或预算	对变化的经济环境缺乏敏感性
客户依赖非经常性资金来源偿还贷款（例如出售建筑物或设备）	

资料来源：联邦存款保险公司。

- 放贷机构收到客户许诺的财务报告以及还款的时间或客户和放贷机构联系的时间出现了异常或无法解释的延迟；
- 对于企业贷款来说，借款企业对计提折旧、退休金交费计划、存货计价、税赋入账或收入确认的会计处理出现突然变化；

- 对于企业贷款来说，调整未偿还债务，或取消分红，或客户的信用评级发生变化；
- 借款客户的股票价格下跌；
- 一年或多年出现亏损，尤其是由资产收益率（ROA）、股东权益收益率（ROE）或息税前收入（EBIT）计算时出现亏损；
- 借款人资本结构（产权－负债比率）、流动性（流动比率）或活动水平（如销售额对存货比率）出现不利变化；
- 实际销售额、现金流量或收入与申请贷款时的预计额发生偏离；
- 客户的存款余额发生非预期的或无法解释的变动。

当一笔贷款出现问题时放贷机构应该做什么呢？从问题贷款中收回银行资金的过程就是解决不良贷款的过程，专家建议采取以下几个关键步骤：

- 放贷机构必须时刻牢记在心，解决不良贷款的目的是最大化完全收回资金的机会；
- 迅速发现并汇报贷款的问题是十分重要的，延迟通常使问题贷款情况恶化；
- 解决不良贷款的责任应该从借贷职能中分离，以避免和信贷员利益冲突；
- 解决不良贷款的专家应该就可选方案和借款人尽快进行商谈，尤其是关于裁减费用、增加现金流量和改进管理控制等方面，商谈从初步分析问题以及造成问题的可能原因开始，要注意解决不良贷款时可能出现的特殊问题（包括存在竞争性的债权人）。在确定放贷机构的风险敞口和贷款文件充分性之后，制订一份初步行动计划，其中尤其要注意的是，是否还有其他放贷机构持有对抵押物的要求权；
- 估计有哪些可能收回贷款的来源，包括资产和存款的估计清算值；
- 解决不良贷款的人员应该进行税务和诉讼调查，以发现借款人是否有其他未偿还债务；
- 对于企业借款人来说，信贷人员必须评估企业当前管理层的素质、能力和诚信度，并且现场评估借款人的资产和经营。
- 解决不良贷款的专家必须考虑解决问题贷款所有的可能方案，包括：如果问题本质上是短期的则可达成新的临时协议，或者想办法帮助客户增加现金流量（例如减少费用和开发新市场）或者为企业注入新资本。其他的可能方法包括寻求另外的抵押品，取得保证或担保，对企业进行重组、兼并或清算，或者申请破产。

当然，首选的方法也几乎是最常用的方法是修改贷款协议，使放贷机构和客户都有机会恢复正常经营。事实上，专家指出，即使贷款协议遇到严重问题，而客户却并不一定有严重问题，这意味着适当策划的贷款协议极少会变成无法挽救的问题。然而，未经适当策划的贷款协议会导致借款人出现财务问题并导致贷款违约。

能够说明未经适当策划的贷款协议是如何对借款者和放贷者都造成问题的最有力的案例之一最近发生在次级住宅抵押市场上。数以千计的住宅购买者在对拥有可变项目的住宅贷款并没有充分了解的情况下签署了协议，很多时候这些贷款还有着可变的利率。当住宅贷款利率最终显著上升时，数以万计的房主不再有能力偿还其贷款，许多放贷者便没收抵押房产，导致许多借款者失去了住房。最近一些放贷者和住宅购买者签订了修改贷款协议，使贷款项目更加适应借款者的财务环境。

> **小贴士**
>
> 银行和储蓄机构经营失败的主要原因是什么？
>
> 答：坏账、管理失误、犯罪活动以及不利的经济环境。

概念测验

12. 当今信贷员和信用分析员评估客户贷款申请时可用的信息来源有哪些？
13. 贷款协议主要有哪些部分？每部分目的是什么？

14. 什么是贷款审查？应该怎样进行贷款审查？
15. 管理层可以通过哪些征兆发现可能正在形成的问题贷款？
16. 在解决问题贷款时放贷机构应该采取哪些步骤？

本章小结

本章着重介绍贷款政策和程序以及放贷机构提供给客户的不同种类的贷款，有以下几个要点：

1. 发放贷款是银行和其他放贷机构最基本的经济职能。通过为新企业的发展提供融资，支持现存的经济活动，为个人创造工作机会使其生活水平不断提高，贷款支持了地区和国家的发展。

2. 贷款同样是有风险的，因为内部和外部因素都会影响贷款质量。外部因素包括经济变化、自然灾害以及政府实施的法规。影响贷款风险的内部因素包括管理失误、非法运作和无力的或无效的贷款政策。

3. 信贷职能的损失风险至少可通过政府法规和内部的政策和程序得到部分控制。诸如联邦存款保险公司这类的监管机构会派出检查组调查每家放贷机构的贷款政策和程序以及贷款的质量。目前，存款机构中使用5等级的骆驼评级系统来评价放贷机构的经营状况和风险敞口，评价是基于放贷机构资本的数量和质量、资产、管理、收入、流动性和对市场风险的敏感性。

4. 放贷机构还可通过制订处理每笔贷款申请时都要遵循的书面政策和程序来控制风险。书面贷款政策应该描述放贷机构应发放什么类型的贷款、不应发放什么类型的贷款、每类贷款的必需条款、贷款申请必须附上的文件、对抵押品如何估价、需要的定价工具以及审批贷款的权限。

5. 在考虑是否对借款人放贷时，放贷机构要考虑很多因素：① 品格（包括借款人的诚实信用度及其借款目的）；② 能力（特别是借款人在法律上是否有权签署贷款协议）；③ 现金（包括收入或现金流量是否充足）；④ 抵押（包括为贷款做担保的资产的质量和数量）；⑤ 经营环境（包括经济状况）；⑥ 监管（包括贷款是否符合放贷机构的贷款政策和相关法规）。

6. 大多数贷款决策集中于三个关键问题：① 借款人是否资信良好以及如何得知其资信状况；② 贷款协议是否经适当地策划，以保护放贷机构和公众存款；③ 如果发生违约，放贷机构能否完善其对借款人资产或收入的要求权。

7. 健全的信贷程序必须规定要定期检查所有未偿还贷款。如果在贷款审查过程中发现问题贷款，就要将其转交给解决不良贷款的专家，必须调查产生问题的原因，并和借款人一起找出解决方法，使得收回放贷机构资金的机会最大化。

关键术语

房地产贷款	现金流量	金融机构贷款
票据	农业贷款	贷款承诺协议
工商业贷款	抵押	个人贷款
限制性协约	批发贷款人	保证
零售信贷	违约事项	骆驼评级
贷款审查	现金	处理不良贷款

习题

1. 放贷机构的放贷功能受到严格监管，本章列举了一些关于国民银行法规结构的例子。本问题要求将这些法规应用于Tea Rose国民银行（TRNB）。Tea Rose有如下的资金来源：资本金和资本公积金3亿美元，活期存款3.25亿美元，定期存款和储蓄存款共6.8亿美元，次级债券2亿美元。

(1) TRNB能发放的房地产贷款的最高金额是

（2）TRNB向单个客户发放贷款的最高金额是多少？

2. Aspiration公司试图将1 200万美元的信贷额度展期，并将有关数据（见下表）向Hot Springs国民银行信贷部上报。请按本章中介绍的计算现金流量的方法计算该企业的现金流量。你观察到的趋势是什么？这对决定是否同意信贷额度的展期有什么意义？

（单位：100万美元）

	20×1	20×2	20×3	20×4	下一年度预测额
销货成本	5.1	5.5	5.7	5.8	6.0
销售和管理费用	8.0	8.0	8.0	8.1	8.2
销售收入	7.9	8.5	9.2	9.4	9.8
折旧及其他非现金费用	11.2	11.2	11.1	11.0	11.0
用现金支付的税款	4.4	4.6	4.9	4.8	4.8

3. Crockett制造服务公司现有大量洗碗机和烘干机存货，它希望在接下来的6个月中将其售给零售商。这批货物现值估计为3 000美元。该企业报告的应收账款已达到12 650 000美元。在本章讨论的有关取得抵押品的原则下，Crockett很可能从其主要放贷机构处得到的贷款或信贷额度最小值为多少？Crockett很可能取得的贷款或信贷额度的最大值为多少？

4. 下面各条信息符合本章讨论的信贷6C原则中的哪一条？
（1）第一国民银行发现其申请贷款的客户中有一家客户的固定资产已经被抵押。
（2）Xron公司申请了放贷机构通常拒绝发放的某类贷款。
（3）John Selman有着很高的信用等级。
（4）Smithe制造公司在过去6年中收入持续增长。
（5）消费者储蓄协会一位汽车信贷员要求其潜在客户Harold Ikels出示驾驶执照。
（6）Merchants Center国民银行考虑将对柯林汽车公司的贷款延期一年，因为预计经济将出现滑坡。
（7）Wes Velman急需一笔现金形式的贷款，并且如果贷款被批准，他的兄弟Charles自愿为贷款担保。
（8）ABC金融公司向Mary Earl的工作单位Bryan Sims门窗公司了解Mary每月可支配收入大约为多少。
（9）Hillsoro银行及信托公司打算向Pen-Tab油气公司发放贷款，但是担心石油和燃气价格在长期内会下滑。
（10）杰克逊第一州立银行在向一家墨西哥汽车零件制造商发放贷款前，向专家咨询墨西哥的经济前景如何。
（11）Membres制造销售公司的历史表明，该公司最近几经转手，并且其主要供货商和客户可能有重大变化。
（12）Home and Office储蓄银行决定检查其借款客户Plainsman批发销售商购买的保险范围。

5. Butell制造公司今年在花旗银行有1 100万美元的未偿还贷款。按照贷款协议规定，Butell公司每月向银行汇报主要数据。根据下面所给信息，判断是否有迹象表明该贷款可能成为问题贷款？花旗银行应该注意该公司绩效中的哪些方面？

	当月	上月	两个月前	三个月前	四个月前
现金账户（100万美元）	33	57	51	44	43
预计销售额（100万美元）	298	295	294	291	288
每股股价（月平均值，美元）	6.60	6.50	6.40	6.25	6.50
资本结构（产权/负债比率）（%）	32.8	33.9	34.6	34.9	35.7
流动比率（流动资产/流动负债）	1.10	1.23	1.35	1.39	1.25
息税前收入，即EBIT（100万美元）	15	14	13	11	13

	当月	上月	两个月前	三个月前	四个月前
资产收益率（ROA）（%）	3.32	3.25	2.98	3.13	3.11
销售收入（100万美元）	290	289	290	289	287

Butell公司在过去30天内宣布，它将采取新方法计算其固定资产折旧和存货价值。该公司董事会准备在下次会议上讨论削减来年股票分红的提议。

6. 下列贷款限制性协约哪些是肯定的，哪些是否定的：
   (1) Nige贸易公司在没有放贷机构明确同意的情况下，不得向股东发放超过每股3美元的红利。
   (2) HoneySmith公司承诺对其生产线设备全额投保火险、盗窃保险、气候险。
   (3) Soft-Tech公司在没有告知其主要放贷机构之前不得借新债。
   (4) PennCost制造公司必须每月将其综合财务报表上报给主要放贷机构。
   (5) Dolbe King公司在增加固定资产前必须征得放贷机构同意。
   (6) Crestwin服务公司按照贷款协议必须保持大于1.5的流动比率。
   (7) Dew Dairy制品公司正考虑同Selwin农产运输公司协商兼并，但必须首先取得其放贷机构同意。

7. 请判断下列贷款因素属于贷款6C原则（品格、能力、现金、担保、经营环境、监管）中的哪一项？

保险范围
通货膨胀前景
公司决议
书面贷款政策
驾驶执照
发放贷款的有关法律法规
经济周期
技术老化
费用控制
杠杆率
其他放贷机构经历
还款记录
行业前景
应付账款周转

资产流动性
信用等级
会计标准的变化
资产专用化
贷款目的
经济学家预测
技术变化
担保/保证
管理质量
预计现金流量
客户身份
市盈率
应收账款周转

客户产品的竞争环境
足够的文件
流动储备
保障倍数
预期市场份额
劳动力市场的工资情况
可比较企业的绩效
留置权
存货周转
企业历史
社会保障卡
合伙协议
未来融资需求

第17章 企业贷款和定价

学习要点

- 企业贷款类型：短期贷款和长期贷款；
- 分析企业贷款申请；
- 抵押品和或有负债；
- 企业资金来源及运用；
- 为企业贷款定价；
- 客户盈利能力分析。

伟大的美国幽默作家马克·吐温曾说过："银行家是这样的人，好天气时借出雨伞，一旦开始下雨立刻想将其收回。"近年来许多寻求贷款的经营困难的企业可能会同意马克·吐温的观点。确实，对很多企业来说，获得其所需要的大额贷款是一项具有挑战性的任务，因为银行通常会密切关注企业借款人及其贷款申请。此外，对于银行及其最接近业务竞争者[诸如通用电气资本金融集团(GE Capital)和商业信贷公司（Commercial Credit Corporation)之类的财务公司]来说，企业贷款通常又被称为工商业贷款（C&I贷款），是最为重要的贷款之一。

确实，美国所有参保银行的近期资产负债表显示，企业贷款占其贷款组合的近1/5。此外，该比率还不包括银行发放的、没有记录在资产负债表中的许多商业房地产贷款和对其他金融机构的贷款，因此，在讨论贷款分析及发放所使用的各种方法和程序时，首先要讨论企业贷款。

本章着眼于银行和其他金融机构发放的许多不同种类的企业贷款。通过能源行业中一个有趣的实例，研究企业贷款的评估过程。最后，本章分析一些最流行的为企业贷款定价的工具。

17.1 企业贷款简史

工商业贷款（企业贷款）是银行在其2 000多年的历史中最早开展的业务。对船舶所有人、矿业经营者、商品制造商以及土地所有人发放的贷款持续几个世纪都在银行的贷款组合中占主导地位。到了19世纪末20世纪初，新的竞争者，尤其是财务公司、人寿和财产/灾害保险公司以及一些储蓄机构进入了企业信贷领域，使得许多商业放贷机构的利润下降。在当今世界上，精通企业信贷评估的信贷员通常是金融服务领域和证券承销领域中经验最丰富也是薪水最高的人。

17.2 企业贷款的种类

银行、财务公司和与之竞争的商业放贷机构发放的商业贷款种类繁多,其中最为普遍使用的企业信贷形式,如表17-1所示。

表17-1 企业信贷形式

短期企业贷款	长期企业贷款
自动清偿存货贷款	支持购买设备、车辆和建筑物的固定资金贷款
营运资本贷款	循环信贷额度
临时建筑融资	项目贷款
证券交易商融资	支持收购其他企业的贷款
销售商和设备融资	
资产担保贷款(应收账款融资、保理业务和存货融资)	
辛迪加贷款	

17.3 短期企业贷款

17.3.1 自动清偿存货贷款

从历史上看,商业银行是发放短期企业贷款的领导者。事实上,直到第二次世界大战之前,银行向企业发放的贷款主要是**自动清偿贷款**(self-liquidating loans),这些贷款通常用来为购买存货(原材料和完工待售产品)融资。此类贷款利用了企业的正常资金循环:

- 支出现金(包括借入的现金),购入存货——原材料、半成品或成品;
- 生产商品或将购入商品标价销售;
- 进行销售(通常采用赊销方式);
- 收回现金(现货交易或赊销后的一段时间),然后偿还银行贷款。

在这种情况下,贷款期限从企业获得用于购买存货的资金开始,到资金到达企业账户后企业开出支票向银行还贷结束(大约60~90天)。

银行发放许多不同种类的企业贷款,但不局限于自动清偿贷款,但是短期贷款——经常表现出很多自动清偿的特点——在所有对企业发放的贷款中仍然占有重要份额。事实上,大多数企业贷款期限仅为几周或几个月,并且通常和借款人对短期资金需求紧密相连,如用于购买存货或支付生产成本、缴纳税款、支付债务利息以及向股东发放股利。

在当前的银行业和商业融资行业中,一些人担心传统的存货贷款正在减少。由于即时技术(JIT)和供给链管理技术的发展,企业能够连续监测其存货水平并更迅速地补充短缺货物,很多行业的存货/销售比率近来持续降低反映了这个趋势,因此,对传统的存货融资的需求看来可能会减少,许多企业只需支付较低的存货融资成本。将来,放贷机构将被迫开展其他服务以弥补存货贷款收入的潜在损失,这种损失产生的原因是:计算机技术加速了订货和装运,从而减少了企业必须持有的商品和原材料的存货数量。

17.3.2 营运资本贷款

营运资本贷款(working capital loans)是提供给企业的几天到一年的短期贷款。营运资本贷款通常用来对购买存货进行融资，以使新货上架或购买原材料，因此，它和传统的自动清偿贷款最为相似。

营运资本贷款常用来应对企业客户生产和信贷需求的季节性高峰。例如，一家服装制造商预计：秋季时校服和冬服的需求会大量增加，所以在春末和夏季需要短期信贷用来购买布料存货和雇用临时工人，以增加产量。服装制造商的放贷机构可设立期限为6~9个月的信贷额度，这段时间内制造商可根据需要提取额度内的款项。制造商预测在6~9个月的贷款期内任一时点所需资金的最大值，由此决定信贷额度。如果借款人在申请贷款展期前已经偿还贷款全部或者很大部分，此类贷款展期常会被批准。

通常，营运资本贷款由应收账款或者存货做担保，并且在批准的信贷额度内针对实际借用量采用浮动利率。对于信贷额度内未使用的部分，放贷机构要收取一定的承诺费，并且有时候是针对提供的全部资金数额收取。客户可能需要存入**补偿存款余额**（compensating deposit balances），包括由信贷额度决定的必需存款（例如信贷额度的1%~5%），以及等于客户实际使用贷款额的一定比例的必需存款（例如信贷额度内实际提取额的15%~20%）。

例如，假设一名企业借款人信贷额度为100万美元，根据这一额度他需要抵押5%的补充余额，还需要持续存入他实际提取和使用的任何资金的20%。因此，该借款人最初在放贷人处应存有至少5万美元（即0.05×100万美元）。之后他取走了信贷额度，借款100万美元，那么该借款人补偿存款余额将升至20万美元（即0.20×100万美元）。

近来，作为商业贷款安排的一部分的补偿存款与款额已经在减少了。银行更倾向于对每种服务，包括贷款和储蓄，单独标价，以此为商业客户提供更多的机会来选出最有竞争力的那一家。

17.3.3 临时建筑融资

临时建筑贷款（interim construction loan）是一种非常流行的、有担保的短期贷款，该贷款用于支持住宅、公寓、写字楼、购物中心和其他永久建筑物的建造。贷款涉及的建筑物是永久性的，而贷款却是临时性的。贷款为建筑商提供所需资金，用来雇用工人、租赁建筑设备、购买建筑材料和开发土地，但是一旦建筑期结束，这类短期贷款通常要以由其他放贷机构提供的长期抵押贷款清偿，如保险公司或者养老基金。事实上，除非客户已经取得抵押贷款承诺——工程一旦结束，就能取得项目长期融资——否则许多商业放贷机构通常不向土地开发商提供贷款。近年来一些放贷机构开始发放"小型永久性"贷款，为建设和项目早期经营提供长达5~7年的融资。

临时建筑融资听起来相对"安全"，但事实并非如此。经济环境变化莫测，看似盈利的商业信贷很有可能迅速就转变为无绩效贷款。例如，在2007~2009年的信贷危机中，与建筑相关的贷款出现的问题最大。许多小型银行无力与出售住宅抵押的抵押公司竞争，于是转向建筑放贷。然而，房地产抵押市场（特别是次级抵押）的土崩瓦解使建造商无法出售新开发建筑和土地，迫使放贷者没收担保财产，并大打折扣出售这些问题贷款。许多放贷者不久便发现，他们被拖欠的建筑贷款等于甚至超过了其风险加权资本（见第15章），迫使他们去寻求更多资本。

17.3.4 证券交易商融资

证券交易商需要短期融资，用来购买新的证券以及持有现有证券组合直至出售给客户或者证券到期。该贷款通常由交易商持有的政府债券做抵押，所以贷款质量较高，因此很多放贷机构都愿意发放这种贷款。此外，很多给证券交易商的贷款期限非常短，只有隔夜或者几天，所以放贷机构可以很快收回资金，或者在信贷市场银根收紧的时候以更高的利率发放新贷款。

和这种贷款相关的另一类贷款是向投资银行发放的贷款，用以支持新的公司债券、股票和政府债券的承销。投资银行为企业客户合并融资，协助企业上市发行（允许任何有兴趣的投资者购买股票），或者帮助企业投资新的领域，通常需要这种贷款。只要投资银行能够出售这些新的证券，就能够还本付息。

银行和证券公司还直接向购买股票、债券、期权和其他金融工具的企业和个人发放贷款。美国联邦储备委员会关于保证金的要求规定，这类贷款不得超出购买或取得的证券价值的一半（U条例）。然而，为了支持小企业融资，联储于1997年12月规定，如果购买在纳斯达克上市的小盘股，指定的放贷机构可以提供100%的融资。

17.3.5 销售商和设备融资

当销售商和消费者就购买商品签订分期付款合同时，商业放贷机构为这些应收账款融资，以此支持消费者分期付款购买汽车、家电、家具、企业设备和其他耐用消费品。和销售商建立信贷关系的放贷机构会检查这些分期付款合同，如果合同达到可接受的信贷标准，放贷机构就会购买这些应收账款，所适用的利率根据每个借款人的风险水平、抵押品质量和贷款期限来确定。

如果销售商销售汽车、营业设备和电子设备、家具和其他耐用商品，放贷机构可能同意为销售商的所有存货提供融资，即保底安排。只要放贷机构同意提供贷款，销售商就能够向制造商下订单，运货以备销售。大多数这种贷款开始时期限都是90天，到期后可以以30天为期限续期一次或多次。为了获取贷款，销售商签署一份担保协议，即在不能偿还贷款的情况下，放贷机构将获得货物的留置权。同时，制造商获得授权在向销售商发货的同时从放贷机构处取得货款。放贷机构会定期派出代表，检查销售商库存商品中哪些正在出售，哪些仍未能出售。一旦货物被售出，销售商就会向放贷机构开出支票，以换取制造商的发票，这被称为"售后支付"协定。

如果放贷机构代表在检查销售商经营场所时，发现某项物品已售出，而放贷机构却没有收到货款（所谓"违背信托出售货物"），放贷机构将立即要求销售商为这些商品开立支票。如果销售商不能支付，放贷机构可能收回剩余货物，并将其全部或部分返还给制造商以收回贷款。保底安排协议通常包括贷款损失准备金，该项准备金是通过借款人分期还款的利息建立起来的，如果贷款发生违约，放贷机构就会从贷款损失准备金中抵扣。如果贷款损失准备金达到预定数量，销售商会得到分期还款利息收入的部分返还。

17.3.6 资产担保的融资

近几年来，放贷机构发放的短期贷款中，**资产担保贷款**（asset-based loans）比例逐渐增长。资产担保贷款由未来可转为现金的企业更短期的资产做担保。大多数此类贷款担保所用的企业资产主要是应收账款和存货。放贷机构根据未清偿信用账款或存货的账面价值的一定比例发放贷款。例如，放贷机构可能愿意提供企业现有应收账款数额（所有未到期的信用账款）70%的贷款；或者，可能提供相当于企业客户现有存货价值40%的贷款。当企业收回应收账款或售出存货时，则将收到的部分现金归还放贷机构用以偿还贷款。

在大多数以应收账款和存货为抵押的贷款中，借款企业保有抵押物品的所有权，但有时所有权会转交给放贷机构，这种情况下存在一些资产不能按预期带来收益的风险。这种安排最常见的例子就是**保理业务**（factoring），此种安排下，放贷机构承担了收回企业客户的应收账款的责任，因为放贷机构对在保理业务中发生额外的费用和风险，通常会确定更高的贴现率，并且提供相当于客户应收账款账面价值更小比例的贷款。

17.3.7 辛迪加贷款

辛迪加贷款（syndicated loan）通常是由放贷机构投资集团向企业发放的打包贷款。借款企业可能"提取"这些贷款，用资金支持企业经营或商业扩张，也可能"不提取"这些贷款，将其作为信贷额度用以担保证券发行或其他投资。放贷机构投资参加辛迪加贷款一方面是为了减少风险敞口，因为这些大额贷款通常每笔达到数百万甚至数十亿美元；另一方面也是为了获得服务费收入，例如对开设信贷额度收取的融通便利费，或者对所准备的在一段时间内客户可获得的信贷额度收取的承诺费。

在二级市场或转售市场有许多辛迪加贷款交易，其利率通常基于欧洲货币存款的伦敦银行同业拆借利率（LIBOR）来确定。近年来，辛迪加贷款利率通常比伦敦银行同业拆借利率高 100~400 个基点，而最近的信贷危机则使辛迪加贷款利率比伦敦银行同业拆借利率高出更多。这些贷款通常是中等信用等级，并且期限可能为短期也可能为长期。

由于辛迪加贷款的规模和特点，联邦检查员检查该类贷款时非常谨慎，特别是注重检查那些可能成为不良贷款的贷款，即低质量贷款、包括质量稍好一些的次级贷款、质量较差时的可疑贷款以及质量最差的完全损失贷款，完全损失贷款必须从账目中注销。有趣的是，大部分的辛迪加不良贷款由非银行放贷机构（例如财务及投资公司）持有，因为它们经常取得次投资等级的贷款，希望能获得非常高的收入。

17.4 长期企业贷款

17.4.1 固定资金贷款

固定资金贷款（term loans）是指期限在1年以上，以支持企业长期投资为目的的贷款，比如购买设备或建造实物设施。通常借款企业根据其预定项目的预算成本申请整额贷款，并承诺以按月或按季度分期付款的方式偿还贷款。

放贷机构固定资金贷款依赖于企业未来收益流来分期收回贷款。在制订企业分期付款计划时，要时刻考虑到借款人现金流入流出的正常周期。例如，在还款计划中可能会留有"盲区"，即在客户正常缺少资金的阶段，不安排分期付款的还款计划。一些固定资金贷款在贷款到期之前不要求偿还本金。例如，在**子弹贷款**（bullet loans）中，只需定期支付利息，在期满时偿还本金。

固定资金贷款通常由借款人拥有的固定资产做担保（例如，工厂或设备），并且其利率可为固定利率亦可为浮动利率。利率通常比短期企业贷款利率高，因为此类贷款给放贷机构带来的风险更大。在长期贷款过程中，违约或借款人状况发生不利变化的可能性更大，出于这个原因，信贷员和信用分析员会注意客户固定资金贷款申请的许多不同方面：① 借款企业的管理质量；② 客户使用的会计和审计系统质量；③ 客户过去是否定期向放贷机构提供财务报表；

④ 客户是否愿意保证不再将资产抵押给其他债权人；⑤ 是否有足够的保险来保障财产安全；⑥ 客户是否面临很大的技术变动风险；⑦ 预定项目在多长时间后才能产生正现金流量；⑧ 市场需求趋势；⑨ 客户的净资产是否充足。

17.4.2 循环信贷额度

循环信贷额度（revolving credit line）允许企业客户先借得一定数额的款项，全部或部分偿还后在信贷额度到期之前可根据需要重新借得新的款项。循环信贷是所有企业贷款种类中最灵活的一种，通常可以没有特定抵押品，且期限可为短期，也可以长达5年。如果客户不能确定其未来产生现金流的时间或所需贷款的确切额度，循环信贷就是非常合适的企业融资方式。由于循环信贷允许企业在销售下降时借入额外资金，在繁荣期，当企业内部产生的资金足够充裕时偿还贷款，所以循环信贷甚至可以帮助企业摆脱经济周期波动。放贷机构通常会收取贷款承诺费，这项费用是对信贷额度中未使用的部分收取，而有时候则是对客户可用的循环信贷总额收取。

贷款承诺通常有两种类型。最常见的是正式贷款承诺，放贷机构以合同方式承诺，以固定利率或比当前通行的基准利率（优惠利率或伦敦银行同业拆借利率）稍高的利率向客户提供某一最大额度内的资金。在此情况下，除非借款人财务状况出现"实质性不利变化"，或者借款人没有遵循放贷机构承诺合同的某些条款，否则放贷机构不能违反承诺。另一种更宽松的贷款承诺形式是证实的贷款额度，即放贷机构同意，尽管没有预先确定此种信贷额度的价格，并且客户极少会提取信贷额度，只是将其用于在别处贷款的担保，但如出现紧急情况放贷机构仍会批准客户的贷款申请。这种宽松的贷款承诺方式通常只针对最高信用等级的公司，并且其价格通常大大低于正式贷款承诺。

近年来发展很快的一种循环信贷形式是企业信用卡的使用。目前，很多小企业已经将信用卡作为经营资本的一个来源，以避免长时间等候每笔贷款申请的批准。目前信用卡应收款融资越来越流行，这种方式下，客户预先收到现金，并从信用卡销售收入中偿还这部分现金。然而，这种贷款的利率很高，而且如果使用个人信用卡，企业借款人将以个人身份承担企业债务。

17.4.3 长期项目贷款

在所有企业贷款中风险最大的是**项目贷款**（project loans），即提供给可以在未来产生收入流的固定资产的建设融资的贷款。突出的例子包括炼油厂、发电厂和港口设施。这些项目面临的风险不仅大而且种类多：① 涉及大笔资金，常达到几十亿美元；② 项目可能因为天气因素或缺少建筑材料而延期；③ 建设项目所在地的法律法规可能变化，给项目的完成或成本带来不利影响；④ 利率可能变化，给放贷机构的贷款收益率或项目负责人还款带来不利影响。项目贷款通常发放给联合负责大项目的几个公司。由于项目贷款的规模大、风险大，经常由几个放贷机构联合发放。

项目贷款可以在有追索权的基础上发放，这种情况下，如果不能按计划还款，放贷机构可以从负责的公司收回资金。相反，项目贷款也可以是无追索权的，即贷款不能取得项目负责公司的保证；项目的成功与否和负责公司无关。这种情况下，放贷机构面临着巨大的风险，所以通常收取很高的贷款利率。很多此类贷款要求项目负责人在项目完工前以足够的自身资本担保。

17.4.4 支持收购其他企业的贷款：举债经营收购

20世纪80年代和90年代，为企业兼并融资的贷款呈现爆炸式增长，直到21世纪初，才开始减缓。这些收购贷款中最值得关注的是LBO，即小部分投资者杠杆收购公司，这通常是由企业内部相信企业的市场价值被低估的经理人领导完成的。如果新的所有者能够带来更有效的管理技术，包括出售一部分资产以获得更多收入，目标公司的股票价格可能会走高。最著名的杠杆融资案例有吉布森贺卡公司、HCA公司、纳贝斯克公司和莎朗钢铁公司等。

这种内部购买通常由高度乐观的投资者完成，他们愿意大量举债（通常LBO资金90%或者更多都是通过借债获得），因为他们相信收入的增加会高于债务成本。LBO背后的乐观假定最后经常是错误的，当经济状况不正常时，很多此类贷款都变成拖欠款项，正如在2007~2009的信贷危机中发生的那样。

洞察力和问题

克服小企业贷款的障碍：小企业管理及银行合并

小企业所有者认为获得贷款是其面临的最具挑战性的问题。银行似乎更偏爱规模较大的借款人，这些借款人通常能获得最有利的贷款条款。小企业（仅在美国就有2 500万家小企业）通常在融资时面临的选择很少，获得的贷款成本也很高。公共政策制定者对此尤为关注，因为新的就业机会中的大部分是由小企业创造的。

金融市场上这种明显的规模歧视导致了20世纪50年代小企业管理局的诞生，小企业管理局为私人放贷机构发放给小企业的贷款做担保。在小企业管理局的7（a）贷款计划下，机构担保小企业偿还的最大额度为100万美元（当前该计划允许的最大贷款额为200万美元）。小企业管理局每年对近75 000位申请者提供信贷。然而遗憾的是，最近对于小企业贷款，小企业管理局的贷款准则更为严格并提高了担保收取的费用。

如果这个消息还不算太坏，糟糕的则是近期有证据表明银行业的合并可能会减少小企业可获得的信贷。商业银行发放的企业贷款要多于其他金融机构；然而，参与合并活动的银行与没有参与合并活动的银行相比，对小企业的贷款增长较慢。此外，最大的银行对小企业客户的了解不如规模较小的银行了解得多。这有可能暗示，如果银行的数量继续减少，从而使单个银行变得更大，那么将来，小企业会面临信贷危机。

然而，一些专家指出或许这并不会造成什么问题。尽管小企业贷款在银行资产组合中的比重减少，然而小企业获得的贷款总量事实上可能增加了。例如，如果一家银行的贷款资产组合从1亿美元增加到2亿美元，同时，贷款资产组合中小企业贷款占比从10%下降到8%，小企业的贷款总量事实上增加了——从1 000万美元（1亿美元×0.10）增加到1 600万美元（2亿美元×0.08）。因此，随着银行的合并，将来小企业贷款增加还是减少，结论并不确定。

概念测验

1. 企业贷款给商业放贷机构的管理带来了什么样的问题？
2. 营运资本贷款、敞口信贷额度、资产担保贷款、固定资金贷款、循环信贷额度、临时融资、项目贷款和收购贷款的本质区别是什么？

17.5 企业贷款申请分析

放贷机构发放企业贷款时,几乎容不得出现闪失,许多企业贷款的数额太大,以至于成为坏账,放贷机构自身也会面临风险。此外,放贷机构竞相争夺优良企业客户,使得它们在此类贷款上的收入扣除发放贷款时所需支付的资金成本之后,得到的利润减少。对于大多数企业贷款,放贷机构为了获得1美元的收益(扣除全部成本,包括税收),需要发放大约100美元的贷款,这是比较低的**报酬对风险比率**(reward-to-risk ratio),说明放贷机构要特别注意数额巨大因而风险很高的贷款。在如此低的报酬对风险比率下,只需很少的企业贷款违约就会严重影响放贷机构的利润。

大多数信贷员倾向于在企业贷款协议外部构筑多重安全保障,以保证贷款到期时能收回贷款本金并获得预期利息收入。通常,这要求企业借款人获得两三个资金来源以偿还贷款。最常见的企业偿还贷款的资金来源如下:

- 借款企业的利润或现金流量;
- 企业用做贷款抵押的资产;
- 良好的资产负债表,有足够的可出售资产和净资产;
- 企业提供的担保,例如以个人财产支持企业贷款。

最常见的是,如果企业的现金流量不足,放贷机构会转向企业的资产,而资产的价值随经济中的产量而波动,这提示了放贷机构应该实现贷款在不同地区、不同市场和不同企业中的多样化。

要获得上述还款资金来源的信息,就需要对客户财务报表进行分析,尤其是资产负债表和利润表。下面我们从信贷员的角度分析这些基本的财务报表。

分析借款企业财务报表时,通常放贷机构的信用分析部门最先开始分析的是过去一段时间(通常是过去3~5年)借款人财务报表的主要数据是如何变化的。下面的例子是对布莱克高登油气公司(Black Gold, Inc.)的历史分析,如表17-2所示。表中显示了过去四年公司的资产负债表和利润表。

表17-2 布莱克高登公司财务报表历史分析

资产负债表项目	资产负债表							
	当年		一年前		两年前		三年前	
	金额(100万美元)	占总资产的百分比(%)	金额(100万美元)	占总资产的百分比(%)	金额(100万美元)	占总资产的百分比(%)	金额(100万美元)	占总资产的百分比(%)
资产								
现金	1.0	3.6	1.3	4.5	1.7	5.7	2.2	6.9
有价证券	0.5	1.8	0.8	2.8	1.0	3.3	—	0.0
应收账款	**8.3**	**29.6**	**7.4**	**25.5**	**6.2**	**20.7**	**4.1**	**12.8**
存货	**5.2**	**18.6**	**4.5**	**15.5**	**3.4**	**11.3**	**2.3**	**7.2**
流动资产总额	15.0	53.6	14.0	48.3	12.3	41.0	8.6	26.9
固定资产原值	19.4	69.3	20.2	69.7	21.5	71.7	22.4	70.0
减:累计折旧	10.1	36.8	9.2	31.7	8.0	26.7	5.1	15.9
固定资产净额	9.3	33.2	11.0	37.9	13.5	45.0	17.3	54.1
其他资产	3.7	13.2	4.0	13.8	4.2	14.0	6.1	19.1
总资产	28.0	100.0	29.0	100.0	30.0	100.0	32.0	100.0
负债与股东权益								
应付账款	1.3	4.6	1.2	4.1	0.8	2.7	1.0	3.1

(续)

资产负债表项目	资产负债表							
	当年		一年前		两年前		三年前	
	金额(100万美元)	占总资产的百分比(%)	金额(100万美元)	占总资产的百分比(%)	金额(100万美元)	占总资产的百分比(%)	金额(100万美元)	占总资产的百分比(%)
应付票据	3.9	13.9	3.4	11.7	3.2	10.7	2.7	8.4
应付税金	0.1	0.4	0.2	0.7	0.1	0.3	0.8	2.5
流动负债总额	**5.3**	**18.9**	**4.8**	**16.6**	**4.1**	**13.7**	**4.5**	**14.1**
长期负债	12.2	43.6	13.2	45.5	12.5	41.6	11.4	35.6
其他负债	0.0	0.0	0.4	−1.4	3.5	11.7	6.1	19.1
总负债	17.5	62.5	18.4	63.4	20.1	67.0	22.0	68.8
普通股	1.0	3.6	1.0	3.4	1.0	3.3	1.0	3.1
资本公积	3.0	10.7	3.0	10.3	3.0	10.0	3.0	9.4
留存收益	6.5	23.2	6.6	22.8	5.9	19.7	6.0	18.8
净资产	10.5	37.5	10.6	36.6	9.9	33.0	10.0	31.3

利润表项目	利润表							
	当年		一年前		两年前		三年前	
	金额(100万美元)	占净销售额的百分比(%)	金额(100万美元)	占净销售额的百分比(%)	金额(100万美元)	占净销售额的百分比(%)	金额(100万美元)	占净销售额的百分比(%)
净销售额	**32.0**	**100.0**	**30.0**	**100.0**	**28.0**	**100.0**	**31.0**	**100.0**
减：销货成本	**18.0**	**56.3**	**16.0**	**53.3**	**15.0**	**53.6**	**14.0**	**45.2**
销售毛利	14.0	43.8	14.0	46.7	13.0	46.4	17.0	54.8
减：销售、管理和其他费用	9.0	28.1	9.0	30.0	8.0	28.6	11.0	35.5
减：折旧费	3.0	9.4	3.0	10.0	3.0	10.7	2.0	6.5
营业净收益	2.0	6.3	2.0	6.7	2.0	7.1	4.0	12.9
减：借款利息费用	2.0	6.3	1.0	3.3	2.0	7.1	2.0	6.5
税前收益	0.0	0.0	1.0	3.3	0.0	0.0	2.0	6.5
减：所得税	0.1	0.3	0.3	1.0	0.1	0.4	0.2	0.6
税后净收益	−0.1	−0.3	0.7	2.3	−0.1	−3.6	1.8	5.8

应当注意，这些财务报表同时包括各项目的金额及其占总资产的百分比（资产负债表）或占总销售的百分比（利润表）。这些百分比通常被称为总体结构比率，它比财务报表上的金额更能清楚地反映各个贷款企业客户经历的最显著的财务趋势，使不同规模的企业有了对照标准，使得信贷员能将某一企业与其他企业甚至整个行业做比较。最常用的帮助分析借款企业财务报表的总体结构比率如表17-3和表17-4。

表17-3 资产负债表中重要的结构比率

资产百分比构成	负债和净资产之和的百分比构成
现金/总资产	应付账款/总负债和净资产（=总资产）
有价证券/总资产	应付票据/总负债和净资产
应收账款/总资产	应付税金/总负债和净资产
存货/总资产	流动负债总额/总负债和净资产
固定资产（扣除折旧）/总资产	长期债务/总负债和净资产
其他（杂项）资产/总资产	其他负债/总负债和净资产
	净资产/总负债和净资产

表17-4 利润表中重要的结构比率

总收入百分比构成（总收入或总销售额）
销货成本/销售额
销售毛利/销售额
劳动力成本（周薪、工资和额外福利）/销售额
销售、管理和其他费用/销售额
折旧费用/销售额
其他营业费用/销售额
营业净利润/销售额
借款利息费用/销售额
税前收益/销售额
所得税/销售额
税后净收益/销售额

对这些比率变化的比较分析有助于信贷员找出贷款正在形成的问题。例如，可能用做抵押的资产减少或者借款企业盈利能力降低。我们可以分析反映布莱克高登公司资产、负债、股权资本的百分比结构报表，见表17-2。根据这些百分比结构报表，对于为布莱克高登公司提供了贷款的银行来说，该公司的风险情况如何？

假设布莱克高登公司以应收账款和存货为抵押资产，基于油气价格会大幅上涨的预期，向银行申请500万美元的营运资本信贷额度。布莱克高登公司目前尚欠另一银行390万美元贷款，该银行在过去的几年里和布莱克高登公司保持了良好的业务关系，但是公司对现在的银企关系非常不满，并且想另辟新途。有时借款企业不满是由于银行提供的服务不完善或质量较差；另一种可能是，当企业客户出现问题时，银行只是设法避免自身出现困境，要求企业偿还现有贷款或拒绝批准新的贷款申请。信贷员的工作之一就是尽可能了解企业客户与当前放贷机构的关系，以及为什么产生这样或那样的问题。

> **小贴士**
>
> 外国银行向美国发放的贷款中，哪类贷款的规模最大？
>
> 答：商业或企业贷款，随后是房地产贷款。

仔细观察表17-2，可以发现本例中的信贷员将有几个重要问题需要客户澄清。例如，布莱克高登公司税后净收益及税后净收益与净销售额之比在过去4年当中有两年都为负值。该公司销售收入在过去4年中没有太大变化，而销货成本，无论是考虑美元金额还是其与净销售额之比，在过去4年中大幅上升。此外，如果以应收账款和存货担保贷款，显然信贷员需要关注一个问题，即表格所反映的这段时间内，报表上这两个项目的美元金额及其占总资产的百分比都大幅增长，同时公司短期（流动）负债也有所增加。

> **小贴士**
>
> 研究表明企业贷款倾向于跟随经济周期，经济扩张期，贷款增加；经济衰退期，贷款减少，这可能会放大经济周期的影响。有一种理论指出这种情况的出现部分原因在于，随着放贷机构逐渐淡忘以前发生的坏账，使信贷标准随着时间而降低。

17.6 客户财务报表的财务比率分析

资产负债表和利润表的信息通常由财务比率分析做补充。通过仔细选择借款人资产负债表和利润表中的项目，信贷员可以清楚地了解企业贷款中的重要问题，如：① 借款人控制费用的能力；② 借款人使用资源获得销售收入的经营效率；③ 借款人产品的适销度；④ 企业收入支付财务费用的能力；⑤ 借款人流动性状况，即随时取得现金的能力；

⑥ 借款人的利润记录；⑦ 借款人的财务杠杆率（或者说负债和股权资本之比）；⑧ 借款人是否面临巨额或有负债，可能导致将来出现索赔。

17.6.1 企业客户对费用的控制

企业管理质量的指标之一是企业如何仔细地对费用进行控制以及收入如何增长和受到保护。在多数情况下，收入是用来偿还贷款的主要现金来源，信用分析员通常计算几项主要的财务比率来监控企业费用控制计划，这些比率包括：

- 周薪和工资/净销售额；
- 企业管理费用/净销售额；
- 折旧费用/净销售额；
- 借入资金的利息费用/净销售额；
- 销货成本/净销售额；
- 销售、管理和其他费用/净销售额；
- 税金/净销售额。

面对布莱克高登公司的一些费用控制比率，信贷员可能会对该公司的管理质量和未来收入前景心存疑问，见表17-5。布莱克高登公司的费用比率中，有几项已经下降，如销售、管理和其他费用对净销售额之比和税金对净销售额之比；但是，其他项目相对净销售额的比率或保持不变，或有所上升。事实上，布莱克高登公司由于在相对停滞的销售状况下削减费用不力，导致净收入在过去4年中下降。负责这项事务的信贷员需要客户提供更有说服力的证据，证明公司未来费用和净收入的状况能得到改善。

表17-5 布莱克高登公司的费用控制比率 (%)

费用控制比	当年	一年前	两年前	三年前
销货成本÷净销售额	**56.3**	53.5	53.6	45.2
销售、管理和其他费用÷净销售额	28.1	30.0	28.6	35.5
折旧费用÷净销售额	9.4	10.0	10.7	6.5
借入资金的利息费用÷净销售额	6.3	3.3	7.1	6.5
税金÷净销售额	0.3	1.0	0.4	0.6

17.6.2 经营效率：衡量企业绩效

观察企业客户的经营效率也十分有用。企业利用资产来获得销售收入和销售转化为现金的效率如何？以下是一些重要的财务比率：

- 年销货成本/平均存货（或存货周转率）；
- 净销售额/固定资产净值；
- 净销售额/总资产；
- 净销售额/应收账款加应收票据。

$$平均收账期 = 应收账款 \div (年赊销收入 \div 360) \qquad (17\text{-}1)$$

在布莱克高登公司的例子中，这些效率比率表现如何呢？从表17-6可清晰地发现，布莱克高登公司有一些效率指标没什么结论性意义，而其他指标则说明在主要资产方面的管理效率日趋恶化，尤其是在应收账款方面。此外，存货周转率显示了下降的趋势，这一比率是公司控制

存货规模方面的管理效率的指标。⊖

表17-6 布莱克高登公司效率比率

	当年	一年前	两年前	三年前
存货周转率：年销货成本÷平均存货	3.46×	3.56×	4.41×	6.09×
平均收账期：应收账款÷（年赊销额÷360）①	93.4天	88.8天	79.7天	47.6天
固定资产周转率：净销售额÷固定资产净值	3.44×	2.73×	2.07×	1.79×
总资产周转率：净销售额÷总资产	1.14×	1.03×	0.93×	0.97×

①为方便计算比率，使用360天。

布莱克高登公司的平均收账期，或应收账款周转率，表现出的趋势也让人不安。平均收账期反映了公司回收赊销资金的效率，并且反映了公司赊销账户的总体质量。平均收账期的延长表明过期的赊销账户增多和欠佳的回收政策。显然，对于布莱克高登公司来说，公司平均收账期在过去4年中几乎翻了一倍，从47.6天增长到93.4天。信贷员一定会问，为什么会出现这种情况以及公司将采取什么样的措施使应收账款周转回到正轨。

> **小贴士**
> 1991年的一部电影中，安东尼·霍普金斯（Anthony Hopkins）作为一名顾问，帮助一家在经营和销售方面存在一些重要问题的小型家庭制鞋企业改善其经营效率。这部电影叫什么名字？
> 答：《效率专家》(The Efficiency Expert)。

固定资产周转率用来衡量企业使用厂房和设备（固定资产净值）来生产产品或服务，产生销售收入的快慢程度。在本例中，布莱克高登公司的固定资产周转率上升，但是这并不能让人感到放心，因为表17-2中的资产负债表显示固定资产周转率上升主要是因为厂房和设备减少了。布莱克高登公司或者变卖公司一部分固定资产以获取资金，或者未能置换磨损的厂房和设备。布莱克高登公司管理层申请了一笔500万美元的信贷额度，希望能够促进销售，但是考虑到生产性固定资产减少，公司是否有能力增加销售收入值得怀疑。总资产周转率也表现了相同的趋势，上升的原因和上述原因相同。

17.6.3 客户产品或服务的适销程度

为了产生足够的现金流量偿还贷款，企业必须成功地出售货物、服务或技术。放贷机构可以通过分析一些因素来评估其客户销售品的公众接受度，这些因素包括销售收入增长率、企业市场份额变化和毛利率（GPM），定义为

$$GPM = \frac{净销售额 - 销货成本}{净销售额} \tag{17-2}$$

另一个和GPM相似但更为精确的比率是净利率（NPM）⊖

⊖ 一般来说，企业存货周转率越高，对于放贷机构来说就越为有利，因为该比率说明一年中企业通过将存货转为销货来周转其投资的次数。如果存货周转率太低，可能表明客户不接受公司的产品或者公司生产和存货控制政策效率较低；而存货周转率太高则可能反映公司产品定价偏低或者现有用于销售的库存不够，常会出现断货情况，这也不利于留住客户。

⊖ 毛利率（GPM）可以衡量市场环境，即对企业客户产品或服务的需求和客户面临的市场竞争如何。GPM还可以衡量企业客户在市场中的实力，这是通过客户产品的市场价格超出客户生产和配送成本的多少反映的。另外，净利率（NPM）反映了企业客户在扣除所有费用后，一美元销售收入带来的利润是多少，它反映企业费用控制政策的有效性和企业定价策略的竞争力。

$$NPM = \frac{税后净收益}{净销售额} \quad (17\text{-}3)$$

表17-7 布莱克高登公司的毛利率和净利率 (%)

	当年	一年前	两年前	三年前
毛利率（GPM）	43.8	46.7	46.4	54.8
净利率（NPM）	-0.3	2.3	-3.6	5.8

布莱克高登公司的毛利率和净利率情况如何呢？很显然，如表17-7所示，毛利率和净利率都呈现下降趋势。这一趋势提醒信贷员注意一些实际或潜在的问题，包括可能不适当的价格策略、费用控制问题和市场恶化等。

17.6.4 保障倍数：衡量收入是否充足

保障倍数反映了在企业客户收入基础上提供给债权人的保障。下边列出几个最常见的保障倍数

$$利息保障倍数 = \frac{息税前收入}{利息费用} \quad (17\text{-}4)$$

$$利息和本金支付保障倍数 = \frac{利税前收入}{利息费用 + \dfrac{本金偿还额}{1 + 公司边际税率}} \quad (17\text{-}5)$$

$$固定支出保障倍数 = \frac{未扣除利息、税款及租金前的收入}{利息费用 + 租金} \quad (17\text{-}6)$$

请注意，在美国由于利息费用和租金在计算所得税时可予以扣除，而贷款本金在计算时是不能扣除的，所以第二个保障倍数做了调整。

布莱克高登公司的保障倍数表现如何呢？公司当年必须偿还长期债务中的93万美元，同时尚欠390万美元短期应付票据。公司一年前偿还了100万美元的长期债务，而两年和三年前还分别偿还了110万美元和130万美元长期债务。如表17-8所示，布莱克高登公司利息保障倍数较差。公司收入仅够支付利息，一旦需要偿还本金，收入必然不够同时支付利息和偿还本金。为了改善自身情况，公司必须少用债务融资（更多地使用股权），或者通过调整债务结构以减少当前的债务支付。信贷员应该就这些选择与公司商谈，并且对公司提出如何改善保障倍数的建议，以增加其获取贷款的机会。

表17-8 布莱克高登公司的保障倍数

	当年	一年前	两年前	三年前
利息保障倍数	1.0×	2.0×	1.0×	2.0×
利息和本金支付保障倍数[①]	0.29×	0.80×	0.65×	1.01×

① 布莱克高登公司当年和两年前的边际税率为0%，一年前和三年前为34%。

17.6.5 企业客户流动性指标

借款人流动性状况反映了其以合理成本及时筹措资金的能力,以及在贷款支付期至及时还贷的能力。⊖ 下边列出的是常见流动性比率

$$流动比率 = \frac{流动资产}{流动负债} \tag{17-7}$$

$$酸性测试比率 = \frac{流动资产 - 存货}{流动负债} \tag{17-8}$$

$$净流动资产 = 流动资产 - 存货 - 流动负债 \tag{17-9}$$

$$净营运资本 = 流动资产 - 流动负债 \tag{17-10}$$

营运资本(working capital)的概念非常重要,因为它是公司以流动资产偿还短期债务能力的衡量标准。

布莱克高登公司的流动性如何呢?两年前公司在提高流动性方面取得了很大进展,那时流动资产是流动负债的3倍。然而,从那时起,布莱克高登公司的流动比率和酸性测试比率都有显著下降,见表17-9。公司流动性状况中的少数亮点是近期将营运资本扩至970万美元,而且净流动资产情况相对稳定。然而,如果仔细检查营运资本增长的原因,我们会发现这在很大程度上是通过出售部分厂房和设备以及增加长期借款获得的。上述两种情况都很难被信贷员和信用分析员接受。

表17-9 布莱克高登公司的流动性变化

	当年	一年前	两年前	三年前
流动比率:流动资产÷流动负债	2.83×	2.92×	3.00×	1.91×
酸性测试比率:(流动资产-存货)÷流动负债	1.85×	1.98×	2.17×	1.40×
净营运资本(=流动资产-流动负债)(100万美元)	9.7	9.2	8.2	4.1
净流动资产(=流动资产-存货-流动负债)(100万美元)	4.5	4.7	4.8	1.8

商业放贷机构对企业客户流动性状况的变化尤为敏感,因为贷款偿还依靠流动资产的转换(包括现金账户)。如果企业流动性下降,放贷机构依靠公司其他资产回收资金的可能性会增大,这一工作十分耗时,成本很高,而且结果有很大的不确定性。本例中,如果放贷机构最终决定对布莱克高登公司发放贷款,一定会在贷款协议中要求公司加强流动性储备。

我们必须注意到,流动性同样有其"阴暗面"。如果借款企业过多的资产都以流动形式存在而不是投入到生产中,企业将失去增加回报的机会,并且给不诚实的管理者和职员留有卷款而逃的机会。显然,信贷员必须警惕企业客户经营中的极端状况,并要求客户对极端状况做出解释。

17.6.6 盈利能力指标

在市场经济中,评判企业绩效的最终标准是,从收入中扣除所有费用后(不包括股东红利),

⊖ 个人、企业或政府如果能够及时资产变现,或在需要资金时借入可使用资金,我们就认为其具有流动性,因此流动性是短期概念,时间非常重要。大多流动比率都着眼于流动资产量(现金、有价证券、应收账款、存货、预付费用和可以在一年内转化为现金的其他资产)和流动负债量(应付账款、应付票据、应付税款和其他对公司的短期要求权,包括长期债务在当年必须支付的利息和本金)。

企业所有者剩余多少净收入。大多数信贷员会注意税前净收益和税后净收益,用以衡量目标企业客户的总体财务情况相对于同行业可比较企业来说,究竟是成功还是失败。衡量借款企业财务状况的基本指标有:

- 税前净收益÷总资产、净资产或总销售额
- 税后净收益÷总资产、净资产或总销售额
- 税后净收益÷净资产
- 税后净收益÷销售总额(或Ros)或边际利润

看看布莱克高登公司的盈利状况如何。表17-10总结了这家公司主要的盈利趋势。显然,在审查该笔贷款申请时,信贷员是不可能感到轻松的。布莱克高登公司的收益在两三年前出现长期下滑趋势,并且没有任何现象表明近期可能好转。公司管理层预计销售会上升,从而收益也会上升。然而,信贷员必须确定经营好转的前景是光明的。当然,如果有变现即能收回放贷机构资金的足够抵押,放贷机构或许会发放贷款,但是大多数信贷员认为相对于用收益及现金流量偿还贷款,这并不是好选择。

表17-10 布莱克高登公司的盈利趋势 (%)

	当年	一年前	两年前	三年前
税前净收益÷总资产	0.0	3.4	0.0	6.3
税后净收益÷总资产	−0.4	2.4	−0.3	5.6
税前净收益÷净资产	0.0	9.4	0.0	20.0
税后净收益÷净资产	−1.0	6.6	−1.0	18.0

17.6.7 企业资本结构的晴雨表:财务杠杆因素

任何放贷机构都会关心除了正在申请的贷款,借款人还有多少债务。财务杠杆是指借款人期望贷款的预期收入将大于贷款的成本,从而增加企业所有者的潜在回报率。分析借款企业信贷情况和财务杠杆使用状况的重要财务比率包括

$$杠杆比率 = \frac{总负债}{总资产} \qquad (17\text{-}11)$$

$$资产构成比率 = \frac{长期负债}{长期总负债 + 净资产} \qquad (17\text{-}12)$$

$$负债销售比率 = \frac{总负债}{净销售额} \qquad (17\text{-}13)$$

布莱克高登公司的杠杆和负债情况如何呢?如表17-11所示,布莱克高登公司杠杆比率在最近有所好转,资产和净资产总体上比公司负债增长要快。此外,公司长期融资渠道的构成——债务和股权资本——相对不变,而公司总负债相对于销售额有所下降。公司近期融资的很大一部分都来自债务以外的渠道,例如出售固定资产以及增加应收账款和存货形式的流动资产。表17-12总结了反映布莱克高登公司当前状况的比率。

表17-11 布莱克高登公司的杠杆趋势

	当年	一年前	两年前	三年前
杠杆比率：总负债÷总资产	62.5%	63.4%	67.0%	68.8%
总负债÷净资产	1.67×	1.74×	2.03×	2.20×
资产构成比率：长期负债÷长期负债加净资产	53.7%	55.5%	55.8%	53.3%
负债销售比率：总负债÷净销售额	54.7%	61.3%	71.8%	71.0%

表17-12 反映布莱克高登公司财务趋势的主要财务比率的总结

财务比率种类及主要比率指标	布莱克高登公司的财务比率			
	当年	一年前	两年前	三年前
费用控制指标				
销货成本/净销售额（%）	56.3	53.5	53.6	45.2
销售、管理和其他费用/净销售额（%）	28.1	30.0	28.6	35.5
折旧费用/净销售额（%）	9.4	10.0	10.7	6.5
借入资金利息费用/净销售额（%）	6.3	3.3	7.1	6.5
税金/净销售额	0.3	1.0	0.4	0.6
经营效率指标				
年销货成本/平均存货	3.46×	3.56×	4.41×	6.09×
平均应收账款回收期	93.4天	88.8天	79.7天	47.6天
净销售额/固定资产净值	3.44×	2.73×	2.07×	1.79×
净销售额/总资产	1.14×	1.03×	0.93×	0.97×
产品和服务适销性				
毛利率(GPM)（%）	43.8	46.7	46.4	54.8
净利率(NPM)（%）	−0.3	2.3	−3.6	5.8
保障倍数				
利息保障倍数	1.0×	2.0×	1.0×	2.0×
利息和本金支付保障倍数	0.29×	0.80×	0.65×	1.01×
流动性指标				
流动资产/流动负债（流动比率）	2.83×	2.92×	3.00×	1.91×
酸性测试比率[（流动资产−存货）/流动负债]	1.85×	1.98×	2.17×	1.40×
营运资本（流动资产−流动负债）	970万美元	920万美元	820万美元	410万美元
净流动资产（流动资产−流动负债−存货）	450万美元	470万美元	480万美元	180万美元
盈利能力指标				
税前净收益/总资产（%）	0.0	3.4	0.0	6.3
税后净收益/总资产（%）	−0.4	2.4	−0.3	5.6
税前净收益/净资产（%）	0.0	9.4	0.0	20.0
税后净收益/净资产（%）	−1.0	6.6	−1.0	18.0
杠杆率或资本结构指标				
杠杆比率（总负债/总资产）（%）	62.5	63.4	67.0	68.8
总负债/净资产	1.67×	1.74×	2.03×	2.20×
资产构成比率[长期债务/（总长期负债+净资产）]（%）	53.7	55.5	55.8	53.3
负债销售比率（总负债/净销售额）（%）	54.7	61.3	71.8	71.0

17.7 比较企业客户的绩效与其所在行业的整体绩效

信贷员的标准做法是将每个借款企业的绩效与客户所在行业的整体绩效做比较。有一些组

织的工作就是帮助信贷员收集整个行业的数据,其中最著名的两个是:
- 邓白氏行业标准和主要商业比率(Dun&Bradstreet Industry Norms and Key Business Ratios),提供200多个国家不同行业超过1 800万家企业3年中14种企业财务比率,包括总体结构资产负债表和收益表、销售收入及其他主要账户的美元金额,以及一些重要绩效比率,例如资产收益率、净资产收益率、应收账款和存货周转次数、负债和固定资产比净资产及流动资产比流动负债(更多例子请见www.bizminer.com)。
- 风险管理协会年度报表研究(RMA Annual Statement Studies)收集了由信贷员及其客户提供的来自美国不同地区超过640个行业的数据(按其SIC码或NAICS码分类)。包括基于资产负债表和收益表得出的16种总体结构财务比率;根据资产和销售规模将信息分为6个组,提供了行业平均绩效水平以及最大的和最小的1/4企业的绩效,这些数据可以通过订阅在线的产业概况或购买光盘获得(见www.rmahq.org/Ann_Studies/ asstudies.html.)。

> **小贴士**
> 根据最近的联邦储备调查,何种规模的企业贷款风险最大,最小规模的贷款,最大规模的贷款还是中等规模的贷款?
> 答:中等规模的贷款风险最大,其贷款金额在10万~100万美元之间。

布莱克高登公司归为原油和天然气开采业(SIC Code 1311 and NAICS Code 211111)。通常,根据我们前面观察到的一些关键绩效比率,可以看出布莱克高登公司的绩效低于行业标准。信贷员将会询问布莱克高登公司的管理层关于绩效落后的原因及管理层计划如何提高公司在其行业中的排名。

或有负债

1. 或有负债的类型

信贷员必须注意借款人资产负债表上没有表现出来但却存在的潜在要求权,例如:
- 企业产品的质量保证或担保;
- 对企业的诉讼或未决诉讼;
- 企业将来很可能需要向其雇员支付的未提基金的退休金债务;
- 欠缴的应付税金;
- 限制型法规。

这些**或有负债**(contingent liabilities)可能在未来变成对企业资产和收入的实际要求权,从而导致用于还贷的资金减少。信贷员在此情况下最好的措施是:首先,询问客户与可能或未决的要求权的有关情况;其次,展开调查,查看政府记录、公告和报纸。此时,掌握更多信息以求安全,要比心存侥幸、不闻不问好得多。以布莱克高登公司为例,信贷员应例行检查或有负债。

2. 负债环境

根据《环境应对、赔偿和责任综合法案》(Comprehensive Environmental Response, Compensation, and Liability Act)以及《超级基金修正法案》(Super Fund Amendments Act),一种新的或有负债越来越多地引起了放贷机构的注意,放贷机构对环境破坏可能负有责任。根据这些联邦法律,被污染地产的过去及现在所有者、被污染地产上企业前任及现任的经营者和排泄、运输有害物质的责任方,都可能要承担破坏环境带来的清理费用(大多数州都颁布了类似的环境破坏清理法律)。其他联邦法律也对生产、运输、存储和处理对环境有害的物质的行为规定了相应责任。这些法令包括《资源保护与回收法案》(Resource Conservation and

Recovery Act)，《清洁水法案》（Clean Water Act），《清洁空气法案》（Clean Air Act）以及《毒性物质管理法案》（Toxic Substance Control Act）。违反诸如《环境应对、赔偿和责任综合法案》和其他经济法案的公司，将受到民事或刑事惩罚，并支付与清洁环境相关的费用，这一费用可能高达数十亿美元。

1990年的"福力特事件"（Fleet Factors）中，一家联邦上诉法院做出判决，如果放贷机构在其发放贷款的企业处理危险废物的决策中有"重大影响"，则该放贷机构要承担清理由该企业排放的危险废物的费用。[⊖] 面对法院的此类裁决，许多放贷机构被迫仔细检查可能取消抵押赎回权的贷款抵押品是否具有环境污染危险。为了给放贷机构提供如何评估环境风险的指南，美国环境保护局（EPA）发布了新的贷方责任规则，即"安全规则豁免"，债权人在取得污染地产所有权时可以援引此规则。环境保护局指南规定如果持有地产"所有权证明"（如信托、质押或抵押的契约）的放贷机构采取了一定措施，则可以豁免和所有者地产相连的环境责任。首先，放贷机构不能参与借款人的地产管理，而且采取的措施主要是保护发放给借款人的贷款，而不是对借款人的地产做长期投资。如果放贷机构要取消污染地产的抵押赎回权，则必须在取得销售权之后的12个月内公告出售地产。放贷机构可以：① 要求借款人对其地产进行环境评估；② 要求清理被污染的地产；③ 检查并监督借款人地产；④ 要求借款人遵守所有环境法律法规。

为了帮助所有联邦监管的放贷机构建立环境风险评估制度，联邦存款保险公司公布了指导方针。每家机构内部都必须指定一名高级管理人员来执行这些程序，以避免环境风险损失。所有放贷机构都要建立员工培训体系，形成特定步骤用以评估客户用做贷款抵押的地产出现的环境风险，并落实安全措施使机构远离环境责任。对布莱克高登这样的借款企业，由于其可能存在环境责任，将会受到放贷机构的仔细检查。

资金不足的养老金债务 另一个可能会威胁布莱克高登公司和其他借款客户的或有负债是资金不足的退休金计划。根据财务会计准则委员会（FASB）及其他机构提出的会计规则，借款客户须将其员工的退休金盈余和赤字记录在资产负债表中，而不能在将其隐藏在脚注中。如果计划的退休金债务超过预期资金来源，客户资产负债表上的负债很可能会增加，进而有可能导致其净资产减少和违反贷款协约，从而放贷机构会收取较高的贷款利率。信贷员必须密切关注借款客户退休金计划的财务状况，尤其是在2007~2009年的信贷危机之后。

17.8 根据企业财务报表编制现金流量表

除了资产负债表和利润表，信贷员常常希望借款企业提供第三种会计报表——**现金流量表**（statement of cash flows）。财务会计准则委员会（FASB）要求的这种报表，很容易从借款人处取得。该报表提供了企业现金余额如何变化以及变化原因的重要信息，并有助于回答几个重要的问题：借款人是否能够产生足够的现金以支持其生产和销售活动，并且还能偿还贷款？借款人的现金状况为什么会随时间发生变化，对放贷机构而言，这些变化意味着什么？

现金流量表反映了企业的经营活动、投资活动和筹资活动如何引起现金流入和现金流出。表17-13列出了布莱克高登公司当年的现金流量表，计算过程如下

⊖ 参见 *United States v. Fleet Factor Corp.*, 901F2d 1550, and, for a similar decision, see United States v. Maryland Bank & Trust Co., 632 F. Supp. 573.

现金流量（按来源分）＝经营活动产生的净现金流量（主要是生产、
存货及销售产生的正常现金流量）
＋投资活动产生的净现金流量（主要指资产的购买和销售）
＋筹资活动产生的净现金流量（包括发行债券） (17-14)

其中最重要的是企业的经营活动。经营活动的现金流量可直接计算也可以间接计算，FASB推荐采用直接法计算，然而，人们更经常使用的是间接法，下面我们将以布莱克高登公司来举例说明。第16章中，我们介绍了传统的计算经营活动现金流量的方法（直接法）

传统方法（直接法）下经营活动的现金流量
＝经营活动产生的净现金流量＋非现金费用（现金制，而非应计制）
＝净销售收入－销货成本－销售、管理和一般费用
－以现金支付的税金＋非现金费用（特别是折旧） (17-15)

编制与经营活动相关的收益表时，我们采用的是应计制而非现金制。采用间接法计算经营活动产生的现金流量时，我们从收益表中的净收益开始分析，并指出它与传统方法下计算的经营活动产生的现金流量是一致的

间接法下经营活动的现金流量
＝净收益＋非现金费用＋出售资产的损失－出售资产的利得
－与经营活动有关的资产的增加额
＋与经营活动有关的流动负债的增加额
－与经营活动有关的流动负债的减少额
＋与经营活动有关的流动资产的增加额 (17-16)

等式首先用净收益加上非现金费用，例如折旧；接着对收益表中资产销售的利得和损失进行调整，以将其归入投资活动；最后它加上了资产负债表中能产生现金的所有变化（应收账款减少额、存货减少额、其他资产减少额、应付账款增加额及应计项目增加额），减去资产负债表中需要现金的所有变化（应收账款增加额、存货增加额、其他资产增加额、应付账款减少额及应计项目减少额）。表17-13以布莱克高登公司为例说明了计算经营活动的现金流量的这种过程。

表17-13 布莱克高登公司的现金流量表 （单位：100万美元）

当 年		信息来源
经营活动产生的现金流量		
净收益（损失）	(0.1)	最新收益表（IS）
净收益调整项目		
加：折旧	3.0	最新收益表
资产和负债变化		
加：其他资产的减少额	0.3	连续资产负债表的比较（CBC）
加：应付账款增加额	0.1	连续资产负债表的比较
减：应收账款增加额	(0.9)	连续资产负债表的比较
减：存货增加额	(0.7)	连续资产负债表的比较
减：应付税金减少额	(0.1)	连续资产负债表的比较
经营活动产生的净现金流量	1.6	
投资活动产生的现金流量		
购买新机器	(1.3)	购置成本（可从调整完所有其他变化后的CBS中得出）
出售有价证券	0.3	售出证券的账面价值（CBS）＋利得（IS）－损失（IS）

(续)

当 年		信息来源
投资活动产生的净现金流量	(1.0)	
筹资活动产生的现金流量		
应付票据增加额	0.5	连续资产负债表的比较
偿还长期债务	(0.1)	连续资产负债表的比较
偿还其他负债	(0.4)	连续资产负债表的比较
减去：支付的股利	0.0	净收益（IS）与留存收益变化额之间的差（CBSs）
筹资活动产生的净现金流量	(0.9)	
当年现金增加额（减少额）	(0.3)	经营活动、投资活动、融资活动产生的净现金流的总和应该用连续资产负债表的比较对入账进行核对

现金流量表的第二部分描述了与经营中所用资产的购置和处理相关的现金的流入和流出。与投资活动有关的现金流量包括证券和长期资产（例如厂房和设备）的购买和出售。虽然从两个相邻时期资产负债表中有价证券和固定资产的变化及收益表中记录的利得和损失，我们可以收集到这些活动的情况，但参考现金流量表，我们可以直接看出实际需要的或产生的资金。成长型企业投资固定资产以支持经营是非常有益的做法。当年年底，布莱克高登公司注销了炼油设备的200万美元，该设备已全数折旧，今后不会继续使用，它购买了价值130万美元的设备作为部分替代。由于在固定资产上的这项投资需要资金，布莱克高登公司兑现了到期短期国债取得了30万美元。

现金流量表的最后一部分——第三部分报告了筹资活动。现金流入包括放贷机构和企业所有者提供的短期资金和长期资金，现金流出包括偿还借入资金、向所有者分红及回购已发行的股票。就筹资活动引起的现金流入而言，布莱克高登公司增加了50万美元的应付票据。现金流出包括偿还长期借款和其他负债共140万美元。

表17-13是由布莱克高登公司的会计人员编制的现金流量表。该报表显示了布莱克高登公司在过去一年中是如何支持其油气产品的生产和运输的。支持布莱克高登公司各项活动的资金来源包括：使用流动资产（现金及有价证券），通过短期借款融资（应付账款和应付票据）及延期重置设备。现金流入的这些来源暗示公司可能会用尽流动资产以及借款能力，其是否有能力偿还未来借款令人怀疑。

布莱克高登公司不能继续推迟资产的重置。其收益表上显示厂房和设备的非现金费用为300万美元，管理层注销了210万美元的已全数折旧的固定资产，但是仅购买了价值130万美元的必要设备。为了长期保持生命力，公司必须找到新的资金来源（最好通过扩大销售，增加净收益）。其管理层必须向信贷员出示令人信服的证据，证明公司将如何改善销售和收益。

表17-13总结的布莱克高登公司的现金流出显示有430万美元的资金用于增加应收账款和存货、购买基本设备及偿还各种债务。信贷员会仔细检查应收账款的结构和存货的质量和适销程度，因为这些资产在市场行情下滑的情况下很难流动变现。140万美元用于偿还长期债务和其他负债，从表面上看，这是好迹象，因为负债的减少增加了布莱克高登公司未来的借款能力。

17.8.1 预计现金流量表和预计资产负债表

预测借款企业未来的现金流量以及财务状况与了解历史数据同样重要。放贷机构通常会要求客户提供各种预计报表，然后由内部的信用分析员编制相应的用于比较的预测报表。客户的预测值倾向于夸大未来的绩效，而放贷机构信用分析员预测时则更为保守。每种预计报表最多是对未来的"有根据的推测"。

表17-14显示了布莱克高登公司的预计资产负债表和预计现金流量表。毫不奇怪，公司为其油气产品描述了一个光明的前景。下一年中，净销售额预期增长10%，产生10万美元正的净收益，而资产总值预计将由2 800万美元攀升至3 180万美元。预期的正收益将有助于增加公司的留存收益，从而提高公司的股权资本。年底现金账户预计将回到两三年前的水平达到200万美元。在流动性增加方面，公司预计增购价值100万美元的有价证券，而流动性较低的应收账款和存货据称将通过改善资金回笼方法、完善定价和再进货策略得以降低（各40万美元）。

表17-14　布莱克高登公司预计资产负债表和预计现金流量表　　（单位：100万美元）

资产负债表项目	当年年底资产负债表	明年预计资产负债表	资产负债表项目	当年年底资产负债表	明年预计资产负债表
资产项目			**负债和净资产项目**		
现金	1.0	2.0	应付账款	1.3	1.4
有价证券	0.5	1.5	应付票据	3.9	5.0
应收账款	8.3	7.9	应付税金	0.1	0.5
持有存货	5.2	4.8	流动负债	5.3	6.9
流动资产	15.0	16.2			
			长期负债	12.2	12.0
固定资产净值	9.3	10.3	其他债务	0.0	2.3
其他资产	3.7	5.3	流通在外的普通股	1.0	1.0
总资产	28.0	31.8	资本公积	3.0	3.0
			留存收益	6.5	6.6
			总负债与净资产总计	28.0	31.8

明年预计现金流量		明年预计现金流量	
经营活动产生的现金流量		**投资活动产生的现金流量**	
净收益（损失）	0.1	购置新机器	(4.0)
调整净收益		购买有价证券	(1.0)
加：折旧	3.0	投资活动产生的净现金流量	(5.0)
资产和负债变化额			
加：应收账款减少额	0.4	**筹资活动产生的现金流量**	
加：存货减少额	0.4	应付票据增加额	1.1
加：应付账款增加额	0.1	偿还长期债务	(0.2)
加：应付税金增加额	0.4	通过其他债务获得资金	2.3
减：其他资产增加额	(1.6)	支付股利	0.0
经营活动产生的净现金流量	2.8	筹资活动产生的净现金流量	3.2
		该年现金增加额	1.0

注：贷款的作用。布莱克高登公司计划将其正在申请的500万美元的信贷，用于偿还以前银行的390万美元的票据。如果贷款获得批准，公司的现金账户将从100万美元增至200万美元，应付票据账户将从110万美元增至500万美元，反映出公司欠新的放贷机构的款项。

公司管理层估计，不但会使厂房和设备等资产的价值停止下降，而且将会新增400万美元的固定资产以替代老化过时的设备。表17-14显示公司计划增加价值为100万的厂房和设备。计算过程如下：记录300万美元的折旧费用，购买价值400万美元的新的固定资产，同时注销300万美元全数折旧的资产，这些资产处理时或出现利得或出现损失。管理层还打算取得160万美元的其他（杂项）资产以及偿还20万美元的长期债务。

现金流入有：应收账款减少40万美元，存货减少40万美元，应付账款增加10万美元，应付税金增加40万美元，应付票据（由贷款银行提供）增加110万美元，其他（非特定）负债增加230万美元。由于新增债务会影响银行对布莱克高登公司财产的要求权，所以信贷员希望清楚公司筹集新债务资本的原因和方式，并评价其可能造成的不利后果。

怎样才能使布莱克高登公司的资产、资本重组与重建计划得以实现呢？表17-14中的应付票据账户显示，公司主要依靠向银行申请500万美元去偿还390万美元的短期票据，再拿出110万美元用于增加企业资产和帮助提高净收益。这些预期合理么？当然，信贷员最后必须做出决定。经验丰富的信贷员很清楚，大多数情况下，客户对将来的预期会比放贷机构乐观、主观得多。

决定布莱克高登公司未来绩效的关键因素将会是全球能源价格的波动。放贷机构应假定一系列可能的石油和天然气价格（和净销售额）变动，然后通过审视价格如何影响预计资产负债表、收益表和现金流量表，对该公司未来的财务状况进行模拟分析。掌握了这些信息，贷款委员会就可以通过估计全球能源市场上最有可能出现的情况，做出合适的信贷决策。

17.8.2 信贷员对放贷机构和对客户的责任

看到前面布莱克高登公司的数据，相信很多读者会很自然地对该公司的申请说不，其申请的贷款看上去并没有很乐观的偿还前景。事实上，根据公司近期的销售收入、费用、现金流量和净收益，很多分析员都会很快得出以上结论。但是，正是在这一点上，信贷员和信用分析员产生了分歧。信贷员必须透过短期现象，看到更广泛、更长期的与客户的关系。拒绝这笔贷款无疑会使放贷机构失去该企业客户（包括企业可能在放贷机构已有的存款），而且还可能失去公司许多股东和职员的个人账户，甚至可能阻碍相同或相关行业中的其他企业向该放贷机构申请贷款以满足其信贷需求。

放贷机构发放如此规模的不良贷款将无法长期生存，但不提供任何帮助无视大公司客户，又会导致其很快失去市场份额并最终影响收入。经验丰富的信贷员知道，更好的、长期可行的贷款政策是，在放贷机构认为足以保证其资金安全及市场声誉的情况下，尽可能地帮助客户。这并不是说在风险明显不能接受时还要发放贷款；相反，帮助客户可能意味着提供非信贷服务，例如现金管理服务、对其欲发起的兼并提出建议或对客户计划发行的证券提供帮助。

另一种可选方案是对金额很小、担保充足，放贷机构得到充分保护的贷款进行还价。在布莱克高登公司的案例中，放贷机构面对的是一笔500万美元的贷款申请——鉴于客户明显的财务和经营弱点，大大超出了信贷员愿意发放的数目，然而如果信贷员得到贷款委员会的许可，就可以为客户提供如下可选方案：

- 放贷机构将发放一笔为期6个月150万美元的贷款，该贷款要在期满时结清。如果此贷款所有还款情况令人满意，并且客户财务状况没有恶化，放贷机构将按季度延续贷款额度。此额度下任何提款都必须对公司所有可移动的固定资产、70%的流动应收账款和40%存货价值设立留置权。放贷机构对公司所有新置固定资产有第一位的留置权。利率按月支付。客户同意在放贷机构存入相当于额度内实际提款20%加上未使用部分5%的款项。
- 此外，客户同意每月就销售、费用、净收益、应收账款和存货情况向放贷机构汇报，并且每季度上报经审计的资产负债表和收益表。公司管理层的任何变化或任何厂房及设备出售、合并协议或流动变现都要事先经过放贷机构批准。公司杠杆度及流动比率至少维持现有水平，并且如果情况和公司预测发生重大偏离，或者公司财务和经营状况出现重大改变，都应当立刻向放贷机构汇报。如果客户未能遵守此协议，放贷机构将立即停止贷款，并要求客户立即还款。

这种类型的协议可以从很多重要方面保护放贷机构。例如，布莱克高登公司有大约价值200万美元未抵押的固定资产，并且计划新购买价值100万美元的设备。放贷机构还准备将应收账款及存货的一定比例作为抵押，并且要求客户必须保持一定的补偿性余额（存款），这些都为贷款提供了更多的保护。如果此笔贷款违约，放贷机构可以行使抵消权，取得存款用以弥补未偿还贷款。利息必须按月支付，意味着放贷机构在贷款期限的早期就可以收回其预期利息收入的很大一部分，进一步减少了放贷机构在该笔贷款上的收入风险。如果客户的行为或客户状况发生不利变化导致违反贷款协定，放贷机构都可以依法取得公司用以担保贷款的资产，并出售这些资产以收回贷款本金及未付利息。

布莱克高登公司也可能会拒绝此协议，尤其因为：① 放贷机构发放给客户的贷款额远少于申请额（150万美元而不是500万美元）；② 贷款资金期限比申请期限短（6个月而不是1年）；③ 协议对公司管理决策的自由度和灵活性做了很大限制。但是问题在于，如果是客户对放贷机构的提议说"不"，那么就是客户而不是放贷机构拒绝建立业务关系。放贷机构已经表示愿意帮助满足客户的一部分融资需求。此外，良好的信贷政策要求信贷员使客户相信，即使客户拒绝了放贷机构的提议，其仍然愿意在将来的某个时候和该客户共同制订合适的服务计划，以满足双方的需要。

机警的读者会注意到，在上述的贷款协议草案中，我们没有提到贷款应该采用的利率。贷款利率也应该以给放贷机构更多保护或补偿放贷机构遭遇的风险的方式来确定。接下来，我们将关注贷款的定价问题。

银行与金融服务业的道德规范

借款企业收入欺诈：信贷员应如何应付

随着21世纪的到来，信贷市场由于存在公司欺诈的事件而受到震动，一些主要的借款企业夸大其收益以吸引资本，降低贷款成本。许多公司，虽然没有明显的直接欺诈行为，但却建立了它们自己的收益计算方法，报告给放贷机构和公众的是诸如"预计的"、"短期"或"经营"收益这类令人怀疑的数字，而在其报告中不再使用更受普遍认可的收益计算方法（GAAP），该方法使收益计算结果偏低。这些加工过的收益数字经常会省略对其不利的项目，夸大收入及少报费用。

信贷员必须特别警惕一些最大的企业客户使用的用于夸大收益的工具。目前，训练有素的信贷员会询问很多关于客户财务报表的问题，包括：

- 收益或收入采用了哪种计算方法；
- 估计收益时没有计算哪些费用，解释原因；
- 退休金计划的费用和收益如何计算；
- 员工股票期权（ESOP）占多大比例；
- 公司如何计算资产损失、重组费用及其他临时费用。

最近，一些大公司，例如通用汽车、通用电气、可口可乐及宝洁已经修改了它们的报告方法，使计算中包括了员工股票选择权费用，更加透明的退休金处理方式，并且在对企业临时费用计算时更加保守。然而，还有许多企业借款人没有按照公众和管制机构的要求，准确诚实地报告财务状况。

注：相关例子参考John B. Carlson and Erkin Y. Sahinoz, "Measures of Corporate Earnings: What Number Is It?" *Economic Commentary*, Federal Reserve Bank of Cleveland, February 1, 2003.

概念测验

3. 信贷员和信用分析员会仔细查看企业财务报表的哪些方面？

4. 销货成本对净销售额之比；净销售额对总资产之比；毛利率、息税前收入对总利息支出之比；酸性测试比率；税前净收益对净资产之比以及总负债对净销售额之比，这些比率分别反映了企业经营中哪些方面的情况？它们有哪些主要局限？

5. 什么是或有负债？为什么在决定是否批准企业贷款申请时或有负债十分重要？

6. 什么是现金流量分析？它能告诉我们关于借款企业财务状况和前景的哪些情况？

7. 什么是预计现金流量表？它的作用是什么？

8. 信贷员是否应当对企业贷款申请说"不"？请解释什么时候什么情况下会。

17.9 企业贷款定价

在对企业发放贷款时，最困难的任务就是如何为贷款定价⊖。放贷机构总是希望收取较高的贷款利率，以确保每笔贷款都是可盈利的，并可以充分补偿放贷机构所承担的风险，但是贷款利率也不能太高，以确保客户能够顺利偿还贷款，否则客户就会向其他放贷机构借款或在公开市场上筹资。放贷机构向客户发放贷款时面临的竞争越大，所定的贷款利率就会越接近于金融市场上类似贷款的利率。确实，当贷款市场竞争激烈时，放贷机构往往是价格接受者，而非价格制定者。随着许多国家对金融服务放松监管，很多放贷机构从吸收存款和发放贷款中获得的利润率已经降低，使得放贷机构比以前更需要为贷款制定合理的价格。

17.9.1 成本加成贷款定价

在对企业贷款定价时，管理层必须考虑筹集可贷资金的成本以及营业成本。最简单的贷款定价模型认为，任何贷款的利率都有四个组成部分：① 放贷机构筹集可贷资金的成本；② 放贷机构非资金性的营业成本（包括信贷人员的工资以及在发放及管理贷款过程中发生的耗材和设施成本）；③ 放贷机构对贷款申请的违约风险所要求的补偿；④ 为放贷机构股东提供一定的资本收益而必须考虑的每笔贷款的预期利润。这种贷款定价方法通常称为**成本加成贷款定价法**（cost-plus loan pricing），即

$$贷款利率 = 筹集可贷资金的边际成本 + 放贷机构非资金性营业成本 \\ + 放贷机构对贷款违约风险所要求的补偿 + 预期利润 \quad (17\text{-}17)$$

以上每部分都可以用贷款额的年百分比表示。

例如，假设放贷机构的某一公司客户提出500万美元的贷款申请（就像本章前面讨论的布莱克高登公司的例子那样）。为了筹集这笔资金，放贷机构必须在货币市场上以5%的利率出售可转让存单（negotiable CD），对这笔贷款来说，可贷资金的边际成本就是5%。用来分析、发放和监控该笔贷款的非资金性营业成本估计为总贷款额（500万美元）的2%。信贷部门可能建议再多收取2%的贷款利率以补偿放贷机构因不能及时收回贷款的违约风险。最后，放贷机构还要在贷款的融资、运营和风险成本基础上，再收取1%的利润率。因此，这笔贷款的利率就为10%（5%+2%+2%+1%）。

⊖ 经出版商同意，本部分内容是基于作者在《加拿大银行家》上发表的文章。

我们必须注意，筹贷成本、违约风险敞口和利润——它们都是包含在贷款定价模型中的因子——不是现实世界中仅有的影响贷款利率的因子。正如我们将要讨论的，放贷者－客户关系的深度和广度、要求贷款的规模以及贷款期限在贷款定价中也会扮演关键角色。例如，贷款期限越长，贷款利率也高；而贷款规模越大，放贷者－客户关系更深更广通常会带来低贷款利率。

17.9.2 价格领导模型

成本加成贷款定价法的缺点之一就是其假设放贷机构清楚地知道每项成本，而通常情况下这很难做到。银行业是个产品多元化的行业，要在其所提供的各种服务之间确切地分摊营业成本有很大的困难。此外，成本加成定价法意味着放贷机构在为贷款定价时，不考虑来自其他放贷机构的竞争，而目前大多数贷款定价并非如此。竞争将影响放贷机构的预期贷款利润，一般而言，竞争越激烈，利润就越低。

由于成本加成法的这些局限，早在70多年以前，一些主要的货币中心银行就开始采用另外一种贷款定价方法，即**价格领导模型**（price leadership）。在20世纪30年代的大萧条时期，主要的商业银行确立了统一的**优惠利率**（prime rate）（又称为基准利率或参考利率），即对信誉最好的客户发放的短期贷款收取最低利率。向客户收取的实际贷款利率由以下公式确定

$$贷款利率 = \underset{\substack{\text{基础或优惠利率（包括放}\\ \text{贷机构在所有营业和管理}\\ \text{成本之上加收的预期利润）}}}{} + \overbrace{\underset{\substack{\text{由非优惠利率}\\ \text{借款人支付的}\\ \text{违约风险溢价}}}{} + \underset{\substack{\text{长期贷款借款}\\ \text{人支付的期限}\\ \text{风险溢价}}}{}}^{\text{加价}} \quad (17\text{-}18)$$

例如，一个中等规模的企业客户申请一笔3年期的贷款来购买新设备，收取的贷款利率可能为10%，即由6%的优惠（或基准）利率，加上2%的违约风险溢价，再加上2%的期限风险溢价构成。向长期贷款收取期限风险费，是因为放贷机构发放长期贷款所面临的风险比发放相对短期的贷款风险要大。使用现行的多种不同风险调整方法来确定风险溢价，是贷款定价中最困难的工作。目前，计算机模型通常会监督借款人是否遵守贷款协约并自动调整相应的风险溢价和贷款利率。

贷款的风险溢价通常总称为加价。放贷机构可以通过降低或提高贷款的加价幅度，来扩充或收缩其贷款组合。然而，许多放贷机构更倾向于改变贷款拒绝率，而不是改变其基准利率或加价。⊖

在美国，目前通行的优惠利率是由25家定期公布贷款利率的最大型银行宣布的最普遍使用的基准利率，而规模较小的放贷机构使用的优惠利率与通行的优惠利率有所不同。多年来，优惠利率很少变动，因为变动优惠利率需要放贷机构董事会投票通过才能实行。然而，随着通货膨胀的出现和利率的波动，产生了浮动优惠利率，该利率和货币市场上的重要利率——90天商业票据利率和90天存单利率——的变动相挂钩。在浮动优惠利率下，信用评级高的大公司就可

⊖ 向高风险客户加收放贷机构认定的全部风险溢价并不总是明智的。事实上，这种政策会使借款人违约的可能性增加，使放贷机构在该贷款上的收益还不如最优信用等级的贷款收益高。例如，如果A级借款人应付6%的优惠利率，而一个高风险的借款人应付12%的贷款利率，后一个借款人可能被迫采取一些成功可能性很小的高风险经营策略，以偿还较高的贷款成本，这些高风险的经营策略可能导致违约，大大降低放贷机构的实际收益，这就是为什么许多放贷机构同时使用价格（贷款利率）和信用限制（无论价格高低，都拒绝某些贷款申请）来管理其贷款组合的规模和结构的原因。

能以仅高出最近商业票据0.5个百分点或高出最近4周平均存单利率0.5个百分点的水平取得贷款。

主要货币中心银行迅速形成了两种不同的浮动利率公式为贷款定价：优惠利率加成法（prime-plus）和优惠利率倍乘法（times-prime）。例如，当优惠利率为10%时，对短期借款客户的报价可能是优惠利率加2%，即12%；或者是1.2乘以优惠利率，即

$$贷款利率 = 1.2 \times 优惠利率 = 1.2 \times 10\% = 12\%$$

在上述例子中，尽管这两个公式可能得出的初始贷款利率相同，但是，随着利率的变动，借款人取得浮动利率贷款后，可能得出不同的贷款利率。

例如，在利率上升时，用优惠利率倍乘法计算的客户贷款利率的上升幅度大于用优惠利率加成法计算的贷款利率上升幅度；在利率下降时，用优惠利率倍乘法计算客户贷款利率下降幅度则较大。例如，如果优惠利率从10%上升到15%，本例中客户的贷款利率用优惠利率加成法计算时，将从12%增至17%，用优惠利率倍乘法计算，将从12%上升到18%；相反，如果优惠利率从10%下降到8%，用优惠利率加成法计算的贷款利率为10%，而用优惠利率倍乘法计算的贷款利率仅为9.6%。 ⊖

在20世纪70年代，优惠利率作为企业贷款基准利率的主导地位受到了**伦敦银行同业拆借利率**（London interbank offer rate，LIBOR）的挑战，伦敦银行同业拆借利率是指存期从几天到几个月的欧洲美元短期存款利率。随着时间的推移，越来越多的主要商业放贷机构在为贷款定价时，以伦敦银行同业拆借利率作为基准利率，原因是它们越来越多地使用欧洲美元作为贷款资金的来源。另一个原因是金融体系日趋国际化，外国银行进入了别国贷款市场，包括加拿大和美国的市场。伦敦银行同业拆借利率成为国内外所有银行一个共同的定价标准，并为客户比较不同放贷机构的贷款条款提供了共同基准。

例如，在2010年，伦敦主要的跨国银行的3个月期欧洲美元存款的平均LIBOR报价为0.4%。因此，一家大公司借入90天数百万美元的短期资金的贷款利率可能为

$$\begin{aligned}
&以伦敦银行同业拆借利率为基准的贷款利率\\
&= 伦敦银行同业拆借利率 + 违约风险溢价 + 预期利润\\
&= 0.4\% + 0.125\% + 0.125\%\\
&= 0.65\%
\end{aligned} \quad (17\text{-}19)$$

对于长达几个月或几年的长期贷款，放贷机构可能在上述公式中增加期限风险溢价，以补偿放贷机构发放长期贷款而增加的风险。

17.9.3 低于优惠利率的市场定价

在20世纪80年代和90年代，对以优惠利率或伦敦银行同业拆借利率为基准的贷款定价体系进行了进一步的修正，**低于优惠利率定价法**（below-prime pricing）变得重要。许多银行宣布为期几天或几周的一些大公司贷款的利率，可以是很低的货币市场利率（如国内银行同业贷款使用的联邦资金利率）加上一个很小的比例（或许是0.125～0.25个百

> 小贴士
>
> 在美国经营的银行，发放的企业贷款中最常用的贷款定价使用的基准利率是国外利率还是国内利率？
>
> 答：国外利率（通常是伦敦银行同业拆借利率）。
>
> 为企业贷款定价时，最常用的美国国内利率是哪个（按发放的企业贷款的美元金额来算）？
>
> 答：近期的联邦储备贷款调查显示最常使用的是优惠利率，接下来是联邦资金利率。

⊖ 杜克（Dueker）等人的最近研究显示优惠利率可能为非对称利率，意味着放贷机构更倾向于提高优惠利率而不是降低优惠利率。这表明严重依靠银行贷款的借款人相对那些借助资本市场获得资金的客户而言，支付的贷款利率更高。因此，那些依靠银行的借款人可能更易受到商业周期的影响。

分点）来补偿银行的风险和利润。

因此，如果我们从当天的市场上以4.25%的利率借入联邦资金，一个信誉良好的企业客户申请一笔为期30天1 000万美元的贷款，我们可以选择以4.50%的利率发放贷款（4.25%货币市场借款成本+0.25%的风险和利润加价）。结果是短期贷款利率低于优惠利率（约为7%），从而使优惠利率作为企业贷款参考利率的重要性降低。

然而，对于小企业贷款、消费信贷、建筑贷款，优惠利率仍然是重要的定价基准，因而出现了双层的企业贷款市场。发放给中小企业的贷款通常以优惠利率或其他公认的基准利率为基础，而大额企业贷款则越来越多地基于发放贷款时的国内外的（如伦敦银行同业拆借利率）货币市场利率。这类大企业贷款的利率（加价）很低，使银行大量使用参与贷款，更多分担最大的贷款，以获取服务费收入，并至少将一部分贷款转移给融资成本更低的银行。

真实的银行，真实的决策

针对企业借款人的银行贷款条款：联储调查报告给我们的启示

每年的每个季度，美国的联邦储备委员会都要收集由美国商业银行以及外资银行在美国的分行和代理机构的有关企业贷款的信息。联储近期的贷款调查报告显示，接受调查的银行发放的大多数企业贷款都有以下趋势：
- 对企业的短期贷款（一年以下）份额占绝对多数；
- 短期企业贷款平均期限在30天左右；长期企业贷款（一年以上）的平均期限在40个月左右；
- 短期贷款多采用固定利率，长期贷款多采用浮动利率，因为长期贷款有较大的利率风险；
- 贷款利率主要盯住联邦资金利率、外国货币市场利率（如伦敦银行同业拆借利率）、优惠利率或其他基准利率；
- 贷款期限越长，利率越高，以补偿银行因发放长期贷款而增加的期限风险；
- 小额企业贷款（尤其是金额少于100万美元的企业贷款）的利率较高；
- 如果贷款期限较长或者贷款金额较小，通常都要有抵押。

最近调研表明，越是老牌企业，借贷关系历史越久，从同一银行又购买了其他服务，则其取得的贷款利率就会越低，贷款申请被拒绝的可能性也越小。而且，已审计企业比未审计企业取得贷款的利率更低，若借款企业能如期还贷，再借款时利率会降低，并且通常被检查的频率也会降低。

17.9.4 客户盈利能力分析（CPA）

随着放贷机构开发出更为综合的信息系统以追踪其成本，出现了一种新的贷款定价技术，即**客户盈利能力分析**（customer profitability analysis, CPA）。客户盈利能力分析类似于前面讨论的成本加成定价法，但是定价时考虑的角度不同。它假设放贷机构在为贷款定价时，应考虑整体客户关系，即与该客户相关的所有收入和费用。客户盈利能力分析的计算公式为

$$\text{放贷机构从整体客户关系中获得的税前净收益率} = \frac{(\text{向该客户提供贷款和其他服务产生的总收入} - \text{向该客户提供贷款和其他服务发生的总费用})}{\text{该客户实际使用的贷款资金净额}} \tag{17-20}$$

放贷机构从客户处获得的收入可能包括贷款利率、承诺费、现金管理服务收费和数据处理收费。为客户提供贷款和服务发生的费用可能包括银行员工的工资和周薪、信用调查成本、存款利息、账户调节和处理费用以及筹集可贷资金的成本。贷款资金净额是指客户实际使用的贷款金额减去客户的平均存款余额（存款余额中要扣除存款准备金）。

如果计算得出的整体客户关系的净收益率为正值，则其贷款申请很可能会被批准，因为放贷机构在收回所有费用支出（包括向股东提供的具有竞争性的回报率）后还有盈余。如果计算得出的净收益率为负值，该贷款申请很可能遭到拒绝，或者出于在盈利基础上保持客户关系的目的，放贷机构可能试图提高贷款利率或客户要求的其他服务的价格。那些被认为风险较大的客户，需要向放贷机构提供较高的净收益率。可以布莱克高登公司为对象，通过下面的例子说明客户盈利能力分析（CPA）。

年度客户盈利能力分析举例 银行正在考虑向布莱克高登公司发放期限为6个月的150万美元的贷款。假设布莱克高登公司全额使用该额度，并在银行保留等于信贷额度20%的存款，则在此客户业务中，银行发生的收入和费用如表17-15。

表17-15　银行向布莱克高登公司放贷的收入与费用

服务收入或费用项目	额度（美元）
该客户预期带来的收入	
贷款利息收入（12%，6个月）	90 000
贷款承诺费（1%）	15 000
管理客户存款收费	45 000
资金调拨收费	5 000
信托服务和记账收费	61 000
预期年收入总额	216 000
服务该客户的预期成本	
存款利息费用（10%）	15 000
筹集可贷资金的成本	80 000
作业成本	25 000
资金调拨成本	1 000
贷款处理成本	3 000
记账成本	1 000
年费用总额	125 000
预计客户当年实际使用的贷款资金净额	
向客户承诺的贷款平均额	1 500 000
减：客户平均存款余额（扣去存款准备金）	−270 000
向客户承诺的贷款资金净额	1 230 000

$$\begin{aligned}
&\text{从客户整体关系中得到的扣除成本后的税前收益率}\\
&=(\text{预期收入}-\text{预期成本})\div\text{贷款资金净额}\\
&=(216\,000-125\,000)\div 1\,230\,000\\
&=0.074 \text{或} 7.4\%
\end{aligned} \qquad (17\text{-}21)$$

如果从整体银行-客户关系中得到的净收益率为正值，则可以接受该贷款申请，因为所有成本都得到了补偿。如果计算所得的净收益率为负值，那么从银行角度出发，说明没有为提供给该客户的贷款和其他服务制定合理的价格。银行认为贷款中的风险越大，要求的净收益率就越高。

从客户存款上获得的收益 许多银行可以将客户的存款余额投资到盈利资产上而得到收

益,因此在计算客户能为银行带来多少收入时,要考虑从客户存款上获得的收益。当然,在计算存款资金投资收入时,不能按客户存款全额计算,因为银行还必须满足足存款准备金的要求,而且客户存款余额有很大部分可能是浮存的(在途资金)。大多数银行使用下面公式计算客户存款所提供的实际可投资净额以及从客户存款上获得的收益

银行可投资(可用)净额＝客户平均存款余额－该客户存款账户的平均浮存额
－(法定存款准备金比率
×该客户存款账户实存资金余额) (17-22)

客户存款的收益额＝年收益率×客户存款可投资资金的年度占比
×客户存款可投资(可用)净额 (17-23)

例如,假设某商业客户本月的存款平均余额为112.5万美元,其中未收回支票余额,即浮存额为12.5万美元,实存资金余额为100万美元。如果这是在一家大银行开设的支票账户,适用的法定准备金率为10%。在和客户协商后,银行决定以客户存款资金投资的年收益利率等于91天短期国债的平均利率(假设目前为6.60%)的方法,计算从该客户存款账户上获得的收益。本例中,该客户的可使用(可投资)资金净额和收益额可计算如下

银行获得的可投资(可用)净额＝1 125 000－125 000－0.10×1 000 000＝900 000(美元)
客户存款月收益额＝3.30%×1/12×900 000＝2 475(美元)

因此,在编制银行和该客户所有业务的收入和费用概要时,由于在上个月通过将客户存款投资于盈利资产获得2 475美元的收益,银行会将该因素考虑进去,给客户相应回报。

客户盈利能力分析的前景 客户盈利能力分析已变得越来越复杂,出现了说明服务各大客户发生的收入和费用的明细会计报表。通常,在盈利能力分析中,把借款公司本身、其下属公司、主要股东以及高级管理人员作为一个整体同时考虑,这样银行就可以综合掌握与客户的整体关系。这种合并方法可以说明服务某个账户发生的损失是否可由银行和客户关系中的另一账户进行抵补。自动化的客户盈利能力分析系统可以使银行输入各种贷款和存款定价方案,以确定哪种定价方案对于客户和银行都是最佳的。通过客户盈利能力分析还能指出哪类客户和贷款使银行获利最大,以及哪位信贷员最为成功。

概念测验

9. 目前用于企业贷款定价的方法有哪些?
10. 假设银行向企业客户发放1 000万美元贷款,估计筹集可贷资金的边际成本为4%,评估及发放该贷款的非资金营业成本为0.5%,贷款违约风险溢价为0.375%,期限风险溢价为0.625%,且银行期望利润率为0.25%。银行应该向该借款人报出的贷款利率应该为多少?借款人一年需要支付多少利息?
11. 目前使用的各种贷款定价方式的主要优缺点有哪些?
12. 什么是客户盈利能力分析?它能为借款客户和银行提供哪些好处?

本章小结

本章介绍了目前银行向企业发放的贷款种类。本章要点包括:

1. 企业贷款通常分为短期贷款(期限在1年之内)和长期贷款(期限在1年以上)。另一种类似的但有时更有意义的分类方法是将贷款分为营运资本贷款和固定资金贷款。营运资本贷款是短期贷款的一种,其主要目的是为企业购买存货和支付薪金、税金和其他临时费用融资,固定资金贷款通常用于补充永久性营运资本或购置厂房和设备。

2. 对营运资本贷款和中长期贷款可进一步划

分为许多种类,包括季节性敞口信贷额度(可应付一年中产品和服务需求波动)、销售商融资(用以购买电器、设备及车辆,销售给客户)、资产担保的贷款(用特定的实物资产和金融资产做抵押)、循环信贷(允许借款——偿还——再借款直到循环期满为止)以及项目贷款(用以建造新设备)。

3. 目前使用的最重要的信用评估技术包括:① 借款人财务报表结构分析(包括总体结构资产负债表和总体结构利润表);② 财务比率分析(包括费用控制比率、效率、保障倍数、盈利能力、流动性及杠杆比率指标);③ 实际及预计现金流量表。

4. 过去几年中出现了几种不同的企业贷款定价方法,包括成本加成贷款定价法、价格领导定价法、低于优惠利率定价法以及客户盈利能力分析。目前许多企业贷款利率仅比货币市场利率(例如伦敦银行同业拆借利率或通行的联邦资金利率)高出极少的利润率,这反映了银行对企业客户的激烈争夺。

5. 企业贷款定价的趋势是基于银行与借款人的整体关系为贷款定价,在为贷款定价时要同时考虑到客户使用的其他服务。银行与借款人的整体关系包括客户从银行购买的服务以及银行为客户提供服务所需的成本。

关键术语

自动清偿贷款　　　　　　　LBO　　　　　　　　　营运资本贷款
营运资本　　　　　　　　　补偿存款余额　　　　　或有负债
临时建筑贷款　　　　　　　现金流量表　　　　　　资产担保贷款
成本加成贷款定价法　　　　保理业务　　　　　　　价格领导模型
辛迪加贷款　　　　　　　　优惠利率　　　　　　　固定资金贷款
伦敦银行同业拆借利率　　　循环信贷额度　　　　　低于优惠利率定价
项目贷款　　　　　　　　　客户盈利能力分析

习 题

1. 通过下面的描述,指出讨论的是哪种贷款。
 (1) 用于建造住房、公寓、写字楼和其他永久建筑的临时贷款。
 (2) 向汽车经销商发放的贷款,用于支持经销商把新汽车运到展厅。
 (3) 以企业应收账款为基础发放的贷款。
 (4) 存货贷款的期限根据产生足够现金以偿还贷款所需的具体时间来确定。
 (5) 贷款期限在一年或一年以下的,用来购买原材料,满足季节性资金需求高峰的贷款。
 (6) 证券交易商申请贷款用于购买新的政府债券。
 (7) 贷款期限为一年以上,用以支持购买厂房和设备。
 (8) 一投资者集团希望通过债务融资收购一家公司。
 (9) 一家企业取得了3年期的贷款,3年的贷款期限内,企业可以先借、再还、再借。
 (10) 为支持收费公路建设而发放的贷款。

2. 假设你是Evergreen国民银行信贷部的实习生,被指定对Hamilton Steel Castings公司的财务状况进行评估。该公司要求展期并增加其6个月的信用额度。Hamilton现在申请700万美元的信用额度,而你必须为一位高级信用分析员起草信贷意见。遗憾的是,Hamilton公司刚刚更换管理层,前6个月的财务报告不但时间较晚还有些混乱。从下表中,尽可能地可以找出这6个月的销售、资产、经营费用和负债的数据(单位:100万美元)。

	1月	2月	3月	4月	5月	6月
净销售额	48.1	47.3	45.2	43.0	43.9	39.7
销货成本	27.8	28.1	27.4	26.9	27.3	26.6
销售、管理和其他费用	19.2	18.9	17.6	16.5	16.7	15.3
折旧	3.1	3.0	3.0	2.9	3.0	2.8

(续)

	1月	2月	3月	4月	5月	6月
借入资金利息成本	2.0	2.2	2.3	2.3	2.5	2.7
预期税金支出	1.3	1.0	0.7	0.9	0.7	0.4
总资产	24.5	24.3	23.8	23.7	23.2	22.9
流动资产	6.4	6.1	5.5	5.4	5.0	4.8
固定资产净值	17.2	17.4	17.5	17.6	18.0	18.0
流动负债	4.7	5.2	5.6	5.9	5.8	6.4
总负债	15.9	16.1	16.4	16.5	17.1	17.2

Hamilton公司与银行有着16年的业务往来，一般获得和偿还的信贷额度在400万~500万美元之间。部门高级信用分析员让你做好准备，想看看你对此项申请的处理意见（尽管你知道贷款肯定会得以批准，因为Hamilton公司的总裁是银行董事会成员）。

如果询问你的看法，你会提出什么建议？是否有理由质疑客户所提供的最新数据？如果贷款得到批准，你认为客户会用这笔资金做什么？

3. 根据下表列出的数据，尽可能多地构造本章所讨论的财务比率，然后指出每个比率反映了企业绩效的哪个方面。

企业资产		年收入和费用项目	
现金账户	60	净销售额	600
应收账款	155	销货成本	445
存货	128	工资、薪金	52
固定资产	286	利息费用	28
杂项资产	96	企业管理费用	29
	725	折旧费用	12
负债和股东权益		销售、管理和其他费用	28
短期负债		税前净收益	6
应付账款	108	欠缴税款	1
应付票据	117①	税后净收益	7
长期债务(债券)	325①		
杂项负债	15		
股权资本	160		
	725		

①年偿还债券本金额和应付票据共55，企业的边际税率为35%。

4. Pecon公司向银行申请一笔中长期贷款，并提交了去年的资产负债表和截止到今年年底的预计资产负债表。使用连续两年的资产负债表及一些所需的附加信息，编制当年的预计现金流量表。当年净收益预计为2.25亿美元，其中有5 000万美元将用于支付股利。当年的折旧费用为1亿美元，到年底公司将需要3亿美元购买固定资产以扩大规模。当你分析预计现金流量表时，是否发现某些财务状况的改变将引起银行信用分析员、信贷员或两者共同的关注？

(单位：100万美元)

Pecon公司					
	去年年底公司资产	预计今年年底公司资产		去年年底公司负债和股权	预计今年年底公司负债和股权
现金	532	600	应付账款	970	1 069
应收账款	1 018	1 210	应付票据	2 733	2 930
存货	894	973	应付税金	327	216

(续)

Pecon公司					
	去年年底公司资产	预计今年年底公司资产		去年年底公司负债和股权	预计今年年底公司负债和股权
固定资产净值	2 740	2 940	长期债务	872	931
其他资产	66	87	普通股	85	85
			未分配利润	263	373
总资产	5 250	5 810	总负债和权益资本	5 250	5 810

5. Finch公司是第一商业国民银行新发展的企业客户，该公司申请一笔为期1年的1 000万美元贷款，利率为6%。公司计划贷款期间在银行存放利率为2.75%的300万美元的存单。负责此事的信贷员建议至少要获得4%的年税前收益率。应用客户盈利能力分析（CPA），贷款委员会希望能估计出下列的收入和费用。

估计收入	估计费用
贷款的利息收入？	对客户300万美元存款需支付的利息？
贷款承诺费（0.75%）？	为支持贷款所需要的额外资金的预期成本（4%）？
现金管理费（3%）？	监督该客户贷款的劳动力成本和其他营业费用（2%）？
平均每年为1 500万美元	贷款处理成本（1.5%）？

（1）基于试编项目，是否应该批准该笔贷款？
（2）为改善该笔贷款的预期收益率，需要做哪些调整？
（3）来自其他潜在银行的竞争会如何影响你所建议的调整？

6. 作为Sun Flower国民银行的信贷员，你负责与USF公司联系，该公司是移动电视设备遥控器、录像机和其他一些视听设备的主要生产商。USF刚刚申请延续其1 000万美元的信贷额度，计划将期限延长至6个月。USF定期使用银行提供的数个其他服务。根据最近一年的数据，你估计了银行来自商业贷款客户的预期收入以及银行提供服务所需成本如下：

预期收入		预计成本	
贷款的年度利息收益（假定每年9月期的贷款利率为4%）	—？	对客户存款应付利息（2.5%）	—？
		筹集资金成本	180 000
贷款承诺费(1%)	100 000	账户活动成本	5 000
存款管理费	4 500	电汇成本	1 300
电汇费	3 500	贷款处理成本	12 400
代理服务费	4 500	记账成本	4 500

银行信用分析员估计，在这个额度下，该客户的年平均存款余额为212.5万美元。当客户使用全部信用额度时，银行从9月期贷款延续中获得的预期净收益率是多少？在前述假设下银行将如何决策？如果你决定拒绝该申请，那么如何调整收益、费用和客户存款余额，你才会同意发放贷款？

7. Lone Star银行为给其某一最重要客户筹措1年期1 000万美元的贷款，卖给其企业客户年利率为2.75%的600万美元可转让存单，又以2.80%的当日利率在联邦资金市场从其他银行借入400万美元。
处理该笔贷款的信用调查和记账成本估计为2.5万美元。信用分析部门建议至少收取1%的风险溢价和0.25个百分点的利润。该银行倾向采用成本加成定价法。所收取贷款利率为多少？

8. 目前对许多公司贷款报出的贷款利率都以短期欧洲美元存款的伦敦银行同业拆借利率加上很少的风险溢价和利润来确定。Englewood银行的一个大型客户——APEX Exports公司，需要一笔2 500万美元的营运资本贷款，用于应收账款和存货的资金融通。银行向客户提供期限为90天的浮动利率贷款，利率为30天欧洲美元存款的LIBOR利率（目前交易利率为4%）加上0.25个百分点的加价。然而，客户方面倾向于采用利率为1.014乘LIBOR利率的方式定价。如果银行同意按客户要求的贷款利率定价方式发放贷款，当日放款利率是多少？这与银行希望的利率有什么差别？客户的要求显示了其对未来90天利率的何种预期？

9. 5周前，Robin公司从你担任信贷员的商业金融公司借款，当时（基于你个人的喜好）以低于优惠利率定价法确定贷款利率，使用联邦资金周平均利率作为货币市场借款成本。向Robin公司提交的报价为联邦资金利率加0.375个百分点的风险和利润加价。

5周期满后，Robin提出以货币市场借款成本加0.25个百分点的利率续展贷款，你必须做出评估，金融公司对Robin公司贷款的定价是继续使用联邦资金利率作为借款成本指标，并在此基础上加成风险及利润，还是使用可调整存款单利率、商业票据利率、欧洲美元存款利率或者可能的现行美国短期国债利率作为借款成本指标。根据你从最近一期的联邦储备委员会公告的统计增刊中收集的数据，评估可能发生的情况（按照上述某种货币市场利率加成定价法所确定的贷款利率延续贷款，未来五周内可能发生的情况）。

(%)

最近五周货币市场利率的周平均值					
货币市场利率	第一周	第二周	第三周	第四周	第五周
联邦资金	1.99	2.04	1.98	2.06	2.02
商业票据（1个月期）	2.13	2.17	2.17	2.20	2.05
存单（1个月期）	2.47	2.58	2.52	2.53	2.43
欧洲美元存款（3个月期）	3.00	3.00	3.00	3.10	2.85
美国短期国债（3个月期，二级市场）	1.84	1.87	1.85	2.04	1.86

研究这些企业贷款定价所参照的公共货币市场的利率变化后，你得出了怎样的结论？是按照RJK公司的要求延续贷款，还是应当使用其他的贷款定价协定？请解释理由。如果你认为必须改变，你如何向客户说明这样做的必要性。

10. Wren公司上月平均存款余额为32 500美元，预计本月平均存款额的浮动值为50 000美元，法定准备金率为3%。银行从该存款中可使用的可投资资金净额为多少？假设Wren公司向银行提供的净可投资资金的年回报率2.25%。以美元计，公司将从银行获取多少收入性贷款？

第18章 消费信贷、信用卡和房地产贷款

> **学习要点**
>
> - 向个人和家庭发放的贷款种类；
> - 消费信贷的特点；
> - 多德—弗兰克、消费者保护局和《信用卡问责、责任和信息披露法案》
> - 评估消费信贷申请；
> - 信用卡和信用评分；
> - 披露规则和歧视；
> - 贷款定价和再融资。

政治家、哲学家及科学家本杰明·富兰克林（Benjamin Franklin）曾说："要想知道钱的价值，就想办法去借钱试试。"在过去几代人中，千百万消费者（个人和家庭）已经尝试借钱以补充收入，提高生活质量，大多数人都成功了。消费信贷是全球发展最快的借贷形式之一，21世纪初，仅在美国就已经超过了14万亿美元。

由于目前消费信贷对金融市场的发展具有重要的推动作用，因此银行愿意发放这类贷款。最近几十年，银行已发展成为个人及家庭信贷领域中占主导地位的放贷机构，银行通过"资金商店"（money shops）、"资金店铺"（money stores）以及其他引人注意的销售渠道大量宣传其服务。当然，并不是一开始就是如此，因为银行在其经营历史中的大部分时期，都严重忽视了家庭借款人，使得信贷联盟、储蓄协会及财务公司进入并赢得这个重要的市场，而银行则专注于企业客户。

银行目前处于家庭贷款领域的主导地位，部分原因是银行越来越依靠个人和家庭作为资金的主要来源（支票存款和储蓄存款）。如果储户认为在他们需要贷款的时候从其存款银行获得贷款的希望不大，很多人都将不愿意在该银行存款。近期研究还表明，消费信贷通常是银行提供的利润最高的服务之一。

然而，面向消费者的服务也是金融机构成本和风险最高的金融产品之一，因为个人和家庭的财务状况可能因为生病、失业或其他家庭悲剧而很快改变，因此，家庭贷款必须针对其特殊问题谨慎且灵活管理。此外，在消费信贷领域还有像家庭金融公司和通用汽车金融机构这类在行业中处于领导地位的金融公司以及华盛顿互惠银行这类重要的储蓄协会，还有数千家积极的信贷联盟，它们的成长规模足以挑战银行在消费信贷领域中的主导地位，使得消费信贷的利润大幅减少。

本章将介绍放贷机构向消费者及房地产借款人发放的典型贷款种类，并了解它们如何评估家庭贷款客户。我们还将探讨信用卡市场的各个方面，信用卡市场是一个非常重要的市场，目前在消费信贷中占有主要份额。此外，本章还研究在消费者金融服务领域中法律法规的强大作用，这些法律法规管理着家庭金融服务这个重要的市场，其主要制定者是联邦和州政府。最后，

研究在这个对家庭借款人的争夺日益激烈、很多机构消亡随处可见的金融服务市场中，如何为消费信贷和房地产贷款定价。

18.1 个人和家庭贷款的种类

消费信贷种类繁多，随着美国和其他许多发达国家对金融机构监管的放松，迎合消费者融资需求的信贷安排的数量也日益增多。我们可以根据贷款目的（借入资金的使用方向）或贷款种类（如借款人是通过分期付款方式偿还贷款，还是在贷款到期时一次性偿还）对消费信贷进行分类。一种主流的划分方案是将贷款种类和贷款目的结合起来考虑。

例如，向个人和家庭发放的贷款可以分为两组，标准是为购买住宅融资的住宅贷款（例如住宅抵押贷款或住宅权益贷款）或为其他非住宅相关消费活动（旅游、购买汽车等）融资的非住宅贷款。然后，在非住宅贷款种类中，可以根据贷款类型进一步分类——分期付款贷款（如汽车贷款或教育贷款）和非分期付款贷款(例如预借现金）及循环信贷（包括常见的信用卡贷款）。我们将在下文中进一步研究这些消费信贷的特点。

18.1.1 住宅贷款

为购买住宅或改善私人住宅融资的贷款就是通常意义上的**住宅抵押贷款**（residential mortgage loans）。购买住宅和多住户居所（包括双户住宅和公寓建筑）形式的财产常需要长期贷款，通常期限为15～30年，而且由所购买财产自身做担保。此类贷款可采用固定利率，也可采用可变利率（浮动利率），即在特定基准利率（如美国政府债券市场收益率）或全国抵押利率（如美国联邦住宅贷款银行部住宅抵押贷款的平均收益率）基础上定期变化的利率。放贷机构承诺借款人在规定时期内能够获得住宅贷款，但对此一般会预先收取承诺费，通常是贷款额度的1%～2%。尽管目前银行在发放住宅抵押贷款领域处于主导地位，但该市场还有其他几个重要的放贷机构，包括储蓄协会、信贷联盟、金融公司、保险公司以及金融控股公司下属的抵押贷款银行分支机构。

18.1.2 非住宅贷款

与住宅抵押贷款相比较，个人和家庭的非住宅贷款包括分期付款贷款、非分期付款贷款（一次性付款贷款）和其混合形式——信用卡贷款（通常称为循环信贷）。

分期付款贷款 可以通过两次或两次以上的连续支付（通常是月付或季付）还贷的中短期贷款即**分期付款贷款**（installment loans）。此类贷款常用于购买高价物品（如汽车、娱乐设施、家具和家用电器）或合并现有家庭债务。

非分期付款贷款 发放给个人和家庭用以满足即期资金需求，在贷款到期时一次偿还的短期贷款即非分期付款贷款。此类贷款可能金额较小，例如500或1 000美元，而且包括通常要求在30天或其他较短时期内还款的赊购账户。非分期付款贷款也可以短期发放给较富裕的个人（通常为6个月或更短），而且可能金额很大，通常从5 000～50 000美元不等。非分期付款贷款常用于支付休假、医疗和保健、购买家电以及汽车和住宅修理费用。

> **小贴士**
>
> 在美国，信用卡贷款发放规模最大的是哪类金融机构？
>
> 答：商业银行，随后是信用卡贷款抵押池、财务公司、储蓄机构和信贷联盟。

18.1.3 信用卡贷款和循环信贷

目前非常流行的一种消费信贷形式是通过维萨（Visa）、万事达（MasterCard）、Discover 和许多规模较小的信用卡公司发放的信用卡获得信贷。信用卡为持卡人提供分期付款或非分期付款的信贷，客户可以用信用卡账户来支付购买，并且在免息期内还款从而避免支付财务费用；也可以选择分次支付购买额，并每月支付财务费用，此费用根据年利率确定，年利率通常在10%~24%，有时会更高。目前大约2/3的信用卡采用可变利率。

信用卡公司发现信用卡的分期付款客户带来的利润远远高于非分期付款客户，这是因为分期付款客户带来利率收入，而非分期付款客户在计息前就快速偿还了购买款项。银行和其他信用卡发放机构也从接受信用卡的商家获得折扣费用（通常是信用卡销售额的1%~7%）。目前全球使用中的信用卡大约接近2万亿张。

无论客户何时产生信贷需求，信用卡都能为其提供便捷的循环信贷。然而，由于拖欠债务的借款人比例相对较高以及很多信用卡被窃并被用于诈骗，信用卡发行机构发现对信用卡业务的谨慎管理和控制是至关重要的。有证据显示信用卡领域存在着巨大的规模经济效益，因为通常来说，只有大规模的信用卡经营才能持续盈利。由于技术进步使大多数持卡人最终可以获得包括储蓄、支付账户在内的所有金融服务，信用卡业务的前途看来是相对光明的。

虽然信用卡市场主要集中于少数领军企业手中——维萨和万事达，但值得注意的是，新的信用卡计划，例如花旗银行的美国电话电报公司环球信用卡，正积极扩大提供无利率或低利率的业务，以吸引竞争者的客户将账户余额转移到自己的银行。然而，一旦无利率或低利率的时期结束，许多卡业务的利率计划调到10%或更高。这种积极的营销做法起因可以归结为近期信用卡市场的缓慢增长。

真实的银行，真实的决策

信用卡市场：在市场不景气时能否保证收益

信用卡市场发展最好的时期已经结束。与信用卡相比，消费者现在更多地使用借记卡来支付购买，从而避免信用卡高昂的费用。许多曾依靠信用卡借款的住房所有人现在改用以其住宅作为贷款抵押以获得较为便宜的住宅产权贷款，并享受税收好处。此外，主要的信用卡发行机构如维萨和万事达在法庭上受到攻击，被指有反竞争行为，因为它们试图阻止成员机构接受诸如运通卡和发现卡等其他卡业务，或者没有正式通知其客户而索要过高的收费。同样严重的是，美国政府法规近期迫使信用卡业务严格其贷款标准并向公众充分披露信用卡的使用条款。

最近国会一直在考虑通过《信用卡持有者权利法案》，以取消某些"不当行为"，如无正当理由提高信用卡利率，因非信用卡账单支付延迟而提高信用卡利率，向以支付的余额收取利息，以及收取高于通胀率的手续费。

这种情况下，信用卡公司的管理层处于进退两难的局面：现在应该做些什么呢？一种可能的解决方法就是大幅增加每月最小还款额并对用户延期支付收取更高的费用，许多公司2005年和2006年采用了这种方法。其他银行则更多地致力于住宅产权贷款市场、借记卡市场、智能卡市场以及认同卡市场，以吸引特殊的客户群体。还有一些银行关注于海外市场，尤其是欧洲和亚洲，这些市场上拥有信用卡的家庭很少，且账户余额通常很低。对最大的银行，例如汇丰银行、花旗银行以及苏格兰皇家银行来说，最有吸引力的国家就是中国，因为13亿中国人中，大约只有1%的人拥有信用卡，中国市场上信用卡的规模每年都会翻一番。

如果你是信用卡公司的经理，你会选择哪种做法？请解释原因。

18.1.4 新的信用卡法律法规

新的信用卡法律法规出现于2003年年初，当时金融机构的主要监管机构——美国货币监理署、联邦储备委员会、联邦存款保险公司及美国银行监管局开始减慢面向低信用评级客户的信用卡的扩张速度。监管机构担心很多资金不足的借款人即使还款严重晚于计划的期限，但仍被保留在信用卡发放机构的名册上好几个月。一些发放机构声称采取了放宽贷款条件限制的政策，从而使拖欠债务的借款人积欠更多的费用，这些费用最终得到偿还的希望微乎其微。

确实，有证据表明很多客户被索要很高的卡费，但需要偿还的最低金额却很少，导致了他们对信用卡债务的"负摊销"。这意味着很多陷入困境的信用卡客户发现除了偿还债务，随着时间的流逝，他们还需支付更多的拖欠还款费、超出信贷额度发生的费用等。21世纪初，监管机构警告信用卡发放机构，联邦检查员将开始检查过度收费及不合理地放宽贷款条件的做法，因为这些做法必然会使很多低信用等级的客户没有希望还清债务，它们要求发放机构确保为其大多数信用卡借款人制订的还款计划通常应能使借款人在60个月内还清贷款余额。

18.1.5 新消费者法规：《多德—弗兰克法案》、新消费者保护局和《信用卡问责、责任和信息披露法案》

1. "拆穿圈套"——《信用卡问责、责任和信息披露法案》和修改的《规则Z》⊖

尽管信用卡的监管者一次次地努力处理信用卡行业的问题，消费者对信用卡公司的抱怨还是不断涌入美国国会，比如在几乎没有任何提醒的情况下不断提高利率，以及对超过信用额度的贷款和延迟还款的重复收费。由于选民的抱怨，国会于2009年3月通过了《信用卡问责、责任和信息披露法案》。

新的法规规定，发卡机构只有在有完整的关于年费变动的书面通知的情况下，才可以提高年费（annual percentage rates, APR）。而且，信用条款的变更必须给出合理的解释。为了刺激竞争，信用卡公司需要把它们的合同公布在互联网上，以使消费者可以更方便地挑选，做出最有利的选择。此外，必须保证持卡者在月账单到达之前至少三个星期就收到阶段账单。为了防止增加信用卡费用的附加"圈套"的出现，一旦付款日期确定，信用卡发行机构将不能更改该日期。

除此之外，一个附加的包裹必须出现在月账单上，用来提醒顾客每月应付的利息和每月只付最小数额的后果。总体来说，这些以及其他一些给信用卡机构的限制都在联储委员会的《规则Z》中。

2.《多德—弗兰克法案》加速了新标准的成型

最后，关于消费者购买信用卡和其他金融服务产品的新的规章制度开始的标志是《多德—弗兰克华尔街改革和消费者保护法案》（简称《多德—弗兰克法案》）的通过，法案的名字分别取自前参议员克里斯·多德（Chris Dodd）和前国会议员巴尼·弗兰克（Barney Frank）。2012年7月奥巴马总统签署了《多德—弗兰克法案》，作为公法111-203，它促成了消费者金融保护局（Consumer Financial Protection Bureau, CFPB）的成立。

⊖ 《规则Z》是美国《消费者信用保护法案》（Consumer Credit Protection Act）的第一项法案《诚信贷款法案》（Truth in Lending Act）的执行细则，并于2010年做了较多修正，即正文中的修正的《规则2》，该法案于1968年5月29日制定，在1969年6月1日生效。其目的在于公开揭露信用条件，促使消费者得以了解各种可利用的信用条件，并加以比较和选择。更多请参考http://www.fdic.gov/regulations/laws/rules/6500-1400.html。

新成立的消费者金融保护局的工作主要是帮助消费者在2007～2009年严重的信贷危机之后，重塑对金融系统的信心。保护局的目标是为一些金融服务制定新的标准，这些金融服务包括发放消费信贷和信用卡贷款，提醒可能导致损失的金融操作，提高客户的金融素养，以及提高金融服务合同的清晰度和透明度从而使大众受益。

新的消费者金融保护局隶属于美联储，但按自己的预算独立运营。实际上，随着美联储把更多的注意力投向货币和信贷政策，它对消费者金融服务的监管可以完全转移给这个新成立的机构。消费者金融保护局的最高领导人由美国总统指定，任期5年，受参议院监督。消费者金融保护局的诞生备受争议：它必须制定无数的规则，而这些规则很可能会影响到大范围的消费者服务机构，包括银行、信用社、按揭公司、薪资贷款机构、支票公司、学生贷款公司、收款机构、信用报告机构、贷款咨询公司以及其他一些类似的金融服务机构。相反，一些金融机构，比如州属监管的保险公司和由证券交易委员会监管的证券公司却被排除在消费者金融保护局的监管之外。

洞察力和问题

消费者金融保护局

2007～2009年的严重信贷危机导致了成千上万的家庭陷入严重的财务困境，挣扎在信用卡贷款、住房按揭贷款和其他的金融债务之中。这些个人财务问题可以追溯到实业问题，因为企业倒闭、员工失业，许多家庭没有了偿还贷款的来源。结果是，大量的消费者或者失去了存款，或者为贷款支付过高的利息，或者被从自己的房子里赶出来，部分原因是他们没有弄明白金融产品带来的问题。

为了回应这次金融危机，国会通过了《多德—弗兰克华尔街改革和消费者保护法案》(FINREG)。在一份2 000多页，包含了无数条款的法律文件中，FINREG创造了一个新的消费者金融保护局 (CFPB)。

新成立的这个机构虽然隶属于美联储，但是预算独立，也不向美联储报告，而是由国会负责。它特别注重消费者服务的清晰度、内容的完整性和透明度。CFPB不是为货币政策服务的，货币政策由美联储完成，也不是为了银行业的安全，这主要是由成立已久的联邦银行机构，例如，联邦存款保险公司、美国货币监理署和他们团队里的检察员负责。

消费者金融保护局的首要任务是制定新规则来保护消费者选购金融服务，以及对公众普及他们所面临的潜在金融风险。新机构在寻求消除不公平、欺骗性、滥用的金融操作方法，以及禁止金融服务的提供者不合理地利用消费者对风险、成本和复杂多变的金融投资环境的无知来牟利。

18.1.6 借记卡是否可以部分替代信用卡

借记卡是指可用来支付商品和服务但不具备信贷功能的塑料卡，是目前增长最快的家庭金融服务之一，大大超过近期信用卡的增长速度。当前，信用卡市场的规模大约是借记卡市场的3倍，但借记卡的快速增长会减小这种差距。发放借记卡的主要企业包括：第一数据公司、维萨美国及万事达国际集团公司。

借记卡是一种便捷的现付式方法，并可在自动存款机上存款和提款，这些卡还便于支票兑现，并能确定客户身份。目前，尤其是在欧洲非常流行的所谓的智能卡非常类似于借记卡，智能卡上所存余额在商店通过电子方式消费直至卡上余额用尽。由万事达国际集团公司，维萨美国及Comdata公司这类机构发放的预付卡或现金卡（niche），像智能卡一样也要预存现金。这些最新类型的卡最常见的应用之一是雇主向雇员的卡里存款以支付每月工资或预付雇员的旅行费用。

借记卡强制消费者自制，因为使用借记卡时，消费者需要即时付款且不能借款。与支票相比，借记卡节省了客户和银行的时间并省去了支票的处理工作。此外，金融机构还发现借记卡既是新的费用收入来源，同时又不像传统信用卡那样会由于违约和偷窃而带来损失。

18.1.7 消费信贷的快速增长

由于经济增长和消费信贷市场的激烈竞争，无论何种类型的消费信贷近年来都呈现出爆炸式增长。例如，1985年，美国家庭债务占家庭可支配收入不足70%，而到21世纪初，家庭债务就已经增至其可支配收入的100%之上。住宅抵押贷款是所有消费信贷中增长最快的，1985年，住宅抵押贷款不到美国家庭可支配收入的45%，而大约20年后，住宅抵押贷款已占家庭可支配收入的大约2/3。然而2008~2011年住房信贷开始下降，因为许多房主发现他们正在失去工作，其房产也在缩水。

18.2 消费信贷的特点

通常，家庭贷款放贷机构认为消费信贷是具有"黏性"利率的盈利性信贷，也就是说，消费信贷的定价通常大大高于融资成本，但是和大多数企业贷款不同的是，其利率通常不随市场情况改变而改变，尽管浮动利率的消费信贷看来会增加，这意味着许多消费信贷面临着巨大的利率风险。然而消费信贷通常定价很高（在贷款利率中考虑到足够的风险溢价），以至于大多数消费信贷只有在借入资金的市场利率和贷款违约率大幅上升才会没有盈利。

为什么大多数消费信贷的利率如此之高呢？一个原因是，在大多数放贷机构筹集可贷资金时，按各种贷款的单位美元计算，消费信贷是其中成本最高、风险最大的。消费信贷还趋向于周期性敏感，在消费者对未来普遍乐观的经济扩张时期，消费信贷增加；相反，当经济下滑转入衰退期时，许多个人和家庭对未来感到悲观，因此相应减少借款。

相比而言，家庭信贷表现得更缺乏利率弹性：与利率相比，消费者通常更关心贷款协议要求的每月还款金额（虽然利率会明显影响规定的还款金额）。虽然利率对于家庭借款者来说通常并不是重要的考虑因素，但是教育和收入水平确实对消费信贷有重要的影响。无论是信贷总量还是相对于个人年收入比例，收入较高的个人信贷都倾向更高水平。家庭的主要收入者所接受的正规教育越长，这类家庭就越倾向于借入相对于其收入水平较高的款项。对于这些个人和家庭来说，借款更多的是获得理想的生活，而不是紧急情况下所需的安全工具。

概念测验
1. 住宅贷款、非住宅分期付款贷款、非分期付款贷款和信用卡贷款（循环信贷）的主要区别有哪些？
2. 为什么消费信贷利率平均水平通常高于大多数其他种类贷款？

18.3 消费信贷申请评估

特点和目的 分析消费信贷申请的关键因素是借款人的特点和其还款能力。放贷机构必须确定借款客户有强烈的道德责任感，会按时、全部偿还贷款。此外，借款人收入水平和贵重资产（如持有的证券和储蓄存款）必须充足，使放贷机构确信客户有能力在宽松条件下偿还贷款。出于这个原因，消费信贷放贷机构几乎经常和全国或当地**信用局**（credit bureaus）保持联系，了解客户信用历史。全国和地区信用局持有大多数个人的档案，这些档案记录了哪些人曾经贷款以及他们的还款记录和信用等级。

贷款申请目的通常显示了借款人的基本特点。放贷机构必须问：客户是否清楚地阐述了贷款的使用计划？其阐述的贷款目的是否和放贷机构书面贷款政策相符合？是否有证据显示借款人有真诚的偿还所有借款的意愿？一些高级信员常建议新手花更多的时间和客户面谈，因为通过面谈常能发现借款人的特点和诚信方面的瑕疵，这些瑕疵对贷款偿还的可能性有直接影响。通过询问客户一些相关的问题，放贷机构常能就客户的信贷申请是否符合放贷机构的质量标准做出更好的判断。

遗憾的是，经济压力促使客户信贷处理自动化，使得大多数放贷机构花在客户身上的时间越来越少。信息收集和贷款评估工作越来越多地交给了计算机程序。结果，除了通过传真、电话或网络发给放贷机构的信贷申请所需信息外，现在许多消费贷款信贷员对其客户的个性和特点了解甚少。

在借款人没有信用记录或还贷记录不全的情况下，放贷机构可能要求有一个**联署保证**人（cosigner），以支持其还贷。从技术层面上来说，如果借款人违反经过联署保证的贷款协定，联署保证人有义务采取对贷款有利的行为。然而，许多放贷机构认为设置联署保证人主要是心理策略，鼓励还贷，而不是作为贷款的真正替补来源。借款人得知联署保证人的信用等级也将受到影响后，可能会有更强烈的道德义务去偿还贷款。

收入水平　放贷机构认为个人收入的数额和稳定性都是十分重要的。通常它们更愿意客户汇报其税后收入或者可支配收入，而不是汇报其工资总额，它们还经常向客户雇主核查客户提供的收入数字和雇用时间的准确性。

存款余额　收入数额及稳定性的一个间接衡量指标是客户的平均存款余额，信贷员可向账户所在存款机构求证。在一些州，放贷机构被赋予了对客户存款的冲销权，以减小发放消费信贷带来的风险。这一权利使得放贷机构在贷款违约时可以收回贷款，并取得借款人持有的所有支票或储蓄存款，回收资金，但是，在放贷机构行使这一权利前，必须至少提前10天通知客户，这可能会导致在放贷机构收回贷款前资金已被转移。

工作和居住的稳定性　放贷机构考虑的众多因素之一是工作时限。许多放贷机构不大可能将一笔大额贷款发放给仅在现有工作岗位上工作几周或几个月的人。居住时限也是放贷机构考虑的因素，因为一个人在同一地址居住时间越长，其个人状况可能就越稳定。在决定是否发放贷款时，住址频繁变动是一个非常不利的因素。

债务金字塔　放贷机构对债务相对于消费者收入不断累积的现象十分敏感。债务金字塔，就是个人从一家放贷机构获得信贷以偿还另一家机构的贷款的现象。大多数信贷员都对此现象表示不满，因为高额的或不断增长的信用卡欠额以及频繁返回的支票都将从客户存款账户中提取现金。放贷机构认为这些项目反映了客户资金管理的技巧，缺乏这些基本技巧的客户可能不可避免地负债过多，连带债权人一起陷入困境。

如何获得消费者贷款资格　是否存在提高获取贷款机会的方法呢？住宅所有权或其他形式不动产的所有权，如土地或建筑物，是一个有利因素。此类所有权即使没有作为贷款抵押物，也能够带来稳定和良好的财务管理技巧的印象。客户拥有电话作为稳定性的征兆也很重要，对于放贷机构的收款部门来说，一旦出现问题，可以以低成本和借款人取得联系。另一个有利因素是持有大量的存款余额，高于平均存款水平的余额不仅反映了个人财务状况良好，愿意履行义务，还意味着放贷机构可以利用这些存款为其他贷款融资，获得利润。

然而，最重要的是如实回答信贷员的问题。如果贷款申请出现不一致的情况，放贷机构常会认为借款人不诚实，或者，至少是健忘。例如，从社会保障号码或个人身份证号码通常可以看出此人来自什么地方。借款人的社会保障号码和其贷款申请上所示个人经历是否相符？借款人和其雇主是否位于所填地址？所填的可支配收入是否和其雇主所报数字相符？客户是否报告了所有未清偿债务或者是否有信用报告显示客户有许多忘记汇报甚至故意回避需要汇报的债务？

消费信贷面临的挑战 消费信贷评估工作并不容易。首先，个人隐瞒和还贷相关的信息（例如健康状况或未来工作预期）通常比大多数企业（企业贷款申请通常和经审计的财务报表一起提交）容易。其次，企业通常比个人更能适应诸如健康、伤残或财务问题。消费信贷的违约率通常比许多商业贷款高出数倍。能帮助信贷员降低消费信贷可能损失的主要手段有发放较小的贷款额以及用可出售抵押品做担保，例如汽车。

18.4 消费信贷申请范例

通过分析表18-1中的贷款申请示例，我们可以列举消费信贷员收集的一些最重要的信息以及这些信息究竟能够揭示哪些问题。这是一份为购买新汽车融资的贷款申请，汽车贷款通常是放贷机构发放的消费信贷中利润较高，较安全的贷款种类。客户斯基莱柯（J. P. Skylark）卖出旧汽车，以购买一辆新的更耐用的汽车。旧车的折价以及定金占购买价格的近20%，客户要求放贷机构支付汽车价格的其余部分（80%）。为了获得在贷款违约情况下收回汽车的法律权利，放贷机构采取动产抵押。只要汽车价格保持稳定或有所上升，放贷机构资金将获得合理保障。

表18-1 典型的消费信贷申请表

本贷款申请由 J. P. L. 斯基莱柯于2010年12月1日向第一国家银行提交
申请人住址：榆树街3701号
居住城市：奥兰治堡　　　　　州及邮政编码：加利福尼亚 77804
贷款目的：购买个人及家庭使用的新车
期望贷款期：5年
汽车贷款申请，请填写以下内容：
品牌：福特金牛
车型：四门轿车　　车牌号：8073617
汽车配置：空调、自动变速器、转向助力、动力刹车、AM/FM立体声音响、CD播放机、自动门锁、有色玻璃
计划出售汽车：蒙特卡洛　车型：四门轿车
车龄：8年　　　车牌号：6384061
交易明细：

卖方报价	18 750美元
支付定金	1 575美元
旧车折价	3 500美元
预付定金总值	5 075美元
价款未付部分	13 675美元
其他使用贷款支付的项目	650美元
申请贷款总额	**14 325美元**

客户信息：
社会保障号码：671-66-8324　　出生日期：1975年2月21日

（续）

目前地址居住时间：10个月　　　　　电话号码：965-1321
前家庭住址：加利福尼亚州卡其奥市太阳街302W.号
在前住址居住时间：1年
驾驶证号码及所在州：A672435 加利福尼亚　　所需抚养人数：3
目前雇主：家园仓储公司
在现公司工作时间：8个月
工作性质：驾驶卡车、装卸货物、记账
年收入：35 000美元　　　　　　　　雇主电话：213-963-8417
其他收入来源：投资、信托基金
其他来源年收入额：2 000美元
债务（包括住宅抵押债务）：120 000美元　　每月债务偿还额：1 140美元
最近的直系亲属（除配偶）：Elsa Lyone　　电话：405-628-7899
该亲属住址：俄克拉何马州阿米拉市，威罗街 6832 号，73282
申请人是否希望放贷机构在评估贷款申请时考虑配偶的收入情况？
　X 是　　否
配偶年收入：15 000美元
配偶雇主：迪米特储蓄与保障协会
职位：秘书　　　　工作时间：8个月
我保证在以上贷款申请中提供的信息真实有效。我清楚放贷机构不论批准贷款与否都将保存此申请书。为证明贷款申请中信息的真实性及评估我的信用状况，放贷机构有权调查我的信用历史和工作经历
客户签名：J. P. Skylark
签字日期：2010年12月1日

然而，特点、稳定性和足够的可支配收入（没有沉重的债务和税收负担）是所有消费贷款申请的重要组成部分，在此贷款申请中这些方面存在严重问题。斯基莱柯在目前地址仅住了10个月，在另一个城市的上一处住址也仅住了一年。他仅为当前的雇主工作了8个月。许多放贷机构更愿意向在其市场区域内居住或工作至少1年的客户提供贷款，这被认为是可靠性的一种象征。

斯基莱柯的家庭年收入总额大致处于平均水平，夫妇双方收入总额约为50 000美元，可支配收入总额大约为40 000美元，家庭负债达到120 000美元，债务水平似乎偏高，约为可支配收入的3倍，但是债务中包括住宅抵押贷款。以目前的标准，大多数住宅抵押贷款负债对收入的比率在1.5～3是很正常的。

然而，每月还款额比较高，达到1 140美元（包括住宅抵押还款）。月分期还款额占每月总收入的1/3以上，其中尚不包括申请的汽车贷款每月所需支付的225美元。许多放贷机构希望月还款额对收入的比率不超过25%～30%。然而家庭债务和家庭债务服务支出的很大部分都是基于住宅，因此若当地房地产市场坚挺，住宅的价值就会为放贷机构提供足够的保障。此外，斯基莱柯似乎有足够的保险，并且持有一些股票、债券和其他证券形式的流动金融资产。信贷员从斯基莱柯夫妇雇主处得知，两人均有不错的工作前景。

斯基莱柯的贷款申请有合理的目的，和放贷机构贷款政策相吻合，而且所报的家庭收入足够证明贷款偿还具有很大可能性，因此，信贷员接受其申请，并进一步检查斯基莱柯的信用记录。当信用局的报告出现在屏幕上时，信贷员很快发现该贷款申请存在严重问题。如表18-2所示，斯基莱柯的信用记录十分复杂，存在至少五笔拖欠或未付债务。其他债务都和贷款申请中所报大体一致，只有一些细微出入。最乐观的情况下，信贷员也会就未汇

> **小贴士**
> 美国最大的汽车贷款放贷机构是哪两个？
> 答：商业银行和财务公司。

报的债务询问斯基莱柯，但这笔贷款申请很可能因为信用记录无法令人接受而被拒绝。显然，信贷员对借款人在借款和偿还银行贷款责任心方面的疑虑被证实了。

表18-2 信用局报告示例

E-Z信用局关于斯基莱柯的报告SSN671-66-8324
信用局地址：加利福尼亚州，圣米格尔市，咖啡街8750号87513　607-453-8862
信用项目截至：2010年6月15日

债权人名称	信贷期限	所欠金额（美元）	未清偿金额（美元）	过期金额（美元）	月支付（美元）	状态
文德来斯特豪华公寓	6个月	610	610	610	305	过期
维萨卡	不定期	1 680	1 540	250	125	过期
万事达卡	不定期	1 435	1 250	176	88	过期
斯莱温第一州立银行	6个月	750	150	150	75	过期
肯尼家具超市中心	1年	847	675	—	34	持续中
奥兰治堡第一国家银行	1年	2 500	675	—	120	持续中
圣巴里奥医院及门诊部	不定期	160	160	—	—	已损失

《平等信用机会法》要求所有美国银行和其他主要的消费信贷机构在拒绝贷款申请时，以书面形式通知其信贷客户。它们必须给出拒绝申请的原因以及如果使用了信用局报告，必须告知客户信用局地址。通过这种方法，客户可以核实其信用记录，并要求改正记录报告中的错误。表18-3是银行给斯基莱柯的贷款拒绝表，并指出了为什么拒绝其贷款申请。其中，信贷员指出了其过期和未偿还债务的事实。这份贷款拒绝表的一个优点是，放贷机构真诚地欢迎客户使用其他服务并在其财务状况好转时重新申请贷款。

表18-3 客户贷款申请拒绝、终止和变更声明

第一国家银行
送：J.P.L. 斯基莱柯
　　客户姓名
　榆树街3701号　　奥兰治堡　　加利福尼亚州77804
　客户住址　　　　城市　　　州
声明日期：2006年6月18日
客户申请贷款：14 325美元，5年期汽车分期付款贷款
银行对贷款申请的决定：拒绝贷款
很遗憾，银行不能批准你在上述日期前申请的贷款数额和期限，拒绝贷款申请的理由为：存在过期贷款
我们在对你的贷款申请进行调查时使用了：加利福尼亚州圣米格尔市咖啡街8750号，87513的E-Z信用局提供的信用报告。联邦法律规定，你可以通过书面申请来获取使你的贷款申请遭到拒绝的信息副本
如果你认为，你的种族、肤色、宗教、性别、原国籍、婚姻状态、合法年龄、社会援助等情况使你在取得本贷款时受到歧视，或你准备行使《消费者贷款保护法》（Consumer Credit Protection Act）赋予你的权利，你可以向负责监管本行的美国财政部货币监理署提出申诉，地址为华盛顿特区20219
如果今后本行可以为你提供其他服务，请通知我或本行的其他雇员。我们十分重视同你的友谊及商务关系，期望能满足你在个人银行业务上的需求。如果导致此次贷款拒绝的情况得以改善，请你考虑再次向我行申请贷款

您真诚的

W.A.Numone
William A.H. Numone III
高级副总裁
个人银行业务部

一份可接受的消费信贷申请应能反映借款人具有以下特征：① 工作和住所稳定；② 借款人提供的信息准确、一致；③ 贷款目的合法；④ 借款人的财务管理技巧。当家庭贷款申请在一两个方面存在弱点时，信贷员则面临着艰难的选择，且通常需要依靠一些客观的信用评级系统以做出正确的贷款决策。拒绝或接受贷款申请的最终决定取决于预期收益、与该贷款申请预期收益相关的风险、放贷机构进行的其他可能投资的风险以及管理层对风险的态度。

洞察力和问题

信用局在消费信贷决策中的重要作用

信用局，经常又被称为信用报告机构（CRA），为放贷机构收集和提供数百万借款人的信用历史。美国首家信用报告机构出现于19世纪，大致在同时期，西欧、澳大利亚和加拿大也出现了信用报告机构。今天，信用报告机构每天从3万多家放贷机构处收到近7 000万个数据项，而每天提供的信用报告也超过300万份。尽管有许多小型信用报告机构，但在美国的全国金融市场占据主导地位的是三家机构，即Equifax、Experian和Transunion。

信用报告机构向放贷机构提供的报告中包含的信息有：
- 个人身份数据（姓名、年龄以及新的住址、出生日期、当前和以前的雇主以及社会保障号码。
- 从放贷机构提交的数据中得出的个人信用历史（包括个人信用额度、贷款余额以及还款记录）。
- 可能会反映借款人诚信和稳定性的公开信息（如申请破产保护或法院对借款人的判决）。
- 放贷机构和其他机构对借款人信用状况的调查次数。

在借款人移动频繁并且使用大额信贷的社会中，信用报告机构可以为放贷机构提供颇有价值的信息。由于信用报告机构及时向有需要的放贷机构、雇主和其他人提供信息，从而使未担保债务的快速扩张成为可能，鼓励借款人和放贷机构更加诚实，增加信贷业务的竞争，并使信贷服务的定价更为有效。

同时信用报告机构也引起很多争议，导致新的政府法规的混乱。它们不能保护消费者的隐私，并且有时无意泄露的一些信息会导致身份盗用。许多信用档案中含有错误，经常缺乏关于信用额度的信息，并且高估了借款人持有的账户数量以及金额。由于存在上述缺陷，信用报告机构已经在信息技术上做了大量投资，并承诺会及时纠正信用档案中的错误。联邦法律要求信用报告机构设立一个欺诈警告系统以帮助身份被盗窃的受害者。

相应地，主要的信用报告机构正在开发多种新的服务品种，包括账户欺诈监测，在某些情况下，开发贷款期限模拟器以帮助信贷客户。这些新的服务应该有助于扩大和稳定信用报告机构的收入。（有关信用局的详细讨论，见Robert M. Hunt, "A Century of Consumer Credit Reporting in America," Working Paper No. 05-13, Federal Reserve Bank of Philadelphia, June 2005.）

18.5 消费信贷的信用评分

目前大多数放贷机构都使用**信用评分**（credit scoring）来评估消费信贷申请。事实上，主要的信用卡系统，例如万事达卡和维萨卡，都借助信用评分系统对信用卡申请进行例行评估。目前很多保险公司也使用信用评分系统帮助评估新的投保人及这些未来客户可能为它们带来的风险。

信用评分系统的优势在于，能够以最少的人力成本迅速处理大量贷款申请，因此降低了经营成本，并且可以替代缺乏经验的信贷员进行有效判断，由此有助于控制坏账损失。许多客户喜欢自动评分系统处理贷款申请带来的方便和快捷，通常客户可以通过电话提出贷款申请或者通过网络填写申请书，放贷机构在几分钟内就可以通过在线计算机网络调出信用局的客户报告，并就客户的申请迅速做出决定（目前汽车贷款申请处理时间平均在8分钟之内）。

信用评分系统通常基于判别式模型或相关技术，如对数单位模型（logit model）、概率单位模型（probit model）或神经网络模型。这些模型中同时使用多个变量为每个信贷申请者建立数字评分。如果申请者分数超过临界筛选水平，在没有其他不利信息的情况下，将很可能被批准获得贷款。如果申请者分数低于筛选水平，在没有补救因素的情况下，申请可能被拒绝。在评估消费信贷中，最重要的变量有信贷局评级、住宅所有权、收入、持有的银行账户的种类和数量以及职业类型。

信用评分的基本理论是放贷机构和统计员可以通过观察大量曾借贷的个人来确定可以区别优良贷款和不良贷款的财务、经济和动机因素。此外，该理论还假设，过去能将优良贷款和不良贷款区分开的财务和其他因素，在可接受的误差范围内，未来也能区分优良贷款和不良贷款。显然，如果经济或其他因素突然变化，这一潜在假设可能出错，这解释了为什么优良的信用评分系统会反复重新测试，并且如果确定更多的敏感预测量，系统会被修订。

信用评分系统通常从客户信贷申请中选取几个主要项目，并对每个项目进行评分（例如，从1～10评分）。例如，通过研究客户信贷账户可能发现表18-4中的因素在区分优良贷款（按时还款）和不良贷款（严重拖欠或不还款）中的作用十分重要。

表18-4 信用评分模型中的预测因素及其分值示例

预测贷款质量的因素	分值	预测贷款质量的因素	分值
1. 客户职业或工作性质：		1年或以下	20
专家或企业主管	100	5. 现住址居住时间	
熟练工人	80	1年以上	20
职员	70	1年或以下	10
学生	50	6. 家中是否安装电话	
非熟练工	40	是	20
兼职工作人员	20	否	00
2. 住房性质		7. 客户需抚养人数	
自有住房	60	无	30
租住住房或公寓	40	1	30
住在亲友家	20	2	40
3. 信用评级		3	40
优秀	100	3人以上	20
一般	50	8. 持有存款账户	
无记录	20	支票账户及储蓄账户	40
差	00	储蓄账户	30
4. 目前职位工作时间		支票账户	20
1年以上	50	无	00

在8因素信用评分系统中，客户可获得的最高分为430分，最低分为90分。假设放贷机构发现，在过去批准的贷款中，客户得分280分或更低，40%（1 200笔）都成为坏账，作为损失销账。平均每个账户损失600美元，总损失为72万美元。然而，在此评分系统下，所有发放的优良贷款中，仅有10%（300笔）的客户得分为280分或者更低。平均每个账户盈利为600美元，

则这些低分优良贷款盈利总额为18万美元。因此，如果信贷员使用280分作为标准分或分界点，通过遵循只向得分在280分以上的贷款申请者发放贷款的原则，放贷机构将节省约54万美元（72万减18万）。如果放贷机构未来贷款损失情况不变，拒绝所有得分为280分或者更低的贷款申请将减少大约40%的损失账户，并且仅拒绝了10%的优良贷款客户。管理层也可以尝试使用其他标准分，确定什么样的分界点能够在消费信贷方面最大限度地减少放贷机构的贷款损失。

我们假设放贷机构确定280分为最大限度减少贷款损失的最优分界点。放贷机构将进一步分析客户信用历史，找出单个客户的贷款额度对其贷款损失情况有何种影响。放贷机构可能发现表18-5中的评分方案能够最大限度地减少消费信贷损失。

显然，这样的系统剔除了在信贷过程中的个人判断因素，并将放贷机构的决策时间从以小时计降低至以分钟计。然而，这样也存在风险，可能导致放贷机构和客户关系淡化，客户会感到放贷机构没有充分考虑其财务状况和申请贷款的具体情况。在联邦反歧视法案（如《信贷机会均等法》）下，如果种族、性别、婚姻状况或其他被法律或法规禁止的歧视性因素用于信用评分系统中，放贷机构将面临被客户起诉的危险。如果放贷机构能够证明年龄或其他特定个人特征可以显著区分优良贷款和不良贷款，并且信用评分系统经过反复的统计测试且考虑到实际信贷情况进行了修订，联邦法规允许在信用评级系统中使用此类因素。放贷机构对此负有举证责任，需要说明其信用评分系统能在显著水平上成功地判断贷款申请的质量。

表18-5　评分与可批准信贷金额

分值范围（分）	信贷决策
≤280	拒绝贷款
290~300	最大贷款额为1 000美元
310~330	最大贷款额为2 000美元
340~360	最大贷款额为3 000美元
370~380	最大贷款额为4 000美元
390~400	最大贷款额为6 000美元
410~430	最大贷款额为10 000美元

对信用评分系统进行频繁的验证和修订不仅从法律和监管角度来说是明智的，还能够降低此类系统最大的潜在缺陷——不能够随着经济和家庭生活方式的变化迅速调整。缺乏弹性的信贷评估体系对于放贷机构的信贷业务来说是致命的弱点，可能会导致拒绝合理可行的消费信贷申请，毁掉放贷机构在服务社区内的声誉，并给其贷款组合带来无法承受的高风险。

FICO评分系统　当前广泛使用的信用评分系统中最著名的是费尔艾萨克公司（Fair Isaac）设计出售的FICO评分系统。费尔艾萨克信用评分系统计算了全球数百万消费者的得分，并将这些得分提供给信用局、放贷机构及提出申请的个人。费尔艾萨克公司还向个人和家庭提供能改善其FICO评分的建议书，从而使其能获得更多信贷或以更低的价格获得信贷。FICO评分模拟器能使个人估计其个人财务状况发生某些变化时，对FICO评分有何影响。许多借款人在寻求大额贷款（如住宅抵押贷款）之前会查询其FICO评级以估计获准贷款的可能性，并确保其信用记录中没有错误。

FICO评分从300分到850分，对放贷机构来说，分数越高，风险就越小。较低的个人FICO评分意味着及时还款的可能性较小，放贷机构不大可能向其发放贷款。然而，放贷机构采用的批准贷款的分界点是不同的，因而一家放贷机构认为的好的评分在另一家放贷机构看来就并非如此了，这由放贷机构自己决定。

虽然费尔艾萨克公司仅向公众提供评分系统的总信息，但它的信用评分是基于下列5类信息的（按其重要程度从高到低依次排列）：
- 借款人还款历史；
- 欠款数额；
- 未来借款人信用历史的持续时间；
- 新申请贷款的类型；
- 借款人曾使用的信贷种类。

费尔艾萨克公司还指出了在建立FICO评分时，借款人背景资料中没有被考虑的因素，背景资料主要指年龄、种族、肤色、性别、宗教、婚姻状况、工作经历及薪酬及居住地址。该信用评分系统所考虑的因素限于在客户的信用局报告中通常可得的那些信息。当新的信息出现后，会重新计算客户的FICO评分。

洞察力和问题

信用评分系统：优点和缺点

信用评分是一种统计工具，最早形成于大约50年前，用于客观评价借款人偿还贷款的可能性。近年来，在借款人申请新的信用卡贷款、汽车贷款以及住宅抵押贷款甚至企业贷款时，信用评分系统已成为评估借款的资信状况的主要工具。发放抵押贷款的巨头美国联邦国民抵押贷款协会和联邦住房贷押贷款公司已鼓励住宅抵押贷款创始人更多地使用这些系统。近期研究表明，在信贷决策时，使用信用评分技术比仅依靠信贷员的判断可以使贷款拖欠率降低20%～30%。此外，信用评分能增加借款人接收率，降低贷款处理成本，从而加快信贷决策。

信用评分系统使用多种统计技术来计算准借贷款人的信用评分，技术中包括判别分析和逻辑回归，用于预测信用质量的因素常会改变，但趋势是使用更易获得的数据，例如通常能从平均借款人信用报告中获得的信息。例如，借款人未偿还的信用额度、借款人拖欠还款时间为30～60天的次数、债权人调查借款人账户的次数以及到目前为止客户从一家或多家放贷机构获得的最高信用额度。然而，系统操作员不愿完全披露他们所考虑的因素。

几乎从一开始出现，信用评分系统就受到很多争议。例如，有人认为该系统不利于低收入和少数民族申请者。信用评分系统可能会排除低收入借款人具有的有利因素，例如为同一雇主工作的时间长度或在同一住处居住的时间。然而，评分系统往往是客观的，并能避免放贷机构和借款人之间的个性冲突。

概念测验

3. 信贷员应该特别注意检查消费贷款申请中的哪些方面？
4. 信用评分系统是怎样发挥作用的？
5. 放贷机构使用信用评分系统评估消费信贷申请的主要优点有哪些？
6. 信用评分系统是否存在重大缺陷？
7. 根据本章介绍的信用评分系统，如果贷款申请者是一位熟练工人，和亲戚住在一起，信用评级属中等水平，维持其现有工作岗位及其现有住址刚好一年，抚养人数为4人并拥有一部电话，且持有支票账户，其是否可能获得贷款。请解释原因。
8. 什么是FICO，它对放贷机构有何用处？为什么该信用评分系统目前如此流行？

18.6 消费信贷适用的法律法规

在过去的40年里，政府颁布了大量限制消费信贷机构行为的法律法规。主要的联邦法分为两大类：① **信息披露规则**（disclosure rules），要求放贷机构告知客户贷款和租赁协议的成本和其他条款；② **反歧视法**（antidiscrimination laws），禁止放贷机构按照年龄、性别、种族或其他不相关因素对客户进行分类，并仅由于客户属于一个或几个类别而拒绝放贷。许多放贷机构将这类法规视为负担，认为它与技术和服务创新格格不入。放贷机构也一直在挑战监管机构的执法能力，后者经常收到大量投诉和要求解释的问题。然而，随着政府对金融行业放松监管，消费者能否获得足够的财务信息变得至关重要，这为金融机构和其客户双方带来了更大的风险。

18.6.1 消费者信息披露要求

消费者服务领域中最引人注目的联邦立法之一是1968年美国国会通过的《**诚实信贷法案**》(Truth-in-Lending Act)。该法案在1981年通过《真实贷款简化和改革法案》(Truth-in-Lending Simplification and Reform Act) 进行了缩减。联邦储备委员会已经编制了Z条款，保障这两个贷款法案的执行。贷款真实明确的目的是通过要求彻底披露贷款条款和成本，促进信贷的广泛使用。放贷机构必须告诉客户申请贷款的年利率（或实际利率）、所有财务费用的美元总额以及住宅抵押贷款中所需的批准费用、手续费和其他贷款相关费用。

经过1970年和1974年的修订，产生了《**公平信用报告法案**》(Fair Credit Reporting Act) 和《**公平信用结账法案**》。前者明确赋予了客户查看通常存于信用局的个人信用档案的权利。《公平信用报告法案》授权个人和家庭查看信用档案是否准确，要求信用局立即调查更正不准确部分，并允许客户在档案显示的不利条款处插入简短的解释声明。此外，法律严格限制接触消费信用档案，要取得这些档案必须持有个人书面许可。

1974年《**公平信用结账法案**》(Fair Credit Billing Act) 允许消费者对商家或信用卡公司的记账错误提出质疑，并可以及时收到所有账目纠纷的调查报告。消费者可以不支付账单中有争议的部分，在纠纷解决前不被确认为拖欠债务且不用支付惩罚利息。所有不回应客户关于账单问讯的债权人，或做出回应却不进行调查或不试图解决问题的贷方，都需要交纳最高50美元的罚款。放贷机构或商家在改变信贷收费或服务费用时，必须提前30天通知消费者。

《**公平信用和信用卡信息披露法案**》(Fair Credit and Charge-Card Disclosure Act)规定，申请信用卡的客户要提前收到（通常在信用卡第一次使用之前）关于开设或延续信用卡账户必需费用的书面通知。而且，如果现有的信用卡账户需要延续且要收取延续费用，客户必须提前收到书面通知。如果信用卡保险范围或费用发生变化，也要通知客户。这些条款是为那些受到邮件、电话或大众广告吸引而办理信用卡的客户而设计的。

最后，如果客户拖延贷款偿付，《**公平债务催收作业法案**》(Fair Debt Collection Practices Act) 限制了债权人或其回收债务代理机构督促借方还款的程度。例如，不允许收账员"骚扰"借方或使用不诚实的方法获取借方信息或接触借方。没有借方允许，在非正常时间或向借方工作场所打电话是违法的；收账员也不能向第三方公开电话目的。在美国，这些债务回收法规通过联邦贸易委员会执行。

18.6.2 非法的信贷歧视

对于普通家庭来说，获得贷款是良好生活的重要因素。认识到这一事实后，美国国会将贷款发放中针对年龄、性别、种族、原国籍、宗教、居所或是否接受公众救助的歧视定为非法。《平等信用机会法案》(Equal Credit Opportunity Act) 禁止放贷机构问讯客户一些特定问题,如借款人年龄或种族(住宅抵押贷款是一个例外,联邦政府由此收集某人是否获得抵押贷款的有关信息,并由此决定在该重要贷款领域是否存在歧视)。此外,信贷员不能询问除工资和薪金收入以外的收入来源,除非客户自愿提供此类信息。

银行与金融服务业的道德规范

身份盗用对金融机构及其客户提出挑战

目前,发展最快的针对个人的犯罪行为是身份盗用,即在其他人未授权情况下,故意试图使用他人的社会安全号码、信用卡账户号码或其他个人数据,以欺诈性地获得现金、贷款或其他财产。全球已有数百万人成为这种犯罪行为的受害者。此外,除非个人或家庭随时保持警惕,并且每个月都了解其账户状况,否则,很难发现身份被盗用,且收回资金的成本也非常高。

身份盗用也给信用卡公司及其他金融机构带来很大的挑战,今天这些机构紧张地负责着这些损失的收尾工作。最近,美国联邦贸易委员会估计所有美国企业由于身份盗用的总损失每年近500亿美元。新英格兰的另一项研究表明由于广泛宣传的身份盗用事件,有近10%的消费者已经转向了其他银行,而由于报告说网上购买出现了严重的安全漏洞,近1/5的消费者已停止了网上购买,近1/2的消费者指出他们愿意将账户转向其他的金融机构,前提是他们认为该金融机构能更好地避免身份盗用的问题。

为鼓励消费者经常核查其信用卡报告,美国国会于2003年通过了《公平准确信用交易法案》(FACT),该法案使消费者每年可以从三家全国性的信用局免费获得一份信用报告,这三家信用局是:Equifax、Experian和Transunion。并且消费者还可访问中心网站www.annualcreditreport.com,拨打免费电话(1-877-322-8228)或向Annual Credit Report Request Service, P.O. Box 105281, Atlanta, Georgia 30348-5281寄出一份书面请求而获得信息。消费者既可以选择同时获得来自三家信用局的报告,也可以选择在该年的不同时期获得不同的信用局的报告。

《社区再投资法案》(Community Reinvestment Act, CRA) 旨在防止放贷机构主观武断地划出特定不受欢迎的区域范围,并拒绝向居住在该区域的人发放贷款。CRA法案要求所有放贷机构描绘其计划服务的业务区域,并公平地为该业务区域中所有居民提供服务。放贷机构的董事会必须每年审查管理层选择的业务区域的范围,确定该范围是否仍然有效。此外,联邦检查员将对每家放贷机构向其业务区域提供贷款和其他金融服务的积极努力表现进行评估(CRA评级)。当放贷机构提出设立新的分支机构或关闭现有的某家分支机构,并购或提供新服务的申请时,监管机构会将其CRA评级纳入考虑。

1989年8月颁布的《金融机构改革—复兴—强制执行法》的第十二部分要求联邦银行监管机构公布放贷机构的CRA评级,使客户知道哪些放贷机构对当地社区提供了广泛的支持。各家放贷机构必须将其CRA表现评估以公开文件形式置于总部及其每个服务社区中至少一家分支机构中。该公开文件必须在正常工作时间内对所有客户公开,以供查阅,而且放贷机构必须向任何需要文件内材料的人提供副本。

CRA评级基于12个"评估因素",检查员在巡视银行及其他放贷机构时要对这些因素进行审查,包括放贷机构与当地社区居民就信贷需求交流的努力情况、在政府相关住宅项目中的参与情况、发放贷款的地理分布情况以及违法的信贷歧视情况。联邦检查员将CRA评级划分了4

个等级：出色（O）、满意（S）、需要改进（N）以及明显不合要求（SN）。有调查显示，获得最高CRA评级——O级——的银行定期调查当地社区内职员的工作情况，确定他们能够将参与的社区活动情况备案。高等级的银行还会经常调查客户民意，以确定客户对银行服务的看法，并紧跟客户对服务需求的变化。社区服务评级最高的银行常参与当地项目，提供经济适用房、举办讲座、为小企业和第一次购房者提供关于如何申请贷款的咨询，并监督银行贷款的地理分布，确保社区中没有任何地区被系统地排除在银行服务之外。

对《社区再投资法》进行补充的法律有《住宅抵押贷款信息披露法案》（Home Mortgage disclosure Act）、《公平住房法案》（Fair Housing Act)及《金融机构改革—复兴—强制执行法》(Financial Institutions Reform, Recovery, and Enforcement Act）。《住宅抵押贷款信息披露法案》要求抵押贷款机构每年至少一次公开披露其发放住宅抵押贷款和住宅改造贷款的市区。《公平住房法》禁止在住房销售、租赁或融资中针对肤色、原国籍、种族、宗教或性别存在歧视。《金融机构改革—复兴—强制执行法》要求放贷机构汇报所有申请抵押贷款的个人的种族、性别和收入情况，保证联邦监管机构可以更方便地发现住宅抵押贷款中存在的歧视现象。

> **小贴士**
> 在美国，第一家设立独立部门发放家庭贷款（消费信贷）的是哪家大银行？
> 答：纽约第一国民城市银行（后改为花旗银行）。

这些法案并没有告诉放贷机构谁应当获得贷款，但是，法案要求各家放贷机构注重每份个人贷款申请的相关因素，禁止放贷机构将客户笼统分类（如按照年龄、性别或种族）并仅根据客户组别做出贷款决定。

18.6.3 掠夺性贷款和次优利率贷款

目前最具争议的消费信贷业务之一是所谓的**掠夺性贷款**（predatory lending），许多放贷机构滥用这种主要和住宅抵押贷款及住宅产权贷款相关的业务。此业务通常包括向信用记录在平均水平之下的借款人发放所谓的**次优利率贷款**（subprime loans），对这些低质量贷款所收取的费用至少在监管机构看来是过高的。获得次优利率贷款的借款人通常曾拖欠还款、拥有未冲销贷款、破产或法庭裁决其偿还债务。

一些"掠夺者"坚持要求昂贵而又非必需的贷款保险，这些保险数额远高于冲销实际贷款风险所需要的量，过高的贷款保险成本及较高的贷款利率可能给弱势借款人带来难以支付的还款。这种滥用的放贷行为导致低信用评级借款人失去住宅的风险增加。

1994年美国国会通过了《家庭财产所有权及其平等保护法案》(Home Ownership and Equity Protection Act)，该法案的目的是避免住宅购买者签订没有能力执行的贷款协定。如果贷款年利率为10%，或比可比期限的美国国债收益率高出很多，且手续费高于贷款总额8%，此类贷款就被认为是"滥用的"。一旦收取这些高昂的费用，消费者至少有6天时间（住宅贷款成交的前后3天）考虑是否继续交易。如果发放贷款的机构不能适当地披露成本和风险，或在贷款协议中含有被禁止的条款，借款人可在3年内解约，并由债权人承担损失。

> **小贴士**
> 在1989年，哪部纪录片中描述了对GM工厂的信息披露对其燧石、钻孔设备的价值以及被解雇工人偿还债务的能力产生的负面影响？
> 答：《罗杰与我》(Roger and Me)。

次优利率贷款很难管理。2007年次贷危机开始爆发时，数百万的借款人由于掠夺性的贷款而失去了他们的房产，这些打开了掠夺性贷款的大门。然而，次优利率贷款同时也向那些不能从其他渠道获得贷款的家庭提供了获取贷款的机会。

概念测验

9. 目前有哪些法律使申请贷款的消费者更充分地了解贷款相关条款和风险？
10. 目前有哪些法律措施保护借款人不受歧视？避免掠夺性贷款？
11. 你认为在这些领域中是否还需要其他的法律？

银行与金融服务业的道德规范

薪资贷款的"白热化"争论

近几个世纪以来，针对个人和家庭的小额贷款条款一直都是金融部门一个富有争议的议题。这些贷款信用风险极高，利率也是最高的，并且在过去，一直被一些宗教领导者认为不公平和不公正而反对。世世代代的高利贷者在街角放款并常常收取高额利息，最终那些小的借款者常常发现他们被永久地钩住了，开始艰难的偿还他们所欠下的债。的确，高利贷的增长导致信贷协会运动的产生，它主要是提供小额贷款给小额借款者。

现在，薪资贷款者大量涌现，仅在美国就有20 000家店，并且大多数位于低收入住宅区和军事基地。他们提供小额贷款给那些月收入太少而不能维持到月末的个人和家庭，典型的是100美元到500美元的贷款。相对于银行、信贷协会及其他传统的贷款机构，他们的借款标准是很低的，倘若借款者提供了固定收入和支票储蓄账户的证明，薪资贷款者通常提供至多两周的贷款，以获取一定的收益（如每借出100美元，收取15美元，这相当于400%的年利率）。

薪资贷款的借款者所面临的一个风险就是陷入债务循环。在这样的例子中，借款者在期末可能无法偿还债务，债务可能像滚雪球一样滚到接下来的几周并且费用会增加。因此，一些评论家认为，薪资贷款让新的债务堆积在旧的债务上，使借款者的境况比以前更糟糕。一些联邦和州立的监管机构担忧那些提供资金给薪资贷款的银行，他们可能陷入麻烦，因为薪资贷款与生俱来的高风险。

站在自己的立场，薪资贷款的业内人士认为他们的机构对于提高借款者的福利有很大的贡献，因为这些借款者常常没有其他地方可以贷款。他们也指出很多传统的贷款者拒绝提供薪资贷款者愿意提供的小贷款（据说是因为高风险和产品成本）。他们认为，没有薪资贷款，很多家庭将不能支付至关重要的食品、医药、基本设施的账单。同时指出，市场有这方面服务的需求并且薪资贷款者可以赚取合理的利润。

很快，随着2010年的《多德—弗兰克金融改革法案》的通过，薪资贷款可能会面临来自联邦层面的更加严厉的监管。

明显看出，薪资贷款已经成为当今消费者融资中最火的道德话题之一了。

18.7 房地产贷款

银行金融公司、保险公司及其他少数金融机构通过发放房地产贷款为购买不动产融资，包括住宅、公寓楼、购物中心、写字楼、仓库和其他有形建筑物及土地。房地产贷款是独立的贷款类别，和其他类型的贷款有很大不同。房地产贷款既可以是短期的**基建贷款**（construction loans），在建筑工程结束后的几个月后即清偿，也可以是长达25～30年的长期抵押贷款，为收购或改善不动产提供长期融资。无论期限长短，房地产贷款都是过去10年中发展最快的信贷业务之一，房地产贷款以两位数的速度增长，在21世纪初达到了银行总资产的近1/3。遗憾的是，此类贷款也是风险最大的信贷形式之一。

18.7.1 房地产贷款和其他贷款的区别

房地产贷款和大多数其他类型的贷款在许多方面存在不同。首先，房地产贷款的平均金额通常要比其他贷款高出许多，尤其是比消费信贷和小型企业贷款平均金额高得多。其次，某些抵押贷款，主要是单个家庭住宅抵押贷款，期限往往是放贷机构发放的所有贷款中最长的（15～30年）。此类长期贷款给放贷机构带来了相当大的风险，因为在贷款期限内可能出现很多状况——包括经济环境、利率和借款人财务状况发生不利变化。

对于大多数其他种类贷款来说，借款人的预期现金流或收入在决定是否批准贷款申请时是最重要的因素。然而对于房地产贷款来说，作为贷款目标的财产的状况和价值几乎和借款人收入一样重要。在房地产贷款中，良好的估值对于贷款申请决策是至关重要的，估值必须和行业及政府标准一致，尤其是在抵押物可能在二手市场出售的情况下。

这方面的规定之一是，联邦国民抵押贷款协会（FNMA）要求所有发放的住宅抵押贷款的月还款额（包括贷款本息、税收和保险）不得超过借款人每月总收入的28%，并且借款人每月定期还款总额（包括住屋费用）不得超过每月总收入的36%。住宅抵押贷款期限不得低于10年高于30年，且财产估值必须由FNMA批准的评估师进行评估。FNMA的条例还规定借款人的信用报告不得超过90天。

> **小贴士**
> 哪家政府机构持有的住宅抵押贷款最多？排在第二位的是哪家？
> 答：联邦国民抵押贷款协会，随后是联邦住宅贷款抵押公司。

法律法规的变化以及不同金融机构间财产的转移导致发放抵押贷款的放贷机构发生了重大变化。一方面，银行通常偏好于发放短期房地产贷款（尤其是基建贷款）；另一方面，银行控股公司的抵押贷款分支机构占所有住宅抵押贷款业务的主要份额。这些分支机构的市场联系广泛，通常能够将其发放的短期抵押贷款转售给发放长期抵押贷款的放贷机构，例如寿险公司、储蓄银行或外国投资者。抵押贷款分支机构通常在其他放贷机构设立短期的"仓储额度"，以取得足够的资金，签订或购买抵押贷款合同，直至将这些合同卖给其他投资者。

18.7.2 房地产贷款申请的评估因素

在评估房地产贷款申请过程中，信贷员必须考虑以下几点：

（1）借款人计划支付的定金数额与抵押财产售价的比率，这一比率是放贷机构判断抵押贷款安全程度的重要因素。通常，贷款金额与售价的比率越高，借款人完全履行合同的动机就越小，因为借款人对财产的权益变小了。如果抵押贷款达到了财产售价的90%或更多，抵押保险就十分重要了，并且放贷机构必须更加重视对借款人责任感的评估工作。

（2）房地产贷款通常会带来借款客户的其他业务（如存款和今后的房产修缮贷款），因此，必须把房地产贷款放在借款人和放贷机构的总体关系中去考虑。例如，放贷机构也许可以以较低的贷款利率向客户提供房地产抵押贷款，同时客户保证使用放贷机构的其他服务。

（3）住宅抵押贷款要求房地产信贷员从以下几个方面仔细评估贷款申请：

- 借款人收入的数额和稳定性，尤其是收入相对于抵押贷款额及要求还款额的比率。评估住宅购买者收入相对于要求还款额规模大小的两个最常用的经验法则，一个是毛债务服务比率（GDS），即年抵押支付额加上财产税之和除以毛（总）家庭收入；另一个是总债务服务比率（TDS），即年抵押支付额、财产税和其他债务支付额之和除以总家庭收入。放贷者通常认为，GDS小于30%以及TDS小于40%，说明该住宅抵押借款人没有过量负债。
- 借款人可动用的储蓄和获取所需定金的来源。如借款人提取了大量存款支付定金，如果将来发生意外，如需要在家庭成员生病或失业时偿还贷款，借款人可使用的流动资产就更少了。
- 借款人管理财产的记录。如果抵押财产得不到适当的维护，那么放贷机构在取消抵押赎回权和出售资产时，可能就无法收回全部资金。
- 如果必须收回房产所有权，则需要考虑在当地市场上出售房产的前景。如果当地经济衰退，失业增多，就会有大量住宅和商业建筑挂牌出售，而买主却寥寥无几。放贷机构可能得花相当长的时间才能收回资金。
- 市场利率变化的前景。尽管近年来浮动利率抵押贷款的二级市场有所改观，但是固定利率的住房抵押贷款仍然更易出售。

20世纪七八十年代，许多住房抵押贷款放贷机构的房地产贷款组合出现了严重的问题。例如，美国一些最大的银行取消抵押赎回权，并以较大折扣出售商业性和住宅性房产。为解决这些问题，1989年国会颁布的《金融机构改革—复兴—强制执行法案》的第十一部分规定，对于联邦银行监管机构监管下的房地产贷款，需要由本州认证的或持有执照的评估师进行评估。1990年美国国会通过了《国家经济适用房法案》，进一步加强了与房地产贷款相关的标准和法规，法律要求抵押贷款的申请人必须收到公开声明，说明放贷机构是否可以把履行权（向借款人收取欠款的权利）转让给其他机构，这样借款人在贷款期间就需要和后者打交道。为了减少取消抵押赎回权对住房财产的损失，美国国会规定，放贷机构如果向住宅所有者提供咨询服务，或者知道其他非营利机构提供此类咨询服务，则必须将以上信息告知拖延还款的住宅抵押贷款借款人。

2008年，美国国会发起了一系列紧急听证会，讨论防止成千上万住宅抵押丧失抵押赎回权的有效措施，因为许多低收入住宅购买者、特别是那些次级抵押的购买人，发现可调住宅贷款利率诱发他们的月住宅贷款还款额迅速攀升。许多家庭因无力支付而没能保住他们的住房。主要监管机构，如美联储委员会和美国货币监理署等，开始鼓励它们监管的放贷机构与住宅贷款困难客户签订可修改贷款协议，希望这能有助于减缓住宅抵押危机的发生。

> **小贴士**
>
> 在美国，发放住宅抵押贷款规模最大的机构是哪家？
>
> 答：持有证券化的抵押贷款的信托机构，随后是商业银行、储蓄机构、信贷联盟和财务公司。

18.7.3 住宅产权贷款

美国在1986年颁布的《税制改革法案》为快速增长的**住宅产权贷款**（home equity loans）开辟了更广阔的天地。在这些业务下，如果房地产升值，住宅所有者可以利用住宅的剩余产权——住宅预销价值和房屋抵押贷款金额的差值——作为借贷的基础。因此如果住宅当初的购买价为10万美元，且目前仍有7万美元的住宅抵押贷款，由于缓慢恢复的经济，住宅目前的市场价值上升为15万美元，这样住宅所有者就拥有大约8万美元（15万美元－7万美元）的借款基础。可以将这一基础作为抵押，借入款项用于住宅修缮，购买第二栋住宅或用于其他合法的目的。

目前使用的住宅产权贷款可以分为两大类。第一类是传统住宅产权贷款，这是一种期限固定的闭口信贷形式，主要用于住宅的改造。传统住宅产权贷款一般通过季度或月度等额分期付款的方式偿还，通常要有对借款人住宅设立的二次抵押作为保障。这种贷款通常采用固定利率。

许多放贷机构都通过向消费者提供第二种形式的住宅产权贷款——根据房屋的借款基础提供信贷额度，抓住了住宅产权贷款的机会。放贷机构通常通过将借款人住宅估价值乘以一定的百分比（如75%），再减去客户尚欠的住宅抵押贷款，决定住宅产权贷款的信贷额度。如表18-6所示：

表18-6　根据借款基础提供信贷额度

住宅评估价值	150 000美元
乘允许比例	×75%
等于住宅评估价值的百分比金额	112 500美元
减尚欠的住宅抵押贷款	−70 000美元
等于可向客户发放的最大贷款额度	42 500美元

信贷额度可以根据客户收入、其他债务情况以及对以往其他贷款的偿还历史进行调整。

这些贷款额度可用于任何合法目的，而不仅限于和住宅有关的支出。例如可用于购买汽车或为大学教育提供资金等。此外，许多住宅产权信贷额度是循环信贷，这意味着客户在信贷额度以内可以借取最高信贷限额，部分或全部偿还后，然后再次借入规定额度内的资金，在信贷额度期内反复如此直至期满，信贷额度期限通常为1~10年。因为以住宅产权为基础的贷款一般周期较长，且比较安全，所以信贷利率偏低，偿还期限长，从而使借款人分期支付的金额低于传统消费信贷需要支付的金额。传统的住宅产权贷款通常采用长期利率，而以住宅产权为基础的贷款采用的利率与短期利率密切相关，如优惠利率。

住宅产权贷款借款人比一般户主更富有。他们报告的个人收入和住宅的财产权益也更高。住宅产权贷款的借款人往往年龄较大，拥有住宅的时间较长，工作年限也更长。大多数人在40岁以上，许多人已退休或即将退休，并基本上已偿还首次住房抵押贷款的大部分。大多数产权贷款用来支付住宅改造费用，偿还以前的贷款，或为教育、度假和医疗提供资金。

信贷员面对住宅产权贷款申请时必须特别小心。一方面，发放贷款主要依据房价不会大幅下跌的假设，然而大量历史数据证明，当经济滑坡、失业上升的时候，市场上会充斥待价而沽的住房，并且价格迅速下跌。虽然在绝大多数州，放贷机构可以取得作为贷款抵押的房屋，但即便如此，出售房屋得到的资金也很难弥补发放及处理贷款和取得抵押物过程中的支出。另外，使用可升值的财产如房产，去购买不能升值的财产如汽车、家具或家电的做法同样存在值得质疑的地方。信贷员在发放此类贷款的时候必须相当谨慎，应该只发放相当于住宅估价的一部分（在风险较大市场上，可能不超过60%~70%）的贷款，这样在房地产市场滑坡的时候，可以留出足够的缓冲余地。

此外，严格的联邦监管规定放贷机构必须为住宅产权贷款的浮动利率水平封顶。根据《诚实信贷法》中对信息披露说明的规定，放贷机构必须为客户提供所有关于贷款费用和风险的信息。消费者面临的最大风险是放贷机构可能被迫取得其住房所有权。这样的结果不但破坏了客户关系，影响放贷机构的公众形象，而且可能给放贷机构带来难以出售的资产包袱。

1988年的《消费者保护法案》禁止住宅产权放贷机构没有正当的理由取消贷款或要求客户立即还款，但是，如果放贷机构能够证明客户进行欺诈或隐瞒事实、没有按照合同偿还贷款或没有维持相关财产的价值，则可以加速回收贷款。如果没有联邦、州和当地法律提供保护，住宅产权贷款的客户就只能偿还贷款或者交出用以抵押的住宅。

18.7.4　最有争议的住宅按揭贷款：只付息抵押贷款、可调抵押贷款和近期抵押贷款危机

当21世纪即将到来之际，美国接近67%的家庭拥有自己的住房（当然在大多数情况下是以

长期抵押贷款方式购买的）和美国家庭的资产价值30%来自其拥有的住宅物业。毫不奇怪，住宅按揭贷款，已成为许多贷款机构的首要生息资产。

21世纪初，房屋价格一度飙升，不管是潜在购房者还是放贷者都盲目跟风，寻找创造性的方式来发放贷款，收入微薄的家庭都签署了负担沉重的住宅按揭。因为这些家庭确信自己的房产价值将继续螺旋上升，使他们有定期的再融资机会。放贷人给许多没有现金购房者100%的资金支持，来促使他们签订购房协议。为什么担心？杠杆作用多美好啊。

然后，形势似乎只会让越来越好的市场来一次惊险跳水。令人难以置信的房地产市场的繁荣很快就成了一个令人难以置信的房地产泡沫破裂。越来越少的购房者能够买得起美国各地，特别是沿东西海岸的高价位住宅。房屋价格暴跌，许多业主发现他们被昂贵的住房贷款所困，他们再也负担不起这么高的费用。提前终止抵押贷款的案件猛增到每月数千例，抵押贷款相关资产的价值大幅下跌致使许多按揭贷款人纷纷破产。同时，主要由政府资助的抵押贷款机构，特别是为近半数美国房贷担保的房利美（FNMA）和房地美（FHLMC），价值暴跌，最终被纳入美国政府的救市计划中，并受到美国政府和联邦住房金融局（FHFA）的严格监管。这样的灾难是怎样发生的呢？

一个关键的因素是金融创新。当房屋价格飙升时，许多抵押贷款机构担心汹涌的市场扩张可能失控，他们将失去他们的客户和他们的工作。怎样才能使收入微薄的家庭也能负担得起高价的房屋呢？答案就是：至少在一段时间内，使家庭甚至是收入微薄的家庭都能得到住宅按揭贷款。

聪明的抵押贷款银行家想出了一个新的家庭贷款，使资金短缺的家庭至少暂时获得更便宜的贷款。当市场利率处于历史低点时，他们鼓励更多的家庭签署了浮动利率贷款（ARMs）。诚然，随着利率的上升，每月偿还贷款额会越来越高，但那是在遥远的未来。事实上，高利率可能永远都不会发生！

当房价继续飙升，许多潜在购房者可能会被淘汰之时，聪明的抵押贷款者想出了另一个金融创新——只付利息的利率可调整按揭贷款，或可选择ARM。在这种类型的贷款条件下，购房者贷款期初期，如第一个5年或10年内只需支付抵押贷款利息。然后，初期过后，购房者将支付本金和利息，直至还清贷款。遗憾的是，一些贷款人没有告诉他们的客户，通过这种方式，当贷款到期之时，客户所支付的本金将大大高于普通贷款，因为付款的期限会更短。许多观察家认为，只付息贷款（可选ARM），如同对低收入家庭的掠夺。然而，对于许多贷款人来说，这是他们送给低收入家庭的一个"礼物"，否则这些家庭根本负担不起玩这个游戏！

有些抵押贷款银行家反驳了这些观点，并指出，大多数家庭在一幢房屋中只居住几年，粗略为平均7~8年，然后在一个新的家庭会搬进来，并申请一个新的抵押贷款。因此，只付利息的贷款客户由于在房屋中的居住时间较短，所以不用担心他或她每月的房屋贷款金额大幅上升。但是这些抵押贷款机构却没有说，由于在贷款前期没有偿还本金，将导致这些家庭在最终卖掉房子的家庭将获得很少的净资产。可能会因为没有足够的现金来支付下一幢房子的首付款。

此外，在一个市场利率上升的环境中，许多申请了浮动利率贷款的购房者很快就需要支付更高得利息。这些人要么是担忧自己可能破产，要么就得离开自己的房屋，许多人也确实这样做了。在这样一个骇人听闻的事件发生之后，许多按揭贷款人知道了告知他们的客户抵押贷款的风险和收益的必要性，以便排除那些会给购房者和房贷者带来严重麻烦的情况。

由于房屋抵押贷款市场进一步下跌，2008年美国联邦储备委员会提出了收紧按揭贷款的政策，通过增加抵押贷款合同的透明性来保护购房者，特别是申请了次级贷款的购房者，并减少过度高风险贷款的做法。例如，贷款人必须核实借款人的报告的收入和资产，不能仅仅依靠家庭目前的市场价值来判断一个借款人的信用。贷款人必须披露有关住房抵押贷款的实际条件，不能在合同条件可能随时间变化的情况下，把抵押贷款的合同条件固定（例如提高借款方的贷款利率）。大约在同一时间，美国国会提出了一项新法律，将依靠财政部支撑住房贷款和担保机构。新的法律设立了对首次置业人士的税务优惠，为试图避免丧失抵押品赎回权而丧失家园和陷入困境的房主提供了再融资方案，并提供向银行或其他金融机构的注资，以便他们可以甩掉不良资产包袱，进行新的贷款。

概念测验

12. 与其他贷款相比较，房地产贷款有哪些独特之处？
13. 放贷机构在评估房地产贷款申请时，应当考虑哪些因素？

18.8 新的联邦破产法规

寻求美国破产法保护的家庭数目激增，是消费信贷领域近期出现的另一个强大的趋势。在21世纪初，申请破产的人数激增，大大高于每年100万的水平，人们预期一项新的更为宽松的破产法律将很快出台。大多数人试图使其债务完全清除，重新开始。

2005年4月，美国总统布什签署了《防止滥用破产与消费者保护法案》。这个新的法案的初步的影响是使得申请破产更加昂贵和耗时，这样反过来可以抑制消费者的负债。申请破产保护的债务人与过去相比将需要提交更多的个人资料（包括工资存根和纳税申报）给破产法院。破产申请人的律师也需要验证他们所上交的这些信息的准确性。否则他们也要承担自己信誉降低的风险。申请破产提交的文件会对审计公开与申请退税的过程类似。

在提交申请前，申请减免债务的申请人必须完成一个信贷咨询方案，这是实现破产状态的先决条件。一些准备申请破产的消费者可能会发现通过辅导员的咨询，制订一个还款计划比申请破产更能满足他们的需求。如果消费者仍选择以寻求破产保护，他们还必须在法院批准破产之前完成关于个人理财的原则的教育课程后。这项规定的目的是让容易负债的消费者避免未来的财务问题。

按照《破产法》第7章和第13章的规定：一项平均值的测试——一个债务人的过去6个"总收入"的平均值，必须归档。这项审查的目的是确定申请人是否有足够的收入来支付部分债务。根据旧《破产法》对债务人大多数个人申请都直接援引《破产法》第7章的措施，这条法律将抹去申请破产人的全部或大部分债务，使陷入困境的家庭能重新开始。但是，新的规定使得申请人援引第7章的做法变得困难，更多的人要按照13章的规定，偿还部分债务。

特别的，国家中低收入的家庭大多对第7章的法案规定表示欢迎。例如，最近在美国艾奥瓦州政府确定的一个四人家庭的平均年收入仅略低于70 000元。收入少于70 000元拥有四名家庭成员的家庭可以在《破产法》第7章更优惠的规定下申请破产保护。

最后，于2010年通过的《多德—弗兰克华尔街改革和消费者保护法案》出台了强硬的规定，以保护住房按揭贷款中的消费者。最近提出的一个主要的变化是，如果贷款有问题的话，证券化并卖掉这些贷款的放贷机构应该承担和这些贷款相关联的至少5%的信贷风险。在此之前，当贷款机构卖出这些证券化的贷款之后，它们通常都是"金盆洗手"，与这些贷款的损失没有一点关系，因此就造成了它们很少关心评估贷款的质量。然而，新制定的规则让初始的贷款机构重新进入游戏，因而也更关心贷款的质量。

我们应该注意到的是，高质量的（合格的）住房贷款（至少20%的首付，完整的分期偿付条款）是可以不遵守我们之前提到的贷款规定的。然而，问题也出现了：这么严苛的新规定的执行可能会提高借贷成本，从而使很多低收入的借款者退出房地产市场。严格的贷款条约可能减少美国家庭能够拥有住房的比例，而这恰恰是美国持续了几十年的政策。

如果一个申请破产的家庭的收入比他们的国家对一个类似大小的家庭收入中位数以上，如果他们家庭的可支配月收入（DMI）是每月100美元或以下，他们仍然可以有资格根据第7章的规定申请破产保护。DMI是总收入（不含社会保障收入）减去某些开支项目，例如担保债务（优先偿还债务，如房屋抵押贷款）、国税局确定的费用补贴和税收。DMI计算方式的目的是看申请者是否能够偿还足够债务，并成为符合第13章规定的申请人。一般来说，拥有最高可支配收入的破产申请人必须执行第13章中最不利的条款，这需要坚持法庭批准的债务清偿计划。

如果您成功申请破产，您的相关个人信息进入公有领域。因此，你将面临欺诈风险和身份被盗风险。为了防止可能的犯罪活动，需要每月检查账户。此外，可能愿意借钱给你的债权人可能会感兴趣你是否是因为无法控制的因素（如过度医疗费用）而被迫破产，或者仅仅是因为没有能力管理自己的事务和财务而破产，从而不愿意再给您贷款。申请破产保护的记录通常会在您的信用报告中保留十年。

总而言之，新的《破产法》有望减少对借款人的信贷平均成本，因为它可能倾向于降低不良贷款发生率。消费者会对过多债务越来越敏感，并对其与住房有关的贷款借贷更加谨慎，从而减缓信用卡及分期付款贷款的增长（这取决于具体的法律条款和该人的特殊家庭状况）。因为破产的家庭可从扣押的债权人。因此，新的《破产法》对大量抵押的家庭，而不是主要是无担保的债务（如信用卡债务）的家庭更有利。

概念测验
14. 什么是住宅产权贷款？对于银行和其他消费信贷机构而言，这种贷款有哪些优点和缺点？
15. 人口年龄结构的变化将如何影响消费信贷计划？目前影响家庭贷款的其他因素有哪些？
16. 美国破产法规对消费者和消费信贷业务会带来哪些挑战？

18.9 消费信贷和房地产贷款定价：贷款利率及其他条款的确定

放贷机构在为消费信贷确定利率、期限、还款条件时，必须使其和客户双方都感到满意。许多消费信贷都是短期的，为期几周或几个月，但为购买汽车、家电和新住宅融资的长期贷款期限可能从1～2年到25年甚至30年不等。事实上，在有些情况下，如汽车贷款，由于更高的车价促使放贷机构发放期限更长的贷款，以便使消费者能负担得起高额的月供。近年来，消费信贷的期限已经延长。信贷员通常要提供各种不同的贷款期限选择，并将客户其他债务纳入考虑，与消费者商定一个适合当前和预期家庭收入的还款计划。放贷机构之间的竞争也是形成消费信贷利率的一个重要因素，当放贷机构在消费信贷领域面临着激烈的竞争时，贷款利率通常会被迫降到接近贷款成本的水平。

18.9.1 非住宅消费信贷的利率

许多消费信贷在某种基准或成本利率基础上加上利润和风险补偿来定价。例如，消费分期付款贷款利率可根据成本加成模型来计算。

放贷机构使用多种贷款定价方法来确定提供给消费者的实际贷款利率。最常见的消费信贷利率计算方法包括年百分率法（APR）、单一利率法、贴现率法和附加利率法

消费者支付的贷款利率＝放贷机构筹集可贷资金的成本
　　　　　　　　　　　＋非资金性营业成本（包括放贷机构员工的工资和薪金）
　　　　　　　　　　　＋客户违约风险溢价＋长期贷款的期限风险溢价
　　　　　　　　　　　＋预期利润　　　　　　　　　　　　　　　　　(18-1)

年百分率法　根据《诚实信贷法案》的条款，放贷机构必须向家庭借款人提供一份标明其申请贷款的**年百分率**（annual percentage rate, APR）查对表。年百分率是贷款的年实际回报率，等于预期还款额与贷款总额之比。这一利率考虑了贷款的偿还速度和贷款期内客户实际使用的信贷额度。

例如，如果某借款人借入为期1年2 000美元的贷款，分12个月等额偿还，贷款利息为200美元。借款人每月偿还183.33美元的本金和利息。用金融计算器或Excel中的计算程序可计算每期利率，再乘以一年中还款次数即得到年百分率。找出使现金流量每次为188.33美元，次数为12次的现值等于2 000美元（贷款金额）的利率，该利率即为每期利率。算得月利率为1.4974%，年百分率为17.79%（1.4974×12%）⊖。借款人可以以年百分率为依据，比较各个放贷机构提供的贷款利率。年百分率鼓励个人申请信贷时进行比较以选择最为有利的贷款。

再如，假设你是信贷员，对一笔1年期1 000美元分月偿还的贷款，向客户报价年百分率为12%。客户问：按此贷款协议应付多少利息费用？为回答该问题，你必须确定贷款额1 000美元（现值），每期利率为1%（12%/12），分12个月等额还款时的月供。使用金融计算器或电子数据表，查得月还款额为88.85美元。⊜整个贷款期内总还款额为1 066.20美元（88.85×12），其中1 000美元为贷款本金。整个贷款期内客户的总利率为：1 066.20美元－1 000美元＝66.20美元。

再如，假设客户被告知为了获得24个月2 000美元的贷款，需要支付260美元的利率费用。这意味着客户每月还款额为94.17美元（2 260美元/24）。则该客户收到的年百分率报价为多少呢？使24次每月还款额为94.17美元的现值等于2 000美元的每期利率为1.002%。⊜每期利率乘以12即得年百分率，即12.02%（1.002×12）。显然，客户收到的贷款年百分率报价为12%。

单一利率法　全球很多消费信贷市场经常使用的是所谓的**单一利率法**（simple interest method）。和年百分率法一样，单一利率法根据借款人实际使用贷款的时间长短而做相应调整。如果客户分次偿还贷款，单一利率法首先确定逐渐减少的贷款余额，然后用减少后的余额确定应付利息。

例如，假设客户以12%的单一利率，申请了一笔1年期2 000美元的贷款，用于购买家具。如果该笔贷款年末期满时才偿还本金，客户应付利息如下

$$\text{应付利息}＝\text{本金}×\text{利率}×\text{期限}＝2\,000\text{美元}×0.12×1＝240\text{美元} \tag{18-2}$$

贷款到期时，客户将付给放贷机构2 240美元，即2 000美元本金加上240美元利息。
现假设贷款本金分四次（分季）偿还，每次偿还500美元。每季应付利息如下

第1季度　　　　　　　　500美元＋2 000美元×0.12×1/4＝560美元
第2季度　　　　　　　　500美元＋1 500美元×0.12×1/4＝545美元

⊖ 使用TI BAII PLUS金融计算器，其中N=12　1/Y=?, PV=2 000. Pmt=－188.33　FV=0，每期利率为1.4974%。

⊜ 这里计算时，N=12，1/Y=1%，PV=1 000　Pmt=? FV=0。

⊜ 1.002%的计算如下：N=24, 1/Y=？, PV=－2 000, Pmt=94.17, FV=0。

第3季度	500美元 + 1 000美元 × 0.12 × 1/4 = 530美元
第4季度	500美元 + 500美元 × 0.12 × 1/4 = 515美元
应付款项总额	2 000美元 + 150美元 = 2 150美元

显然，随着贷款接近到期日，使用单一利率可使客户节省利息支付。

贴现率法 尽管大多数消费贷款允许客户在贷款期内分次偿还本息，但**贴现率法**（discount rate method）则要求客户先付利息。在这种方法下，首先要减去利息，客户实际收到的贷款金额是申请额减去应付利息。

例如，假设信贷员为某客户以12%的利率提供2 000美元的贷款。从贷款本金中扣除240美元的利息（2 000美元 × 0.12）；借款人实际收到的金额为2 000美元减去240美元，即1 760美元的可用款项。当贷款到期时，借款人必须全额偿还2 000美元。借款人有效贷款利率为：240美元/1 760美元，即13.6%。

附加利率法 最古老的贷款利率计算方法之一是所谓的**附加利率法**（add-on method），在计算借款人所应付的分期付款前，所有的应付利息都追加到贷款本金上。例如，如果客户申请2 000美元的贷款，使用附加利率法利率为12%，分12次等额按月偿还，应付总额应为2 000美元本金加上240美元利息，即2 240美元。每月则应付186.67美元（2 240美元 ÷ 12），包括166.67美元的本金和20美元的利息。因为借款人年内平均可用金额仅为1 000美元，则有效贷款利率几乎是12%的2倍，即24%。只有当贷款为到期一次性偿还时，附加利率法和单一利率法的利率才会相同。

78s条款 有一个经验法则称为**78s条款**（Rule of 78s），放贷机构可用它来确定在任何时点上，从一笔按月分期偿还的消费信贷中可以获得的累计利息收入。这在借款人提前还款，并有权获得部分利息返还时，显得尤为重要。78s条款的名称来源于从1加到12的和为78（1 + 2 + 3 + ⋯ + 10 + 11 + 12 = 78）。为确定借款人提前偿还分期贷款而应得到的利息返还金额，将贷款剩余月数加总，将此和除以78即可得到。例如，假设某消费者申请一笔1年期贷款，分12个月分期偿还，但是该客户仅用9个月就可还清贷款。该客户应该获得的利息返还金额占贷款利息费用的比重为

$$\frac{1+2+3}{1+2+\cdots+11+12} \times 100 = \frac{6}{78} \times 100 = 7.69\% \tag{18-3}$$

放贷机构可获得利息费用中的92.31%。

洞察力和问题

消费信贷利率：近期调查和说明的问题

最近，联邦储备委员会开始调查银行和金融公司发放汽车贷款和个人贷款采用的利率及其他主要的贷款条件。表18-7所示为最近的贷款条件。

表18-7 大众消费贷款条款

(2010年11月数据)

贷款种类和放贷机构	平均年利率（%）	贷款种类或属性	调查均值
商业银行		平均贷款期限（按月计）：	
48个月新汽车贷款	5.87	新车贷款	62.8个月
24个月个人贷款	10.94	二手车贷款	59.1个月

贷款种类和放贷机构	平均年利率（%）	贷款种类或属性	调查均值
信用卡		贷款价值比：	
所有账户	13.44	新车贷款	82%
评估利息	13.67	二手车贷款	98%
金融公司：		贷款金额：	
新车贷款	4.63	新车贷款	27 433美元
二手车贷款	10.07	二手车贷款	17 184美元

资料来源：Survey by the Board of Governors of the Federal Reserve System．最新的调查结果见 *Federal Reserve Bulletin*．

研究表18-7会发现消费信贷的利率和期限、成本及风险等条款之间有趣的联系。例如，我们发现，由于存在信用卡欺诈，信用卡贷款在违约和损失方面风险最高，因此倾向于采用最高的利率水平。汽车贷款通常比个人贷款便宜（即使个人贷款常采用更短的期限），因为汽车贷款通常使用可出售抵押品——汽车自身做担保，而许多个人贷款或者没有特定抵押品做担保或者拥有的抵押资产较难出售。

我们同样也注意到新汽车贷款利率低于旧汽车贷款。如果借款人不能还款，汽车越新，越容易出售，且放贷机构发现新汽车的所有者常比旧汽车的所有者更爱惜汽车。此外，汽车租赁公司倾向于更长久地持有汽车，所以近年来这一传统的旧汽车供给渠道已经消失，因此，现在发放的许多旧汽车贷款期限和新汽车贷款相等或更长，而且放贷机构愿意发放的贷款金额占旧汽车售价比例更高。

总体来说，有证据显示消费者近来对不同放贷机构提供的各类贷款的利率差异更为敏感。事实上，即使是缺乏财务知识的最小的消费信贷借款人现在也越来越多地在各放贷机构之间进行选择，为汽车、移动住宅和住宅抵押贷款甚至信用卡贷款再融资。结果消费信贷的利润空间变小，利润变低，放贷机构更多地合并。

概念测验

17. 信贷员在为消费信贷定价时有哪些可选择的方法？
18. 假设某客户获得一份贷款，贴现利率为8%，并在贷款期初支付75美元利息。该客户实际获得的信贷净额为多少？假设你被告知该笔贷款有效利率为12%。则在这一年内客户可以获得的平均贷款额为多少？
19. 假设你向客户发放一笔5年期贷款，按月分期还款，如果客户必须为每100美元支付42.74美元的利息费用，你是否能够确定你向消费信贷客户收取的APR利率为多少？
20. 如果你就一笔4年期10 000美元的贷款向某消费信贷客户收取16% APR利率，贷款按月分期偿还，则该客户必须支付多少利息费用？

18.9.2　住宅抵押贷款利率

从20世纪30年代的大萧条到70年代的近半个世纪以来，大多数购买新住宅的抵押贷款都采取**固定利率抵押贷款**（fixed-rate mortgages, FMR）。20世纪70年代早期，由于通货膨胀和利率多变，出现了可调整利率的住宅抵押贷款。1981年，货币监理署和联邦住宅贷款委员会授权所有在联邦注册的银行，均可发放**可调整利率抵押贷款**（adjustable-rate mortagages, ARM），这些利率具有弹性的贷款目前占新住宅贷款的大约1/3。

可调整利率抵押贷款的流行可归因于放贷机构对此类贷款实行了积极的营销策略,以使其生息资产的收益,能更迅速地反映市场利率的变化。许多放贷机构都已提供远低于固定抵押贷款利率的引诱利率。由于可调整利率抵押贷款的初始利率通常比固定抵押贷款的利率低,因而使得更多的家庭都有资格申请住宅抵押贷款。许多住宅抵押贷款放贷机构对可调整利率抵押贷款设定上限,例如,同意无论经济中其他利率如何高涨,在任意年份贷款利率的提高都不得超过2个百分点,或整个贷款期内贷款利率的提高不多于5个百分点。

无论客户获得的是固定利率抵押贷款还是可调整利率抵押贷款,信贷员都必须确定初始贷款利率是多少以及月供金额是多少。对住宅抵押贷款的每月还款,都减少了一部分贷款本金以及一部分基于贷款总额的应付利息。目前,在大多数的抵押贷款合同中,贷款初期的月供主要用于支付利息。随着贷款接近到期日,月供越来越多地用来偿付未偿还的贷款本金。

给定放贷机构收取的抵押贷款利率,通过计算月供额,可以帮助信贷员和客户判断一项抵押贷款是否有足够的承受能力。这事实上是应用了货币的时间价值概念,货币的时间价值可使用金融计算器和电子数据表来计算。月供额的计算公式为

$$\text{客户抵押贷款月供额} = \frac{\text{贷款本金} \times \dfrac{\text{贷款年利率}}{12} \times \left(1 + \dfrac{\text{贷款年利率}}{12}\right)^{t \times 12}}{\left(1 + \dfrac{\text{贷款年利率}}{12}\right)^{t \times 12} - 1} \tag{18-4}$$

例如,一笔25年期5万美元的抵押贷款在12%的固定利率下,所需月度还款额为526.61美元。⊖整个贷款期内总还款额为526.61美元×25×12=157 983美元。除去本金5万美元,整个贷款期内借款人须支付107 983美元的利息。由于包含在住宅抵押月度支付中的财产税、住宅保险和其他费用发生变化,即使在固定利率抵押贷款下,贷款实际月供额每年也各不相同。

在前面的例子中,我们计算了固定抵押贷款的月供。当然我们也可以用同样的方法计算可调整利率抵押贷款的月供,只需在每次利率变化时使用新的利率。例如,假设同前面的固定抵押贷款利率一样,可调整利率抵押贷款的初始利率也是12%。然而,1年后(12次月付后)抵押贷款利率涨至13%。这种情况下,客户月供将增加至563.30美元。㊁

$$\text{月供额} = \frac{49\,662.30 \times \dfrac{0.13}{12} \times \left(1 + \dfrac{0.13}{12}\right)^{24 \times 12}}{\left(1 + \dfrac{0.13}{12}\right)^{24 \times 12} - 1} = 563.30\text{美元}$$

此例假设贷款利率在第13个月时涨到13%。请注意,由于第一年发生的12次月付,一年后贷款本金(开始为50 000美元)已经降至49 662.30美元。㊂在考虑是否批准客户可调整利率贷款申请时,信贷员必须确定利率是否可能上升,且客户是否有足够的预算以及足够的未来潜在收益,来负担可调利率下可能变化的贷款月供。

住房抵押贷款协议通常要求借款人在一开始就支付一笔额外费用,称为**首付费**。该笔额外的费用是通过将住宅抵押贷款额乘以特定百分比计算得到的。例如,假设借款人申请一笔10万美元

⊖ 使用金融计算器。$N=25 \times 12$,$I=12\%/12$,$PV=-50\,000$,$PMT=?$,$FV=0$。
㊁ 使用金融计算器。$N=24 \times 12$,$I=13\%/12$,$PV=49\,662.30$,$PMT=?$,$FV=0$。
㊂ 49 662.30的计算过程中:$N=24 \times 12$,$I=12\%/12$,$PV=?$,$PMT=526.61$,$FV=0$。

的住宅抵押贷款，放贷机构向其收取2个百分点的首付费，则此例中该住宅购买者的首付费为

$$住宅抵押贷款首付费 = 抵押贷款额 \times 放贷机构收取的首付点数$$
$$= 100\,000 \times 0.02 = 2\,000 美元 \tag{18-5}$$

通过要求借款人支付一笔超过其住宅贷款应付利息的额外费用，放贷机构可以获得更高的有效利率。计算这一额外收益的方法是用抵押贷款金额减去收取的首付费金额，并在贷款应付利息中加入首付费。在这种情况下，我们认为借款人实际可以使用的抵押贷款额并不是贷款总额，而是贷款额减去放贷机构规定的首付费。

概念测验

21. 固定利率抵押贷款（ARM）和可调整利率抵押贷款（FRM）之间有什么区别？
22. 如何计算住宅抵押贷款利率？主要因素或变量有哪些？
23. 什么是首付费？其功能是什么？

本章小结

近年来，发放消费信贷已成为金融机构所提供的最受欢迎的金融服务之一。本章讨论的要点如下：

1. 对家庭发放贷款和提供其他金融服务是目前金融服务收入和存款最重要的来源之一，银行、信贷联盟、储蓄协会、财务公司以及保险公司都在积极争取消费者账户。

2. 成功发放消费信贷的关键在于是否能迅速处理大量信贷申请，从而使家庭借款人尽快得到放贷机构的回复。自动化处理使信用评分系统成为功能强大的工具，它能用数学方法评估每个家庭的信贷能力，信用局也使放贷机构很快获得消费者信用记录。

3. 对家庭提供贷款和其他金融服务越来越多地受到联邦和州法律法规的影响。大多数此类法规旨在：① 全面披露合同条款；② 创造更公平的市场环境，禁止因为种族、性别、宗教和其他不相关因素而歧视客户。这些法律法规旨在促进竞争，鼓励消费者信用消费，并帮助个人客户在信息充足的情况下做出信贷决定。

4. 房地产贷款的客户是那些寻找住房的家庭。房地产贷款为建造新住宅、共有不动产、公寓、购物中心、写字楼和其他形式不动产提供融资。银行和许多竞争者不仅发放短期抵押贷款（通常是基建贷款），也向企业和家庭发放长期抵押贷款。房地产放贷机构的信贷员和职员必须拥有多种技巧去评估财产价值，熟悉该领域法律法规。房地产贷款比其他任何种类的贷款都更加依赖于对贷款抵押品的当前价值和未来价值的判断。

5. 随着许多不同的贷款定价技术的出现，为消费信贷和房地产贷款定价变得很有挑战性。由于计算贷款利率和确定其他贷款条款时有很多种方法，这使放贷机构和客户都感到很困惑，因此美国通过了《诚实信贷法》，该法要求放贷机构必须告知客户贷款的年百分率，使客户申请贷款时，有了比较各放贷机构贷款条件的共同标准。

6. 为了降低发放消费信贷和房地产贷款时放贷机构面临的利率风险，主要方法是采用对市场更为敏感的贷款利率，尤其在住宅抵押贷款领域，固定利率抵押贷款和可调整利率抵押贷款相互竞争，希望取得客户的信赖。在可调整利率贷款情况下，信贷员在确定借款客户是否有足够的预算弹性以适应可变的还贷支付时必须更加小心，尤其是在贷款期限内利率可能上升的情况下。

关键术语

住宅抵押贷款	社区再投资法	分期付款贷款
掠夺性贷款	借记卡	次优利率贷款
信用局	基建贷款	联署保证人
住宅产权贷款	抵消权	可选可调利率抵押贷款

第18章 消费信贷、信用卡和房地产贷款　479

信用评分	年百分率（APR）	信息披露规则
单一利率法	反歧视法	贴现率法
诚实信贷法	附加利率法	公平信用报告法
78s条款	公平信用结账法	固定利率抵押贷款（FRM）
公平债务催收作业法	可调整利率抵押贷款（ARM）	平等信用机会法
首付费		

习　题

1. Chidress一家申请5 000美元的贷款用来改造房屋，主要是安装新的屋顶和添置新地毯。Chidress是福特汽车公司的一名焊接工，这是他在这个工作岗位上的第一年，他的妻子在沃尔玛购物中心销售服装。他们有三个孩子。Chidress一家6个月前购买了现在的住所，并拥有产权。他们的信用评级为平均水平，有过几次延期偿还的记录。家中装有电话，但仅有一个银行支票账户和少数储蓄债券。Chidress先生有价值35 000美元的人寿保单，保单的退保金为1 100美元。假设放贷机构使用本章所述的信用评分系统，拒绝所有低于360分的贷款申请，问Chidress一家是否能取得贷款。提示：对于职业因素，可以平均来看夫妇二人。

2. Napper夫妇希望资助子女的大学教育，计划申请75 000美元的住宅产权贷款。Eldridge国民银行愿意以Napper家的房屋作为抵押，向他们提供贷款。房屋估价为11万美元，根据银行政策，客户最多可用房屋估价的70%作为贷款基础。Napper夫妇目前仍担负着首次房屋抵押贷款的6万美元。请问Napper家住房的剩余价值是否足以支持他们的贷款申请？银行怎样才能帮助他们达到贷款的标准。

3. Ben James新近收到一家金融公司通知，他可以在其住房的产权价值基础上取得75 000美元的信贷额度。James仍欠180 000美元的首次房屋抵押贷款，以及上一年用于维修屋顶和下水道的25 000美元的二次房屋抵押贷款。如果James的住房估价为400 000美元，放贷机构在决定James的最大信贷额度时，所使用的住房估计市价的比率为多少？

4. 下列各项分别解释了消费信贷领域的哪些术语？
   （1）没有借款功能，但能用于支付商品和服务购买的塑料卡。
   （2）用于购买汽车并按月偿还的贷款。
   （3）如果你没能付款，放贷机构将获得你的存款。
   （4）描述贷款偿还可能性的数字评级。
   （5）向低信用评级借款人发放的贷款。
   （6）基于住宅市场价值和抵押贷款余额差额的贷款。
   （7）计算借款人由于提前还款获得的返还率的方法。
   （8）放贷机构要求对新的贷款支付过高的保险费。
   （9）在《诚实信贷法》下，放贷机构必须报出的贷款利率。
   （10）取得住宅贷款前，必须支付的费用。

5. 哪些联邦法律条款适用于下列情况？
   （1）信贷员询问贷款申请人的种族。
   （2）收账员在未得到许可的情况下，昨天3次给Jim Jones的工作单位打电话。
   （3）Sixton国民银行制作了一种专门的表格，告知客户获得贷款所需支付的利息费用。
   （4）消费者储蓄银行因努力服务其业务范围内的所有地区，最近被联邦检查员授予"出色"等级。
   （5）Presage州立银行必须每年公布一次其向哪些区域发放了住宅抵押贷款和住宅改造贷款。
   （6）Reliance信用卡公司的一位客户，在一家使用公司信用卡的当地商店就收费问题产生异议，并就此事和公司联系。
   （7）Amy Imed在要求并获取其信用报告副本后，检查发现几处错误，于是要求予以更正。

6. James Smithern向Beard Center国民银行申请了3 500美元的贷款，用于偿付个人消费费用。银行使用信用评分系统对申请进行评估，该系统中包含下列判别因素，括号中的数字是相应分值：
   信用评级（优秀，3；一般，2；差或无记录，0）
   目前职位工作时间（5年及以上，6；1~5年，3）
   目前住所居住时间（2年以上，4；1~2年，2；1年以下，1）
   住宅电话（有，1；无，0）
   银行账户（有，2；无，0）

   银行一般向9分及以上的客户发放贷款。Smithern先生信用等级一般，在当前公司工作3

年，在目前住址居住了2年，家中有电话，无银行账户。问Smithern先生是否可以获得所申请的贷款。

7. Jamestown储蓄银行在审查信用卡用户的过程中发现，在其信用评分系统下，得分为40分或40分以下的用户中，有30%（7 665位信用卡用户）出现了拖延付款的情况，造成了贷款的总体损失。这组信用卡坏账贷款平均每个账户损失6 100美元。通过检查成功的信贷账户，银行发现12%的优秀客户（3 066位信用卡用户）得分不超过40，这些得分低但账户状况良好的客户为银行带来平均每个账户大约1 000美元的收益。如果银行的信用卡部门遵循只向得分高于40分的客户提供信用卡服务的决策原则，且将来信用卡账户的平均收入和损失不变，问银行预期将避免多少净损失？

8. Lathrop一家需要一笔额外资金在秋天供两个孩子读大学，并要购置新的计算机系统用于兼职的家庭工作。他们不清楚自己房屋的现市值，而周围类似的四居室住宅的售价大约是41万美元。Van Nuys联邦商人储蓄协会按地产估价的75%发放贷款，但Lathrop家还有共265 000美元的住宅抵押贷款和住宅改造贷款没有偿还。问，如Lathrop一家计划申请住宅产权贷款，其最大限额是多少？

9. San Carlos银行及信托公司使用信用评分系统对大多数超过2 500美元的消费信贷进行评估。评分系统的主要考虑因素有：

借款人在目前职位上工作的时间：	
1年以上	6分
1年以下	3分
借款人在目前地址居住的时间：	
2年以上	8分
1~2年	4分
1年以下	2分
借款人的住房产权：	
自有住房	7分
租住住宅或公寓	4分
住亲友家	2分
信用局报告：	
优秀	8分
一般	5分
低于平均或无记录	2分
目前使用的信用卡：	
1张	6分
2张	4分
2张以上	2分
银行存款账户	
有	5分
无	2分

Mulvaney一家有两人有工资收入，且都在目前的工作岗位上工作了18个月。他们在租下的住所中居住了1年，租金每6个月支付一次。他们的信用报告结论是优秀但只有一次支付记录。但他们使用两张信用卡来支付家庭开支。昨天他们在San Carlos银行开户并存入250美元。Mulvaney一家向银行申请4 500美元的贷款用于购买二手汽车和一些家具。银行评分系统的分界线为30分。问Mulvaney是否满足批准该项2年期借款的要求？是否还有一些评分系统中没有包含但是你希望能了解的因素？请解释。

10. Ray Volkers想要开办一家自己的企业。他向银行申请了30 000美元的创业贷款。根据银行政策，如该企业前景看好，则可以发放贴现率贷款，所采用利率为优惠利率加上2%（当前的优惠利率为4.25%）。请问，如果Volker先生的贷款申请得到批准，那么他从贷款中取得的净资金是多少？这笔贷款一年的有效利率是多少？

11. Crockett一家申请了一笔30年期的325 000美元抵押贷款用于购买住房。如贷款利率为5.25%，则月供额为多少？

12. Catherine Jones上月收到5 000美元的贷款,并计划12个月内偿还。然而Jones发现在付完两期后就有足够的资金偿还全部贷款。这样Jones将从总利息费用中获得多大比例的返还,而放贷机构将保留多大比例?

13. Watson一家在过去的两年里一直打算去欧洲度假。Gratton储蓄协会同意为他们的旅行提供8 000美元的贷款,要求Watson一家分12个月等额偿还。贷款利率为5.75%,在附加利率法下,Watson一家需支付多少利息?每期的月供是多少?贷款的有效利率是多少?

14. Jane Zahrley的4年期39 000美元汽车贷款申请已获批准。Reston中心银行要求分60个月等额还款,直到贷款清偿。银行告知Jane需要为贷款支付5 500美元的利息费用。这该贷款的年百分率为多少?

15. Sue Bender申请25年期的抵押贷款用于在长岛购买住房。购买价是465 000美元,必须借款395 000美元并按月偿还。如果贷款的年百分率为6.25%,则他所需支付的总利息费用是多少?

16. Mary Contrary的1年期1 600美元贷款被要求以季付400美元的方式偿还。如果该笔贷款利率为6%,在单一利率法下,她总共需要偿付多少利息?如果该笔1 600美元的贷款利率为5%,每月偿付利息,贷款到期时才偿还本金,是否对她更加有利(利息更低)?第二种贷款条件与第一种相比有哪些好处?

17. Buck和Anne Rogers正在同当地银行商谈关于他们购买首栋住房的抵押贷款事宜。由于首付款有限,他们必须借款300 000美元。银行评估得出1.5%的首付费率。问Buck和Sue Rogers取得贷款时,须支付的首付费为多少?他们实际可用的抵押贷款金额为多少?

18. Dryden银行的个人信贷部愿意以每100美元收取3.75美元利息的条件,向Lance先生提供1年期的贷款(假设贷款分12期等额偿还)。银行向Lance先生收取利息的年百分率是多少?如果Lance先生6个月就清偿贷款,那么每100美元可节约多少资金?

第七部分

未来金融业的全球管理

第19章　金融服务业中的收购与兼并
第20章　国际银行和银行金融服务业的未来

第19章 金融服务业中的收购与兼并

学习要点

- 美国与海外的兼并趋势；
- 兼并动机；
- 选择合适的兼并合作者；
- 美国与欧洲的兼并规则；
- 成功运作兼并；
- 兼并动机与结果的研究。

在全球许多国家，不同规模的银行、证券公司、保险公司以及其他金融机构间的兼并浪潮已经持续多年。在美国发生兼并的行业中，银行及金融服务业连年在数量上高居前五名。1980年至今，全美国的参保银行间发生了近10 000起兼并，使金融服务业的格局和金融服务产品发生了巨大的变化。

大量金融机构的兼并收购反映出在激烈的竞争、越来越严格的政府监管、对金融机构最优规模（经营成本最低，地理和产品线充分多元化以降低风险）的不断探索和追寻的激励下，合并与趋同具有巨大能量，能够将金融业重新洗牌。

本章的目的是进一步了解金融机构的兼并过程。我们将研究在兼并与收购之前，金融机构要考虑的法律、法规以及经济因素，并将尽可能地从公众和投资者两个角度分析兼并与收购的成本与收益。

19.1 兼并方兴未艾

最近几十年，美国金融服务业掀起了兼并的浪潮，银行间的兼并与收购成为了最普遍和最受公众关注的交易，这反映了先前禁止或严格限制银行扩张的法律正在降低门槛。

例如，20世纪80年代以前，美国的州法律不允许跨州设立银行，后来大量新的州法律出台，允许银行和银行控股公司跨州设立银行。之后，美国国会在1994年通过了《瑞格尔—尼尔跨州银行和分行效率法案》，该法准许银行控股公司跨州收购银行并设立分行。这些新制定的联邦和州法律为银行跨州扩张开启了大门，这在美国历史上还是首次。

1999年通过的《金融服务现代化法案》（在第2和第3章中详细讨论过）掀起银行兼并的新高潮。新法案为银行、非银行金融机构间的合并打开了大门。它允许银行、保险公司、证券公司彼此收购，为大企业充实产品线提供了更多机会，降低了对有限产品的过度依赖，但是，罗兹（Rhoades）[15]和皮洛夫（Pilloff）[11]注意到：尽管该法案有可能降低金融机构的风险，但对提高银行和其他金融机构的运行效率却似乎并无效果。

伴随着欧洲共同体的形成，一股强劲的兼并浪潮席卷欧洲，涉及主要银行、保险公司、证券公司和其他金融机构等，并伴随着欧洲共同体的形成。欧洲金融机构的竞争愈演愈烈，发生了多起兼并和收购，尤其是在德国、法国、意大利和西班牙等，但是，欧洲金融机构的兼并在21世纪初呈现放缓趋势，主要是因为经济增长速度慢以及一些国家的政府对本国金融机构的保护。

> **小贴士**
> 大部分的银行兼并都发生在美国的什么地方？
> 答：美国南部（如阿拉巴马、佛罗里达、佐治亚、南卡罗来那等州）。

继欧洲之后，包括日本在内的亚洲国家间的银行、保险公司和证券公司也纷纷经历了兼并浪潮。这些兼并是在信用质量问题层出不穷、通货紧缩和经济增长趋缓以及面对美国竞争的背景下产生的。表19-1列出了近年银行和其他金融机构国际合并的案例。

表19-1　近年国际大金融机构的兼并与收购

收购机构	被收购机构	年份
Consortium of European banks led by Royal Bank of Scotland Group, U.K	ABN Amro Holdings, Netherlands	2007
意大利联合信贷银行	德国HVB集团	2005
西班牙桑坦德中央Hispano银行	英国阿比国民银行	2004
日本瑞穗银行	第一劝业银行、日本兴业银行和富士银行	2001
英国汇丰控股公司	法国商业信贷银行	2001
西班牙桑坦德银行	巴西圣保罗州立银行	2000
德意志银行	美国银行家信托公司	1999

美国的银行在效仿欧洲和亚洲的银行的做法，不仅吞并小银行，还吞并证券经纪公司、证券交易商、财务公司、保险公司、信用卡公司、储蓄机构和其他非银行金融机构等；此类例子包括：花旗集团在1998年兼并旅行者保险公司（Travelers Insurance. Inc.），从而造就了世界上最大的金融机构之一（直到21世纪初花旗集团将其出售）；美国第一银行（Bank One）最近收购了信用卡服务的领头羊——美国第一（First USA）；瑞丰银行（Summit Bancorp）收购了储蓄机构——集体银行公司（Collective Bankcorp）。在1999年11月份通过《金融服务现代化法案》之后，非银行金融机构可以兼并和收购非银行机构，其中的一个例子是，旧金山的证券经纪公司嘉信公司（Charles Schwab Corporation）收购美国信托公司（U.S. Trust Corporation），并成为美国第12大商业银行集团公司。表19-2列出了美国一些最大的金融机构兼并案。

表19-2　美国金融业历史上最大的金融机构兼并和收购

收购机构	被收购机构	年份
加拿大多伦多道明银行	新泽西商业银行	2008
纽约摩根大通	芝加哥第一银行	2004
北卡罗来纳美国银行	马萨诸塞州富利波士顿金融	2003
纽约大通曼哈顿公司	纽约摩根公司	2000
马萨诸塞州富利金融	马萨诸塞州波士顿银行公司	1999
纽约花旗集团	加利福尼亚州旅行者银行	1998
北卡罗来纳州众国银行	佛罗里达州美国银行	1998

金融机构间的兼并浪潮不大可能很快结束，其影响也将长期持续下去。在未来，公众将面对数量更少但规模更大的金融机构，因此那些不进行收购和兼并的金融机构将面临更激烈的竞

争。本章我们将考查兼并的性质、过程和影响。我们还将着眼于影响兼并的法律法规以及选择兼并对象时应考虑的重要因素。

洞察力和问题

金融机构的合并与趋同

近些年来，合并与趋同成为金融服务业的两个主要趋势。合并指的是某一行业中企业数目的减少。银行、证券代理、保险公司和其他金融机构正被卷入这股浪潮之中，它们通过兼并与收购，减少了企业数目但实现了单企业规模的扩大，在行业中占据了支配地位。趋同指的是两个或更多的行业相互渗透，导致不同的公司提供同样的产品。企业也可以通过兼并与收购的方式实现趋同。当一个企业发展到该行业的边缘时就可以收购具有不同服务的其他企业，尽管通过金融机构内部的创新和服务多元化也可以实现上述目标。

下面列举的是近年来规模最大的金融机构并购交易，一些导致了银行的合并，另外一些则带来了银行与非银行金融机构的趋同。

银行间合并

2001年，第一劝业银行（Dai-Ichi Kangyo）、富士银行（Fuji Bank）和日本兴业银行（Industrial Bank of Japan）合并，组成了日本瑞穗控股公司（Mizuho Holdings Inc.），并成为世界上资产总量最大的银行。

2004年，J. P. 摩根大通（J.P. Morgan Chase & Co.）兼并芝加哥第一银行（Bank One），成为美国第二大银行。

银行与非银行金融机构合并

2002年，世界排名前5名的伦敦汇丰银行（HSBC）收购了以消费者为主要服务群的家庭金融公司（Household Finance）。

2000年，荷兰国际集团银行和保险公司收购美国Reliaster金融集团的人寿保险业务。

19.2 金融服务业内兼并迅速发展的动因

如图19-1所示，兼并的发生主要是因为：①股东（所有者）希望增加他们的财富（银行股票的每股价值），或希望通过减少风险以提高其福利；②管理人员希望获得更高的薪水、更多的雇员福利、更多的工作保障以及管理一家更大的公司带来的良好声誉；③或者，股东和管理人员都希望从兼并中获利。然而，也可能存在一些其他的动机。下面将进一步研究这些年来实际存在的一些强烈的金融机构兼并动机。

潜在利润 对于金融服务业的多数权威机构来说，近来兼并高潮的掀起——仅仅在美国平均每年就有数百起，反映了股东期望通过兼并来提高**潜在利润**（profit potential）。如果收购公司的管理比被收购公司积极、先进、技巧性能强，公司收益将随着市场更加充分地挖掘和新服务的开发而上升，这尤其适用于跨州或跨国兼并，因为公司将进入许多新市场，从而开发更多的新收益服务。而且，如果收购方的管理人员比被收购方的管理人员受到更好的培训，那么合并后的公司管理效率将得到提高，对营运费用的控制也更为有效。无论是通过降低成本还是扩大收益中的哪一种方式，兼并都能够改善公司的潜在盈利能力。在其他因素保持不变的情况下，公司股票的价值将上升，股东的利益也就随之增加。

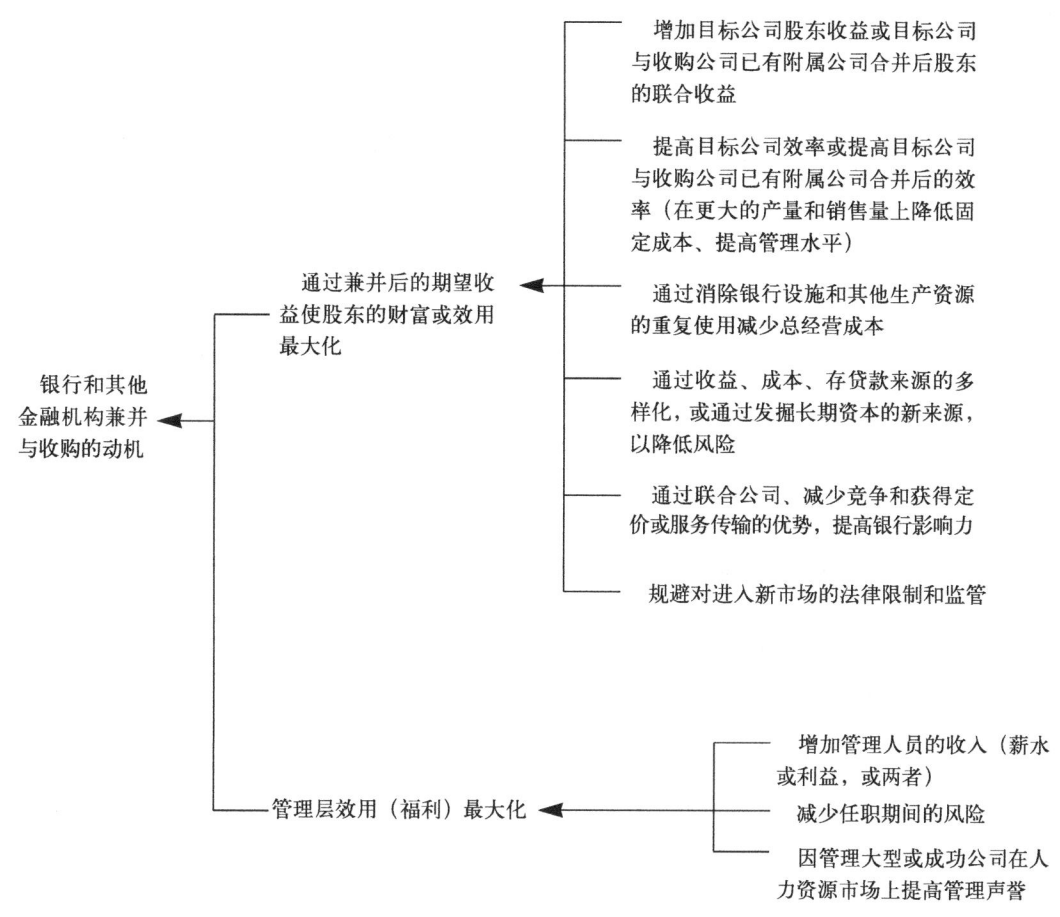

图19-1 金融机构并购的可能动机

最具戏剧性的例子之一是21世纪伊始，或有利润成为中国企业兼并与收购的动因。一些世界顶尖的银行，如美国的花旗集团、美国银行、摩根大通，英国的汇丰控股、苏格兰皇家银行纷纷预测：中国广阔的金融市场将为它们带来飞速增长的收入。在这个拥有10多亿人口的国家，人们手中的存款估计超过15 000亿美元，但银行数量却严重不足。通过销售信用卡、商业贷款、退休金计划和保险，国际银行可以获得巨大的利润。

美国银行于2005年投资30亿美元入股中国建设银行，汇丰控股于2004年购买了中国第五大银行——交通银行的大量股权。2005年夏天，世界上第六大银行——苏格兰皇家银行宣布购买中国第二大银行同时也是中国最好的外汇交易行——中国银行的大量股权。美国银行进入中国金融业是特别值得一提的，因为这家规模庞大的银行在美国存款市场上的份额马上就要接近法定最高限额（《瑞格尔－尼尔跨州银行业法案》规定的10%），因此它将中国市场视为未来市场拓展的目标和更高利润的来源。

美国银行将中国市场视为更高利润的来源。然而我们必须注意到，2007年开始的信贷危机迫使许多主要外国银行撤回了在中国的扩张。

降低风险 许多兼并的参与者希望降低**现金流风险**（cash flow risk）和**盈利风险**（earnings risk）。由于兼并能够扩大公司的规模和提高公

> **小贴士**
> 一部拍摄于1999年的英国的电影中有这样一个情节：伦敦Barings银行由于其在新加坡的期货交易遭受损失而被荷兰ING集团收购。这部电影是？
> 答：《魔鬼营业员》(Rogue Trader)。

的信誉，在已有市场的基础上开辟不同经济性质的新市场，并能够使新提供的服务创造出与现有服务在时间上不同的现金流，因此风险可能会降低。近年来许多欧洲银行兼并（比如，荷兰阿姆罗银行和Verenigte Spaar银行这样的大银行领导的兼并）的原因似乎是为了寻求提供服务的"综合性"。例如，主营批发业务的银行兼并主营零售的银行或者银行联合保险公司，是为了努力为公众提供更广泛的服务项目，从而降低银行因为服务面太狭窄而带来的风险，因此，兼并可以使合并以后的银行现金流和收益来源多样化，从而经受得住经济波动和业内激烈的竞争。

挽救濒临倒闭的金融机构　公司破产往往是兼并的动机之一，例如美国许多银行的兼并是在联邦存款保险公司的撮合下完成的，目的是保留稀缺的保险储备，以及避免因银行即将倒闭而给客户带来的服务中断。其中一个最显著的例子是1993年1月，纽约化学银行（Chemical Bank of New York）成功收购得克萨斯第一城市银行（First City Bancorporation of Texas）。在这个案例中，一家管理完善、资金雄厚的银行寻找到了一个仅用很小的一笔投资（少于3.5亿美元）就可以获得巨额资产（近70亿美元）和存款（将近50亿美元）的机会。2007年开始的信贷危机引发了许多银行和其他金融公司的破产或者陷入困境，许多情况下兼并和收购成了唯一选择。举例如下

并购目标	潜在并购者	年份
贝尔斯登	摩根大通银行	2008
美林证券	美国银行	2008
华盛顿互惠银行	摩根大通银行	2008
美联银行	富国银行	2008
康百世银行	西班牙对外银行	2007
拉萨尔银行	美国银行	2007

这些以及其他的并购不久便使美国银行业出现了四家居于统治地位、万亿美元级的银行：美国银行、花旗银行、摩根大通银行和富国银行，并且每一家都信誓旦旦准备更多的并购。

税收和市场定位动机　许多兼并是出于**税收收益**（tax benefits）的动机，尤其是在被收购公司的亏损可以用于抵扣收购方的应纳税利润时。另外也存在**市场定位利益**（market-positioning benefits）的动机，因为收购方通过兼并获准在一个新市场上打下业务基础。譬如，收购一家已有的金融机构，而不是申请特许设立新公司并聘用新人员，可以大大减少进入新市场的成本。收购银行将其被收购的银行作为经营基础，以分行的形式或进行兼并达到进一步扩张的目的，这种做法随处可见。出于该种动机而进行的收购有这样一个例子：2003年，美国银行收购了新英格兰的波士顿旗舰金融公司，因为前者想在美国境外许多有着巨大潜在市场空间的地方并购或建立分行，两者的合并将形成一个具有6 000家分行和17 000台ATM的统一银行网络。相似的市场定位目标激励了最近发生的一系列兼并案，如瓦乔维亚银行（Wachovia Co.）兼并黄金西部银行（Golden West），第一资本银行（Capital One）兼并了北部富克银行集团（North Fork BanCorp）和恒亚集团（Hibernia Co.）。

鉴于《瑞格尔－尼尔跨州银行和分行效率法》已成为在美国通行的法律，并且欧洲经济共同体通过的银行业指导方针允许银行跨州和跨国进行收购、购买或设立新的分行机构，这些以市场定位为动机的兼并未来将有可能更加频繁。德国商业银行、荷兰ING银行以及联合控股公司最近购买了数目可观的中国和韩国的银行股份，其目的是在亚洲蓬勃发展的金融市场上完善

自我定位，开发收入和利润的潜在新来源。

节约成本或提高效率的目的 伴随着金融业内兼并浪潮而来的往往是大规模裁员和削减重复设施。比如，2001年安联人寿保险公司收购了德国的德累斯登银行股份公司后，后者被裁员8 000人（占员工总数约16%）。在劳斯博格（Lausberg）和罗斯（Rose）[13,14]对欧洲20世纪80年代和90年代的兼并浪潮的调查研究中也探究了有关**成本节约**（cost savings）的问题。在研究的107例欧洲银行兼并案例中，最重要的一个兼并动机是把兼并作为国际化战略的一部分，以达到进入新市场、多样化经营、降低运营成本的目的。

然而，在解释近来金融服务业内兼并案例大量发生的原因时，我们必须十分谨慎，以免过分考虑效率因素或成本节约因素。大多数兼并都是一种市场延伸，也就是说，兼并的机构在其服务地区所提供的服务并没有过多重叠，甚至一点重叠也没有，因此，关闭其重复设施的必要性不太大。事实上，令许多专家感到意外的是，恰恰是在银行发生大规模兼并的时候，银行分支机构的数量却在不断增加，而不是在减少。例如，如罗兹（Rhoades）[17]所指出的，虽然在美国营业的银行数量从1980年的14 400家减少到了21世纪初的8 000家，但是银行分行却增加到了7万多家，ATM的数量也迅速增长。这些数字表明，一些银行客户，尤其是居民和小企业，需要的似乎是当地银行的便捷联系服务。这就限制了银行进一步关闭它们认为"没必要"的服务机构。

减少竞争的策略 对最近上百起兼并的另一解释是，通过兼并降低市场竞争程度。如果互为竞争对手的两家企业同意合并，那么在它们的业务范围内只有较少的竞争对手向人们提供服务，因此，提供的服务质量会降低，而服务价格和利润则会上升。至少，与这种解释相一致的是，全球的产业集中化程度正迅速提高，包括全美范围内的一些城镇和城市。例如，罗兹（Rhoades）[17]的研究表明，美国100家最大的银行从1980年拥有行业总存款的不到50%飙升到20世纪末的70%以上。尽管在当地银行业市场，很少有证据证明产业集中化程度总体在提高，但是有报告显示在美国最大的都市地区和一些城乡市场地区，产业集中化程度较高。如果上述说法正确，那么整个银行业兼并的动机就存在伤害公众利益的可能性，因此，我们需要考虑如何更积极地执行反垄断的法律（我们将在后面予以讨论）。

管理福利最大化 业内一些专家认为管理上的收益是兼并的唯一动因。职业经理人应该代表公司股东利益，引领公司实现股东利益最大化，但是，经理人可能会将收购视为提高薪水与福利、降低被解雇的风险、因为在大公司工作而提高在劳动力市场上的声誉的契机。在这种情况下，经理人可能置股东利益于不顾，从而产生**代理问题**（agency problem）。基于管理层的高福利会提高收购方的运营成本，降低利润和股东收益。许多学者将管理层福利最大化视为最重要（有时是最荒谬的）的兼并动机之一。⊖

其他兼并动机 管理层认为兼并能提高银行的增长能力，并能够保持收购方的历史增长率。而且，银行通过兼并能够放松其贷款限制以更好地满足企业客户的需求。这是一个尤为重要的市场因素，因为贷款的主要商业客户也许比银行自身发展得快（如佩克（Peek）和罗森格伦（Rosengren）[10]所阐述的）。

兼并通常能使小的银行得到新的有力管理，而这种管理一般是难以得到的。大银行可以在

⊖ 在2006年的兼并中，给予管理层利润最多的是第一资本金融公司。为了在新泽西和纽约州之间开设分行，第一资本收购了北部富克银行，为保证兼并顺利进行，给北部富克银行高管层近3亿美元。后者答应以所谓的税收总额累进的方式抵补部分税款。关于管理层"费用偏好"行为作为一个潜在并购动机的深入讨论，请参见第3章。

大学校园或在主要大城市通过就业机构招收专业人员,而规模较小、地处边远地区的银行则与市场联系较少,寻找专业管理人员也较难,而且很有可能聘用不起一流的管理人员。小银行在取得昂贵的新电子技术方面也存在同样的问题,例如,1998年,北卡罗来纳州的第一联盟公司(First Union Co.)和宾夕法尼亚州的中州财务公司(CoreStates Financial Co.)的兼并,部分是由于中州财务公司需要升级其计算机系统以更有效地处理小额客户账户。

主管和雇员认可的兼并动机 普拉萨德(Prasad)[14]对美国25家最大银行的高级主管人员就收购中选择目标银行时考虑的因素进行了调查。结果表明,最普遍的回答是管理质量。几家主要银行的高管认为,他们倾向于兼并管理水平能与其相兼容的目标银行。其他因素有盈利能力(尤其是资产回报率)、经营效率和持有的市场份额。

概念测验
1. 确切地说,什么是兼并?
2. 为什么金融领域每年都发生这么多起兼并案例?
3. 兼并的主要动机是什么?

19.3 选择合适的兼并对象

管理人员和所有者如何知道兼并计划是否对公司有利?要回答这个问题,需要衡量计划兼并的成本和收益,但由于进行兼并的双方动机不同,因此难以简单地计算成本-收益,从而得出结论。但任何兼并最重要的目标都是增加兼并后的公司市值,使股东投入的资本能获得更高的投资回报率。股东所得投资回报应与他们所承担的风险相匹配。

因此,从长期来看,如果兼并能够提高公司的每股价格,则对股东就有利。金融机构股票价值(价格)同其他公司一样依赖于:

- 预期未来分发给股东的股利;
- 未来股利的折现因子,由资本市场上相似风险的投资所要求的回报率决定。

具体为

$$股票每股市价 = \sum_{t=1}^{\infty} \frac{E(D_t)}{(1+c)^t} \tag{19-1}$$

式中,D_t表示每年每股预期股利;c为投资者对相似风险项目投资的机会成本。很显然,如果计划的兼并可以提高股东未来的预期股利收益,或者通过降低风险减小投资者对公司要求的收益率,或者以上两者皆有,那么金融机构股票的价格将上升,股东也将从中获益。

兼并如何增加未来的预期收益或降低其风险水平呢?一种可能是通过改善经营效率,即减少每单位产出的经营成本。金融机构也可以通过联合经营和减少不必要的重复设施以达到更高的效率,因此兼并后,金融机构能够以一个整体进行运作,而不是分开单独制订和推广计划、两个独立的审计工作部门分开聘请工作人员等。如果运用新的生产和服务传输的方式(如自动化设备),现有的资源——土地、劳动力、资本和管理技能等,可以得到更加有效的使用,从而增加相同数量投入所生产的服务数量。

另一增加收益的途径是通过兼并进入新的市场或提供新的服务。如果进入的新市场具有与已进入的那些市场不同的经济特征,则新市场的进入可以带来地理位置的多样化。或者,拥有不同服务种类的金融机构可以通过兼并将其服务项目进行合并,扩大客户的选择面,这就是产品多样化。正如在第14章中介绍的,这两种多样化的方式都能稳定现金流和净收益,降低股东的风险和提高其股票的市场价值。有兼并想法的管理者在理想中会寻找收益或现金流与收购方的收益或现金流呈负相关（或呈较低的正相关）的收购对象。

对于金融机构管理者而言,对任何一项兼并计划最主要的考虑是兼并后公司每股收益（EPS）可能受到的影响。兼并后,每股收益是否得到改善？股票对投资者是否更具有吸引力？被兼并公司的股东通常会问同样的问题：如果我们把公司的股票换成收购方的股票,收益是否会上升？

一般来说,兼并方和被兼并方的股东都会在每股收益上获得好处,条件是：① 具有较高市盈率的公司兼并市盈率低的公司；② 兼并之后联合收益不会下降。在这种情况下,即使向被兼并方股东支付一定合理的溢价,每股收益仍然会上升。

比如,假设A银行当前的股价是每股20美元,B银行当前的股价是每股16美元,A银行的股东同意兼并B银行。如果A银行近期报告的每股收益是5美元,B银行同样获得5美元的每股收益,它们的市盈率分别是

$$A的市盈率 = \frac{每股价格20美元}{每股收益5美元} = 4$$

$$B的市盈率 = \frac{每股价格16美元}{每股收益5美元} = 3.2$$

再假设,两家银行的总普通股流通股数分别是100 000股和50 000股,A银行报告的净收益为500 000美元,B银行宣布的净收益为250 000美元。因此,它们最近一年的联合收益为750 000美元。

如果B银行股东同意以每股16美元的价格出售现有股票,则每股B银行股票只能换得4/5（16美元÷20美元）股A银行股票。因此,完成兼并需要向B银行股东发放40 000股A银行股票（50 000股B银行股票×4/5）。兼并后的银行共有140 000股在外流通。如果收益在兼并后仍保持不变,则股东的每股收益为

$$每股收益 = \frac{合并后的收益}{流通股总数} = \frac{750\,000}{140\,000} = 5.36（美元） \tag{19-2}$$

很明显,高于A银行和B银行在兼并前各自的每股收益5美元。

只要兼并银行的市盈率高于被兼并方银行的市盈率,就存在一定的空间向被兼并银行的股东支付一定的**兼并溢价**以促成交易的达成。以百分比表示的兼并溢价可以用以下公式计算出来

$$兼并溢价（按百分比计） = \frac{被兼并银行当前的每股价格 + 兼并银行支付给被兼并银行每股股票的额外资金}{被兼并银行当前的股价} \times 100\% \tag{19-3}$$

比如,假设尽管A银行和B银行股票的当前市场价值不同（比如每股20美元对每股16美元）,A银行的股东同意向B银行的股东支付每股4美元的红利（兼并溢价为（16+4）÷16×100% = 1.25,或125%）。这表明B银行的股票将以1∶1的**交换比率**（exchange ratio）置换成A银行的股票,因此,现持有50 000股B银行股票的股东将通过置换持有50 000股A银行股票。兼并后

的银行将有150 000股流通股。如果兼并之后的收益仍保持为750 000美元，那么兼并后的银行将保持现在的每股5美元的收益水平（750 000美元÷150 000股）。

遗憾的是，兼并溢价的支付往往不受控制。支付150%～250%的兼并溢价时有发生，而高溢价兼并完成后常常给股东带来令人失望的后果。

一般来说，由于向被兼并银行股东发放了与其持有的旧股票相比过多的新股票，引起**所有权稀释**（dilution of ownership），因此兼并后的银行的股东权益减少。如果被兼并银行的市盈率高于兼并银行的市盈率，则兼并后银行的每股收益将低于收购前水平，即**收益稀释**（dilution of earnings），原因是收益在更多数量的股票中平分，其减少的数额是双方市盈率之差与双方相对资产规模的函数。

因此，兼并在财务上的成功很大程度上取决于两家银行报出的相对收益和相对市盈率。A银行和B银行合并之后的每股收益的直接变化由以下比率决定

$$\frac{\text{A银行股票的每股价格}}{\text{A银行当前净收益}} \div \frac{\text{B银行股票的每股价格}}{\text{B银行当前净收益}} \tag{19-4}$$

当然，如果预期未来收益由于兼并的原因会更快地增长，那么，即使每股收益在银行兼并之后立刻下降，交易仍然是值得进行的。如果从长期看银行效率得到明显提高，成本也得到明显减少，则在兼并过程中支付较高的价格（向被兼并银行股东发放的新股的价格）最终将会得到补偿。标准财务管理惯例要求对兼并后的公司的每股收益在未来各种可能收益和股票价格下的变化进行分析。根据未来每股收益的变化，如果需要很长时间才能弥补收购成本，兼并机构的管理人员应该采取别的方式达到兼并的目的。

19.4 通向增长的兼并之路

简单地说，不管是什么动机，每起兼并都是一笔财务交易，导致一个或多个金融机构被其他金融机构兼并。被兼并机构（通常是两家机构中较小的那家）放弃自身的章程并采用新的名称（通常是兼并机构的名称）。被兼并机构的资产和负债分别并入兼并机构的资产和负债。⊖ 兼并一般是在兼并双方的管理层已达成协议之后才开始。兼并还必须获得两家机构董事会的批准，甚至可能由各自机构的普通股股东投票决定。⊜

如果股东同意兼并（一般至少占股权总额的2/3），则必须通知原注册机构以及所涉及的监管机构。在美国，联邦银行机构需要30天就兼并一事进行讨论，另外还有一个30天的公众评论时间。兼并申请的公告必须在30天内刊登3次，大约每隔两周刊登一次，并且还要刊登在银行所涉及的服务社区内广泛流通的报纸上。如果司法部门认为兼并会明显削弱竞争，则会提出诉讼。

在决定是否进行兼并时，兼并方的管理层和董事会常常会考虑目标机构的许多方面的特点。大多数兼并分析师考虑的主要因素可以归为以下六大类：① 目标机构的历史、所有制和管理；② 资产负债表的状况；③ 机构过去的成长记录和经营业绩；④ 损益表和现金流量表的状况；⑤ 目标机构所服务地区的经济状况和前景；⑥ 目标机构经营的金融服务市场的竞争结构

⊖ 两家或更多家机构也可以合并它们的资产以组建一家新机构，而且所有参与此合并的机构应放弃它们原来的身份而成为一个更大的组织的一部分，但是，在金融服务业，兼并比合并普遍得多。

⊜ 在通过承担债务兼并的交易中，必须有2/3的被兼并机构股东投赞成票；但是，通常不要求兼并机构的股东投赞成票，而且当其对部分资产进行变现时（如出售一些分行）也不需要股东的批准。

（包括进入壁垒、市场份额和市场集中化程度等）。

除以上所列方面，兼并方还要考虑：
- 兼并后的组织的适当管理方式；
- 目标机构服务的主要客户；
- 当前的人员安排和员工福利水平；
- 兼并所涉及的机构之间在会计和管理信息系统方面的兼容性；
- 目标机构的实物资产状况；
- 兼并前后的所有权和收益的稀释问题。

就以往的经验来看，在兼并前，进行全面的评估是绝对有必要的。

真实的银行，真实的决策

运用收购兼并作为战略扩张的主要武器的国际银行中的领先者：
- 摩根大通集团（美国）(jpmorganchase.com)
- 富国银行（美国）(wellsfargo.com)
- 美国银行（美国）(bankofamerica.com)
- 第一资本投资国际集团（美国）(capitalone.com)
- 匹兹堡金融服务集团（美国）(pnc.com)
- Regions 金融集团（美国）(regions.com)
- 纽约梅隆银行（美国）(bnymellon.com)
- 苏格兰皇家银行（英国）(rbs.com)
- 瑞士联合银行集团（瑞士）(ubs.com)
- 巴黎银行（法国）(bnpparibus.com/en/home)
- 桑坦德银行（巴西）(Santander.com)
- 瑞信银行（瑞士）(credit suisse.com)
- 裕信银行（意大利）(unicreditgroup.com)
- 巴克莱银行（英国）(barcalays.co.uk)
- 香港上海汇丰银行有限公司（英国）(hsbc.co.uk)
- 渣打银行（英国）(standardchartered.com)

国际银行收购与兼并的主要目标国家：

• 澳大利亚	• 比利时	• 中国
• 法国	• 德国	• 意大利
• 日本	• 荷兰	• 葡萄牙
• 新加坡	• 西班牙	• 瑞典
• 瑞士	• 英国	• 美国

银行间全球兼并经常宣称的目标：
- 为了防守和吸引新资本而增加规模。
- 提高管理能力。
- 创造新的市场机会。
- 区域和业务的多样化。
- 通过规模经济和范围经济降低费用。
- 获得技术改革的全部利益。
- 取得更好更强的战略地位。
- 寻求更好的市场稳定性。

19.5 完成兼并交易的方式

进行兼并通常有两种方法：① 联营法 (pooling of interests)；② 收买法 (purchasing accounting)。对于那些在2001年7月1日之前着手的兼并，美国财务会计准则委员会 (FASB) 允许其采用联营法。在该法下，兼并双方仅仅将它们各自在兼并前的资产、负债和所有者权益进行加总合并。很明显，兼并后的合并资产负债表上显示的是兼并双方的资产、负债和所有者权益的简单加总，合并损益表反映的是兼并双方在整个时期分别在收入和费用项目上的加总，就好像兼并后的机构在兼并双方开始编制损益表时就已经作为一家机构存在了。

相反，在收买法下，被兼并方以其出售价格定价，并被加到兼并方的总资产。因为收买法要求参与兼并的双方在兼并时有不同的操作，所以确定兼并方和被兼并方的身份就十分重要。兼并方通常以付给被兼并方股东的价格记录收购交易，如果收购价格与市场价值不同，则被兼并方的价值还要在市场价值的基础上加上商誉。

商誉是兼并交易中的一项无形资产，表现为兼并目标的买入价格要高于其资产和负债的公允价格之差。美国财务会计准则委员会 (FASB) 将商誉解释为兼并后的金融机构的无形协作。伴随着银行业合并进程的加快，在过去的10年中，商誉在银行资产负债表上的比重以每年30%的速度增长，其价值已经超过了行业总资产的1%。尽管FASB曾规定，商誉要在不超过40年的使用期内摊销（后来这一规定在现实中逐渐失去作用），但该委员会目前放弃了此项规定，对商誉摊销与否不再要求（前提是商誉并没有因兼并机构实力下降而遭到侵害）。收买法考虑商誉，而联营法则并不考虑商誉对交易的影响，但是，2001年之后，美国金融业在兼并过程中不再使用联营法。

更新、更复杂的收买法并购规则（如美国财务会计准则委员会第141R条——企业合并）在2008年和2009年生效。大多数兼并和收购在未来将接受更为严密的审查。与兼并或收购相关的交易费也将在收益表中费用化，而不再在资产负债表中按年摊销。试图制造并购的放贷机构将面临这样的挑战，它不得不以并购日贷款组合的合理市价进行放贷，即使该贷款组合目前是以成本或面值计价。这一估价过程将促使兼并方在收到监管机构批准计划中兼并或收购之前就增加其股权资本，从而提高了该计划兼并或收购的成本。

确定兼并方在交易中所购买的对象是分析兼并过程的另一种方式，购买对象包括资产和股票。兼并通常以下面两种方式之一完成：① 购买资产；② 购买普通股。如果采用**购买资产法** (purchase-of-assets method)，兼并方则用现金或自己的股票购买被兼并方的全部或部分资产。在购买资产兼并中，被兼并方通常会向其股东分发现金或股票作为清算股利，并解散组织，但是，在有些购买资产的交易中，出售资产的机构仍作为一家单独的、但规模较小的企业继续经营下去。

如果采用**购买股票法** (purchase-of-stock method)，则被兼并方将不再存在，兼并方接收被兼并方所有的资产和负债。尽管两种兼并方式都需要使用现金，但是银行监管机构仍要求兼并交易都需要通过发行兼并方新股进行支付，非常小规模的兼并除外。而且，股票交易在股票被出售之前都享有免税的好处，而现金支付则通常需要缴纳中间税。如果一切都按计划进行，股票交易是以现在的收益换取未来更大的收益。⊖

现在银行业最常发生的兼并是**批发银行** (banks) （大型城市银行）兼并规模较小的**零售银行** (retail banks)。这使货币中心银行有机会接触到相对低成本、较低利率敏感度的客户账户，

⊖ 银行兼并交易一般必须根据会计准则委员会意见第16号 (APB No. 16) 进行说明。根据公认会计准则 (GAAP)，购买价格和兼并中获得的净资产的公允价格的差额应作为无形资产处理。

并使这些存款成为其贷款资金的来源。尽管有一些金融机构的收购属于恶意收购，并遭到现有管理层和股东的反对，但大多数收购都是善意的，即所有涉及方都达成一致意见。恶意收购的例子是纽约银行（Bank of New York）收购尔文信托公司（Irving Trust），在法院最后宣布同意此项收购继续进行之前，尔文信托公司的管理层和股东都为这起联姻制造了一个又一个法律和财务上的障碍。

19.6 美国的银行兼并法规

兼并对银行业的影响远胜于对其他金融服务业的影响。本节将仔细探讨美国政府对银行兼并的监管。

美国有两套法规监管银行及其他金融机构的兼并：由监管支持的法庭判决和立法机构法规。比如，美国分别在1890年和1914年颁布的《谢尔曼反托拉斯法案》（Sherman Antitrust Act）和《克莱顿反托拉斯法案》（Clayton Act）都禁止任何行业内可能造成垄断或减少竞争的兼并。只要这类兼并发生，美国司法部就会与之对簿公堂。

在美国，对商业银行收购与兼并影响最大的是1960年颁布的**《银行兼并法案》**（Bank Merger Act）。该法要求在兼并前，每一家兼并银行都必须获得其主要联邦监管机构的批准。对国民银行而言，意味着必须获得货币监理署的许可；参加保险且属于联邦储备系统成员的州立特许银行，需要获得联邦的许可；而参加保险但不属于联邦储备系统成员的州立特许银行则必须获得联邦存款保险公司的许可。

根据《银行兼并法案》条款，每一家联邦监管机构首先应考虑兼并的**竞争效应**（competitive effects）。这意味着，不管是对当地社区的银行服务的定价和供给，还是对当地市场规模较大的银行的资产或存款的集中程度，都应评估兼并可能造成的影响。当前银行兼并的立法存在三种前提：① 银行提供的各种产品与银行兼并所考虑的产品线相关；② 相关市场为当地的市场（县级或大城市地区）；③ 在决定现有竞争程度和兼并是损害竞争还是促进竞争的时候，当地市场的结构（通常以集中程度衡量）是主要考虑因素。如果市场集中程度较高——规模较大的银行控制当地绝大多数的存款和资产，则损害竞争的风险就比较大，并且兼并不大可能获得监管机构的批准，除非其许诺兼并后将分散其附属行和分行。比如，1992年美国银行在答应将其持有的近90亿美元的213家分行分散在5个州之后，才被获准收购太平洋证券公司。

银行集中的趋势也受到银行监管机构的严格审查。在近来集中比率上升和机构数量下降的银行市场上，兼并得到批准的可能性要小于集中程度下降的市场。其他需要衡量的因素还包括参与兼并的银行财务过去和现在的状况、资本充足率、盈利前景、管理能力以及服务社区的便利等。除非申请兼并的银行能证明兼并会带来巨大的**公众利益**（public benefits），否则对竞争起破坏作用的兼并一定会受到联邦监管机构的质询和反对。

联邦监管机构更倾向于批准会提高所有相关银行的资金实力的兼并。监管机构反复强调需要改善管理水平和加强权益资本，对于导致市场份额和市场集中程度发生巨大变化并可能损害当地市场竞争的兼并来说，相关法律和法规的存在给其制造了障碍，使雄心勃勃的银行处于两难境地。有扩张想法的银行管理者必须考虑兼并计划是会遭到政府的质询和反对，从而引发代价昂贵的法律大战，还是会一帆风顺，几乎不会遇到障碍。应该注意的是，银行兼并申请绝大多数——超过90%，都被批准了，然而，如此高的批准率反映了有兼并意向的银行和监管机构在非正式会议上就剔除了许多不会被接受的兼并申请的事实。

19.6.1 司法部兼并准则

为了降低法律上的不确定性，美国司法部于1968年发布了正式的兼并准则，最初的《司法部并购指导准则》（Justice Department Merger Guidelines）要求是特别严格的。该准则要求在市场上经营的被认为是高度集中且面临有限竞争的公司主要收购那些刚刚只有立足点的企业（如市场占有率小或作用无足轻重的企业），或通过建立新的公司进入该行业。1982年6月，里根政府宣布了比较宽松的兼并准则，这些新准则批准那些在旧准则下有可能遭到司法部反对的兼并。1992年，司法部进一步修改了兼并准则，其中包括目前使用的专门针对银行及其他金融机构兼并的准则。

银行业的集中化程度是根据该行业中最大的银行所掌握的资产或存款的比重来衡量的。如果最大的银行控制了较大份额的资产和存款，那么就可能构成反竞争行为（包括共同的秘密协定），造成服务定价过高和质量不合格，损害公众的利益。司法部新的兼并准则要求计算**赫氏指数**（Herfindahl-Hirschman，HHI）作为衡量市场集中程度的指标。HHI反映的是一个特定市场内的每一家银行的资产、存款和销售额占市场总资产、总存款或总销售额的比率。先对每一家银行所占的比率进行平方，然后进行加总就得到了HHI。赫氏指数由以下公式可以得到

$$HHI = \sum_{i=1}^{k} A_i^2 \tag{19-5}$$

A_i表示市场中第i家银行所控制的存款或资产在总存款或总资产中占的比例，而k表示该市场总共有k家银行。在上述公式中，我们注意到赫氏指数不仅反映市场中的银行数量和那些大银行的市场集中度，而且加大了控制大部分市场份额的银行的权重（通过对每家银行的市场份额进行平方）。

比如，假设一个小地区的银行市场包括4家银行，其存款和市场份额，如表19-3所示。此例中，

$$HHI = \Sigma A_i^2 = 3\ 462.7 \text{ 点}$$

表19-3 Edgecroft镇的存款和市场份额

银 行 名 称	最新年度报告存款数（100万美元）	占总存款的市场份额（A_i，%）	每家银行市场份额的平方（A_i^2）
第一证券国家银行	245	50.8	2 580.6
Edgecroft国民银行	113	23.4	547.6
林肯郡州立银行	69	14.3	204.5
Edgecroft州立银行和信托公司	<u>55</u>	<u>11.4</u>	<u>130.0</u>
总计	482	100.0	3 462.7

HHI的变化范围是从10 000点（100^2）——一家主导公司处于垄断地位，是市场的唯一供应商——到将近0点，即分散的市场。理论上，HHI的值越小，则一家或几家公司支配某一特定市场的可能性越小，公司间市场份额的分配也就越平均。各公司的规模大小越接近，则相关市场的竞争通常会被认为越激烈，反竞争行为发生的可能性也就越小。

根据最近的司法部（DOJ）银行兼并准则（1997年确立）：

（1）如果一个市场的兼并后HHI低于1 000点，那么它被认为是不集中的，DOJ也不会进行更深入的调查以确定其是否具有反竞争影响。

(2) 如果兼并后HHI介于1 000点和1 800点之间，那么这个市场被认为是适度集中的。如果兼并的结果是HHI变化低于100点，一般情况下DOJ也不会进行更深入的调查；但是，如果适度集中市场HHI的变化超过100点，司法部会根据当时的环境考虑是否有较大竞争性存在。

(3) 如果兼并后HHI高于1 800点，那么这个市场被认为是高度集中的。在高度集中市场，如果兼并后HHI变化低于50点，一般不会有负面影响，DOJ也不会有深入调查；然而，如果HHI变化超过50点，考虑到当时的环境，可能会有重大竞争出现。最后，如果高度集中市场的HHI上升超过100点，这一兼并计划将被认为是显著竞争行为，有可能创造或加强市场力量，因此它将非常有可能被调查，甚至会遭到DOJ的诉求以终止这一兼并。

美联储兼并政策规定，如果①HHI上升200点或以上；②HHI上升达到1 800点或以上；③兼并后市场份额上升到了35%或以上，这些都被认为是可能的竞争性问题。为了得到美联储的批准，超过这些标准的兼并联合通常需要有一定的缓解因素（如更有可能进入期货市场）。

上述计算Edgecroft镇的银行市场份额的例子中，HHI为3 462.7点。根据司法部的准则，Edgecroft镇是个 "高度集中的市场"（如果司法部把相关银行市场仅限于在该镇中考虑，而不包括周边可能存在更多银行的地区，不少由几个城镇组成的城市就属于这种情况）。Edgecroft镇最大的银行，第一国民银行（First National Bank）持有50.8%的市场份额，所以，它将很难获准与Edgecroft镇的其他任何一家银行兼并（一个城镇中最大的银行的市场份额为第二大银行的两倍多）。

事实上，由于Edgecroft市场高度集中，无论4家银行中哪两家银行相互兼并，HHI都将相对变大。比如，如果两家最小的银行进行兼并，则它们的市场总份额为25.7%，平方后为660.5点，所以兼并后HHI将从3 462.7点升高到3 788.7点，上升了300多点。因此，任何在Edgecroft镇发生的兼并都很难获得批准，但是，一家Edgecroft镇市场外的银行却能够兼并该市场内的银行，这就是市场扩张兼并，因为这不会引起当地市场HHI的变化，也不会减少当地的银行数量。

在审批那些导致市场集中程度有中度上升的兼并案例时，情有可原的情况常被考虑。这些情有可原的因素包括新公司进入原市场会带来的好处、市场中已存在的公司的行为、涉及的产品种类及销售条件、相关市场地区的购买者的种类和特征等。

近些年来，美国司法部已经放宽了判定银行兼并的反竞争效果的标准。司法部采取这种宽松态度的一个表现是在计算当地市场的集中度时把非银行金融机构纳入其中。把存贷信用组织和其他金融机构的一部分存款考虑在当地市场的总存款之内将减少每家银行持有的市场份额，因此，在其他因素不变的情况下，能损害竞争的银行兼并变得更少了，而能获得批准的兼并数量增加了。但是，近期的研究表明，在许多地方的当地市场，银行仍是为居民和小企业提供金融服务的垄断机构，尤其是在支票、存储和信贷服务等方面。

真实的银行，真实的决策

分割：出售分行以获准兼并

最近几十年里，在社区开设分行的银行和储蓄机构不得不放弃一部分分行，以获得兼并其他存款机构的许可。美国司法部、联邦储备委员会、货币监理署和联邦贸易委员会都提出了这种要求，以此来促进竞争。

例如，在一个有3家商业银行控制的市场上，如果其中两家合并，它们的所有分行都成了同一家银行的分支，则该市场上的消费者只有两个选择。更糟糕的是，如果某一地区只有参与兼并的两家银行的分行，那么兼并后该地区将被一家银行垄断。

最近几年来，如果被兼并的银行将其部分分行出售给第三方，监管机构将批准该项兼并活动。面临这种分割决策的银行有：1992年美国银行兼并太平洋证券公司（187家分行被出售给第三方），1998年国民银行集团（Nations Bank Corporation）收购巴内特银行（Barnett Banks）和班纳第一银行（Banc One Corporation）收购芝加哥第一NBD银行（First Chicago NBD）。

被出售的分行情况又如何呢？它们能否生存？是否丧失了存款客户？联邦储备委员会的史蒂夫·皮洛夫（Steven Pilloff）[12]的最新研究表明：被出售的分行大都运营良好。起初，这些分行的确面临着丧失客户的风险，因为一些存款客户仍偏好原来的银行（即使该银行被更多的机构兼并），不信赖购买这些分行的银行，或者利用这一契机完成早已制订好的更换银行的计划。

在经历了最初的危机后，其存款的增长速度就与其他银行的分支机构没有什么差别了。有意思的是，第三方银行购入的分行越大，该分行的增长速度就越快。这可能是因为大的存款机构更了解公众、提供的服务更多、管理效率更高。总之，采用分割策略促进银行和储蓄机构竞争在实际运行中很有效果。

19.6.2 美国联邦监管机构的兼并决策过程

美国联邦银行监管机构在审批所有的银行兼并申请时，都必须运用《银行兼并法案案》和《司法部兼并指导准则》规定的标准。每一份银行兼并申请都必须经过以下的审查程序：① 联邦银行监管机构工作的经济学家和律师小组对申请进行审查，以确定此兼并对竞争的潜在影响；② 该监管机构检查监督部门的官员也对申请进行审查，以确定此兼并对银行的财务状况和未来前景的可能影响。

《银行兼并法案》同时要求作为银行兼并首要监管人的联邦银行监管机构确认兼并对公众便利和合理价格下提供充足金融服务以满足公众需要的影响。监管机构必须评估银行的历史记录以决定它们是否不遗余力地向服务社区内的所有消费群体提供服务，并且不带有任何歧视。《社区再投资法案》（Community Reinvestment Act）的有关条款要求进行此项评估，禁止银行和特定的其他金融机构划分红线区，即在其交易区内划分出一些区域，拒绝向这些地区的居民提供金融服务（尤其是信贷）。

19.7 欧洲与亚洲银行兼并新规则

由于欧洲联盟（Europe Union，EU）新近成立，欧洲大陆也掀起了兼并的浪潮，因此，设在布鲁塞尔的欧盟委员会作为欧洲商业兼并事务仲裁者的身份得以确立。因为欧盟委员会在兼并完成之后就不能再拆散此兼并（与美国司法部不同），所以，如果兼并会导致某市场受到"集团控制"，那么在拒绝公司兼并上，欧盟委员会在某种程度上比美国更激进。

集团控制学说表明，如果仅四家公司兼并而成的公司就能控制市场，从而导致欧盟市场的极度集中，那么欧盟委员会将会通过投票阻止市场的进一步集中，即使有欧洲之外的公司参与兼并也得不到批准。然而，迄今为止，虽然欧盟的金融服务业尚未显现出像其他一些行业那样的市场高度集中化，但是，由于欧盟内银行和其他金融机构进行兼并的风头正劲，可能很快就会遭到监管机构的质询。一个著名的案例就是2005年欧洲最大的跨国收购案，德国HUB集团被意大利联合信贷银行斥资200亿美元收购。

2002年，美国与欧盟宣布：为避免双方企业在整合资源、所有权重组的兼并中产生冲突，它们将协作监管跨国性兼并。随后，欧盟反垄断部门宣布：此举并非因为竞争有害，而是担心消费者的利益受到侵害，这也是美国反垄断法的基本思想。

亚洲还没有统一的兼并规则，许多领先的国家，如中国、印度和日本等试图将他们的兼并审查程序现代化，并发展出一套对兼并企业适用的最终准则。尽管评估竞争性的程序看起来在发展当中，并且目前在某种程度上在借鉴欧洲和美国的兼并评估手段，但是，亚洲一个比较明显的特点是，它强调竞争的重要性、避免贸易限制。在评估兼并提议时，亚洲的机构似乎更强调市场份额、供给消费者可选资源的可得性，以及国外公司的加入是否会对国内企业产生显著的不利影响。能够拯救困境中的国内公司、提升就业、为所在国带来新技术和管理人才的兼并者通常会享受有利政策。最后，亚洲各国间关于评估兼并和收购的更多合作也已成为趋势。

19.8　如何成功兼并

许多兼并没有成功。各种因素会导致兼并的失败，包括管理层准备不充分、公司文化和风格不相容、收购方向被收购方支付过高的价格、没有考虑客户的感受和与其利害相关的事情以及因兼并的双方缺乏战略上的"配合"，从而难以以最小的摩擦进行磨合，而且被兼并方发现自己无法作为一个结构紧密、有效的竞争者在市场上进行经营等。

近来的实践已经表明，以下步骤将有助于提高兼并满意结果的机会：

（1）收购方必须对自己非常了解。任何一家希望通过兼并谋求发展的金融机构都必须彻底评估自身的财务状况、过去的业绩记录、服务市场的优势和不足以及战略目标等。这些分析能帮助管理人员和股东认清自身的长处和不足，并确知该兼并能否真正地有助于扬长避短。

（2）对可能进入的市场和被兼并的机构进行详细的分析。致力于兼并的金融机构应该组建一个管理层或股东小组（包括外来的顾问，如投资银行专家），小组成员应具备对潜在的新市场、潜在的收购及其显著优势和劣势进行准确分析的能力。

计划进入的有利的典型市场主要表现为：收入和销售额过去一直以高出平均水平且稳定的速度增长；人口年龄在平均水平以上且专业人员、企业主和管理人员占较大比重；温和或较低的通货膨胀、币值稳定；适度的竞争以及不会阻碍机构扩张或新服务发展的有利的监管环境等。同时，理想的兼并目标应表现为持久稳定的收入增长和所提供服务的市场接受度（以资产和存款的增长以及市场份额的增长衡量），具备坚实的资金基础，运行良好且先进的设施和设备，严格监控经营成本以及兼并双方机构的目标互补等。

（3）根据能全面反映目标市场和目标机构的风险水平以及兼并方将面临的所有预期资金成本（比如，关闭或更新地理位置不好或装备陈旧的分行、替换过时或不兼容的管理信息系统、培训缺少培训的职员以掌握新的服务操作、调整兼并双方之间的工资差异等，对目标公司按2002年萨班斯-奥克斯利法案规定的审计、认证、财务报表以及披露准则等方面的不足之处进行修正），对目标机构未来的收益进行折现，并对其仔细评估，为目标机构制定一个符合实际的价格。

（4）一旦兼并双方达成共识，应成立一个由兼并双方能胜任的管理人员组成的管理团队来领导、管理和继续评估兼并过程的质量，以确保两家机构向一个有效的组织顺利融合。

（5）在高层管理人员、分行和执行经理及普通员工之间建立一整套汇报和联络系统，以促进目标、经营问题和改进技术与处理程序的想法能够进行快速的双向沟通，从而使各级人员都感觉参与到公司兼并中来，确信付出的努力和主动会得到回报，而且使他们相信也为兼并的最终成功做出了贡献。

（6）在机构与客户和职员之间建立相互沟通的渠道，以促进职员和客户对兼并的理解；并向对兼并表示担心的客户和职员（如担心服务中断、失去工作、更高的服务费用、机构内再也看不到曾经熟悉的面孔以及其他变化等）解释清楚兼并会带来什么样的结果。这也许需要建立客户与职员间的"热线"来安抚他们，并提供其渴望的方向感与安全感。

（7）建立客户咨询小组，以评估和评价被兼并机构的社区形象、服务和营销的效果、为认识忠实客户所做的努力、定价计划和对客户提供的一般帮助等。

即使完全遵照以上步骤，也并不能保证兼并一定成功，但可提高兼并进程更加顺畅并实现长期目标的可能性。

概念测验

4. 在挑选一个好的兼并对象时，金融机构应考虑哪些因素？

5. 监管机构在决定批准还是否决一项兼并时应该考虑哪些因素？

6. 什么时候金融市场由于过于集中以至于无法进行兼并？如果一项兼并被允许在过度集中的市场中进行，将会有什么结果？

7. 为提高银行兼并成功的可能性，管理者应采取什么步骤？你认为为什么许多银行兼并的结果令人失望？

19.9 金融机构兼并的研究

银行和其他金融机构兼并的历史记录有哪些？它们对公众和股东又有哪些影响？许多年来，有很多研究都致力于回答这些问题。总的来说，它们在财务上的影响是多方面的——有些是积极的影响，而有些则是消极的。然而，一些具有挑战性的问题的解决则常常需要通过兼并的途径，如在新市场上打下坚实的基础。

> **小贴士**
>
> 兼并是否提高了公司绩效？
>
> 登录www.frbsf.org/econrsrch/workingp/wp99-10.pdf查看旧金山联邦储备银行的调查结果：在个别案例中，兼并仅仅是降低了运营成本。

19.9.1 兼并的财务和经济影响

兼并能增加利润吗？能给兼并方股东带来明确的收益吗？上述两个问题的最佳回答是"不一定"，最糟糕的答案是"不能够"。

让我们看一下绩效分析。首先，追求兼并战略的金融机构一般比没有这种行为的金融公司能有更好的绩效吗？平均说来，至少在产生利润方面，一方肯定优于另一方的证据是不足的，尽管兼并金融公司至少在一段时期内可能比非兼并机构成长稍快些。

那么，兼并方和目标金融公司的盈利能力又是怎样的对比呢？一般来说，兼并方平均水平上并不比被兼并方盈利能力强，甚至经常要弱于后者。这表明兼并方的管理层希望买入成功。然而，被兼并的公司通常比与其竞争的公司盈利性要差很多。也就是说，兼并前，被兼并方的绩效通常要比兼并方好，却不一定好过他们的竞争者。兼并方的管理层大概认为它可以通过兼并来弥补被兼并公司和其竞争者之间的绩效差距。可惜的是，这通常是错误的想法。

我们能够解释这围绕金融和其他兼并的并不理想的利润绩效吗？没有人确切地知道。在一些案例中，"管理的过度自信"或者能说明些问题。兼并方管理层简单地认为他们的能力可以带来成功。不然他们为什么要参与兼并呢？或许一个更实在的原因是，兼并方通常以支付给被兼并方股东一定规模的溢价来结束并购。因此，被兼并公司的股东通常会有财务利得，而兼并方通常有不同的结果。

20世纪八九十年代美国允许开设州际银行后，许多行业分析师认为：由于被禁止了相当长的时间，州际兼并会为股东带来积极效应，并全面提升运营绩效。兼并宣布之初，州际银行的股东和被兼并银行的股东经常测评其正常的正向回报率，此外，在州际兼并的浪潮中，一些研究发现：兼并后收益增加，成本控制得到加强，员工工作效率和银行成长率都得到提高，但是，关于早期州际兼并的研究发现，大的州际银行收购小银行后，市场份额和盈利能力只是略有提高。⊖

涉及金融机构兼并的管理者是否认为他们的努力通常能促成兼并的成功呢？作者[7]对1970~1985年间的近600宗美国银行兼并进行了调查并采访了涉及的首席执行官。大体说来，其中仅2/3的机构认为，他们已达到兼并预期。例如，调查的案例中仅有近一半的机构的利润、增长、市场份额或市场控制能力得到了实际的提高，风险和经营成本也下降了。大约1/3想要寻求改善管理的兼并者并没有达到预期目标。然而，绝大多数（至少80%）兼并机构的首席执行官认为，他们银行的资本基础得到了改善，现在已成为更有效的银行组织。

遗憾的是，没有什么能够绝对保障兼并的成功，正如没有任何形式的投资能确保获利一样。作者[5]研究了美国572家兼并方银行（它们总共兼并了近650家其他银行）后，发现这些兼并后的银行的收益几乎是对称分布的——近一半获得正的收益，而一半则表现为负收益。如果涉及兼并的银行在其总部所处的市场上能够盈利且拥有较低的经营成本、较高的员工生产率、较快的增长速度，则能确保将至少获得部分更高的收益，而且，兼并后获得收益的一大部分是因为兼并后市场集中度的提高。这说明，至少在某些情况下，公众会为银行和其他金融机构的服务支付比集中度较小的（竞争更激烈）市场中更高的价格。如果出现这种情况，监管机构会严加审查计划的兼并是否极大改变了竞争的格局。

艾梅尔（Amel），巴恩斯（Barnes），帕内塔（Panetta）和塞勒斯（Salles）[1]在全球范围内对发达国家的商业银行、保险公司和证券公司的兼并影响进行了广泛的研究（由联邦储备委员会于最近公布）。结果显示：金融领域中的兼并与收购似乎可以降低运营成本（由于规模经济），尽管该比率很小，但是，规模较大的金融机构的实际成本并没有降低，管理效率也未见提高。科雷亚（Correa）[19]的研究发现了国际并购更多的不利结果，目标银行的业绩在被兼并的最初两年内并不见得有所改善，这主要是因为净息差的减少和日常管理成本的增加。

洞察力和问题

金融服务并购之王

历史上最大的银行并购发生在2007年，三家大的银行——苏格兰皇家银行，专注于比利时和荷兰的富通银行和西班牙桑坦德银行，组成的以苏格兰银行为首的财团收购荷兰银行。荷兰

⊖ 见戈登博格和汉韦克（Goldberg and Hanweck）[2]，米伦·科尼特和特内尼安（Millon. Cornett and Tehranian）[3]，斯庞和休恩海尔（Spong and Shoenhair）[6]。

银行是当时欧洲最大的金融机构，号称有超过10万名员工，其估值超过1 000亿美元。

这次巨额的并购除了它的金额巨大外还有几处值得称赞之处。其一，它是继美国几十年来出现大并购后全球银行业并购的又一次前进，加速了欧洲和亚洲银行业并购的发生。其二，这次是几个机构联合进行的收购活动，而不是由单一机构发起的。

在收购的计划下，每个参与并购者都获得了荷兰银行的部分业务。苏格兰皇家银行获得了荷兰银行的投行部分，富通银行增加其在欧洲大陆的业务，桑坦德银行获得了荷兰银行的巴西分行和其在意大利的银行市场份额。另一家公司合并，至少对于银行业不寻常的影响是这是两个为和荷兰银行合并所进行的两个竞争团体的竞价战争。最早青睐荷兰银行，但是最终败北的另一个竞争者是伦敦巴克莱银行集团。

最终，随着2007~2009年信贷危机的到来，荷兰银行和苏格兰皇家银行的股权合并经历了超乎预料的困难。卷入这次史诗般并购的欧洲银行明显放慢了发展速度。同时，富通银行开始显露出危机征兆，这启示我们仅仅靠企业的规模是不足以使银行和它的并购目标免于金融问题的困扰的。

19.9.2 兼并带来的公众利益

公众是通过哪些方式从兼并中获利的？许多关于这个问题的研究都发现，兼并很少真正地有利于公众利益。比如，作者[7]在前面讨论过的研究中采访了美国的兼并方银行的首席执行官，并问及银行在兼并后为了方便公众更容易获得银行服务是否会延长其营业时间。不到20%的兼并银行做出了肯定的回答。大约1/3的银行改变了定价政策，但最普遍的做法是在兼并后提高价格，尤其是提高活期存款服务费、贷款利率、存款利率和存款保险箱费用等。研究发现，被兼并的金融机构终究会趋向于与兼并方的定价一致。

兼并后价格上升的原因之一是人口迁移。例如，如果某地的人口数量发生变化，人们不得不去寻找新的金融机构来获取他们想要的金融服务，那么该地区的存款与贷款利率将对客户更有利。遗憾的是，大多数家庭并不频繁搬迁，即使搬迁也不会搬得特别远，仍会与同一个金融机构打交道，这给了兼并的金融机构更广阔的提价、限制竞争的自由空间。

兼并产生的积极影响是，没有令人信服的证据表明在大多数银行兼并之后公众在银行服务的质量和可获取性方面有所下降。一些研究表明兼并会降低银行的倒闭率。此外，跨州兼并在一定程度上有助于稳定资产和权益收益，减小银行破产的可能，降低经营成本。但如果一些小企业的往来行被兼并，而其与新行之间又缺乏业务往来，可能会面临一定的困境（除非它们对银行服务有足够的力度与灵活性）。

金融机构间的兼并活动可能带来一个意料之外的影响。西利格（Seelig）和克里奇菲尔德（Critchfield）[17]与Adams和Amel[16]的研究成果表明：特定市场上，银行和储蓄机构的兼并，与同一市场上新银行的增加之间存在着显著联系。研究者还发现，兼并刺激了小银行的涌入，这也许意味着新的竞争者更有可能出现在由于兼并而打破原有实力均衡的市场中。目前我们尚无法得知小银行迅速增多的准确原因——也许是兼并令客户不悦，遂将业务转移到新开设的银行和储蓄机构中；或者是兼并为降低成本而裁员，这些被遣散的雇员建立了新的小型银行。无论何种原因，兼并的结果多样，有的成功，有的失败。

概念测验
8. 从对银行兼并会带来什么影响的研究中，我们可以了解到哪些内容？
9. 大多数兼并对公众利益带来了什么影响？

本章小结

金融机构间的兼并与收购在几十年前就已经成为了给金融服务业带来变革的主要原因。本章围绕银行和其他金融机构的兼并与收购程序主要分析了以下几个方面：

1. 最近，兼并浪潮席卷金融服务领域，数以千计的储蓄机构、证券公司、保险公司、财务公司和其他金融机构都参与到了兼并活动中来。兼并的动机则是法律及监管的变化、金融服务领域日益激烈的竞争、追求更高的运营效率以及减低成本与风险。

2. 世界各国政府放松了对金融市场的监管，极大地影响了银行业的兼并活动。在美国，《瑞格尔—尼尔跨州银行和分行效率法案》为全国范围内的银行兼并创造了机会。随后，《金融服务业现代化法案》允许商业银行、证券公司和保险公司的兼并。与此同时，由于欧盟共同的货币财政体系的建立，欧洲的金融机构也获得了兼并许可。

3. 尽管政府监管的放松为金融机构参与兼并活动创造了可能，但经济和财务方面的关键因素才真正激励了金融机构所有者与管理者进行兼并。在这些经济和财务因素中，客户的迁移激励金融机构不断拓展业务以跟进并保有客户。此外，与创立新银行和开设新的分支机构相比，兼并与收购成本更低。通过地理多元化（进入新市场）和产品多元化（提供了新的服务），金融机构的风险可能会降低，这吸引了众多金融机构的管理者，激励他们寻找合适的兼并目标。

4. 尽管近来政府放松了对金融业的监管，但兼并活动仍在很大程度上受到政府法规的影响，其中一个著名的法规就是《银行兼并法案》。根据该法案，任何银行兼并提议都必须经过各自的监管机构审批。国民银行要得到货币监理署的准许，参加存款保险但非联邦储备体系成员的银行要得到联邦存款保险公司的准许，作为联邦储备体系成员的州立银行集团要得到联邦储备委员会的准许。

5. 美国的兼并法要求司法部评估金融机构兼并的竞争效应。司法部可以在联邦法庭上驳回将妨碍竞争、损害公众利益的兼并提案。

6. 兼并需要进行大量资本投资，必须进行充分的成本收益分析。如果预期回报率低于各个公司股东的最低要求，则在一般情况下，该交易无法进行。银行和其他金融机构兼并的成功要诀在于：仔细评估交易双方的优势和劣势，制定周详战略使兼并实施后的协同作用达到最大。

7. 关于金融机构兼并影响的最新研究得出了矛盾的结论。尽管多数金融机构的兼并是盈利的，但也有许多是亏损或是盈利低于预期目标的。此外，在多数兼并案中，公众利益并没有得到满足。

关键术语

潜在利润	现金流风险	盈利风险
税收利益	市场定位利益	成本节约
代理问题	兼并溢价	交换比率
所有权稀释	收益稀释	《购买资产法案》
购买股票法	批发银行	零售银行
《银行兼并法案》	竞争效应	公众利益
《司法部并购指导准则》	赫氏指数（HHI）	

习 题

1. 评估下列兼并计划对兼并后银行每股收益的影响：
   (1) 兼并方的报告是，当前股票价格是每股25美元，每股股东收益是6美元；被兼并方当前股票价格为每股20美元，每股收益5美元。兼并方已发行200 000股普通股，而被兼并方流通在外的股票有50 000股。本交易以股票市价进行交换。最近兼并方的净收益为1 200 000美元，被兼并方的净收益为300 000美元。兼并完成后合并的收益预期为1 600 000美元。
   (2) 假设(1)问中其他条件都不变，只是被兼并银行股价为每股40美元，而不是20美元。

这将如何影响兼并后每股收益？

2. 根据下列情况计算兼并溢价和交换利率：
   (1) 被兼并银行股票当前的市价为每股12美元，兼并方股票的市价是20美元。兼并方股东答应向被兼并方股东支付每股5美元的红利。被兼并方和兼并方在外流通的普通股股数分别是30 000股和50 000股。兼并后的合并收益预计将保持在兼并前的水平1 625 000美元（兼并方的收益为1 000 000美元，被兼并方的收益为625 000美元）。
   (2) 兼并方报告其普通股的当前股价为每股30美元。相比之下，被兼并方权益股票价格为每股20美元。为了顺利完成兼并，被兼并方将收到每股1美元的红利。兼并方发行并流通在外的普通股股数为120 000股，被兼并方发行了40 000股普通股。兼并方和被兼并方公布其兼并前的年收益分别为850 000美元和150 000美元。兼并后，预计合并收益下降到900 000美元。

   以上两种情况是否存在所有权稀释或收益稀释问题？

3. 目前向Silverton城市地区提供服务的五家设立分行的大银行及其总存款数如下：

银行名称	当前存款（100万美元）
Silverton国民银行	750
Silverton县商人银行	500
Commerce国家商业银行	325
Rocky Mountain信托公司	250
Security国民信托银行	175

计算Silverton城市地区的赫氏指数。假设Rocky Mountain信托公司计划与Security国民信托银行兼并，该地区的赫氏指数将发生什么变化？美国司法部是否会批准该起兼并？如果Goldmore县商人银行和Rocky Mountain信托公司计划合并呢？

4. Light Years存款协会最近收到Courthouse县国民银行发来的兼并邀约。Space存款协会的股票当前的价格是每股70美元。Courthouse县国民银行的股东同意向Space存款协会的股东支付10美元的红利。此交易中，兼并溢价是多少？假设Courthouse县国民银行的当前股价是每股85美元，那么这两家银行的权益股票的交换比率是多少？如果Light Years存款协会和Courthouse县国民银行在外流通的股票数分别是20 000股和30 000股，兼并后，Light Years存款协会的股东最终得到多少股票？兼并后的银行在外流通的总股数是多少？

5. 有三家银行向Dryden市提供服务，公布的存款数分别是2.65亿美元、1.8亿美元、0.45亿美元。请计算Dryden市场地区的赫氏指数。如果该地区的第二和第三大银行进行兼并，兼并后的赫氏指数是多少？根据本章讨论的《司法部兼并指导准则》，美国司法部是否会向此起兼并提出质疑和反对？

6. 下表描述的情况中，兼并双方银行的股东在哪一种情况下能从兼并中在每股收益上获利？

	收购方银行的市盈率	被收购银行的市盈率	收购方银行兼并前的收益（美元）	被收购银行兼并前的收益（美元）	兼并后的合并总收益（美元）
A.	5	3	750 000	425 000	1 200 000
B.	4	6	470 000	490 000	850 000
C.	8	7	890 000	650 000	1 540 000
D.	12	12	1 615 000	422 000	2 035 000

7. 请列出你认为会有利于实现金融机构兼并的步骤。管理者的决策或目标是什么？你认为，一般来说，有多大比例的兼并能够达到管理者和/或股东的目标，没能达到兼并目标的比重又有多大？原因又是什么？

第20章 国际银行和银行金融服务业的未来

学习要点

- 国际银行组织的类型；
- 国际银行监管；
- 外国银行在美国的经营活动；
- 国际银行提供的服务；
- 货币风险管理；
- 国际银行在海外市场上遇到的挑战；
- 未来市场的机遇与挑战；
- 美国银行的海外经营。

银行不仅是历史上最早出现的金融机构，也是第一批涉足国际市场并提供服务的金融机构，第一批经营全球业务的银行主要分布在地中海周围的全球贸易中心地区，包括雅典、开罗、耶路撒冷和罗马等，银行资助商人运输并销售原材料和货物，为当地商人和旅行者兑换不同国家的货币。美国在殖民阶段和刚进入19世纪时，主要由外国银行满足国内商业的融资需要。

20世纪初，美国就在欧洲和世界其他地方建立了大量的银行分支机构，20世纪五六十年代，美国银行在国外迅速扩张，包括建立分行、附属行以及和许多国外的当地公司建立合资公司等，这一阶段的向外扩张主要指向西欧、中东和中南美洲的商业中心。20世纪七八十年代，美国银行沿着太平洋沿岸继续扩张发展，尤其是在日本、中国香港和新加坡等地，因为20世纪70年代世界油价急速飙升，这些国际银行在将石油生产商积累的大笔资金进行投资和为美国巨额贸易赤字融资等方面扮演着关键的角色。

> **小贴士**
>
> 约翰·屈夫塔(John Travolta)和哈里·贝瑞(Halle Berry)2001年拍摄的动作片中为与恐怖主义做斗争而将数亿美元从Grand Cayman分行转移到瑞士银行账户，这部影片片名叫什么？
>
> 答：箭鱼(Swordfish)。

但是随后一段时间，国际银行的领导地位转移到了日本的银行，它们在伦敦、纽约和其他主要的金融中心都建立了坚实的发展基地。同时，美国和西欧的国际银行机构都在经历着缓慢的发展阶段。由于英国、美国和其他一些国家放松了银行监管，通信技术也发展迅猛，因此银行业的竞争加剧，迫使许多国际银行为了削减经营成本，关闭其在国外市场的一些机构。与此同时，这些银行的许多主要贷款人，尤其是第三世界国家如巴西和墨西哥，正面临着严重的经济困难，所以减缓或停止了偿还贷款，结果全球银行业发展缓慢甚至出现经营萎缩。

21世纪以来，银行服务的领导权又再次回到美国和欧洲的银行手中，比如美国的花旗集团(Citigroup Inc.)、美国银行(Bank of America)、汇丰银行(HSBC)、瑞士银行(UBS)、摩根大通(J.P. Morgan Chase & Co.)、巴克莱银行(Barclays PLC)、荷兰国际集团(ING Group)以及德国的德意志银行(Deutsche Bank)等。这些银行业巨头在亚洲，尤其是在中国和印度的市场份额迅速扩大。如今,对于全球主要的金融机构来说,提供国际性银行服务仍旧是极其重要的收入和利润来源。尽管跨国银行和地方银行一样,在经济疲软时也会面临巨大的压力和损失,正如2007~2009年的信贷危机所显示的那样。

本章将详细讨论目前国际银行的组织结构、服务种类以及所面临的问题和挑战。⊖

20.1 国际银行的组织形式

银行在全球范围内采取各种不同的组织形式向国际客户提供服务,如图20-1所示。

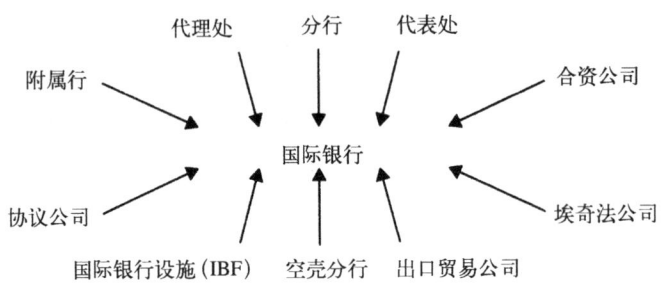

图20-1 国际银行组织和设施的形式

代表处 银行在国外市场开展业务采用的最简单的形式是**代表处**(representative office)——一种有限服务设施,能在市场上推广本土银行提供的服务,识别确定新客户,但不接受存款和发放贷款。这些代表处向母行及其客户提供支持性服务。

代理处 比代表处稍微完善的是**代理处**(agency office)。代理处不允许吸收公众存款,但是可以提供或购买贷款、开立信用证、向客户提供技术支持和建议、管理客户的现金账户以及协助客户完成证券交易等。

分行 对于大多数国际银行而言,最常见的银行组织个体是**分行**(branch office),分行能够提供银行的全套服务。设在国外的分行不是独立的法律实体,而仅仅是代表一个国际银行的地方性营业场所,它们在所在国家的监管下,接受当地公众的存款,并且可以逃避同一银行在母国分行所受到的一些监管。例如,美国银行的海外分行不需要遵循法定准备金要求,也不需要向联邦存款保险公司缴纳吸收国外存款的保险费用。如果分行破产,它的母公司必须偿还该分行的债务。

附属行 当一家国际银行收购国外另一家依法独立经营的银行的大部分所有权时,这家外国银行就成为其**附属行**(subsidiary)。因为附属行仍拥有自己的章程和股票资本,所以即使母行倒闭,附属行也不一定随之倒闭;同样,附属行倒闭也不会给母行带来任何负面的影响(如几年前发生在费城的纽约花旗集团附属银行的倒闭)。对于附属行这种情况,母公司的法律责任限于其对每家附属行的资本投资额。由于当地监管机构不限制设立分行,还可以得到税收方面的优惠,所以以附属行代替分行是一个可行的办法,而且,许多国际银行更喜欢收购国外那些现成的且拥有自己客户群的银行。附属行通常与母行出联合财务报表,这样要优先适用母国法规,而不是所在国法规。

合资公司 如果一家银行关心进入国外新市场所面临的风险,并且缺少必要的专门技术以

⊖ 本章的部分内容是根据作者1987年在《加拿大银行家》[5]上发表的文章编写的,并得到了出版商的许可。

及和国外客户的联系，或者希望开展银行业禁止的业务，那么它就可以选择和国外公司成立**合资公司**（joint venture）的方式，分享利润、共担费用。

埃奇法公司 **埃奇法公司**（Edge Acts）是由美国银行或外国银行拥有，但位于该银行所在州之外的美国国内公司，这些附属公司仅限于进行国际或国外商业贸易。联邦立法机构在第一次世界大战结束时，通过立法允许资本达到规定的银行向联邦储备委员会申请埃奇法公司执照。

协议公司 这类公司是根据联邦储备法案第25条组织起来的银行的附属机构，并且必须全力以赴地向国际客户提供服务，这一点与埃奇法公司相似。

国际银行设施 **国际银行设施**（international banking facility, IBF）是美国进行银行监管的产物，于1981年首先由联邦储备委员会授权建立。IBF仅仅是计算机化的账户记录，这些账户并不包括在经营国际银行设施的银行的国内账户之内。IBF必须设立在美国本土，而经营的业务却必须着重于国际商务。存放在IBF内的存款可免除美国存款储备金要求和存款保险费用。不管是美国特许设立的银行还是在美国的外国银行都可以开展IBF业务。

空壳分行 为了逃避监管，许多国际银行行已在国外建立一些只记录存款的收付和其他国际交易的特殊分行。**空壳分行**（shell branches）内通常只有一张桌子、一部电话、传真机和电脑，将全世界的欧洲货币市场的存款进行入账，以逃避存款保险评估、准备金要求和其他成本等。许多大型国际银行早已在那些有吸引力的地区设有空壳分行，如巴哈马和开曼群岛等。

出口贸易公司（ETC） 1982年，美国国会通过了《**出口贸易公司法案**》（Export Trading Companies Act，ETCA），允许美国银行和埃奇法公司创办**出口贸易公司**（export trading companies，ETC）。根据联邦储备委员会的规定，这些公司一半以上的收入必须来自美国出口的货物和服务。出口贸易公司可以提供适销产品的出口保险、运输和仓储、贸易融资和提供开发海外市场的可行性研究等服务。

> **小贴士**
> 美国8 000家参保银行中有多少家拥有海外分支机构？
> 答：不超过140家，仅占总数的2%。

机构的类型和设立的位置 国际化银行通常根据政府法规、相对税率、竞争程度、文化适应度、职业资格人员的能力、期望回报、项目操作费用和其他因素选择设立机构的类型和位置。一个不错的例子是最近在伦敦开始流传一个谣言，大量的居于领导地位的英国银行可能把它们的总部移向纽约或者新加坡。这是什么原因？很明显，是因为欧洲当局正在威胁要求更强的资本要求（所以潜在地会有更高的操作成本，并降低利润）来抗击未来的信用危机。这些威胁十分一致，并且某天就会成真。

洞察力和问题

离岸银行业务

离岸银行是国际银行业中知名度最高的机构之一，它是指银行公司在顾客本国以外的地方运行，通常是在岛国或者在提供税收优惠、保密和其他优质服务的国家。离岸银行的典型业务包括支付和存款账户、资金转移、贷款、货币交换、组合管理、资产安全保护和信托管理。最近的估计显示全球至少有1/4的财富流经这些离岸网点。

典型的离岸银行都位于哪里呢？它们分布于全球30多个地方，主要包括巴哈马、百慕大、开曼群岛、直布罗陀、香港、泽西岛、卢森堡、摩纳哥、巴拿马和瑞士。这些离岸地点的竞争性吸引力来以下特点：保护顾客的身份和隐私、宽松的监管允许更便捷的访问顾客账户、最小限度甚至零税收、保护资产不受其他地方可能的政治或金融动荡。

在世界上许多地方，包括那些发展完善的国家如美国和一些欧盟成员，离岸银行的名声都很糟糕。自从"9·11"恐怖惨剧后，许多观察家都认为离岸银行不仅是避税的手段，也是全球非法转移资金的工具（洗钱）。已经有提议要求限制最臭名昭著的离岸业务，至少要给予政府更大的权限阅读他们的文件。

然而，离岸银行业务部门的支持者将这些机构视为可以以较低的成本获得贷款或募集资金的合理手段。他们认为，离岸系统更好地抑制了那些企图通过政府管制给银行系统增加负担的国家。如果一个国家过多的强加新准则，资金就会经过离岸设施流出。一些支持者声称，政府试图关闭离岸系统，只是为了简单地避免公平而激烈的竞争。

概念测验
1. 国际银行采用哪些组织形式接触客户？
2. 为什么存在如此多的不同的国际银行组织形式？

20.2 国际银行监管

全球的国际银行活动都受到母国和东道国严密的双重监管，但是，直到21世纪更严厉的条令被实施，20世纪60~90年代一直盛行着放松银行监管的趋势，同时包括证券经纪业务和承购业务。这些正在改变的监管规则也促成了波动的国际经济，包括21世纪发生的信贷危机。当前，越来越多的国家认识到协调银行监管的必要性，因此，服务于国际市场的所有银行最终都将在相似的规则下运作，这被称为协调化。

20.2.1 国际银行监管目标

需要对国际银行活动进行监管的原因与对国内银行进行监管的原因相同。普遍存在的保护存款人资金安全的想法，在法律和法规中的表现通常就是限制银行承担的风险，即规定所有者最小权益资本，在危急时能缓冲经营损失带来的危害。监管机构通常也限制其非银行的商业活动，以避免承担过度风险和犯罪现象的发生，如著名的国际信贷与商业银行（bank of credit and commerce international, BCCI）一案。而且为了避免各个国家的经济安全受到威胁，有必要对国际银行活动进行监管，以促进货币和信贷的稳定增长。

然而，许多国际银行监管仅适用于国际领域自身，也就是说，这种监管不适用于大多数国内银行活动。比如，外汇监管可以防止一个国家外汇储备减少，而外汇储备减少将危害到偿还国际借款及在国外购买货物和服务的前景。又如限制紧缺资本外流，一些政府把它视为保障国家经济安全的必要条件。世界上许多国家都强烈要求保护国内银行机构和金融市场，以减小遭受国外银行竞争的压力。许多国家更倾向于避免国际纠纷和在关键的原材料、商品及服务上过度依赖其他国家。这种孤立主义思想往往导致完全禁止外来银行进入国内银行业。

20.2.2 美国银行的海外经营活动

美国银行在海外拥有大量代表处、分行和其他服务设施。根据美国银行海外活动和外资银行在美活动的主要监管机构——联邦储备委员会提供的数据，截至2009年，超过50家美国银行在海外经营着550家提供全面服务的分行。如果将美国银行的海外附属行、提供全面服务的分行和其他国际设施合并起来，这些美国银行有超过1万亿美元的资产和存款（见图20-2）。

> 美国银行在外机构：
> - 2009年，53家美联储成员银行在国外和海外领土开办了557家分支机构，包括32家联邦注册银行开办的503家海外分支机构和21家州注册银行开办的54家海外分支机构。另外还有18家非美联储成员的银行开办的26家海外分支机构。
> - 55家美国《埃奇法案》公司开办了10家海外分支机构来帮助海外业务融资。
> - 美国银行的海外分支机构共吸收存款1.535万亿美元。
>
> 外国银行在美国的活动：
> - 来自53个国家的176家外国银行通过由联邦政府或货币委员会颁发执照的分支机构将其组织实体设立在美国境内（其中包括10家由联邦存款保险公司许可的存款机构）。
> - 外国银行有58家美国银行的控股权；在美国经营了78家机构；同时有8家《埃奇法案》公司和3家商业贷款公司。
> - 外国银行的美国机构的资产占美国商业银行资产的17%。
> - 在美国登记的外国银行的分支机构和代理处的资产达到1.912万亿美元。
> - 外国银行的美国分行和代理处的存款和贷方余额达到1.011万亿美元。

图20-2　2009年美国在外银行和在美外国银行

注：资产和存款自2010年计算。
资料来源：Board of Governors of the Federal Reserve System, *Annual Report, 2009*, pp.104-5 and 127-128; Statistic Release 4.30; and Federal Deposit Insurance Corporation.

发放给外国的贷款以及在美国开设分行的国际银行的外国存款，主要集中在欧洲（特别是英国、德国和瑞士）、亚洲（主要是中国和日本）和加勒比海地区（主要是巴哈马和开曼群岛）。对美国的国际银行来说，这些地区有着巨大的贷款需求、存款增长率和费用收入。

20.2.3　美国对在美外国银行的监管

近年来，外国银行在美国的扩张和美国银行在全球的扩张一样迅猛。外国银行长期以来一直都在寻找落脚点，因为美国拥有由50个州组成的巨大共同市场，经济政治稳定，而且外国银行自己的客户也不断地向美国转移业务（如外国的汽车和电子企业在美国境内建立工厂）。

截至2007年年底，来自53个国家的172家外国银行在美国建立了总部，经营着近350家代理处、分行、代表处和其他服务设施。此外，外国银行拥有约60家美国商业银行至少25%的股权，外国银行在美资产占全美银行总资产的18%（约1/5）。

一个有趣的现象是，外国银行在美国的运营和美国银行海外的运营接近平衡。换句话说，在美国银行积极进入外国市场时，外国银行也在积极进入美国市场。如图20-2所示，在美外国银行的数量和美国银行海外机构的数量十分接近，同时外国银行在美的资产和存款量与美国银行的海外机构相近。

在美国境内的外国银行由200多家银行集团公司控制，例如英国的巴克莱、汇丰，法国的农业信贷国民银行，德国的德意志银行等一些国际巨头。大部分外国银行以纽约为基础，以旧金山、洛杉矶、芝加哥和亚特兰大为区域中心。美国联邦储备委员会和州监管部门至少每18个月对其进行检查，以判定它们是否给美国银行系统带来了巨大风险。

近年来，外国银行在美国的扩张趋缓，尤其是"9·11"袭击之后，原因可以归结为世界经济特别是欧洲经济的增长缓慢。美国政府对本国银行的监管放松，也令美国的银行能更积极地参与竞争，夺回被外国银行抢占的市场份额。虽然如此，外国银行在美国机构所持有的资产仍然比美国银行在国外机构持有的资产增长更快。

《1978年国际银行法案》　由于美国境内的外国银行一直在扩张，国内银行集团向国会施加了强大的压力，最终国会通过了《1978年国际银行法案》(International Banking Act of 1978, IBA)。这是美国第一部监管在美外国银行经营活动的主要的联邦法律，该法案的关键组成部分如下：
- 要求外国银行的分行和代理行的经营活动须经联邦许可；
- 限制外国银行在美国境内设立分行，为每一家外国银行指定一个州，并和美国本国银行一样，接受该州在设立分行方面的规定；
- 如果外国银行在美国的分行或代理行拥有10亿美元或超过10亿美元的合并资产，其在美国国内吸收的存款必须符合美国联邦储备委员会规定的法定准备金要求；
- 在规定的条件下，外国银行在美国的分行有权进行存款保险，并且能够获得联储的某些服务，如能够向联邦储备系统的银行借款。

《1991年加强外国银行监管法案》(Foreign Bank Supervision Enhancement Act of 1991) 1991年12月19日，国会修改了《1978年国际银行法案》，并通过了《**1991年加强外国银行监管法案**》。这部法律加强了对在美外国银行经营活动的监控。外国银行在美国银行业务的扩张申请必须经过美国联邦储备委员会的审查和批准。外国银行能够提供的服务基本上被限制在美国本国银行被允许经营的业务范围之内，而且，任何一家外国银行都不得接受公众少于10万美元的零售存款，除非它们先从联邦存款保险公司获得存款保险。如果外国银行想收购美国的银行超过5%具有投票权的股票，必须事先获得联邦储备委员会的批准。

根据《1991年加强外国银行监管法案》，联邦储备委员会也必须参考外国银行的母国是如何对其进行全面监管的。如果美国联邦储备委员会认为外国银行的母国对其监管不充分，则可以拒绝批准该外国银行在美国境内设立分行、代理处和代表处，或经营、收购美国任何银行公司。而且，如果联邦储备委员会发现某家外国银行违反美国法律，在美国境内涉嫌从事不安全或不光彩的活动，或经营活动违背公众利益，则有权终止该外国银行在美国经营业务。《1991年加强外国银行监管法案》赋予联邦储备委员会监管任何一家外国银行在美国的分行和附属行的权利，并且规定，如果外国银行想要关闭其在美国的任何一家机构则必须至少提前30天通知联邦储备委员会。

20.2.4 对世界主要银行的资本监管新规定：《巴塞尔协议Ⅰ》《巴塞尔协议Ⅱ》《巴塞尔协议Ⅲ》

由于国际银行的市场扩张，同时伴随着严重的国际债务问题，因此，对资本监管的新规定相继出台，要求国际银行必须拥有一定量的资本作为风险缓冲器。首先，在1983年11月，美国国会通过了《**国际借贷及监督法案**》(International Lending and Supervision Act)，它要求联邦监管机构为受美国监管的银行制定资本和接待的新规定。具体来说，即根据此法案，美国银行必须：减少国际借款人债务重组费用，以防债务负担过重导致危机；报告向国外借款人提供贷款的风险程度；保持充足的准备金以保护存款人的利益，防范风险。

在这些法规执行后不久，美国和其他提供贷款的国家进行磋商决定是否能实行银行监管的国际合作。1988年7月15日，12国的代表在瑞士的巴塞尔就共同的银行资金标准问题达成了最后协议。《巴塞尔协议》（在第15章中已提到）要求所有银行的总资本与总资产的比率不得低于8%。宣布《巴塞尔协议》有两个目的：① 增强国际银行的实力，从而增强公众对国际银行的信心；② 改变导致银行不平等竞争的国家间重要监管不一致的问题。在《巴塞尔协议》公布之后，许多国际银行都宣布计划通过吸收新资金和出售资产来改善其资本状况。《巴塞尔协议》最近有所更新，要求主要的国际银行完善风险模型，决定其自身的风险和资本需求。《巴塞尔协议》最近有所更新，要求主要的国际银行完善风险模型，确定其自身的风险和资本需求。不幸的是，正当新的《巴塞尔协议》在全球实施之际，信贷危机迫使全球监管者重新考虑银行到底该持有多少资本。

真实的银行，真实的决策

俄罗斯银行业：恢复与新生

1998年，俄罗斯银行系统经历了类似于切尔诺贝利核泄漏一样影响深远的事件。数百家银行倒闭，成千上万的俄罗斯存款人对该国银行系统丧失了信心，一些人宁肯把钱放在自己家中，也不愿冒险存入银行。不仅如此，2004年发生了另一次危机，数家银行倒闭，存款人排起长队等候提取存款，并引发了流动性危机。

目前的俄罗斯银行系统仍存在一些问题：银行数目太多（近1 300家）、政府监管过度、公众缺乏信心、商业贷款少、缺乏高质量的员工培训。但是，一个新的银行系统将从废墟中建立起来。许多积极的银行管理者认为俄罗斯仍存在有利可图的市场，尤其是在年轻人中间，因为他们都有着高收入，需要信用和支付的高效途径（包括信用卡和借记卡）。新的银行业领导者开始出现，如Alfa银行、莫斯科商业世界银行(MDM Bank)、俄罗斯银行（Rosbank）和美国的花旗集团（Citigroup）。客户服务设施的扩展也在进行之中，包括新建立的分行、更多的自动柜员机、在线银行服务的使用等。同时，俄罗斯巨大的经济总量以及需要银行服务的人群规模庞大，都为国际银行提供了广阔的发展空间。

概念测验

3. 国际银行监管的主要目标是什么？
4. 《1978年国际银行法案》和《1983年国际借贷及监督法案》的关键条款是什么？
5. 请解释什么是《巴塞尔协议》及其重要性。

20.3 银行在国际市场上提供的服务

国外市场上的客户要求银行能够提供广泛的服务，包括从信贷和履行支付到提供市场建议和帮助，见表20-1。随着客户需求的不断发展和国际竞争的日趋激烈，国际银行提供的服务种类也迅速增加。

表20-1 国际银行提供的主要服务

国际银行提供的服务一览表	
为客户交易提供外汇	提供长期和短期信贷和信用担保
外汇风险套期保值	支付和现金管理服务
承购公司证券（债券、票据和股票发行等）	储蓄工具
利率风险套期保值	提供国外市场帮助服务

20.3.1 为客户交易提供外汇

国际银行向客户提供外国货币——**外汇**（foreign currency）。许多客户需要大额可兑换货币支付进口货物和原材料、购买外国证券,完成兼并和收购等;另一些客户则由于向国外企业和个人出售产品或证券定期收到一定数量的外国货币或以外币计价的存款,这些外币必须兑换成本币以满足现金需求。国际银行根据客户需要持有外币的流动余额。

近年来,商业银行和投资银行业巨头的外汇交易迅速增长,导致了主要货币汇率的频繁波动,美元、英镑和欧元尤其如此。外汇交易市场每日交易量超过了10 000亿美元并且还有上升的趋势,使其成为全球交易量最大的市场之一。所有权交易的增长成为了奇特的现象,交易商纷纷关注各币种的价格趋势进行自营业务。外汇交易的收入与其他服务的收入有所不同,当后者收入下降时前者反而迅速上升,但是在今天的交易市场上,叫价的方式已经落伍,人们更倾向于最大交易量方式。表20-2列出了国际货币市场上的重要金融机构。

表20-2　目前国际货币市场上的顶尖金融机构

花旗集团（Citigroup, Inc.）
德意志银行（Deutsche Bank AG）
瑞士信贷第一波士顿公司（Credit Suisse-First Boston Corp.）
瑞银华宝（UBS Warburg）
摩根士丹利（Morgan Stanley Group）
荷兰国际集团（ABN AMRO Bank）
摩根大通（J. P. Morgan Chase & Company.）
高盛集团（Goldman Sachs Group, Inc.）
汇丰控股有限公司（HSBC Holdings PLC）

20.3.2　为规避外汇风险进行套期保值

有大量外汇收支的客户希望通过国际银行规避外汇风险,因为货币价格(汇率)的波动会带来潜在的损失,但是,并不是只有客户才面临外汇风险,国际银行本身实际上也同样面临着汇率风险暴露。

国际银行的外汇风险主要来自银行:① 向客户提供以外币计价的贷款;② 为筹集资金而发行以外币计价的借款凭证(如存款);③ 购买国外证券;④ 根据客户需要并以银行的本币头寸进行外汇交易。外汇汇率变动给银行或客户带来的净风险敞口可以根据以下公式计算出来

$$某货币的净风险敞口 = \overbrace{(以该货币计价的资产 - 以该货币计价的负债)}^{\text{以该外币计价的净资产}} + \overbrace{(购入该货币的数量 - 出售该货币的数量)}^{\text{该外币的净头寸}} \quad (20\text{-}1)$$

如果一家国际银行或其客户持有某外币的正净风险敞口,即其以外币计价的净资产与其净外汇头寸之和大于零,则可以称之为处于该货币的多头。这种情况的出现是因为该银行或其客户持有的以外币计价的资产大于负债,或购买的外币比出售的多,或两种情况同时出现。如果在外汇市场上,该外币的价格相对于本国货币下降,则该银行或其客户将面临因在该外币上处于多头而带来的损失。

例如,假设摩根大通拥有1亿欧元资产和6 000万欧元负债,其购买的欧元数额为5 000万,卖出4 000万。其风险敞口为

$$欧元敞口风险头寸 = (100-60)+(50-40)$$
$$= 50(百万欧元)$$

如果欧元相对美元贬值，摩根大通将因持有大量欧元多头头寸而遭受损失，除非它能够利用套期保值工具，如外汇期货或期权。

另外，如果一家国际银行或其客户持有某外币的负净风险敞口，则表明其以外币计价的净资产与其净外汇头寸之和小于零。这种情况出现是因为该银行或其客户持有的以外币计价的负债大于同一货币计价的资产，或出售的外汇比购买的多，或两种情况同时出现，这被称为处于该货币的空头。如果该外币的价值较该银行或其客户的本国货币升值，就会出现空头的损失。总的来说，某一货币的价格波动性越强，那么持有该货币头寸所获得收益或遭受损失的可能性就越大。

最新研究（见霍珀（Hopper）[6]）表明，货币汇率的变动是难以预测的，和一些基本因素（如被货币流派视为揭示汇率相对变动两大法宝的货币供给增长率和国民收入）并不存在必然的联系。于是，国际银行通常运用各种货币套期保值技术防范它们自己及其客户的外汇缺口风险。在这些货币风险管理技术中，使用最广泛的包括远期合约、货币期货合约、货币期权、货币担保和货币互换等。

远期合约 当客户预期未来需要购买外币，并通过银行与另一方签订一份合约，要求另一方在未来某一特定时间以规定的价格提供外币，银行可以使用**远期合约**（forward contracts）防范外汇风险。另外，预期收到外汇的客户希望订立远期合约按预定价格出售外汇。因为外汇的价格已经在远期合约签订的时候就已确定，所以不管外汇汇率如何变动，客户都不存在外汇风险。如果客户不确定外汇未来收付的日期和数量，银行可以向客户提供远期期权合约，客户就获得了决定是否在未来某一日期按约定价格购买或出售一定金额外汇的权利，而非义务。

> **小贴士**
> 2000年三井住友银行，富士通银行、日本生命保险公司投资创立了日本第一家电子银行——日本网上银行。

货币期货合约 **货币期货合约**（currency futures contract）作为远期合约的替代选择，越来越受到人们的关注。合约承诺在到期日或在到期日之前按一个特定价格交易标的货币。多头套期保值和空头套期保值是期货合约的两种基本形式。

银行客户通过多头套期保值合约避免未来将要收到的外汇因汇率上升而遭受损失。这种做法尤其适用于进口商，因为货款通常以外国出口商的本国货币支付，如果出口商的本国货币对进口商本国货币升值，则将挤占货物销售的预期利润空间。采用多头套期保值，客户可以在合约到期日要求以价格X购买外币。如果外币的价格随后上升，客户则可以再到货币远期市场上以更高的新价格Y出售数额相同的货币期货，这样就消除了客户实际交割的义务，同时获得由价格差（Y-X）减去相关佣金和税收而带来的交易利润。从货币期货合约获得收益可以用来抵消客户为支付进口的商品而购买外币的损失。

同样，许多客户，尤其是那些出口商，发现空头套期保值期货合约也非常有用。此类合约要求客户在合约到期日以协定价格X向合约另一方出售标的货币。如果外汇汇率随后下降，客户可以在到期日或在到期日前到期货市场上以较低的价格Y买入规格相似的货币期货合约，从而消除客户实际交割的义务。所获得的收益是前后两次的合约价差（Y-X）减去税收和交易成本。

> **小贴士**
> 在世界第二大经济体日本，银行的作用远胜于美国和其他发达国家。在社会总资产的吸收和贷放中，有60%的资金是通过银行运作的。所以，日本银行业陷入困境将会对整个国民经济造成深远影响。

洞察力和问题

日本金融系统隐忧重重

日本金融系统是世界上最大的金融体系之一，拥有1 000多家存款机构（包括银行和合作社），近100家保险公司和200多家证券公司。尽管金融体系庞大完整，但日本经济仍经历了十多年的困境。消费和投资不振、失业率增长、通货紧缩，金融机构生存能力下降。由于难以找到解决这些严重的经济问题的有效手段，日本央行铤而走险地将本国核心利率下调到接近零，希望能够刺激贷款和消费，并最终推动日本经济复苏。21世纪伊始，日本经济呈现出复苏迹象，但仍任重道远。

日本出现这些经济和金融问题让人十分困惑，因为20世纪80年代的日本经济引起了世界其他国家的美慕。当时的经济体系的特征是：股票价格高涨；国际收支出现大额顺差，好像日本生产的汽车、立体声设备、电视机及其他电器无法满足世界市场需要；高得惊人的国内储蓄利率，使得本国资金大量投资海外，包括美国国债。到20世纪80年代后期，世界前20名的银行中至少16家是日本的银行。

但是20世纪90年代形势出现了逆转，股价不及高峰时期的1/4，不动产价格也仅是高峰时期的1/3。不良贷款的增多、股价和房地产价格的缩水以及资本的减少导致了数以百计的银行倒闭。日本的银行通常持有其放贷企业的大量股票，以及众多未来税收信贷形式的"账面资产"，其发放贷款和投资能力相对较差；同时，日本银行比一些外国银行更吸引高风险借款人。日本银行市场行为的不规范深化了风险暴露问题（一部分原因是大多数存款都有足额保险）。

日本银行的不良贷款数额巨大，需要更多的资金才能够彻底冲销，而一些顶尖的银行纷纷撤回了海外业务并宣布将立足本土。银行向政府寻求帮助，希望政府能够为其注入新资本，这使得日本政府不得不利用纳税人的钱为本国金融系统摆脱困境。而接受援助的银行必须对其经营和融资方式进行大刀阔斧的改革，包括清理贷款坏账和寻求新的私人资本来源。

同时，日本政府开始大量借款，为经济运行提供大量流动性资金，帮助股票市场和债券市场摆脱困境。日本央行从一些银行手中购买价值严重缩水的股票。这种挽救日本经济的措施成本高昂，使日本的公共债务数额超过了国民生产总值。

从海外撤回银行业务旨在支持国内信贷的供给。然而，由于今天的国际市场是相对开放的，日本的这种做法实际上将自身的许多问题传播到了其他国家，尤其是亚洲国家。但是，积极的一面是，如果日本的经济在21世纪开始强劲复苏，不仅日本国内的金融系统和那些保持运营的银行的实力将大大增强，而且也将有助于重整亚洲其他国家的资本并刺激这些国家和世界其他国家的经济增长。

20.3.3 其他降低外汇风险的工具

货币期权 货币期权（currency option）赋予期权购买者在期权到期日之前的任何时间以协定价格买卖标的货币或以外币计价的期货合约的权利，而非义务。因此，它不像远期合约那样必须在某一时间进行交割，在期权市场上可能根本不会发生实际的交割。货币期权包括现货期权和期货期权。

以外汇为交易标的的货币期货期权近年来发展极为迅速。这些合约的价值取决于期货合约，而期货合约的价值又取决于标的货币本身的价格。当货币价格上涨时，即将到期的货币期货的价格也随之上涨。持有以该货币计价的相当数量资产的银行，可以通过出售相同货币的货币期货，或购入卖出期权，或卖出买入期权，来减小由货币现货价格下降带来的损失风险。

货币买入期权赋予其持有人在期权到期日之前的任何时间以预定价格买入标的货币或货币期货合约的权利。货币卖出期权则代表其持有人在期权到期日或在期权到期日之前的任何时间以预定价格卖出标的货币或货币期货合约的权利。比如，一份欧元期货合约的买入期权的履行价格是0.92美元，则该期权购买人有权以0.92美元买入1欧元的合约。如果欧元期货的市场价格上升到高于每欧元0.92美元，该买入期权则被称为"有价期权"，期权所有人将履行该期权，并以0.92美元的价格买入欧元期货合约。相反，如果欧元期货的市场价格低于0.92美元的履行价格，则该买入期权将不会被履行，因为期权所有人可以在市场上以更低的价格买入该期货合约，这种情况下的期权被称为"无价期权"。一般来说，卖出期权是用来防范货币价格下降所带来的风险，而买入期权则用于弥补因货币价格上升所带来的损失。

货币期权的优势是在限制风险带来的损失的同时，不会丧失利润。购买货币期权的价格一般都很低，即使是小公司也能够运用它进行货币套期保值。

货币互换 货币互换（currency swaps）可以降低外汇风险。需要不同货币的两个借款人订立货币互换合约，将其所要借的币种互换，以避免货币价格上涨带来的损失。例如，一家美国公司（A公司）需要英镑来偿还其贷款；A公司的交易对象B公司是一家英国公司，需要美元来偿还其贷款。在进行货币互换后，B公司可以向A公司支付英镑并从A公司获得美元来偿还贷款，见图20-3。

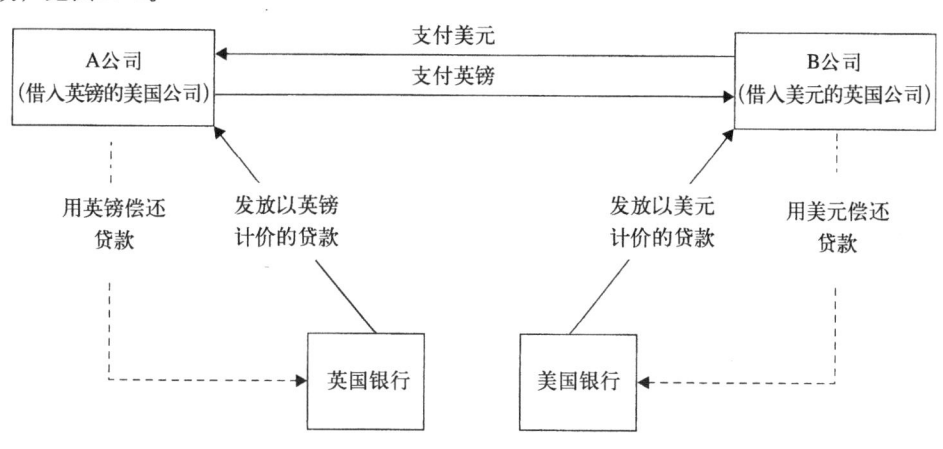

图20-3 货币互换交易

货币互换的最大优点是什么？它使借款人能更容易、更有效地在国际金融市场上筹资，根据自身需要借入不同货币标价的贷款。与其他货币风险套期工具（如期货和期权）较短的交易有效期不同，货币互换的另一个优势在于其交易持续期较长（必要情况下可持续一年）。其他的套期工具通常高度标准化，缺乏灵活性，而货币互换则可根据双方的具体需要而拟订。

对国际银行来说，货币互换具有以下优势：
- 国际银行有许多不同币种的借款，利用货币互换可以防范自身的货币风险；
- 国际银行可以作为交易商向客户提供货币互换服务并收取服务费，或作为互换担保者，确保交换参与者履行交易职责。

货币互换市场已经成为世界上规模最大的金融市场之一。它帮助企业和各国政府规避风险，甚至为各国央行提供了一个调整货币信贷状况、稳定国民经济的新手段。所以，货币互换已经成为全球性的金融交易工具，促进贸易和商业发展，规避风险，帮助制定政策。

20.3.4 向客户提供长短期信贷和信用担保

国际银行是跨国公司和国内外许多政府的主要信贷来源，它们为购买原材料、支付薪金、基本建设和其他重要项目提供长期和短期融资。

票据发行便利　大多数国际银行提供的贷款都是短期的商业贷款，利率是与一些国际基础利率或参考利率相联系的浮动利率。这种类型的利率中，应用最广泛的是LIBOR，即伦敦银行同业拆借利率。近年来国际银行越来越多地为客户在公开市场的借款提供信用担保，最常见的方式之一是**票据发行便利**（note issuance facility, NIF）。NIF是国际银行与其大公司和政府客户之间签订的中期信贷协议。NIF客户被授权在规定期内（如5年）定期发行90~180天的短期票据。银行保证购入没有被其他投资者购买的剩余票据，或向发行者提供补充贷款。在大多数情况下，客户的票据金额相当高（如100万美元甚至更高）。

欧洲商业票据　跨国公司通常在**欧洲商业票据**（Eurocommercial paper, ECP）市场上筹集几周或几个月的短期信贷，而国际银行在这个市场上同样扮演着重要的角色。短期贷款市场主要在伦敦金融中心地区，吸引了国际银行和非银行机构等投资者。虽然仅有很少数量的ECP借款人来自美国，但是越来越多因信用评级难以进入美国商业票据市场或希望出售长期票据的美国骨干公司都已经在欧洲票据市场成功地发行了票据。近年来，日本政府允许日本银行在海外的附属行承购国际商业票据，同时，日本和非日本的公司都能发行和购买以日元计价的商业票据这种金融监管的放松为市场注入了新的活力。国际银行既是ECP的购买者之一，又是ECP的主要发行者之一。尽管这一市场同美国票据市场一样，在2007年和2008年的全球信贷危机中遭受了重大打击。

发行管理存托凭证　发行**存托凭证**（depository receipts, DR）是国际银行向本国和海外客户提供的一种相关服务。存托凭证是一种代表外国公司股票或债券所有权的可转让工具。当经纪人购买外国实体发行的证券并交给监管人，后者指令存款银行发行某种凭证以代表这些证券时，存托凭证就诞生了。

> **小贴士**
> 在美国银行的海外分支机构所持有的贷款中，哪类贷款涉及的金额最大？
> 答：商业贷款。它占到了贷款总额的一半以上，其次是个人贷款。

存托凭证通常以重要的世界货币计价，目前主要是美元和欧元。美元化或欧元化便于外国借款人在全球市场上出售证券。已有70多个国家的公司发行过存托凭证。

当借款公司同意用这种方式发行证券时，存托凭证就被发行人称为"经承销"。经纪人简单地选择任意外国证券（代表外国投资者的权益）打包，在不经过发行公司同意的情况下，要求银行发行存托凭证，这被称为"未经承销"。

目前，经承销的存托凭证受到投资者的普遍欢迎，未经承销的存托凭证由于缺少控制，应用有限。符合规定的高质量经承销存托凭证，通常作为重要债券进行交易。

存托凭证吸引国际投资者的关键之一，就是其无外汇风险。例如，外国证券的价值可以通过美国存托凭证（ADR）如数转换成美元。另外一个优点是国际投资者能使其投资组合实现地理多元化，降低地域风险。此外，出售存托凭证能够比出售外国发行的证券更快地实现资金回笼。

银行与金融服务业的道德规范

借款的道德规范：中国贷款市场

中国银行业是世界上最大、最复杂的银行业之一，拥有国有大银行（例如中国建设银行和中国工商银行）、数以千计的分行、小规模的地区银行、当地信用合作社和来自近40个国家的200多家代表处。事实上，中国现已成为全球贷款和其他金融服务最有潜力的市场之一。

中国经济的快速工业化，伴随着亿万劳动者从农村涌向收入较高的城市，带来了商业和消费贷款的迅速增长。过去，中国的银行运作不完全符合市场规则，遍布全国的众多分行在进行贷款决策时，当地政府部门的影响可能大于总行高管层。当地银行发放贷款可能出于某种关系，而非预期利润。其结果是：尽管银行业资源过剩，但银行系统可能成为制约中国经济发展的瓶颈。

伴随着21世纪以来中国银行业对外资的开放，这些不利的情况似乎有所改观。越来越多在外国银行和商学院接受培训的管理者回国，并走上了管理岗位。书面贷款政策和风险评价软件逐步取代了过去的贷款方法。另外，同美国一样，中国的银行将重要贷款决策的制定权收归总部，由专业贷款决策人员审批放款与否。

与此同时，主要的国际银行也注意到了中国金融服务市场的巨大潜力。美国的花旗集团、英国的汇丰、标准特许银行（Standard Chartered）已经在中国建立了分行，美国银行同中国建设银行开展了战略合作。其他的国际银行，如苏格兰皇家银行和美林，也在摩拳擦掌。欧美银行的管理者不仅从发放新的商业、消费贷款中发现了商机，将中国的贷款打包组成资产池并出售给国际投资者，也吸引了它们的目光。

20.3.5 向国际客户提供支付和储蓄工具

支付服务 国际银行通过向客户提供支付和储蓄工具，在全球贸易和商务运作中占据了关键的地位。它们向需要在海外进行现金支付的客户和为支付国外购买商品和服务签发和承兑汇票。这些不可撤销的银行付款承诺的形式是即期票据（见票即付）和远期票据（在未来某一特定时间支付，到期时间通常是在货物被运送到另一国后）。当进口商要求银行开立信用证，保证在进口商没能按规定付款的情况下，银行将承担部分付款责任时，就需要开立远期汇票。出口商也可以向其往来银行开立汇票，向进口商银行提示进行承兑和最终的付款。国际银行同时也发行以外币记账的旅行支票，可以在客户指定的地点电汇资金。

储蓄服务 国际银行也鼓励客户进行短期和长期储蓄。大多数的储蓄工具都是存单（CD）——银行存款的计息收据。尽管CD主要是固定利率的存款工具，但是仍有数量可观的一小部分是与某一基础利率（如LIBOR）相联系的浮动利率存款单。每天，各大国际银行都会发布主要存款到期日的CD利率，并根据资金需求公布上下浮动限制。

银行的这种筹集资金工具取得的巨大成功是将CD以欧洲存款单（EuroCD）的形式引向国际舞台。它以美元计价，单位为百万美元，最初出现在伦敦，后来发展到所有主要的金融中心。目前，大部分的欧洲存款单都由美国、日本、加拿大、西欧最大的清算银行发行。在银行同业市场上交易的大额欧洲存款单称为大宗存单（Tap CD），而向广大投资者出售的小额欧洲存款单称为份额存单（Tranche CD）。

尽管大多数欧洲存款单都是固定利率的，但是浮动利率存款单

小贴士

美国银行海外机构的贷款存款收益和存款利息支出哪一个大？

答：两者数额接近，但是近些年，存款利息超过了贷款收益。这与美国国内贷款收益大于支付给储户利息的情况恰恰相反。

(FRCD)和票据(FRN)的问世,有效地防范了利率风险,保护了投资者和借款人的利益。这些浮动利率投资一般是中长期的,FRCD大约是1~5年,而FRN大约是1~20年,附加利率每3~6个月根据现行利率水平进行调整。

> **洞察力和问题**
>
> **跨国汇款的高速增长**
>
> 当你在国外工作,又需要汇款回国去养活你的家庭时,你该怎么办?多数情况下,你将去一家银行或者提供资金转移或汇款服务的商店办理业务。事实上,随着近来汇款市场的高速发展,即便是零售厂商如沃尔玛也极力加入资金转移业务中,与一些世界最大的银行一起(如美国银行和富国银行)。
>
> 当谈及跨国汇款时,我们一般想到的是像美国、墨西哥和危地马拉等国家。跨越美墨边境的民工流会定期的把自己的部分工资汇给在老家的家人。实际上,仅加州一州在2006年汇到拉丁美洲的金融就高达130亿。每年汇到墨西哥的金融被确信高达200亿。其实,从世纪之交后,全球的跨国汇款金融就居高不下,并且延伸到中国、印度、印度尼西亚、牙买加、尼日利亚、菲律宾等许多国家。美国和外国银行的巨额服务费用是汇款扩张的其中一个结果。然而,随着竞争的愈发激烈、电子技术的进步以及资金转移成本的降低,这项费用近来一直在回落。而且,有证据表明有时汇款量超过了国际移民比例,这就意味着经济形势特别是就业可能对汇款额造成很大影响。

20.3.6 在欧洲债券市场上承销客户票据和债券

前面讨论过的国际银行票据发行便利(NIF)仅是国际银行在公开市场上承销发行新证券的方式之一。借款人在母国之外的**欧洲债券市场**(Eurobond market)上发行债券是另一种方式。这个市场快速增长的原因之一是越来越多的美国企业(以福特汽车公司和Campbell Soup公司为首)希望通过发行大额欧洲债券为海外风险投资筹集资金。当美国利率上升时,即使在国外没有企业的美国本土公司也会发现,相比之下,通过欧洲债券借款的成本较低。活跃在这个市场上的主要银行包括劳埃德银行(Lloyds Bank PLC)、摩根大通银行和花旗集团。为了扩大市场未来的吸引力,近来出现了一些革新,其中有以欧洲货币单位(欧共体成员国发行的混合货币)计价的债务证券。

20.3.7 帮助客户防范利率风险

客户越来越依赖国际银行来防范利率风险,即由利率的不利变动引起的损失。市场利率的上升会增加客户的借款成本,减少预期借款投资的利润;相反,如果客户购买浮动利率银行存单,或者进行其他必须根据较低利率调整的短期投资,利率的降低将会给客户带来损失。同样,以固定利率借款的客户在市场利率下降时无法从中获益,除非采取措施解决这些不测事件。

利率互换 国际银行可以通过**利率互换**帮助客户防范利率风险。正如第8章所述,这种合约要求双方支付对方借款的全部或部分利息。利率互换不仅会减少互换双方的利息费用,还可以让互换双方更准确地平衡由资产带来的现金流入和由负债引起的现金流出。

利率上限 国际银行也可以通过为客户的贷款设定一个利息上限(最高利率)达到减小利率风险的效果。例如,客户申请1亿美元的贷款,利率为LIBOR基础上的浮动利率,将要求利率上限为8%,从而,市场利率上升不会使借款利率上升到超过8%。这种利率上限将利率风险从借款客户转移到国际银行,并且国际银行通常会收取一笔固定费用以补偿银行所承担的额外风险。

金融期货和期权 国际银行也积极协助其客户进行金融期货和期权合约的交易。例如,如果客户面临利率上升带来的巨额损失,通过期货卖空(如第8章所述)可以套期保值,弥补贷款利率上升的损失;或者使用卖出期权。另外,如果利率下降,客户也可以通过买入期货或使用买入期权进行套期保值。

20.3.8 通过出口贸易公司帮助客户销售产品

通过出口贸易公司(export trade company,ETC)向国外销售产品是一种越来越受欢迎的方式。这种鼓励出口的组织是日本率先建立的。出口贸易公司进行国外市场研究,确定国外哪些可以分送产品的公司,然后向出口商提供或安排资金、保险和将产品运到市场的运输等。尽管美国大型生产厂商已经进行大规模的出口贸易,但上千家美国小企业仍由于缺少对市场进行足够的调研和联系而无法扩大其出口机会。

美国的出口贸易公司是由美国主要的货币中心银行和许多小型地区性和社区性银行创办的。创办出口贸易公司的主要美国机构包括美国银行、银行家信托公司,(Banders Trust Co.,现已成德意志银行的附属行)、摩根大通(J.P. Morgan Chase & Co.)、花旗集团(Citigroup Inc.)和富利金融(FleetBoston,现为美国银行的一部分)。尽管出口贸易公司已经引起了人们的关注,但迄今为止,真正通过美国出口贸易公司的出口贸易增长仍不尽如人意。应当明确的是,外部条件极大地限制了出口贸易公司的活动,尤其是欠发达国家难以寻找自然资源以支付从美国进口的商品和偿还其国际债务。银行缺少出口贸易公司的管理经验、分销渠道及市场数据,已经成为一个主要的障碍,对于较小的银行更是如此。

美国银行同时也抱怨监管机构对其附属出口贸易公司的资本金的要求过于严格,银行向其出口贸易公司提供的贷款和出口业务收入在总收入中的法定最低比例都受到限制。例如,出口贸易公司至少51%的收入必须来自出口活动,并且银行对自己的出口贸易公司的投资不得超过银行总资本的5%,贷款也不得超过银行总资本的10%。

洞察力和问题

欧盟的扩张及其对银行的影响

整个欧洲融合在一起的过程就像是一部史诗,经历了几个世纪的战争、政治和经济的混乱。在欧盟几十年的发展中,1992年的《马斯特里赫特条约》是一个里程碑,其中最值得争议的条款是要求创建一个单一的欧洲货币、一个共同的中央银行并要求统一外交政策、司法和法律体系以及内政事务。最终,倘若一国能够通过《马斯特里赫特条约》设置的障碍并接受该条约,则该国就能成为欧洲联盟(EC)的成员国。

1999年1月,有11个国家创建了欧元和在新的欧洲中央银行领导下的国家银行体系。这11个(后来扩展到12个)首创统一货币体系的国家是奥地利、比利时、芬兰、法国、德国、爱尔兰、意大利、卢森堡、荷兰、葡萄牙和西班牙。其他欧盟创始国(丹麦、英国)预计将在某个时候加入到这个统一货币和信用体系中。此外,其他一些东欧和西欧国家对在不久的将来加入该联盟和货币体系表现出强烈的兴趣。它们是:捷克、塞浦路斯、爱沙尼亚、匈牙利、拉脱维亚、马耳他、立陶宛、波兰、斯洛伐克、斯洛文尼亚和土耳其。

在欧盟国家中，可能对银行影响最大的是单一银行市场的创建。新的欧洲单一银行市场须遵守欧盟成员国政府制定的几个指导规则：

(1) 每个成员国要保留其自有的监管机构并作为首要银行监管方在本国的境内设立总部，而不管这些银行在多大程度上延伸至其他欧盟成员国。

(2) 银行监管规则可以不同，但所有成员国必须保持最低的监管标准，这样每个国家的银行将面临一个相对平等的竞争环境，既不会因为严格的规则而产生退出某一成员国的动机，也不会因为宽松的规则而产生进入另一个成员国的动机。

(3) 国民待遇原则一般适用于：不管欧盟成员国银行总部在哪里，当它新进入一个欧洲国家时，必须与当地银行一样服从该国的经营规则。欧盟成员国可以对外国银行加以限制，但是本国的银行也要受到同样的限制。国民待遇原则给各国强有力的激励机制来保持银行规则尽量简单和相对平等。

(4) 相互承认原则也得到了成员国的认同。一国可以允许新进外国银行继续提供其在母国可以提供的服务，即使本国银行不允许这么做。如果国与国之间的银行规则有很大差别，那么这个原则将使外国银行比国内银行更具竞争优势。

(5) 在1993年第二银行指令项下，银行业在整个欧盟只有一种定义方法，这样所有的欧盟银行可以提供一个普通的服务组合（被称为普遍银行业）。这些普通服务包括：提取存款，借贷，金融租赁，交款服务，提供担保和信用保证，在货币市场进行现金、金融期货、期权和其他利息或利率套期保值交易，帮助新证券的发行商，为兼并和合并活动提供咨询，担当基金的中间商，提供投资组合建议和管理服务，提供保管服务和信用查询服务。

(6) 所有欧盟成员国同意签发单一护照，这样任何一个成员国的银行可以在其他成员国开展业务，并且可以以它认为最具优势的形式进行，包括设立一个新的分行或子公司，或者兼并其他银行。

(7) 所有成员国必须提供一些存款保险形式。一些国家采取由政府运作或监督的模式（如比利时、芬兰、法国和意大利）；另一些国家采取了由私人运作或监督的模式（如奥地利、德国、爱尔兰、卢森堡、荷兰、葡萄牙和西班牙）。破产银行的存款人应在3个月内得到补偿，成员国可以建立一个与美国FDIC类似的保险体系，即保险费由所有银行评定，建立一个基金来应对未来可能的银行破产。成员国也可以采用另一种不同的体系，即成员国银行只有在破产确实发生后，才确定保险费。

(8) 为了避免使一些欧盟银行比其他银行更具有明显优势，所有欧盟银行须保持相同的资本标准，即遵从巴塞尔国际资本标准（在第15章已进行了全面的讨论）。

(9) 欧盟银行不能向一个客户提供超过银行资本头寸25%的贷款，并且有一项条款确保每家银行在有限的风险下提供多元化的贷款组合。

总之，研究显示欧盟银行业竞争正在加剧并且一些银行服务的价格在下降。然而，为平衡整个欧盟的竞争环境仍然有很多工作要做，特别是在如下领域：税收、政府补贴、劳工法和银行业中的超额容量问题。另外，一些欧盟国家显示出要保护本国银行业免受外资挤压的趋势。而欧洲的一些主要国家也被一些问题经济体，如希腊、爱尔兰、意大利、葡萄牙和西班牙拖入了泥潭。

概念测验

6. 银行在国际市场上对客户提供的主要服务有哪些？
7. 银行帮助客户极力控制的风险有哪些？

8. 什么是票据发行便利（NIF）？什么是存托凭证（DR）？
9. NIF 和 DR 对国际银行及其客户有哪些好处？
10. 什么是出口贸易公司（ETC）？它们提供什么样的服务？在美国面临的问题有哪些？
11. 欧洲商业票据和欧洲债券指的是什么？为什么它们是国际银行及其客户的重要工具？
12. 为规避货币风险和利率风险，国际银行开发了哪些工具？每种工具的使用效果如何？

20.4 国际银行未来面临的问题

20.4.1 客户日益依赖证券市场筹集资金

如今，本国银行和国际银行的贷款业务都面临着来自证券市场直接融资的竞争。20 世纪八九十年代和 2007~2008 年，当许多国际贷款都出现严重的还款问题时，国际银行从全球信贷市场上抽回了巨额资金。证券公司趁虚而入，在欧洲货币市场上为借款人发行票据和债券。后来，大型保险公司和其他大型非银行金融机构也加入了竞争，从银行那里抢走了客户，并协助客户通过公开市场销售证券，筹集资金。当国际银行为自己购买大量证券时，其贷款业务被迫进入低增长、甚至负增长的时期，同时，它们向国际借款人提供的贷款利润率也随之下降。

限制银行在世界范围内承担风险的监管规定；公众对银行信誉的怀疑态度；证券交易商、保险公司和其他金融机构雄心勃勃地欲进一步扩大其在有利可图的国际金融市场上的份额，这些因素使得银行能否重新夺回全球商业信贷的市场份额令人怀疑。世界上的证券交易商（如美林、野村证券、高盛、雷曼兄弟）、保险公司（如安联保险公司、安盛保险集团、瑞士再保险公司）和财务公司巨头（如通用金融公司、家庭金融公司——英国汇丰控股公司的附属公司）的服务种类已完全能与世界上最大的银行相抗衡。国际银行面临着前所未有的考验，如今它们必须努力寻找新的利润和资本来源以满足与其他银行和非银行金融机构竞争的需要。例如提供良好的信用评估服务、重新组合贷款和证券以便再销售、为客户的全球融资活动提供信用担保。

20.4.2 开发更好的国际贷款风险评估方法

国际贷款风险 许多国际银行面对的最大风险来自外国客户借款。由于海外信息没有国内信息的可信度高，对就近贷款的管理比远在千里之外的容易，国际领域往往缺少强制执行合同和执行破产程序的法律系统，所以向国外提供贷款的风险远远大于向国内提供贷款的风险。这种国际贷款附加的风险通常被称为国家风险。主权风险也与国际贷款的发放有关，它发生于外国政府采取行动干涉国际贷款的偿还时。比如，某外国政府拒付所有的外国债务、征用私人财产或为保护国家的外汇储备而推迟偿还贷款。因此，那些选择向国外提供贷款的银行不仅需要考查借款人本人的信用，而且还必须评估借款人所在国家和政府的信用。

国际债务问题的解决之道 同国内贷款问题一样，银行可以对已出现问题的国际贷款进行重组，达成新的贷款协议并代替原有的贷款合同。这些新的贷款协议利率更低、期限更长，但借款人在偿还最后一笔贷款时须向银行支付一笔重组费用。银行的贷款净成本（优惠度）是原贷款的现值与新的重组贷款的现值（通常较小）之差。另外，银行也可以在国际贷款的二级市场上出售问题贷款。国际贷款二级市场是 20 世纪 80 年代初，在纽约和伦敦的商业银行和证券交易商之间发展起来的。许多银行发现，折价国际贷款的购买者、其他银行和富有的投资者都在进行有高预期收益的投机活动，出售问题贷款就意味着在银行的资产负债表中注销掉这笔贷款，获得购买新资产的资金，甚至会提高出售问题贷款的银行的股票价值。

国际银行处理问题贷款的另一种方法是注销部分或全部贷款，把贷款视为或有损失，这样税收上的减免可以部分抵消银行在问题贷款上的损失。

还有一种方法是银行接受作为借款偿还的退出债券（exit bond）。这些债券往往比其所代替的贷款金额要小，且期限更长。退出债券可以以政府债券或其他可接受的抵押品为担保。例如，20世纪90年代，美国财政部宣布以低于市价的价格向墨西哥出售美国政府零息债券，目的是支持墨西哥和国际大银行之间的再融资协议。作为布兰迪计划（Brandy Plan）的一部分，墨西哥可以使用这些零息债券支付向其贷款的银行发行的退出债券。其他国家，如阿根廷、巴西和菲律宾，都将它们的一些债券转成期限更长、利率更低的布兰迪债券。这种以布兰迪债券代替的债务常常由借款人所在国的中央银行提供高质量的贷款保证来支持。近年来，参加布兰迪计划的一些国家的信用等级得到了提高，可以在国际资本市场仅靠自己的信用而不需布兰迪计划的支持进行筹资活动。

在许多情况下，国际银行对出问题的国际债务采取综合的解决方案，包括重组拖欠的借款，重新安排对利息和本金的偿还，国际货币基金组织（IMF）和其他国际组织的额外援助，负债国家通过刺激出口、减少进口努力获得时间回购债务和增强国内经济等。

国际贷款风险的评估方法　今天，人们普遍认为，提供国际借贷业务的银行必须在提供贷款之前，运用有效的方法分析贷款的质量和安全；在贷款发放之后，严格监督借款人的经营活动。

的确，在2007~2009年的信贷危机中贷款支持证券价值的一落千丈让人们醒悟，对贷款的事后监督是十分必要的。因此，在今天的金融市场上已经有了多种不同的风险评估系统。

列表法将与贷款风险高度相关的经济和政治因素罗列出来，如军事或国内冲突、国际收支平衡表出现的逆差和日益上升的失业等。在国际贷款风险评估中，可以对表中所列的因素加以不同权重，也可以认为它们同等重要。由于权重可以采用统计或数学概率的形式，因此可以计算出违约风险的指数值。指数值的变化是贷款评估早期预警的一部分。拥有借款国第一手资料的银行人员提供的报告可以作为对列表项目的补充。

另一种方法是德尔菲法（Delphi method）。在此法下，银行做决策时采用专家的意见，集中一批商务分析师、经济学家和国际法专家，将他们独立分析得出的国际风险评估结果汇集在一起，供专家评审组各个成员参考。评审组成员可以据此修正他们先前对某国风险的分析，最后的报告将形成对单个国家风险敞口的一致意见。

这两种方法存在的一个严重问题是时效性。在违约风险被计算出来或被调查出来之前，就可能出现引起风险变化的事件。最近，高级的统计方法也被引入到国家风险评估中。这种方法运用线性模型把国际贷款分为顺利偿还和要求债务重组或将完全违约（根据关键的预选预测变量判断）等几类。

衡量向特定国家提供贷款的风险的最普遍的预测变量，主要有国内货币供给的增长（作为未来可能发生通货膨胀和货币贬值的指标）、实际投资与国民生产总值或国内生产总值的比率（衡量一国未来的生产能力）、利息和分期偿还的本金与出口额的比率（将应付债务额与作为偿还债务的外币来源的出口进行比较）、进口总值与一国外汇储备的比率（将一国在国外的花费与能够用来进行支付的外汇储备进行比较）等。但是，由于报告关键数据的滞后，难以掌握的随机事件的重要性（如工人罢工和政变）以及国家风险模型中不同预测变量的权重随时间发生变动，这些高级统计方法的实用性仍存在争议。

最新发布的国家风险指标已经成为银行人员评估国际贷款的有效工具。其中一个广泛使用的指标是《欧洲货币》(*Euromoney*)杂志公布的欧洲货币指数。欧洲货币的国家风险指数是建立在一系列经济和政治变量的基础上的，包括获取银行和公开市场融资来源、信用评级和国际借款人的违约记录等。衡量国家风险的另一常见指标是《机构投资者》(*Institutional Investor*)杂志每年公布两次的机构投资者指数（institutional investor index，III）。机构投资者指数来源于国际银行和其他金融机构从事国际贷款的人员的研究报告，这些研究人员提交给国际银行每个国家违约可能性的评级。

20世纪80年代后得到发展的国际国家风险引导（ICRG）是最新、应用最广泛的国家风险指标之一，它用来评价在全球特定市场上进行成功投资的可行性。ICRG对140个国家进行月度的政治、经济、金融风险评级和全面评级（范围在0～100之间），并出具一年期和五年期的风险预测报告。国家的全面评级有22个指标，包括政权稳定性、腐败程度、道德法律状况、行政能力、国内生产总值及其实际增长率、年通货膨胀率、外债/GDP、汇率稳定性等。国家风险指标的使用者可以运用基础数据衡量自身风险，在需要的情况下，做出信用决策。

20.4.3 把握由放松监管和新国际协议创造的新市场机遇

随着一个又一个国家放松监管和国际协约的签订开拓新的金融服务领域，国际金融市场正在发生着翻天覆地的变化。1994年美国联邦政府允许银行通过控股公司在全国范围内进行收购，同时允许开展跨州分行业务。1999年，美国国会投票决定允许银行、保险公司、证券公司间通过建立金融控股公司（FHC）的形式进行收购。由于这些州际优惠同样也提供给国外银行，因此，美国市场吸引了越来越多的国际银行、国际证券交易商、保险公司和其他全球性金融机构。

北美自由贸易协定创造的机会 1993年11月，美国政府最终签署了北美自由贸易协定，使墨西哥金融市场逐步向加拿大和美国的银行和其他金融机构开放。墨西哥的金融市场对外来者越发具有吸引力，这是因为，墨西哥的金融机构从未积极开拓类似小企业和家庭这种的重要消费群体，这使得加拿大和美国的主要银行从北美自由贸易区中获益。最近墨西哥又提高了对外资银行在本国金融市场上的份额限制。通过直接兼并已有的金融机构或建立附属行，国际投资者现在可以自由进入墨西哥金融业。北美自由贸易协定计划把智利和其他国家也纳入其中，许诺向国际大银行提供更多的市场机会。

中美洲自由贸易区（CAFTA）同样以美国为中心，它是美国国会于2005年通过的。在美洲，中美洲是仅次于墨西哥的美国第二大出口市场，特别是农产品和纺织品出口市场。CAFTA要求逐渐消除美国、危地马拉、萨尔瓦多、洪都拉斯、尼加拉瓜、哥斯达黎加、多米尼加之间的贸易壁垒。该贸易区的倡议者认为，它能提高人们的生活水平、促进贸易增长、提高中美洲对金融服务和资本投资的利用、减少美国的非法移民。

欧洲共同体的机遇 欧洲共同体的进一步一体化、东欧国家的开放以及前苏联国家走向私有化、开放自由市场，这些都为银行提供了更大规模和更具挑战性的扩张机会。到2006年，欧盟共有25个国家，2007年保加利亚和罗马尼亚将加入，克罗地亚和土耳其也在申请加入。在新的世纪中，贸易壁垒将在欧洲共同体成员国内消除。欧盟的支持者为金融服务的巨大潜在市场而骄傲，因为整个东西欧地区拥有的人口总数将达到3.7亿，远远超过美国。

但是，外国银行要想在欧洲市场成功立足，则需要在整个欧洲建立足够多的网点。如果仅仅是设立一家分行，而没有在当地建立分销网络，则不可能取得长久的成功，更别提从那些早已在当地立足多年的本土竞争者和美国、加拿大银行手中夺走市场份额。

壁垒削弱后亚洲的新机遇 国际银行扩展业务的最重要目标,就是目前蓬勃发展的亚洲,尤其是高速增长的中国大陆、中国香港、印度尼西亚、韩国、中国台湾和越南。对于想充分开发亚洲业务的国际银行来说,上述国家和地区蕴涵着巨大商机。过去,由于文化和法律上的障碍,这些亚洲国家的客户与企业并不倾向于购买在西方流行的金融服务(如信用卡、退休计划、人寿保险计划等),但是随着国际银行业务在亚洲的广泛开展,这一现象已经被逐渐扭转。

> **小贴士**
> 与人口规模相比,哪个亚洲国家或地区独立商业银行最多?
> 答:中国台湾地区。有50多家独立的银行。

摩根大通的成功就是国际银行"入侵"亚洲市场的一个例子。最近,摩根大通获准经营人民币业务,并为中国境内的外国客户提供人民币服务。同时,根据近期签署的世界贸易组织协议,中国承诺:随着2007年的到来,允许外资银行在全国范围内经营零售金融业务。花旗集团、汇丰控股公司、英国的标准特许银行(Standard Chartered)和美国的凯雷投资集团(Carlyle Group)已经分别购买了中国、韩国和周边国家和地区银行的大量股权,为进入世界上最大的商业和消费品市场做准备。

洞察力和问题

印度的金融服务市场

和中国的情况一样,如果国际银行能够打破进入壁垒,印度将是一个商机无限的市场,因为印度有着近10亿人口、经济增长迅速、储蓄率高、对汽车房屋信贷和信用卡的需求日益上升。但是,为促进国有银行竞争力的提高,免受外资挤压,印度对外资银行进入零售市场严格限制。花旗集团是在印度业务开展得最好的国际银行,拥有近40家分行,而印度主要本土银行的分行达到数百家。由于许多印度公司对新资本需求迫切,外国财务公司(如通用金融公司)和投资银行(如美林、高盛、巴克莱)大举进入印度市场。同时,花旗集团、荷兰银行、汇丰控股公司和其他外国银行积极推动印度小额信贷市场的扩展,为致力于致富的小企业发放了上百万笔小额贷款。

概念测验
13. 本章着重阐述了国际银行在未来必须应对的三个主要问题?这三个主要方面是什么?
14. 近年来国际银行开发了哪些评估国家奉献的不同方法?
15. 全球哪个地区的国际银行拓展潜力最大?请解释原因。

银行与金融服务业的道德规范

小额金融和小额信贷的兴起

从孟加拉国到玻利维亚、智利,在这些缺乏发展的经济和持续的贫困为主要压力的国家中,一个新的金融服务产业正在兴起。该运动集中在选派的公司、合作社和富有的个人中,他们提供小额商业和个人贷款,帮助深陷贫困泥潭的家庭和个人寻找出路,摆脱贫困。小额信贷指允许向开始自己项目计划的个人或企业贷款。小额金融更加广泛,包括小额贷款,也包括出售其他金融服务,如储蓄项目和金融顾问。

尽管有估计显示至少有1 000家类似机构,可能全球有超过2 000家小额金融公司,为世界上超过7 000万消费者服务,但没人确定到底存在多少家这种公司。即便在美国,虽然一些全球的小额金融组织艰难奋斗,但越来越多的美国富有投资者为寻求高回报,通过网络和报纸提供小额个人贷款。这些小额信贷和小额金融机构提供的信贷多为小额贷款（一般为几百美元甚至更少），为帮助人们找到致富的路径，而传统的金融机构基本不愿意做这种贷款。此类贷款基本不用担保，出贷方只是依靠"信任"。一些项目是为了改进当地生活条件，所以交易内容不仅仅局限于信贷。

这些机构中可能最值得注意的就是孟加拉乡村银行，它的创建者是2006年诺贝尔和平奖得主穆罕默德·尤诺斯。孟加拉乡村银行于1983年在孟加拉获得经营许可证，它是一家"个人—乡村中心"的机构，刚成立时主要为妇女提供贷款。它主要通过"同伴压力"来控制坏账率。5个人自愿成立一个借款小组，签订团体借款合同，对小组任一成员的任何贷款承担联合负债。如果持续的顺利还款，信贷将逐渐的扩大到组内其他成员。如果组内任一成员未能还款，整个团队都不能从孟加拉乡村银行获得信贷。因此，团队压力使得借款可靠，并减少违约率。

随着小额贷款机构迅速发展，新的问题也随之出现。比如，在一个国家，金融市场严重依赖于当地资金资源。如果不能满足借款人的要求，小额信贷机构就寻求国际资本，带来汇率风险和国家风险。而且，国际投资者在对小额金融机构追加新投资时，会要求更严格复杂的贷款标准。

想要了解国际市场上这波强有力的趋势，可以阅读如拉迪普·森古达和克雷格·阿布考恩的文章以及小额信贷信息交易中心（MIX）和世界银行的资料。

20.5 银行和金融服务业的未来

在结束本书之前，我们简要地展望一下未来，试着预测一下金融服务业的发展方向。没人能够确定这个至关重要的行业的命运如何，但我们至少可以以本书的内容为基础，进行一次"技术预测"。

洞察力和问题

银行的国际化进程

如今，银行可以从众多渠道获得国际市场和机构的数据，以更新信息、制定重要决策。这些渠道包括：

《经济学人》杂志www.economist.com

《银行家》杂志www.thebanker.com

《欧洲货币》杂志www.euromoney.com

《机构投资者》杂志www.institutionalinvestor.com

《商业周刊》www.businesssweek.com

加拿大丰业银行《世界经济研究》www.scotiabank.com

美国—东盟商业理事会www.us-asean.org

美国国际贸易委员会www.usitc.gov

美国贸易代表办公室www.ustr.gov

世界银行《世界发展报告》www.worldbank.org

国际货币基金组织《世界经济展望》www.imf.org/external

www.federalreserve.gov/pubs/ifdp

旧金山联邦储备银行www.frbsf.org

圣路易斯联邦储备银行《世界经济趋势》www.research.stlouisfed.org/publications

趋同 未来的趋势已经显现出来。如我们在第1~4章、第14章和第19章中看到的,全球银行正在与其他金融服务行业趋同。纽约花旗银行这样的机构经营证券经纪公司;美林这样的机构经营银行;安盛保险集团、大都会人寿保险有限公司拥有并经营自己的银行;德意志银行这样的全能型银行也在销售保险。尽管最近趋同有所倒退,但趋势仍存在(在一定程度上减缓),银行和其竞争者仍然不断侵占对方的服务领域,且规模和种类不断增长。

合并 正如我们在前面的章节中反复看到的,金融机构在全球范围内正合并为数量更少、规模更大的机构。这种趋势可以追溯到近1个世纪前,现在仍在继续。例如,美国100家最大的银行资产占行业总资产的90%以上,欧洲和日本银行的集中度比美国的还高。许多专家视合并为行业未来的远景——大规模的银行和其他金融机构将不断吞并小机构,并最终控制整个行业。

趋同与合并这两种金融服务的趋势是否真的不可避免?

答案是,不一定。例如,21世纪初,合并趋势似乎放缓。美国仍有7 000多家银行,欧洲和亚洲也有数千家,大部分是小银行。尽管行业中机构数目减少,但减少的速度却在趋缓。一些专家预测这是由于缺乏好的收购目标——最好的目标已经被收购了;但其他专家认为,对许多小的金融机构来说,仍存在一些利润空间。实际上,在2007年开始的信贷危机中,德国和美国的许多小型银行都比行业内最大型银行表现地更好。

此外,花旗银行从两个旅行者保险附属公司所有权的泥潭中摆脱出来,说明服务多样化的巨头的兼并也趋缓。银行拥有高额利润,但却发现:并非所有的金融机构利润都像银行一样高,也不是所有的金融机构都是好的收购目标。此外,业务多的大机构在管理上比小机构难度更大。

小型社区金融机构的生存 因此,"无名小卒"——资产规模从几千万到几十亿美元,以一个社区为目标,服务相对少(如贷款、信用卡、存款和投资咨询)的小金融机构——可能运营得十分好,尽管其市场份额可能持续减少。几十年来的研究显示:金融业的规模经济是有限度的。在达到单位成本最低点之前,小型和中型社区银行不需要发展太大。达到最有效率规模的金融机构可以同任何机构,甚至是行业巨头竞争。另外,它们在给小企业和家庭提供贷款方面具有独特优势,而且往往更了解客户情况。

利用大众媒体 小银行为之奋斗的是收入(有些将会消失),它们需要运用广告以吸引客户。通常,只有那些拥有全国或全球服务能力的大银行才能够有效利用大众媒体。最大的银行往往是最积极的广告客户,利用网络、电话和电视等手段促进产品销售。像富国银行和美国银行这样的行业巨头把分行作为其销售产品的"商店",每家分行的装修类似,并尽可能多地销售不同的服务。同样,最大的银行能够针对日益增长的移动人群,维持搬迁到远方的客户。

小型的社区银行能否找到一种途径,利用大众广告和积极的销售实践展开有效竞争?尽管在当今的电子信息时代,网络和电话人人都可以利用,但总部的地理位置并不应用于产品的销售方法,上述问题的答案仍然有待发掘。另外,小型市郊社区的不断扩展为小型银行提供了有效竞争(甚至是与行业排头兵竞争)的平台。

实业和零售企业的进入 未来最难以预测的问题之一就是,传统的金融机构如何与野心勃勃的非金融机构(如通用电气、通用汽车和目标公司(Target))展开有效竞争?这些公司早已开始侵占银行市场。最优秀的非金融竞争者,或许就是全球最大的、拥有数千家分店的零售商沃尔玛。

美国和日本的银行法率先划分了非金融机构和金融机构间的界限并将两者隔离,许多国家紧随其后。这些法律壁垒的建立旨在防范金融机构面临更大的风险,遭受毁灭性打击。例如,银行与实业和零售企业联合可能会降低利率，向母公司发放低利润贷款，或是将实业和零售企业的风险转移到加盟行，使后者面临倒闭的危险。但是，法律永远无法阻止人们寻找漏洞，并以最糟糕的方式威胁金融服务业。

沃尔玛的挑战 全球最大的家用品和百货零售商沃尔玛近期费尽心思，想了一些方法以扩大其在金融服务业的据点。例如，在1999年，沃尔玛试图收购俄克拉荷马的一家储蓄银行，但《金融服务现代化法案》禁止了这项操作。因1987年美国国会允许任何公司拥有实业银行，所以近来沃尔玛非常关注加州、犹他州等州发行实业银行特许证。一些其他积极进取的实业和零售公司，特别是美国运通、通用汽车、通用电气、美林和塔吉特等已经获得实业银行特许证，并可以以此设立银行业务，沃尔玛试图追随这些公司的足迹。然而，虽然沃尔玛努力尝试在美国建立一家担保实业银行，但遭到一些商业和顾客团体的强烈反对，最终沃尔玛停止这一尝试。

然而，沃尔玛试图进入银行业的故事很快就翻开了新的篇章。沃尔玛通过它的子公司—墨西哥沃尔玛进行反击，墨西哥沃尔玛在墨西哥内拥有近700家商店。墨西哥沃尔玛在距离墨西哥城不远的工业区托卢卡成立了一家消费者银行——"沃尔玛银行"。另一些墨西哥的银行办公室也已经列入了版图，正在筹建中。沃尔玛银行表明上将以低费用甚至零费用提供借记卡、保险、消费者贷款和其他金融服务。它的许多客户很明显在之前从未有过银行账户。一些专家认为墨西哥沃尔玛银行是沃尔玛未来在美国本土银行扩张的前奏，如果美国到时允许沃尔玛在本国扩展金融服务。

不过，尽管最近刚刚被美国银行业的监管机构拒绝，沃尔玛仍在继续扩展在美国金融服务市场的据点。通过子公司沃尔玛金融服务公司，沃尔玛已经在美国发起信用卡和借记卡项目，并向美国消费者提供相比之下数额更大，价格更低的资金转移服务。如果沃尔玛最后取得美国监管的批准，难道沃尔玛不会通过它在美国的数千家零售经销店，以相同的方式提供商业和消费者贷款、保险单、股票和债券中介和其他主要的金融服务吗？

当前，这家世界零售公司领头羊邀请被选中的金融服务提供商承租赁至少一部分的沃尔玛零售店的场地，并寻求与通用电气消费者金融集团、太阳信托银行、速汇金和其他一些主要机构建立合资金融服务集团协议。这些项目进一步使得沃尔玛作为全球金融服务市场重要成员吸引广泛的注意力。毕竟，至少对于部分消费者来说，比起以廉价的贷款、信用卡、储蓄存款、保险单和可能的退休金计划购买百货、硬件、衣服、珠宝和其他各种产品，还会有什么是更便利的呢？据估计，仅在美国就很可能有7 000万的顾客并没有与金融服务供应商保持长期稳定的关系。可能这就是为什么诸如沃尔玛此类的公司最终将对全球金融服务交付产生巨大的贡献。

为在全球金融体系中最终的生存而奋斗

大概全球金融体系中的新老机构对未来可能的扩张最关心的就是对小服务供应商的影响。比如，当全球小的社区银行、信用合作社、保险公司、财政顾问和其他许许多多小的街区金融公司发现主流金融公司、积极进取的实业和零售公司以及金融服务子公司已经杀到眼前，威胁着它们的生存，这些小金融公司又将如何？这问题很重要，但目前却没有很满意的回答。

不过，我们确实了解，金融产业对于公共利益至关重要。它对数十亿人的福利起关键作用。而且，如同过去一样，伴随着技术改进、规章法规更改、经济和人口改变，金融产业将面临较大的变动。金融公司难以避免来自内部和外部的双重竞争。金融服务供应商，不论大小，不论来源，必须学会更有效率，更注重成本并且更关注消费者，特别是在危机之后（如21世纪初的信用危机）。未来金融服务市场将展开的故事是市场内的人员和机构能够更好地服务于每个大陆上的商业、个人和家庭，汇集全球的资源，满足各类金融服务需求，当我们看到这一幕，将会有多么吸引人。

概念测验

16. 在银行和金融服务业的未来，趋同和合并这两种趋势会持续下去吗？原因是什么？在过去趋同与合并的步伐有可能与现在相同吗？

17. 社区银行的未来在哪里？社区银行面临的最大困境是什么？

18. 未来银行和商业——金融和非金融机构是否会发生冲突？像沃尔玛这样的企业对小社区银行的巨大挑战是什么？对大的金融机构呢？对监管机构呢？在金融系统中维持一个稳定的系统以保护公众存款和信心的影响是什么？

本章小结

我们在本章中讨论了国际银行的发展以及金融机构的国际业务。要点如下：

1. 银行从产生之初就为客户提供商业贷款，并为商人和外国旅行者提供货币兑换业务。从这个意义上说国际银行业务在中东和西欧已经开展了数个世纪。20世纪，美国和欧洲以及后来的日本、中国和亚洲的银行开始在国际市场上扮演重要的角色，与证券交易商、保险公司、其他非银行金融机构展开了跨国界的竞争。

2. 为了拓展全球业务，国际银行和非银行金融机构采取了多种多样的组织形式，包括代表处（使公司和海外客户间的信息交流更便利）、代理处（提供如客户信贷、现金管理等部分业务）、分行（提供与母国分行相同的业务）、合资公司（提供保险、承销、证券交易等核心的辅助服务）。国际银行在不同的国家会采用不同的组织形式来绕开所在国的银行业监管。

3. 目前国际银行的服务能够满足客户一系列的需要。如提供外币、提供防范货币和利率风险的套期工具、为贸易和资本扩张提供信贷和信贷担保、提供现金管理服务、评估海外市场机遇。

4. 对国际银行和其他金融机构的监管仍然是影响全球金融和贸易的重要因素。各国对金融业的法律法规与监管程度各异。所以，国际银行的管理者们经常利用国家间的这种差异，进入监管较宽松的国家（也称监管套利）。

5. 目前主要发达国家呈现出了放松对银行监管的趋势，这为国际银行提供了拓展海外业务的大好时机。在这方面最重要的一个举措就是美国《金融服务业现代化法案》的通过，准许银行业与保险、证券业的混业经营，以及对欧洲统一货币财政体系（使欧洲金融业的兼并更便利）的开放。

6. 近来，国家间频繁开展国际监管协作，这意味着所有的国际银行将面临同样的监管。在世界各大银行间同时提高了资本标准的《巴塞尔协议》就是一个例子。

7. 由于金融领域自身的风险，国际金融服务业将面临许多问题。海外拓展通常意味着银行要面临新的政府监管，新的货币、信贷、利率风险，新的文化背景以及比国内可信度低的信息。欧洲、北美和亚洲的新兴贸易体和开放经济为国际银行和非银行金融机构提供了广阔的市场机遇，但是也带来了许多问题和挑战。

8. 无论国际的还是本土的，银行和其他金融机构都处于不断变化之中。合并与趋同这两种趋势带来了或大或小多种不同的金融机构，但是，众多小银行不断地运作、竞争，在全球许多国家保持盈利。金融机构未来重大的挑战是，强势的零售或制造业公司进入（或可能进入）金融市场，加剧了竞争，减少了金融机构的利润。

关键术语

代表处	代理处	分行
附属行	合资公司	埃奇法案
国际银行设施	空壳公司	《出口贸易公司法案》
出口贸易公司	《1978年国际银行法案》	《1991年加强外国银行监管法案》

《国际借贷及监督法案》	《巴塞尔协议》	外汇
远期合约	货币期货合约	货币期权
货币互换	票据发行便利	欧洲商业票据
存托凭证	欧洲债券市场	利率互换

习 题

1. 太平洋贸易公司昨天购买了加拿大元以便支付从一家加拿大供应商购买的电力设备。但是，今天早晨，一家日本贸易公司同该公司取得联系并告知，大阪的一家电子制造商可以在48小时内提供规格相似的设备。同天上午，太平洋贸易公司从一个电话中得知它的银行的另一位客户——旧金山的一家家具进口商为了支付从东京发送运输的进口商品购买了大致相同数额的一笔日元外汇，却发现船期延误，可能会延误到下星期到货。同时，这家家具公司必须于明天偿还30天前从多伦多多米尼恩银行取得的存货贷款。

    本章所述的哪一种工具对这两家公司最有帮助？作为银行一方，请设计一个图表来说明推荐给这两家公司并能帮助它们解决目前问题的交易方法。

2. Art运动产品公司向慕尼黑的一家制造销售商订购了一批足球器材。货款（价值350万美元）必须用欧元支付，但是在过去的30天里，欧元对美元的汇率从0.818 9欧元兑换1美元变到0.841 9欧元兑换1美元。如果预期这种趋势会持续下去，作为代表Art公司的银行，你会建议它利用外汇期货来保值吗？为什么？

3. 美国的Pinochio公司本周将从一家法国制造商那里进口一批木制玩具，最后将以每件200欧元分销给零售商。欧元对美元的现行汇率是0.853 8欧元兑换1美元。Pinochio公司将在下个月支付该笔贷款，但是预期欧元对美元会大大升值。于是，Pinochio就如何采取措施咨询北美南部商业银行。Pinochio公司可以运用哪种期货交易手段来解决所面临的问题？下个月购入欧元的期货合同现行定价为0.876 9欧元兑换1美元，并预期下个月的价格为0.837 6欧元兑换1美元。

4. Watson金属器具制造公司定期将器具从位于德国斯图加特的运输仓库运往美国，并零售给金属器具批发商店。通常它的商业信用条款都要求在金属器具运出后90天内全额付款。但是，为了支付当地工人的工资和供应商货款，Watson公司必须将收到的所有美元兑换成欧元。Watson公司已经将一大批货物送给美国的零售商，但根据当地银行预测美元对欧元的汇率下个月将大幅度下跌。欧元对美元的现行汇率是0.81欧元兑换1美元。当地银行预测汇率将下降到0.86欧元兑换1美元，因此Watson公司在将收到的美元兑换成欧元时就会遭到严重损失。请解释Watson公司在银行的帮助下怎样利用货币期货至少可以抵消由欧元对美元汇率的波动而可能造成的部分损失？

5. Johanna国际商业担保公司向位于德国北部的一家矿场投资了1 500万美元，它担心目前欧元现行的即期汇率从1欧元兑换1.21美元大幅下降到1.15美元，从而降低公司该项资本投资的价值。Johanna公司的美国银行建议该公司利用合适的期权合约来减少由外汇风险带来的损失。

    你将建议运用哪种货币期权合约来解决此问题？解释为什么你选择的期权合约能帮助该公司减少外汇风险敞口？

6. Takako国际银行持有的以美元计价的资产和负债分别为4.75亿美元和4.69亿美元。该银行在货币市场上购入7.5亿美元，并售出5 000万美元。由于美元相对于该银行本国货币的价格波动造成Takako银行净风险敞口是多少？在什么情况下美元相对于日元的价格变动会给Takako银行造成损失？

7. 假设Canterbury银行持有美元的净多头头寸为1 200万美元，以美元计价的负债为1.25亿美元，购入3亿美元，卖出2.2亿美元。该银行以美元计价的资产现值是多少？假设美元对英镑的汇率上升，Canterbury银行是盈利还是亏损？为什么？

术 语 表

A

account party 开证申请人 向银行或其他贷款机构要求开立备用信用证的客户。

add-on method 附加利率法 一种计算贷款利率的方式,将利息计入分期还款的本金中。

adjustable-rate mortgages (ARMs) 可调整利率抵押贷款 有实物产权抵押的贷款,其利率随着市场利率的变动定期做出调整。

affiliated banks 附属银行 被一家控股公司持有股票的银行称为附属银行。

agency offices 代理处 跨国银行设置的分支机构,可以提供信用证服务或其他非存款服务。

agency problems 代理问题 当管理层实施收购和兼并是为了实现满足自己的利益而不是股东的利益时,代理问题就会出现。

agency theory 代理理论 解释个人和机构的一种风险承担行为的一个理论,内容是个人和机构与代理人签订代理协议,任何一个代理人都可能为了寻求自己利益的最大化而牺牲被代理人的利益。

agreement corporation 协议公司 由政府授权的银行或金融公司的子公司,其基本业务是支持国际贸易。

agricultural loans 农业贷款 为帮助种植庄稼以及饲养禽畜而提供给农户和大农场的贷款。

American depository receipt (ADR) 美国存托凭证 美国的银行发行的一种凭证,为外国企业借款人向美国投资者出售其证券提供便利。

annual percentage rate (APR) 年利率 美国《诚信贷款法案》规定的、向寻求贷款的家庭消费者收取的贷款利率。

annuities 年金 当前许多银行出售的投资产品,客户根据合同条款将其存款投资于该产品,并按照合同的承诺在未来获得收益流(固定收益或可变收益)。

antidiscrimination laws 反歧视法 银行在放贷过程中,禁止其根据客户年龄、性别、种族、国籍、居住区域、宗教或接受公共援助的情况为客户分类,禁止因为客户从属于其中一类或几类而拒绝向客户的贷款请求的法律。

asset-based loans 资产担保贷款 通常由企业资产担保贷款,特别是存货或应收账款这类资产。

asset conversion 资产转换 通过储备一些可以迅速转换为现金的流动资产,满足流动性需要的一种战略。

asset-liability management 资产—负债管理 银行为控制利率风险而采取的一种决策方法。

asset management 资产管理 银行管理策略的一种,此种策略认为银行资金来源的种类和多少很大程度上取决于客户的意愿。为了满足流动性要求和达到其他目标,管理应该集中在资产上而不是负债上。

asset utilization 资产利用率 银行的总营业收入与总资产的比率,主要用于衡量银行资产的收益率。

assignments 让渡 贷款销售的一种。贷款的所有权转移给贷款的买方,从而贷款买方对借款人有直接的债权。

ATM 自动柜员机 一种自动终端机器,银行的客户可以通过它进入其存款账户、偿还贷款、获得信息及其他服务。

available funds gap 资金缺口 当前和预期存款之间的差额。如果缺口为负,就需要筹集额外的储备;如果缺口为正,就可以进行投资以图获利。

B

balanced liquidity management 平衡流动性管理 通过综合使用流动性资产（资产管理）和借入流动性（负债管理）两种策略来满足流动性需求。

bank 银行 银行是提供最广泛业务范围的金融媒介——尤其是放贷、存款和支付服务——对于经济社会中任一企业来讲，银行都承担着最广泛的金融功能。

bank discount rate 银行贴现率 应用票面价值，并假定一年有360天，通过计算短期国库券或其他货币市场工具的收益率来确定适当的贴现率或收益率。

bankers' acceptance 银行承兑汇票 银行承诺在未来某时间按照既定条件支付一定金额款项的凭证。

bankers' banks 银行家的银行 提供区域性服务的公司，一般是由一批银行出资组成的合资企业，成立的目的是便于交割某项特定的客户服务，例如快速转账、客户资金投资、证券买卖指令的执行。

bank holding company 银行控股公司 经特许，控制一家或多家银行股份（权益股份）的公司。

Bank Holding Company Act 《银行控股公司法案》 将银行控股公司置于联邦政府的综合监管之下的一项法案。

Bank Merger Act of 1960 《1960年银行兼并法案》 美国国会通过的一部法案，要求美国准备进行兼并的银行将未决的兼并活动告知其上级联邦监管机构，经联邦政府批准方可完成并购。

Bank of Japan 日本央行 日本的中央银行，其目标是控制通胀和稳定日本经济。

Basel Agreement 《巴塞尔协议》 美国、加拿大、英国、日本和其他8个欧洲国家的银行监管机构间达成的，对所有管辖范围内的银行设立一般资本金要求而商定的协议。

Basel I 《巴塞尔协议Ⅰ》 1988年在瑞士巴塞尔由美国、比利时、加拿大、法国、德国、意大利、日本、荷兰、瑞典、瑞士、英国和卢森堡达成的第一份官方协议。该协议要求总部位于这些国家的银行实施最低资本金要求。

Basel II 《巴塞尔协议Ⅱ》 《巴塞尔协议Ⅰ》的发展，允许银行实施它们自己的风险评估方法，计算最低资本金要求，定期进行压力检测来估测市场的条件变化对银行的影响。

Basel III 《巴塞尔协议Ⅲ》 银行监管者达成的国际共识：规定组织成员银行的准备金量需要符合21世纪的最新标准。

basic (lifeline) banking 基本（生命线）银行服务 满足客户的存款需要的低成本存款服务及其他服务。

below-prime pricing 低于优惠利率定价 低于现行的银行优惠利率的贷款利率，通常基于主要的货币市场利率水平，比如联邦资金或商业票据的市场利率。

beneficiary 受益人 诸如贷款违约等特定情况发生时，备用信用证获得支付的一方。

board of directors 董事会 由股东（银行所有者）选举的委员会，为银行或其他公司制定策略并对其绩效进行监督。

Board of Governors 联储理事会 美联储的决策中心，此理事会成员不可超过7名，理事由总统提名并经国会通过，任期不超过14年。

branch banking 分支银行 通过多个部门开展业务的银行，包括一个总行和多家分行。

branch offices 分行 由某一银行经营的全能型分支机构，通常总行在另外一个地区。

business risk 经济风险 银行所面对的，因市场可能出现衰退而导致对贷款、存款及其他银行业务的需求减少的风险。

C

call risk 提前赎回风险 发行人可能在到期前赎回贷款或证券，导致投资人的收益低于预期收益的风险。

CAMELS rating 骆驼评级 对银行进行数字评级的系统，此系统基于检查员对于银行在资本充足率、资产情况、管理质量、盈利记录、流动性头寸和市场风险敏感方面的判断。

capital 资本 由银行或其他金融机构所有者提供的银行的长期资金，主要由股票、储备资产和留存收益构成。

capital market instruments 资本市场工具 到期

期限一年以上的投资证券。

capital risk 资本风险 金融机构或其借款客户资本耗尽而破产的可能性。

cash 现金 此术语是信用的6个C之一，指贷款审批人员检查贷款申请时，借款客户的收入及现金流。

cash flow 现金流 通常为企业贷款客户的净利润加企业非现金支出（比如货币贬值）。

cash flow analysis 现金流分析 衡量借款人实际或预期现金流入和流出规模和组成的一种方法。

cash flow risk 现金流风险 银行的现金流随着经济形势、服务混合或其他因素大幅涨落的潜在危险。通过并购可以将具有不同类型现金流的组织和服务进行组合以降低该风险。

cash management services 现金管理业务 银行同意为一家公司提供现金托收或现金支付服务时，将这些暂时的现金盈余投资于生息资产，直到客户需要这些现金时为止。

certificate of deposit（CD）存单 一种证明在银行或非银行金融机构存入一定期限存款的生息收据。

charter of incorporation 公司许可证 开办和运营银行和其他企业的许可证，由企业所在州的州立银行监管委员会或国家货币监理署颁发。

clearing balances 余额 为帮助支票清算和托收，存款机构在联邦储备银行中保有的账户；允许银行利用联储的服务为这些余额赚取利息，对冲使用联储服务的费用。

collateral 抵押 借款人具有充足净值的资产、优良资产或其他能够支持还款的资产。

commercial and industrial loans 工商业贷款 为满足企业购买存货、厂房以及设备和其他运营费用而发放给企业的贷款。

commercial paper 商业票据 由信用级别较高的大公司在货币市场向投资者发行的短期无担保债务票据。

commercial paper market 商业票据市场 到期期限从3或4天到9个月不等的短期票据交易市场，这些票据是由知名银行和非银行公司为筹集资金而发行的。

common stock 普通股 通过已发行的普通股的每股票面价值衡量的一种资本，这种资产在扣除所有费用和债权之后会给其所有者回报。

Community Reinvestment Act 《社区再投资法案》 1977年通过的联邦法律，要求管辖范围内的存款机构对无歧视的服务其业务区域内的客户做出"积极的努力"。

compensating deposit balances 补偿存款余额 作为贷款的一个条件，借款人必须在银行留有一定的存款。

competitive effects 竞争效应 两个或两个以上的金融机构进行并购或兼并过程中的一个方面，即这类活动将对机构间竞争产生冲击，可能会减少或增加机构所在市场的竞争，在现行的联邦法律制度下，这种冲击是联邦监管机构在决定同意或否决兼并提案的过程中所权衡的最重要的因素。

Competitive Equality in Banking Act 《银行业公平竞争法案》 这部法律允许联邦储备保险公司进行资本结构的调整，以更有效地处理有问题的银行；当授信给储蓄基金的时候，要求银行向客户透露更多的信息；对于美国国内的非银行或商业银行提供的保险、证券和房地产服务，允许其设置一个延期偿付期间。

compliance risk 合规性风险 金融机构的行为是否与当前法律、行业规定或规则相符的不确定性。

Comptroller of the Currency（or Administrator of National Banks）货币监理署（或国民银行管理局） 联邦政府的一个机构，隶属于美国财政部，授权成立新的国民银行，并定期稽核所有已经成立的国民银行。

conditional pricing 条件定价 制定最低的存款账户额度，如果顾客的存款超过这个最低额度，则收取较低或不收费用；低于这个最低额度，则收取较高的费用。

conglomerates （企业）联合 将诸多不同产业和产品整合在同一公司旗下。

consolidating mergers 兼并 同一产业中的公司收购。

construction loans 基建贷款 为建造新建筑而融资的短期信贷，一旦工程完工，由以建筑为抵押的长期贷款来偿付和替换。

contingent liabilities 或有负债 当特定事件发生时必须执行的债务，如借款人违约或履行产品担保。

contingent obligation　或有义务　在特定事件（如贷款违约）发生的时候，发行机构保证支付的一种金融工具。例如，联邦存款保险就是政府的或有义务，在银行倒闭时对储户进行支付。

convergence　整合　来自不同行业的企业合并，以创建提供多重服务的联合公司。

converging mergers　整合兼并　跨行业兼并另一家不同类型的公司。

convexity　凸性　资产价格或价值的变动率根据利率或收益率水平的不同而有所不同。

core capital　核心资本　长期资本，主要包括普通股、盈余、留存收益和股本准备金。

core deposits　核心存款　存款资金中稳定、可预知的基础资金，通常由家庭和小型企业提供，对市场利率的变化不太敏感，对银行有一定的忠诚度。

corporate bonds　公司债券　私人公司发行的长期债券（期限通常为5年以上）。

corporate governance　公司治理　公司董事会和管理层成员的相互关系和分工，以便明确由谁负责哪些事情，由谁制定关键决策。

corporate notes　公司票据　私人公司发行的中期债券（期限通常为5年或以下）。

correspondent banking　代理银行业务　一种建立于大小银行之间的正式或非正式系统，为某种服务和信息的交流提供便利，例如支票的清算。

cosigner　联署保证人　有义务在借款人不能还贷时偿还贷款的人。借款人没有信用记录或有不良还款记录，就必须通过联署保证人才能得到贷款。

cost-plus deposit pricing　成本加成存款定价　对顾客使用任何存款服务大部分或者全部进行收费的定价方式。

cost-plus deposit pricing　成本收益贷款定价　一种对贷款进行定价的方法，它指的是将所有的贷款成本加总，并将此成本与贷款所产生的总预期收入相比较。

cost-plus loan pricing　成本加成贷款定价法　将所有利息和非利息成本（考虑贷款的利润和风险收入）加总后计算出贷款利率。

cost savings (efficiency)　节约成本（提高效率）　兼并动机之一，建立在两个或两个以上机构兼并之后总的运营成本将降低这一可能性上，合并以后机构的净收入有增加的可能。

credit availability risk　信贷可得性风险　当出现信贷要求时，可能会出现银行没有充足的资金满足每一个合格借款人的可能。

credit bureau　征信机构　保存借款人的数据资料，跟踪他们现在的偿还记录的商业公司。

Credit Card Accountability, Responsibility, and Disclosure (CARD) Act　《信用卡责任、义务和披露法案》　2009美国国会通过的法律，限制了信用卡服务的销售，并保护客户远离各种不合理费用。

credit default swaps　信用违约互换　在此金融合约中，贷款人可以尽量免遭违约风险。他们可以从签署合约的另一方那里得到一些补偿以帮助抵补过度的贷款损失和贷款收入的过度波动。

credit derivatives　信用衍生工具　保护银行免遭证券持有过程中或是贷款过程中违约损失的金融合约。

credit enhancement　信用增益　一家金融机构或其他机构承诺对另一家公司的信用进行担保。

credit life insurance　信用人寿保险　一种保单，在贷款付清之前如果借款人死亡或残疾，此保单会保证对银行进行偿付。

credit option　信用期权　这是贷款机构与期权卖方之间的一种合约。这个合约可以帮助贷款人防止资产价值的降低可能带来的损失，还可以在借款人信用等级下降或其他情况发生时，防止融资成本的显著上升。

credit risk　信用风险　借款人或证券发行机构无法支付，或拖欠支付所承诺的利息、本金或本利之和，这种可能性叫做信用风险。

credit risk models　信用风险模型　一种分析工具，采用计算机算法试图测量放贷机构由于借款人违约，以及信用评级下降导致的贷款价值缩水带来的风险。

credit scoring　信用评分　基于客户的特征，比如客户信贷分类和受雇时间长短来评估还款的可能性，据此使用有辨别力的公式对贷款请求进行分级。

credit swap　信用互换　两个贷方达成协议同意交换部分客户贷款的支付以分散一些信用风险，此种金融合约叫做信用互换。

credit unions　信贷联盟　一种非盈利性存款机构，存款和贷款的目标只限于持有普通债券的会员（比如为约一雇主工作）。

crime risk　犯罪风险　诈骗、挪用、抢劫及其他犯罪行为可能导致银行资金损失的风险。

currency exchange　货币兑换　银行将一种货币（例如美元）兑换成另一种货币（例如法郎或比索）的服务，从中收取一定服务费用作为回报。几个世纪前银行业刚刚起步时就开始提供这种服务。

currency futures contract　货币期货合约　外汇买卖双方之间的协议，承诺在未来约定时间、以约定价格买卖一定数额的外汇。

currency option　货币期权　这种合约赋予期权持有人在期权到期日之前或到期日时以一定价格买卖某种货币的权利，但非义务。

currency swaps　货币互换　两个或更多外汇借款人之间的协议，为了保证不受外汇价格变动而带来损失，该协议规定将他们之间以不同外汇计价的款项交换。

customer privacy　客户隐私　对于客户向金融机构提供的个人信息予以保护，以确保客户信息不会被外部公司获取而造成损害。

customer profitability analysis　客户盈利性分析　通过考查银行为特定客户服务所得的所有收入，扣除为此客户服务的成本后的净收益，来评估贷款请求的一种方法。

customer relationship doctrine　客户关系原则　一种银行管理战略，此战略首要原则是对所有满足银行标准的客户发放贷款，以期得到收益。

D

demand deposit　活期存款　允许存款人通过开立汇票进行货物及服务支付的支票账户服务，存款银行见票即付。

de novo bank　新创银行　新近特许设立的银行公司。

Depository Institutions Deregulation and Monetary Control Act　《存款机构放松监管与货币控制法案》　此法案逐步废除了联邦利率上限，使利率可以更好地反映主流市场情况。此法案同时规定全美可以使用NOW账户向客户支付利息，并且可以向第三方进行支付。

depository receipt (DR)　存托凭证　国内银行或其他金融机构发行的、便于外国公司向国内投资者销售证券的一种票据。

dilution of earnings　盈利稀释　由于增发股份导致现有股东的每股收益率下降，比如，在兼并案中，常常向被兼并公司股东增发大量股份。

dilution of ownership　所有权稀释　当向新股东发放新股或向被兼并公司发放新股时，公司现有的股东所持股份占总股份的百分比将会有所下降。

disclosure rules　信息披露原则　强制金融机构在贷款及租赁协议、存款合同和其他金融服务中告知客户融资成本或其他重要条款的法律法规。

discount brokerage services　折扣经纪服务　一种帮助客户以相对较低的佣金买卖证券的服务。

discounting commercial notes　商业票据贴现　商人把从客户那里得到的借据作为抵押向银行借款，银行据此发放贷款的过程被称为商业票据贴现。

discount rate method　贴现率法　计算贷款利率的一种方式，在贷款开始阶段就计算并扣除利息，这样客户得到的款项即为全部本金减去利息。

discount window　贴现窗口　联邦储备银行内的一个部门，将法定准备金向银行进行短期拆借。

Dodd-Frank Wall Street Reform and Consumer Protection Act (FINREG)　《多德—弗兰克华尔街改革和消费者保护法案》　2010年美国国会通过的，旨在对金融系统遭受系统风险的保护和对消费者在广告误导下购买金融服务的保护的法案。

dual banking system　二元制银行体系　在此体系下，联邦和州当局对商业银行活动都有很大的管理权力和监督责任。

duration　久期　计算单个证券或证券组合到期期限的一种现值加权方法，该方法考虑了单个证券或证券组合预期现金流的规模和时间安排。

duration gap　久期缺口　资产与负债的平均久期

间的差额。

duration gap management 久期缺口管理 金融机构管理层为控制利率风险所采用的实现预期的资产和负债久期利差的一种战略或方法。

E

earnings risk 盈利风险 由于经济情况的变化、市场上对某些服务需求的变化以及所供给的服务的变化或其他因素影响，造成盈利大幅波动的风险。将两个或两个以上的组织合并，从而把不同形式的现金流的不同收入来源汇总，可以降低这种风险。

economies of scale 规模经济 当公司规模扩张从而更有效率地生产商品和提供服务时所实现的成本节约。

economies of scope 范围经济 利用相同的管理层、工作人员和设备提供多种产品或服务，从而减少每一单位产品的生产成本和交付成本。

Edge Acts 埃奇法公司 银行组织的附属公司，该种公司必须将主要业务集中于国际贸易和商业交易，这些附属公司的建立必须得到联邦储备委员会的批准。

efficiency 效率 一种衡量指标，用以衡量管理层保持收入增长率高于运营成本增长率的能力。

Equal Credit Opportunity Act 《平等信用机会法案》 1974年美国国会通过的法律，禁止银行询问客户诸如年龄、种族、宗教等问题，并禁止因为贷款申请人的年龄、种族、宗教、国籍、是否接受公共援助等类似因素拒绝贷款。

equipment leasing services 设备租赁业务 金融机构代表客户购买设备，并将其租给客户，客户向其支付一系列的费用作为回报。

equity commitment notes 股权承诺债券 以债务证券形式存在的银行资产，只能以未来出售银行股票的收益来偿还。

equity multiplier 股本乘数 总资产除以总股本得到的比率。

equity reserves 权益准备金 为意外损失留存的资金，比如资产损失、对银行的诉讼以及其他意外事件，也包括为预期分配给股东但仍未公告的股息以及为用来回购股票和借入资本工具的积存资金而预留的储备。

Eurobond market 欧洲债券市场 将一个或多个国家中在本国外发行债券的卖家和感兴趣的买家集合到一起的机构。

Euro commercial paper (ECP) 欧洲票据 跨国公司在一国或多国向投资者发售的几周或几个月的短期信贷。

Eurocurrency deposit 欧洲货币存款 全球大型银行发行的面值货币为非存款所在国货币的定期存款。

events of default 违约事项 大多数的贷款协议中都会包含的部分，列举了借款人什么样的行为和疏漏是违反了借款协议以及贷方能够采取什么样的合法措施。

exchange ratio 交换比率 被收购公司的股东所持的每股股票能够换得的收购公司的股票数量。

exchange risk 汇率风险 由于货币在国际市场上价格涨落而造成损失的可能。

expense preference 支出偏好行为 公司管理层利用公司资源实现个人利益的做法（比如豪华的办公室，乡村俱乐部会员等），这些行为并不有助于生产和销售产品，但是却提高了生产成本，降低了公司所有者的回报，即公司管理层的利益优先于所有者的利益造成的代理成本问题。

Export-Import Bank 进出口银行 由美国政府创建成立的银行，目的是为进出口融资、借贷资金，以支持发展海外市场。

export trading companies (ETCs) 出口贸易公司 协助客户，特别是小企业，出口商品的机构，通常通过建立附属公司来帮助开拓国外市场和为企业出口进行融资。

Export Trading Company Act 《1982年出口贸易公司法案》 1982年美国国会通过的法案，该法案允许美国银行直接投资于出口贸易公司，以帮助美国企业出口商品和服务。

F

factoring 保理 企业为了将短期资产变现为现金，将这类资产卖给贷款人，从而获得流动资本的出售行为，这类资产通常是指应收账款和存货。

Fair Credit Billing Act 《公平信用结账法案》 美国国会于1974年颁布的法令，该法令允许消费者对证券和信用卡公司承诺的计账条目提出质疑，并要求就至少部分数额的罚金或作假等账面争议及时进行调查。

Fair Credit Reporting Act 《公平信用报告法案》 授权美国消费者查看其在信用局中的信用档案，验证其准确性，并允许要求调查和更正不准确之处的法律。

Fair Debt Collection Practices Act 《公平债务催收作业法案》 美国国会通过的限制贷方在多久期限内可强制借款人偿付贷款的法案。

FDIC Improvement Act 《联邦存款保险公司修正法案》 1991年美国国会通过的对FDIC进行资本结构调整，并对有问题的银行加强监管的法案。

federal agency securities 联邦机构证券 由联邦政府拥有或发起的机构（如联邦国民抵押协会（FNMA）或农业信贷机构）发行的有价票据和证券。

Federal Deposit Insurance Corporation (FDIC) 联邦存款保险公司 负责对美国银行及储蓄机构偿付公众存款提供担保的美国政府机构，最高保险限额为10万美元。

Federal funds market 联邦资金市场 某银行可以借入其他银行持有的富余准备金的国内准备金市场，也被称为同日资金，因为这些资金通过电汇可以从放贷行即时地传送到借入行。

Federal Open Market Committee (FOMC) 联邦公开市场委员会 由联储委员会委员和其他联储银行行长组成，FOMC为联储系统制定货币政策，并指导联储最主要的政策工具——公开市场业务的操作。

Federal Reserve Bank 联邦储备银行 1913年通过《联邦储备法案》创立的准公共机构，向当地的存款机构提供支票结算等金融服务。

Federal Reserve System 联邦储备系统 直接对美国国会负责的联邦机构，当银行需要临时贷款时充当"最后贷款人"的角色，监督和控制货币量和信贷的增长，稳定信贷市场与整体经济的平稳运行。

fiduciary relationship 信托关系 金融机构与客户之间的协议，金融机构依据该协议负责管理客户的资金和其他资产。

finance companies 财务公司 通过直接贷款或购买应收账款的方式向企业和个人提供信贷的金融机构，主要通过在货币市场和资本市场借款筹集可贷资金。

financial advisory services 财务咨询服务 金融机构提供的一系列的服务，包括投资建议、纳税申报单准备和管理档案的一系列服务；企业客户在需要了解潜在客户的资信状况信息，或需要评估国外市场机会时可以从中得到帮助。

financial boutiques 专门化金融机构 向特定的客户群提供某特定服务的金融机构。

financial futures 金融期货 一种在未来某个日期以某固定价格交割某类特定金融资产的合约。

financial guarantees 金融担保 通过承诺在借方无法支付时对放款人进行偿付来降低借方的信用成本从而增强借方资信的金融工具。

financial holding companies (FHCs) 金融控股公司 控制一家或多家金融机构，有时可能还控制其他产业企业的公司；按照1999年《金融服务现代化法案》，可以通过收购把保险公司、证券交易商和一些特定的金融机构纳入同一家金融控股公司旗下。

financial institution loans 金融机构贷款 发放给银行、金融机构、保险公司和其他金融机构的长期和短期贷款。

Financial Institutions Reform, Recovery, and Enforcement Act 《金融机构改革—复兴—强制执行法案》 1989年通过的美国法律，准许银行控股公司收购经营稳健的储蓄、贷款机构，并对FDIC进行重组，将其保险资金分为新银行保险基金（BIF），用来保护美国商业银行的存款；还成立了储蓄协会保险基金（SAIF），用来为驻美国的存贷协会及其他非银行储蓄机构的存款提供保险。

fixed-rate mortgages (FRMs) 固定利率抵押贷款 有实物产权抵押的贷款，其利率在贷款期内固定不变。

Foreign Bank Supervision Enhancement Act 《加强外国银行监管法案》 1991年通过的美国法律，赋予美国联邦储备委员会对在美国经营的外国银行更大的监管权。一经发现监管不充分或运营方式不安全，美联储拥有关闭外国银行在美国的办事处的权力。

FOREX 外汇 由国际性银行提供的外国货币或以外国货币存款帮助客户进行国际贸易及出国旅游。

forward contracts 远期合约 当客户预期未来需要外汇或收取外汇时使用的协议，金融机构代表客户与另一方进行协商，确定货币兑换的价格以及交割日期。

full-service branch 全能型分支机构 提供与金融机构总部完全相同或大部分相同服务项目的分支机构。

full-service interstate banking 全能型州际银行业务 由某家银行组织通过设立银行或分行的形式跨州界提供一系列的银行业务。

Funds-Flow Statement 资金流量表 一种财务报表，记载一定时期内资金的来源及使用状况。

funds gap 资金缺口 当前实际信贷及存款流量与预测值之间的差额，这样就需要筹集额外准备金或将盈余的准备金进行盈利性投资。

funds management 资金管理 综合运用资产管理策略与负债管理策略以实现金融机构的目标，并且更有效地满足其流动性需求。

G

Garn-St Germain Depository Institutions Act 《甘恩—圣哲曼存款机构法案》 此法是1982年通过的放松监管的法律，允许非银行存款机构提供类似于商业银行的服务，允许所有的由联邦机构监管的存款机构销售可以与货币市场共同基金份额相竞争的储蓄产品。

geographic diversification 地理多元化 将信贷账户和存款分散在位于不同社区、地区及国家的客户手中，以降低银行或其他金融机构的整体风险。

Glass-Steagall Act 《格拉斯—斯蒂格尔法案》 美国国会1933年通过的法案，它将商业银行业务和投资银行业务相分离，对银行存款的利率设置了上限，成立了联邦存款保险公司，还规定只要所在州允许其州立银行设立分支行，则国民银行相应地有在该州设立分支行的权利。

Gramm-Leach-Bliley (Financial Services Modernization) Act 《格雷姆－里奇－布利雷法案》（《金融服务现代化法案》） 1999年通过的联邦法律，允许资本充足、管理完善的金融控股公司或其子公司在获得监管机构批准的情况下同时经营银行、证券公司及保险公司业务。

H

hedge funds 对冲基金 仅向一部分投资者出售份额的私募股权，投资于一系列资产和衍生工具，以期无论市场如何变化都可以实现超额回报。

Herfindahl-Hirschman Index 赫氏指数 美国司法部使用的考查市场集中度的一种简单测试方法。将某一个区域所有公司市场份额的平方加总得到的一个简单数字指数，用以反映最大的几个公司的资产集中程度。

holding period yield (HPY) 持有期收益率 一种债券或股票的预期收益率，在投资者持有期结束时，使证券持有期内获得的现金流收入与其当前市场价格相等的贴现率。

home equity loans 住宅产权贷款 以住房的市场估价和已发放的以此产权作抵押的贷款之间的差额为基础向个人或家庭发放的贷款。

I

inflation risk 通货膨胀风险 商品和服务价格（包括借款利率、人力成本和其他生产性资源成本）上涨的风险，或价格上涨、资本投资的预期收益下降造成的资产价值损失的可能性。

installment loans 分期付款贷款 分两期或多期偿还的贷款，通常按月或按季度还款。

in-store branches 店内分行 位于百货商店或其他零售场所的分理处。

insurance policies 保险单 一种在客户死亡、残疾或者发生财产损失等情况下保证进行货币偿付的合约。

interest-rate cap 利率上限 规定可变利率贷款的最高利率，保护借款人免遭贷款利率成本上升导致的损失。

interest-rate collar 利率上下限 指利率上限与利率下限的结合，给贷款利率变动加以双重限制，使之既不能升高至上限以上，也不会跌落到下限以下。

interest-rate floor 利率下限 规定可变利率贷款

的最低利率，使得贷款利率不会跌落到下限以下，从而保护放贷机构不因利率下降导致更大的收入损失。

interest-rate option **利率期权** 一种金融合约，它可以：① 赋予证券或贷款的持有人在期权到期前按预先确定的执行价格向另一个投资者卖出所持金融工具（看跌）的权利；② 赋予投资者在期权到期前按预先确定的执行价格从另一个投资者处买入证券或其他金融工具（看涨）的权利。

interest rate risk **利率风险** 指市场利率变动引起的净利息收益或净值下降的风险。

interest-rate swaps **利率互换** 一种使两个借款人交换双方借款中最有利的条件而互惠的合约；通常参与双方都是交换支付利息，以降低借款成本，而且可以更好地平衡资金的流进流出。

interest sensitive **利率敏感型** 指市场利率变化时定价会发生变化的资产或负债项目。

interest-sensitive gap management **利率敏感型缺口管理** 为了确定金融机构何时、多大程度面临利率风险，金融机构需要利用计算机分析生息资产、存款与货币市场借款的期限和重新定价的机会，这种管理方法叫做利率敏感型缺口管理。

interim construction loan **临时建筑贷款** 用于支持建造家庭住宅、公寓、写字楼、购物中心和其他永久性建筑的有担保的短期贷款。

internal capital growth rate **内部资本增长率** 留存在公司内部（未发放给股东）收益的增长速度，这个增长速度取决于公司的权益收益率和股利政策。

International Banking Act **《国际银行法案》** 1978年美国国会通过的一部法律，第一次将在美外国银行的经营活动纳入联邦监管范围；要求开展存款业务的国外银行机构满足准备金要求，并允许它们申请联邦存款保险。

international banking facility (IBF) **国际银行便利** 与美国国内银行的账户记录分开存放的计算机账户记录，主要记录国际交易。

International Lending and Supervision Act **《国际借贷及监督法案》** 1983年美国国会通过的联邦法律，要求全美银行维持规定的最低准备金，并要求银行为国外贷款的发放、评估及重组设立标准。

Internet banking **网上银行业务** 银行或其他金融机构通过互联网提供信息和某些服务。

Internet Service Sites **网上服务站点** 建立在互联网基础上的计算机资料，用以传播服务或提供给有服务使用权的网络用户。

investment banking **投资银行** 承销新股和债券发行、为公司和政府提供财务建议的金融机构。

investment banking services **投行业务** 指银行通过承销公司及机构客户的证券，帮助客户募集资金的业务。

investment products **投资产品** 通过银行服务设施销售的共同基金、年金和其他非存款工具，一般由其附属机构辅助，或者借助于没有关联的金融机构进行销售。

J

joint venture **合资** 银行间或银行与非银行机构间合作进行服务的生产与交割，从而可以提供更广泛的客户服务并且获利。

Justice Department Merger Guidelines **《司法部并购指导准则》** 为了评估并购议案对特定市场资产或存款集中度的影响而建立的一套标准，司法部用这些标准来决定是否通过起诉来阻止可能损害竞争的并购议案。

L

lagged reserve accounting (LRA) **滞后的准备金提存** 美联储1984年开始使用计算各存款机构法定准备金要求的提存制度，在该种制度下，交易账户准备计算期和准备维持期并不一致。

leveraged buyouts (LBO) **杠杆收购** 一种合约协议，在协议中规定一家公司或几个个人投资者通过大量举债和使用少量资本购买另一家企业或者企业的部分资产，并依靠被收购企业的收益来偿还贷款。

legal reserves **法定准备金** 法律要求为其存款或其他指定负债所必须持有的资产，在美国，这些资产包括库存现金和在联邦储备银行中的存款。

legal risk 法律风险 由于诉讼、法庭判决等给金融机构带来的收入不确定风险。

letter of credit 信用证 一种法律凭证，金融机构以此对其从别处借款的客户的信用提供担保。

liability management 负债管理 金融机构利用借入的资金以满足流动性需求，可以通过提高或降低借款利率来调整所需吸引的流动性资金的数量。

LIBOR 伦敦银行同业拆借利率 短期欧洲美元存款的伦敦银行业拆借利率，通常作为向公司和其他大型借款机构贷款时使用的利率。

life and property casualty insurers 寿险/财险/灾害险保险商 向客户提供风险保护以抵消与死亡、疾病、疏忽、风暴等不利事件引起的财务损失的金融机构。

life insurance policies 寿险保单 承诺在保单持有人死亡时向受益人支付现金的契约。

life insurance underwriters 寿险承销商 管理寿险索赔偿付和保费收取等相关风险的公司。

liquid asset 流动性资产 满足以下三个条件的任何资产：① 价格稳定；② 随时可以出售；③ 可逆。

liquidity 流动性 在产生资金需求时，以合理的成本得到立即可用的资金的能力。

liquidity gap 流动性缺口 流动性资金来源和使用不匹配的情况。

liquidity indicators 流动性指标 某些前导性的财务比率（如未清偿贷款总额与总资产的比值），用以预测流动性需求，并监视流动性头寸的变动状况。

liquidity risk 流动性风险 个人或机构无法以合理成本筹集所需现金数量的可能性。

loan commitment agreements 贷款承诺协议 只要满足一定条件即在未来向客户提供信贷的承诺。

loan option 贷款期权 一种在期权到期前不管市场利率如何变化都以固定利率提供贷款从而锁定借款数额及成本的工具。

loan participation 联合贷款 贷方与其他贷款机构共同分担一个大的贷款项目，为借款人提供充足的资金，并降低任一贷款机构风险敞口的合约。

loan review 贷款审查 周期性地对未清偿贷款进行调查，以确保：① 贷款按计划发放；② 所有文件都已备妥；③ 贷款管理人员遵循了该机构的放贷政策。

loan sales 贷款销售 一种投行业务，银行利用其对借款人信用评估方面的优势，将其已经打包的一些贷款卖给那些信任这家银行评估能力的投资者。

loads to individuals 个人贷款 为支持家庭购买汽车、家具以及支付医疗费用和其他家庭开销而发放的贷款。

loan strip 贷款剥离 将一笔期限较长的大额贷款的一部分以较短的期限出售，该期限一般少于贷款所剩的到期期限。

loan workouts 处理不良贷款 贷款机构内部应对到期未偿付的贷款的行为，即尝试制定并执行能够从有问题的借款人那里尽可能多地收回资金的策略。

M

market-penetration deposit pricing 市场渗透存款定价 以提高存款利率（一般远高于当前市场利率）或少收甚至不收客户费用的方式来尽可能多地吸引新客户。

market-positioning benefits 市场定位利益 两个或多个公司之间进行兼并的动机之一，公司通过兼并可以进入之前没有进入的市场，或者在现在的市场上获得更稳定的地位。

market risk 市场风险 由于利率变动带来损失的可能，或指利率变动导致金融机构被迫出售资产或被迫举债或进行偿付导致重大损失的风险。

maturity gap 到期期限缺口 金融机构的资产的平均到期日与负债的平均到期日之间的差异。

McFadden-Pepper Act 《麦克法登－佩珀法案》 美国国会1927年通过的法案，规定国民银行总部所在州的法律如果没有禁止设立分行的话，那么该国民银行可以在该城市设立分行。

member bank 成员银行 加入联邦储备系统、遵守联储的规则并接受联储监管的商业银行，包括所有的国民银行以及选择加入联邦储备系统的州立银行。

merchant banks services 商业银行服务 此种银行不但提供普通银行所提供的消费者服务

和商业服务，而且还提供信贷、投资和咨询方面的服务，尽力为客户提供全方位的金融服务。通常这类银行会将自有资本的相当一部分投资于客户的商业项目中。

merger premium 兼并溢价 银行被兼并时提供给股东的额外的红利，一般为现金或高于被兼并银行股票当前市值的兼并方股票。

minority interest in consolidated subsidiaries 附属机构的少数权益 金融机构在其他公司持有的部分所有者权益。

mobile services delivery 移动服务 主要利用编写的电子网络设备（如计算机和手机）为客户提供无处不在的服务。

monetary policy 货币政策 此为央行的首要工作，包括确保金融体系平稳运行、确保货币供给以及确保金融系统中贷款的额度能配合国家经济目标的实现。

money center banks 货币中心银行 最大的银行，为美国和全世界的主要金融中心提供服务。

money market deposit accounts（MMDAs）货币市场存款账户 期限为几天、几个星期或者几个月的短期存款，存款机构在指定的时间间隔内支付有吸引力的利率。同时此类存款还具备有限的支票账户功能。

money market instruments 货币市场工具 到期期限为一年或一年以下的投资证券，其特点为信用风险低且容易变现。

money position manager 货币头寸经理 金融机构的管理人员，主要负责保证维持足够的准备金以满足法定准备金要求，并有足够的准备金满足客户需求和其他现金需求。

mortgage-backed bond 抵押支持债券 对某抵押贷款组合所产生的本息具有要求权的债务工具。

mortgage banking companies 银行抵押业务公司 获取抵押贷款并转售给长期放款机构（如保险公司或养老基金）的金融机构。

multibank holding companies 多银行控股公司 持有一家以上银行股票的控股公司。

municipal bonds 市政债券 州、市、县或其他政府单位发行的债务。

mutual funds 共同基金 投资公司从公众那里获得存款并投资于股票、债券以及其他金融工具的一个组合，同时存款人可以获取该金融工具组合所产生的部分收益。

N

National Credit Union Administration 国家信贷联盟管理局 20世纪30年代由于美国《联邦信贷联盟法案》的通过而建立的一个监管机构，负责信贷联盟的监管。

negotiable CD 可转让存单 一种生息存款，到期之前可以在二级市场上转卖给其他投资者。

net interest margin 净利差 利息收入与利息支出的差额与总资产或总盈利资产的比值。

net liquidity position 净流动头寸 银行的总流动性供给和总流动性需求之间的差额。

net noninterest margin 非利息收入净额 金融机构非利息收入和非利息支出之间的差额。

net profit margin 净利润率 税后净收入与总运营收入的比值。

networking 网络化 金融机构之间分享资金活动和金融信息的电子设施。

nonbank banks 非银行的银行机构 作为金融服务企业，它只能提供支票账户和商业贷款两种业务之一，而不能同时提供这两种服务。

noninterest margin 非利息收益率 非利息收入与非利息支出的差额与总资产或总盈利资产的比值。

note 票据 借款人和贷款人规定双方责任的书面合同。

note issuance facility（NIF）票据发行便利 在国际银行与其大公司和政府信用客户之间达成的中期信贷协议，授权客户在合同规定的时间内（通常为5年）定期发行短期票据。每个发行便利通常到期时间为90～180天。银行承诺如果客户不能将其卖给投资者，银行将全部买下。

NOW accounts 可转让支付命令账户 客户可以开出可转让汇票或支票的存款账户，但存款机构保留在客户提取存款之前需经预先通知的权利。

O

Office of the Comptroller of the Currency 货币管理局 见货币监理署。

Office of Thrift Supervision 美国储蓄机构监理局 美国财政部下属的联邦监管机构,被授权对储蓄机构(包括存贷协会和储蓄银行)进行特许和监管。

open market operations (OMO) 公开市场操作 指通过买卖证券(一般指政府债券)以使准备金与利率朝着央行(例如美联储)所希望的方向发展。

Operational (transactional) risk 运营(交易)风险 由于计算机系统故障、管理失误、雇员不当操作、洪水、飓风等类似事件给金融机构盈利或收益造成损失的不确定性。

opportunity cost 机会成本 资金闲置而没有投资于盈利资产所损失的利益;或者将个人或机构的资金投资于另一最佳用途所能获取的收益。

option ARM 可选可调利率抵押贷款 允许借款人在头几年偿还较少金额(比如只付利息),后几年大量偿还(包括本金)的住房抵押贷款。

organizational forms 组织形式 银行或其他金融机构内部的经营、设施以及人员等的架构,通过它来进行金融服务的生产或交付。

P

participation loans 参与贷款 由原贷款合同之外的第三方购买贷款。

passbook savings deposits 存折储蓄存款 面向存款额度较小的家庭客户的储蓄账户,通常附有一个说明账户余额、利息收入、存款总额和提款情况的小册子或者电脑清单。

People's Bank of China 中国人民银行 中国的中央银行,中国货币和信贷政策的制定者。

pledging 担保 为了保障联邦政府和地方政府在金融机构的存款,要求持有政府存款的金融机构持有特定的高质量(低风险)资产(通常是各种类型的政府债券),在存款机构破产时可以销售这些资产以弥补政府资金。

point-of-sale (POS) terminals 销售点终端机 室内电脑设备,允许使用电子手段对商品或服务消费进行支付。

points 首付费 借款人获得房屋抵押贷款前预先支付的费用,等于贷款金额乘以首付费百分比。

portfolio diversification 资产组合多元化 将信贷账户和存款分散在不同行业的不同的客户中,以降低贷款人遭受损失的风险。

portfolio immunization 投资组合免疫 一种利率套期保值工具,当金融机构资产的平均久期等于负债的平均久期时,可降低金融机构资产和净值风险。

portfolio shifting 投资组合转换 销售特定证券(通常会有损失)以冲抵其他来源的应纳税收入,并改善金融机构的资产组合以进一步适应当前的市场状况。

predatory lending 掠夺性贷款 向弱势借款人提供的高利率贷款,并且收取非常高的费用,从而增加了贷款违约的风险。

preferred stock 优先股 一种资本,由流通在外的股份的面值和固定收益率的乘积来度量;若收益率可变,则由流通在外的股份的面值与由商定的公式确定的收益率的乘积来度量。

prepayment risk 提前偿付风险 证券化资产(通常为贷款)的提前偿还可能迫使投资者以当前较低的市场利率进行再投资,从而导致投资者的最终收益率低于证券化资产投资的预期整体收益率。

price leadership 价格领导 一种向行业内处于领导地位的放贷机构的贷款利率看齐的贷款利率定价方法。

primary capital 初级资本 权益资本的总和,包括可能的贷款损失备抵、强制可转换债券、在附属机构的少数权益,最后要减去刨除放款权利之后的无形资产。

prime rate 优惠利率 一种由处于领导地位的银行报出的有监管的贷款利率,通常需经董事会投票决定。此种利率通常被认为是银行在向最大或者最好的客户(主要为大型企业)放贷时最好(低)的利率。

product-line diversification 产品线多元化 通过提供多种金融服务来对冲由于某种服务收入减少而造成的总体收入下降的风险。

profitability 盈利能力 衡量绩效的一个重要指标,代表金融机构或其他企业能够利用生产和提供服务的资源产生的回报率。

profit potential 潜在利益 公司间进行兼并的动机,兼并方和被兼并方的股东都希望兼并后能够从更高的收益和更低的运营成本中获得更大的利益。

project loans 项目贷款 为固定资产建设融资的贷款，通常与特殊的投资项目相关联，此类项目预期在未来能够带来足够偿还贷款和净利润的现金流。

property-casualty insurance policies 财产及意外灾害保险单 向保险单持有人收取保险费，并承诺在其遭受人身伤害、财产损失及其他损失时向其赔付的契约。

public benefits 公众利益 兼并或控股公司兼并申请中涉及的一个方面，即实施兼并或并购的金融机构必须表明这一交易能够如何改善提供给公众的服务的质量、便利性和价格。

public need 公众需要 政府机构用来决定是否给予新银行、分支银行或其他金融机构许可的一个标准，主要考察给定市场区域是否有足够数量和多样、便捷的金融服务。

purchase-of-assets method 资产购买法 兼并方使用现金或持有的股票，购买被兼并组织的全部或部分资产来完成兼并的一种方法。

purchase-of-stock method 股票收购法 在兼并中，兼并方接管被兼并方的所有资产和负债，被兼并企业将不再存在。

R

real estate brokerage services 房地产经纪服务 此种服务旨在帮助客户找到可供出售或出租的房子或其他财产。

real estate loans 房地产抵押贷款 以实物资产做担保的贷款，包括为支持房屋建设和土地开发的短期信用以及支持住宅和商业用房购买的长期信用。

relationship pricing 关系定价法 依据客户购买的服务数量和使用这些服务的频率确定服务费用的定价方法。

Report of Condition 经营状况报表 银行的资产负债表，列示银行在某一时点的资产、负债和股本金（所有者资金）。银行必须定期向监管机构报送经营状况报表。

Report of Income 损益表 银行的收益报表，表明在一段时期内银行的收入和支出，损益表必须定期在相关监管机构备案。

representative office 代表处 国际银行在国外市场设立的最简单的组织形式，只能提供有限的业务。其虽能在市场上推广本土银行提供的服务，但通常不能吸收存款和放贷。

repurchase agreement (RP) 回购协议 一种货币市场工具，在出售优质资产（通常是政府债券）的同时附加一个协议，在未来特定的时间以事先确定的价格将这些资产收回。

reputation risk 声誉风险 金融机构的行为和绩效可能引起的在公众中形象发生变化的不确定性。

reregulation 重新监管 对以前金融自由化服务的政府制度的收紧，使得提供金融服务成本更高，更加困难。

reserve computation period 准备计算期 针对特定的存款机构，联邦储备系统设立的计算期限。在这段期限内，以各种存款的日平均提现量来计算确定每个机构的法定存款准备金要求。

reserve maintenance period 准备维持期 按照联邦法律规定，一家存款机构为保障其存款和其他应提准备负债，在两周之内必须持有法律要求的法定存款准备金的日平均量，这段时期称为维持期。

residential mortgage loans 住宅抵押贷款 为购买住宅和改善私人居所提供的贷款。

restrictive covenants 限制性条款 贷款协议的一部分，表明借款人必须采取的和不能采取的行动。

retail banks 零售银行 主要为家庭和小型企业提供服务的银行。

retail credit 零售信贷 发放给个人、家庭和小企业的小额贷款。

retirement plans 退休计划 金融机构提供财务安排，积累并管理客户的储蓄，直到客户达到退休的年龄。

revolving credit line 循环信贷额度 一种融资安排，允许一个企业客户先借入一定数额的款项，在全部或部分清偿后，可在信贷额度到期之前重新借得新的款项。

Riegle-Neal Interstate Banking and Branching Efficiency Act 《瑞格尔—尼尔跨州银行和分行效率法案》 1994年通过的联邦法律，允许银行控股公司跨州收购银行；从1997年6月开始，允许州立银行设立分支行和兼并。

right of offset　冲销权　为了补偿银行贷给客户的资金损失，银行可以提取客户在该处任何支票或储蓄存款的法定权利。

ROA　资产收益率　衡量总资产的回报率，用税后收入除以总资产。

ROE　股东权益收益率　衡量总股本的回报率，用税后收入除以总股本。

Rule of 78s　78条款　在贷款提前偿还的情况下计算返还给客户利息的方法。

S

safekeeping　保管业务　金融机构在其金库中为客户保管贵重金属、证券和其他贵重物品的业务。

Sarbanes-Oxley Accounting Standards Act 《萨班斯—奥克斯利法案》　2002年通过的联邦法律，目的是禁止公众公司发布虚假或误导性的财务报告，建立会计标准委员会负责监管会计和审计职业的操作。

savings and loan associations　存贷协会　一种存款机构，主要资产都集中于住房抵押领域，主要资金来自于储蓄存款。

savings deposits　储蓄存款　存放在存款机构的生息资金，期限可为几星期、几个月或几年（根据美国法规，没有最低期限）。

secondary capital　次级资本　所有暂时性的资本的总和，其中包括有限期优先股、次级中长期国债，还有不够列为一级资本的强制性可转换债务工具等。

Securities and Exchange Commission　美国证券交易委员会　根据《1934年证券交易法案》建立的联邦监管委员会，要求上市公司提交财务报告，披露财务状况的相关信息，防止在发行新证券时提供虚假信息。

securitization　证券化　将一些可以产生收入的资产进行组合，以此支持发行证券募集新资金。

securitized assets　证券化资产　可以产生收入的资产组合，以此为基础可以发行证券筹集新的资金。

security brokerage services　证券经纪业务　为客户提供一个买卖股票、债券或其他证券的渠道，通过此渠道以低成本进行交易，而不必非通过证券经纪人或交易商进行交易。

security brokers and dealers　证券经纪商和交易商　代客户买卖股票、债券和其他证券，提供新股票和债券发行承销业务，并根据市场和其他金融状况提供咨询的金融机构。

security underwriting services　证券承销　投资银行提供给公司和政府客户的一种服务，由投资银行购买客户发行的证券然后在货币和资本市场出售，赚取差价。

self-liquidating loans　自动清偿贷款　一种商业贷款，目的通常是支持企业购买存货，当借款人的存货卖出时贷款也逐渐被清偿。

service differentiation　服务差异化　使客户产生这样的认识：该金融机构提供的是更高效、更方便的服务，与其他机构提供的相似服务是有区别的。

servicing rights　服务权　银行将贷款卖出后依然从借款人那里收取利息，并代表贷款的购买人监督借款人的行为是否合乎贷款条款规定。

shell branches　空壳分行　设立于美国国外的账簿登记分支机构，用于记载跨国交易（例如吸收存款），以规避美国国内的一些监管。

simple interest method　单利法　计算贷款利率的一种方法，按照不断减少的贷款余额进行调整，利用公式：本金×利率×时间，计算出应计利息。

sources and uses of funds method　资金来源和使用法　预测流动性需求的一种方法，估计预期流动性资金的来源（对银行来说，首要的是存款）和预期流动性资金的使用（主要是贷款），然后估计在一段时间内这些资金来源和使用的净差异，有助于制订流动性计划。

Sources and Uses of Funds Statement　资金来源和使用表　显示企业类贷款客户在一定时期内资产和负债变化情况的财务报告。

standby letter of credit (SLC)　备用信用证　当前一种比较流行的金融担保形式。开证人为信用证的受益人提供担保，保证其贷款可以得到偿付。

state banking commissions　州银行业委员会　每个州由政府官员和立法人员组成的理事会或委员会，负责核准新银行设立和监管各个州立银行。

state insurance commissions 州保险业委员会 根据各州法律在美国每一个州建立的监管机构，监管向公众销售保单的寿险/财险/灾害险保险公司，确保保费合理和服务适当。

Statement of Cash Flows 现金流量表 财务分析师和借款人使用的一种财务报表，表明借款人未来现金流入和流出的来源以及真实或预期的可以偿还贷款或其他负债的净现金流。

stockholders 股东 企业的所有者，拥有一股或多股该企业发行的普通股和优先股，并由股东选举产生董事会。

strategic risk 战略风险 由长期商业决策或金融机构对商业环境变化的反应所引起的盈利或收益率的波动。

stripped security 剥离证券 将某种债券的预期利息支付和预期本金支付互相分离，并以这些预期支付的现金流为基础发行新的证券，包括仅含利息证券（IO）和仅含本金证券（PO）。

structure of funds method 资金结构法 根据存贷款客户及其存贷款在一段时间内的变动程度估计流动性需求的办法。

subordinated debentures (or notes) 次级债券 以债务工具形式存在的资产，合法求偿权仅次于存款人，但高于公司股东。

subprime loans 次级贷款 提供给信用级别较弱或低于平均水平借款人的信贷，这种低信用级别通常是由于延期支付、破产或者其他不利情况的前期记录所致。

subsidiary 附属行 由国际银行运营的公司，用来提供海外银行或非银行业务。之所以设立或收购附属行，通常是因为一些国外市场禁止设立分行或有利的税率政策等其他因素所致。

super NOWs 超级可转让支付命令账户 通常比普通可转让支付命令账户收益高，但一般都会对开立汇票（支票）的数目或提款等加以限制。

supplemental capital 附加资本 资本的二级形式，例如债务性证券和有期限优先股，有期限优先股有明确的到期日，所以它不是一个永久性的融资工具。

surplus 资本公积 当股东购买新股时，由每股实际价值超过票面价值那部分额外资本所构成的资产。

sweep accounts 隔夜账户 存款机构和储户间签订的合同，允许存款机构将客户的支票账户资金转入（通常是隔夜）储蓄账户或其他不需要受法定准备金约束的存款账户。

syndicated loan 辛迪加贷款 为了减少任何单一贷款机构的风险，由银行组成集团发放非企业的贷款或者信贷额度。

synthetic CDOs 合成型担保债务凭证 以衍生产品组合为基础的金融工具，通常是为了防止公司债券的违约风险。

systemic risk 系统风险 系统风险是影响整个全球系统稳定性的经济和金融条件的波动。

T

tax benefits 税收利益 通过投资于盈利性资产、支付可抵扣税收的支出、收入损失准备等有助于抵消来源于贷款或其他收入来源的应税收入，以减少纳税额，从而减轻银行的税收负担的方法。

tax swapping 税收互换 通过亏本卖出低收益证券，买入高收益证券，减轻赋税负担增加未来收入的一种交易。

term loans 定期贷款 期限超过一年、以支持企业长期投资为目的的贷款，比如购买设备和新设施的建设。

thrift deposits 储蓄存款 主要目的是为客户存款提供利率收入的账户，换言之，为客户以提供利息的方式保有流动购买力。

Tier 1 capital 一级资本 银行的核心资本，包括普通股、未分配利润、特定的优先股、无形资产、附属机构的少数权益以及某些可确认的无形资产。

Tier 2 capital 二级资本 银行拥有的补充性的长期资金，包括贷款和租赁损失准备金、次级债务、特定的优先股以及权益承诺票据。

time deposits 定期存款 有特定期限的可享受利息收入的账户，如果提前支取将会遭受处罚，处罚方式为减少利息或折减本金。

transaction deposit 交易存款 一种存款服务，该账户开出的支票和汇票可以用于对购买商品和服务进行支付。

Treasury bill 美国短期国库券 直接由美国政府发行的债务凭证，期限在1年以内。

Treasury bonds 长期国债 美国最长的债务凭证，原始期限在10年以上。

Treasury notes 中期国债 由美国政府发行的息票债券，原始期限为1～10年，对投资者承诺固定的回报率。

trust services 信托服务 在合同（信托协议）规定的特定时期内，银行依据合同对客户的财产或贵重物品进行管理，银行是受托人，客户是委托人。

Truth-in-Lending Act 《诚实信贷法》 1968年由美国国会通过的、要求完全公开贷款条款和成本、在借款人之间提高信息透明度的联邦法案。

Truth-in-Savings Act 《诚实存款法》 美国国会于1991年通过的一项法案，要求存款机构完全公开所提供的存款服务的价格及其他存款条件，以便客户能够更好地比较不同机构提供的存款方案。

U

underwriting 承销 从发行者那里购买新发行的证券，并将之转卖给其他投资者以获利的过程。

underwriting property/casualty insurance risks 财产/灾害保险承担 帮助保险单持有人收取超出伤害和损失索赔额的保险费，从而赚取利润的公司。

undivided profits 未分配利润 代表企业净收益的资产，它将留在公司中而不是以股息的形式分给股东。

Uniform Bank Performance Report (UBPR) 银行业绩统一报告 财务和经营信息的编辑处理，需要定期向联邦银行机构提交，用来帮助监管机构和金融分析家分析美国银行的财务状况。

unit banks 单元制银行 这种银行通过一个营业部门提供其全部服务，其中有少量业务（如吸收存款和支票兑现）是通过专门性服务设施如便利窗口和自动提款机来提供的。

USA Patriot Act 美国《爱国者法案》 2001年秋通过的美国联邦法律，要求银行和其他特定的金融机构审查新开户客户的身份，并向美国财政部的一个部门汇报任何可疑的（特别是与恐怖主义相关的）行为。

V

value at risk (VaR) models 风险价值模型 一种统计模型，用于衡量在给定的时期内和给定的概率水平上，在市场价格或市场利率波动下资产所面临的风险。

virtual banks 虚拟银行 由联邦或州政府授权只在网上向公众提供服务的银行。

W

warranties 保证 贷款协议内的一部分，借款人向贷款机构保证其提供的信息都是真实的。

wholesale banks 批发银行 主要向集团和大型机构提供金融服务的一些大的城市银行。

wholesale lenders 批发贷款人 将很大部分信用组合用于发放给企业集团和其他大型企业及机构的大额贷款的一些银行。

working capital 运营资本 企业的流动资产（主要由现金、应收账款、存货和其他预计在一年内能够带来现金流的资产），也有专家将流动资本定义为流动资产减去流动负债。

working capital loans 运营资本贷款 提供给企业的几天到一年的短期贷款，用来对购买存货进行融资，以使新货上架和购买原材料。

Y

yield curve 收益率曲线 表示某一时点利率随证券到期日不同而变化的图表。

yield to maturity (YTM) 到期收益率 依据债券购买价、预期利息收入和到期赎回价计算债券到期时的预期收益率。

金融教材译丛系列

课程名称	书号	书名、作者及出版时间	定价
国际财务管理	即将出版	跨国金融管理（第2版）（贝克特）（2015年）	59
财务管理（公司理财）	978-7-111-40145-2	公司财务原理（第10版）（布雷利）（2012年）	119
财务分析	978-7-111-47254-4	财务分析：以Excel为分析工具（第6版）（梅斯）（2014年）	59
国际金融学	978-7-111-36555-6	国际金融（第12版）（艾特曼）（2012年）	79
国际金融学	即将出版	国际金融（第2版）（贝克特）（2015年）	49
国际金融学	即将出版	国际金融（皮尔比姆）（2015年）	69
国际金融学	978-7-111-34411-7	汇率与国际金融（第5版）（科普兰德）（2011年）	62
行为金融学	978-7-111-34808-5	行为金融（福布斯）（2011年）	62
行为金融学	978-7-111-39995-7	行为金融：心理、决策和市场（阿克特）（2012年）	59
商业银行经营管理学	978-7-111-43750-5	商业银行管理（第9版）（罗斯）（2013年）	85
金融中介学	978-7-111-31493-6	金融市场与金融机构基础（第4版）（法博齐）（2010年）	79
金融衍生品市场与工具	978-7-111-29040-7	衍生工具（惠利）（2009年）	79
金融衍生品市场与工具	978-7-111-48473-8	衍生工具与风险管理（第9版）（钱斯）（2014年）	89
金融学（货币银行学）	978-7-111-45547-9	货币金融学原理（第12版）（里特）（2014年）	59
金融市场学	978-7-111-26841-3	现代金融市场：价格、收益及风险分析（布莱克威尔）（2009年）	58
金融工程	978-7-111-29940-0	金融工程（博蒙特）（2010年）	38
金融工程	978-7-111-34616-6	期权与期货市场基本原理（第7版）（赫尔）（2011年）	65
金融工程	978-7-111-27213-7	衍生物市场基础（麦克唐纳德）（2009年）	52
金融风险管理	978-7-111-41734-7	风险管理与金融机构（第3版）（赫尔）（2013年）	69
兼并、收购与公司重组	978-7-111-35538-0	兼并、收购和公司重组（第2版）（阿扎克）（2011年）	62
固定收益证券	978-7-111-44457-2	固定收益证券（第3版）（塔克曼）（2013年）	79
创业金融	978-7-111-34619-7	创业金融（第2版）（史密斯）（2011年）	68
创业金融	978-7-111-33551-1	创业资本与创新金融（梅特里克）（2011年）	58
（证券）投资学	978-7-111-48772-2	投资学（第9版）（精要版）（博迪）（2014年）	55
（证券）投资学	即将出版	投资学基础：估值与管理（第6版）（乔丹）（2015年）	69